Gymnasium **Bayern**

Deutschbuch

Texte und Methoden

11

Herausgegeben von
Kurt Finkenzeller und Bernd Schurf

Erarbeitet von
Monika Baum, Germering
Bärbel Kößler-Finkenzeller, Ingolstadt
Kurt Finkenzeller, Ingolstadt
Nathali Jückstock-Kießling, Erlangen
Werner Müller, Germering
Matthias Schickel, Ingolstadt
Raimund Schramm, Regensburg
Ulrike Sheldon, Nürnberg

Unter Beratung von
Renate Einzel-Bergmann, Pullach im Isartal
Klaus Junk, Aschaffenburg
Jakob Karg, Parsberg
Ursula Triller, Landsberg am Lech

A Sprechen

B Schreiben

arbor

E Arbeitstechniken und Methoden

Methoden im Überblick

Die mit ° gekennzeichneten Textüberschriften in diesem Band stammen nicht von den Autoren/Autorinnen der entsprechenden Texte, sondern wurden redaktionell ergänzt.

A Sprechen

1 Betrachten Sie die Karikaturen.
Welches Verhältnis von Sprecher/-in und Zuhörer/-in wird jeweils zum Ausdruck gebracht?

2 Berichten Sie von eigenen positiven oder negativen Erfahrungen als Sprecher/-in oder Zuhörer/-in in Redesituationen.

1 Referieren – rhetorische Fertigkeiten üben

In der Schule werden von Ihnen häufig Referate verlangt. Es ist aber gar nicht so einfach, diese Aufgabe überzeugend zu lösen – jeder/jede hat beim Referieren seine/ihre individuellen Stärken und Schwächen.

1 Finden Sie Ihre Stärken und Schwächen beim Referieren heraus und planen Sie, was Sie beim nächsten Mal noch besser machen wollen, indem Sie die folgenden Aspekte bedenken.

1. Inhalt des Referats (Menge der Informationen, Verständlichkeit, Anschaulichkeit ...)
2. Struktur des Referats (roter Faden, erkennbarer Aufbau ...)
3. Interesse des Publikums (Intensität des Zuhörens, Störungen, Nebenbeschäftigungen ...)
4. Medieneinsatz (geeignete Medienwahl, technische Anforderungen, Qualität von Schaubildern ...)
5. Sprechen und Stimme (freies Sprechen, Artikulation, Sprechgeschwindigkeit ...)
6. Körpersprache (Zuwendung zum Publikum, Haltungen, Gesten ...)

Machen Sie sich zu jedem Gesichtspunkt konkrete Notizen, z. B. *da fühle ich mich sicher, das ist mir in dem Referat … gut gelungen – damit hatte ich schon einmal ein Problem, und zwar …*
Sie können dann jeweils den entsprechenden Abschnitt dieses Kapitels besonders intensiv bearbeiten.

Für ein gutes Referat ist es entscheidend, sowohl den Zuhörern/Zuhörerinnen als auch der Sache gerecht zu werden. Die Kommunikationssituation beim Referieren und die Bedingungen für ein gelingendes Referat lassen sich in Anlehnung an Karl Bühlers Kommunikationsmodell (→ S. 121 f.) in einem „rhetorischen Dreieck“ darstellen:

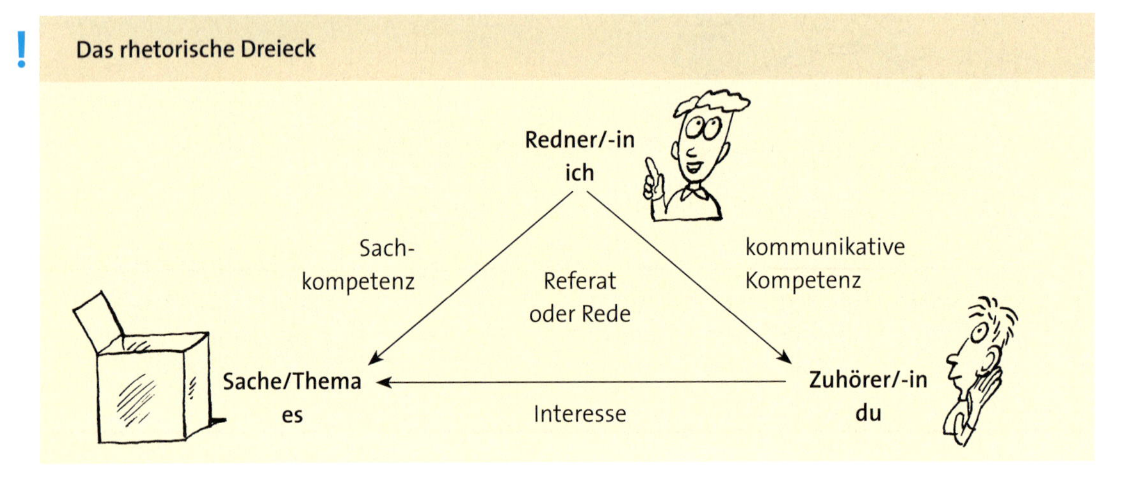

2 Erklären Sie das Modell.
Ordnen Sie die in Aufgabe 1 genannten Aspekte den Pfeilen im Schaubild zu.

Je nach Art der Redesituation liegt der Schwerpunkt im rhetorischen Dreieck auf bestimmten Aspekten: Die Rede kann primär ich-orientiert sein (Selbstdarstellung des Redners), sie kann vorwiegend du-orientiert oder aber sachorientiert sein.

---

3 Überlegen Sie, welche der genannten drei Ausrichtungen bei folgenden Arten der Rede im Vordergrund stehen.

- Kandidatenrede im Wahlkampf
- politische Rede
- Präsentation eines neuen Produkts vor Kunden
- private Gelegenheitsrede (z.B. Festrede)
- Referat in der Universität
- Referat in der Schule

1.1 Ein Referat inhaltlich vorbereiten

Die Aufgabe klären

Im Vergleich zur Seminararbeit (→ S. 304 ff.) ist bei vielen Referaten das Ziel mit der Fragestellung enger vorgegeben. Die folgenden Beispiele stammen aus dem Epochenzusammenhang des Sturm und Drang, mit dem Sie sich im letzten Schuljahr beschäftigt haben:

1. Stellen Sie knapp die Handlung von Schillers Drama „Kabale und Liebe" vor.
Zeigen Sie den Zusammenhang mit den Liebesvorstellungen des Sturm und Drang auf.

2. Vergleichen Sie Gotthold Ephraim Lessings Aussagen zu den „drei Einheiten" im Drama mit der Konzeption des Aristoteles.

3. Lenz' „Soldaten" – ein offenes Drama?

4. Goethes „Prometheus" und der antike Mythos von Prometheus

5. Das Motiv des Kindesmords im Drama des Sturm und Drang – ein Aufruf zu Unmoral?

6. Vom Sturm und Drang zur Klassik: Goethe und seine Beziehungen zu Frauen

7. Vom Sturm und Drang zur Klassik: Goethe und seine Freunde

---

1 **a** Machen Sie sich die Handlungsanweisungen in Thema 1 und 2 klar; beachten Sie dazu besonders die Prädikate der Aufgabenstellungen. Erläutern Sie in eigenen Worten, was genau Sie tun sollen.
b Formulieren Sie die Themen 3–7 so um, dass sie ausdrückliche Handlungsanweisungen enthalten.

In den meisten Fällen stehen Referate, die Sie in der Schule halten sollen, in einem direkten Zusammenhang mit dem Unterrichtsthema. Machen Sie sich diesen Kontext immer bewusst! Die Frage, wie sich Ihr Referatthema in den Unterrichtszusammenhang einordnet, entscheidet mit über den Inhalt Ihres Vortrags.

2 Erläutern Sie die folgende Übersicht.

Referat über ein Literaturthema	Referat über ein Sachthema
Referat über einen literarischen Text …	**Referat über ein Sachproblem …**
als Beispiel für eine Gattung / eine Erzählform	zur Klärung des historischen / biografischen / gesellschaftlichen Hintergrunds
als Beispiel für eine Epoche; als Beispiel für die literarische Auseinandersetzung mit einem Thema	im Zusammenhang mit der Problemerörterung

3 Formulieren Sie bei den folgenden Beispielen den Zusammenhang zwischen dem Thema der Unterrichtseinheit und den Referatsthemen.
Versetzen Sie sich auch in die Rolle desjenigen/derjenigen, der/die jeweils das dritte Referat zu halten hat: Welche Überlegungen sollte er/sie anstellen, die über das eigene Thema hinausreichen?

Thema der Unterrichtseinheit I:
Das Motiv des Kindesmords in der Literatur
Referat 1: Heinrich Leopold Wagner: Die Kindermörderin
Referat 2: Johann Wolfgang von Goethe: Faust I
Referat 3: Gerhart Hauptmann: Bahnwärter Thiel

Thema der Unterrichtseinheit II:
Denker und Autoren des Sturm und Drang in exemplarischen Lebensbildern
Referat 1: Friedrich Schiller
Referat 2: Johann Wolfgang von Goethe
Referat 3: Johann Gottfried Herder

Überblicksinformationen sammeln und thematisch ordnen

Für die Sammlung von Informationen gelten grundsätzlich die im Kapitel zur Seminararbeit genauer vorgestellten Verfahren (→ S. 310 ff.). Die Suche verläuft vom Allgemeinen zum Besonderen, von der Überblicksinformation zum Spezialgebiet.
Anders als bei der Seminararbeit geht es beim Referat weniger um vertiefende, „wissenschaftliche" Arbeit – ein Referat präsentiert den **aktuellen Wissensstand**, wie er sich aus **zugänglichen Quellen** (aus öffentlichen Bibliotheken entleihbare Bücher, Internet …) mit **vertretbarem Aufwand** ermitteln lässt. Achten Sie aber unbedingt darauf, nicht bedenkenlos aus dem Internet abzuschreiben! Über den korrekten Umgang mit Quellen informiert Sie das Kapitel zur Seminararbeit (→ S. 310 ff.).
Der Rechercheaufwand sollte sich in der Regel nach dem zeitlichen Rahmen richten, der für das Referat zur Verfügung steht:

!

Arten von Referaten – Beispiele

Referattyp	Dauer	Umfang der Recherche
Referat	ca. 30–45 Minuten	umfassende Recherche, meist über mehrere Wochen
Kurzreferat	ca. 15–25 Minuten	gezielte Recherche, etwa über ein bis zwei Wochen
Kurzvortrag	ca. 5–10 Minuten	punktuelle, meist einige Tage umfassende Recherche auf der Basis weniger Informationen/eines einzelnen Textes

Die folgenden Referatsthemen bieten Ihnen die Möglichkeit, Ihr im letzten Schuljahr gewonnenes Wissen zur Epoche des Sturm und Drang am Beispiel eines Autors zu wiederholen, der auch für die deutsche Klassik prägend ist.

1 Stellen Sie aus der folgenden Zeittafel zum Leben Goethes die wesentlichen biografischen Informationen zu einem der beiden folgenden Themen zusammen.
- Lassen Sie alle nicht relevanten Daten weg; fassen Sie wo möglich zusammen.
- Denken Sie jetzt schon daran: Mehr als fünf Jahreszahlen in einem Referat sind schwer zu merken.

Thema 1: Vom Sturm und Drang zur Klassik: Goethe und seine Beziehungen zu Frauen

Thema 2: Vom Sturm und Drang zur Klassik: Goethe und seine Freunde

Zeittafel zum Leben Johann Wolfgang von Goethes (1749–1832) von 1749–1788

28.08.1749	Johann Wolfgang von Goethe wird in Frankfurt am Main geboren.
Kindheit und frühe Jahre	Goethe erhält fast ausschließlich von seinem Vater Privatunterricht. Die Familie pflegt Umgang mit Frankfurter Künstlern; Theater und Puppenspiel gehören zu den Freizeitinteressen. Er entdeckt literarische Vorbilder wie Klopstock, liest die Bibel, Volksbücher, Robinsonaden und schreibt selbst erste Gedichte.
1765–1768	Goethe studiert Jurisprudenz in Leipzig. Begegnungen mit Anna Katharina Schönkopf und Friederike Oeser. „Die Laune des Verliebten“ (1767, Schäferspiel); „Die Mitschuldigen“ (1768, Lustspiel).
1768–1770	Schwere Krankheit. Bekanntschaft mit Susanna von Klettenberg.
1770–1771	Goethe führt sein Studium in Straßburg fort. Bekanntschaft mit Jung-Stilling, Johann Gottfried Herder, Jakob Michael Reinhold Lenz und Friederike Brion, in die er sich verliebt hat. Es entstehen die „Sesenheimer Lieder“ und das Gedicht „Heidenröslein“.
1771–1772	Promotion zum Lizentiaten der Rechte. Goethe arbeitet als Advokat in Frankfurt und wird in den Darmstädter „Zirkel der Empfindsamen“ eingeführt. „Wanderers Sturmlied“ und „Zum Schäkespears Tag“ (Rede).

Georg Melchior Kraus: Johann Wolfgang von Goethe (1776)

1772 — Goethe lebt in Wetzlar und arbeitet als Praktikant am Reichskammergericht. Liebe zu der mit Johann Christian Kestner verlobten Charlotte Buff, die später als literarische Vorlage der Charlotte im „Werther“ dient. Er stellt das Drama „Götz von Berlichingen“ fertig. Beginn der Arbeit am Urfaust (bis 1775).

1772–1775 — Goethe lebt wieder in Frankfurt. Begegnung mit Friedrich Heinrich Jacobi, Friedrich Gottlieb Klopstock, Maximilian Klinger, Karl August von Sachsen-Weimar-Eisenach. Goethe schreibt das Trauerspiel „Clavigo“ (1774) und den Roman „Die Leiden des jungen Werthers“ (1774). Mit dem „Werther“ wird Goethe auch über die Grenzen Deutschlands hinaus berühmt. Viele Gedichte entstehen, z. B.: „König von Thule“, „Ganymed“, „An Schwager Kronos“, „Prometheus“ (alle 1774), „Lilis Park“, „Auf dem See“ (beide 1775).

1775 — Goethe ist für kurze Zeit mit Lili Schönemann verlobt, dann reist er nach Weimar und trifft dort erstmals Charlotte von Stein, die er verehrt. Das Verhältnis ist geprägt von Sehnsucht und Entsagung. Er widmet ihr Briefe und einige seiner Gedichte. Die Beziehung dauert bis 1788 an.

1776 — Goethe wird Geheimer Legationsrat und tritt damit in den weimarischen Staatsdienst ein. Während der ersten zehn Jahre übt Goethe fast ausschließlich staatspolitische Tätigkeiten aus. Er betreibt Studien über Natur, Botanik und Geologie. Goethe pflegt eine enge Verbindung mit dem Herzog Karl August und der Herzoginmutter Anna Amalia. Die Bekanntschaft mit Charlotte von Stein intensiviert sich. Für sie schreibt er das Gedicht „Warum gabst du uns die tiefen Blicke“. Herder zieht nach Weimar. Es erscheinen die Gedichte „Wanderers Nachtlied“ und „An den Mond“.

1779 — Reise in die Schweiz mit Herzog Karl August. Wiedersehen mit Friederike Brion und Lili. Als Minister in Weimar untersteht ihm die Weimarische Kriegs- und Wegebaukommission. Prosafassung des Dramas „Iphigenie auf Tauris“.

1782 — Goethe wird in den Adelsstand erhoben und erhält die Ernennung zum Kammerpräsidenten (Finanzminister). Arbeit am Drama „Torquato Tasso“ und am Gedicht „Der Erlkönig“.

03.09.1786 bis Juni 1788 — Über Karlsbad, München, Venedig, Rom, Neapel, Sizilien und zurück über Rom, Konstanz nach Weimar führt Goethes ausgiebige Italienreise. Goethe trifft u. a. Wilhelm Tischbein. „Iphigenie auf Tauris“ (in der klassischen Versfassung).

1788 — Nach seiner Rückkehr nach Weimar erfolgt der Bruch mit Charlotte von Stein und beginnt die Liebe zu Christiane Vulpius. Goethe pflegt die Freundschaft mit Wilhelm von Humboldt. Erneute Arbeit am „Faust“-Drama. Goethe lässt sich von allen Regierungsgeschäften entlasten.

07.09.1788 — Goethe begegnet zum ersten Mal Schiller in Rudolstadt. Dieses Treffen bleibt zunächst ohne Nachwirkung; erst 1794 ergibt sich eine nähere Bekanntschaft (→ S. 160 ff.).

Christiane Vulpius. Zeichnung Goethes (1788/89)

Recherche vertiefen, Informationen gliedern

Wenn Sie sich einen ersten Überblick verschafft haben, müssen Sie einzelne Aspekte vertiefen.

Leitfragen für eine vertiefende Recherche zum Thema „Vom Sturm und Drang zur Klassik: Goethe und seine Beziehungen zu Frauen“ (Beispiel):
- *Welchen Zeitraum umfasst der Sturm und Drang/die Klassik?*
- *Was kennzeichnet Goethes Liebesauffassung im Sturm und Drang/in der Klassik?*
- *Welche Liebesbeziehung war für diese Phase jeweils typisch und lässt sich aussagekräftig darstellen?*
- *Wie wird das Thema jeweils literarisch reflektiert?*

---

1 Sammeln Sie Leitfragen für eine vertiefende Recherche zum Thema „Vom Sturm und Drang zur Klassik: Goethe und seine Freunde“.

2 Wählen Sie das Thema „Vom Sturm und Drang zur Klassik: Goethe und seine Beziehungen zu Frauen“ oder das Thema „Vom Sturm und Drang zur Klassik: Goethe und seine Freunde“. Recherchieren Sie für ein Kurzreferat.
- Sammeln Sie zu den in der Zeittafel genannten Personen zuerst im Internet Kurzinformationen.
- Entleihen Sie in der Bücherei geeignete Literatur, unter anderem zu Goethes Biografie. Literaturtipp zum Thema „... Goethe und seine Beziehungen zu Frauen“: Seele, Astrid: Frauen um Goethe. Rowohlt Verlag, Reinbek, 2. Aufl. 2006; Neuhaus, Volker: Andere verschlafen ihren Rausch, meiner steht auf dem Papiere. Goethes Leben in seiner Lyrik. DuMont Verlag, Köln 2007.
- Suchen Sie einen passenden Text als Beispiel für Ihren Vortrag (z. B. Liebeslyrik, Textstelle aus „Die Leiden des jungen Werthers“, gemeinsam mit Schiller verfasste Xenien → S. 162 ...).

Wenn Sie Ihre Rechercheergebnisse ausgewertet haben, müssen Sie sie noch einmal strukturieren und reduzieren. Dabei hilft die Überlegung, welche Sachverhalte bzw. Erkenntnisse Ihre Zuhörer/-innen sich unbedingt merken sollen.
Beim oben vorgestellten ersten Referatsthema ist eine solche zentrale Erkenntnis z. B.: „Goethes sich wandelnde Literaturauffassung lässt sich an seinen Liebesbeziehungen nachzeichnen.“
Wie viele zentrale Informationen Ihr Referat enthalten kann, richtet sich nach dem Zeitrahmen, den Sie zur Verfügung haben. Generell ist mit einem Erklärungsaufwand von 5–10 Minuten pro Sachverhalt bzw. Unterthema zu rechnen. In einem üblichen Schulreferat von 15–25 Minuten Sprechzeit können Sie also ca. drei zentrale Informationen vorstellen. Diese Struktur ist als „Fünf-Schritte-Muster“ bekannt.

! **Fünf-Schritte-Muster für die Konzeption von Referaten**

Schritt 1:	Einleitung
Schritt 2–4:	Entfaltung des Themas in 3 Schritten
Schritt 5:	Schluss

Erst wenn Sie exakt formulieren können, welche zentralen Informationen sich Ihre Zuhörer/-innen merken müssen, haben Sie Ihr Thema ausreichend durchdrungen. Konzentrieren Sie sich auf diese zentralen Inhalte, für alles Weitere gilt das Prinzip „Mut zur Lücke“!

3 Verfassen Sie nach dem Fünf-Schritte-Muster eine Grobgliederung für das von Ihnen gewählte Referatsthema. Für Thema 1 können Sie das folgende Beispiel nutzen und ergänzen.

Gliederung zum Referatsthema „Vom Sturm und Drang zur Klassik: Goethe und seine Beziehungen zu Frauen" (Beispiel):

1. *Einleitung*
2. *Ein Überblick über Goethes Beziehungsbiografie*
3. *Liebe zu Charlotte Buff, dazu ein Beispieltext: …*
4. *Die Beziehung zu Charlotte von Stein als Beispiel einer Liebesbeziehung nach der Sturm-und-Drang-Phase, dazu ein Beispieltext: „Warum gabst du uns die tiefen Blicke"*
5. *Schluss*

Die Auswahl der wichtigsten Inhalte richtet sich nicht nur nach dem Gegenstand, sondern auch nach dem **Publikum** des Referats. Je nach Publikum müssen Sie mit unterschiedlichem **Vorwissen** rechnen. Analysieren Sie möglichst genau, welches Vorwissen Sie bei Ihrem Publikum realistischerweise erwarten dürfen. Alles, was Ihre Zuhörer/-innen wahrscheinlich nicht wissen, müssen Sie erklären.

Die Grobgliederung für die beiden auf S. 13 genannten und in diesem Kapitel behandelten Beispielthemen ergibt sich – abgeleitet aus der Fragestellung – aus den Aspekten „Chronologie", „Epochen der Literaturgeschichte" und „zentrale Personen in der Biografie". Bei andersartigen Fragestellungen müssen andere Ordnungsmodelle gefunden und ggf. kombiniert werden.

!

Ordnungsmodelle für die Konzeption von Referaten (Beispiele)

- **Schlüsselbegriffe** bilden: z. B. bei biografischen Informationen: Lebensphasen, berufliches Engagement, zentrale Werke
- nach **Ursache und Folge** ordnen (z. B. die Rolle der Industrialisierung für die Entstehung der deutschen Romantik)
- nach **Relevanz** einteilen: am wichtigsten – wichtig – als Hintergrund wissenswert
- **Ursache, Verlauf, Wirkung** aufzeigen (bei historischen Vorgängen)
- **Phasen/Epochen** bilden (bei chronologischen, z. B. biografischen Daten)
- **vom Allgemeinen zum Konkreten** anordnen: Umriss des Problems – Beispiele

1.2 Den Vortrag des Referats vorbereiten

In der zweiten Phase Ihrer Vorbereitung bis hin zur Erstellung des Manuskripts bzw. Spickzettels für den Vortrag leitet Sie folgende Überlegung: Wie gelingt es, den Zuhörern die wesentlichen Informationen dauerhaft zu vermitteln? Diese Leitfrage hat Auswirkungen auf unterschiedliche Bereiche:

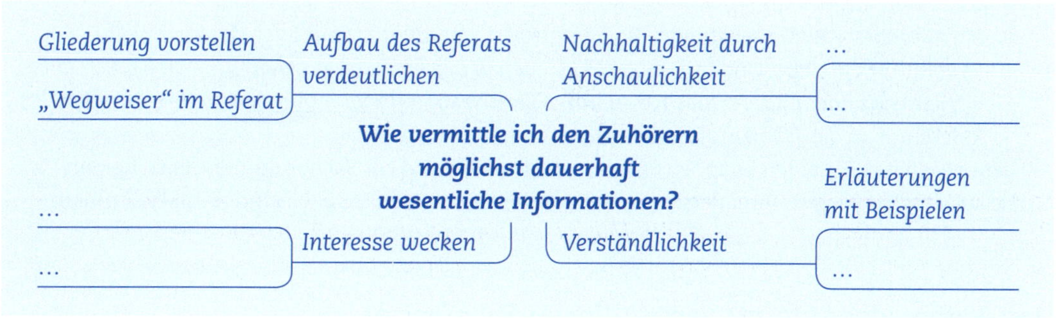

Gliederung vorstellen
„Wegweiser“ im Referat
Aufbau des Referats verdeutlichen
Nachhaltigkeit durch Anschaulichkeit
...
...

Wie vermittle ich den Zuhörern möglichst dauerhaft wesentliche Informationen?

...
...
Interesse wecken
Verständlichkeit
Erläuterungen mit Beispielen
...

1 Übertragen Sie die Mind-Map in Ihre Unterlagen und ergänzen Sie weitere Aspekte, die Ihnen wichtig erscheinen.

Der Einstieg: Interesse wecken

Sorgen Sie gleich am Anfang für Motivation. Der beste Anfang ergibt sich immer aus Ihrem Thema; alle allgemeinen Einleitungsformeln („Ich halte heute ein Referat über ...“) sind demgegenüber nur zweite Wahl.

1 Überlegen Sie sich einen geeigneten, vielleicht originellen Einstieg zu Ihrem in Aufgabe 2 auf S. 15 gewählten Referatsthema. Greifen Sie auf die Tipps im Merkkasten zurück.

!

Einstiege für Referate (Beispiele)

Möglichkeit 1: Die Zuhörer/-innen abholen
Es bieten sich verschiedene Anknüpfungspunkte, um den Zuhörer/die Zuhörerin aus einer gegebenen Situation zum Referatsthema zu führen, z. B.:
- der **Unterrichtszusammenhang**; Beispiel: „In der letzten Stunde haben wir einige Merkmale des Sturm und Drang wiederholt. Ich möchte heute ein Beispiel geben für ...“
- der **Vorredner**/die **Vorrednerin**; Beispiel: „Jan hat gestern über Klopstock gesprochen. Auch mit diesem Autor pflegte Goethe eine Freundschaft. Ich stelle euch heute vor, welche ...“
- ein **Jahrestag** oder **Tagesereignisse**; Beispiel: „Gerade steht im Stadttheater Schillers Drama ‚Die Räuber‘ auf dem Spielplan. Die Literatur des Sturm und Drang ist immer noch aktuell ...“
- **gemeinsame Erlebnisse/Erfahrungen/Probleme**; z. B.: „Wenn man aktuellen Umfragen glaubt, dann spielt Freundschaft für Jugendliche manchmal eine noch wichtigere Rolle als die Beziehung zu den Eltern und sogar als Liebesbeziehungen. Es handelt sich also um ein für uns alle wichtiges Thema, wenn ich heute über Goethe und seine Freunde rede.“

Möglichkeit 2: Die Zuhörer/-innen mit etwas Neuem konfrontieren, sie überraschen
Folgende „Aufhänger" bieten sich an:
- **wichtige Fragen**; z. B.: „Was bedeutet eigentlich Freundschaft?"
- ein **Zitat** oder **Sprichwort**; z. B.: „‚Freundschaft ist die Blüte des Augenblicks und die Frucht der Zeit' (Kotzebue). Beide Aspekte dieses Zitats treffen auch auf Goethes Freundschaften zu ..."
- ein mitgebrachter **Gegenstand**; z. B.: „Dieses Lebkuchenherz stammt von der Kirchweih. Es steht für die Liebe. Und um Liebe soll es auch in diesem Referat gehen ..."
- ein **Kernsatz** oder **Bild**, der/das z. B. mit dem Overheadprojektor hinter dem Referenten/der Referentin an die Wand projiziert wird

Generell sollten Sie einen knappen Einstieg wählen und bald zur Sache kommen. Entscheiden Sie, welcher Einstieg zu Ihrer Persönlichkeit passt – aber wagen Sie auch einmal ein Experiment.

Den Aufbau des Referats verdeutlichen: Wegweiser

Sorgen Sie dafür, dass Ihre Zuhörer/-innen die Struktur Ihres Referats präsent haben und jederzeit wissen, worüber Sie gerade sprechen. In einem Referat kann man nicht zurück- oder vorblättern, um sich Orientierung zu verschaffen, Ihr Publikum ist ganz auf Sie angewiesen.
Man kann den Aufbau des gesamten Referats zu Beginn vorstellen – jedenfalls sollte man im Referat „Wegweiser" anbringen und diese bereits zu Hause vorbereiten.

! **Wegweiser im Referat**

- **Kündigen** Sie jeden **neuen Gliederungspunkt an**. Noch besser als formale Übergänge („Damit komme ich zum nächsten Aspekt ...") sind inhaltliche Überleitungen, z. B.: „Liebesbeziehungen hatte Goethe aber nicht nur zu jungen, ihm unterlegenen Mädchen, sondern auch zu reifen, intellektuellen, ihm in mancher Hinsicht überlegenen Frauen. Seine Beziehung zu Frau von Stein könnte unter dem Motto stehen: Goethes Minnedienst."
- **Verdeutlichen** Sie an geeigneten Stellen wiederholend den **Bezug Ihrer Ausführungen zum Gliederungspunkt** und **zum Referatsthema.**
- **Schließen** Sie einen umfangreicheren **Gliederungspunkt** jeweils **mit einer knappen Zusammenfassung ab.**

---

1 Entwerfen Sie zu dem von Ihnen gewählten Referatsthema inhaltliche Wegweiser zwischen den Gliederungspunkten.

Verständlich referieren: Fremdwortgebrauch, Satzbau, Beispiele

Die Verwendung von nicht erläuterten Fach- und Fremdwörtern hemmt bei einem mündlich vorgetragenen Text oft das Verständnis. Manchmal stammen die Wörter aus unzureichend verstandenen oder zu wenig ins Mündliche überführten schriftlichen Informationen.

Ein weiteres Hemmnis bilden zu lange Sätze. Während in der geschriebenen Sprache auch umfangreiche, verschachtelte Sätze verständlich sein können, gilt in der gesprochenen Sprache in der Regel: Sätze sollten nicht mehr als 15 Wörter und nicht mehr als einen Nebensatz enthalten.

!

Faustregeln für verständliches Referieren

- Sprechen Sie in kurzen Sätzen.
- Bevorzugen Sie Hauptsätze.
- Erklären Sie Fachbegriffe.
- Vermeiden Sie unnötige Fremdwörter.

1 Beachten Sie diese Faustregeln und wandeln Sie den folgenden Auszug aus einem Lexikonartikel in einen mündlich verständlichen Text um. Sie müssen dabei auch Informationen weglassen. Erproben Sie Ihre Ergebnisse, indem Sie sich Ihre Texte vorlesen.

Sturm und Drang, geistige Bewegung in Deutschland von Mitte der sechziger bis Ende der achtziger Jahre des 18. Jh.s. Die Bez. „St. u. D." wurde nach dem Titel eines Schauspiels von F. M. Klinger (1777) auf die ganze Bewegung übertragen. Ihr *Ausgangspunkt* ist eine jugendl. Revolte gegen die Einseitigkeiten der ↑ Aufklärung, gegen ihren Rationalismus, ihren Fortschrittsoptimismus, ihre Regelgläubigkeit und ihr verflachtes Menschenbild, aber auch gegen die „unnatürliche" Gesellschaftsordnung mit ihren Ständeschranken, erstarrten Konventionen und ihrer lebensfeindl. Moral. Der St. u. D. ist jedoch nicht nur auf diese Opposition begrenzt. Während er im polit. Bereich wirkungslos blieb, gab er dem geist. Leben Impulse, die noch in jeweils anderer Akzentuierung auf die ↑ Weimarer Klassik, die ↑ Romantik, auf Büchner, auf ↑ Naturalismus und ↑ Expressionismus bis hin zu Brecht nachwirkten. Im Zentrum stehen als *Leitideen* die Selbsterfahrung und Befreiung des Individuums als leib-seelischer Ganzheit; gegenüber dem Verstand wird nun besonders der Wert des Gefühls, der Sinnlichkeit und der Spontaneität betont.

(aus: Metzler-Literaturlexikon)

2 Schwierige und abstrakte Begriffe erfordern nicht nur eine Begriffsklärung, sondern auch ein einprägsames Beispiel. Erläutern Sie wichtige abstrakte Begriffe aus dem Lexikonartikel zum Sturm und Drang und geben Sie ein prägnantes Beispiel.

Revolte *bezeichnet den Aufstand, die Auflehnung gegen bestehende polititsche oder gesellschaftliche Verhältnisse. Anders als die Revolution geht die Revolte von einer kleineren Gruppe aus und hat weniger weitreichende direkte Folgen. Ein Beispiel aus der jüngeren Vergangenheit ist die Studentenrevolte Ende der 60er und Anfang der 70er Jahre. Diese zielte wie die Sturm-und-Drang-Bewegung auf eine Befreiung des Einzelnen von einschnürenden und veralteten gesellschaftlichen Vorschriften.*
Aufklärung ... Rationalismus ... Fortschrittsoptimismus ... Ständeschranken ... Konventionen ...

Für Nachhaltigkeit sorgen: Visualisieren

Informationen können besser behalten werden, wenn beim Lernen mehrere Sinne beteiligt sind und Inhalte nicht nur gehört, sondern z.B. zugleich auch gesehen und gelesen werden können. Sie müssen in Ihrem Referat also Visualisierungen für zentrale Informationen einbauen.

! **Möglichkeiten der Visualisierung**

- Mind-Maps oder Cluster (→ S. 347 f.) veranschaulichen Strukturen und Zusammenhänge.
- Schaubilder (→ S. 350) visualisieren z.B. die Beziehungen von Figuren in einem Text.
- Stichworte/Zitate/Zahlen zu zentralen Informationen geben zusätzlich zum Gesprochenen optische Anhaltspunkte.
- Diagramme verdeutlichen quantitative Zusammenhänge.
- Landkarten zeigen geografische Bezüge.
- Gegenstände machen Sachverhalte „begreiflich".
- Bilder geben z.B. einen Eindruck von Personen, über die man spricht. Gut ausgewählte Bilder können den Ablauf einer Biografie versinnbildlichen. Kunstwerke können wichtige Aspekte hervorheben und einen Eindruck von zeittypischen Gestaltungsweisen vermitteln. Karikaturen spitzen Sachverhalte zu und sorgen für eine Pointe.

Beispiel für eine Visualisierung zum Thema „Vom Sturm und Drang zur Klassik: Goethe und seine Beziehungen zu Frauen":

Goethe
in jungen Jahren
Porträt von G.O. May

Lotte und Werther
„Brotschneideszene", Buchillustration zum „Werther" von D. Chodowiecki (1778)

Charlotte Buff
Pastellbild, anonym

1 Planen Sie für das von Ihnen bisher bearbeitete Referatsthema drei abwechslungsreiche Möglichkeiten der Visualisierung von Zentralaussagen. Sie können die Anregungen im Merkkasten auf S. 20 aufgreifen oder eine weitere Idee umsetzen.

Eine besondere Form der Visualisierung ist das Thesenpapier oder Handout. Es wird vielfach von den Mitschülern/Mitschülerinnen und bisweilen auch vom Lehrer/der Lehrerin als Teilleistung des Referats erwartet.

Das Thesenpapier

Das Thesenpapier soll dem Zuhörer/der Zuhörerin später die **Rekapitulation des Referats** ermöglichen.
Es beinhaltet die **ausformulierten zentralen Informationen** in der Reihenfolge des mündlichen Vortrags; darüber hinaus gibt es **Hinweise auf Belege für die Behauptungen** (z. B. Titel von Texten).
Zusätzliche Informationen oder Abbildungen können aufgenommen werden.
Im Kopf enthält das Thesenpapier **Angaben zum Referatsthema**, zum **Referenten**/zur **Referentin** und zum **Datum**.
Das Thesenpapier ist höchstens **eine DIN-A4-Seite** lang.

2 Entwerfen Sie zu Ihrem Referatsthema ein Thesenpapier.

Das freie Sprechen vorbereiten: Manuskript schreiben

Immer wieder wird in der Schule von Ihnen verlangt, Referate frei zu halten und nicht abzulesen. Keine ratsame Option ist es, das Referat auswendig zu lernen: Dieses Verfahren verbindet alle Nachteile des Ablesens mit allen Gefahren des freien Sprechens.
Auf dem Weg zum vollständig freien Referat gibt es einige hilfreiche Zwischenstationen. Egal für welche der auf S. 22 vorgestellten Methoden Sie sich entscheiden: Planen Sie stets eine häusliche Generalprobe ein.

1 „Referate sollten vollständig frei gehalten werden!“
Sammeln Sie Gründe, die diese Forderung unterstützen, und Befürchtungen, die sie bei Ihnen auslöst.

2 Erproben Sie eine der Methoden auf S. 22 zu dem von Ihnen gewählten Thema. Berücksichtigen Sie beim Anfertigen der Unterlagen für Ihr Referat auch die zuvor in diesem Kapitel gegebenen Hinweise. Sie können auch arbeitsteilig Kleingruppen bilden und so jede Möglichkeit vor der gesamten Lerngruppe durchspielen.

3 Überlegen Sie, in welcher Redesituation und bei welcher Erfahrung des Redners / der Rednerin Sie welche Methode empfehlen würden.

1

Ausformuliertes Manuskript mit Regieanweisung

Das Referat wird auf DIN-A4-Blätter geschrieben.

Jede Information steht in gut lesbarer Schrift in einem eigenen Absatz.

Schlüsselbegriffe sind markiert – so können Sie sich bei Ihrem Vortrag vom Manuskript lösen.

Der Text enthält „Regieanweisungen" für Blickkontakt, Betonungen, Pausen, eventuell auch für Gesten.

2

Stichworte und ausformulierter Text

Die Manuskript-Blätter (DIN A4) werden mit einem breiten Rand versehen (etwa ein Drittel des Blattes). Der ausformulierte Text steht in der breiten Spalte. Zu jedem Absatz werden in der schmalen Spalte Stichworte notiert. Der Referent/die Referentin spricht möglichst frei anhand dieser Stichpunkte. Im Notfall hilft der ausformulierte Text.

breiter Rand

Stichworte

3

Karteikärtchen

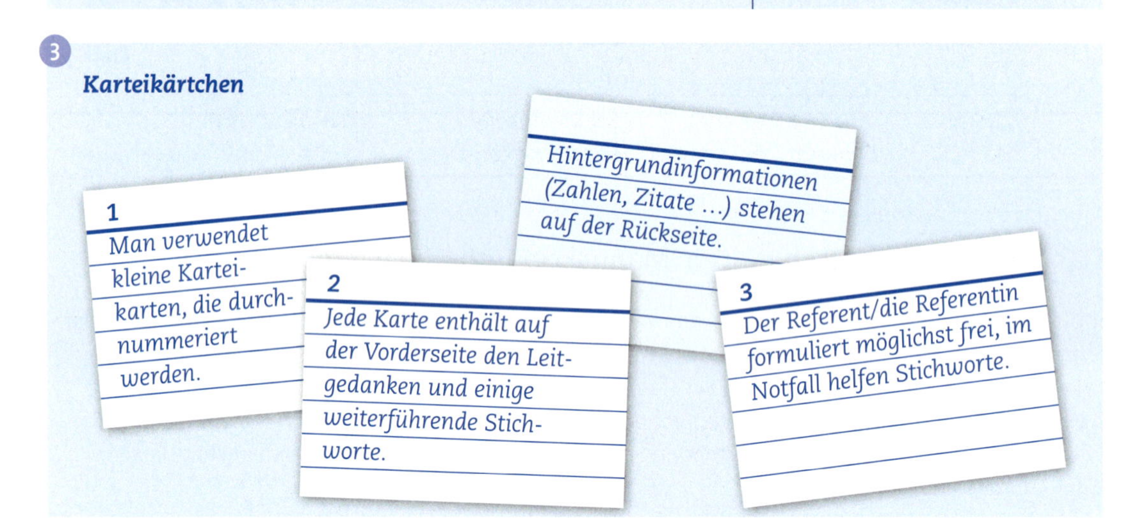

1
Man verwendet kleine Kartei-karten, die durch-nummeriert werden.
2
Jede Karte enthält auf der Vorderseite den Leit-gedanken und einige weiterführende Stich-worte.
Hintergrundinformationen (Zahlen, Zitate ...) stehen auf der Rückseite.
3
Der Referent/die Referentin formuliert möglichst frei, im Notfall helfen Stichworte.

4

Gliederungsblatt

Text auf einem einzigen DIN-A4-Blatt
Leitgedanken in Stichworten
Blattende: ausformulierter Schlusssatz

5

Medientrick

- Der Referent / die Referentin verwendet ein **visuelles Medium** (Folie, Tafel, Arbeitsblätter, Computerpräsentation usw.).
- Das Medium dient als **Spickzettel** für das Referat. Jede neue Folie/jede neue Seite enthält den nächsten Leitgedanken.

1.3 Das Referat halten

Medien einsetzen

Schon bei der Vorbereitung des Vortrags haben Sie über Visualisierungen nachgedacht. Jede Visualisierung benötigt ein Medium, und jedes Medium hat Vor- und Nachteile. Bedenken Sie grundsätzlich:
- Ein Referat ist ein mündlicher Vortrag, keine Multimediashow.
- Medien unterstützen den Vortrag, sie sind kein Selbstzweck und machen den Referenten/ die Referentin nicht überflüssig.
- Wer Medien einsetzt, muss die erforderliche Technik beherrschen.

---

1 Übertragen Sie die folgende Tabelle in Ihre Unterlagen und vervollständigen Sie die Notizen. Ergänzen Sie gegebenenfalls weitere Medien.

Medium	**Vorteile**	**Nachteile**	**Was ich beachten muss**
Handout/ Arbeitsblatt	*ist leicht handhabbar* ...	*lenkt die Aufmerksamkeit vom Vortrag ab* ...	*darf den Vortrag nicht doppeln* ...
Plakat	*kann vorbereitet werden* ...	*Schwierigkeiten bei der Befestigung* ...	*„Powerstrips" mitbringen!* ...
Wandtafel	*einfach zu benutzen; bunte Kreiden erlauben Effekte.* ...	*Die Tafel muss zuvor abgewischt werden. Man dreht den Zuhörern/Zuhörerinnen den Rücken zu.* ...	*Lesbare Schrift verwenden!* ...
Overhead-Projektor	*Folien sind leicht herzustellen.* ...	*Nicht jeder im Raum kann die Folie erkennen.* ...	*Auf große Schrift achten!* ...
Computerpräsentation	*gute Schriftqualität; Effekte möglich* ...	*hoher technischer Aufwand* ...	...
...	...	...	...

2 Ordnen Sie den Visualisierungen, die Sie im Abschnitt „Für Nachhaltigkeit sorgen: Visualisieren" erarbeitet haben (S. 21, Aufgabe 1), jeweils ein passendes Medium zu und begründen Sie Ihre Entscheidung.

Praktische Rhetorik: Körpersprache, Sprechtempo, Blickkontakt

1 Betrachten Sie die Fotos. Beschreiben Sie, wie die abgebildeten Körperhaltungen auf Sie wirken. Entscheiden Sie, welche Haltung Ihnen für Referate besonders geeignet erscheint.

2 Niemand erwartet von Ihnen einen körpersprachlich perfekten Vortrag. Einige Übungen können Ihnen aber zu einem gesteigerten Bewusstsein für Ihre Körpersprache verhelfen.

a „Sich vorstellen“: Sie gehen durch den Raum; auf ein Signal hin stellen sich vorher ausgewählte Schüler/-innen der Person, die ihnen am nächsten steht, mit Angabe des Namens, des Alters und der Adresse vor. Sie sollen dabei einen möglichst freundlichen und offenen Eindruck machen. Die Begrüßten geben anschließend Feedback (→ S. 26).

b „Immer anders“: Überlegen Sie sich mindestens drei körpersprachliche Varianten, mit denen Sie den Satz „Wir haben jetzt Deutsch“ begleiten können. Lassen Sie Ihre Mitschüler/-innen raten, welche emotionale Botschaft Sie senden wollten.

Wenn Sie ein Referat ganz frei halten, ergeben sich sowohl notwendige **Sprechpausen** als auch die notwendige **langsame Sprechgeschwindigkeit** in der Regel von allein. Während Sie nach Formulierungen suchen, haben die Zuhörer/-innen Zeit zum Mitdenken.
Wenn Sie sich auf ein Manuskript stützen, müssen Sie hierauf gesondert achten. In Sprechpausen sollten Sie gezielt **Blickkontakt** zu den Zuhörern/Zuhörerinnen aufnehmen.

3 **a** Üben Sie anhand Ihres vorbereiteten Manuskripts aus dem Abschnitt „Das freie Sprechen vorbereiten: Manuskript schreiben“ (S. 21, Aufgabe 2): Sprechen Sie deutlich langsamer und etwas lauter als üblich. Machen Sie Pausen nach besonders wichtigen Informationen.

b Notieren Sie sich in regelmäßigen Abständen und an wichtigen Stellen die Aufforderung zum Blickkontakt. Sie können auch mit einem Mitschüler/einer Mitschülerin verabreden, dass Sie ihn/sie während des Referates häufiger anschauen. Denken Sie daran, Blickkontakt vor allem zu den Mitschülern, nicht nur zum Lehrer/zur Lehrerin zu suchen.

4 Halten Sie Ihr vorbereitetes Referat. Lassen Sie sich Feedback (→ S. 26) geben.
Falls eine Videokamera verfügbar ist, nehmen Sie Ihr Referat auf.

Praktische Rhetorik für Fortgeschrittene: rhetorische Mittel, Körpersprache

Gute Redner verwenden auch **rhetorische Mittel** (→ S. 330 ff.), um Ihren Vortrag einprägsam und interessant zu gestalten. Diese Mittel wirken beim Lesen oft künstlich, erzielen aber beim mündlichen Vortrag eine überzeugende und „natürliche" Wirkung.

!

Rhetorische Mittel im Referat

Rhetorische Fragen eignen sich etwa als Überleitung zu einem neuen Gliederungspunkt, z. B.: „Worin aber unterscheiden sich Goethes Beziehungen zu Frauen nach seiner Etablierung in Weimar von den Beziehungen in der Sturm-und-Drang-Phase zuvor?"
Die **Repetitio (gezielte Wiederholung)** verdeutlicht einen inhaltlichen Schwerpunkt, z. B.: „Liebe, Liebe – immer nur Liebe?"
Die **Variatio (Abwechslung)** z. B. im Attribut oder innerhalb des Wortfelds kann ein thematisches Spektrum eröffnen, z. B.: „Pubertäre Schwärmerei, erotische Liebe, platonische Liebe – all dies gab es in Goethes Leben."
Die **Klimax (Steigerung)** betont inhaltlich Wichtiges, z. B.: „Goethes Freunde sind Studienkollegen, Kumpel, Seelenverwandte."
Vergleiche können Abstraktes anschaulich oder historisch Fernes verständlich machen, z. B.: „Werthers Leidenschaftlichkeit wirkte ansteckend, Zeitgenossen imitierten diese Lebenshaltung und kleideten sich nach Werther-Art – so wie heute Filmstars und Mode-Idole als Trendsetter wirken."
Die **direkte Anrede** bezieht die Zuhörer/Zuhörerinnen mit ein, z. B.: „Wie wichtig ist euch die Liebe? Es ist also kein Wunder, dass Goethes Jugendgedichte von nichts anderem so oft sprechen."

Mittel der Körpersprache werden in der professionellen Rednerausbildung so lange geübt, bis sie (fast) natürlich wirken.

1 Erproben Sie solche rednerischen Mittel bei Ihrem vorbereiteten Referat. Nutzen Sie verbale und körpersprachliche Mittel.

1.4 Feedback, Fragen, Diskussionen

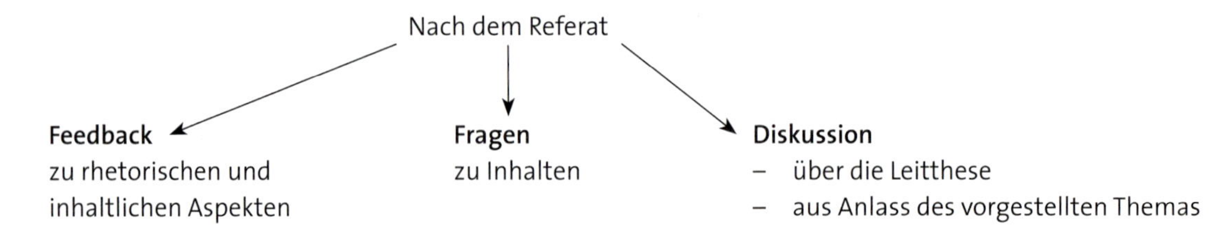

Feedback geben, mit Feedback umgehen

Feedback zu geben bedeutet, den eigenen Eindruck von einer Darbietung gegenüber dem Akteur/der Akteurin zu formulieren. Feedback hilft, die Darbietung (beim nächsten Mal) zu optimieren. Nach einem Referat in der Schule bietet sich Feedback immer dann an, wenn neben der Sachkompetenz auch die methodische Kompetenz – nämlich die Fähigkeit, gute Referate zu halten – gefördert werden soll.

Feedback geben

- Feedback wird in der **Ich-Form** gegeben: „Ich finde ...", „Nach meinem Eindruck ..."
- Feedback beginnt immer mit einem **konkreten Lob**. Also nicht: „Das hast du, finde ich, schon ganz gut gemacht", sondern: „Mir hat besonders dein witziger Einstieg gefallen."
- Erst anschließend wird **konkrete Kritik** vorgetragen, z. B.: „Mir hat im Hauptteil beim zweiten Punkt der Überblick gefehlt."
- Feedback enthält keine guten Ratschläge.

Feedback anzunehmen kann sehr schön sein, wenn es lobend ausfällt, und ist manchmal unangenehm, wenn Kritik geäußert wird. Sie sollten in jedem Fall aufmerksam zuhören. Nehmen Sie Hinweise aus einem kritischen Feedback besonders ernst, wenn Sie das Gesagte deutlich trifft („Verflixt, er/sie hat recht!") oder wenn derselbe Aspekt von mehreren Mitschülern/Mitschülerinnen geäußert wird.

1 Sie können Ihr Feedback systematisieren, wenn Sie einen Feedbackbogen erstellen. Ergänzen Sie den folgenden Anfang mit geeigneten Kriterien – Hinweise finden Sie im gesamten Kapitel A1.

		immer	*oft*	*selten*
Inhalt und Aufbau	*inhaltliche Verständlichkeit*	...	...	...
	klare zentrale Aussagen	...	...	...
	...	...	...	...
rhetorische Präsentation	*Orientierung an den Zuhörern*	...	...	...
	gute Körpersprache	...	...	...
	...	...	...	...

Fragen zum Referat

Referate werden gerne mit der Frage „Gibt es noch Fragen?“ beendet. Manchmal verdeutlicht die Körperhaltung eines fluchtbereiten Referenten/einer fluchtbereiten Referentin, dass die Zuhörer/-innen sich hüten sollten, zu fragen. Das ist jedoch schade: Fragen sind ein Qualitätssignal für ein gutes Referat.

! **Fragen zum Referat: Hinweise für Fragende**

- **Konkrete Sachfragen** („Was ist denn eine ‚Muse'?“) sollten gleich während des Vortrags gestellt werden.
- **Weiterführende Fragen** sparen Sie sich bis zum Ende des Referats auf und notieren sie gegebenenfalls. Gewöhnen Sie sich an, sich während des Referats mindestens eine Frage aufzuschreiben. Am Anfang hilft Ihnen die Orientierung an W-Fragen (wann, wer, wo, warum ...). Spannender als Fakten-Fragen („Wann hat Goethe geheiratet?“) sind oft Denk-Fragen („Warum hat Goethe geheiratet?“).
- Unfaire Fragen, die das Thema des Referats nur streifen und die Überlegenheit des Fragers/der Fragerin unter Beweis stellen sollen, sind zu vermeiden („Welche Rolle spielte eigentlich Goethes Freund Herder für die idealistische Philosophie?“).

---

1 Entscheiden Sie bei den folgenden Fragen zu einem Referat zu Thema 1 von S. 13, welche Sie für weiterführend und gleichzeitig fair halten.
Formulieren Sie zu den beiden Referatsthemen auf S. 13 selbst solche Fragen.
- *„Weiß man eigentlich, ob Goethes Beziehung zu Frau von Stein platonisch war?“*
- *„Warum hat Goethe die Verlobung mit Lili Schönemann gelöst?“*
- *„Wie viele Freundinnen hatte Goethe?“*
- *„Sind die Sesenheimer Lieder autobiografisch?“*
- *„Wie war ein Jura-Studium im 18. Jahrhundert beschaffen?“*

! **Fragen zum Referat: Hinweise für Antwortende**

- Beantworten Sie Fragen knapp und präzise, halten Sie kein zweites Referat.
- Bei ausreichender Vorbereitung ist die Angst vor Fragen, die Sie nicht beantworten können, unbegründet. Natürlich wissen Sie nicht alles: Sagen Sie es offen, wenn Sie keine Antwort wissen, und geben Sie die Frage gegebenenfalls an die Zuhörer/-innen weiter.

Eine Diskussion moderieren

Bisweilen dienen Referate als Impuls für eine Diskussion. Oft fällt dann dem Referenten/der Referentin die Rolle eines Moderators/einer Diskussionsleiterin zu. Bei Streitfragen bleibt der Moderator/die Moderatorin neutral; während der Diskussion geht es vor allem darum, zuzuhören, an geeigneter Stelle zusammenzufassen oder neue Impulse zu geben. Bei größeren Gruppen führt der Diskussionsleiter/die Diskussionsleiterin eine Rednerliste. Er/sie darf auch Diskutanten zurechtweisen, wenn sie stören, abschweifen oder zu lange reden.

Beispiel für verbale Moderationstechniken in einem Diskussionsverlauf:

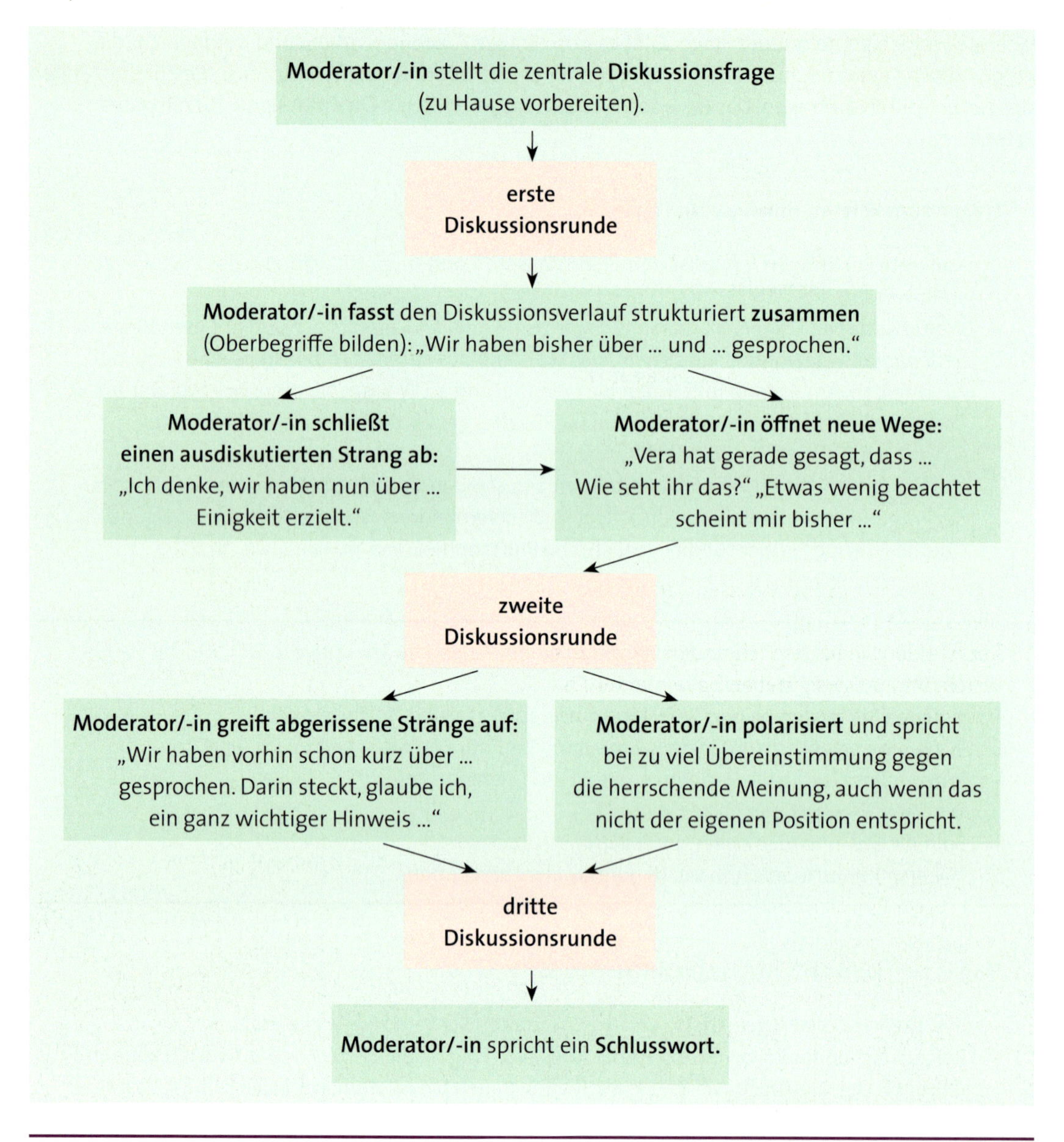

1 Probieren Sie diese Moderationstechniken im Anschluss an eines der von Ihnen vorbereiteten Referate aus. Um den Reiz zu steigern, können sich die Diskussionsteilnehmer auch darauf einigen, die zu ihrer eigentlichen Position gegensätzliche Meinung zu vertreten.
Themen könnten wie folgt lauten:
- *Lieben wie Werther – heute noch aktuell?*
- *Sturm und Drang – eine Lebenshaltung für die Gegenwart?*
- *Sturm und Drang – typisch Jugend?*

Falls Sie das Klassik-Kapitel (→ S. 159 ff.) schon bearbeitet haben:
- *Goethe – vom Sturm-und-Drang-Autor zum Klassiker: Fortschritt oder Verlust?*

B Schreiben

Schreibe, wie Du redest, so schreibst Du schön.
Gotthold Ephraim Lessing (1729–1781)

Schreiben ist leicht. Man muss nur die falschen Wörter weglassen.
Mark Twain (1835–1910)

Im Augenblick des Hinschreibens mag man in jeden Satz verliebt sein, hinterher aber muss diese „Affenliebe" des Verfassers der anspruchsvollen und verwöhnten Strenge des Lesers weichen.
Christian Morgenstern (1871–1914)

Ich mache es folgendermaßen, ich arbeite vier Stunden am Tag, und dann, meistens am frühen Abend, lese ich noch einmal alles durch, was ich geschrieben habe, und dann wird viel geändert und umgestellt. Und ich schreibe mit der Hand, und alles mache ich in zwei Versionen.
Truman Capote (1924–1984)

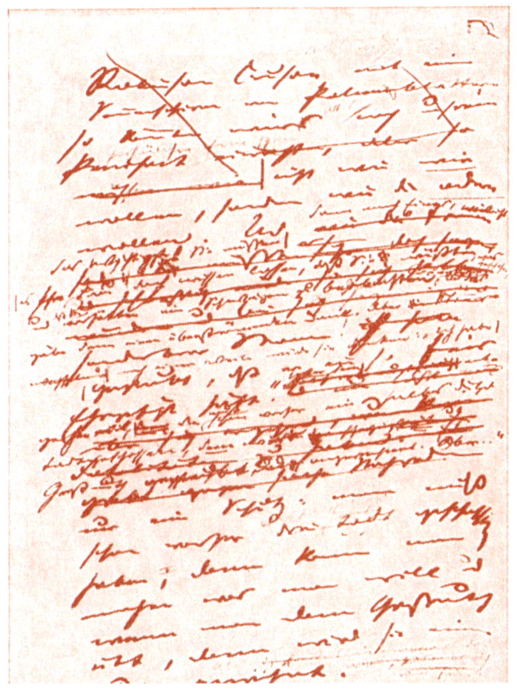

Theodor Fontane: Effi Briest, Manuskriptseite

1 **a** Wählen Sie zwei der Zitate aus und verfassen Sie eine Erwiderung oder Fortsetzung, indem Sie auf eigene Erfahrungen mit dem Schreiben eingehen.
b Vergleichen und diskutieren Sie Ihre Statements in der Lerngruppe.

2 Manche Texte werden spontan und schnell geschrieben, andere in mehreren Arbeitsgängen verfasst. Stellen Sie in einem Schaubild dar, welche Arbeitsphasen Sie beim Anfertigen verschiedener Texte durchlaufen.

1 Schreiben über Literatur – poetische Texte interpretieren

1.1 Einführung in die Literaturinterpretation

Sicher haben Sie schon die Erfahrung gemacht, dass Sie einen Text ganz anders verstanden haben als Ihre Mitschüler/-innen oder der Lehrer/die Lehrerin. Kann man einen Konsens im Textverständnis und in der Interpretation finden?

Ebenen der Texterschließung und der Interpretation

Joseph von Eichendorff: **Mondnacht** (1837)

Es war, als hätt' der Himmel
Die Erde still geküsst,
Dass sie im Blüten-Schimmer
Von ihm nun träumen müsst'.

5 Die Luft ging durch die Felder,
Die Ähren wogten sacht,
Es rauschten leis die Wälder,
So sternklar war die Nacht.

Und meine Seele spannte
10 Weit ihre Flügel aus,
Flog durch die stillen Lande,
Als flöge sie nach Haus.

Caspar David Friedrich:
Mann und Frau den Mond betrachtend (um 1830–35)

Joseph von Eichendorff (1788–1857)

1 Vergleichen Sie Ihr Textverständnis, indem Sie die Aufgaben a bis d bearbeiten. Prüfen Sie, wo Sie zu gleichen und wo Sie zu abweichenden Ergebnissen kommen.
a Bestimmen Sie Metrum (→ S. 340) und Rhythmus (→ S. 341) des Gedichts und deren Funktion für den Inhalt und die Aussage.
b Erläutern Sie die sprachlichen Bilder „geküsst" (V. 2) und „Flügel" (V. 10).
c Deuten Sie das Gedicht in seiner Gesamtheit: Worauf verweisen die drei Strophen Ihrer Meinung nach? Sie können Ihre Deutungen in einer Zettellawine (→ S. 349) vergleichen.
d Diskutieren Sie das in dem Gedicht „Mondnacht" vermittelte Naturbild aus heutiger Sicht.

2 Ordnen Sie die Aufgaben 1 a bis d den auf S. 31 genannten drei Ebenen der Texterschließung zu.

! **Ebenen der Texterschließung: Textbeschreibung, Textdeutung, Textbewertung**

Textbeschreibung: Aussagen zur Struktur des Textes, z. B. zu sprachlichen, formalen und gattungstypischen Gestaltungsmitteln

Textdeutung: Interpretation deutungsbedürftiger Textelemente, z. B. Auslegung indirekter oder mehrdeutiger Aussagen, Deutung der Funktion von Gestaltungsmitteln für den Text, Gesamtdeutung des Textes

Textbewertung: Stellungnahmen z. B. zur Aktualität oder zu Inhalt und Gestaltung des Textes

Textbeschreibung und Textdeutung werden bei der Interpretation meist eng miteinander verbunden.

Richtiges Textverständnis?: Schlüssigkeit der Interpretation

Einen Text zu interpretieren heißt, sich nicht mit dem rein subjektiven Verständnis zu begnügen, sondern das eigene Textverständnis auch für andere plausibel und nachvollziehbar machen zu wollen. Das Interpretieren zielt auf gemeinsames Textverstehen, darauf, andere von der eigenen Deutung zu überzeugen und sich gegebenenfalls vom Textverständnis anderer die Augen öffnen zu lassen. Ob eine Deutung überzeugen kann, hängt davon ab, wie schlüssig sie ist.

! **Schlüssigkeit der Interpretation**

Für die Schlüssigkeit einer Interpretation sind folgende Aspekte wichtig:
- Schlüssigkeit des Textverständnisses: Übereinstimmung von Deutung und Textstellen
- Schlüssigkeit innerhalb der Argumentation eines/einer Interpretierenden
- Schlüssigkeit zwischen Interpretation und textexternen Faktoren, soweit sie berücksichtigt werden können

1 Diskutieren Sie die strittigen Ergebnisse aus Aufgabe 1 a–d auf S. 30.
Versuchen Sie, sich über die Interpretation der betreffenden Textstellen zu verständigen, indem Sie die Schlüssigkeit Ihrer Deutungen prüfen.

Argumentierende Darstellung

Um Ihre Mitschüler/-innen von Ihrer Deutung zu überzeugen, müssen Sie Argumente für Ihre Interpretation anführen. Die Argumente sollten mit Beispielen veranschaulicht und mit Belegen gestützt werden. Als Argumente dienen Interpretationsergebnisse einzelner Textabschnitte oder die Ergebnisse der Analyse einzelner Aspekte. Beispiele werden aus der detaillierten Untersuchung des Inhalts, des Aufbaus und der Gestaltung gewonnen; als Belege dienen direkte oder indirekte Zitate (→ S. 318 f.) mit Zeilen- oder Versangaben. Die Zusammenfassung Ihrer Argumente ergibt Ihre Interpretationsthese.

!

Schema der argumentierenden Darstellung

Interpretationsthese
zusammenfassende Aussage zum Textverständnis

Argument
Ergebnisse der Untersuchung eines Absatzes oder eines Aspekts
(z. B. Raumgestaltung und ihre sprachliche Darstellung)

Beispiele
einzelne Beobachtungen zu Inhalten, Merkmalen des Aufbaus, zur sprachlichen, formalen, erzähltechnischen bzw. dramaturgischen Gestaltung

Belege
direkte oder indirekte Zitate mit Vers- bzw. Zeilenangaben

Der folgende Ausschnitt aus einer Interpretation des Gedichts „Mondnacht" von Joseph von Eichendorff zeigt das argumentierende Vorgehen.

Interpretation des Gedichts „Mondnacht" von Joseph von Eichendorff (Auszug)

In dem Gedicht „Mondnacht" spricht das lyrische Ich von der All-Einheit, die es ersehnt und die fast erreicht wird.	*Interpretationsthese*
Das lyrische Ich nähert sich dieser Einheit in drei Stufen, denen auch der äußere Aufbau mit drei Strophen folgt. Zunächst scheinen sich (5) Irdisches und Himmlisches wie Liebende nahe zu kommen, dann stellt sich ein Einklang in der Natur her, und schließlich hat das lyrische Ich das Gefühl, als ob es in diese Einheit einbezogen würde und den Himmel erreichte. Das lyrische Ich stimmt sich zunehmend in die Natur ein: Das Gedicht ist also steigernd aufgebaut; der Kreis schließt (10) sich am Ende fast, wenn es der Seele so vorkommt, „als flöge sie nach Haus" (V. 12), als flöge sie zu Gott. Im Folgenden werden die drei Argumente ausgeführt.	*1. Argument* *2. Argument* *3. Argument*
In der ersten Strophe wird eine scheinbare, nur vorgestellte Verbindung des Himmlischen mit dem Irdischen dargestellt,	*1. Argument, Leitsatz*
und zwar durch (15) die Metapher des Brautkusses. In einer Metapher werden zwei Bereiche miteinander verknüpft, die in der Wirklichkeit nicht zusammengehören, hier der Kuss als Bildspender und Himmel und Erde als Bildempfänger; damit signalisiert die Metapher etwas Traumhaftes,	*sprachliches Gestaltungsmittel als Beispiel, mit Erläuterung*

	Überwirkliches. Diese Verbindung ist so innig, dass die Erde als Ge-	Inhalt als Beispiel
20	liebte den Himmel in ihre Träume aufgenommen hat und im „Blüten-	
	Schimmer" (V.3) strahlt.	Beleg
	Die harmonische Stimmung spiegelt sich in dem fließenden Rhythmus,	Rhythmus als
	der durch gleichmäßige Betonungen und durch Enjambements (V.3/4,	Beispiel, Beleg
	auch in V.9/10) zu Stande kommt. Die romantische Weltsicht legt na-	Stilmittel Chiffre
25	he, in den Bildern nicht nur eine Naturerscheinung zu sehen, sondern	als Beispiel
	eine Chiffre, ein Zeichen, für die Begegnung zwischen Göttlichem und	
	Irdischem.	
	Das lyrische Ich, das in dieser Strophe nicht genannt wird, nimmt sich	
	ganz zurück und ist offen für diese Erscheinung; es weiß, dass es	
30	nicht eine wirkliche, sondern eine irreale, eine Traumlandschaft oder	sprachliches Mittel
	eine ersehnte Landschaft wahrnimmt, wie der Konjunktiv signalisiert.	als Beispiel
	Für Eichendorff ist die Einheit zwischen Himmlischem und Irdischem	Zwischenergebnis,
	nicht erreichbar, in seinen Gedichten ist die Wehmut über die verloren	Bezug auf
	gegangene Einheit und Heimat zu spüren.	literatur-
		geschichtliches
35	Die Wahrnehmung des lyrischen Ichs richtet sich in der zweiten	Wissen
	Strophe auf die weite Landschaft, die es als harmonische Einheit sieht.	
	Sie ist wie auch schon in der ersten Strophe durch eine ungeheure	
	Weite und Höhe gekennzeichnet: Der Himmel und die Sterne schaffen	
	Höhe, die Felder und Wälder weisen in weite Fernen. Dadurch entsteht	
40	der Eindruck, der Raum werde unendlich.	
	Die vom lyrischen Sprecher wahrgenommenen Elemente des Raumes	
	stehen in wunderbarem Einklang miteinander. Wälder, Felder, Ähren	
	werden durch den leichten Luftzug (V.5) bewegt und zum Rauschen	
	(V.7) gebracht; dieser Gleichklang wird durch den parallelen Satzbau	
45	von V.5 und 6 und den Zeilenstil (V.5–8) unterstrichen. Der Einklang	
	wird durch die zahlreichen s/st/sch- und w-Laute hörbar wie in „rau-	
	schen", „sacht", „leis", „sternklar"; „wogten", „Wälder" (V.5–8).	
	Die Harmonie spiegelt sich in den leisen Tönen, hervorgehoben durch	
	das entsprechende Wortfeld: Adjektive wie „still" (V.2, 11), „leis" (V.7)	
50	und „sacht" (V.6) charakterisieren diese Landschaft.	
	Das lyrische Ich nimmt die Landschaft mit vielen Sinnen wahr: mit	
	dem akustischen, wenn es das Rauschen der Wälder hört (V.7), dem	
	taktilen, wenn es den Lufthauch spürt (V.5), und dem optischen, wenn	
	es die wogenden Ähren sieht (V.6). Alle Sinne sind geöffnet, das ly-	
55	rische Ich überlässt sich der Stimmung, es stimmt in den Einklang in	
	der Natur mit ein.	

1 Überprüfen Sie die in der Randspalte vermerkte Argumentationsstruktur (→ S. 344 f.) in den Ausführungen zum 1. Argument (Z. 13–34).

2 Identifizieren Sie im Abschnitt Z. 35–56 Argument, Beispiele, Erläuterungen und Belege. Notieren Sie die Ergebnisse in Ihren Unterlagen.

! **Zusammenwirken von Inhalt, Aufbau und Gestaltung**

Literarische Texte beziehen ihre Wirkung aus der Wechselbeziehung zwischen Inhalt, Aufbau, sprachlicher Gestaltung und gattungsspezifischer Gestaltung (Lyrik: Form, Epik: Erzählweise, Drama: Mittel der Dialoggestaltung). Darum müssen alle vier Elemente auf ihre Funktion für die Aussage des Textes befragt werden.

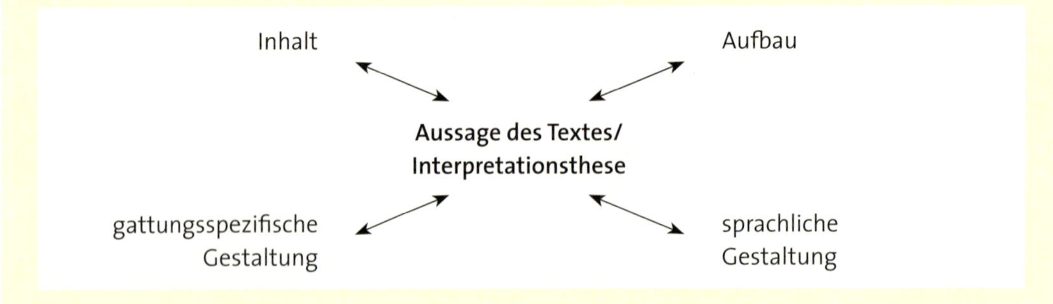

Das Zusammenwirken aller Elemente können Sie gut zeigen, wenn Sie einzelne Inhalte in Verbindung mit der Gestaltung darstellen; Sie wählen dann eine integrierte Darstellung.

---

3 Untersuchen Sie die Analyse der formalen und der sprachlichen Gestaltung in der Interpretation der zweiten Strophe von Eichendorffs Gedicht „Mondnacht" (S. 33, Z. 35–56):
a Stellen Sie fest, ob es sich um eine integrierte Interpretation handelt oder ob einzelne Gestaltungselemente isoliert betrachtet werden.
b Legen Sie eine Tabelle an, in der Sie den in der Interpretation erwähnten sprachlichen und formalen Gestaltungsmitteln jeweils ihre Funktion zuordnen.
c Überprüfen Sie, ob die erwähnten Gestaltungsmittel jeweils ausreichend belegt sind.
d Notieren Sie sich, mit welchen Verben der Interpret/die Interpretin die Erwähnung der Gestaltungsmittel und ihre Funktion an der betreffenden Stelle verknüpft, und ergänzen Sie weitere Möglichkeiten der Verknüpfung, z. B. *verdeutlichen, zeigen, verstärken …*

Literarische Texte verstehen und interpretieren: ein Prozess

Einen literarischen Text zu erschließen bedeutet, einen Prozess zu durchlaufen: In einer ersten Phase nähern Sie sich zunächst – vielleicht sehr subjektiv – dem Text an. In einer zweiten setzen Sie sich gründlich mit Text und Thema auseinander. Dabei werden Sie im folgenden Prozess Ihr vorläufiges Textverständnis immer wieder am Text überprüfen und es verfeinern und gegebenenfalls korrigieren. Auch das Schreiben über Literatur ist ein Prozess, der mehrere Phasen umfasst und oft Korrekturen im Textverständnis und in der Darstellung verlangt: Ersten Notizen folgt eine Einteilung in Sinnabschnitte, dann z. B. ein Cluster, in dem Sie erste Untersuchungsergebnisse festhalten. Diese vertiefen und strukturieren Sie im Folgenden weiter. In einer dritten Phase stellen Sie Ihre Ergebnisse dar: Sie schreiben eine Gliederung und – auf der Grundlage Ihrer Vorarbeiten – Ihren Aufsatz. In einer abschließenden Phase überarbeiten Sie Ihren Aufsatz.
Der Fahrplan unten zeigt Ihnen die Arbeitsschritte beim Anfertigen einer schriftlichen Interpretation. Sie können ihn bei Ihren Arbeiten als Checkliste verwenden.

1 **a** Vergegenwärtigen Sie sich Ihr bisheriges Vorgehen bei der Texterschließung und vergleichen Sie es mit der Übersicht unten und auf S. 36.
b Diskutieren Sie den folgenden Fahrplan. Wandeln Sie ihn bei Bedarf ab, z. B. indem Sie ihn auf Stichpunkte kürzen, die Sie auf Karteikarten übertragen.

!

Fahrplan und Checkliste zur Literaturinterpretation

Phase 1: Sich dem Text und dem Thema annähern

- **Text lesen, hören, spielen,** Assoziationen notieren
- **erste Eindrücke, erstes Textverständnis festhalten**
- die **Aufgabe** mehrmals **genau lesen, Handlungsanweisungen** („analysieren Sie …", „diskutieren Sie …") und **zentrale Begriffe** der Aufgabe markieren und **klären**

Phase 2: Sich mit dem Text auseinandersetzen

Vorarbeiten
- **unbekannte Wörter** und schwierige Inhalte **klären**
- **Hintergrundwissen vergegenwärtigen:** z. B. Biografie des Autors/der Autorin, kulturelle und gesellschaftliche Verhältnisse seiner/ihrer Zeit, literarische Strömungen
- **Analyseinstrumentarium vergegenwärtigen:** allgemeine und gattungsspezifische Gestaltungsmittel (→ S. 328 ff.); epochentypische Positionen und Gestaltungsmittel
- Text mehrfach durchlesen, in Kopien **markieren** (→ S. 356), **Notizen** machen

Erste Stoffsammlung anlegen
- den Text in **Sinnabschnitte gliedern** und den **Aufbau** des Textes **bestimmen**
- erste Funde zu Inhalt, Sprache und gattungstypischer Gestaltung z. B. in einem **Cluster** (→ S. 348) oder in einem Schaubild festhalten
- die **Erzähltechnik** (→ S. 333 f.), die Besonderheiten des **lyrischen Ichs** (→ S. 339) bzw. bei Dramenauszügen die **Gesprächssituation** (→ S. 337) **klären**

Den Text systematisch erschließen, Einsichten vertiefen
- bei der Darstellung einer Entwicklung sich am Verlauf des Textes orientieren **(lineares Vorgehen)**;
  bei der Darstellung eines Zustandes und/oder bei der Vorgabe von Untersuchungsaspekten diese untersuchen **(aspektorientiertes Vorgehen)**
- Beobachtungen zu Aufbau und Inhalt in der linken Spalte einer **Tabelle** festhalten;
  die formale, erzähltechnische oder dialogische sowie die sprachliche Gestaltung des Textes systematisch erarbeiten und in die zweite Spalte der Tabelle eintragen;
  die **Funktion der Gestaltungselemente für Inhalt und Aussage bestimmen**
- Beobachtungen zu einem Sinnabschnitt oder zu einem Aspekt in einem **Argument** zusammenfassen
- die Gesamtaussage des Textes, d. h. die **Interpretationsthese,** durch Zusammenfassung aller Argumente formulieren

Phase 3: Die Untersuchungsergebnisse darstellen

Eine Gliederung verfassen

- die formalen Anforderungen an eine Gliederung beachten:
  Einheitlichkeit in der Formulierung, im Allgemeinen in Nominalform;
  Konsequenz in der Nummerierung: entweder numerische Gliederung (Beispiele: → S. 67, S. 90 unten) oder im Buchstaben-Ziffern-System (Beispiele: → S. 41, 48, 57)
- logischen Bezug der Unterpunkte zu den Oberpunkten beachten
- **aussagekräftige Überschriften formulieren**
- **Gliederung für den Hauptteil:** (1) Interpretationsthese, (2) Inhaltskern und Aufbau, (3) Erzähler, lyrisches Ich oder Sprecher, Gesprächssituation, (4) mehrere geeignete Aspekte untersuchen; dabei Inhalt und sprachliche und gattungstypische Gestaltung in ihrer Wechselwirkung sehen (integrierendes Vorgehen); je nach Text oder Aufgabenstellung linear oder aspektorientiert vorgehen, (5) ggf. literaturhistorische Einordnung

Den Aufsatz schreiben

- **Einleitung**
  - eventuell **„Aufhänger“:** Zitat, aktuelle Bezüge
  - **Angaben zum Verfasser,** zum **Werk,** zur **Entstehungszeit**
- **Hauptteil**
  - **Interpretationsthese** – als roten Faden durch den Aufsatz verwenden und an geeigneter Stelle wieder aufnehmen
  - alle Ergebnisse auf die Interpretationsthese beziehen:
    Aufbau, Inhalt, sprachliche und gattungstypische Gestaltung
  - einen neuen Absatz mit einem **Leitsatz** beginnen, der den Bezug zwischen der Interpretationsthese und dem Folgenden herstellt
- **Schlussteil**
  z. B. einen **größeren Zusammenhang herstellen;** zum dargestellten Sachverhalt **Stellung beziehen; mit anderem Werk vergleichen;** oder **Aktualität** des Themas **aufzeigen**

Phase 4: Den Aufsatz überarbeiten

- **vollständige Erfüllung der Aufgabe überprüfen**
- die Umsetzung der unter „Phase 3“ dieses Fahrplans genannten Punkte kontrollieren
- **Gedankenführung** auf **Vollständigkeit** und **Überzeugungskraft prüfen** (z. B. die Begriffe „These“, „Argument“, „Beispiel“, „Beleg“ am Rand notieren)
- **funktionale Analyse der Gestaltung** (sprachlich, formal/erzähltechnisch/dialogisch) **überprüfen**
- auf korrekte **Rechtschreibung, Zeichensetzung** und **Grammatik** hin durchsehen, vor allem in den Bereichen, in denen Ihnen Ihre Schwächen bekannt sind
- korrekte Verwendung der **Fachbegriffe** und **Zitiertechnik** (→ S. 318 f.) **kontrollieren**
- einen Teil Ihres Aufsatzes in Ihrer Lerngruppe besprechen oder von Ihrem Lehrer/ Ihrer Lehrerin korrigieren lassen; diesen Teilaufsatz unter Berücksichtigung der Anmerkungen noch einmal schreiben

1.2 Lyrische Texte erschließen und interpretieren

Phase 1: Sich den Texten und dem Thema annähern

Joseph von Eichendorff: **Lockung** (um 1834)

Hörst du nicht die Bäume rauschen
Draußen in der stillen Rund'?
Lockt's dich nicht, hinabzulauschen
Von dem Söller[1] in den Grund,
5 Wo die vielen Bäche gehen
Wunderbar im Mondenschein
Und die stillen Schlösser sehen
In den Fluss vom hohen Stein?

Kennst du noch die irren Lieder
10 Aus der alten schönen Zeit?
Sie erwachen alle wieder
Nachts in Waldeseinsamkeit,
Wenn die Bäume träumend lauschen
Und der Flieder duftet schwül
15 Und im Fluss die Nixen[2] rauschen –
Komm herab, hier ist's so kühl.

1 Söller: offener Durchgang, überdachter Balkon
2 Nixe: Wasserjungfrau, oft Verführerin von Menschen

Carl Wagner: Bei Mondschein (1820)

Thema: Erschließen und interpretieren Sie Joseph von Eichendorffs Gedicht „Mondnacht" (→ S. 30). Erarbeiten Sie (nur) die Sicht der Natur in Eichendorffs Gedicht „Lockung" und setzen Sie das Naturbild in beiden Gedichten miteinander in Beziehung. Berücksichtigen Sie dabei den literaturgeschichtlichen Kontext.

1 Annäherung an Eichendorffs Gedicht „Mondnacht": Hören Sie sich die Vertonung des Gedichts von Robert Schumann an und schreiben Sie Ihre **Assoziationen** dazu auf. Stellen Sie sie Ihrer Lerngruppe vor.

2 Führen Sie ein literarisches Gespräch (→ S. 358) über Eichendorffs Gedicht „Lockung".

3 Lesen Sie das Thema sorgfältig durch, **klären** Sie die **Arbeitsanweisungen,** indem Sie die Prädikate der Aufgabenstellung sowie **Schlüsselwörter herausschreiben.**

Phase 2: Sich mit den Texten auseinandersetzen

1 Lesen Sie die Gedichte „Mondnacht“ und „Lockung“ mehrmals durch. **Klären** Sie **schwierige Wörter** und **Formulierungen.**
2 **Vergegenwärtigen** Sie sich Ihre **Hintergrundkenntnisse** zur Romantik.
3 **Wiederholen** Sie das allgemeine und das gattungstypische **Analyseinstrumentarium,** indem Sie den folgenden Interpretationsstern erläutern.

!

Interpretationsstern für lyrische Texte

Aussage/Thema (→ S. 328)
Worum geht es in dem Gedicht?
Interpretationsthese

Inhalt
Vorstellungen, Beobachtungen, Gedanken, Weltsicht, dargestellt in
- Stufen einer Entwicklung oder
- verschiedenen Aspekten

Aufbau und seine Funktion
- äußerer Aufbau (Strophen, Bauformen, → S. 328, 339, 342)
- innerer Aufbau (antithetisch, steigernd u. a., → S. 328)

das lyrische Ich, der Sprecher im Gedicht (→ S. 339)
- räumlicher und zeitlicher Standort (Nähe, Ferne; Überblick, Blick aufs Detail u. a.)
- Haltung, Intention (begeistert, traurig; kritisieren, preisen u. a.)
- Standpunkt, der vertreten wird

sprachliche Gestaltung und deren Funktion (→ S. 329 ff.)
- dominante Wortfelder
- Satzbau
- dominante grammatische Phänomene
- Stilfiguren und Bilder

lautliche Form und deren Funktion (→ S. 340 f.)
- Metrum, Rhythmus
- Reime, Enjambements
- Alliterationen, Lautmalerei, dominante Laute

Kontexte des Gedichts
soweit relevant:
- Biografie des Autors
- Zeitbezug
- literaturgeschichtliche Einordnung

4 „Mondnacht" (→ S. 30):

a Gliedern Sie das Gedicht in **Sinnabschnitte.** Sie können dazu die Interpretation der ersten beiden Strophen des Gedichts (S. 32 f.) heranziehen.

b Schreiben Sie **Schlüsselstellen, Schlüsselwörter,** wiederkehrende **Motive** (→ S. 328) heraus. Notieren Sie in einer Kopie des Gedichts Beobachtungen, Fragen, Verweise an den Rand des Textes.

c Untersuchen Sie die Selbstaussage des **lyrischen Ichs** (→ S. 339) in der 3. Strophe, indem Sie an die Interpretation der ersten beiden Strophen anknüpfen. Ordnen Sie Ihre ersten Funde in einem Cluster (→ S. 348). Ergänzen Sie in Ihren Unterlagen das folgende Beispiel.

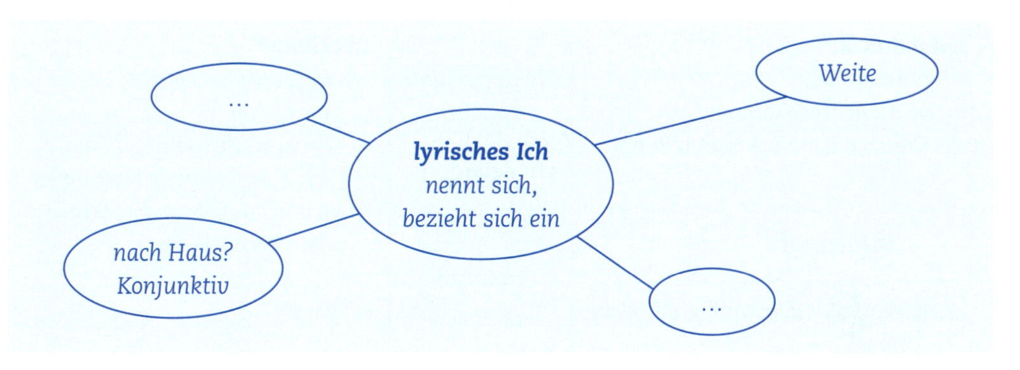

In einer **strukturierten Stoffsammlung** in Form einer **Tabelle** können Sie weitere Beobachtungen sammeln und Inhalt sowie sprachliche und formale Gestaltung zueinander in Beziehung setzen. Eine Erschließung der ersten beiden Strophen finden Sie auf S. 32 f.

Strukturierte Stoffsammlung zu „Mondnacht", 3. Strophe

Inhalt und Aufbau	***Formale und sprachliche Gestaltung***
3. Strophe ***Aspekt: Das lyrische Ich in dieser Traumlandschaft***	
– *erstes Auftreten des lyrischen Ichs, und zwar in vergeistigter Form: Seele (V. 9), Motiv der Schwerelosigkeit*	...
– *scheinbares Einswerden mit der Schöpfung*	*Metapher des Fliegens: verbindet imaginär Seele und Landschaft → traumhaft, überwirklich*
– *weit, stille Lande → unendlicher Raum*	...
– *nach Haus → himmlische Heimat, anknüpfend an „Himmel" in V. 1 Fernweh = Heimweh*	...
– *Traum der suchenden Seele*	*Konjunktiv → imaginiert, nicht Wirklichkeit*
→ Argument: Einbeziehung des lyrischen Ichs in die scheinbare Einheit zwischen Irdischem und Himmlischem	

5 Übertragen Sie die Tabelle auf S. 39 in Ihre Unterlagen und ergänzen Sie die Auslassungen. Prüfen Sie, welche formalen und sprachlichen Merkmale die jeweils genannten inhaltlichen Aspekte unterstützen (z. B. Verwendung von Wortfamilien, Hervorhebung von Wörtern, klangliche Gestaltung ...).

6 Führen Sie in Ihren Aufzeichnungen die folgende Schnittmengengrafik fort.

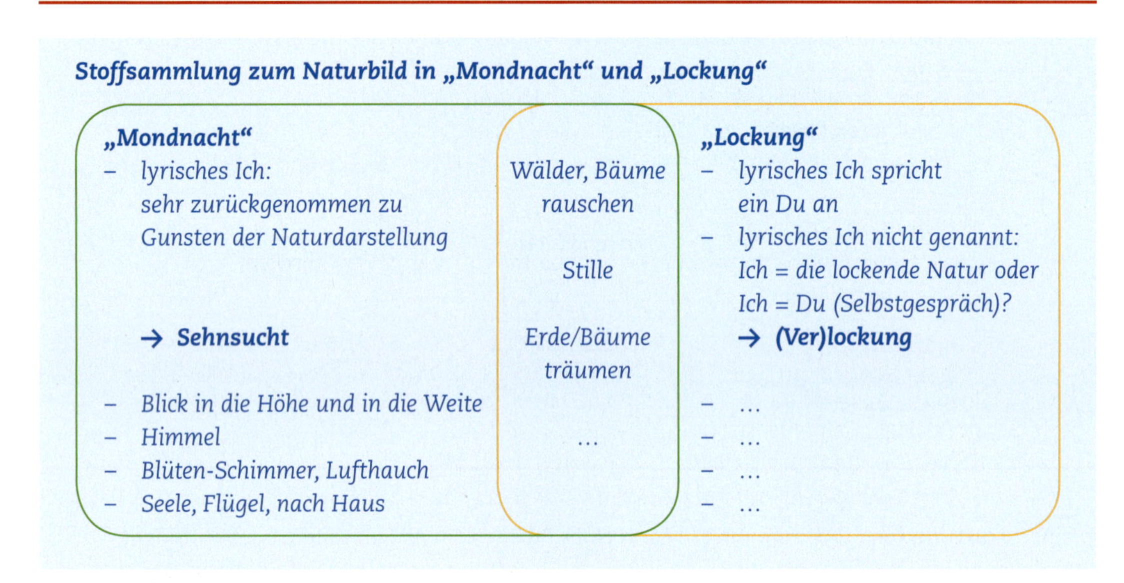

Stoffsammlung zum Naturbild in „Mondnacht" und „Lockung"
„Mondnacht"
– lyrisches Ich: sehr zurückgenommen zu Gunsten der Naturdarstellung
→ Sehnsucht
– Blick in die Höhe und in die Weite
– Himmel
– Blüten-Schimmer, Lufthauch
– Seele, Flügel, nach Haus
Wälder, Bäume rauschen
Stille
Erde/Bäume träumen
...
„Lockung"
– lyrisches Ich spricht ein Du an
– lyrisches Ich nicht genannt: Ich = die lockende Natur oder Ich = Du (Selbstgespräch)?
→ (Ver)lockung
– ...
– ...
– ...
– ...

7 Vervollständigen Sie die folgende Stoffsammlung für die **literaturgeschichtliche Einordnung** der Gedichte, indem Sie in Ihren Unterlagen diesen zentralen Aspekten der Romantik Notizen zu Aussagen und Gestaltung der Gedichte zuordnen.

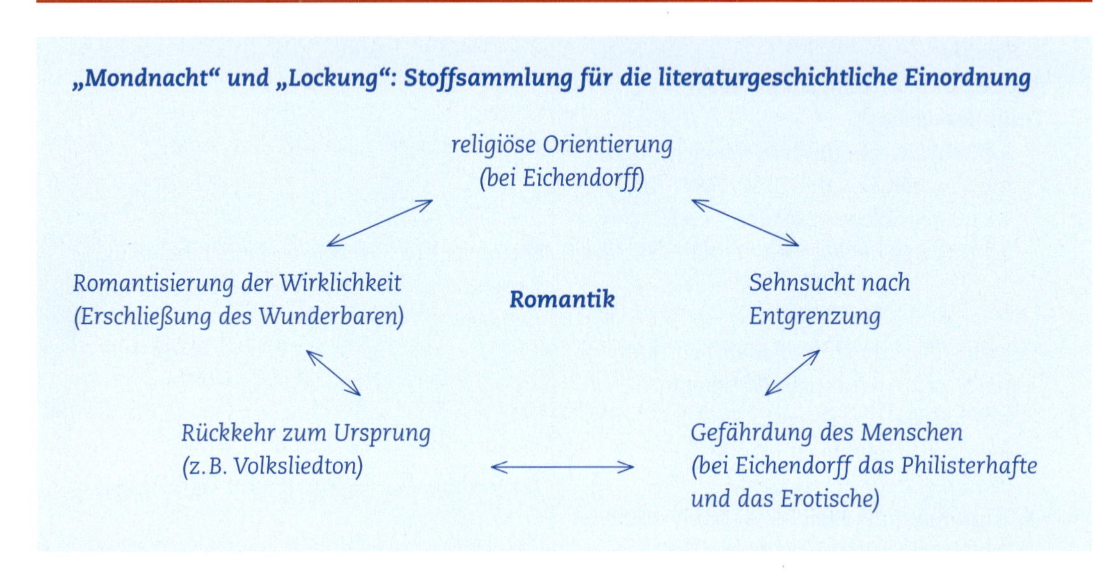

Phase 3: Die Untersuchungsergebnisse darstellen

In der **Gliederung** können Sie weitgehend Ihrer strukturierten Stoffsammlung folgen.
Im Hauptteil bietet es sich an, Ihre einzelnen Argumente als Gliederungspunkte zu verwenden. Daneben sollte jeweils ein Abschnitt zum Aufbau des Gedichts und zum lyrischen Ich vorgesehen werden. Die Interpretationsthese steht in dem folgenden Beispiel für eine Gliederung am Anfang des Hauptteils unter B.

Gliederung: Interpretation „Mondnacht" und Naturbild in „Mondnacht" und „Lockung"

A. Naturerfahrungen abseits der industriellen Revolution
B. Sehnsucht nach der Einheit zwischen Himmlischem und Irdischem und irdische Gefährdung in der Natur
- *I. Sehnsucht nach der Einheit in „Mondnacht"*
  - *1. Aufbau: Annäherung an die Einheit von Irdischem und Himmlischem*
  - *2. Ein eingestimmtes lyrisches Ich*
  - *3. Imaginierte Einheit von Himmlischem und Irdischem (Strophe 1)*
  - *4. … (Strophe 2)*
  - *5. … (Strophe 3)*
- *II. Die irdische Gefährdung des Menschen in Eichendorffs „Lockung"*
- *III. Sehnsucht und Selbstverlust als Motive der Romantik*

C. Heutige Naturerfahrungen im Vergleich mit der romantischen Naturerfahrung

---

1 Überprüfen Sie die Gliederung auf inhaltliche und formale Stimmigkeit.
2 Ergänzen Sie die Punkte I.4. und I.5.
Achten Sie darauf, dass die Ergänzung den Oberpunkt I. stützt.

Interpretation „Mondnacht" und Naturbild in „Mondnacht" und „Lockung"
(Auszug aus B.I.5. und B.II.)

In der letzten Strophe schwingt sich das lyrische Ich in die harmonische Einheit der Welt mit ein. Zum ersten Mal nennt es sich selber, und zwar in vergeistigter Form, als Seele, die schwerelos in dieser weiten Landschaft aufgehen kann …

In dem Gedicht „Mondnacht" wird die Sehnsucht des lyrischen Ichs nach der Einheit mit der
5 *Natur und Gott gestaltet. Aber das ist nur eine Seite von Eichendorffs Menschenbild.*
In dem Gedicht „Lockung" tritt eine andere in den Vordergrund. Zwar gibt es in diesem Gedicht Passagen, die fast identisch sind mit solchen in „Mondnacht", z. B. heißt es dort, es „rauschten leis die Wälder" (V. 7), und es war, als müsste die Erde „träumen" (V. 4); in dem Gedicht „Lockung" lauten die entsprechenden Formulierungen „die Bäume rauschen" (V. 1) und „die
10 *Bäume träumend lauschen" (V. 13). Aber in „Lockung" sind mit diesen und anderen ähnlichen positiven Bildern immer Lockungen in den Abgrund verbunden. Während das lyrische Ich in „Mondnacht" in die Weite und Höhe schaut, …*

3 Ergänzen Sie die Punkte B.I.5. und B.II., indem Sie Ergebnisse aus den Stoffsammlungen auf S.39 und 40 aufnehmen.
Einen ersten Teil des Aufsatzes (B.I.1. bis 4.) finden Sie auf S.32f.
4 Führen Sie B.III. aus.
Zählen Sie bei der literaturgeschichtlichen Zuordnung nicht nur Merkmale der Romantik auf, sondern stellen Sie den Bezug zu Ihren Interpretationsergebnissen her.
Sie können sich an der literaturgeschichtlichen Einordnung des Romananfangs von „Effi Briest" (→ S.43f.) im Beispielaufsatz auf S.48f. (ab Z.62) orientieren.
5 Schreiben Sie den Schlussteil.

Phase 4: Den Aufsatz überarbeiten

1 Überprüfen Sie Ihren Text mit Hilfe der Checkliste auf S.36 (Phase 4: Den Aufsatz überarbeiten).
2 Gehen Sie folgende Fragen durch, um häufig vorkommende Fehler zu vermeiden.
- Haben Sie das **lyrische Ich** und seine Sichtweise vollständig erfasst?
- Ist Ihre **Gedankenführung** nachvollziehbar, d.h., haben Sie Ihre Funde immer wieder auf die zu beweisende Interpretationsthese bezogen?
  Stehen Leitsätze am Anfang eines Absatzes, die den Bezug zur These verdeutlichen?
- Haben Sie die **sprachliche und formale Gestaltung** genau untersucht **und ihre Funktion** für die Aussage des Textes dargestellt?
- Sind in der **literaturgeschichtlichen Einordnung** Merkmale der Romantik **mit Textbeispielen** aus den Gedichten verknüpft?
  Bleiben die Merkmale der Romantik keine Schlagworte, sondern werden sie erläutert und zueinander in Beziehung gesetzt; wird durch sie das Weltbild der Romantik und der beiden Gedichte deutlich?
- Haben Sie im Schlussteil Allgemeinplätze vermieden und stattdessen einige zentrale Unterschiede und/oder Gemeinsamkeiten zwischen heutiger und romantischer Naturerfahrung mit Beispielen ausgeführt?

Vorschläge für die kreative Weiterarbeit

1 Lassen Sie einen Astronauten auf Eichendorffs „Mondnacht" antworten; entscheiden Sie sich für Prosa oder gebundene Form.
2 Sammeln Sie mehrere andere Gedichte mit Nacht- oder Mondmotiven, schneiden Sie die Verse auseinander und fügen Sie Verse Ihrer Wahl zu einem neuen Gedicht zusammen; dabei müssen Sie gegebenenfalls an den Schnittstellen kleine Anpassungen vornehmen.
3 Lassen Sie ein lyrisches Ich durch eine regnerische Nacht gehen; beachten Sie die veränderten Sinneswahrnehmungen und finden Sie eine geeignete Haltung des lyrischen Ichs. Schreiben Sie ein Gedicht, auch in moderner Form.
4 Präsentieren Sie Ihre Gedichte oder Ihr Prosastück in einer Form Ihrer Wahl (Vortrag, Aushang, Briefkarte ...).

1.3 Epische Texte erschließen und interpretieren

Phase 1: Sich dem Text und dem Thema annähern

Theodor Fontane: **Effi Briest** (1894/95) Romananfang

In Front des schon seit Kurfürst Georg Wilhelm[1] von der Familie von Briest bewohnten Herrenhauses zu Hohen-Cremmen[2] fiel heller Sonnenschein auf die mittagsstille Dorfstraße, während nach der Park- und Gartenseite hin ein rechtwinklig angebauter Seitenflügel einen breiten Schatten erst auf einen weiß und grün quadrierten Fliesengang und dann über diesen hinaus auf ein großes in seiner Mitte mit einer Sonnenuhr und an seinem Rande mit Canna indica[3] und Rhabarberstauden besetztes Rondell warf. Einige zwanzig Schritte weiter, in Richtung und Lage genau dem Seitenflügel entsprechend, lief eine ganz in kleinblättrigem Efeu stehende, nur an einer Stelle von einer kleinen weißgestrichenen Eisentür unterbrochene Kirchhofsmauer, hinter der der Hohen-Cremmener Schindelturm mit seinem blitzenden, weil neuerdings erst wieder vergoldeten Wetterhahn aufragte. Fronthaus, Seitenflügel und Kirchhofsmauer bildeten ein einen kleinen Ziergarten umschließendes Hufeisen, an dessen offener Seite man eines Teiches mit Wassersteg und angeketteltem Boot und dicht daneben einer Schaukel gewahr wurde, deren horizontal gelegtes Brett zu Häupten und Füßen an je zwei Stricken hing – die Pfosten der Balkenlage schon etwas schief stehend. Zwischen Teich und Rondell aber und die Schaukel halb versteckend standen ein paar mächtige alte Platanen.

Auch die Front des Herrenhauses – eine mit Aloekübeln[4] und ein paar Gartenstühlen besetzte Rampe – gewährte bei bewölktem Himmel einen angenehmen und zugleich allerlei Zerstreuung bietenden Aufenthalt; an Tagen aber, wo die Sonne niederbrannte, wurde die Gartenseite ganz entschieden bevorzugt, besonders von Frau und Tochter des Hauses, die denn auch heute wieder auf dem im vollen Schatten liegenden Fliesengange saßen, in ihrem Rücken ein paar offene, von wildem Wein umrankte Fenster, neben sich eine vorspringende kleine Treppe, deren vier Steinstufen vom Garten aus in das Hochparterre des Seitenflügels hinaufführten. Beide, Mutter und Tochter, waren fleißig bei der Arbeit, die der Herstellung eines aus Einzelquadraten zusammenzusetzenden Altarteppichs galt; ungezählte Wollsträhnen und Seidendocken[5] lagen auf einem großen, runden Tisch bunt durcheinander, dazwischen, noch vom Lunch her, ein paar Dessertteller und eine mit großen, schönen Stachelbeeren gefüllte Majolikaschale[6]. Rasch und sicher ging die Wollnadel der Damen hin und her, aber während die Mutter kein Auge von der Arbeit ließ, legte die Tochter, die den Rufnamen Effi führte, von Zeit zu Zeit die Nadel nieder und erhob sich, um unter allerlei kunstgerechten Beugungen und Streckungen den ganzen Kursus der Heil- und Zimmergymnastik durchzumachen. Es war ersichtlich, dass sie sich diesen absichtlich ein wenig ins Komische gezogenen Übungen mit ganz besonderer Liebe hingab, und wenn sie dann so dastand und, langsam die Arme hebend, die Handflächen hoch über den Kopf zusammenlegte, so sah wohl auch die Mama von

1 **Georg Wilhelm:** von 1620 bis 1640 Kürfürst von Brandenburg
2 **von Briest, Hohen-Cremmen:** Eigennamen fiktiv, aber angelehnt an Familien- und Ortsnamen in der Mark Brandenburg bei Berlin
3 **Canna indica:** Staudenpflanze mit roten Blüten
4 **Aloe:** Zierpflanze aus der Familie der Liliengewächse
5 **Docke:** zusammengedrehter Garnstrang
6 **Majolika:** Töpferware mit Zinnglasur

ihrer Handarbeit auf, aber immer nur flüchtig und verstohlen, weil sie nicht zeigen wollte, wie entzückend sie ihr eigenes Kind finde, zu welcher Regung mütterlichen Stolzes sie voll berechtigt war. Effi trug ein blau und weiß gestreiftes, halb kittelartiges Leinwandkleid, dem erst ein fest zusammengezogener, bronzefarbener Ledergürtel die Taille gab; der Hals war frei, und über Schulter und Nacken fiel ein breiter Matrosenkragen. In allem, was sie tat, paarte sich Übermut und Grazie, während ihre lachenden braunen Augen eine große, natürliche Klugheit und viel Lebenslust und Herzensgüte verrieten. Man nannte sie die „Kleine", was sie sich nur gefallen lassen musste, weil die schöne, schlanke Mama noch um eine Handbreit höher war.

Eben hatte sich Effi wieder erhoben, um abwechselnd nach links und rechts ihre turnerischen Drehungen zu machen, als die von ihrer Stickerei gerade wieder aufblickende Mama ihr zurief: „Effi, eigentlich hättest du doch wohl Kunstreiterin werden müssen. Immer am Trapez, immer Tochter der Luft. Ich glaube beinah, dass du so was möchtest."

„Vielleicht, Mama. Aber wenn es so wäre, wer wäre schuld? Von wem hab ich es? Doch nur von dir? Oder meinst du von Papa? Da musst du nun selber lachen. Und dann, warum steckst du mich in diesen Hänger, in diesen Jungenskittel? Mitunter denk ich, ich komme noch wieder in kurze Kleider. Und wenn ich *die* erst wieder habe, dann knicks ich auch wieder wie ein Backfisch[7], und wenn dann die Rathenower herüberkommen, setze ich mich auf Oberst Goetzes Schoß und reite hopp, hopp. Warum auch nicht? Drei Viertel ist er Onkel und nur ein Viertel Courmacher[8]. Du bist schuld. Warum kriege ich keine Staatskleider? Warum machst du keine Dame aus mir?"

„Möchtest du's?"

„Nein." Und dabei lief sie auf die Mama zu und umarmte sie stürmisch und küsste sie.

„Nicht so wild, Effi, nicht so leidenschaftlich. Ich beunruhige mich immer, wenn ich dich so sehe ..."

Effi und ihre Mutter in Rainer Werner Fassbinders Film „Fontane Effi Briest" (1974)

7 Backfisch: Bezeichnung für ein halbwüchsiges Mädchen
8 Courmacher: ein Mann, der einer Dame den Hof macht

1 Lesen Sie sich den Text vor. Versuchen Sie dabei, Raum und Figuren einen Klang zu geben.
2 Notieren Sie Ihre **Assoziationen** in einem Assoziationsstern (→ S. 348) zur Hauptfigur Effi. Beziehen Sie auch Effis Umgebung mit ein.
3 Zeichnen Sie einen Lageplan zu dem hier beschriebenen Raum.

Thema: Analysieren und interpretieren Sie den Anfang von Fontanes Roman „Effi Briest". Untersuchen Sie Aufbau, Inhalt und die erzählerische sowie sprachliche Gestaltung. Gehen Sie dabei besonders auf die Darstellung von Raum und Figuren ein. Ordnen Sie den Text literaturgeschichtlich ein.

4 Lesen Sie die **Aufgabenstellung** sorgfältig durch. Schreiben Sie **Schlüsselwörter** heraus und machen Sie sich die **Arbeitsanweisungen** klar. Letztere entnehmen Sie den Prädikaten der Aufgabenstellung.

Phase 2: Sich mit dem Text auseinandersetzen

Information zum Roman: Effi ist zu Beginn des Romans 17 Jahre alt und wird wenige Stunden später mit dem um vieles älteren Baron Geert von Innstetten bekannt gemacht und verlobt; Innstetten übt als Landrat in Kessin eine hervorgehobene Tätigkeit im Staatsdienst aus.

1 Lesen Sie den Text (S. 43 f.) mehrmals durch. **Klären** Sie **unbekannte Wörter** und schwierige Inhalte.
2 **Vergegenwärtigen** Sie sich Ihre **literaturgeschichtlichen Kenntnisse** zur Epoche des Realismus.
3 **Wiederholen** Sie das **Instrumentarium** zur **Erschließung und Interpretation** erzählender Texte, indem Sie den folgenden Interpretationsstern erläutern.

! **Interpretationsstern für epische Texte**

Aussage/Thema (→ S. 328)
Worum geht es in dem Text?
Interpretationsthese

Inhalt (→ S. 328 f.)
Beobachtungen, Handlung, Probleme, Weltsicht, Motive; Raum- und Zeitdarstellung

Aufbau und seine Funktion
- äußerer Aufbau (Absätze, Kapitel, Bauformen, → S. 328, 334)
- innerer Aufbau (antithetisch, steigernd u. a., → S. 328)

Erzähler (→ S. 333 f.)
- Erzählform (Er-/Ich-Erzähler); Erzählverhalten (auktorial, neutral, personal); Standort (Nähe, Ferne; Überblick u. a.); Erzählhaltung (ironisch, teilnehmend u. a.)
- Darbietungsformen (berichtend, beschreibend u. a.)

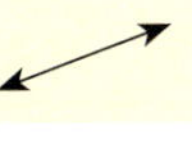

sprachliche Gestaltung und deren Funktion (→ S. 329 ff.)
- dominante Wortfelder
- Satzbau, dominante grammatische Phänomene
- Stilfiguren und Bilder

Figuren (→ S. 329)
- Verhalten der Figuren
- Form der Charakterisierung
- Figurenkonzeption
- Figurenkonstellation

Kontexte des Textes (soweit relevant)
- Biografie des Autors
- Zeitbezug
- literaturgeschichtliche Zuordnung

4 **a** Gliedern Sie den Text in **Sinnabschnitte.**

1. Abschnitt: Das Herrenhaus der Familie von Briest und der angrenzende Park
2. Abschnitt: …
3. Abschnitt: …

b Diskutieren Sie, ob sich bei diesem Textausschnitt lineares oder aspektorientiertes Vorgehen (→ S. 36) empfiehlt oder ob beide Vorgehensweisen zusammenfallen.

5 **Markieren** Sie in einer Kopie des Textausschnitts **Schlüsselstellen, Schlüsselwörter,** wiederkehrende **Motive** (→ S. 328). Notieren Sie in Ihrer Kopie Beobachtungen, Fragen, Verweise an den Rand des Textes. Achten Sie auch auf Details.
Sie können zusätzlich produktionsorientierte Verfahren einsetzen. Ersetzen Sie z. B. die direkte Rede in den letzten Absätzen durch indirekte Rede; durch den Vergleich der beiden Fassungen wird die Wirkung der Originalfassung deutlicher.

6 Ordnen Sie Ihre bisherigen Funde zu den einzelnen Textabschnitten in **Schaubildern** (→ S. 350) oder in **Clustern** (→ S. 348).
Beispiel für ein Schaubild zum ersten Absatz:

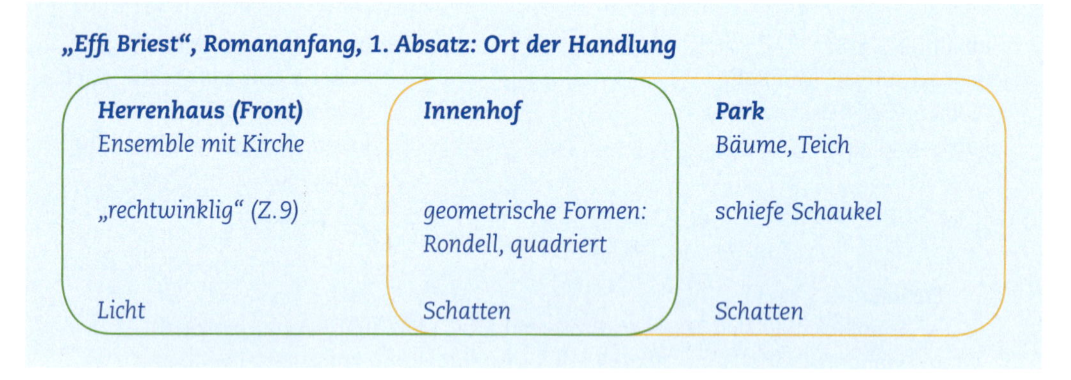

„Effi Briest“, Romananfang, 1. Absatz: Ort der Handlung
Herrenhaus (Front)
Ensemble mit Kirche
„rechtwinklig“ (Z. 9)
Licht
Innenhof
geometrische Formen: Rondell, quadriert
Schatten
Park
Bäume, Teich
schiefe Schaukel
Schatten

7 Erarbeiten Sie die **Erzähltechnik,** indem Sie Erzählverhalten, Erzählform, Standort des Erzählers sowie Erzählhaltung klären (→ S. 333 f.).

In einer **strukturierten Stoffsammlung** in Form einer **Tabelle** können Sie weitere Beobachtungen sammeln und **Aufbau, Inhalte** und **Figurengestaltung** mit **sprachlichen** und **erzählerischen Mitteln** in Beziehung setzen.

8 Nutzen Sie die Tabelle auf S. 47, indem Sie die Notizen zum 2. und 3. Aspekt der Analyse in Ihre Unterlagen übertragen und offene Stellen ergänzen.
Am Ende der Untersuchung eines Aspektes formulieren Sie jeweils zusammenfassend Ihre Ergebnisse; sie fungieren als **Argument.**
Fassen Sie die drei Argumente zu einer **Interpretationsthese** zusammen.

Stoffsammlung zu „Effi Briest" – Romananfang

Aufbau, Inhalt, Raum- und Figurengestaltung	**Sprachliche Gestaltung, Details zur Erzähltechnik, Funktion**
1. Aspekt: Lebensraum	
a) Gebäudeensemble: Front des Herrenhauses, Seitenflügel; zum Park hin offener Innenhof mit Ziergarten, Kirchhofmauer, Kirchturm; geordnet und traditionsreich → in die bestehende Gesellschaft eingebunden (Thron, Z. 1f. und Altar/Kirche, Z. 18ff.) Spitzenstellung im Text, breite Darstellung → Dominanz	*– beschreibende Darstellung, Dominanz von Nomen → unveränderlicher Zustand – Begriffe für geometrische Formen: rechtwinklig (Z. 6), quadriert (Z. 8), Rondell (Z. 12) → strenge Ordnungen – Symbolik?: Front des Hauses, Kirchturmspitze in der Sonne … → das Individuum steht im Schatten der Gesellschaft?*
b) Park: Teich, Steg, Boot, Schaukel an etwas schiefen Balken, Platanen → Natur, z.T. von Menschen gestaltet → etwas unzuverlässig, unübersichtlich **→ Argument: Starke Macht von Familientradition und Gesellschaft im Gegensatz zum Natürlichen, Ungebundenen**	*→ knappe Darstellung → geringere Bedeutung in dieser Gesellschaft*
2. Aspekt: Effi und ihre Mutter in dieser Umgebung	
a) wieder: Beginn mit der Front des Hauses, dann schattiger Innenhof mit Mutter, Tochter → geschützter Raum, Geborgenheit, Enge?	*– berichtende Darstellung: Annäherung an die Figuren, Fokussierung auf das Heute (Z. 41ff.)*
b) liebevoller Stolz der Mutter (Z. 70ff.); Frau von Briest nur als „Frau des Hauses" und als Mutter eingeführt; Effi vor allem als Kind gesehen (Kleidung)	…
c) Arbeit an einem Altarteppich: Rolle der Kirche → s.o.	…
d) Charakterisierung von Effi direkt durch den Erzähler und indirekt durch Effis Verhalten: zwei Seiten: … **→ Argument: Geborgenheit Effis in ihrem Milieu und Abweichungen von gesellschaftlichen Normen**	…
3. Aspekt: Effi als widerspruchsvolle Figur … **→ Argument: …**	…

Effi in R.W. Fassbinders Verfilmung des Romans

9 Machen Sie sich Notizen zur **literaturgeschichtlichen Einordnung** des Textes.
Tipp: Machen Sie eine Weglassprobe; entfernen Sie im ersten Absatz z.B. die Adjektive und das Motiv von Licht und Schatten, um deren Leistung im Text zu bestimmen.

Phase 3: Die Untersuchungsergebnisse darstellen

In der **Gliederung** können Sie weitgehend Ihrer strukturierten Stoffsammlung folgen.
Der Hauptteil enthält Kapitel zum Aufbau und zum Erzähler sowie zu den einzelnen Argumenten. Die Zusammenfassung der Argumente bildet die Interpretationsthese und steht am Anfang des Hauptteils unter B.

Gliederung: Interpretation des Romananfangs von „Effi Briest“

A. Zur Entstehung von „Effi Briest“
B. Effi zwischen gesellschaftlichen und familiären Anforderungen einerseits und ihrer Natürlichkeit andererseits
I. Aufbau und Inhaltskern: Annäherung an die Figur Effi Briest in ihrer Welt
II. Auktorialer bzw. neutraler Erzähler: detailreiches Bild von Raum und Charakteren
III. Lebensraum Effis: starke Macht von Familientradition und Gesellschaft und die freie Natur
IV. Effi in diesem Milieu: …
V. …
VI. Realistische Züge am Anfang des Romans „Effi Briest“
C. …

1 Überprüfen Sie die Gliederung unter formalen und inhaltlichen Gesichtspunkten und ergänzen Sie in Ihren Unterlagen die offenen Stellen.

Interpretation des Romananfangs von „Effi Briest“ (Auszug)

Der Roman „Effi Briest“ von Theodor Fontane (1819–1898) wurde 1894/95 in einer Zeitschrift veröffentlicht. Es ist der drittletzte Roman des bedeutenden Romanautors des Realismus. Das zentrale Thema seiner Romane ist das Spannungsverhältnis zwischen Gesellschaft und Individuum: Der Einzelne wird von den gesellschaftlichen Konventionen geprägt und unterliegt ihnen oft. Fontane entnahm den Stoff einer Aufsehen erregenden gesellschaftlichen Affäre, arbeitete ihn aber entscheidend um. Wie dicht seine Gestaltung ist, zeigt bereits der Romananfang, seine vielfältigen Bezüge zu dem ganzen Roman können hier allerdings nicht aufgezeigt werden.

Fontane stellt sein zentrales Thema auch in diesem Roman dar, und das sogleich im Romananfang: Effi ist in ihrer gesellschaftlichen Schicht und in ihrer Familie verankert und überschreitet in ihrer Natürlichkeit doch oft die Normen dieser Gesellschaft.

Im ersten Abschnitt (Z. 1–32) beschreibt der Erzähler die räumliche Lebenswelt Effis, im zweiten Teil (Z.33–88) fokussiert er auf einen

Ausschnitt dieses Raumes, nämlich auf den offenen Innenhof und Mutter und Tochter, die dort handarbeiten, im dritten Abschnitt (Z. 89–119) schließlich lässt er die beiden zu Wort kommen. Ähnlich wie beim Zooming engt er seinen Blick von der Totale auf einen kleinen Ausschnitt ein. Durch die Einbettung der Menschen in den größeren Raum wird die Bedeutung der Umgebung für die Figuren deutlich.

Eine umfassende Einsicht in die Gesellschaft und in die Charaktere bietet ein auktorialer Erzähler, der sich im dritten Teil auf eine neutrale Position zurückzieht: Er hat Überblick über das Gebäudeensemble, kennt die Familiengeschichte und Gewohnheiten der Familie, er kennt auch das Innenleben seiner Figuren (Z. 72 ff.), wenn er auch bevorzugt, sie von außen zu beschreiben oder sie – in szenischer Darstellung – selbst zu Wort kommen zu lassen. Bisweilen tritt er als Erzähler deutlicher hervor, z. B. wenn er sehr wohlwollend auf Effi schaut (Z. 74 f.) und auf diese Weise die Sympathien des Lesers lenkt.

Im ersten Absatz beschreibt der Erzähler den Raum, in dem Effi aufgewachsen ist und noch lebt. Er stellt einen Zustand dar, der sich durch Dauer auszeichnet; die zahlreichen Nomen beweisen das: „Front" (Z. 1), „Kurfürst" (Z. 1), „Familie von Briest" (Z. 2), „Herrenhaus" (Z. 3), „Hohen-Cremmen" (Z. 3), „Dorfstraße" (Z. 5). Der Raum gliedert sich in zwei Großbereiche. Dem eingehend beschriebenen Gebäudeensemble steht der knapp beschriebene Naturraum gegenüber. Die Gebäude sind in eine lange gesellschaftliche Tradition eingebettet: …

Fontane gestaltet bereits im Romananfang das zentrale Thema des Realismus, nämlich die konfliktreiche Beziehung zwischen dem Individuum und der Gesellschaft. Bereits hier lässt sich erkennen, dass Effi einerseits den Wünschen der Eltern und den Normen der Gesellschaft Genüge leisten möchte, wenn sie an der Altardecke mitarbeitet und erkennt, dass sie eine Dame werden muss, andererseits ist sie wild, risikobereit, ein Naturkind, das keine Staatskleider mag.
Fontane schildert die Umgebung sehr genau und realistisch. Der Ort des Geschehens wird durch detaillierte Beschreibungen vorstellbar gemacht (s. o.); Alltagsgegenstände der Briests und die Kleidung Effis werden genau in den Blick genommen (Z. 75 ff.).
Der Erzähler verhält sich meist objektiv und lässt im dritten Abschnitt seine Figuren in szenischer Darstellung sich unmittelbar präsentieren. Dadurch wird die Illusion erweckt, dass die Wirklichkeit objektiv dargestellt wird.
Aber der realistische Autor will nicht die Wirklichkeit abbilden, sondern das Wahre hinter der Oberfläche zeigen. Diesem Ziel dient die Durchgestaltung z. B. des Aufbaus, der bereits die große Bedeutung der Umgebung für den Menschen signalisiert. Auch die Symbolik, z. B. die Licht- und Schattensymbolik, zeigt die hinter der Wirklichkeit stehende Wahrheit …

2 **a** Prüfen Sie, welche Punkte der Gliederung auf S. 48 in dieser Interpretation bereits vollständig oder teilweise ausgeführt sind.
b Diskutieren Sie den Text.

3 Ergänzen Sie die Darstellung der Analyse- und Interpretationsergebnisse, indem Sie unvollständig oder noch gar nicht umgesetzte Punkte der Gliederung ausführen.

4 Verfassen Sie einen Schluss.
Beachten Sie die Hinweise zum Schlussteil auf S. 36.

Phase 4: Den Aufsatz überarbeiten

1 Überprüfen Sie die Beispielinterpretation auf S. 48 f. und Ihre eigene Weiterführung mit Hilfe des „Fahrplans“ auf S. 36 (Checkliste für Phase 4).

2 Mit folgenden Fragen und Techniken können Sie häufig vorkommende Fehler aufdecken und korrigieren:
- Wird sauber und überzeugend argumentiert? Arbeiten Sie mit Kopien und markieren Sie These, Argumente, Beispiele und Belegstellen jeweils mit verschiedenen Farben.
- Markieren Sie Verknüpfungen zwischen den Absätzen und zwischen den Sätzen durch Pfeile. Ergänzen Sie bei Bedarf Verknüpfungen.
- Wird der Zusammenhang zwischen den Absätzen des Romananfangs herausgearbeitet?
- Prüfen Sie, ob die Analyse der Gestaltung in die Inhaltsanalyse integriert ist, indem Sie beide Analysen mit Pfeilen verbinden.
- Ist der Erzähler nicht nur beschrieben, sondern ist auch seine Funktion in diesem Text bestimmt?
- Beschränkt sich die literaturgeschichtliche Einordnung auf die Aufzählung wichtiger Merkmale des Realismus oder werden diese Merkmale im Text nachgewiesen?

Vorschläge für die kreative Weiterarbeit

1 Berichten Sie als Zeitreisende oder Zeitreisender in einer heutigen anspruchsvollen Jugendzeitschrift über Ihre ersten Eindrücke von Hohen-Cremmen und von Effi. Wählen Sie die Ich-Form.

2 Schreiben Sie die ersten beiden Absätze um, und zwar als Tagebucheintrag der Mutter (Ich-Form). Überlegen Sie, wie die Mutter den Lebensraum und wie sie die Arbeit mit Effi am Altarteppich darstellen würde (Erzählhaltung, → S. 334).

3 Die Freundinnen, die Effi als Spielkameradin und Naturkind kennen, unterhalten sich wenige Wochen nach Effis Hochzeit und ihrem Wegzug über ihre Freundin (szenische Darstellung).

Information zum Roman: Effis Ehe mit Innstetten erfüllt die junge Frau nicht, in Kessin, ihrem neuen Wohnort, findet sie nur wenige liebenswürdige Ansprechpartner. Mehr aus Langeweile denn aus Leidenschaft beginnt sie eine heimliche Affäre mit Major Crampas. Sie ist sehr erleichtert, als Innstetten nach Berlin berufen wird und die Affäre durch den Wegzug beendet ist. Sieben Jahre später findet ihr Mann Liebesbriefe von Crampas, die Effi aufbewahrt hat. Obwohl er Effi noch immer schätzt und liebt und die Affäre so weit zurückliegt, folgt er dem Ehrenkodex der Gesellschaft, duelliert sich mit Crampas – der Major stirbt dabei – und lässt sich von Effi scheiden. Effi lebt einsam in Berlin und wird von der Gesellschaft gemieden. Erst als sie schwer erkrankt und ihr Arzt die Briests bittet, ihre Tochter in Hohen-Cremmen wieder aufzunehmen, kehrt sie zu den Eltern und in die Heimat zurück. Ihre Krankheit verschlimmert sich. Effi stirbt 29-jährig und wird in dem Rondell begraben, auf dem einst die Sonnenuhr gestanden hat.

4 Schreiben Sie als Schluss für den Roman ein Gespräch zwischen den Eltern, in dem wesentliche Motive des Anfangs wieder aufgegriffen werden, z. B. Rondell/Grab von Effi, Sonne/Jahreszeit, Tätigkeit der zurückgebliebenen Eltern, Reflexionen über die Ursachen und die Schuldfrage, Charakter von Effi, Schaukel.

1.4 Dramenszenen erschließen und interpretieren

Phase 1: Sich dem Text und dem Thema annähern

Johann Wolfgang von Goethe: **Faust. Der Tragödie erster Teil** (1808)

Marthens Garten (Auszug)
Margarete. Faust.

3414 **MARGARETE.** Versprich mir, Heinrich!
FAUST. Was ich kann!
3415 **MARGARETE.** Nun sag, wie hast du's mit der Religion?
Du bist ein herzlich guter Mann,
Allein ich glaub', du hältst nicht viel davon.
FAUST. Lass das, mein Kind! Du fühlst, ich bin dir gut;
Für meine Lieben ließ' ich Leib und Blut,
3420 Will niemand sein Gefühl und seine Kirche rauben.
MARGARETE. Das ist nicht recht, man muss dran glauben!
FAUST. Muss man?
MARGARETE. Ach! wenn ich etwas auf dich könnte!
Du ehrst auch nicht die heil'gen Sakramente.
FAUST. Ich ehre sie.
MARGARETE. Doch ohne Verlangen.
3425 Zur Messe, zur Beichte bist du lange nicht gegangen.
Glaubst du an Gott?
FAUST. Mein Liebchen, wer darf sagen,
Ich glaub' an Gott?
Magst Priester oder Weise fragen,
Und ihre Antwort scheint nur Spott
Über den Frager zu sein.
3430 **MARGARETE.** So glaubst du nicht?
FAUST. Misshör mich nicht, du holdes Angesicht!
Wer darf ihn nennen?
Und wer bekennen:
Ich glaub' ihn.
3435 Wer empfinden
Und sich unterwinden
Zu sagen: ich glaub' ihn nicht?
Der Allumfasser,
Der Allerhalter,
3440 Fasst und erhält er nicht
Dich, mich, sich selbst?
Wölbt sich der Himmel nicht dadroben?
Liegt die Erde nicht hierunten fest?
Und steigen freundlich blickend
3445 Ewige Sterne nicht herauf?

Faust und Margarete in der Szene „Marthens Garten“. Verfilmung der „Faust“-Inszenierung von Peter Stein, 2000

Schau' ich nicht Aug' in Auge dir,
Und drängt nicht alles
Nach Haupt und Herzen dir,
Und webt in ewigem Geheimnis
3450 Unsichtbar sichtbar neben dir?
Erfüll davon dein Herz, so groß es ist,
Und wenn du ganz in dem Gefühle selig bist,
Nenn es dann, wie du willst,
Nenn's Glück! Herz! Liebe! Gott!
3455 Ich habe keinen Namen
Dafür! Gefühl ist alles;
Name ist Schall und Rauch,
Umnebelnd Himmelsglut.
Margarete. Das ist alles recht schön und gut;
3460 Ungefähr sagt das der Pfarrer auch,
Nur mit ein bisschen andern Worten.
Faust. Es sagen's allerorten
Alle Herzen unter dem himmlischen Tage,
Jedes in seiner Sprache;
3465 Warum nicht ich in der meinen?
Margarete. Wenn man's so hört, möcht's leidlich scheinen,
Steht aber doch immer schief darum;
Denn du hast kein Christentum.
Faust. Liebs Kind!
Margarete. Es tut mir lang schon weh,
3470 Dass ich dich in der Gesellschaft seh'.
Faust. Wieso?
Margarete. Der Mensch, den du da bei dir hast,
Ist mir in tiefer innrer Seele verhasst;
Es hat mir in meinem Leben
So nichts einen Stich ins Herz gegeben,
3475 Als des Menschen widrig Gesicht.
Faust. Liebe Puppe, fürcht ihn nicht!
Margarete. Seine Gegenwart bewegt mir das Blut.
Ich bin sonst allen Menschen gut;
Aber, wie ich mich sehne, dich zu schauen,
3480 Hab' ich vor dem Menschen ein heimlich Grauen,
Und halt' ihn für einen Schelm dazu!
Gott verzeih mir's, wenn ich ihm unrecht tu'!
Faust. Es muss auch solche Käuze geben.
Margarete. Wollte nicht mit seinesgleichen leben!
3485 Kommt er einmal zur Tür herein,
Sieht er immer so spöttisch drein
Und halb ergrimmt;
Man sieht, dass er an nichts keinen Anteil nimmt;
Es steht ihm an der Stirn geschrieben,
3490 Dass er nicht mag eine Seele lieben.

Margarete und Faust in der Szene „Marthens Garten".
Verfilmung der „Faust"-Inszenierung von Peter Stein, 2000

Mir wird's so wohl in deinem Arm,
So frei, so hingegeben warm,
Und seine Gegenwart schnürt mir das Innre zu.
Faust. Du ahnungsvoller Engel du!
3495 **Margarete.** Das übermannt mich so sehr,
Dass, wo er nur mag zu uns treten,
Mein' ich sogar, ich liebte dich nicht mehr.
Auch wenn er da ist, könnt' ich nimmer beten,
3500 Und das frisst mir ins Herz hinein;
Dir, Heinrich, muss es auch so sein.
Faust. Du hast nun die Antipathie!
Margarete. Ich muss nun fort.
[...]

1 Lesen Sie den Text mit verteilten Rollen; erproben Sie verschiedene Sprechvarianten.
2 Betrachten Sie die Szenenfotos auf S. 51–53.
Beschreiben Sie, welche Gefühle und welche Beziehungen zwischen den Figuren durch Stellung der Figuren im Raum, durch Körperhaltung und Mimik zum Ausdruck gebracht werden.
3 Notieren oder skizzieren Sie, wie Sie sich selbst ein Bühnenbild und Kostüme für Faust und Margarete in dieser Szene vorstellen könnten. Auch Verfremdungen und Übertragungen in die Gegenwart sind möglich.
4 Entwerfen Sie zu mehreren Textstellen Standbilder (→ S. 358). Achten Sie auf Körperhaltung, Gestik und Mimik.
Die Zuschauer deuten die Standbilder, die Darsteller erläutern ihre Absicht. Fotografieren Sie Ihre Standbilder.

Thema: Erschließen Sie den Auszug aus Goethes Drama „Faust I".
Gehen Sie dabei auf die Dialogführung und den Dialogverlauf sowie auf die dramaturgische und sprachliche Gestaltung ein.
Ordnen Sie den Textausschnitt in den Dramenverlauf ein.

5 Lesen Sie die **Aufgabenstellung** sorgfältig durch, schreiben Sie **Schlüsselwörter** heraus.
Klären Sie die **Arbeitsanweisung,** indem Sie besonders auf die Prädikate der Aufgabenstellung achten.

Phase 2: Sich mit dem Text auseinandersetzen

1 Lesen Sie den Text mehrmals durch.
Klären Sie **unbekannte Wörter** und schwierige Inhalte.
2 **Vergegenwärtigen** Sie sich Ihre **literaturgeschichtlichen Hintergrundkenntnisse** zur Epoche der Klassik und Ihr Wissen zu „Faust".
3 **Wiederholen** Sie mit Hilfe des Interpretationssterns auf S. 54 das **Instrumentarium zur Erschließung und Interpretation** einer Dramenszene.

!

Interpretationsstern für Dramenszenen

Aussage/Thema (→ S. 328)
Worum geht es in der Szene?
Interpretationsthese

Inhalt
Mitteilungen, Positionen,
Weltbild

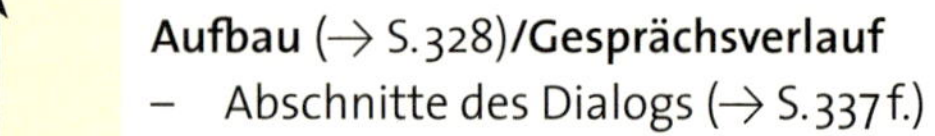

Aufbau (→ S. 328)/**Gesprächsverlauf**
- Abschnitte des Dialogs (→ S. 337 f.) bzw. der Handlung (→ S. 328)
- steigernd, antithetisch u. a.

Figuren und Gesprächssituation (→ S. 329)
- Charaktere, Ziele, Beziehungen (persönlich, sozial; Über-/Unterordnung), wechselseitige Beeinflussung
- Gesprächszusammenhang, Anlass, Ort, Zeitpunkt

Mittel der Dialogführung (dramaturgische Mittel im weiten Sinne, → S. 338)
- initiieren oder reagieren
- auf den Dialogpartner eingehen oder nicht eingehen
- Sprecherwechsel: das Wort erteilen, ins Wort fallen u. a.

Sprachliche Mittel und dramaturgische Mittel (im engen Sinne, → S. 338)
- sprachliche Mittel
- nonverbale Mittel: Gestik, Mimik, Sprechweise, Bewegung im Raum (siehe Regieanweisungen)

Kontexte (soweit relevant)
- Bezug zu Form und Typ des gesamten Dramas (→ S. 335 f.): offene/geschlossene Form; Tragödie, Komödie u. a.
- Zeitbezug und literaturgeschichtliche Einordnung

---

4 a Unterteilen Sie den Textauszug in **Sinnabschnitte.** Formulieren Sie Überschriften.

1. Abschnitt: Gespräch zwischen Margarete und Faust über Religion
2. Abschnitt: …

b Fassen Sie kurz den **Inhaltskern** der Szene zusammen.

5 **Markieren** Sie in einer Kopie **Schlüsselstellen, Schlüsselwörter,** wiederkehrende **Motive** (→ S. 328). Notieren Sie in der Kopie Beobachtungen, Fragen, Verweise an den Rand des Textes.

6 **a** Visualisieren Sie Ihre ersten Ergebnisse zum Abschnitt V.3414–3468. Sie können dafür ein **Schaubild** wie das folgende verwenden.

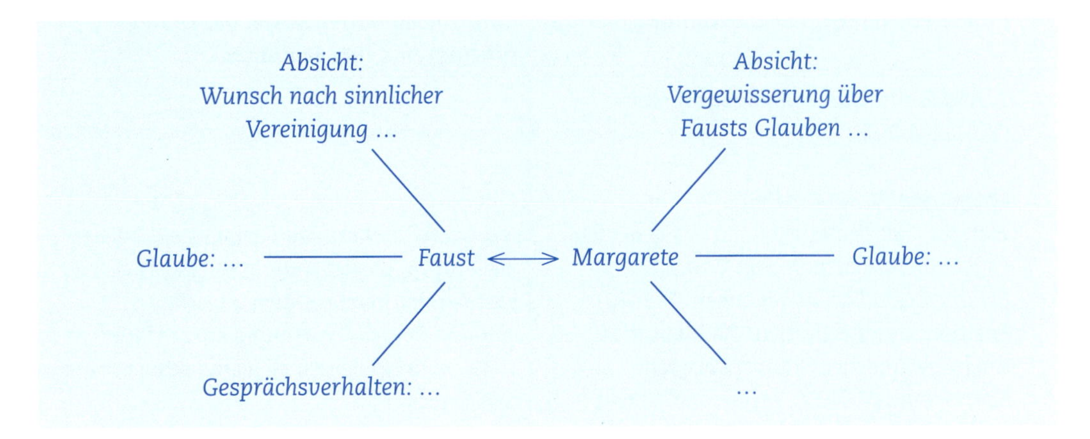

b Legen Sie ein ähnliches Schaubild oder einen Cluster (→ S. 348) für den zweiten Abschnitt des Dialogs an (V.3469–3503).

7 Übertragen Sie die folgende Stoffsammlung zur **Gesprächssituation** in Ihre Unterlagen und ergänzen Sie die Kurzcharakteristik zu Faust und Margarete, die Notizen zum Gesprächszusammenhang sowie zum Ort des Gesprächs.

Gespräch zwischen Faust und Margarete, Szene „Marthens Garten“:
Gesprächssituation
Figuren:
Faust: bedeutender Gelehrter; ehrgeiziges Ziel, das Wesen des Seins zu erkennen, gescheitert. Pakt mit Mephisto. Er ist gebildet, wortgewaltig, ungebunden ...
Margarete: Kleinbürgertum, ungebildet ...
Gesprächszusammenhang: *lieben sich, sehnen sich nach der Erfüllung ihres Begehrens.*
Faust in „Wald und Höhle“: ...
Margarete, Lied am Spinnrad: ...
Ort des Gesprächs: *...*

In einer **strukturierten Stoffsammlung** in Form einer **Tabelle** können Sie weitere Beobachtungen sammeln und Inhalte und Figurenkonstellation mit dramaturgischen und sprachlichen Mitteln in Beziehung setzen.

---

8 **a** Überprüfen Sie die Analyse- und Interpretationsergebnisse in der Stoffsammlung auf S. 56.
b Erstellen Sie selbst eine solche Tabelle und ergänzen Sie die Beobachtungen zu Faust (Abschnitt V.3414–3468).
c Tragen Sie Ihre Beobachtungen zum 2. Abschnitt ein.
d Fassen Sie Ihre Ergebnisse zu den beiden Abschnitten jeweils in einem **Argument** zusammen und bilden Sie aus den Argumenten Ihre **Interpretationsthese.**

Stoffsammlung zu „Faust I" – Religionsgespräch zwischen Faust und Margarete

Inhalt, Positionen, Ziele, Beziehung, Verlauf	**Sprachliche Mittel, Mittel der Dialogführung und ihre Funktion**
1. Abschnitt: Das Religionsgespräch *(V. 3414–3468)*	
Margarete *(V. 3414–3458)* **Ziel:** *die Glaubenseinstellung des geliebten Faust zu ergründen in dem Wunsch, ihn für ihren Glauben zu gewinnen (V. 3422)* **Position:** *unreflektiert, an die Institution Kirche gebundener Glaube; Beispiele: Sakramente (V. 3423), Messe und Beichte (V. 3425); Pfarrer (V. 3460); ein Muss für alle Menschen (V. 3421)* *→ Sicherheit im Glauben*	*Margarete initiiert das Thema, stellt beharrlich Fragen, fordert Antworten, Faust verhält sich reaktiv, versucht auszuweichen* *einfache Sprache: vorrangig kurze Hauptsätze, meist Zeilenstil → wenig differenziertes Denken*
Beziehung: *Sie spürt, dass Faust nicht im Rahmen der Kirche gläubig ist (V. 3417, 3421, 3423), ist besorgt (V. 3423), tadelt, wo sie Gewissheit über seinen Unglauben hat (V. 3421, 3424f.)*	*Aufforderungen (V. 3414, 3421) → Versuch der Einflussnahme* *3 Fragen (V. 3415, 3426, 3430) → dringendes Interesse, Faust soll nicht ausweichen* *kein festes Versmaß: Natürlichkeit des Sprechens* *Reim: z.T. werden ihre Beiträge mit Fausts durch Reim verbunden (V. 3414/16; 3420/21), zahlreiche jedoch nicht → nicht vereinbare Standpunkte. Halbverse (V. 3414, 3422, 3424, 3426, 3430) → Widersprüche, Gegensätze prallen aufeinander*
Faust *(V. 3414–3468)* **Ziel:** … **Position:** … **Beziehung:** …	… … …
Margarete *(V. 3459–3468)* *signalisiert ihr halbes Verständnis, sieht Bezüge zu den Worten des Pfarrers, aber empfindet deutlich, dass Faust ohne Christentum ist; Resümee des Gesprächs* **→ Argument: …**	
2. Abschnitt: Gespräch über Mephisto *(V. 3469–3503)* … **→ Argument: …**	…

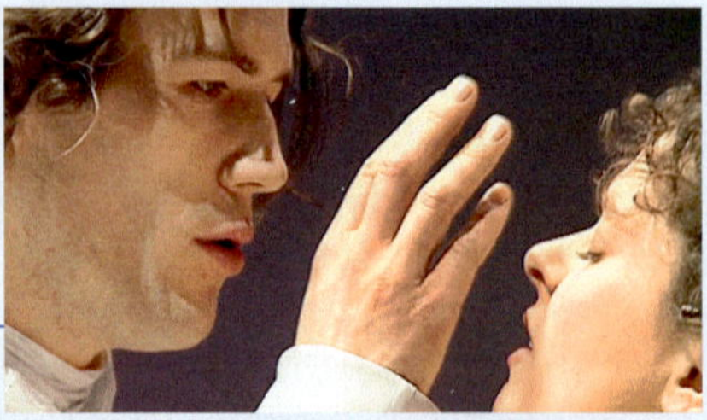

Faust und Margarete in der Szene „Marthens Garten". Verfilmung der „Faust"-Inszenierung von Peter Stein, 2000

9 Bestimmen Sie die **Position der Szene im Aufbau des Dramas.**

Phase 3: Die Untersuchungsergebnisse darstellen

In der **Gliederung** können Sie weitgehend Ihrer strukturierten Stoffsammlung folgen.
Im Hauptteil bilden Kapitel zum Inhaltskern und Aufbau, zur Gesprächssituation sowie die einzelnen Argumente die Gliederungspunkte. Die Zusammenfassung der Argumente bildet die Interpretationsthese und steht am Anfang des Hauptteils unter B.

Gliederung: Interpretation der Szene „Faust I – Marthens Garten“

A. Faust als Titan und als Schuldiger
B. Misslingende Verständigung zwischen Margarete und Faust über unvereinbare Standpunkte zu Fragen des Glaubens und zu Mephisto
 I. Einordnung der Szene in das Drama: …
 II. Inhaltskern und Aufbau: Zweigliedrigkeit des Dialogs ohne Entwicklung und mit scheinbarem Abbruch
 III. Gesprächssituation: Das ungleiche Paar Faust und Margarete mit dem Begehren nach sinnlicher Vereinigung
 IV. Gestörtes Gespräch über unvereinbare Standpunkte zu Glaubensfragen
  1. Margaretes Prüfung von Fausts Glauben
  2. Fausts …
 V. …
C. Ungleiche Liebende in anderen literarischen Werken

1 Ergänzen Sie die offenen Stellen der Gliederung.

Interpretation der Szene „Faust I – Marthens Garten“ (Auszug)

In der Szene „Marthens Garten“ wird ein misslingendes Gespräch zwischen Faust und Margarete dargestellt, in dem es um unvereinbare Standpunkte zu Fragen des Glaubens und zu Mephisto geht. 5
Der Dialog besteht aus zwei miteinander verwandten Teilen. Im ersten stellt Gretchen ihrem Geliebten bohrende Fragen nach seinem Glauben, im zweiten nach Mephisto, der für sie mit Fausts fehlendem Glauben zu tun hat. 10 *Da Faust den Fragen Gretchens in beiden Fällen ausweicht, entwickelt sich das Gespräch nicht, sondern tritt auf der Stelle und Gretchen scheint es am Ende abbrechen zu wollen.*
Die Ursachen liegen bereits in der Gesprächssituation. 15 *Sie ist gekennzeichnet durch die Ungleichheit des Liebespaares einerseits und ihr gemeinsames Begehren nach Erfüllung ihrer sinnlichen Begierde andererseits. Die Gesprächsteilnehmer sind Faust und Margarete:* 20 *Faust ist ein bedeutender Gelehrter, der aber diese Karriere als gescheitert ansieht, da sie ihm nicht die Einsicht in den inneren Zusammenhang der Welt bieten kann, nach der er strebt. Er sucht sie nun mit Hilfe von Mephisto,* 25 *mit dem er einen Pakt eingegangen ist, in der kleinen Welt. Er ist ein höchst gebildeter und wortgewaltiger Mann, ungebunden, un-*

behaust, unbefriedigt, weil er überall an die Grenzen des Menschseins stößt. Er ist zerrissen zwischen Geist und Trieb, in dem Streben nach dem Göttlichen und in der Bindung an Mephisto. Margarete hingegen entstammt dem Kleinbürgertum, ist ungebildet, unwissend, einfältig. Sie ist fest in ihre soziale Welt eingebunden, zufrieden und mit sich selbst einig. Die soziale Beziehung zwischen Faust und Margarete ist also asymmetrisch.
Das Gespräch im Garten steht in einem größeren Zusammenhang. Faust hat sich in der vorletzten Szene „Wald und Höhle“ klargemacht, dass er Margaretes Leben zerstören wird, wenn er seiner Begierde nachgibt – man bedenke die bürgerlichen Normen der Zeit –, aber er zieht keine Konsequenzen aus dieser Einsicht. Als er mit Margarete in Marthens Garten zusammentrifft, hat er einen Schlaftrunk für die Mutter mitgebracht, um mit seiner Geliebten eine ungestörte Nacht genießen zu können. Auch Margarete sehnt sich nach einer Vereinigung mit dem Geliebten, wie in ihrem Lied am Spinnrad in der vorhergehenden Szene deutlich wird. Sie treffen sich in Marthens Garten, dem Garten der Frau, die sich als Kupplerin betätigt hat; aber sie befinden sich noch im Freien, wo die sozialen Regeln zu beachten sind. Es ist ein privates Gespräch unter vier Augen, in dem sie sehr persönliche Fragen besprechen können.

Im ersten Teil des Gesprächs geht es um die Unvereinbarkeit der Positionen in der Glaubensfrage; die Kommunikation ist gestört, denn Faust versucht, sich den drängenden Fragen Margaretes zu entziehen.
Margarete ist um den geliebten Faust besorgt und wünscht, ihn für ihren Glauben zu gewinnen, wenn sie sagt: „Ach, wenn ich etwas auf dich könnte!“ (V. 3422). Sie initiiert das Thema. Es ist ihr so wichtig, dass sie ihn fünfmal zu einer Stellungnahme herausfordert, indem sie ihn mit ihrer Kritik konfrontiert, wie z. B.: „Du ehrst auch nicht die heil’gen Sakramente“ (V. 3423), oder indem sie ihm Fragen stellt. Da er sich nur reaktiv verhält und sich einer klaren Antwort zu entziehen versucht, stellt sie die Entscheidungsfrage: „Glaubst du an Gott?“ (V. 3426), sodass es für Faust schwer wird, auszuweichen; da er es abermals mit einer Gegenfrage versucht, zieht sie bereits ein erstes hellsichtiges Resümee, das sie allerdings noch als Frage formuliert: „So glaubst du nicht?“ (V. 3430).
Ihr eigener Glaube ist an die Institution Kirche gebunden: Sakramente, Beichte, der Pfarrer sind feste Bestandteile. Sie ist sicher in ihrem Glauben und lässt sich nicht von Fausts Einwänden und seiner Position beirren. Ihr Glaube im Rahmen der Kirche ist ihr ein selbstverständliches „Muss“ (V. 3421), das sie sich nicht von Faust in Frage stellen lässt (V. 3422). Ihre einfache Denkweise, die nicht hinterfragt, spiegelt sich auch in ihrer Sprache: Sie verwendet meist Hauptsätze und verzichtet damit darauf, Über- und Unterordnungen darzustellen. Der Zeilenstil (z. B. V. 3415) hebt die Wirkung der einfachen Sätze noch hervor. Dass die beiden Figuren nicht zu einem Einverständnis finden, wird dadurch unterstrichen, dass die Gesprächsbeiträge der beiden selten durch einen Reim verbunden sind. Auch prallen die gegensätzlichen Ansichten oft in zwei Halbversen aufeinander, z. B. wenn Faust über die Sakramente sagt: „Ich ehre sie“, und Margarete im gleichen Vers erwidert: „Doch ohne Verlangen“ (V. 3424).
Faust entzieht sich Margaretes Fragen, da er sie auf die gemeinsame Nacht vorbereiten will und die Verwirklichung seiner Absicht durch Disharmonie scheitern könnte. So weicht er Margaretes Fragen durch Rückzug auf Toleranz (V. 3420) und Gegenfragen aus wie „[…] wer darf sagen: / Ich glaub’ an Gott?“ (V. 3426 f.). Schließlich legt er in einem langen Redebeitrag seine Position dar …

2 Prüfen Sie, welche Punkte der Gliederung auf S. 57 in der Beispielinterpretation umgesetzt werden.
3 Diskutieren Sie die Darstellung.
4 Führen Sie die fehlenden Punkte aus. Verfassen Sie auch eine Einleitung und einen Schluss. Sie können dazu die Anregungen aus der Gliederung aufgreifen.

Phase 4: Den Aufsatz überarbeiten

1 Überprüfen Sie Ihren Text mit Hilfe des „Fahrplans" auf S. 36 (Checkliste für Phase 4).
2 Vermeiden Sie mit Hilfe der folgenden Fragen häufig vorkommende Fehler:
   - Haben Sie die Gesprächssituation in Ihrer Interpretation hinreichend berücksichtigt?
   - Ist die Beziehung der Dialogpartner zueinander deutlich herausgearbeitet?
   - Wurden die Mittel der Dialogführung und die sprachliche Gestaltung in die Erschließung mit einbezogen?
3 Ist Ihre Gedankenführung nachvollziehbar, d. h., haben Sie Ihre Funde immer wieder auf die zu begründende Interpretationsthese bezogen? Haben Sie Leitsätze am Anfang eines Absatzes formuliert, die den Bezug zur These verdeutlichen?

Vorschläge für die kreative Weiterarbeit

1 Schreiben Sie ein Rollenprofil (→ S. 358) für Faust, indem Sie ihn über sich in der Ich-Form sprechen lassen – über die Gesprächssituation, seine Ziele, seine Beziehung zu Margarete und über seine Gesprächsführung.
2 Lesen oder spielen Sie den Text abermals und vergleichen Sie Ihre jetzige Gestaltung mit der anfänglichen.
3 Überprüfen Sie Ihre Standbilder (Aufgabe 4, S. 53) mit Ihrem nun vertieften Textverständnis und korrigieren Sie eventuell Ihre anfänglichen Entwürfe. Schauen Sie sich in Videoaufnahmen Lösungen an, die in bekannten Inszenierungen gewählt wurden, und diskutieren Sie diese.
4 Parodieren Sie Fausts überschwängliches Glaubensbekenntnis.
5 Geben Sie Faust eine intellektuell ebenbürtige Partnerin und lassen Sie sie mit Faust über Glaubensfragen streiten. Dazu müssen Sie vorher die Position dieser Partnerin zu Religionsfragen festlegen. Sie könnte zum Beispiel einen aufgeklärten Standpunkt vertreten oder von Ludwig Feuerbachs Thesen beeindruckt sein („Vorlesungen über das Wesen der Religion", → S. 274) oder als Christin sprechen, die ihren Glauben differenziert darstellen kann.

Faust und Margarete in der Szene „Marthens Garten". Verfilmung der „Faust"-Inszenierung von Gustav Gründgens, 1960

2 Schreiben zu Sachtexten

2.1 Sachtexte analysieren

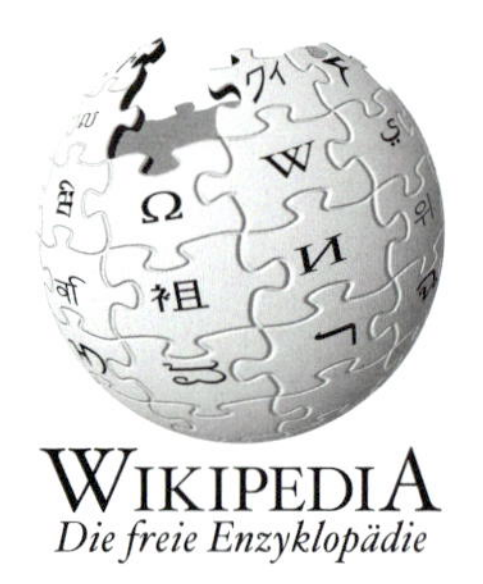

Das Streiflicht

(SZ) Was taten sie bloß, die Menschen, als es noch keinen Fußball gab auf der Welt? Schwierige Frage, aber wie immer geben die Klassiker zuverlässig Antwort. Die Menschen ließen sich, wie der hektische Herr Faust, auf zweifelhafte Geschäfte mit dem Teufel ein. Oder sie taten gar nichts und lagen, wie der träge Herr Oblomow, Tag für Tag auf dem Sofa. Traurig jedenfalls muss es gewesen sein, das Leben damals, und wer in die Zukunft blickte, sah dort kein Licht – nur den Nebel, das Nichts. Wer aber heutzutage in die Zukunft schaut, der schaut

In unserer Informations- und Wissensgesellschaft spielt der Umgang mit Sachtexten eine wichtige Rolle, nicht nur in Beruf und Schule, sondern auch im Alltag. Sie lesen z.B. Zeitung, Beiträge im Internet, Werbetexte, Texte in Fachbüchern oder Informationsbroschüren. Die verschiedenen Arten von Sachtexten lassen sich nach der jeweils dominierenden Sprachfunktion (→ S.121) ordnen:

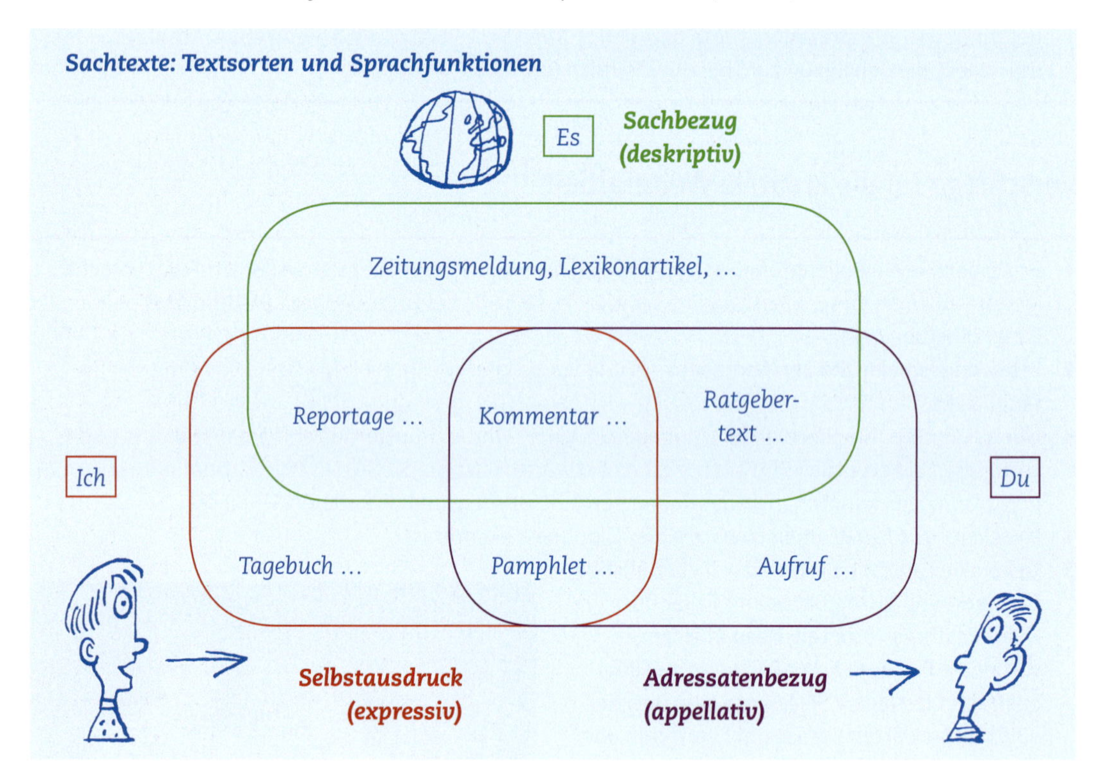

1 Übertragen Sie die Schnittmengengrafik in Ihre Unterlagen und versuchen Sie, die folgenden Arten von Sachtexten einzuordnen: Werbetext, Nachricht, Bericht, Gebrauchsanleitung, Brief (Geschäftsbrief, persönliche E-Mail …), Rezension, Interview, Lehrbuchtext, Glosse (→ S.128), Säulendiagramm, Erörterung, Essay (→ S.76). Ergänzen Sie die Übersicht mit weiteren Beispielen.

2 **a** Legen Sie eine Mappe an, in der Sie Beispiele für verschiedene Arten von Sachtexten sammeln.
b Erarbeiten Sie auf der Grundlage Ihrer Materialien Definitionen verschiedener Sachtextsorten.

Ebenso wie bei der Interpretation eines literarischen Textes handelt es sich bei der Erschließung eines Sachtextes um einen Prozess.
In einer **ersten Phase** nähern Sie sich dem Text an. Sie können den Text z. B. zunächst überfliegen, um einen Eindruck vom Thema und von der Machart zu erhalten. Anschließend lesen Sie den Text vollständig und machen sich Notizen zu ersten Eindrücken und Assoziationen.
In einer **zweiten Phase** setzen Sie sich gründlich mit Text und Thema auseinander. Sie markieren Textstellen und halten erste Untersuchungsergebnisse fest. In dieser Phase werden Sie den Text nochmals intensiv lesen und Ihr vorläufiges Verständnis immer wieder am Text überprüfen, verfeinern und gegebenenfalls korrigieren.
In der **dritten Phase** stellen Sie die Untersuchungsergebnisse dar: Sie erarbeiten eine Gliederung und formulieren anschließend Ihren Aufsatz aus.
Die **vierte Phase** dient der Überarbeitung Ihres Aufsatzes – vielleicht bereiten Sie hier sogar eine Veröffentlichung vor.

Phase 1: Sich dem Text und dem Thema annähern

Christoph Drösser: **Aus dem Leben gemailt** (2003)

Jochen Müller geht nicht ins Internet. Jochen Müller ist im Internet – fast immer. Im Büro muss der 43-Jährige, der als oberster Computerfachmann für die Informationstechnik der Stadt Herten verantwortlich ist, ständig für seine Mitarbeiter per E-Mail erreichbar sein. Aber auch zu Hause ist der Familienvater von drei Kindern immer im Netz. „Früher ging man zum Rechner, fuhr ihn hoch, wählte sich ein, öffnete ein E-Mail-Programm“, erzählt Müller. „Heute komme ich vom Rasenmähen rein, klappe den Laptop auf und sehe sofort, ob neue E-Mails da sind.“
Willkommen in der Welt des „always on“ – Mailen, Surfen, Chatten rund um die Uhr. Seit die drahtlosen WLAN-Netze Einzug in Firmen, Hochschulen und Privathaushalte gehalten haben, muss man sich zum Surfen nicht mehr an einen bestimmten Ort begeben. Smartphones – Handys mit Internet-Empfang – überbrücken die Strecken dazwischen. Das Internet wird zum Nebenbei-Medium. Man ist online, während man arbeitet, fernsieht oder isst. Das Internet drängt sich in jede Ritze des Lebens und fordert Aufmerksamkeit. So wie schon seit einigen Jahren das Handypiepsen jede Konversation unterbricht, so ziehen uns jetzt die sanfte Frauenstimme, das durchdringende Beep oder das blinkende Briefsymbol, die den Empfang einer neuen Mail signalisieren, aus der realen in die virtuelle Welt.
Der Teppich der drahtlosen, oft für jedermann zugänglichen WLAN-Netze – lokale Datenwolken, in die man sich einloggen kann, wenn der eigene Laptop über eine entsprechende Antenne verfügt – wird immer dichter. In vielen Innenstädten gibt es kostenlose „Hot Spots“ in Cafés und Bars. Die Gelände der Universitäten sind praktisch flächendeckend mit einem drahtlosen Zugang ausgestattet. Auf wissenschaftlichen Konferenzen, vor allem in den USA, gehört es inzwischen zum guten Ton, den Gästen kostenloses WLAN-Internet anzubieten. Die Folge: In vielen Vorlesungen und Vorträgen sieht man Zuhörer mit aufgeklappten Laptops, die fleißig in die Tasten greifen. Sie tippen aber

nicht die Worte des Vortragenden mit, sondern erledigen nebenbei ihre private Post oder chatten mit Bekannten. Anja Wanner, 60 eine deutsche Linguistin, die an der amerikanischen University of Wisconsin lehrt, stöhnt über ihre Studenten. „Die zappen sofort ins Internet, wenn sich nur die kleinste Gelegenheit dazu bietet. Man muss sich noch mehr 65 als sonst anstrengen, ihre Aufmerksamkeit zu behalten."

Auch die Manager der Computerindustrie, bei denen die totale Vernetzung schon aus beruflichen Gründen zum guten Ton gehört, 70 lassen sich in Meetings gern durch den Bildschirm ablenken. Statt wie früher nebenbei zu tuscheln, schicken sie sich nun Instant-Messages quer über den Konferenztisch, wenn sie von einer Powerpoint-Präsentation 75 gelangweilt sind. [...]

Fragt man die ständig mit dem Netz verbundenen Avantgarde-User nach den Schattenseiten ihres digitalen Lebenswandels, fällt eigentlich nie der in den Medien so stark 80 strapazierte Begriff der Informationsflut oder des *information overkill*. Erfahrene Internet-User haben den Anspruch aufgegeben, alles zu lesen, was es da draußen gibt. [...]

Eine Klage, die man dagegen immer wieder 85 hört: Das Netz fordert ständig Aufmerksamkeit und zerstückelt damit das reale Leben. Gerade bei Tätigkeiten, die Konzentration erfordern (etwa beim Schreiben dieses Artikels), lässt der Nutzer sich nur zu gern ab- 90 lenken: Kaum hakt der Gedankengang ein wenig, schon klickt man mal kurz das E-Mail-Fenster an und schaut nach neuer Post. [...]

Anja Wanner erzählt: „Durch allerhand Mätzchen wird der Rechner zum größten Zeitfres- 95 ser. Am meisten ärgert mich, dass die Aufmerksamkeit so zerfasert und man sich in immer kürzeren Zeitabständen irgendwelchen Teilaufgaben widmet, anstatt in irgendetwas Größeres einzutauchen." [...]

100 Viele Menschen, die im „Multitasking"-Modus immer mehrere Tätigkeiten gleichzeitig erledigen wollen, halten sich dabei für besonders produktiv. Erste Untersuchungen legen nahe, dass das ein Trugschluss ist. Der Psychologe David E. Meyer von der University of 105 Michigan hat Versuchspersonen getestet, die zwei Dinge gleichzeitig tun sollten, etwa einen Bericht schreiben und nebenher ihre E-Mail erledigen. Das Ergebnis: Die Multitasker, die ständig zwischen beiden Arbeiten 110 hin- und hersprangen, brauchten 50 Prozent mehr Zeit als die Strukturierten, die erst das eine und dann das andere taten.

Die Möglichkeit, rund um die Uhr online zu sein, verwischt zunehmend die Grenzen zwi- 115 schen Arbeit und Freizeit. Die meisten Firmen ermöglichen es ihren Mitarbeitern, die E-Mails auch zu Hause zu lesen. [...] Zahlen aus Amerika besagen, dass 23 Prozent der Internet-Nutzer am Wochenende zu Hause ihre 120 beruflichen E-Mails lesen und sogar 42 Prozent während der wenigen amerikanischen Urlaubstage. Dahinter steckt der Horror vor einem vollen Postfach am nächsten Arbeitstag – aber sicherlich auch die Gier nach In- 125 formation. Selbstverständlich gibt es in den USA schon Namen für das zwanghafte Online-Sein: *Online compulsive disorder* nennt man das oder auch *pseudo-attention deficit disorder*, ein Begriff, den die Psychologen 130 Edward M. Hallowell und John Ratey in Anlehnung an das konventionelle Aufmerksamkeitsdefizit-Syndrom geprägt haben. Sie stellen fest, dass die Betroffenen einen physischen Drang danach verspüren, mit dem 135 Netz in Kontakt zu treten. So wie der Nikotinsüchtige alle halbe Stunde seinen Giftpegel justiert, brauchen die Online-Junkies ihren ständigen Kick durch Informationshäppchen, und seien sie noch so unbedeutend. 140

Den Begriff „Internet-Sucht" führte ein amerikanischer Psychologe im Jahr 1995 als scherzhafte Scheindiagnose ein – inzwischen bestreitet kaum noch ein Suchtexperte, dass man nach dem Netz genauso süchtig sein 145 kann wie nach Geldspiel oder Drogen. [...]

„Es macht mich nervös, nicht online zu sein", gibt Jochen Müller zu. Und der Schweizer Michel Ecklin, der als freier Journalist meist allein in den eigenen vier Wänden arbeitet, 150 stellt selbstkritisch fest: „Es kann schon mal passieren, dass ich tagelang ausschließlich Online-Beziehungen pflege oder zumindest nur online Beziehungen pflege – da fühle ich mich manchmal schon etwas abgeschnitten von der Realität.“ Es ist eine Segnung des Internets, dass man Informationen jederzeit zur Verfügung hat. Wie schnell kann man in Diskussionen eine Sachfrage klären, wenn der vernetzte Laptop immer in Reichweite ist.

Die Netz-Avantgarde erkennt aber zunehmend, dass es ein Segen sein kann, sich von der allgegenwärtigen Information abzuschirmen. „Mittlerweile finde ich es geradezu heilsam, dem Wunsch nach Information nicht immer sofort nachzugehen“, sagt Anja Wanner. „Man kann sich auch weiter unterhalten, wenn man nicht umgehend nachsieht, was der zweite Name des ersten Kindes von Sabine und Jörg ist oder wie die Hauptstadt von Illinois heißt.“ Fürs nächste Semester hat die Sprachwissenschaftlerin sich vorgenommen, im Büro die Vormittage offline zu verbringen, um in Ruhe arbeiten zu können – „nach dem ersten Mail-Check, versteht sich“.

Auch Jochen Müller kappt in seltenen Momenten die Verbindung zum Netz. Filme im Fernsehen schaut sich der Computerfachmann – nebenbei ein wandelndes Filmlexikon – mit dem rechten Auge auf dem Fernseher und dem linken auf dem LCD-Bildschirm an. Aber es kommt vor, dass ihn ein Film so fesselt, dass er den Laptop zuklappt, um sich nicht ablenken zu lassen.

Und richtig stolz wird Müller, wenn er vom Sommerurlaub des letzten Jahres erzählt, den er mit der ganzen Familie in Spanien verbracht hat. „Alle haben mir gesagt: Das hältst du nicht aus, du bist spätestens am dritten Tag im Internet-Café. Aber ich bin tatsächlich vier Wochen nicht ein einziges Mal online gewesen!“

(aus: Die Zeit, 31.07.2003)

1 Tragen Sie in einem Blitzlicht (→ S. 349) zusammen, welche **Assoziationen** dieser Text bei Ihnen auslöst.

2 Schreiben Sie in Sprechblasen zwei Zitate heraus, die Ihnen zentral erscheinen. Vergleichen Sie Ihre Ergebnisse in Kleingruppen und legen Sie jeweils dar, warum Sie dieses Zitat gewählt haben. Stellen Sie Ihre Ergebnisse der gesamten Lerngruppe vor.

Die Möglichkeit, rund um die Uhr online zu sein, verwischt zunehmend die Grenzen zwischen Arbeit und Freizeit. (Z. 114ff.)

Thema: Analysieren Sie den Zeitungsartikel „Aus dem Leben gemailt“ von Christoph Drösser. Erarbeiten Sie dazu die Gedankenführung und beschreiben Sie das sprachliche Verfahren anhand wichtiger Beispiele. Bewerten Sie abschließend die Textaussage.

3 **a** Machen Sie sich die Aufgabenstellung klar, indem Sie **Schlüsselbegriffe** des Themas herausschreiben.

b Prüfen Sie, inwieweit die folgenden Anforderungen in der Aufgabenstellung enthalten sind:
- die These des Textes herausarbeiten
- den Inhalt des Textes wiedergeben
- den Problemzusammenhang erörtern
- die Argumentationsstruktur erarbeiten
- rhetorische Mittel erkennen, ihre Funktion beschreiben
- im Text enthaltene Wertungen erkennen

Phase 2: Sich mit dem Text auseinandersetzen

1 **Klären** Sie **schwierige Begriffe** und schwer verständliche Textstellen.

2 **a** **Markieren** Sie in einer Kopie **Schlüsselstellen** und verdeutlichen Sie **gedankliche Zusammenhänge.** Verwenden Sie die Hinweise zum Markieren auf S. 356.

b Gliedern Sie den Text in **Sinnabschnitte,** geben Sie den Abschnitten jeweils Überschriften.

3 **a** **Vergegenwärtigen** Sie sich folgende **Methoden zur Erschließung und Visualisierung** der gedanklichen Struktur eines Sachtextes: Mind-Mapping (→ S. 347), Treppenmethode (→ S. 357), Schaubild zur Argumentationsstruktur (→ S. 357, 345).

b Erschließen Sie in Kleingruppen den Text mit jeweils einer dieser Methoden.

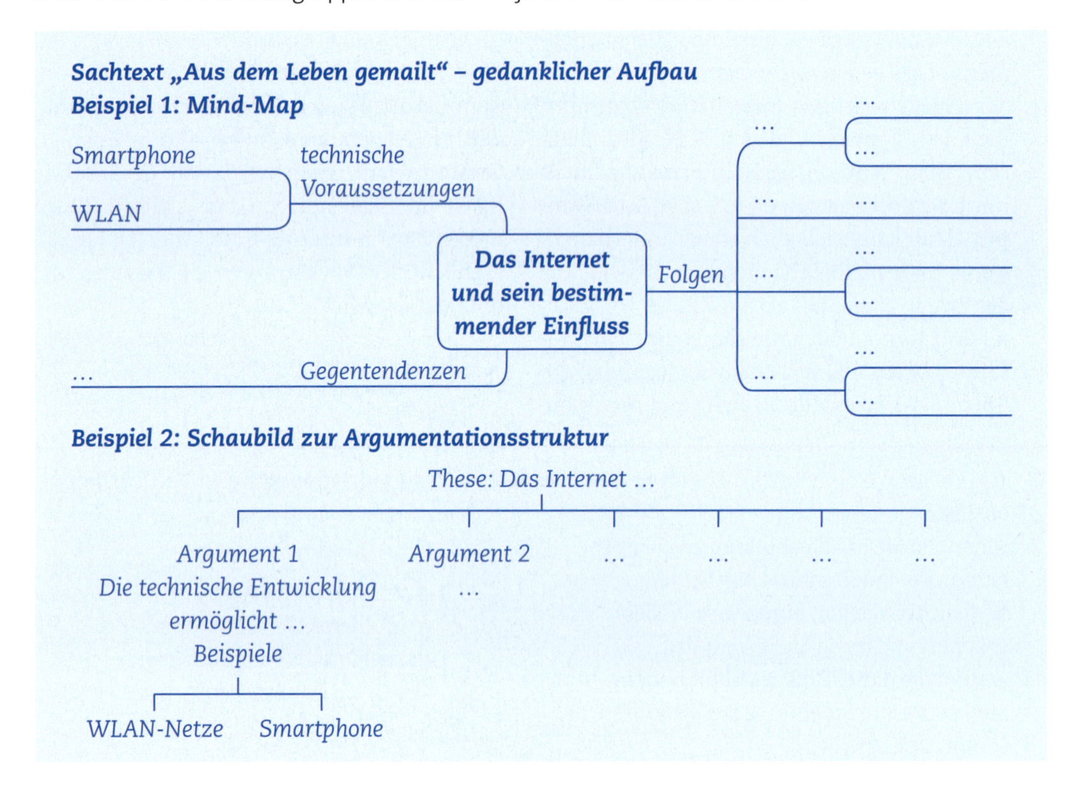

c Vergleichen Sie Ihre Ergebnisse und diskutieren Sie Vorzüge der einzelnen Methoden.

Der Arbeitsauftrag, die **Sprache** des Textes zu untersuchen, fordert Sie auf, sprachliche Besonderheiten zu benennen. Wichtig ist, dass Sie diese immer auf die Wirkungsabsicht des Autors beziehen. Bei der Analyse sprachlicher Mittel helfen z. B. folgende Fragen:

- Gibt es Auffälligkeiten in der **Wortwahl** (z. B. bildhafte Ausdrücke, Fachbegriffe, neue Begriffe)?
- Sind bestimmte **Wortarten** oder **Satzarten** vorherrschend?
- Werden **rhetorische Mittel** verwendet? Welche?
- Ist die Sprache insgesamt verständlich? Ist der **Satzbau** eher übersichtlich oder eher kompliziert?
- Werden **Zitate** verwendet? Welchen Zweck erfüllen sie?

Die Übersicht auf S. 65 gibt einen generellen Überblick über Aspekte bei der Sprachanalyse.
Sie können jeweils geeignete Gesichtspunkte auswählen.

Sachtextanalyse: Aspekte zur Untersuchung von Sprache und Wirkungsabsicht

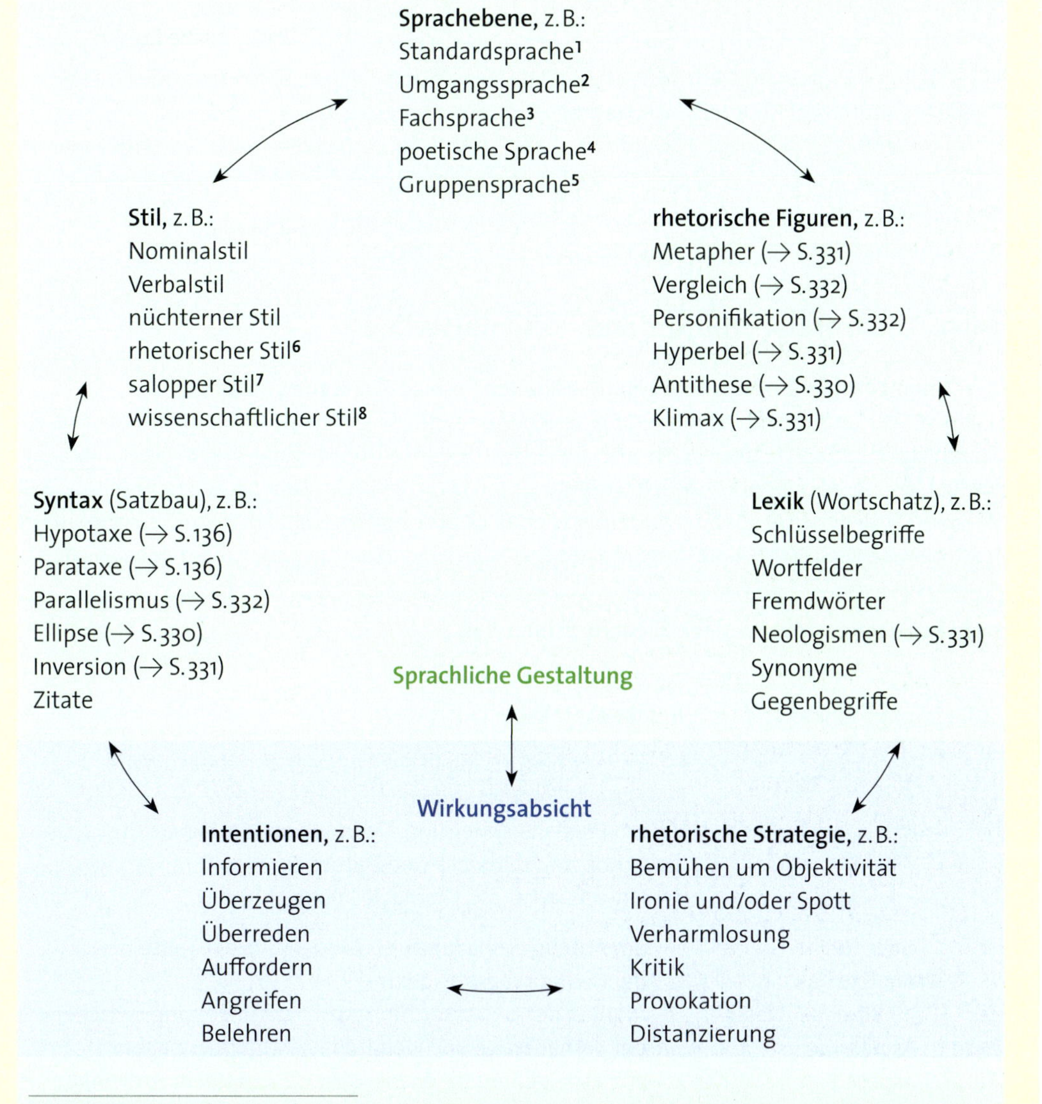

1 **Standardsprache** (Hochsprache, Schriftsprache): allgemein verbindliche Sprachform für den öffentlichen Sprachgebrauch; weist kaum regionale, gruppentypische oder fachspezifische Besonderheiten auf

2 **Umgangssprache:** in der mündlichen Rede verwendete, die Normen der Standardsprache nicht streng befolgende Ausdrucksweise des Alltags (z. B. „motzen", „etwas mit jemandem haben"). Typisch sind einfache, oft auch unvollständige Sätze.

3 **Fachsprache:** fachspezifische Kenntnisse voraussetzende und von Fachwörtern geprägte Sprache

4 **poetische Sprache:** feierliche und oft altertümlich wirkende Ausdrucksweise (z. B. „Lenz" für „Frühling", „Odem" für „Atem")

5 **Gruppensprache:** an eine bestimmte soziale Gruppe oder an eine Altersgruppe gebundene, meist umgangssprachliche Ausdrucksweise (z. B. Jugendsprache: „cool", „abhotten")

6 **rhetorischer Stil:** gekennzeichnet durch die häufige Verwendung von rhetorischen Figuren

7 **salopper Stil:** lockere, nicht-förmliche, oft stark emotional gefärbte, häufig metaphorische oder umgangssprachliche Ausdrucksweise (z. B. „sich prügeln", „Zaster", „sich auftakeln")

8 **wissenschaftlicher Stil:** geprägt durch Bemühen um nüchterne Objektivität, Verwendung von Fachbegriffen, logische Satzverbindungen

4 Benennen Sie mit Hilfe der Übersicht auf S. 65 wichtige **sprachliche Gestaltungselemente** in Christoph Drössers Text und machen Sie sich Notizen zur damit verbundenen **Wirkungsabsicht.** Beispiel:

„Das Internet drängt sich in jede Ritze des Lebens" (Z. 28 ff.): Personifikation – Internet ist aktiv, aufdringlich und unkontrollierbar
→ unterstreicht die These: Nicht das Internet wird benutzt und beherrscht, sondern es besteht die Gefahr, dass es die Menschen beherrscht; Appell, die Gefahr abzuwehren

Phase 3: Die Untersuchungsergebnisse darstellen

Auf der Grundlage Ihrer bisherigen Ergebnisse können Sie eine **Gliederung** erstellen.
Nach einer Einleitung, die mit der Nennung des Themas schließt, geben Sie im Hauptteil die These bzw. den Hauptgedanken des Textes wieder und stellen die Gedankenführung dar, indem Sie auf den Inhalt und Aufbau des Textes eingehen. Anschließend werden sprachliche Aspekte im Zusammenhang mit der Wirkungsabsicht des Autors/der Autorin in den Blick genommen. Einer knappen Zusammenfassung zur Textintention schließt sich die Wertung des Textes an. Ein kurzer Ausblick rundet den Aufsatz ab.

! Sachtextanalyse – Muster einer Gliederung (Beispiel)

Gliederungspunkte	Inhalte/Aspekte
1 Einleitung	– knappe Einführung in das Thema, z. B. mit Bezug auf aktuelle Entwicklungen – am Ende der Einleitung: Nennung von Textsorte, Titel, Autor/-in, Fundstelle und Datum der Veröffentlichung (soweit bekannt), Thema des Textes
2 Hauptteil: Analyse des ... 2.1 Inhalt und Aufbau 2.1.1 Aspekt 1 2.1.2 Aspekt 2 ...	– am Anfang des Hauptteils: Wiedergabe der These bzw. der Kernaussage des Textes – Analyse der Gedankenführung: Zusammenhang zwischen der Kernaussage und weiteren wichtigen Aussagen; zugleich: geordnete Wiedergabe der zentralen Textinhalte
2.2 Sprache und Wirkungsabsicht 2.2.1 Aspekt 1 2.2.2 Aspekt 2 ...	Beschreibung sprachlicher Gestaltungselemente im Zusammenhang mit der Wirkungsabsicht
2.3 Zusammenfassung: Textintention	Will der Autor/die Autorin vorwiegend informieren, eine Frage aufwerfen, eine Meinung vertreten, zum Handeln auffordern ...? Wird kritisiert, aufgedeckt, gespottet, übertrieben, provoziert ...?

2.4	Wertung des Textes	Ist die Gedankenführung schlüssig? Ist die Darstellung sachlich richtig? Wird ausgewogen argumentiert? ...
3	Schluss	Ausblick auf künftige Entwicklungen, weiterführender Gedanke, Bezugnahme auf die Einleitung oder ein angrenzendes Thema ...

1 Übertragen Sie das folgende Beispiel einer Gliederung in Ihre Unterlagen und ergänzen Sie die fehlenden Punkte und Formulierungen. Achten Sie darauf, aussagekräftige Überschriften zu finden.

Gliederung zur Textanalyse: „Aus dem Leben gemailt" von Christoph Drösser

1 Zunehmende Bedeutung des Internets in verschiedenen Lebensbereichen
2 Aufklärung über Gefahren des Internetgebrauchs im Artikel „Aus dem Leben gemailt"
2.1 Aufbau und Inhalt: Gefahr der Beherrschung des Lebens durch das Internet
2.1.1 Technische Voraussetzungen für das Vordringen des Internets
2.1.2 Verbreitete Gewohnheit, online zu gehen
2.1.3 Ablenkung ...
2.1.4 ...
...
2.2 Sprachliche Gestaltung und Wirkungsabsicht: ...
2.2.1 Sprachebene: ...
2.2.2 ...
...
2.3 Zusammenfassung zur Textintention: ...
2.4 Wertung: ...
3 ...

2 **a** Beschreiben Sie, welcher „Aufhänger" in der folgenden Einleitung gewählt wurde.
b Überlegen Sie in Kleingruppen alternative Gestaltungsmöglichkeiten für eine Einleitung zu Ihrer Textanalyse und setzen Sie eine der Ideen um.

Textanalyse zu „Aus dem Leben gemailt" von Christoph Drösser – Einleitung

Seit dem Ende des 20. Jahrhunderts haben sich die technischen Möglichkeiten der Kommunikation sehr schnell immer weiter verbessert. Heute hat z.B. mehr als die Hälfte aller Haushalte in Deutschland einen Internetanschluss; Mobiltelefone – oft solche, die Internetzugang ermöglichen – sind weit verbreitet. Auch im Arbeitsleben und im öffentlichen Leben sind die modernen Kommunikationsmedien allgegenwärtig. Häufig bestimmen sie zusätzlich die Freizeit, wir benutzen sie zur Information, zur Kommunikation, finden Freunde virtuell, und manche nutzen das Internet so intensiv, dass sie den Bezug zur Realität außerhalb des Netzes verlieren. Mit dieser Situation, insbesondere mit den Schattenseiten der ständigen Internetnutzung, beschäftigt sich der Zeitungsartikel „Aus dem Leben gemailt" von Christoph Drösser in der „Zeit" vom 31.07.2003.

Textanalyse zu Christoph Drösser: „Aus dem Leben gemailt“ (Auszug)

Drösser vertritt die These, dass das Internet das Leben vieler Menschen zu sehr bestimmt und damit nicht nur nützt, sondern auch erheblichen Schaden anrichtet.
Um seine These plausibel zu machen, geht der Autor zunächst auf die technischen Voraussetzungen ein, die das „always on“ (Z. 18) ermöglichen: WLAN-Netzwerke eröffnen die Chance, zu den verschiedensten Zeiten an den unterschiedlichsten Orten online zu gehen, sofern nur ein Hot Spot, also ein öffentlicher Internetzugang, vorhanden ist. Unterwegs bieten moderne Handys eine Verbindung ins Internet. Diese fast uneingeschränkte Verfügbarkeit des World Wide Webs verführt dazu, das Internet ständig nebenbei zu nutzen und einen Teil der Aufmerksamkeit für das Web abzuspalten. Als Beispiel für eine solche Ablenkung durch das Netz im privaten Bereich nennt Drösser das Abrufen von E-Mails, deren Eintreffen aufdringlich signalisiert wird (Z. 34ff.).
Die Einschätzung, dass die genannten technischen Möglichkeiten auch tatsächlich häufig genutzt werden, versucht Drösser zu stützen, indem er auf verschiedene Beispiele eingeht: Er führt die Beschwerde einer deutschen Linguistin in den USA an, dass die Studenten bei Vorlesungen eher ihre E-Mail-Korrespondenzen als das eigentliche Thema verfolgen, und nennt die Gewohnheit von Managern in der Computerindustrie, sich bei Sitzungen in der Firma durch Online-Nebenbeschäftigungen abzulenken. …

---

3 **a** Prüfen Sie im vorliegenden Textauszug, welche Punkte der Gliederung auf S. 67 behandelt werden.
b Vervollständigen Sie die Ausführungen zu Aufbau und Inhalt des Textes. Folgende Möglichkeiten der Formulierung können Ihnen helfen:

Als weiteren Grund … führt der Autor an …
Als Bestätigung seiner These … sieht der Autor …
Um seine Wertung plausibel zu machen, verweist er auf …
Um seine These zu stützen, … verdeutlicht der Autor …
Weiterhin geht der Autor auf den Aspekt des … ein …
In diesem Kontext wird auch angesprochen, dass …
Der Text beschreibt …
Er weist darauf hin, dass …
Als Beispiel führt der Text … an …
Der Autor argumentiert, dass …
Er stellt dar, dass …
Er präsentiert Informationen zu …

4 Führen Sie den Gliederungspunkt zur Wertung des Textes (2.4) aus.
Sie können z. B. den folgenden Ansatz aufgreifen und die darin genannten, im Text nicht erwähnten Argumente und Beispiele ausführen.

Textanalyse zu Christoph Drösser: „Aus dem Leben gemailt“
2.4 Einseitige Argumentation: Ausblenden von positiven Effekten der Internetnutzung
Drösser rückt negative Folgen der Internetnutzung in den Mittelpunkt. Seine Argumentation ist allerdings einseitig – wahrscheinlich bewusst einseitig. Es fehlen Ausführungen dazu, welche Vorteile den beschriebenen Schattenseiten gegenüberstehen. Außerdem nennt Drösser keine Argumente und Beispiele dafür, dass viele Nutzer das Medium sehr gezielt und in Maßen nutzen und durchaus wissen, wann sie „abschalten“ sollten …

Textanalyse zu „Aus dem Leben gemailt" von Christoph Drösser – Schluss (Beispiel 1)

Nicht nur die Internetsucht nimmt zu, auch das Handy spielt schon eine sehr große Rolle im Alltag der Menschen. Oft wird nicht mehr in persönlicher Gegenwart kommuniziert, da es einfacher ist, schnell eine SMS zu verschicken. Man hat weniger direkten Kontakt zu Mitmenschen, weil das Handy sehr oft auch zur Freizeitgestaltung und zum Vertreiben von Langeweile verwendet wird.

Der Gebrauch von Internet und Handy sollte deshalb auf ein gewisses Maß beschränkt werden, damit das persönliche Umfeld nicht vernachlässigt wird.

Textanalyse zu „Aus dem Leben gemailt" von Christoph Drösser – Schluss (Beispiel 2)

Auch wenn das Internet sehr hilfreich sein kann, darf die Internetsucht aber auf keinen Fall als Lappalie gesehen werden. Auf Grund dieser Sucht können viele weitere Probleme auftreten, wie beispielsweise die Abwendung von der Gesellschaft, seelische Probleme, Depressionen oder eine andere Sucht, wie zum Beispiel die bislang umstrittene Handysucht.

Jeder Mensch sollte immer versuchen, die persönliche Kommunikation mit seinen Mitmenschen dem „Onlinegespräch" vorzuziehen. Das wäre schon ein Schritt in die richtige Richtung.

5 Diskutieren Sie die beiden Entwürfe für einen Schlussteil.

6 Schreiben Sie einen eigenen Schluss.

Phase 4: Den Aufsatz überarbeiten

Nachdem Sie Ihre Textanalyse verfasst haben, sollten Sie Ihren Aufsatz auf jeden Fall – wenn möglich mit zeitlichem Abstand – gründlich und in mehreren Arbeitsgängen überprüfen. Achten Sie auf inhaltliche, sprachliche und auch formale Gesichtspunkte.

!

Sachtextanalyse – Checkliste für die Textüberarbeitung

Inhalt

- Entsprechen die Ausführungen genau der Aufgabenstellung? Ist die **Aufgabe vollständig erfüllt?**
- Sind die besonderen **Merkmale von Einleitung, Hauptteil und Schluss** berücksichtigt? (vgl. die Erläuterungen zum Muster einer Gliederung auf S. 66 f.)
- **Entsprechen** die **Ausführungen** den Punkten **der Gliederung?**
- Sind die einzelnen **Textteile** untereinander **gut gewichtet?**
- Machen die Ausführungen den **Zusammenhang zwischen** der zentralen **These/** dem Hauptanliegen des Textes und den einzelnen untersuchten **Aspekten** ausreichend deutlich? Ist die Argumentationsstruktur (→ S. 345) herausgearbeitet?
- Sind die eigenen **Behauptungen** gut **begründet?**

Sprache und Formales
- Ist die **Ausdrucksweise klar** und sachlich?
- Ist der **Satzbau übersichtlich?**
- Ist die **Sprache abwechslungsreich** (Variationen im Satzbau, bei der Wortwahl)?
- Werden passende **Fachausdrücke** verwendet?
- Gibt es **logische Verknüpfungen** zwischen den einzelnen Textteilen?
- Ist die **Gliederung einheitlich** in der **Nummerierung** und **Formulierung,** sind die **Überschriften aussagekräftig?**
- Sind Sinnabschnitte im Text optisch durch **Absätze** hervorgehoben?
- Stimmen **Rechtschreibung, Zeichensetzung und Grammatik?**
- Sind Behauptungen ausreichend mit Zitaten belegt?
  Wird **korrekt zitiert?** (→ S. 318 f.)

1 Bei den folgenden Ausschnitten aus Schülerarbeiten ist jeweils einer der folgenden Aspekte überarbeitungsbedürftig:
- Ausdruck
- Rechtschreibung/Zeichensetzung/Zitate
- Satzbau
- Satzverbindungen/Textkohärenz (→ S. 141).

Ordnen Sie die Fehlerschwerpunkte den Textausschnitten zu und schreiben Sie jeweils eine korrigierte Fassung.

Vorsicht, Fehler!

2.2.1
Standardsprache mit fachsprachlichen Wendungen

Die sprachliche Gestaltung des Textes unterstreicht die Aussageabsicht des Autors, was sich z. B. darin zeigt, dass Drösser vorwiegend Standardsprache benutzt, denn er möchte ein breites Publikum erreichen. Dass er sich in seinem Thema auskennt, beweist er an verschiedenen Textstellen dadurch, dass er Fachausdrücke verwendet, die in den Bereich der Computerwelt gehören, in der vor allem Fremdwörter aus dem Englischen üblich sind, wie z. B. „‚always on' – Mailen, Surfen, Chatten" (Z. 18 f.), „WLAN-Netze" (Z. 20), „Instant-Messages" (Z. 72 f.) oder „information overkill" (Z. 81).

2.2.2
Balance zwischen journalistischem und saloppem Stil

Drösser sucht eine Balance zwischen jornalistischem und salloppem Stil. Die gründliche Rescherche des Reporters schlägt sich in seinen zahlreichen Zitaten, Interviewauschnitten und Statistiken (vgl. Z. 109 ff., 118 ff.) nieder. Dem Leser wird so deutlich gezeigt das man sich auf seine Aussagen verlassen kann. Sallopp wird die Ausdrucksweise, wenn der Autor den Text auflockern will und den Bezug zum Leser sucht so läßt er „Manager bei Meetings tuscheln" (Z. 72), „Studenten in die Tasten greifen" (Z. 56), einen der befragten bezeichnet er als „wandelndes Filmlexikon" (Z. 180 f.).

2.2.3
Sprachliche Bilder als Mittel zur Einbeziehung und Beeindruckung des Lesers

Kennzeichnend für das sprachliche Verfahren des Autors ist auch der bildliche Sprachgebrauch. Er will das eigentlich anspruchsvolle Thema simplifizieren und Assoziationen mit eigenen Erfahrungen beim Leser hervorrufen. Drösser vergleicht die „Online-Junkies“ 5 mit Nikotinsüchtigen (Z. 136ff.). Die Leser können sich das Suchtverhalten vorstellen. In Drössers metaphorischer Ausdrucksweise bilden die WLAN-Netze einen „Teppich“ (Z. 41), der „immer dichter“ (Z. 45f.) wird.
Um seiner Warnung Nachdruck zu verleihen, verwendet der Autor 10 Personifikationen. Dem Internet werden menschliche Eigenschaften unterstellt, wenn es „sich in jede Ritze des Lebens“ (Z. 29f.) drängt. Das Medium wird dämonisiert und zu einem Widersacher des Menschen gemacht: „Das Netz fordert ständig Aufmerksamkeit und zerstückelt damit das reale Leben“ (Z. 85f.).

2.3
Textintention: Schattenseiten des Internets – informieren, aufklären, warnen

Der Text „Aus dem Leben gemailt“ lässt sich in drei Wirkungsabsichten gliedern: Der Autor möchte informieren, aufklären und warnen. Zunächst bemüht sich der Autor objektiv um das Internet, das immer mehr auf dem Vormarsch ist und für fast jeden der Be- 5 völkerung zum Alltag gehört.
Er übt aber auch sehr viel Kritik an dieser Entwicklung, indem er den Leser über diese aufklären und warnen möchte. Nach seiner Ansicht „fordert [das Netz] ständig Aufmerksamkeit“ (Z. 85f.) und es macht Menschen schon „nervös, nicht online zu sein“ (Z. 147). Inter- 10 netgebrauch kann also zu einem Kontaktverlust zur Familie oder zu Freunden und deshalb zu einer starken Abhängigkeit führen.

2 Überarbeiten Sie die von Ihnen verfassten Teile des Aufsatzes (S. 68, Aufgabe 3b, 4; S. 69, Aufgabe 6) anhand der Hinweise auf S. 69 f.

Vorschläge für die kreative Weiterarbeit

1 Fertigen Sie eine Collage zu dem Text „Aus dem Leben gemailt“ an:
- als Textcollage: Textauszüge aus diesem Text und eventuell aus anderen Texten werden in unterschiedlicher Größe und/oder Typografie kombiniert
- als Collage aus Thesen und Antithesen oder als Text-Bild-Collage

2 Gestalten Sie einen Gedanken des Textes in Form einer kurzen Erzählung oder einer Szene aus.
3 Schreiben Sie eine Glosse (→ S. 128) oder einen Essay (→ S. 76) über einen Online-Junkie.
4 Formulieren Sie zu einer Behauptung von Drösser eine Gegendarstellung in bewusst bissigem Ton.
5 Versuchen Sie, zu diesem Thema eine Satire zu schreiben.
6 Karikieren Sie die Machart des Zeitungsartikels, indem Sie eine Besonderheit herausgreifen und übertreiben (z. B. die Verwendung von Fremd- und Fachwörtern aus der Computerwelt, die metaphorische Beschreibung des Internets, ...). Wählen Sie dazu eine Passage aus.

2.2 Sachtexte vergleichen und einen Essay verfassen

Die von Marcel Reich-Ranicki herausgegebene Sammlung „Der Kanon" umfasst neben Romanen auch Gedichte, Erzählungen, Dramen und Essays. Die abgebildete Kassette enthält 20 Romane, darunter die folgenden:
Johann Wolfgang Goethe: Die Leiden des jungen Werthers, E.T.A. Hoffmann: Die Elixiere des Teufels, Theodor Fontane: Effi Briest, Thomas Mann: Buddenbrooks, Hermann Hesse: Unterm Rad, Robert Musil: Die Verwirrungen des Zöglings Törleß, Franz Kafka: Der Proceß, Alfred Döblin: Berlin Alexanderplatz, Günter Grass: Die Blechtrommel, Max Frisch: Montauk.

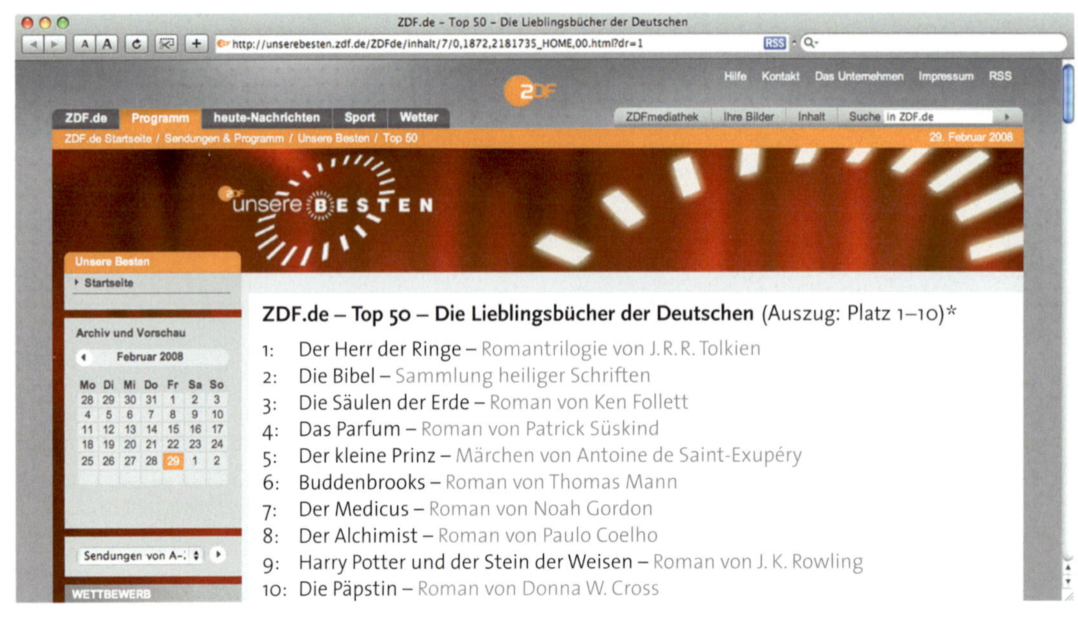

ZDF.de – Top 50 – Die Lieblingsbücher der Deutschen (Auszug: Platz 1–10)*

1: Der Herr der Ringe – Romantrilogie von J.R.R. Tolkien
2: Die Bibel – Sammlung heiliger Schriften
3: Die Säulen der Erde – Roman von Ken Follett
4: Das Parfum – Roman von Patrick Süskind
5: Der kleine Prinz – Märchen von Antoine de Saint-Exupéry
6: Buddenbrooks – Roman von Thomas Mann
7: Der Medicus – Roman von Noah Gordon
8: Der Alchimist – Roman von Paulo Coelho
9: Harry Potter und der Stein der Weisen – Roman von J. K. Rowling
10: Die Päpstin – Roman von Donna W. Cross

* Diese Liste entstand im Rahmen der ZDF-Kampagne „Das große Lesen – unsere Besten" im Sommer 2004. Leser konnten per Internet oder Wahlkarte ein persönliches Lieblingsbuch nennen.

1 a Tauschen Sie sich mit Ihrem Nachbarn/Ihrer Nachbarin darüber aus, welche der genannten Bücher und Autoren/Autorinnen Sie kennen.
b Diskutieren Sie über den Sinn von „Lieblings-Listen". Recherchieren Sie im Internet weitere solche Listen (z.B. SWR-Bestenliste, „Sachbücher des Monats" der Süddeutschen Zeitung ...).

Was soll gelesen werden? – Diese Frage wird zu jeder Zeit neu und meist kontrovers beantwortet. „Kanon" hieß ursprünglich die unabänderliche Liste heiliger Texte, die innerhalb einer Religionsgemeinschaft allgemein verbindlich waren. Auf die Literatur bezogen fasst der Kanon diejenigen Werke zusammen, die man gelesen haben sollte, und zwar deshalb, weil sie nach übereinstimmender Meinung eine hohe ästhetische Qualität aufweisen. Aber wer bestimmt, was gut ist? Wer kann heute sagen, was auch in 100 Jahren noch lesenswert sein wird? Auflistungen finden sich immer wieder. Ob eine große Wochenzeitschrift 100 besonders lesenswerte Bücher präsentiert, ob Schüler und Lehrer einen Vorschlag machen oder das Fernsehpublikum per Internet 100 Lieblingsbücher wählt – die Ergebnisse gleichen sich selten. Sicher ist nur eines: Die Frage nach einem literarischen Kanon führt in schöner Regelmäßigkeit zu provozierenden Äußerungen, ob von Journalisten, Schriftstellern, Politikern, Literaturwissenschaftlern, Lehrern, Schülern, Eltern oder sonstigen Interessierten.
Im Folgenden finden Sie Überlegungen der Literaturkritiker Marcel Reich-Ranicki und Ulrich Greiner sowie des Literaturwissenschaftlers Heinz Schlaffer zum Thema „Kanon". Schlaffers Text stammt aus dem populärwissenschaftlichen Buch „Die kurze Geschichte der deutschen Literatur". Der Anlass von Greiners Äußerungen ist die Veröffentlichung der ZEIT-Schülerbibliothek.

Interview mit Marcel Reich-Ranicki: **Literatur muss Spaß machen°** (2001) Auszug

DER SPIEGEL: Herr Reich-Ranicki, Sie haben für den „Spiegel" Ihren persönlichen literarischen Kanon zusammengestellt [...]. Gibt es überhaupt einen Bedarf für eine solche Liste literarischer Pflichtlektüre? 5

REICH-RANICKI: [...] Die Frage ist mir unverständlich, denn der Verzicht auf einen Kanon würde den Rückfall in die Barbarei bedeuten. [...]

10 **DER SPIEGEL:** Was soll denn die Schule bei der Vermittlung von Literatur leisten?

REICH-RANICKI: [...] Dem Schüler soll gezeigt und bewiesen werden, welche Aufgabe Literatur vor allem hat: Sie soll den Menschen 15 Freude, Vergnügen und Spaß bereiten und sogar Glück. [...]

DER SPIEGEL: Und der gewaltige Goethe – was sollte davon in den Unterricht gelangen?

20 **REICH-RANICKI:** Da muss man rigoros und konsequent sein. Man muss Zeit haben vor allem für „Faust I" und für die Lyrik aus den verschiedenen Zeitabschnitten, insgesamt nicht weniger als 20 bis 30 Gedichte. Ferner 25 sollte man auch den „Werther" gründlich behandeln und Auszüge aus „Dichtung und Wahrheit". Ob man die heutigen Schüler für den „Tasso" oder ein so herrliches Stück wie die „Iphigenie" begeistern kann, weiß ich nicht. Nebenbei: Es ist das erste deutsche 30 Rundfunk-Hörspiel.

DER SPIEGEL: Goethe und der Rundfunk – vielleicht bringen Sie hier was durcheinander?

REICH-RANICKI: Durchaus nicht. Hier haben 35 wir es mit einem Werk zu tun, in dem es nur auf das Akustische ankommt.

[...]

DER SPIEGEL: Und was ist mit den typischen deutschen Nachkriegsautoren, mit denen 40 Sie sich als Kritiker zeitlebens beschäftigt haben – bleibt davon für Ihren Kanon nichts übrig?

REICH-RANICKI: Ja, hier muss man sehr vorsichtig sein – und da bleibt in der Tat nur we- 45 nig. Ich habe viel über große deutsche Schriftsteller der Vergangenheit geschrieben, aber zugleich so gut wie nie die deutsche Literatur der Gegenwart vernachlässigt oder gar ignoriert. Darunter waren nicht wenige gute oder 50 zumindest brauchbare Bücher, die zu Recht viel diskutiert und 10 oder vielleicht sogar 20 Jahre lang sogar gelesen wurden. Aber sie haben sich überlebt. Vom literaturhistorischen Standpunkt gesehen, waren es Eintagsflie- 55 gen, nützliche Eintagsfliegen – Alfred Kerr hat einen Band seiner gesammelten Kritiken so genannt: „Eintagsfliegen". Aber es wäre falsch und auch schädlich, wollten wir diese Werke in den Kanon aufnehmen.

[...]

Der Spiegel: Könnten Sie zehn oder zwölf Bücher nennen, die ein Abiturient unbedingt kennen sollte?

Reich-Ranicki: Sehr ungern, aber meinetwegen: „Werther“, „Effi Briest“, „Buddenbrooks“, „Der Proceß“, „Faust I“, je ein Band mit ausgewählten Dramen von Schiller und Kleist, je ein Band mit ausgewählten Gedichten von Goethe, Heine und Brecht. Und wenn Sie mir noch zwei Titel genehmigen sollten, schlage ich einen Band mit den Werken von Büchner vor und einen Auswahlband mit der Lyrik der deutschen Romantiker.

[...]

Der Spiegel: Herr Reich-Ranicki, wir danken Ihnen für dieses Gespräch.

(aus: Der Spiegel, 18.06.2001)

Heinz Schlaffer: **Die kurze Geschichte der deutschen Literatur** (2002) Auszug

Literarische Werke unterliegen, je mehr Zeit seit ihrer Entstehung vergangen ist, einer desto strengeren Auswahl. Zunächst entscheiden sich die zeitgenössischen Leser für das offenbar Zeitgemäße unter den Neuerscheinungen, dann die späteren Leser für die erinnernswerten unter den einst erschienenen Büchern. Literaturhistoriker sind die spätesten Leser, die einem nachgeborenen Publikum vergegenwärtigen, was von früheren Werken noch lesenswert sei. In diesem zeitlich gestaffelten Auswahlverfahren werden die Kriterien nicht nur strenger, sondern auch anders, sodass sich die Nachwelt oft gerade jener Werke erinnert, die die Mitwelt übersah. Über das, was Gegenstand einer Literaturgeschichte ist, entscheidet also nicht die Mitwelt, sondern die Nachwelt, nicht die Zeit, sondern das Gedächtnis. Was eine Literaturgeschichte beachtet oder nicht beachtet, hängt davon ab, wie sie es bewertet (auch wenn sie sich dieser Voraussetzung gar nicht bewusst ist). Die Bewertung wiederum kann sich nur auf ein ästhetisches Urteil berufen: auf das künstlerische Niveau der Werke, wie es sich später kompetenten, d.h. im Umgang mit der Literatur verschiedener Epochen erfahrenen Lesern zeigt.

Ulrich Greiner: **Weshalb wir einen literarischen Kanon brauchen** (2002) Auszug

Friedrich Schiller zeigt in seiner berühmten Rede *Was heißt und zu welchem Ende studiert man Universalgeschichte?* (26. Mai 1789 in Jena), wie wir alle auf den Schultern unserer Vorfahren stehen. „Selbst in den alltäglichsten Verrichtungen des bürgerlichen Lebens können wir es nicht vermeiden, die Schuldner vergangener Jahrhunderte zu werden.“ Daraus leitet er nicht allein die Notwendigkeit ab, die Geschichte zu kennen, deren vorläufiges Endprodukt wir sind, sondern auch die Verpflichtung, unseren Nachkommen diese Kenntnis zu überliefern.

Zu seinen Studenten, also zu uns, sagt Schiller: „Aus der Geschichte erst werden Sie lernen, einen Wert auf die Güter zu legen, denen Gewohnheit und unangefochtener Besitz so gern unsre Dankbarkeit rauben. Und welcher unter Ihnen könnte dieser hohen Verpflichtung eingedenk sein, ohne dass sich ein stiller Wunsch in ihm regte, an das kommende Geschlecht die Schuld zu entrichten, die er dem vergangenen nicht mehr abtragen kann? Ein edles Verlangen muss in uns entglühen, zu dem reichen Vermächtnis von Wahrheit, Sittlichkeit und Freiheit, das wir von der Vorwelt überkamen und reich vermehrt an die Folgewelt wieder abgeben müssen, auch aus unsern Mitteln einen Beitrag zu legen, und an dieser unvergänglichen Kette, die durch alle Menschengeschlechter sich windet, unser fliehendes Dasein zu befestigen."

Die wirkliche Katastrophe der gegenwärtigen, durch die Pisa-Studie[1] neu entfachten Bildungsdebatte liegt darin, dass sich alle Energie auf die Steigerung von Leistung und Effizienz richtet, dergestalt, dass Fächer, die keinen unmittelbaren Nutzen für den Wirtschaftsstandort Deutschland zu haben scheinen, ins Hintertreffen geraten. Das gilt für Musik, Literatur, Kunst und Geschichte, und für die alten Sprachen sowieso.

Wenn aber der Begriff „Bildung" überhaupt einen Sinn hat, dann verknüpft er sich mit der Idee, den ganzen Menschen in all seinen Fähigkeiten auszubilden; und dazu gehört zweifellos die Fähigkeit, Schmerz ebenso zu empfinden wie Glück; die Fähigkeit, zwischen schön und hässlich, zwischen gut und böse unterscheiden zu können; schließlich die Fähigkeit, ein gutes, ein richtiges, ein verantwortliches Leben zu führen.

Das ist nicht schwer, aber es ist nicht leicht. Denn Voraussetzung dafür ist etwas wie Selbstbewusstsein, Selbstkenntnis. Sich selber kann man nur kennen, wenn man annähernd weiß, wer man ist, wo man herkommt. Ohne die Kenntnis der Herkunft gibt es keine Zukunft, und das wiederum heißt, dass es gelingen muss, „unser fliehendes Dasein an der unvergänglichen Kette der Überlieferung zu befestigen".

Das Medium dieser Überlieferung ist die Historiografie, und die umfasst nicht allein die wissenschaftlichen Werke, sondern vor allem die Mythen, die Märchen, die Dramen und die Epen. Der Schriftsteller Ludwig Harig hat einmal gesagt: Nur der erzählende Mensch ist ein Mensch. Und nur der erzählte Mensch ist ein Mensch. Die Literatur ist die Geschichte des erzählenden und des erzählten Menschen.

(aus: Die Zeit, 10.10.2002)

1 **Pisa-Studie:** Die internationale Studie misst die Fähigkeiten 15-jähriger Schüler/-innen in den Bereichen Mathematik, Naturwissenschaften und Textverstehen. Im Jahr 2000 lagen die Ergebnisse deutscher Schüler/-innen in allen drei Bereichen im internationalen Vergleich knapp unter dem Durchschnitt.

Phase 1: Sich den Texten und dem Thema annähern

1 a Machen Sie sich Notizen zu Ihrem **ersten Eindruck** von den drei Texten.
b Wählen Sie aus jedem Text einen Satz aus, den Sie für besonders diskussionswürdig halten. Stellen Sie Ihre Sätze mit Begründung im Plenum vor.

Thema: Verfassen Sie einen essayistischen Text zur These: „Wir brauchen (k)einen literarischen Kanon". Greifen Sie dazu die Argumente der drei vorliegenden Texte auf, entwickeln Sie aber vor allem Ihre eigene, subjektive Sichtweise.

Neben der Erörterung, die aus analytischer Distanz, objektiv und abwägend den Leser von einer Behauptung überzeugen will, gibt es eine Textsorte, die neben dem systematischen Argumentieren eine eher subjektive, gestalterische Schreibhaltung zulässt: den Essay.

!

Der Essay

„Essay" (frz. *essai*, dt. *Versuch*) ist die Bezeichnung für einen relativ knappen und bewusst **subjektiven reflektierenden Text** über ein bestimmtes Thema, das aus den unterschiedlichsten Bereichen stammen kann.
Eine präzise Definition ist auf Grund des kreativen und offenen Charakters der Schreibform schwierig. Ebenso wie die Erörterung will der Essay die **eigene Haltung** zu einer offenen Frage durch die kritische Beurteilung und das Abwägen unterschiedlicher Positionen **begründen** und den **Adressaten überzeugen.** Der Essay behandelt das zur Diskussion stehende Problem allerdings weniger systematisch als die Erörterung, eher **aspekthaft, assoziativ** und **variationsreich.** Die Aussagen können **Möglichkeiten durchspielen,** sie dürfen auch **provozieren** oder gar paradox sein. Im Essay werden Gedanken vor den Augen des Lesers entfaltet, die **Aussagen** können **bewusst zugespitzt** sein. Der Essay enthält neben erörternden oft auch **beschreibende, schildernde** oder **erzählende Elemente.** Stilistisch ist der Essay **ausgefeilt** und **pointiert.**

2 **Klären** Sie die **Aufgabenstellung** (S. 75):
a Listen Sie die Anforderungen des Themas in folgender Form auf:
Ich soll also:
– einen essayistischen Text verfassen …
– …
b Erstellen Sie aus den Angaben im Merkkasten einen Kriterienkatalog für die Textsorte „Essay".

Phase 2: Sich mit den Texten und dem Thema auseinandersetzen

1 **a** Alle drei Texte auf S. 73–75 beschäftigen sich mit dem Thema „Kanon". Erschließen Sie die Texte vergleichend, indem Sie folgende Aspekte berücksichtigen: Ort der Publikation, Autor (Beruf), Textsorte, Thema, Hauptthese, Intention, Sprache. Legen Sie eine Tabelle an.

	Reich-Ranicki	**Schlaffer**	**Greiner**
Ort der Publikation	*Zeitschrift*	…	…
…	…	…	…

b Rekonstruieren Sie den Gedankengang der drei Texte. **Visualisieren** Sie den **gedanklichen Aufbau.** Sie können z. B. Schlaffers Aussagen über den Prozess der Selektion in einem Schaubild darstellen, Greiners Ausführungen in einem Schaubild zur Argumentationsstruktur (→ S. 357) veranschaulichen und Reich-Ranickis Thesen in einem Cluster (→ S. 348) oder einer Mind-Map (→ S. 347) präsentieren.
c Stellen Sie in Kurzform zusammen, welche Argumentation für einen literarischen Kanon sich den drei Texten jeweils entnehmen lässt.
d Schreiben Sie Textstellen heraus, die Sie in einem Essay zustimmend oder ablehnend aufgreifen könnten, oder markieren Sie diese in einer Kopie.

2 **a** Diskutieren Sie in Kleingruppen die Argumentation der drei Texte.
Argumentieren Sie für Ihre eigene Haltung zum Thema „Kanon". Sie können als Vorbereitung auch eine Internetrecherche durchführen.
b Notieren Sie in Stichworten die wichtigsten Argumente der Diskussion.

Phase 3: Die Untersuchungsergebnisse darstellen

1 Legen Sie in Stichworten einen **Schreibplan** für Ihren Essay an.
Gehen Sie immer von Ihrer eigenen Haltung, Ihren eigenen Erfahrungen aus. Beziehen Sie aber unbedingt die Argumente der drei Ausgangstexte mit ein. Sie können diese entweder zusammenfassend darstellen, ehe Sie Ihre eigene Argumentation entfalten (siehe Beispiel unten), oder Sie binden die Argumente der Ausgangstexte jeweils an geeigneter Stelle zustimmend oder ablehnend in Ihren eigenen Gedankengang mit ein.

Schreibplan zu einem Essay: Wir brauchen keinen literarischen Kanon (Beispiel)
eigene Erfahrungen mit dem Lesen: …
Definition „Kanon"
Schlaffers, Greiners und Reich-Ranickis Argumente für einen Kanon
warum wir dennoch keinen Kanon brauchen …

Im Folgenden finden Sie eine Reihe von Schreibanregungen und Hilfestellungen zur Vorbereitung Ihres Essays. Aber Vorsicht: Niemand liest gerne einen Text, der in jeder Zeile mit Sprachspielen kokettiert. Die genannten Möglichkeiten dürfen nur sparsam eingesetzt werden.

Anregungen für die Vorbereitung eines Essays
- Spielen Sie Experte: Sie wissen alles! Schreiben Sie schnell einen kurzen Text, der Ihr Urteil festhält.
- Schreiben Sie als Materialsammlung einen kurzen „Aufsatz der Vorurteile". Wählen Sie dazu Thesen, die sicher unbegründbar sind, die aber von vielen Lesern geglaubt werden könnten. (Beispiel: Schüler sollten heute in der Schule gar keine Literatur mehr lesen müssen.)
- Arbeiten Sie mit den verschiedenen Bedeutungen eines Wortes. „Kanon" ist nicht nur eine Richtschnur, sondern auch ein mehrstimmiges Tonstück oder als Gebet Bestandteil der Messe.
- Lassen Sie Assoziationen zu: Was fällt Ihnen ein, wenn Sie z. B. an den Begriff „Buch" denken?
- Suchen Sie Wörter desselben Wortstamms. Leser – Lesesucht – Leseflucht …; Lehren – Lehrstuhl …
- Spielen Sie mit dem Klang von Wörtern. Aus „Literatur" hört man dann z. B. „Litera-Tour" heraus.
- Metaphern (→ S. 331) können Sie ausbauen. Wenn Sie spielerisch bei der eigentlichen Bedeutung bleiben, ergeben sich manchmal interessante Zusammenhänge. Wer vor dem „Berg der jährlichen Neuerscheinungen" steht, braucht vielleicht eine anständige Ausrüstung, um diese sportliche Prüfung gut zu überstehen …
- Wortspiele sind im Essay erlaubt. Probieren Sie ungewöhnliche Wortverbindungen. Ist ein Kritiker vielleicht ein „Buchstabendribbler"?
- Ironisch verwendete Beschönigungen (Euphemismen, → S. 331) können eine gute Wirkung erzielen (z. B. „Entrümpelung von literarischen Altbeständen").

Die folgenden Textauszüge 1–3 stammen aus dem Essay des Journalisten Willi Winkler „Lasst die Zuchtmeister ihre Rute schwingen! Kein Kanon ist der beste Kanon: Kinder, lest doch, was ihr wollt!" (2002). Die Auszüge 4 und 5 sind Teil einer essayistischen Stellungnahme des Literaturwissenschaftlers Walter Hinderer zum Thema „Kanon" in der Wochenzeitung „Die Zeit" (1997).

1. Goethe, dann Schiller, Lessing, ein bisschen Kleist und Thomas Mann, immer wieder Thomas Mann – das ist Standard, oder war es doch lange. Ohne eine gründliche Dröhnung mit dem „Faust" und den schillerschen Dramen, ohne die Friedensbotschaft im „Nathan" und den Heldenmut vor Königsthronen im „Prinz von Homburg" gab es bis vor Kurzem kein Zeugnis der Reife.

2. Werte müssen wieder her, Schuluniformen, die Prügelstrafe und unbedingt auch ein, zwei, viele Klassiker. Das erklärt den Erfolg der Zuchtmeister Dietrich Schwanitz* und Marcel Reich-Ranicki. Sie versorgen das halb- und viertelgebildete Land mit Listen und Titeln, ohne die es angeblich nicht sein kann.

* **Dietrich Schwanitz:** Anglistik-Professor, Verfasser des Bestsellers „Bildung. Alles, was man wissen muss" (2002)

3. Wenn ich mal für einen Moment persönlich werden darf: Ich bin groß geworden, auch ohne Lauflernschuhe, Kindergarten und Kanon. Mitte der 70er Jahre war's, da [...] flehten [wir] den Deutschlehrer an, doch auch mal was anderes zu lesen außer „Wallensteins Lager" und vielleicht „Des Teufels General" [...]. Handke zum Beispiel wollten wir lesen oder, unglaubliche Kühnheit, Thomas Bernhard. Der Lehrer gab nicht nach, der ganze „Wallenstein" wurde durchgewalkt. Ganz bestimmt habe ich daraus auch was fürs Leben gelernt, nämlich dass mich das Soldatenleben auch in Versform nicht interessiert. Dennoch bin ich dem Deutschlehrer noch immer dankbar für seine Strenge.

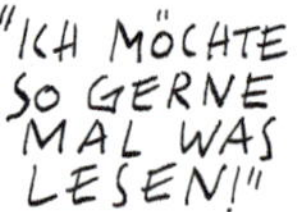
"ICH MÖCHTE SO GERNE MAL WAS LESEN!"

4. Vorab: „Kanon" klingt nach Kirchendogmatik und päpstlicher Bulle. Wer dagegen verstößt, der gehört dann höchstens noch zur Ketzergeschichte. Kanon reduziert; authentische Literatur erweitert; gewünscht sind mündige Leser, die auf eigene Verantwortung diese Erweiterung suchen.

5. Trotzdem: Wertung und Unterscheidung muss sein. Doch wie lässt sich über Literatur ohne Leser und mit Lesern ohne Literaturkenntnisse reden? Gewiss: Wir brauchen keine Gebote, aber Angebote, und zwar Angebote, die wie im Eiskunstlauf zum Pflichtprogramm gehören. Erst die Pflicht ermöglicht die Kür, denn auch kulturelle Identität lässt sich nur über eine solide Basis herstellen. Statt weiterer Fragmentarisierung brauchen wir verlässliche Ausgangs- und Mittelpunkte, auf denen sich aufbauen lässt – gerade auch in Sachen Literatur.

2 **a** Benennen Sie für jeden Absatz das Thema.
b Arbeiten Sie jeweils die Vorgehensweise des Autors heraus.

3 Lassen Sie sich vom Verfahren der professionellen Schreiber anregen und versuchen Sie, in kurzen Absätzen eigene Überlegungen in ähnlichem Stil zu formulieren.

4 Schreiben Sie einen eigenen Essay zum Thema „Wir brauchen (k)einen literarischen Kanon".

Phase 4: Den Aufsatz überarbeiten

Vorsicht, Fehler!

Beispiel 1: Auszug aus einem Essay „Wir brauchen keinen literarischen Kanon"

Fachleute wie der Literaturkritiker Marcel Reich-Ranicki plädieren dafür, dass Schüler ganz bestimmte Bücher lesen müssen. Die Argumente, die sie anführen, leuchten ein. Nach Heinz Schlaffer wird der Kanon von „kompetenten, d.h. im Umgang mit der Literatur verschiedener Epochen erfahrenen Lesern"(Z. 40ff.) bestimmt. Ulrich Greiner sieht Literatur als einen wichtigen Bestandteil der Selbsterkenntnis und argumentiert insofern ebenfalls für einen Kanon. Trotzdem ist ein Kanon kein Muss: Wer lässt sich schon gerne Vorschriften machen?

Beispiel 2: Auszug aus einem Essay „Wir brauchen keinen literarischen Kanon"

„Das musst du unbedingt lesen!" Mit diesem Ausruf stürmte mein Freund Max letztens wieder einmal auf mich zu. Er ist ein Bücherfresser. Das gibt es in unserer Computerinformationswelt immer noch. Aber ich habe ein Problem damit: Zwar schmökere auch ich ab und zu ein Buch, aber ich möchte mir verdammt noch mal nicht vorschreiben lassen, welches. Es ist ja nicht nur Max, der mich mit seinen impertinenten Vorschlägen ohne Unterbrechung traktiert. Es ist der dauernervende Deutschlehrer, der mit erhobenem Pädagogen-Zeigefinger die Notwendigkeit der Lektüre bestimmter Werke der angeblichen Weltliteratur vermitteln will, vor allem dann, wenn die Klasse wieder einmal mault, weil sie mit Goethes „Werther" oder Fontanes „Effi" oder Thomas Manns „Buddenbrooks" (800 Seiten!!) nicht ganz einverstanden ist. Es sind aber auch die „Spiegel"- und „Zeit"-Pflichtlektüre-Listen, die mir die Zuchtrute der Notwendigkeit zeigen. Bei all diesem Listenwahnsinn fragt man sich doch, ob es überhaupt jemanden gibt, der das alles gelesen hat.

Beispiel 3: Auszug aus einem Essay „Wir brauchen einen literarischen Kanon"

Die Lektüre bestimmter Werke der Weltliteratur dient dem besseren Verständnis der kulturellen Traditionen. Wer diese nicht kennt, wird auch seine eigene Gegenwart nicht verstehen. In der Literatur werden die Erfahrungen einer Generation festgehalten. Deshalb ist es dringend geboten, die Bücher zu lesen. Wer nichts liest, muss alle Erfahrungen selber machen.

1 **a** In Beispiel 1 ist weder die Wiedergabe der Argumentation in den drei Texten noch die Überleitung zur Darstellung der eigenen Ansicht überzeugend. Schreiben Sie eine verbesserte Variante.

b In Beispiel 2 fehlt das richtige Maß bei der Verwendung von Wortneuschöpfungen, dem Einsatz von Umgangssprache und Übertreibungen. Verfassen Sie eine verbesserte Version.

c Beispiel 3 überzeugt weder durch die Logik der Argumentation noch durch die sprachliche Gestaltung. Formulieren Sie die angedeuteten Gedanken in schlüssiger und ansprechender Form.

2 Überarbeiten Sie Ihren eigenen Essay. Klären Sie dazu folgende Fragen:
- Ist die Aufgabenstellung genau beachtet und vollständig umgesetzt?
- Ist der Gedankengang schlüssig und für den Leser/die Leserin als „roter Faden" erkennbar?
- Stehen Umfang und Wichtigkeit von Textpassagen in einem angemessenen Verhältnis?
- Sollten Textstellen noch pointierter, anschaulicher oder sprachlich interessanter formuliert werden? Täte umgekehrt mehr nüchternes Abwägen gut?
- Sind Rechtschreibung, Zeichensetzung, Grammatik und gegebenenfalls die Zitierweise korrekt?

3 Erörtern

3.1 Einführung: Die Kunst des Argumentierens

Beispiel: Eine „Gewissensfrage"

Sie haben bereits erörternde Texte verfasst. Im Folgenden können Sie Ihre Kenntnisse über Argumentation in der Auseinandersetzung mit einem ethischen Alltagsproblem auffrischen. In einer wöchentlich erscheinenden Kolumne der „Süddeutschen Zeitung" beantwortet ein Fachmann „Gewissensfragen" von Lesern:

Blitz gescheit? – Eine Leserfrage

Jeder hat vermutlich schon einmal beim Autofahren erlebt, dass entgegenkommende Fahrzeuge durch die Lichthupe auf eine Radarfalle aufmerksam machen. Und genauso wird vermutlich jeder langsamer gefahren sein und sich darüber gefreut haben, nicht geblitzt worden zu sein.

Nun meine Frage: Darf ich andere Autofahrer warnen?

Schließlich ist der Zweck der Radarfalle, dass die Autos langsamer fahren – was sie ja tun, wenn ich ihnen ein Zeichen gebe. Muss ich sie, wenn man so argumentiert, nicht sogar warnen? Wie man es dreht und wendet – ich finde für beide Seiten Gründe und bin gespannt, wie Sie die Situation sehen.

Johannes M. Brühl

1 **a** Wie würden Sie diese Frage beantworten? Sie können Ihre Meinungen in Form eines Blitzlichts (→ S. 349) sammeln.
b Finden Sie sich mit Mitschülern/Mitschülerinnen, die die gleiche These vertreten, in Kleingruppen zusammen. Begründen Sie Ihre These und suchen Sie nach Entkräftungen der Gegenthese.

2 Führen Sie arbeitsteilig einzelne Argumente schriftlich aus. Ein Sprecher/eine Sprecherin trägt sie im Plenum vor.

3 Diskutieren Sie Ihre Antworten auf diese „Gewissensfrage".

Blitz gescheit – Antwort von Rainer Erlinger

Ihre Frage ist aus allgemeinen ethischen Erwägungen heraus sehr interessant. Sie haben nämlich zwei bekannte ethische Grundsätze verwendet: die goldene Regel und Kants kategorischen Imperativ, welche oft fälschlicherweise als inhaltsgleich angesehen werden. Sie sind es aber nicht, und deshalb kommen Sie zu Recht zu widersprüchlichen Ergebnissen.
Die goldene Regel lautet positiv formuliert: „Behandle andere so, wie du von ihnen behandelt werden willst!" Sie ist ein guter, weil einfacher und praktikabler sittlicher Maßstab, der, würde er stets befolgt, vieles im Zusammenleben verbessern könnte. Sie hat aber auch Fehler: Sie bleibt zum einen subjektiv an den eigenen Werten orientiert. So dürfte nach ihr beispielsweise, wer zu stolz ist, sich helfen zu lassen, auch niemandem anderen helfen. Dies ist hier kein Problem, denn jeder wünscht sich, rechtzeitig gewarnt zu werden, wenn er zu schnell fährt. Aber ob dieser Wunsch richtig ist, kann die goldene Regel nicht beantworten, denn sie hat einen zweiten Fehler: Sie vernachlässigt die Pflichten, denen gegenüber man auch selbst unterliegt. Mit anderen Worten, sie stellt keine absoluten Maßstäbe auf, wie sich jeder verhalten soll.
Anders der kategorische Imperativ, der die persönlichen Lebensgrundsätze überprüft. „Handle nur nach derjenigen Maxime, durch die du zugleich wollen kannst, dass sie ein allgemeines Gesetz werde." Ihr Grundsatz wäre ja, Schnellfahrer zu warnen und so aus Altruismus vor Strafe zu bewahren. Dies als allgemeines Gesetz können Sie nicht wollen: Sie sehen ganz zu Recht den Zweck der Radarfalle darin, das Rasen zu begrenzen. Gäbe es die Maxime, andere stets zu warnen, als Gesetz, hätten Kontrollen aber keine Wirkung mehr. Jeder könnte bedenkenlos Gas geben: Er würde ja rechtzeitig gewarnt. Ohne den Überraschungseffekt verlören Radarfallen ihre allgemeine präventive Funktion, auf die es gerade ankommt: Viele fahren nur langsam, weil sie nicht wissen, ob sie hinter der nächsten Kurve geblitzt werden.
Die Gewissheit, gewarnt zu werden, käme einer praktischen Freigabe der Geschwindigkeit gleich. Das kann niemand wollen, denn Raserei ist die Ursache für viele tödliche Verkehrsunfälle.
Hält man sich an den kategorischen Imperativ, lässt sich das Warnen deshalb nicht vertreten; auch wenn es die goldene Regel empfiehlt, weil man sich selbst freut, gewarnt worden zu sein. Aber eben pflichtwidrig.

(aus: Süddeutsche Zeitung, 15.10.2004)

4 Vergleichen Sie Rainer Erlingers Antwort auf die „Gewissensfrage" des Lesers mit Ihren eigenen Thesen und Argumenten.

5 Analysieren Sie die Argumentationsstruktur in Erlingers Antwort, indem Sie darin die in der Übersicht auf S. 82 angeführten Argumentationsschritte identifizieren.

Aufbau einer Argumentation

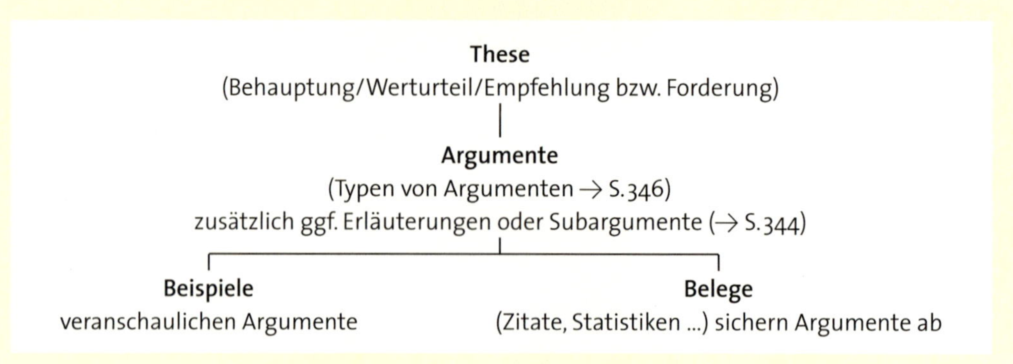

Nach der längeren Darlegung eines Arguments mit Beispielen empfiehlt es sich oft, nochmals in einem Satz den Zusammenhang mit der These zu verdeutlichen **(Rückführung zur These)**.

„These" und „Argument" sind **funktionale Begriffe;** d.h., der gleiche Satz kann in einem Argumentationsgefüge als These, in einem anderen als Argument dienen. Beispiel:
Man sollte andere nicht vor Radarkontrollen warnen (These), denn dann hätten Kontrollen keine Wirkung mehr (Argument).
Die Kontrollen hätten keine Wirkung mehr (These), denn man müsste nicht fürchten, beim Rasen erwischt zu werden (Argument).

Die **Widerlegung einer Argumentation** kann nach folgendem Muster aufgebaut werden:

der gegnerischen These widersprechen ⟷ Argumente entkräften ⟷ Beispiele als irrelevant einstufen, Belege bezweifeln

6 Hat Erlingers Argumentation Sie überzeugt? Überdenken Sie Ihre ersten Stellungnahmen.
7 Stellen Sie Anlässe und Situationen außerhalb der Schule zusammen, in denen argumentiert wird.

Schreiben als Prozess: Fahrplan und Checkliste für das Erörtern

Das erörternde Schreiben ist ein Prozess, in dem mindestens vier Phasen durchlaufen werden: die Annäherung an das Thema und gegebenenfalls an einen Ausgangstext, die Stoffsammlung, das Schreiben und das Überarbeiten des Geschriebenen. Während der Arbeit in den vier Phasen werden Sie Ihre ersten Arbeitsergebnisse immer wieder überprüfen und gegebenenfalls verfeinern oder korrigieren.
Der Fahrplan auf S. 83 f. nennt die wichtigsten Arbeitsschritte im Überblick.
Details zu den verschiedenen Formen des Erörterns finden Sie in den Kapiteln B 3.2 bis 3.4.

1 Vergegenwärtigen Sie sich Ihr bisheriges Vorgehen beim Erörtern und diskutieren Sie den folgenden Fahrplan.

Fahrplan und Checkliste für das Erörtern

Phase 1: Sich dem Thema (und dem Text) annähern

- die Art der Aufgabe bestimmen: freies (auch literarisches) Erörtern/Erörtern im Anschluss an einen Text (auch literarisches Thema möglich); Beziehung zwischen Text und Erörterungsauftrag klären
- Typ der Erörterung erkennen: linear oder antithetisch?; Untersuchung bzw. Diskussion eines Sachverhalts oder einer Wertfrage?
- bei mehrgliedrigen Aufgaben Einzelaufträge erfassen
- die Handlungsanweisungen (Prädikate im Thema) genau beachten
- Schlüsselbegriffe im Thema klären
- bei textgebundenem Erörtern: erste Eindrücke zum Text notieren

Phase 2: Sich mit dem Thema (und dem Text) auseinandersetzen

- bei textgebundenem Erörtern: Textanalyse (→ S. 343 ff.) im Hinblick auf zentrale Thesen, Gedankenführung und/oder geforderte inhaltliche Aspekte
- Aktivieren von Vorkenntnissen, Recherchieren und Stoffsammlung anlegen
- Stoff ordnen: Ober- und Unterpunkte bilden, nach Sachaspekten oder Argumenten ordnen
- Stoff nochmals auswählen: themenferne Punkte streichen, Argumente auf ihre Stichhaltigkeit hin prüfen (→ S. 345 f.)

Phase 3: Die Untersuchungsergebnisse darstellen

Gliederung anfertigen
- je nach Aufgabenstellung einen linearen Aufbau (Gliederung nach Sachaspekten) oder einen antithetischen Aufbau (Gliederung nach Pro und Kontra oder nach Sachaspekten) wählen
- die formalen Anforderungen an eine Gliederung beachten: Einheitlichkeit in der Formulierung, Konsequenz in der Nummerierung (siehe Beispiele S. 89 ff.)
- logischen Bezug zwischen Unter- und Oberpunkten beachten

Hauptteil schreiben
- gegebenenfalls den Sachtext gemäß des Arbeitsauftrags bearbeiten, in der Regel kurz und prägnant
- immer mit Blick auf die These argumentieren und Argumente, Beispiele, Belege sorgfältig ausführen
- den Leser durch die Argumentation führen: immer wieder den Bezug zur These präsent machen, ein neues Argument mit einem Leitsatz einführen
- die Sätze durch Konjunktionen, Adverbien und Pronomen miteinander verknüpfen

Einleitung und Schluss verfassen
- inhaltlich auf den Hauptteil abstimmen, aber nichts vorwegnehmen oder wiederholen
- Allgemeinplätze vermeiden

Phase 4: Den Aufsatz überarbeiten

- die Themenstellung noch einmal sorgfältig durchgehen und die Erledigung aller Teilaufträge überprüfen
- die Umsetzung der unter „Phase 3" dieses Fahrplans genannten Punkte (→ S. 83) kontrollieren
- die Vollständigkeit der Argumentation überprüfen, indem Sie Argumente, Beispiele und Belege in Ihrem Aufsatz identifizieren (und mit Bleistift am Rand bezeichnen)
- die Klarheit der Gedankenführung überprüfen, indem Sie Leitsätze, Zusammenfassungen und Satzverknüpfungen unterstreichen und wo nötig ergänzen
- abwägen, inwieweit Umfang und Wichtigkeit von Textpassagen in einem angemessenen Verhältnis stehen, Abschweifungen streichen
- die Stichhaltigkeit der Argumente überprüfen, fragwürdige Verallgemeinerungen einschränken, z. B. durch Adverbien wie „meist", „oft", „häufig"
- den Text auf sprachliche Mängel, Rechtschreibung, Zeichensetzung hin kontrollieren, vor allem in Bereichen, in denen Sie Ihre Schwächen kennen; angemessene und richtige Verwendung von Fachtermini überprüfen
- gegebenenfalls zusätzlich die in den Kapiteln 3.3 und 3.4 unter „Phase 4" genannten Aspekte hinzuziehen (S. 103, 114)
- den Aufsatz oder Ausschnitte daraus von Mitschülern oder dem Lehrer korrigieren lassen und unter Berücksichtigung der Anmerkungen den Text neu schreiben

3.2 Grundlagen: Sachverhalte und Probleme erörtern

Die Technik des Erörterns wird in unserer Gesellschaft in vielen Bereichen und zu unterschiedlichen Zwecken eingesetzt.
In der Schule begegnen Sie verschiedenen Arten des Erörterns: Eine Erörterungsaufgabe kann im Anschluss an einen Text oder ohne Textgrundlage gestellt werden. Als Texte kommen sowohl literarische als auch Sachtexte in Betracht – auch diskontinuierliche Sachtexte, wie z. B. Grafiken, Statistiken, Tabellen.
Für alle Arten des Erörterns müssen Sie Grundtechniken beherrschen, die Ihnen in diesem Teilkapitel am Beispiel des nicht-textgebundenen Erörterns von Sachverhalten und Problemen vorgestellt werden.

Phase 1: Sich dem Thema annähern

Um das Thema nicht zu verfehlen, müssen Sie die **Aufgabenstellung genau erfassen,** und zwar den **Umfang** der Aufgabe, die **einzelnen Arbeitsaufträge,** den **Aufgabentyp** und die **Schlüsselbegriffe** des Themas.

Manche Themen werden durch eine Einführung in einen Kontext gestellt, z. B. durch ein Zitat oder einen einleitenden Satz; hier müssen Sie klären, wo die Aufgabe beginnt und worin sie genau besteht. Andere Aufgaben sind mehrgliedrig. Dann ist es wichtig, die einzelnen Arbeitsaufträge klar zu erfassen und alle zu erfüllen.

1. Beispiel für ein Thema mit Zitat und Einführung

„Wir leben beschleunigt – Fortschritt ist vor allem Schnelligkeit. Der Preis für diese ‚Schnelllebigkeit' steigt [...]. Wie lässt sich die Langsamkeit entdecken, und wann lernen wir endlich, wie produktiv und heilsam sie sein kann?"
Wie der Wirtschaftspädagoge und „Zeitforscher" Karlheinz Geißler kritisieren viele Beobachter unserer modernen Gesellschaft die Schnelligkeit in allen Lebensbereichen und plädieren für die Rückbesinnung auf die Vorzüge der Langsamkeit.
Überprüfen Sie unter Einbeziehung eigener Erfahrungen, ob einer solchen Bewertung von Langsamkeit zuzustimmen ist. *(Abituraufgabe 2005)*

2. Beispiel für eine mehrgliedrige Aufgabe

„Die moderne Technik verändert die Wahrnehmung der Welt und das Handeln in ihr. [...] Jugendliche haben teil an dieser hochdynamischen Gesellschaft. [...] Keine Generation zuvor war im Besitz so vieler Artefakte (Werkzeuge, Apparate etc.). Dies bedeutet für die Jugendlichen, dass alltägliche Vorgänge unter dem Einfluss der Technik stehen [...]" (Claus J. Tully).
Stellen Sie dar, welche modernen Technikprodukte vom Handy bis zum Auto im Leben der Jugendlichen eine Rolle spielen, was sie ihnen bedeuten und wie sie ihren Lebensstil beeinflussen. Diskutieren Sie schließlich Chancen und Probleme dieser Entwicklung.

1 Entfernen Sie in Thema 1 die Einführung; formulieren Sie die Aufgabe so um, dass sie verständlich bleibt.
2 Formulieren Sie die einzelnen Arbeitsaufträge in Thema 2 in jeweils einem Satz.

! **Typen des Erörterns**

Nach den folgenden Kriterien lassen sich vier Arten des Erörterns unterscheiden:

	antithetisch: Diskussion einer strittigen Frage	**linear:** Untersuchung eines Phänomens
Sachverhalte	Diskutieren Sie, ob das Lesen von Literatur im Informationszeitalter noch eine Rolle spielt.	Untersuchen Sie, in welcher Weise das Lesen im Informationszeitalter gefördert werden kann.
Wertfragen	Erörtern Sie positive und negative Auswirkungen des gegenwärtigen großen Informationsbedarfs auf die Lesekultur.	Stellen Sie die große Bedeutung des Lesens in der Informationsgesellschaft dar.

3 **Bestimmen** Sie in den folgenden Arbeitsaufträgen den **Typ der** geforderten **Erörterung** (siehe S. 85).
Beachten Sie jeweils genau die Handlungsanweisung (das Prädikat der Aufgabenstellung). Prüfen Sie, ob antithetisches Erörtern gefordert ist, indem Sie versuchen, das Thema in eine Entscheidungsfrage (Ja-/Nein-Frage) umzuformulieren.

1. Die Vereinten Nationen (UN) haben das Jahr 2001 zum Jahr des Ehrenamts gemacht. Tatsächlich engagieren sich nicht wenige Menschen ehrenamtlich. Untersuchen Sie, ob eine neue Ethik sozialer Verantwortung entsteht.

2. Erfolg, Flexibilität und Jugendlichkeit stehen in der Wertehierarchie unserer Gesellschaft ganz oben. Erörtern Sie Chancen und Probleme, die eine Orientierung an diesen Idealen mit sich bringt. *(Abituraufgabe 2003)*

3. Die Leser passen ihr Lesen immer stärker an das heutige Informationsüberangebot an. Erörtern Sie, in welcher Weise sich die Lesekultur in der Informationsgesellschaft bereits verändert hat.

4. Auch Jahrzehnte nach dem Holocaust setzen sich viele Bildungs- und Kultureinrichtungen mit der Verfolgung und Vernichtung von Juden im Dritten Reich auseinander. Erörtern Sie die Notwendigkeit dieser Auseinandersetzung auch für die nachwachsenden Generationen.

5. „Es hilft nur Gewalt, wo Gewalt herrscht" (Bertolt Brecht: Die heilige Johanna der Schlachthöfe). Diskutieren Sie diese These. *(Abituraufgabe 2002)*

6. Die Informationsangebote und der Informationsbedarf haben sich in den letzten Jahrzehnten in den Printmedien, vor allem aber durch die Entwicklung der Computer- und der Kommunikationstechnologien vervielfacht. Diskutieren Sie positive und negative Auswirkungen der Angebote und Bedürfnisse in der Informationsgesellschaft auf die Lesekultur.

Gerhard Richter: Lesende (1994)
Öl auf Leinwand

4 **Klären** Sie die **Schlüsselbegriffe** in Thema 6, in diesem Fall „Lesen" und „Informationsgesellschaft", um das Thema genau zu erfassen und dem Leser Ihr begründetes Verständnis des Themas zu verdeutlichen. Sie können dabei folgende Aspekte und Hilfsmittel nutzen:

- Definition (Lexikon)
- Wortgeschichte (Herkunftswörterbuch)
- Kontext der Begriffe in der aktuellen Diskussion
- Wortfeld
- Wortfamilie
- Gegenbegriff

Ergänzen Sie die Übersicht auf S. 87 und legen Sie eine entsprechende für den Schlüsselbegriff „Informationsgesellschaft" an.

Aspekte zur Klärung des Schlüsselbegriffs „Lesen“

Lexikon: *das Umsetzen visuell (oder ersatzweise taktil) aufgenommener Schriftzeichen in Gedanken oder Sprachlaute*

Wortgeschichte: *ursprünglich: sammeln, zusammentragen;*
einsammeln und deuten der zur Weissagung ausgestreuten Stäbchen;
bereits im Althochdeutschen: Geschriebenes lesen

Wortfeld:

studieren
… *…*
schmökern ***lesen*** *diagonal lesen*
verschlingen *überfliegen*
…

Wortfamilie: *Lesefertigkeit, Lesevergnügen, Lesezeit, Leserschaft, Lesesaal, Lesestoff …*

Kontext der aktuellen Diskussion: *PISA-Studie (→ S. 75): Lesen als Fähigkeit, nichtkontinuierliche Texte (Statistiken, Grafiken etc.) und kontinuierliche Texte (Sachtexte und literarische Texte) zu verstehen*

Phase 2: Sich mit dem Thema auseinandersetzen

Die Vorarbeiten für die Definition der Schlüsselbegriffe haben Ihnen bereits Material und Anregungen für die Stoffsammlung geliefert. Weitere Methoden der Stoffsammlung sind die Aktivierung des eigenen Wissens und die Recherche.

!

Die Stoffsammlung: eigenes Wissen aktivieren und recherchieren

Eigenes Wissen können Sie mit folgenden Fragetechniken und Methoden **aktivieren:**
- **W-Fragen** stellen, z. B.:
  Was wird gelesen, wozu wird gelesen, wie viel wird gelesen, wie wird gelesen …?
- **Fragen nach Ursachen** und **Folgen** sowie möglichen **Beurteilungen** stellen, z. B.:
  Welche Folgen hat häufiges punktuelles Lesen für das allgemeine Leseverhalten?
- **Brainstorming** (→ S. 349) in der Lerngruppe veranstalten
- **Mind-Map** (→ S. 347) oder **Cluster** (→ S. 348) anlegen

Für die **Recherche** (→ S. 310 ff.) bieten sich z. B. an:
- **Nachschlagewerke, Fachbücher** aus einer Bibliothek
- **Zeitungsartikel,** auch aus dem Internet
- sonstige **Artikel aus dem Internet**
- Beiträge von Experten aus **Rundfunk** und **Fernsehen**

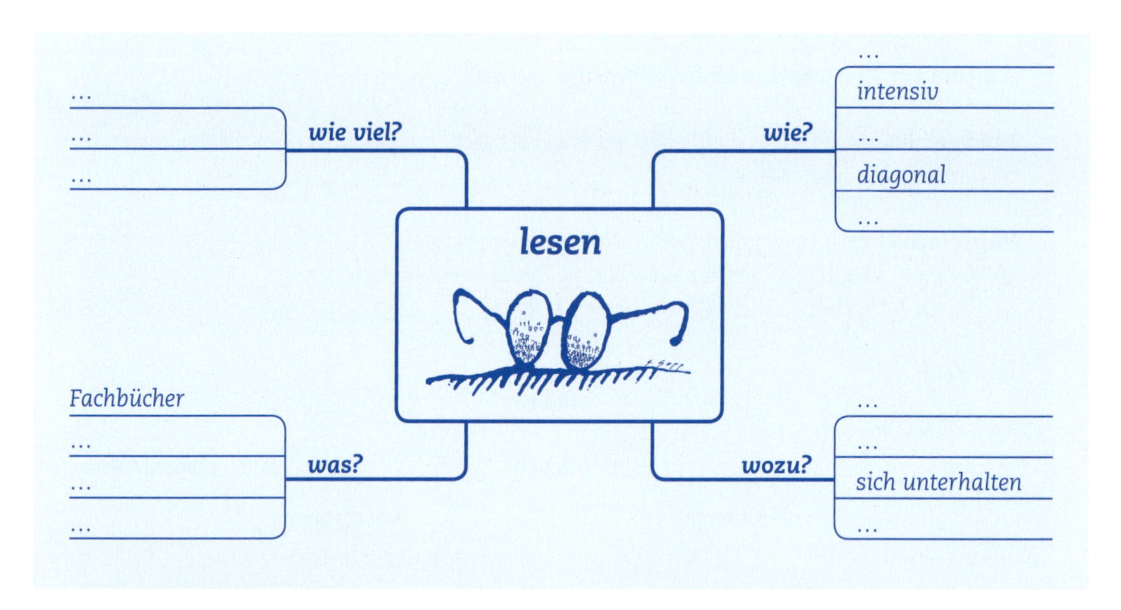

1 Ergänzen Sie die Mind-Map zum Thema Lesen in Ihren Unterlagen.
2 Recherchieren Sie zum Thema Lesen.
Ziehen Sie auch die Statistiken auf S. 99 heran.
3 Aktivieren Sie Ihr Wissen und recherchieren Sie zum Thema Informationsgesellschaft.

! **Den Stoff ordnen und sichten**

Den Stoff ordnen
- Fassen Sie wo möglich Punkte zusammen und formulieren Sie in Nominalform.
- Ordnen Sie den Stoff nach Ober- und Unterpunkten. Sie können auch eine Karteikarte für jeden Punkt verwenden und diese Karten ordnen.
- Formulieren Sie die Oberpunkte entweder als Sachaspekte, z. B. „Zwecke des Lesens", oder als Argumente, z. B. „Erweiterung des Horizonts", die Unterpunkte als Argumente bzw. als Subargumente (→ S. 344). Ein Unterpunkt zu dem Sachaspekt „Zwecke des Lesens" ist z. B. das Argument „Erweiterung des Horizonts", Subargumente dazu sind „Kenntnisse und vertieftes Verständnis". Unterpunkte zu diesen Argumenten bzw. Subargumenten bilden Beispiele.

Den Stoff sichten
Prüfen Sie kritisch, ob Ihr Material für das Thema und für Ihre Argumentation brauchbar ist:
- Die Sachaspekte müssen einen klaren Bezug zum Thema haben; die Argumente sollen sich deutlich auf die These beziehen. Streichen Sie unbrauchbare Punkte.
- Die Argumente müssen stichhaltig und differenziert sein (→ S. 345 f.).

4 Ordnen und sichten Sie Ihre Materialsammlung mit Hilfe der Empfehlungen im Merkkasten.

Phase 3: Die Ergebnisse darstellen

!

Die Gliederung verfassen (nicht-textgebundenes Erörtern)

Das Material Ihrer Stoffsammlung müssen Sie in eine logische und überzeugende Struktur bringen.
Die verschiedenen Aufgabentypen erfordern einen unterschiedlichen Aufbau.
Die **Darstellung** oder **Untersuchung eines Phänomens** wird **linear** aufgebaut, die **Erörterung einer strittigen Frage** wird **antithetisch** nach Pro- und Kontra-Argumenten oder nach Sachaspekten angelegt.
Ober- und Unterpunkte werden in Nominalform ausformuliert; Beispiele bleiben in der Gliederung unerwähnt.
Die Nummerierung kann im Buchstaben-Ziffern-System oder im numerischen System erfolgen (Beispiele auf S. 89 ff.).

Der **lineare Aufbau** ordnet die Sachaspekte oder Argumente **steigernd** an (s. Beispiel unten).
Beim **antithetischen Aufbau** bildet die Gliederung entweder einen Pro- und einen Kontra-Block (s. Beispiel auf S. 90 unten) oder sie ordnet nach Sachaspekten, unter denen jeweils das Pro und das Kontra, bei einigen Punkten auch nur das Pro oder das Kontra, abgehandelt werden (s. Beispiel auf S. 91).
Bei der Gliederung nach Pro und Kontra beginnt man mit der weniger unterstützten These; die Argumente dafür fallen von wichtig zu weniger wichtig. Die Argumente für die stärker unterstützte These folgen an zweiter Stelle; sie steigen von weniger wichtig zu sehr wichtig.
In der Gliederung nach Sachaspekten ordnet man diese steigernd an oder nach logischen Prinzipien wie z. B. Ursache und Folgen, Situationsanalyse und Lösungsvorschläge.

Thema (lineares Erörtern): Die Informationsangebote und der Informationsbedarf haben sich in den letzten Jahrzehnten durch die Entwicklung der Computer- und Kommunikationstechnologien vervielfacht. Stellen Sie die große Bedeutung des Lesens in der Informationsgesellschaft dar.

Beispiel für den linearen Aufbau einer Erörterung

A. Definition der Begriffe „Lesen“ und „Informationsgesellschaft“
B. Wachsende Bedeutung des informierenden Lesens bei gleichzeitiger Vernachlässigung des Lesens zur Persönlichkeitsbildung
  I. Lesen als Basiskompetenz in der Informationsgesellschaft
    1. Lesen im privaten Leben
    2. Lesen im Beruf
    3. Lesen im Zusammenhang mit der Öffentlichkeit
  II. Entwicklung neuer Lesetechniken für das informierende Lesen
    1. Schnelle Lektüre
    2. Gezieltes, punktuelles Lesen
    3. Lektüre kürzerer und nicht-kontinuierlicher Texte

III. Hohe Anforderungen an das Textverstehen beim informierenden Lesen
1. Verstehen der Sachverhalte und der Fachsprache
2. Einordnung der Informationen in Zusammenhänge
3. Auswahl der Informationen
4. Analyse und Bewertung der Informationen
IV. Großer Wert anspruchsvoller Lektüre für die Persönlichkeitsbildung
1. Vertiefendes und deutendes Lesen
2. Entspannung und Unterhaltung
3. Auseinandersetzung mit eigenen und fremden Positionen
4. Entwicklung von Verständnis und Mitgefühl für andere
5. Entwicklung von Kreativität, Fantasie und ästhetischem Empfinden
V. Zusammenfassung: Dominanz des informierenden Lesens gegenüber dem Lesen zur Persönlichkeitsbildung
C. Möglichkeiten zur Förderung der Lesefähigkeit

1 Prüfen Sie, inwiefern diese Gliederung einer linearen Erörterung steigernd und/oder nach logischen Prinzipien angelegt ist.

Thema (antithetisches Erörtern): Die Informationsangebote und der Informationsbedarf haben sich in den letzten Jahrzehnten in den Printmedien, vor allem aber durch die Entwicklung der Computer- und der Kommunikationstechnologien vervielfacht. Diskutieren Sie positive und negative Auswirkungen der Angebote und Bedürfnisse in der Informationsgesellschaft auf die Lesekultur.

G.A. Hennig: Lesendes Mädchen (1828)

Beispiel für den antithetischen Aufbau einer Erörterung, Gliederung in Pro- und Kontra-Blöcke

1 Definition der Begriffe „Lesen" und „Informationsgesellschaft"
2 Positive und negative Auswirkungen auf die Lesekultur
2.1 Positive Auswirkungen auf das Lesen in der Informationsgesellschaft
2.1.1 Lesen als Basiskompetenz in der Informationsgesellschaft
2.1.2 …
…
2.2 Negative Auswirkungen auf das Lesen in der Informationsgesellschaft
2.2.1 Vernachlässigung der Lesetechniken für vertieftes und genießendes Lesen
2.2.2 …
2.2.3 Vernachlässigung der Fähigkeiten für das literarische Lesen
2.2.4 Vernachlässigung der Leseziele …
3 Abwägendes Urteil: …
4 Ausblick: Maßnahmen zur Milderung der Probleme

Beispiel für den antithetischen Aufbau einer Erörterung, Gliederung nach Sachaspekten

A. Definition der Begriffe „Lesen" und „Informationsgesellschaft"
B. Positive und negative Auswirkungen der Informationsgesellschaft auf das Lesen
  I. Lesetechniken in der Informationsgesellschaft
    1. Ausbildung effizienter Lesetechniken für informierendes Lesen
    2. Vernachlässigung und Gefährdung der Lesetechniken zum vertieften und genießenden Lesen
  II. Leseverständnis in der Informationsgesellschaft
    1. Ausbildung von Kompetenzen für das Verständnis von Sachtexten
    2. …
    3. …
  III. Zwecke und Ziele des Lesens
    1. Verstärktes informierendes Lesen zur Bewältigung von Anforderungen in der Informationsgesellschaft
    2. Vernachlässigung des Lesens im Sinne der Persönlichkeitsbildung
      a) Lesen zum vertieften Verständnis von Ich und Welt in anspruchsvoller Literatur
      b) …
      c) …
  IV. Abwägendes Urteil (Zusammenfassung): Konflikt zwischen Anforderungen der Informationsgesellschaft und der wünschenswerten Persönlichkeitsbildung
C. …

---

2 **a** Ergänzen Sie die beiden Gliederungen zur antithetischen Erörterung.
b Beschreiben Sie Ähnlichkeiten und Unterschiede in den Gliederungen nach Pro- und Kontrablöcken und nach Sachaspekten.
c Diskutieren Sie die Leistung der Gliederung nach Pro und Kontra und nach Sachaspekten.
d Erarbeiten Sie in der Gliederung nach Pro und Kontra die Prämissen (→ S. 344) zur Situationsanalyse und die dort vertretenen Werte.

3 Diskutieren Sie Ihre Situationsanalyse und Bewertung des Lesens in der heutigen Informationsgesellschaft.

4 Formulieren Sie andere Themen aus dem Bereich der Medien- und Informationsgesellschaft. Verfassen Sie je nach Themenstellung Gliederungen für eine lineare oder für eine antithetische Erörterung (Strukturierung durch Sachaspekte oder durch Pro- und Kontra-Blöcke).

Die Darstellung der Argumentation im **Hauptteil** können Sie sich anhand der folgenden Ausarbeitung eines Sachaspekts vergegenwärtigen.

Informationsgesellschaft und Lesekultur – Zwecke und Ziele des Lesens (Punkte B.III.1., B.III.2.a der Gliederung nach Sachaspekten)

Schließlich muss man sich fragen, welche Ziele die Leser in einer Informationsgesellschaft verfolgen und welche sie möglicherweise vernachlässigen.	*Sachaspekt, Leitsatz*

Ein vorrangiges Ziel des Lesens ist die zweckgebundene Information. Der Bedarf an Information zur Lebensführung ist außerordentlich hoch, da unsere Welt sehr komplex ist und das Wissen sehr schnell veraltet. Entsprechend groß ist das Angebot an Informationen. Das beginnt im Privatleben, wenn man sich z. B. über das Kinoprogramm und Filmkritiken informieren will, wenn man zur Planung einer Reise verschiedene Angebote vergleichen will oder wenn man Testberichte über Handys lesen möchte. Dazu findet man Informationen in Zeitschriften, Broschüren und Handzetteln, aber in der Regel auch im Internet. Zudem kommt kaum ein Beruf heute ohne informierendes Lesen aus, ob sich nun ein Automechaniker über die neuesten Entwicklungen von Techniken zur Abgasverringerung informiert, ein Stadtrat sich in die Punkte der neuesten Sozialgesetzgebung einarbeitet oder ein Schüler sich Informationen zu einem Referat in Printmedien oder online beschafft. Vor allem die globalisierte Wirtschaft ist ständig auf Daten und auf Datenaustausch angewiesen: von Aktienkursen über neue Produktionstechniken und Materialien bis hin zu Personaldaten. Schließlich muss jeder, der sich informiert in Gesellschaft und Politik engagieren will, kundig machen. Die Fernsehinformationen werden meist nicht ausreichen, um sich in einem gemeinnützigen Verein zu betätigen, als Parteimitglied zu arbeiten oder verantwortungsbewusst zu wählen. Wer sich hier engagieren will, wird sich in Printmedien, die meist auch online zu erhalten sind, informieren und sich vielleicht Spezialliteratur beschaffen, oft über das Internet.
Man muss sich also ständig und gut informieren, um sein privates Leben, vor allem im Konsumbereich, optimal zu gestalten, um seinen Beruf erfolgreich ausüben zu können und um am öffentlichen Leben teilzuhaben. Damit ist Lesen eine Basiskompetenz in der Informationsgesellschaft; das informierende, zweckgebundene Lesen erhält einen hohen Stellenwert und nimmt einen großen Teil der Lesezeit des Einzelnen in Anspruch.
Damit tritt jedoch das Lesen in den Hintergrund, das nicht einem definierbaren Nutzen dient. Die Zeit dafür wird knapper, das Interesse dafür verringert sich, das Handwerkszeug wird seltener genutzt und weniger verfeinert. Die zweckfreie Lektüre entspringt einem persönlichen Interesse, verfolgt brennende Fragen, frönt einer Leidenschaft. Sie unterstützt die Persönlichkeitsbildung in vielfältiger Weise. In manchen Sachbüchern, vor allem aber in der schönen Literatur hat der Leser die Möglichkeiten, sich in ähnliche oder fremde Schicksale zu versenken und sein Verständnis und Mitgefühl für andere, hier fiktive Figuren, zu entwickeln. Zum Beispiel …

Pro-Argument
Erläuterungen

1. Subargument
Beispiele

5 **a** Diskutieren Sie diese Ausarbeitung.
b Setzen Sie die Analyse der Argumentationsstruktur fort. Notieren Sie in Ihren Unterlagen Zeilenangaben und ordnen Sie die entsprechenden Begriffe (Subargument, Beispiel, Rückführung ...) zu.
c Untersuchen Sie, in welcher Weise der Text durch Signalwörter den Argumentationsgang verdeutlicht.

!

Durch die Argumentation führen: Sprachliche Mittel

Um den Leser durch die Argumentation zu führen und damit die Überzeugungskraft Ihrer Darstellung zu stärken, stehen Ihnen sprachliche Mittel zur Verfügung:

- **Leitsätze** verdeutlichen Ihr Vorgehen, z. B.: „Zuerst werde ich ...", „im Folgenden stelle ich ... dar". Sie kündigen die Ausführungen zu den Sachaspekten und zu den Pro- und Kontra-Blöcken an, z. B.: „Für diese These sprechen zahlreiche Argumente ...", „ein wichtiges Argument ist ...", „als weiterer wichtiger Aspekt ist ... zu nennen".
- **Zusammenfassungen** geben längere Ausführungen zu Argumenten oder Beispielen abkürzend wieder und führen auf den Ausgangspunkt, die These oder das Argument, zurück. Einleitungswörter solcher Zusammenfassungen sind z. B.: „also", „damit", „daher", „deshalb", „folglich", „somit".
- **Verknüpfende Wörter und Wendungen** signalisieren logische Zusammenhänge innerhalb der Argumentation.

Übersicht über verknüpfende Wörter und Wendungen in argumentierenden Texten

Funktion der Formulierung	Konjunktionen, Adverbien	feststehende Wendungen
These vertreten, behaupten, fordern, urteilen		meine These ist ..., ich meine ..., ich empfehle ..., ich bin der Ansicht ..., ich werte ... als ...
argumentieren	denn, nämlich, weil, da; deswegen, daher, darum	das lässt sich damit begründen, dass ... / darauf zurückführen, dass ..., dafür spricht ...
erläutern		d. h. ..., genauer gesagt ..., dies bedeutet ...
einschränken	insofern, insoweit, jedoch, freilich, allerdings	berücksichtigt werden muss aber auch ..., freilich muss man einräumen ..., es ist jedoch zu bedenken, dass ...
reihen von Argumenten oder Beispielen	erstens, zweitens, auch, außerdem, zunächst, ferner, schließlich	ein weiteres Beispiel/Argument ist ..., ... zeigt sich auch darin, dass ...
Beispiele geben		... z. B. ..., als Beispiel lässt sich anführen ..., beispielsweise ...
belegen		wie ... sagt ..., wie Statistiken zeigen ..., wie folgende Äußerung belegt ...
widersprechen/ entkräften	dagegen, trotzdem, aber, jedoch, obgleich, obwohl, hingegen	dies wird durch ... widerlegt, dem widerspricht ..., fraglich ist allerdings ..., dem ist entgegenzuhalten, dass ...

6 Arbeiten Sie ergänzend zu den Ausführungen auf S. 91 f. weitere Aspekte oder Argumente zur Gliederung auf S. 91 aus. Achten Sie sowohl auf den schlüssigen Aufbau der Argumentation als auch auf sprachliche Mittel zur Verdeutlichung der gedanklichen Zusammenhänge.

!

Das abwägende Urteil/die Synthese verfassen

Das abwägende Urteil (die Synthese) bildet bei der antithetischen Erörterung den letzten Punkt des Hauptteils. Hier legen Sie Ihren Standpunkt dar: Pro oder Kontra werden akzeptiert oder jeweils teilweise akzeptiert.
Das **Urteil** wird **differenziert mit Erläuterungen** dargestellt, gegebenfalls zusätzlich mit der Formulierung von Bedingungen, Voraussetzungen oder Einschränkungen. Die bloße Wiederholung von zuvor ausgeführten Argumenten ist zu vermeiden.
Das Urteil ist sachlich gestützt und enthält bei Wertungsfragen eine persönliche Wertung. In diesem Fall können Sie auch die Prämissen (→ S. 344) Ihres Werturteils offenlegen.

7 Schreiben Sie ein abwägendes Urteil/eine Synthese zum Thema „Chancen und Probleme des Lesens in der Informationsgesellschaft".

!

Einleitung und Schluss verfassen

Die Einleitung schreiben
Oft empfiehlt es sich, die Einleitung erst nach dem Hauptteil auszuformulieren, um sie gut auf die zentrale Argumentation abzustimmen.
Die Einleitung führt mit einem interessanten Gedanken zum Thema hin, z. B. mit der Anknüpfung an ein **aktuelles Ereignis,** mit dem **Zitat eines Experten/einer Expertin,** mit einer **Pressemitteilung.**
In der Einleitung wird die **Auffassung des Themas** dargestellt, dazu ist oft eine **Klärung der Schlüsselbegriffe** ratsam.

Den Schluss ausarbeiten
Der Schluss rundet den Aufsatz ab; er enthält kein neues Argument; die Zusammenfassung der Argumente ist bereits im abwägenden Urteil/in der Synthese erfolgt.
Im Schlussteil wird ein **weiterführender Gedanke** formuliert, z. B. ein **Vorschlag** oder **Ausblick** zum weiteren Umgang mit dem diskutierten Problem, eine **Forderung** oder die **Einordnung in einen größeren Problemzusammenhang.**
Der Schluss kann den Einleitungsgedanken wieder aufgreifen.

8 Schreiben Sie eine Einleitung und einen Schluss zum Thema „Chancen und Probleme des Lesens in der Informationsgesellschaft".

9 Verfassen Sie nach den in diesem Kapitel vorgestellten Arbeitsschritten eine Erörterung zu einem der anderen auf S. 85 und S. 86 genannten Beispielthemen.

Phase 4: Den Aufsatz überarbeiten

1 Überarbeiten Sie Ihre Erörterung. Ziehen Sie dazu die Checkliste auf S. 84 heran (Phase 4: Überarbeitung des Aufsatzes).
Folgende Stichworte können Ihnen als Gedächnisstütze dienen:
- **Aufgabe** vollständig erfüllt?
- **Gliederung** formal in Ordnung?
- **Argumentation** vollständig (Argumente, Beispiele ...)?
- **Gedankenführung** klar (Leitsätze, sprachliche Verknüpfungen ...)?
- **Gewichtung** der Textabschnitte angemessen?
- **Grammatik, Rechtschreibung, Zeichensetzung** o. k.?

3.3 Erörtern und Kommentieren im Anschluss an Texte

Erörtern im Anschluss an einen Text

Phase 1: Sich dem Text und dem Thema annähern

Ulf von Rauchhaupt: **Die Lust an der Erleuchtung** (Auszug)

Seit den Tagen der eiszeitlichen Jäger und Sammler steht Wissen hoch im Kurs. Den Grund glauben wir zu kennen: Wissen ist nützlich. „Tantum possumus quantum scimus", meinte Francis Bacon[1], „Wissen ist Macht". Aber gibt es noch andere Gründe, Wissen zu suchen? Zumindest im Abendland scheint es eine verbreitete Grundüberzeugung zu sein, dass etwas, was nicht um seiner selbst willen gesucht wird, nur von untergeordneter Bedeutung sein kann. Fragen wir also: Ist Wissen ein Selbstzweck? Lohnt sich – insbesondere in Zeiten knapper Kassen – der Erwerb von „Wissen an sich", dem kein erkennbarer Nutzen entspringt und das nicht direkt in Macht umgemünzt werden kann?

Theorie und Praxis

Die Philosophen der Antike unterschieden zwischen Theorie und Praxis, meinten damit allerdings nicht ganz dasselbe wie wir heute. Unter *theoria* verstanden bereits die Naturphilosophen[2] vor Sokrates eine Einsicht in die Prinzipien hinter den Phänomenen. Ihr gegenüber stand die Praxis des nichtphilosophischen Lebens. Praktisches Wissen ist Alltagswissen, etwa jenes, das ein Handwerker zur Ausübung seiner Tätigkeit benötigt. Ein Töpfer braucht nicht zu wissen, warum Ton beim Brennen hart wird. Der theoretisch Interessierte dagegen fragt gerade nach dem Warum. Eine Antwort auf diese Frage bringt den Töpfer bei seiner Arbeit zunächst nicht weiter – sie ist reiner Selbstzweck. Es ist eine Frage für Leute, die nicht auf irgendwelche handwerklichen Erfolge aus sind, sondern auf Erkenntnis. Philosophie eben.

Anders als zu Zeiten der alten Griechen ist „reines Wissen", insbesondere solches über die Natur, heute von enormer technischer und damit wirtschaftlicher Bedeutung. Die

1 **Francis Bacon** (1561–1626): englischer Staatsmann und Philosoph. In seinem Hauptwerk „Novum Organum" setzt er als zentrales Mittel der Erkenntnis die Erfahrung an die Stelle der Spekulation.

2 **Vorsokratiker:** z. B. Anaximander, Heraklit, Demokrit. Heraklit deutete die Erscheinungen als Produkt eines stets sich wandelnden, den Dingen zu Grunde liegenden „Feuers"; für Demokrit waren die Dinge Zusammensetzungen kleinster, unteilbarer Teilchen (Atome).

Fälle sind Legion, in denen völlig arkane[3] Grundlageninteressen in kurzer Zeit enorme praktische Bedeutung erlangten. Ein Beispiel ist die Kernphysik, in der von der Entdeckung, dass Neutronen bestimmte Atomkerne zu spalten vermögen, bis zum Bau der ersten Reaktoren und Atombomben nur wenige Jahre vergingen. Solche Fälle dürfte es auch in der Zukunft geben. Niemand weiß, ob sich nicht einmal mit dem Higgs-Boson – einem Elementarteilchen, dem die Physiker derzeit mit großem Aufwand nachstellen – Dinge anstellen lassen, welche die für seinen Nachweis aufgebrachten Milliarden-Investitionen in neue Teilchenbeschleuniger[4] rechtfertigen lassen. Als 1932 das Neutron entdeckt wurde, wäre man vielleicht bereit gewesen, ebenso viel auf den Tisch zu legen, hätte man geahnt, welche Bedeutung die Neutronenstreuung heute für Strukturuntersuchungen in Biologie und Materialwissenschaften hat.

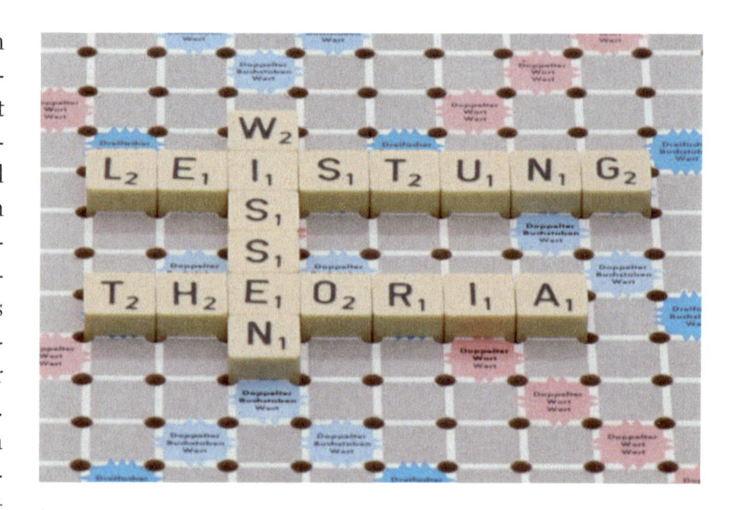

Doch anders als die Entdecker des Neutrons rechnen heutige Grundlagenforscher schon geradezu damit, dass ihr eigentlich zweckfreies Treiben zu nützlichen Anwendungen führt. Das reine Forschen muss sich Steuerzahlern und Politikern zunehmend durch den Hinweis auf die zu erwartenden Spinoffs[5] verkaufen. Grundlagenprojekte, die auf absehbare Zeit wenig Wertschöpfung erwarten lassen – die bemannte Raumfahrt etwa, aber auch viele Geistes- und Kulturwissenschaften –, geraten da zunehmend in Rechtfertigungsnöte.

Leistungswissen

Um die Errungenschaften unserer technischen Zivilisation aufrechtzuerhalten, bedarf es einer Menge an Wissen, das nicht den Naturwissenschaften entsprungen ist. Dazu gehört jenes, das die Wirtschafts- und Rechtswissenschaften verwalten, aber auch Sprachkenntnisse. All das zusammen ist Wissen, das, in der Sprache der Ökonomie, „etwas leistet", weswegen man es auch Leistungswissen nennen könnte. Leistungswissen ist natürlich Machtwissen im baconschen Sinne – doch hätte es kaum entstehen können, wäre es nur als solches angestrebt worden. Ohne *theoria*, ohne das zweckfreie Forschen, hätte es die Menschheit kaum je zu einer technischen Zivilisation gebracht.

Doch nun haben wir sie, die technische Revolution. Man könnte argumentieren, dass es keinen hinreichenden Grund mehr gibt, heute noch der *theoria* zu frönen – zumal Grundlagenforschung wie die der Astronomie sehr ins Geld geht. Nun, da wir es so weit gebracht haben, können wir die Leiter, auf der wir emporgestiegen sind, doch getrost wegwerfen und unsere Ressourcen ganz auf den Erwerb von Leistungswissen konzentrieren!

Dadurch ließen sich nicht nur Dutzende von Forschungsinstitutionen und universitären Fakultäten einsparen. Auch die Lehrpläne der Schulen wären im Nu entrümpelt. Die Naturwissenschaften könnte man zwar nicht

---

3 **arkan:** geheim, geheim gehalten; hier: in der Öffentlichkeit völlig unbekannt

4 **Teilchenbeschleuniger:** Anlage, in der Elektronen und andere Elementarteilchen zu experimentellen Zwecken auf extreme Geschwindigkeit beschleunigt werden

5 **Spin-off:** (engl. Ableger) hier: die Nutzung einer Innovation in einem Bereich, für den sie ursprünglich nicht entwickelt worden ist

völlig durch Technik und Informatik ersetzen. Denn modernes Leistungswissen verdankt sich, wie beschrieben, wesentlich der Pflege der Grundlagenfächer. Doch hätte sich das Fach Deutsch auf die Unterweisung in Sprachbeherrschung, sagen wir, maximal bis zur Bildung des Konjunktivs II zu beschränken. Wichtig blieben verbreitete Fremdsprachen wie Englisch und Spanisch – man würde sich natürlich mehr auf den Technik- und Wirtschaftswortschatz konzentrieren. Bei der Unterrichtslektüre ersetzte man Salinger[6] und Shakespeare sinnvollerweise durch das *Wall Street Journal*[7] und das Handbuch für Microsoft Office. Ganz wegfallen müssten Geschichte, Kunsterziehung, Musik, Religion und erst recht alte Sprachen. Eltern, die ihren Kindern derlei angedeihen lassen wollen, können sie gerne in zusätzliche Einrichtungen schicken, die sich bei entsprechender Nachfrage sicher bald etablieren würden. Dem Steuerzahler kann aber nicht zugemutet werden, solche unproduktiven Interessen aus öffentlichen Etats zu subventionieren.

Bildung

Zum Glück redet so keiner oder höchstens ansatzweise. Stattdessen werden immer noch Observatorien betrieben, Museen unterhalten, Opernhäuser und Symphonieorchester subventioniert, und an vielen Universitäten leistet man sich Lehrstühle für Literaturwissenschaft und Kunstgeschichte. Diskussionen über den Nutzen des dort gepflegten anwendungsfernen, wenn nicht völlig anwendungsfreien Wissens führen oft auf den ebenso schillernden wie abgenutzten Begriff der „Bildung“.

In Diskussionen dient „Bildung“ oft als Gegenbegriff zu „Ausbildung“, also allen Formen der Unterweisung, die auf Leistungswissen abzielen. Aber interessanterweise ist dieser Wortgebrauch so schief, dass er nur in Sätzen funktioniert, die beide Wörter nebeneinanderstellen. Für sich genommen beschwört „Bildung“ eben nicht das Bild einer Unterrichtssituation mit Lehrern und Schülern herauf, sondern eher die eines Individuums, das sich aktiv – etwa durch Lesen oder Reisen – Wissen aneignet. Man wird ausgebildet, aber man „bildet sich“. Wenn wir von einer Lateinlehrerin sagen, sie sei gebildet, meinen wir gerade nicht ihre Lateinkenntnisse.

Dieses „Bildungswissen“ erfreut sich nun trotz oder wegen seiner Anwendungsferne hoher Wertschätzung: Staaten, Städte und selbst Wirtschaftsunternehmen versprechen sich vom Sponsoring von Bildungsstätten positive Auswirkungen. So wie die Pflege des Leistungswissens den Fortbestand unserer Zivilisation sichern soll, so gilt Bildung als konstitutiv[8] für Kultur im eigentlichen Sinne. Aber wozu? [...]

(aus: Die Zeit, 09.06.2005)

6 **Jerome David Salinger:** *The Catcher in the Rye (Der Fänger im Roggen)* (1951), war und ist eine beliebte Schullektüre.
7 **Wall Street Journal:** amerikanische Wirtschaftszeitung
8 **konstitutiv:** grundlegend, das Wesen einer Sache ausmachend

1 Sammeln Sie in Ihrer Lerngruppe kurze spontane Stellungnahmen zu diesem Textauszug.
2 Diskutieren Sie über sinnvolle Erörterungsfragen im Anschluss an den Text.

!

Die Aufgabenstellung erfassen

Die Aufgabe bei der textgebundenen Erörterung besteht in der Regel aus mindestens 2 Teilaufgaben: 1. der Textanalyse und 2. dem eigentlichen Erörterungsauftrag. Es ist wichtig, den Analyse- und den Erörterungsauftrag jeweils genau zu erfassen.

Die **Textanalyse** kann **in unterschiedlicher Ausführlichkeit** gefordert werden:

a) Erarbeitung der Argumentationsstruktur (Gedankenführung) und der sprachlichen Gestaltung: Es muss eine vollständige Textanalyse (→ S. 64 ff.) geleistet werden, die aber noch genügend Zeit für die Bearbeitung des Erörterungsauftrags lässt.	b) Erarbeitung der Argumentationsstruktur: These(n), Argumente und Beispiele müssen möglichst knapp aufgezeigt werden.
	c) Erarbeitung von These(n) und Argumenten: siehe b), aber ohne die Beispielsebene
	d) Erarbeitung der These(n) oder/und genannter inhaltlicher Aspekte: knappe Wiedergabe in eigener Formulierung

Beim **Erörterungsauftrag** lassen sich **verschiedene Aufgabentypen** (→ S. 85) unterscheiden:

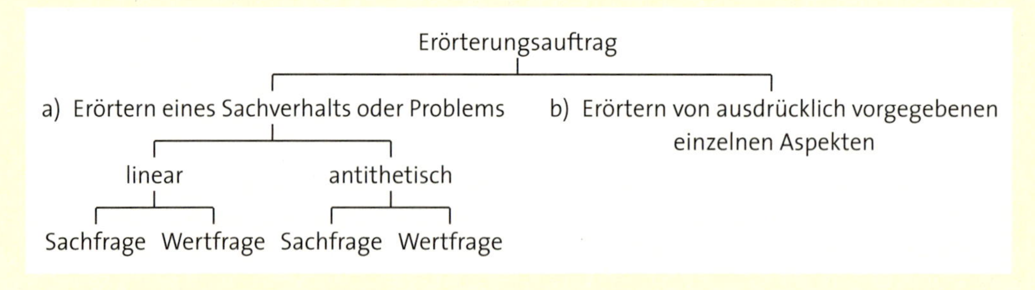

Die **Bezugnahme auf den Ausgangstext** kann **in unterschiedlicher Weise** verlangt werden:

Text

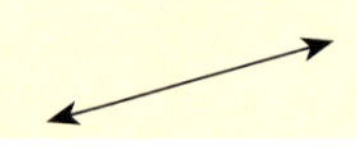
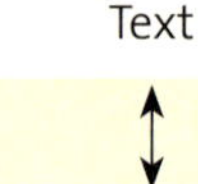
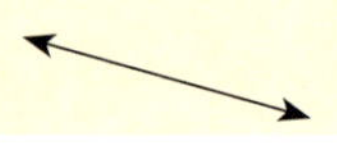

a)	b)	c)
Setzen Sie sich mit den Überlegungen/der These des Autors auseinander.	Zeigen Sie ausgehend von der Analyse des Textes, wie …	Erörtern Sie … (Nennung eines Sachverhalts/Problems)
↓	↓	↓
Sie müssen die Argumente des Autors auf ihre Stichhaltigkeit hin prüfen und weitere Argumente für und gegen die These(n) ausführen.	Sie stellen den Sachverhalt oder das Problem aus Ihrer Sicht dar und greifen auf Material oder Argumente des Ausgangstextes zurück.	Hier besteht nur eine thematische Verknüpfung zum Text, dessen Inhalte Sie nutzen können.

3 Analysieren Sie die folgenden Aufgabenstellungen, indem Sie die Teilaufgaben ermitteln und sie den im Merkkasten auf S. 98 genannten Varianten zuordnen.

1. Erarbeiten Sie Thesen und Argumente in dem auf S. 95 ff. wiedergegebenen Auszug aus „Die Lust an der Erleuchtung" von Ulf von Rauchhaupt und setzen Sie sich, ausgehend von Ihren Ergebnissen, mit von Rauchhaupts These zur Bedeutung des Wissens heute auseinander. Beziehen Sie dabei Ihre Erfahrungen im Fach Deutsch und gegebenenfalls in anderen Fächern mit ein.

2. a Erarbeiten Sie die Argumentationsstruktur des folgenden Textes von Hans Magnus Enzensberger und klären Sie die Position des Autors. Berücksichtigen Sie dabei auch auffällige sprachliche Mittel.
b Erörtern Sie, ausgehend von Ihren Ergebnissen, welche Konsequenzen für den Umgang mit Wissen aus den Veränderungen der Informationsverarbeitung zu ziehen sind.

(Abituraufgabe 2006)

3.

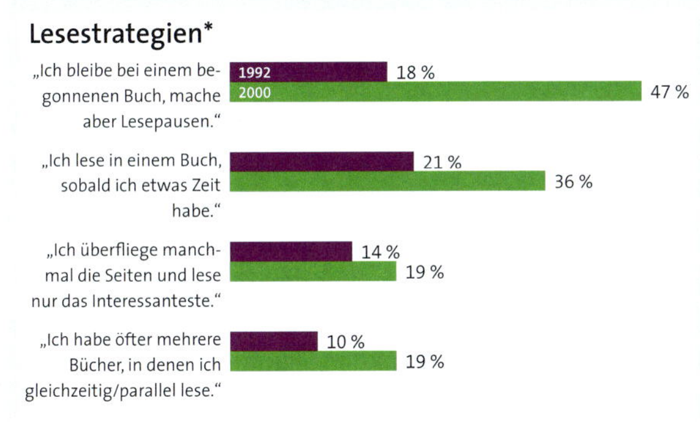

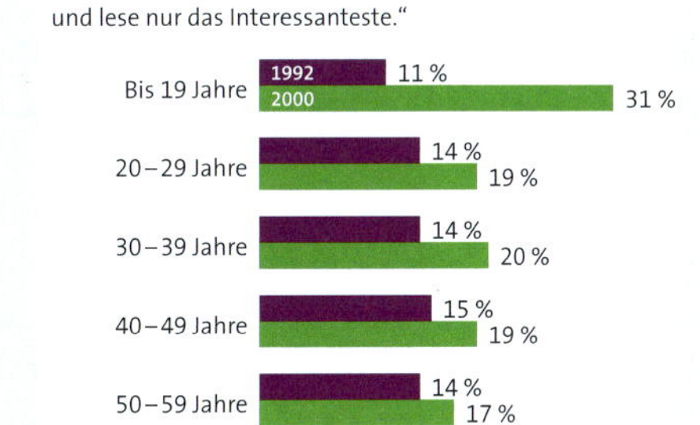

Deutlich mehr Leser als 1992 lesen Bücher der verschiedenen Genres. Fast alle Sachgruppen haben ihre Reichweite seitdem vergrößert (Angaben in Prozent):

Buchgenre*	1992	2000
Ratgeber	29	45
Nachschlagewerke	27	34
Sachbücher	31	49
Wissenschaftliche Literatur	30	35
Belletristik	54	60

* **Quelle:** Stiftung Lesen, 2000. Die Angaben beziehen sich jeweils auf Befragte, die Bücher lesen.

Werten Sie die Statistiken zum Leseverhalten aus und erörtern Sie unter Einbeziehung Ihrer Ergebnisse die Bedeutung des Lesens in der Informationsgesellschaft. Verdeutlichen Sie, für welche Ihrer Einschätzungen Sie weiteres statistisches Material heranziehen würden.

4. Erarbeiten Sie aus nachfolgendem Text, wie Sigrid Damm dem Leser ihr Vorhaben, eine Biografie über Christiane Vulpius zu schreiben, vermittelt. Erörtern Sie, ausgehend von Ihren Ergebnissen, Motive und gestalterische Möglichkeiten, aber auch Grenzen biografischer Darstellung.

(Abituraufgabe 2003)

4 Um das Thema zu erfassen, müssen Sie wie beim nicht-textgebundenen Erörtern die **Schlüsselbegriffe** klären.
Bestimmen Sie in Thema 1 auf S. 99 (zum Text von Ulf von Rauchhaupt) den Schlüsselbegriff und klären Sie ihn mit den bekannten Techniken (→ S. 86 f.).

Phase 2: Sich mit dem Text und dem Thema auseinandersetzen

1 Lesen Sie den Textauszug „Die Lust an der Erleuchtung" (S. 95 ff.) genau und **klären** Sie **unbekannte Begriffe.**

2 Wenn Sie eine Kopie verfügbar haben, bringen Sie Markierungen (→ S. 356) im Text an.
Machen Sie sich **Notizen zu Beobachtungen, Fragen, Schlüsselbegriffen.**

3 Legen Sie eine **Übersicht zur Gedankenführung** an, indem Sie These, Sachaspekte und Argumente erfassen. Versuchen Sie dabei, sich von den Formulierungen des Textes zu lösen. Setzen Sie den folgenden Ansatz in Ihren Unterlagen fort:

Frage: Hat Wissen als Selbstzweck Raum neben dem nützlichen Wissen?

Die nicht ausgesprochene These des Autors zu dieser Frage: Wissen als Selbstzweck sollte neben dem nützlichen Wissen Raum haben.

1. Sachaspekt: *Theorie und Praxis: Grundlagenforschung und angewandtes Wissen*
- *a) Trennung von Einsicht in die Prinzipien hinter den Erscheinungen und praktischem Wissen in der Antike (Pro-Argument)*
- *b) Weiterentwicklung von reinem Wissen in der Grundlagenforschung zu nützlichem Wissen in Technik und Wirtschaft heutzutage (Pro- und Kontra-Argument)*

2. Sachaspekt: *Leistungswissen: produktives Wissen*
- *a) Große Rolle des Leistungswissens in unserer Zeit (Kontra-Argument)*
- *b) …*
- *c) Scheinargument: Entbehrlichkeit des zweckfreien Wissens in Gesellschaft, Forschung und Schule (scheinbares Kontra-Argument)*

3. Sachaspekt: *Bildung …*
- *a) …*
- *b) …*

4 **Erarbeiten** Sie die **Argumentationsstruktur** (→ S. 345) des zweiten Abschnitts „Theorie und Praxis" (Z. 18–81) genau.

Die **Stoffsammlung zum Erörterungsauftrag** legen Sie mit den Techniken an, die Sie vom nicht-textgebundenen Erörtern kennen (→ S. 87 f.). Auch von Rauchhaupts Text dient als Reservoir für Ihre Stoffsammlung und gibt Anregungen für weitere Aspekte.

5 Übertragen Sie die folgende Mind-Map zum Erörterungsauftrag von Thema 1 auf S. 99 in Ihre Unterlagen. Ergänzen Sie fehlende Punkte und gegebenenfalls weitere Verzweigungen.

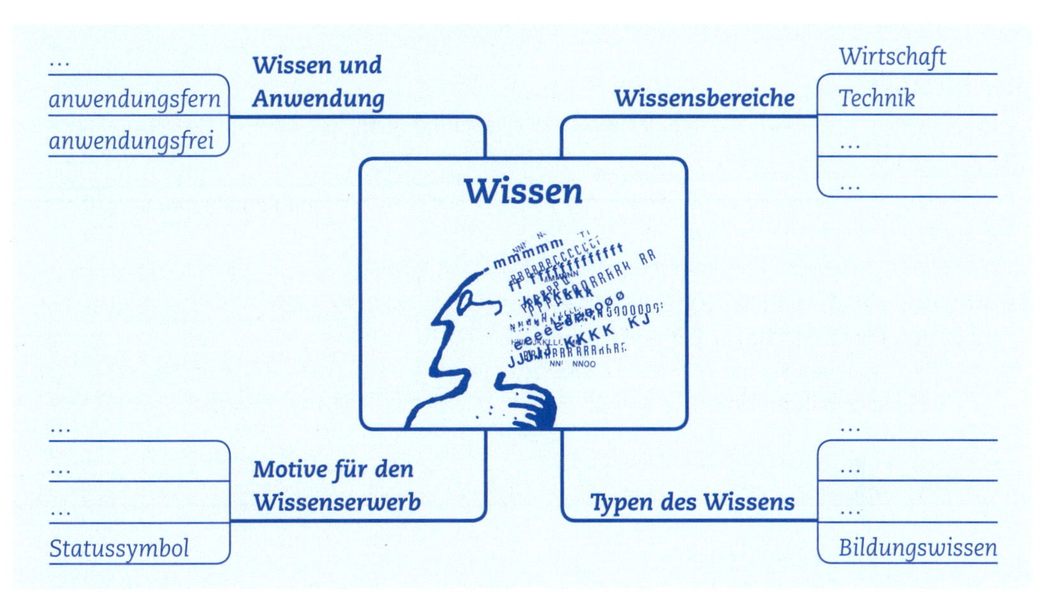

6 **a** Sammeln Sie weiteren Stoff zu Thema 1 auf S. 99 (Tipps zum Stoffsammeln → S. 87 f.).
b Ordnen und sichten Sie Ihre Stoffsammlung (→ S. 88).

Phase 3: Die Ergebnisse darstellen

Die **Gliederung** muss die Gedankenführung des Aufsatzes in sehr knapper Form abbilden. Sie folgt den gleichen formalen Prinzipien wie die Gliederung des nicht-textgebundenen Erörterns (→ S. 89 ff.).

Beispielgliederung zu Thema 1:
„Die Lust an der Erleuchtung" – Bedeutung des Wissens heute

A. Konjunktur von Quizshows und Sachbüchern
B. Möglichkeiten und Grenzen von anwendbarem und von zweckfreiem Wissen
- *I. Möglichkeiten und Grenzen der Wissenstypen in dem Artikel von Ulf von Rauchhaupt*
  1. *Grundlagenwissen als Voraussetzung für Anwendungswissen*
  2. *Leistungswissen …*
  3. *…*
- *II. Berechtigung von Anwendungswissen aus eigener Sicht der Verfasserin*
  1. *Gegenwärtige Anforderungen in Wirtschaft und Gesellschaft und Legitimität von wirtschaftlichen Interessen*
  2. *…*
  3. *Ethische Verpflichtung zur Entwicklung von anwendbarem Wissen zum Wohl der Menschen*

III. Argumente für zweckfreies und anwendungsfernes Wissen aus der Sicht der Verfasserin
1. Grundlagenwissen als Voraussetzung für Anwendungswissen
2. Grundlage zum Verständnis unserer Kultur
…
IV. Abwägendes Urteil (Zusammenfassung): …
C. Aufgaben und Möglichkeiten der Wissensvermittlung in der Schule

1 **a** Ergänzen Sie die Gliederung.
b Beschreiben Sie den Gliederungstyp (→ S. 89 ff.).
2 Analysieren Sie die folgende Aufgabenstellung (→ S. 98), legen Sie eine Stoffsammlung an (→ S. 87 f.) und verfassen Sie eine Gliederung (→ S. 89 ff.).

Thema: Erarbeiten Sie Thesen und Argumente in dem Textauszug „Die Lust an der Erleuchtung" von Ulf von Rauchhaupt und erörtern Sie, ausgehend von Ihren Ergebnissen, welches Wissen im Fernsehen und in Büchern vermittelt wird.

Erörterung zu Thema 1 (→ S. 99): „Die Lust an der Erleuchtung" – Bedeutung des Wissens heute (Beispiel für eine Ausarbeitung zu Gliederungspunkt B.I.)

Von Rauchhaupt eröffnet seinen Artikel „Die Lust an der Erleuchtung" mit Beispielen für die hohe Bedeutung des Nutzwertes von Wissen im Abendland. Der tief verwurzelten Auffassung von Wissen als Inbegriff nützlicher Kenntnisse und Fertigkeiten stellt er die Frage entgegen, ob Wissen denn auch Selbstzweck sein kann; hinter dieser Frage steckt seine Forderung, dass es neben dem nützlichen Wissen auch Wissen als Selbstzweck geben solle.
In einem ersten Sachaspekt, betitelt „Theorie und Praxis", zeigt er, dass in der Antike reines Wissen und angewandtes Wissen weitgehend ein Eigendasein führten. Heute hingegen wird reines Wissen oder Grundlagenwissen sehr schnell Anwendungswissen, vor allem in der Technik, es hat damit große Auswirkungen auf die Wirtschaft. Zweckfreie Grundlagenforschung wird heute geradezu in Erwartung nutzbringender Anwendungen betrieben. Dieser Sachaspekt führt also zu einem Ergebnis, das die aktuelle Gefährdung des selbstzweckhaften Wissens unterstreicht.
In einem zweiten Sachaspekt, betitelt „Leistungswissen", …

3 **a** Prüfen Sie die Erfassung von Inhalt und Argumentationsstruktur des Ausgangstextes.
b Überprüfen Sie, ob sich die Verfasserin in ausreichender Weise vom Wortlaut des zu analysierenden Textes gelöst hat.
c Untersuchen Sie die Satzverknüpfungen und ihre Leistung.
4 Setzen Sie die Textanalyse fort. Achten Sie darauf, sich vom Wortlaut der Textvorlage zu lösen.
5 Schreiben Sie den erörternden Teil des Aufsatzes sowie Einleitung und Schluss.
Sie können der Gliederung auf S. 101 f. folgen.
Ziehen Sie die Hinweise in Kapitel B 3.2 zu sprachlichen Mitteln (→ S. 93), zum abwägenden Urteil (→ S. 94), zu Einleitung und Schluss heran (→ S. 94).

Phase 4: Den Aufsatz überarbeiten

1 Überprüfen Sie Ihren Aufsatz mit Hilfe der Checkliste auf S. 84 (Phase 4).
2 Kontrollieren Sie außerdem, ob
- die **Zitierweise korrekt** ist (→ S. 318 f.),
- die **Zitate** passend in den Textfluss **integriert** sind,
- die **indirekte Rede** für die nicht-wörtliche Wiedergabe von Textstellen **richtig verwendet** wird,
- die **Zitate die Argumente stützen** (kürzen Sie, wenn nötig),
- die **Formulierungen** sich ausreichend **von der Textvorlage lösen.**

Materialgestütztes Erörtern

Phase 1: Sich dem Thema und den Texten annähern

Thema: In vielen Bereichen unseres Lebens spielt Technik, auch Informationstechnik, eine herausragende Rolle. Diskutieren Sie Berechtigung und Grenzen von anwendungsbezogenem (informations)technischem Wissen im Alltag. Beziehen Sie sich bei Ihren Ausführungen auch auf die beigelegten Materialien.

Material 1: Ulf von Rauchhaupt: Die Lust an der Erleuchtung (→ S. 95 ff.), besonders Z. 82–137.
Material 2: Jens Jessen: Technik (siehe unten)

Diese Aufgabe ist keine neue Schreibform, sondern fordert Kompetenzen, die Sie andernorts bereits eingeübt haben: nämlich freies Erörtern und gezielte Entnahme von Informationen aus Sachtexten für Ihre Stoffsammlung.

In dem Dossier „Lust auf Bildung" stellten Redakteure/Redakteurinnen der Wochenzeitschrift „Die Zeit" verschiedene Wissensbereiche vor, die nach ihrer Meinung zur Allgemeinbildung gehören sollten:

Jens Jessen: **Technik** (2006) Auszug

Nicht alles, was im Leben nützlich ist – Radfahren, Bügeln oder die Benutzung von Computern –, kann in der Schule vermittelt werden. Das heißt aber nicht, dass die zu Grunde liegenden Techniken etwa nicht zur Allgemeinbildung gehörten. Warum das Fahrrad nicht umkippt, das Bügeleisen heiß wird oder der Computer, ohne einen Unterschied zu machen, Buchstaben, Zahlen, Bilder und Töne verarbeitet, sollte ein Bewohner unserer Zivilisation wissen, wenn er nicht als Analphabet der Gerätewelt durchs Leben gehen will. Leider tut sich im Allgemeinen zwischen den abstrakten Grundlagen, die der Physik- oder Chemieunterricht vermittelt, und den Anwendungen dieser Wissenschaften ein ge-

waltiger Graben auf. In diesem Graben sind aber die Ingenieure, die Industrien, die Nachrichten- und Warenströme zu Hause, die das Gesicht unseres Alltags stärker prägen als irgendein anderer Sektor unserer Kultur.
Es hat keinen Sinn, immer wieder aufs Neue das technische Zeitalter zu feiern und zu beklagen, ohne dem Technischen den gleichen Rang des verpflichtend zu Wissenden einzuräumen wie der Literatur, der Geschichte oder der Mathematik. Wer nicht versteht, warum eine Brücke trägt, woher eine U-Bahn den Strom bekommt oder was die Einspritzpumpe für den Automotor tut, der geht in Wahrheit wie ein Fremder durch unsere Kultur; etwa wie ein Wilder, der das Geldstück für eine Art Mohrrübe hält, mit der man Waren anlockt. Tatsächlich kann man mit dieser Art Missverständnisse (das wie alle Missverständnisse auch eine Wahrheit enthält) durchaus durchs Leben kommen; aber gleichsam nur wie ein Sklave, niemals als Herr des Verfahrens.

(aus: Die Zeit, 19. 01. 2006)

1 Prüfen Sie, inwieweit die folgenden Anforderungen in der Themenstellung auf S. 103 enthalten sind:
- eine strukturierte Inhaltsangabe der Ausgangstexte verfassen und deren argumentativen Aufbau beschreiben,
- eine eigene These und Argumente entwickeln,
- sich ausdrücklich mit allen Argumenten der Textgrundlage auseinandersetzen,
- die Sachtexte als Stoffreservoir für die eigene Argumentation benutzen,
- dabei Inhalte eines Textes gegebenenfalls nur zur Stützung der eigenen Argumentation heranziehen.

2 Klären Sie die Schlüsselbegriffe der Aufgabe, indem Sie die bekannten Techniken nutzen (→ S. 86 f.).

Phase 2: Sich mit dem Thema und den Texten auseinandersetzen

Wie beim nicht-textgebundenen Erörtern müssen Sie zunächst eine Stoffsammlung anlegen und diese strukturieren. Die Aufgabenstellung auf S. 103 sieht allerdings vor, dass Sie auch Texte als Stoffreservoir mit einbeziehen.

! Tipps zum Anlegen einer Stoffsammlung für das materialgestützte Erörtern

1. Erstellen Sie zunächst unabhängig von den Texten nach den bekannten Verfahren eine Stoffsammlung (→ S. 87). Entwickeln Sie eine geordnete Stoffsammlung (→ S. 88) und vertiefen Sie dabei Ihr Verständnis der Fragestellung.
2. Erarbeiten Sie die Texte erst dann gründlich und gezielt, wenn Sie die Fragestellung bereits selbst durchdacht haben. Die Texte haben manchmal eine andere Fragestellung und setzen andere Schwerpunkte, aber bieten doch Aspekte, Argumente und Beispiele für die Problemstellung Ihres Arbeitsauftrags. Das Anlegen einer eigenen Stoffsammlung vor der genauen Lektüre soll Ihnen helfen, Distanz zur Argumentation und zu den Inhalten der Vorlagen zu gewinnen. Lesen Sie die Texte mehrmals unter der eigenen Fragestellung und unterstreichen Sie in Kopien der Texte relevante Stellen.
3. Ergänzen Sie Ihre geordnete Stoffsammlung mit Hilfe Ihrer Funde; eventuell müssen Sie das eigene Konzept mit Hilfe neu gewonnener Gesichtspunkte überarbeiten. Lösen Sie sich von den Textvorlagen, indem Sie übernommene Punkte selbstständig formulieren. Notieren Sie sich, aus welchem Text Sie die Anregung jeweils übernommen haben.

1 Legen Sie eine Stoffsammlung an. Sichten und ordnen Sie Ihre Punkte.
2 Lesen Sie die Texte mehrmals und unterstreichen Sie in einer Kopie relevante Informationen.
3 Reichern Sie Ihre Stoffsammlung mit den neuen Informationen an und strukturieren Sie sie gegebenenfalls erneut.

Phase 3: Die Ergebnisse darstellen

Die Gliederung folgt den Prinzipien des freien Erörterns.

Berechtigung und Grenzen von anwendungsbezogenem (informations)technischem Wissen im Alltag
Beispiel für den antithetischen Aufbau einer Erörterung, Gliederung nach Sachaspekten

A. Hohe technische Komplexität in vielen Lebensbereichen
B. Berechtigung und Grenzen von anwendungsbezogenem Wissen im Bereich der (Informations)Technik für den Einzelnen
- *I. Leistungswissen für das Privatleben und die Berufstätigkeit*
  - *1. Reiz des anwendungsfreien Wissens und der technikfreien Lebensbereiche*
  - *2. Ökonomische Vorteile bei Nutzung und Reparaturen (informations)technischer Produkte*
  - *3. Notwendigkeit (informations)technischer Kenntnisse in vielen Berufen*
- *II. Aneignung des (informations)technischen Wissens*
  - *1. Fehlende technische Begabung und Interessenschwerpunkte*
  - *2. Unterschiedliche häusliche Förderung*
  - *3. Begrenzte Förderung in den öffentlichen Bildungseinrichtungen*
  - *4. Aneignung des Wissens in der Freizeit auf Grund von Begabung und Interesse*
- *III. Bildungswissen zum Verstehen unserer technisch geprägten Welt*
  - *1. Spezialkenntnisse für das Verstehen von speziellen Problemen und Auswirkungen der Technikentwicklung auf verschiedene Lebensbereiche*
  - *2. Allgemeinkenntnisse für das Verstehen von allgemeinen Auswirkungen der Technikentwicklung auf Gesellschaft, Umwelt und Weltbild*
- *IV. Abwägendes Urteil/Synthese: …*

C. …

1 Identifizieren Sie in der Gliederung Punkte, die sich auf die Berechtigung anwendungsbezogenen Wissens beziehen und solche, die Argumente für die Grenzen dieses Wissens anführen.
2 **a** Formulieren Sie den Punkt B.IV. so, dass er sich folgerichtig aus den vorherigen Punkten ergibt.
b Ergänzen Sie eine Überschrift für den Schluss.
3 **a** Vergleichen Sie Ihre Stoffsammlung mit dieser Gliederung.
b Ergänzen oder verändern Sie die Gliederung bei Bedarf in Ihren Unterlagen.

Beim Verfassen des Aufsatzes wenden Sie die Schreibkompetenzen an, die Sie sich beim nicht-textgebundenen Erörtern angeeignet haben. Wenn Sie Argumente oder Belege aus den Materialien übernehmen, verweisen Sie auf diese. Lösen Sie sich sprachlich von den Textvorlagen und zitieren Sie letztere sehr sparsam. Nennen Sie bei Zitaten den Autor, auf dessen Text Sie sich beziehen.

Berechtigung und Grenzen von anwendungsbezogenem (informations)technischem Wissen im Alltag

Beispiel für eine Ausarbeitung von Gliederungspunkt B.II.3

	Text	Randbemerkung
	Es bedarf vieler Voraussetzungen, um sich technisches Wissen anzueignen. […] Eine wichtige Rolle spielen dabei die allgemeinen Bildungseinrichtungen: Sie tragen wenig zur technischen Bildung bei. In den Kindergärten steht die Förderung von sozialen Kompetenzen, neuerdings	*Leitsatz für II.* *3. Argument* *Beispiel*
5	*verstärkt auch die Förderung der Sprachkompetenz, im Vordergrund. In den Grund-, Haupt- und Realschulen sowie im Gymnasium hat die technische Bildung wenig Raum, wie auch Jessen hervorhebt (Z. 1–4, 13–17). Allerdings gibt es in manchen Schulen Arbeitsgemeinschaften oder spezialisierte Zweige, die die Schüler für Technikkenntnisse motivie-*	*Beispiel, Bezug auf Material, Beleg* *Einschränkung des 3. Arguments*
10	*ren und ihnen Wissen in ausgewählten Bereichen vermitteln. Die Gymnasien in Bayern bieten die Fächer „Natur und Technik“ und „Informatik“ an. Freilich wird diesen Fächern wenig Zeit zugestanden, sodass nur erste Kontakte mit diesen Wissensgebieten vermittelt werden können. So bleibt also zu wünschen, dass der Unterricht in Technik und Informa-*	*Abschwächung der Einschränkung,* *Rückführung*
15	*tik ausgeweitet wird.*	

4 Überprüfen Sie die Argumentation und die Einbindung des vorgegebenen Materials in diesem Textauszug.

5 Arbeiten Sie weitere Punkte der Gliederung auf S. 105 aus.

Phase 4: Den Aufsatz überarbeiten

1 Überprüfen Sie Ihren Aufsatz mit Hilfe der Checkliste auf S. 84 (Phase 4) und der Anregungen auf S. 95 und 103.

Kommentieren im Anschluss an Texte

Phase 1: Sich den Texten und dem Thema annähern

Thema: Erarbeiten Sie Thesen und Argumente des Textauszugs aus „Die Lust an der Erleuchtung“ von Ulf von Rauchhaupt.
Schreiben Sie ausgehend von Ihren Ergebnissen und unter Einbeziehung der weiteren Materialien einen inhaltlich und sprachlich eigenständigen Kommentar zum Thema „Wissen als Selbstzweck“. Wählen Sie dazu eine passende Überschrift. Ihr Text sollte etwa 600 Wörter umfassen.

Material 1: Ulf von Rauchhaupt: Die Lust an der Erleuchtung (→ S. 95 ff.)
Material 2: Neil Postman: Die zweite Aufklärung. Vom 18. ins 21. Jahrhundert – Information als Ware, Z. 65–92 (→ S. 128 f.)
Material 3: Dietrich Schwanitz: Bildung. Alles, was man wissen muss (→ S. 107)

Dietrich Schwanitz: **Bildung. Alles, was man wissen muss** (1999) Auszug

Wer hat nicht das Gefühl der Frustration gekannt, als ihm in der Schule der Lernstoff wie tot erschien, wie eine Anhäufung uninteressanter Fakten, die mit dem eigenen pulsierenden Leben nichts zu tun hatten? [...]
Der alte Bildungsstoff scheint fremd geworden und ist in Formeln erstarrt. Auch die Bildungsprofis vertreten ihn nicht mehr mit Überzeugung. Da wir uns weiterentwickelt haben, müssen wir mit unserem kulturellen Wissen von einem neuen Standort aus wieder ins Gespräch kommen. Dass wir das tun, wünschen sich viele, die sich mit unserem Bildungssystem schwertun. Das sind Menschen, die Wissen nur aufgreifen können, wenn es wirklich für sie etwas bedeutet; Schüler und Studenten, die die Aufnahme von allem musealen Bildungsmüll verweigern, weil ihr Wahrnehmungsorgan aus der eigenen Lebendigkeit besteht. Es geht also um diejenigen unter uns, die das Bedürfnis haben, ihr Leben durch den Zugang zu unserem kulturellen Wissen zu bereichern und ins Gespräch der Zivilisation einzutreten.

Auch das Thema auf S.106 verlangt keine grundsätzlich neue Schreibform, sondern erfordert Kompetenzen, die Sie vielfach geübt haben. Die erste Aufgabe fordert eine Argumentationsanalyse, die Sie bereits oben geleistet haben (S.100) und die Sie übernehmen können. Die in der zweiten Aufgabe verlangte Schreibform „Kommentar" haben Sie bereits in vorhergehenden Jahrgangsstufen eingeübt.

Der Kommentar

Ein Kommentar ist ein namentlich gekennzeichneter **subjektiv wertender** Text, in dem mit Blick auf ein größeres Publikum zu einem aktuellen Thema öffentlich Stellung bezogen wird. Ziel ist es, die **Meinungsbildung** des Lesers/der Leserin zu **unterstützen.**
Kommentare ordnen Ereignisse und Fakten in **Zusammenhänge** ein, beleuchten **Hintergründe,** wägen **Standpunkte** ab.
Schwerpunkt des Kommentars ist nach einer Einführung in das Thema und gegebenenfalls der knappen Erläuterung unterschiedlicher Positionen die **eigene Stellungnahme.**
Der Stil eines Kommentars ist wie bei der Erörterung sachlich und argumentativ, allerdings können die Argumente zugespitzt dargestellt und die eigene Meinung pointiert verdeutlicht werden.

1 Erfassen Sie die zweite Aufgabe des Themas, indem Sie prüfen, welche der folgenden Aussagen ein richtiges Verständnis des Arbeitsauftrags formulieren.
- Hauptinhalt des Kommentars ist die Diskussion der Texte.
- Wichtige Thesen und Argumente der Texte werden an geeigneter Stelle im Kommentar diskutiert.
- Die zentrale Aussage des Haupttextes ist Ausgangspunkt für die Fragestellung des Kommentars.
- Informationen und Formulierungen der Texte können in den Kommentar einbezogen werden.
- Der Kommentar ist eine eigenständige Erörterung des gegebenen Themas.

Phase 2: Sich mit den Texten und dem Thema auseinandersetzen

Zur Auseinandersetzung mit dem Text von Ulf von Rauchhaupt und dem Thema „Zur Bedeutung des Wissens heute" finden Sie Hinweise auf S.100f.
Tipps zur Informationsentnahme aus den anderen Materialien enthält der Merkkasten auf S.104.

Phase 3: Die Ergebnisse darstellen

Kommentar: Wissen als Selbstzweck – Beispielgliederung

I. Konjunktur von Quizshows und Sachbüchern
II. Thesen und Argumente in von Rauchhaupts Artikel „Die Lust an der Erleuchtung“
III. Kommentar: Nicht für die Schule lernen wir, sondern fürs Leben?
1. Wissen in der Diskussion: Definitionen von Wissen
a Informationsmüll – Wissen – Erkenntnis
b) Anwendungsfreies Wissen und Anwendungswissen
c) Wissen und Bildung
2. Kommentierung der Positionen: Zustimmung und neue Schwerpunktsetzung
3. Lob des anwendungsfreien Wissens
…
4. Schlussgedanke: Neugier als gute Grundlage für alle Aneignung von Wissen

1 Ergänzen Sie in der Gliederung Unterpunkte zu III.3.
2 **a** Die Aufgabenstellung begrenzt den Umfang des Kommentars auf etwa 600 Wörter. Ermitteln Sie, welchem Seitenumfang dies in der von Ihnen verwendeten Schrift ungefähr entspricht.
b Planen Sie dementsprechend eine angemessene Gewichtung der einzelnen Textabschnitte.

! **Anregungen für die sprachliche Gestaltung des Kommentars**

- **ein breites Publikum ansprechen:** allgemein verständlich formulieren, Verdeutlichen durch Veranschaulichen und Gegenüberstellen, gelegentlich Redewendungen einsetzen;
- **Interesse wecken:** eine reizvolle Überschrift, einen ungewöhnlichen Einstieg formulieren, gelegentlich prägnante Zitate aus den Materialien verwenden und eine eigene einprägsame Metapher oder ein Wortspiel finden;
- **Adressatenbezug herstellen:** eventuell rhetorische Fragen einstreuen;
- **subjektive Wertung herausarbeiten:** wertende Nomen, Adjektive und Verben verwenden.

Wissen als Selbstzweck – Beispiel für eine Ausarbeitung von Gliederungspunkt III.2

Kein Mensch kann bezweifeln, dass Wissen heute eine zentrale Ressource für Gesellschaft und Wirtschaft in der ganzen Welt ist. Das gilt für das „reine Wissen“ und das gilt auch für das Anwendungs- und Leistungswissen, um mit von Rauchhaupt zu sprechen. Dafür brauchen wir keinen „Informationsmüll“ (Postman) und auch keinen Bildungsschrott, kein totes Wissen (Schwanitz). Vielmehr brauchen wir, wie Postman und von Rauchhaupt fordern, ein Wissen, das uns befähigt, Erkenntnisse zu gewinnen und Aufgaben zu lösen.
Aber lernen wir nur fürs Leben, wenn schon nicht für die Schule? Was auch immer Leben bedeuten mag – lernen wir nicht auch einfach nur für uns? Wissen hat auch eine Bedeutung für uns als Personen. Von Rauchhaupt und Schwanitz berühren diesen Punkt und sprechen von anwendungsfreiem Wissen und einem Wissen, das etwas mit dem „pulsierenden Leben“ zu tun hat. Dieser Ansatz geht an unsere Substanz und verdient eine Vertiefung.

3 Prüfen Sie, ob der Textauszug im Kommentarstil geschrieben ist. Variieren Sie einzelne Stellen.
4 Arbeiten Sie einen oder mehrere Unterpunkte aus III.3 aus.

Phase 4: Den Aufsatz überarbeiten

1 Überprüfen Sie Ihren Aufsatz mit Hilfe der Checklisten zum Erörtern (Phase 4 → S. 84; S. 95, 103).
2 Kontrollieren Sie außerdem, ob
- der Kommentar genau das zu behandelnde Thema trifft,
- die Textmaterialien berücksichtigt wurden,
- ein eigenständiger Gedankengang erkennbar ist,
- die stilistischen Merkmale eines Kommentars ausreichend berücksichtigt sind (→ Merkkästen auf S. 107 und 108),
- der Kommentar etwa die vorgeschriebene Länge hat.

3.4 Erörtern literarischer Themen

Phase 1: Sich dem Thema annähern

Auch für das Erörtern literarischer Themen gibt es unterschiedliche Fragestellungen. Diese gleichen in ihrer Form den in Kapitel B 3.2 und B 3.3 behandelten Arten des nicht-textgebundenen und textgebundenen Erörterns. Die Ausführungen zur Themenanalyse in diesen Kapiteln gelten auch für Aufgabenstellungen zu literarischen Themen. Der Gegenstand der literarischen Erörterung ist jedoch immer Literatur; entweder werden bestimmte literarische Werke behandelt oder allgemeine Sachverhalte, die die Literatur betreffen.

! **Themenstellungen für das Erörtern literarischer Themen**

Beim Erörtern literarischer Themen lassen sich je nach Bezug des Erörterungsauftrags zur Literatur folgende Arten unterscheiden:

a) Erörtern zu einem vorliegenden literarischen Text
b) Erörtern zu einem vorliegenden Sachtext zu einem literarischen Thema
c) Erörtern zu einem oder mehreren literarischen Texten, die Ihnen nicht vorliegen; werkgebundene Fragestellung; Wahl der Werke – eventuell mit Einschränkungen – offen
d) nicht-textgebundes Erörtern zu einer allgemeinen Frage der Literatur wie Literaturkritik, Lesen literarischer Werke, Literaturzensur

Bei Themenstellungen des Typs a) muss der Text in der Regel unter einer gegebenen Fragestellung zuvor erschlossen, bei b) analysiert werden (siehe Kapitel „Schreiben über Literatur – poetische Texte interpretieren“ → S. 30 ff.; Kapitel „Sachtexte analysieren“ → S. 60 ff.).
Bei den textgebundenen Themenstellungen müssen Sie die Aufgabe zur Textanalyse bzw. -erschließung und den eigentlichen Erörterungsauftrag sowie dessen Beziehung zum Text sorgfältig analysieren (vgl. Kapitel B 3.3, S. 98 f.).

1 **Analysieren** Sie folgende **Beispielthemen.** Übertragen Sie die Tabelle auf S. 111 in Ihre Unterlagen und halten Sie Ihre Ergebnisse fest.

1. Italo Calvino führt in seinem Aufsatz *Wozu Klassiker lesen?* mehrere Definitionen des Begriffs Klassiker und eine Reihe von Argumenten für die Lektüre von Klassikern an.
Hier eine Auswahl:

- Klassiker sind Bücher, die einen besonderen Einfluss ausüben – sowohl wenn sie sich als unvergesslich behaupten, als auch wenn sie sich in den Falten der Erinnerung verstecken und sich als kollektiv oder individuell Unbewusstes tarnen.
- Klassiker sind jene Bücher, die beladen mit den Spuren aller Leseerfahrungen daherkommen, die unserer vorausgegangen sind, und die hinter sich die Spuren herziehen, die sie in der Kultur oder den Kulturen (oder einfach in der Sprache oder in den Bräuchen) hinterlassen haben, durch die sie gegangen sind.
- Klassiker sind Bücher, die man, je mehr man sie vom Hörensagen zu kennen glaubt, umso neuer und unerwarteter und unbekannter findet, wenn man sie zum ersten Mal richtig liest.
- Dein Klassiker ist der, der dir nicht gleichgültig sein kann und der dazu dient, dich in Bezug oder im Gegensatz zu ihm zu definieren.
- Es ist klassisch, was dazu neigt, die Aktualität auf den Rang eines Hintergrundgeräusches zu verweisen, aber gleichzeitig auf dieses Hintergrundgeräusch nicht verzichten kann.
- Es ist das klassisch, was als Hintergrundgeräusch auch dort bestehen bleibt, wo die unerträgliche Aktualität den Ton angibt.

Definieren Sie den Begriff „Klassiker" und setzen Sie sich mit der Frage „Klassiker lesen?" auseinander, indem Sie auch ausgewählte Definitionen und Argumente von Calvino sowie Ihre eigenen Leseerfahrungen einbeziehen.

2. In Ihrer Schulzeit beschäftigen Sie sich vielfach mit Gattungsdefinitionen. Diskutieren Sie die Chancen und Grenzen von Gattungsdefinitionen für das Verständnis literarischer Texte.

3. Untersuchen und vergleichen Sie die Darstellung des Motivs der Eifersucht in zwei literarischen Werken aus unterschiedlichen Epochen. Beziehen Sie dabei den jeweiligen zeit- und literaturgeschichtlichen Hintergrund mit ein. *(Abituraufgabe 2004)*

4. Erarbeiten Sie Thesen und Argumente in Ulrich Greiners Aufsatz *Weshalb wir einen literarischen Kanon brauchen* (→ S. 74 f.) und diskutieren Sie Angebote und Grenzen eines Kanons bei der Wahl der Schullektüre, indem Sie auch Argumente Greiners einbeziehen.

5. Analysieren Sie den Anfang von Fontanes Roman *Effi Briest* und vergleichen Sie die Darstellung der Situation eines jungen Menschen mit der eines anderen literarischen Werkes einer anderen Epoche.

6. „Bester Mann! Von Herzen lieb' ich dich!" (Faust I, Ein Gartenhäuschen)
In der Gretchentragödie in *Faust I* spielt Liebe in unterschiedlichen Formen eine entscheidende Rolle. Erarbeiten Sie, in welcher Weise in *Faust I* Liebe zu einem Partner verstanden und gelebt , wird.

literarische Erörterung: Aspekte zur Themenanalyse	Thema (1)	(2)	(3)	(4)	(5)	(6)
bezogen auf einen vorliegenden literarischen Text						
bezogen auf einen vorliegenden Sachtext						
werkbezogenes Thema			×			
freies Thema						
Bezug zur Literatur: literarische Werke			×			
Bezug zur Literatur: allgemeine Frage zur Literatur						
Erörterungstyp: linear			×			
Erörterungstyp: antithetisch						

2 Wie bei den anderen Formen des Erörterns müssen Sie die **Schlüsselbegriffe** der Aufgabenstellung bestimmen. Klären Sie die Schlüsselbegriffe in Thema 6 auf S. 110.

Phase 2: Sich mit dem Thema auseinandersetzen

Ist das Thema auf einen vorliegenden Text bezogen, werden Sie diesen **Text** zunächst gemäß der Aufgabenstellung **analysieren** (→ S. 60 ff., 343 ff.) bzw. **erschließen** (→ S. 30 ff., 328 ff.). Die für den Erörterungsauftrag bedeutsamen Ergebnisse nehmen Sie in Ihre Stoffsammlung auf.
Bezieht sich der Erörterungsauftrag auf Werke, die Ihnen nicht vorliegen, oder handelt es sich um die Erörterung einer allgemeinen literarischen Frage, **aktivieren** Sie zunächst Ihre **Kenntnisse** und ergänzen wenn möglich Ihre **Stoffsammlung** durch weitere **Recherche** (→ S. 310 ff.).

1 Aktivieren Sie zu Bespielthema 6 auf S. 110 Ihre Kenntnisse zur Gretchentragödie; recherchieren Sie gegebenenfalls. Übertragen Sie die folgende Übersicht in Ihre Unterlagen und ergänzen Sie die Stoffsammlung, indem Sie offene Stellen komplettieren und konkretisierende Beispiele aus dem Drama hinzufügen (Verhaltensweisen, Handlungen ...).

Liebe in „Faust I"
Marthe: *Ehe als Versorgung*
Gesellschaft: *Auffassung von Liebe: ...*
Mephisto: *Liebe = Sinnlichkeit*
kein Verständnis für eine umfassende Liebe
Verführer zur sinnlichen Liebe
Faust: *Liebe als sinnliches Begehren*
...
Margarete: *...*

Margarete, Faust und Mephisto, „Faust"-Inszenierung Staatstheater Nürnberg 2006

2 Ordnen und sichten Sie Ihr Material in gleicher Weise wie beim nicht-textgebundenen Erörtern (→ S. 88).

Phase 3: Die Ergebnisse darstellen

Wie bei den in Kapitel B 3.2 und 3.3 behandelten Formen des Erörterns wird Ihre **Gliederung** je nach Aufgabenstellung variieren. Gegebenenfalls müssen Sie einen Punkt dem vorgegebenen Text widmen; Sie müssen erkennen, ob ein linearer Aufbau erforderlich ist, bei dem Sie nach Sachaspekten gliedern, oder ein antithetischer, bei dem Sie nach Sachaspekten oder nach Pro- und Kontra-Blöcken anordnen können.

Beispiel für eine Gliederung zu Thema 6 (S. 110) – Liebe in „Faust I"

A. „Faust I" als Lektüre von Jugendlichen
B. Zwischen tierischer Sinnlichkeit und ganzheitlicher Liebe
- *I. Die Liebe als tierische Sinnlichkeit bei Mephisto*
- *II. Enge gesellschaftliche Normen*
- *III. Marthes materialistische Orientierung*
- *IV. Fausts unbeständige Liebe zwischen Begehren und Idealisierung der Geliebten*
  - *1. Liebe als sinnliches Begehren*
  - *2. Idealisierung von Margarete*
  - *3. …*
  - *…*
- *V. Margarete …*
  - *1. …*
  - *2. …*
  - *…*
- *VI. Die unterschiedlichen Chancen der Liebe in „Faust I"*
  - *1. …*
  - *2. …*
  - *…*

C. Die Frage nach der Aktualität dieser Formen der Liebe

Faust und Margarete, Staatstheater Nürnberg 2006

1 Ergänzen Sie die Gliederung; orientieren Sie sich dabei an Ihrer Stoffsammlung.
2 Wählen Sie ein weiteres der Beispielthemen aus Aufgabe 1 auf S. 110. Fertigen Sie in Kleingruppen eine Stoffsammlung an und entwerfen Sie eine Gliederung.

Beim werkbezogenen literarischen Erörtern fungieren ähnliche Elemente als Thesen, Argumente, Beispiele und Belege wie beim Erschließen literarischer Texte (→ S. 30 ff.); die sprachliche und gattungstypische Gestaltung des Textes spielt jedoch beim literarischen Erörtern nur eine untergeordnete oder keine Rolle.

!

Argumentationsstruktur in der werkbezogenen literarischen Erörterung

These
Beantwortung der Themenfrage, Zusammenfassung der Argumente

Argumente
Ergebnisse der Untersuchung einzelner Aspekte, eventuell Subargumente (→ S. 344)

Beispiele
Inhalte wie Handlungen, Verhaltensweisen, Sitten, Einrichtungen

Belege
Zitate oder sinngemäße Wiedergabe geeigneter Textstellen (wenn möglich)

3 Konkretisieren Sie das oben stehende Schema, indem Sie zum Thema „Liebe in ‚Faust I'" zu jeder Ebene der Argumentation Stichpunkte notieren (→ Gliederung auf S. 112).

4 Diskutieren Sie Ähnlichkeiten und Unterschiede zwischen Texterschließung und werkbezogener literarischer Erörterung. Unterscheiden Sie dabei zwischen dem Ziel der Untersuchung und der Darstellung der Untersuchungsergebnisse.

Literarische Erörterung zum Thema Liebe in „Faust I"
(Auszug aus Gliederungspunkt IV.)

	Text	Randnotiz
	Anders als die Auffassung der Liebe durch Mephisto, Marthe und die Gesellschaft ist Fausts Liebe sehr differenziert dargestellt und in sich auch widersprüchlich. […]	*Leitsatz für IV., Argument*
5	*In seiner starken Begierde nach Margarete und seiner Unersättlichkeit handelt Faust seiner Geliebten gegenüber verantwortungslos.*	*Subargument, Leitsatz für IV.3.*
	Schon bevor er wieder mit ihr zusammentrifft, um mit ihr zu schlafen, weiß er, dass diese Verbindung für sie den Untergang bedeuten wird, lebt sie doch in einer ganz anderen Welt als er.	*1. Beispiel*
10	*In der Szene „Wald und Höhle" beschließt er trotzdem, wie er sagt, ihren Frieden zu untergraben und ihren Untergang in Kauf zu nehmen. Um die gemeinsame Nacht mit ihr ungestört genießen zu können, gibt er ihr bei ihrer nächsten Zusammenkunft (Marthens Garten) einen Schlaftrunk für ihre Mutter. Da er die Tropfen von Mephisto erhalten hat, müsste er Gefahr wittern, sogar Margarete, die von der Herkunft der Tropfen nichts weiß, ist besorgt; aber Faust beschwichtigt sie. Den Tod der Mutter*	*Beleg*
15	*nimmt er billigend in Kauf. Schließlich tötet er, unter Leitung von Mephisto, auch Margaretes Bruder Valentin, der vor ihrer Tür wacht. So hat sie durch Faust ihren familiären Rückhalt verloren. Faust übernimmt aber auch jetzt nicht die Verantwortung für sie, sondern flieht auf Mephistos Rat, um der*	

▼

Justiz zu entgehen. Damit ist die schwangere Margarete in ihrer schwierigen
20 *Lage völlig allein, muss den Schmerz um den Verlust ihrer Familie und Fausts tragen, den Spott und die Verachtung der Gesellschaft erdulden und sich vor Gott mit ihren Gewissensbissen quälen, wie die Szene im Dom zeigt. Erst als sie – wohl im Wahn – ihr Kind getötet hat und im Kerker auf ihre Hinrichtung wartet, taucht Faust wieder auf und will sie aus dem Kerker führen. Aber auch hier*
25 *kommt er seiner Verantwortung für Gretchen lediglich halbherzig nach, denn die Flucht ist nur mit Mephistos Hilfe zu bewerkstelligen, die Margarete entsetzt ablehnt. Faust ist nicht bereit, sich für seine eigenen Verbrechen und für seine Mitschuld an Margaretes Schicksal zu verantworten, er flieht mit Mephisto und überlässt seine Geliebte dem Henker. So hat sich Faust in jeder Phase seiner*
30 *Beziehung zu Margarete als verantwortungslos erwiesen.*

5 **a** Formulieren Sie eine Überschrift für den hier ausgeführten Punkt IV.3.
b Überprüfen Sie die Argumentation in diesem Textauszug und setzen Sie die Analyse der Argumentationsstruktur fort. Notieren Sie in Ihren Unterlagen Zeilenangaben und ordnen Sie die entsprechenden Begriffe zu (Subargument, Beispiel, Rückführung ...).
c Vollziehen Sie nach, wie die Satzverknüpfungen die Gedankenführung verdeutlichen.

6 Führen Sie weitere Abschnitte des Hauptteils aus (siehe Gliederung auf S. 112).

Für das Schreiben zu Aufgaben, die auf einen vorliegenden Text bezogen sind, können Sie den entsprechenden Abschnitt zum textgebundenen Erörtern (S. 98 ff.) zu Rate ziehen, für die Erörterung zu einem allgemeinen literarischen Thema den Abschnitt zum nicht-textgebundenen Erörtern (S. 84 ff.).
Für **Einleitung** und **Schluss** orientieren Sie sich an den Hinweisen auf S. 94 und S. 102.
Bei einem werkbezogenen literarischen Thema gehen Sie in der Einleitung zusätzlich auf Autor/in und Werk ein: Sie stellen das Werk sehr knapp vor und verorten darin das zu bearbeitende Thema.
Im Schlussteil können Sie z. B. aktuelle Bezüge herstellen, eine literaturgeschichtliche Einordnung vornehmen oder einen themenbezogenen Vergleich mit anderen literarischen Texten ausführen.

7 Schreiben Sie zum Thema „Liebe in ‚Faust I'" eine Einleitung und einen Schluss.

Phase 4: Den Aufsatz überarbeiten

1 Prüfen Sie Ihren Text anhand der Überarbeitungsvorschläge in der Checkliste auf S. 84 (Phase 4).

2 Beachten Sie zusätzlich folgende Hinweise:
- Bedenken Sie, dass der Leser das Werk, über das Sie schreiben, vielleicht nicht so gut kennt wie Sie. Sie müssen also eventuell die Kontexte zu inhaltlichen Details oder Zitaten nachtragen.
- Stellen Sie sicher, dass Sie nicht abschnittweise in eine Inhaltsangabe verfallen sind. Streichen Sie diese Abschnitte oder beziehen Sie sie deutlich auf Ihr Argumentationsziel.
- Kontrollieren Sie Ihre Zitiertechnik: Prüfen Sie Satzzeichen, Belegstellen, Einbindung der Zitate in den Textfluss und die korrekte Verwendung des Konjunktivs in der indirekten Rede.

C Sprachbetrachtung

Das Fernsehen hat eine Art faktisches Monopol bei der Bildung der Hirne eines Großteils der Menschen.

(Pierre Bourdieu, Soziologe, 1996)

Die außerordentliche Erleichterung technischer Produktion und Reproduktion von Bildern hat sie in unserer Zivilisation allgegenwärtig werden lassen [...]. Schließlich haben die Globalisierung der Kommunikation und das multikulturelle Zusammenleben dazu geführt, dass das Bild gegenüber der Schrift an Gewicht gewonnen hat. Das Ende der Gutenberg-Galaxis*, meinen einige Beobachter, bedeute nicht nur den Sieg der elektronischen Medien über die Printmedien, sondern auch des Bildes über die Schrift.

(Gernot Böhme, Philosoph und Kulturwissenschaftler, 2004)

* **Ende der Gutenberg-Galaxis:** Mit diesem viel zitierten Ausdruck bezeichnete der amerikanische Medientheoretiker Marshall McLuhan 1962 die von ihm prognostizierte Dominanz der elektronischen Medien über die Printmedien.

1. Nicht alle Kommunikation ist sprachlich. Tragen Sie Beispiele für nicht-sprachliche, visuelle Kommunikation zusammen und erläutern Sie deren Bedeutung im privaten und öffentlichen Leben.
2. Worin sehen Sie besondere Leistungen sprachlicher Kommunikation?
3. Diskutieren Sie die Thesen zum Sieg der Bilder bzw. des Fernsehens über die Schrift. Sie können auch eine Collage zum Thema anfertigen.

1 Sprache als Zeichen- und Kommunikationssystem

1.1 Sprache als Zeichensystem

Der Zeichencharakter der Sprache

Peter Bichsel: **Ein Tisch ist ein Tisch** (1969)

Ich will von einem alten Mann erzählen, von einem Mann, der kein Wort mehr sagt, ein müdes Gesicht hat, zu müd zum Lächeln und zu müd, um böse zu sein. Er wohnt in 5 einer kleinen Stadt, am Ende der Straße oder nahe der Kreuzung. Es lohnt sich fast nicht, ihn zu beschreiben, kaum etwas unterscheidet ihn von andern. Er trägt einen grauen Hut, graue Hosen, einen grauen Rock und 10 im Winter den langen grauen Mantel, und er hat einen dünnen Hals, dessen Haut trocken und runzelig ist, die weißen Hemdkragen sind ihm viel zu weit.

Im obersten Stock des Hauses hat er sein 15 Zimmer, vielleicht war er verheiratet und hatte Kinder, vielleicht wohnte er früher in einer andern Stadt. Bestimmt war er einmal ein Kind, aber das war zu einer Zeit, wo die Kinder wie Erwachsene angezogen waren. Man 20 sieht sie so im Fotoalbum der Großmutter. In seinem Zimmer sind zwei Stühle, ein Tisch, ein Teppich, ein Bett und ein Schrank. Auf einem kleinen Tisch steht ein Wecker, daneben liegen alte Zeitungen und das Fotoal- 25 bum, an der Wand hängen ein Spiegel und ein Bild.

Der alte Mann machte morgens einen Spaziergang und nachmittags einen Spaziergang, sprach ein paar Worte mit seinem Nachbarn, 30 und abends saß er an seinem Tisch.

Das änderte sich nie, auch sonntags war das so. Und wenn der Mann am Tisch saß, hörte er den Wecker ticken, immer den Wecker ticken.

35 Dann gab es einmal einen besonderen Tag, einen Tag mit Sonne, nicht heiß, nicht zu kalt, mit Vogelgezwitscher, mit freundlichen Leuten, mit Kindern, die spielten – und das Besondere war, dass das alles dem Mann plötzlich gefiel. 40

Er lächelte.

„Jetzt wird sich alles ändern", dachte er. Er öffnete den obersten Hemdknopf, nahm den Hut in die Hand, beschleunigte seinen Gang, wippte sogar beim Gehen in den Knien und 45 freute sich. Er kam in seine Straße, nickte den Kindern zu, ging vor sein Haus, stieg die Treppe hoch, nahm die Schlüssel aus der Tasche und schloss sein Zimmer auf.

Aber im Zimmer war alles gleich, ein Tisch, 50 zwei Stühle, ein Bett. Und wie er sich hinsetzte, hörte er wieder das Ticken, und alle Freude war vorbei, denn nichts hatte sich geändert.

Und den Mann überkam eine große Wut. 55

Er sah im Spiegel sein Gesicht rot anlaufen, sah, wie er die Augen zukniff; dann verkrampfte er seine Hände zu Fäusten, hob sie und schlug mit ihnen auf die Tischplatte, erst nur einen Schlag, dann noch einen, und dann 60 begann er auf den Tisch zu trommeln und schrie dazu immer wieder:

„Es muss sich ändern, es muss sich ändern!" Und er hörte den Wecker nicht mehr. Dann begannen seine Hände zu schmerzen, seine 65 Stimme versagte, dann hörte er den Wecker wieder, und nichts änderte sich.

„Immer derselbe Tisch", sagte der Mann, „dieselben Stühle, das Bett, das Bild. Und dem Tisch sage ich Tisch, dem Bild sage ich 70 Bild, das Bett heißt das Bett, und den Stuhl nennt man Stuhl. Warum denn eigentlich? Die Franzosen sagen dem Bett ‚li', dem Tisch ‚tabl', nennen das Bild ‚tablo' und den Stuhl

75 ‚schäs', und sie verstehen sich. Und die Chinesen verstehen sich auch."
„Weshalb heißt das Bett nicht Bild", dachte der Mann und lächelte, dann lachte er, lachte, bis die Nachbarn an die Wand klopften und
80 „Ruhe" riefen.
„Jetzt ändert es sich", rief er, und er sagte von nun an dem Bett „Bild".
„Ich bin müde, ich will ins Bild", sagte er, und morgens blieb er oft lange im Bild liegen
85 und überlegte, wie er nun dem Stuhl sagen wolle, und er nannte den Stuhl „Wecker".
Er stand also auf, zog sich an, setzte sich auf den Wecker und stützte die Arme auf den Tisch. Aber der Tisch hieß jetzt nicht mehr
90 Tisch, er hieß jetzt Teppich. Am Morgen verließ also der Mann das Bild, zog sich an, setzte sich an den Teppich auf den Wecker und überlegte, wem er wie sagen könnte.
Dem Bett sagte er Bild.
95 Dem Tisch sagte er Teppich.
Dem Stuhl sagte er Wecker.
Der Zeitung sagte er Bett.
Dem Spiegel sagte er Stuhl.
Dem Wecker sagte er Fotoalbum.
100 Dem Schrank sagte er Zeitung.
Dem Teppich sagte er Schrank.
Dem Bild sagte er Tisch.
Und dem Fotoalbum sagte er Spiegel.
Also:
105 Am Morgen blieb der alte Mann lange im Bild liegen, um neun läutete das Fotoalbum, der Mann stand auf und stellte sich auf den Schrank, damit er nicht an den Füßen fror, dann nahm er seine Kleider aus der Zeitung,
110 zog sich an, schaute in den Stuhl an der Wand, setzte sich dann auf den Wecker an den Teppich und blätterte den Spiegel durch, bis er den Tisch seiner Mutter fand.
Der Mann fand das lustig, und er übte den
115 ganzen Tag und prägte sich die neuen Wörter ein. Jetzt wurde alles umbenannt: Er war jetzt kein Mann mehr, sondern ein Fuß, und der Fuß war ein Morgen und der Morgen ein Mann.
Jetzt könnt ihr die Geschichte selbst weiter- 120 schreiben. Und dann könnt ihr, so wie es der Mann machte, auch die anderen Wörter austauschen:
läuten heißt stellen,
frieren heißt schauen, 125
liegen heißt läuten,
stehen heißt frieren,
stellen heißt blättern.
Sodass es dann heißt:
Am Mann blieb der alte Fuß lange im Bild 130 läuten, um neun stellte das Fotoalbum, der Fuß fror auf und blätterte sich auf den Schrank, damit er nicht an den Morgen schaute.
Der alte Mann kaufte sich blaue Schulhefte und schrieb sie mit den neuen Wörtern voll, 135 und er hatte viel zu tun damit, und man sah ihn nur noch selten auf der Straße.
Dann lernte er für alle Dinge die neuen Bezeichnungen und vergaß dabei mehr und mehr die richtigen. Er hatte jetzt eine neue 140 Sprache, die ihm ganz allein gehörte.
Hie und da träumte er schon in der neuen Sprache, und dann übersetzte er die Lieder aus seiner Schulzeit in seine Sprache, und er sang sie leise vor sich hin. 145
Aber bald fiel ihm auch das Übersetzen schwer, er hatte seine alte Sprache fast vergessen, und er musste die richtigen Wörter in seinen blauen Heften suchen. Und es machte ihm Angst, mit den Leuten zu spre- 150 chen. Er musste lange nachdenken, wie die Leute zu den Dingen sagen.
Seinem Bild sagen die Leute Bett.
Seinem Teppich sagen die Leute Tisch.
Seinem Wecker sagen die Leute Stuhl. 155
Seinem Bett sagen die Leute Zeitung.

Seinem Stuhl sagen die Leute Spiegel.
Seinem Fotoalbum sagen die Leute Wecker.
Seiner Zeitung sagen die Leute Schrank.
160 Seinem Schrank sagen die Leute Teppich.
Seinem Tisch sagen die Leute Bild.
Seinem Spiegel sagen die Leute Fotoalbum.
Und es kam so weit, dass der Mann lachen musste, wenn er die Leute reden hörte.
165 Er musste lachen, wenn er hörte, wie jemand sagte:
„Gehen Sie morgen auch zum Fußballspiel?“
Oder wenn jemand sagte: „Jetzt regnet es schon zwei Monate lang.“ Oder wenn jemand sagte: „Ich habe einen Onkel in Amerika.“ 170
Er musste lachen, weil er all das nicht verstand.
Aber eine lustige Geschichte ist das nicht. Sie hat traurig angefangen und hört traurig auf.
Der alte Mann im grauen Mantel konnte die 175 Leute nicht mehr verstehen, das war nicht so schlimm.
Viel schlimmer war, sie konnten ihn nicht mehr verstehen.
Und deshalb sagte er nichts mehr. 180
Er schwieg, sprach nur noch mit sich selbst, grüßte nicht einmal mehr.

1 **a** Fassen Sie kurz den Inhalt des Textes zusammen und benennen Sie das Ihrer Meinung nach zentrale Thema der Geschichte.
b Erläutern Sie, wie Sie die Überschrift verstehen.
c Finden Sie eine eigene Überschrift und begründen Sie Ihre Wahl.

2 **a** Die Hauptfigur der Geschichte beschließt, ihr Leben durch sprachliche Änderungen interessanter zu gestalten. Welche Veränderungen ergeben sich im Leben des Mannes und wie wirken sich diese auf seinen Gefühlszustand aus? Vervollständigen Sie folgende Tabelle.

Sinnabschnitt	äußere Handlung	innere Handlung
Z. 1–34	*Beschreibung eines alten Mannes in seinem Lebensumfeld*	*Zustand der Müdigkeit und Depression durch Monotonie des Alltags*
Z. 35–49	*Veränderung der Wahrnehmung seiner Umwelt durch Wetterumschwung*	…
…	…	…

b Warum scheitert die Kommunikation mit seinen Mitmenschen und welche Folgen ergeben sich daraus für den Mann?
c Beschreiben Sie, welche Auffassung von Sprache dem Text zu Grunde liegt.

3 Diskutieren Sie mit Ihren Mitschülern/Mitschülerinnen über folgende Problemstellung: Kann man Sprache durch einen bewussten Eingriff in ihr Regelsystem dauerhaft verändern?

Ferdinand de Saussure: **Das sprachliche Zeichen°** (1916) Auszug

[...] Das sprachliche Zeichen ist also etwas im Geist tatsächlich Vorhandenes, das zwei Seiten hat und durch folgende Figur dargestellt werden kann:

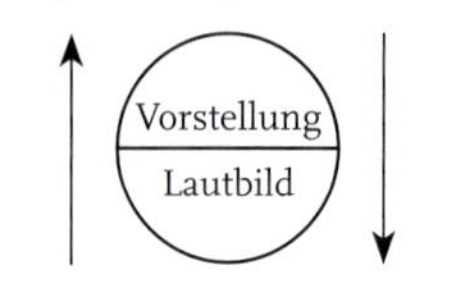

Diese beiden Bestandteile sind eng miteinander verbunden und entsprechen einander. Ich nenne die Verbindung der Vorstellung mit dem Lautbild das *Zeichen;* dem üblichen Gebrauch nach aber bezeichnet dieser Terminus im Allgemeinen das Lautbild allein, z. B. ein Wort (*arbor* usw.). Man vergisst dabei, dass, wenn *arbor* Zeichen genannt wird, dies nur insofern gilt, als es Träger der Vorstellung „Baum" ist, sodass also diese Bezeichnung außer dem Gedanken an den sensorischen Teil den an das Ganze einschließt.

Die Mehrdeutigkeit dieses Ausdrucks verschwindet, wenn man die drei hier in Rede stehenden Begriffe durch Namen bezeichnet, die unter sich in Zusammenhang und zugleich im Gegensatz stehen. Ich schlage also vor, dass man das Wort *Zeichen* beibehält für das Ganze, und Vorstellung bzw. Lautbild durch Bezeichnetes und Bezeichnung (Bezeichnendes) ersetzt; die beiden letzteren Ausdrücke haben den Vorzug, den Gegensatz hervorzuheben, der sie voneinander trennt und von dem Ganzen, dessen Teile sie sind. Für dieses selbst begnügen wir uns mit dem Ausdruck „Zeichen", weil kein anderer sich dafür finden lässt.

Das Band, welches das Bezeichnete mit der Bezeichnung verknüpft, ist beliebig; und da wir unter Zeichen das durch die assoziative Verbindung einer Bezeichnung mit einem Bezeichneten erzeugte Ganze verstehen, so können wir dafür auch einfacher sagen: *das sprachliche Zeichen ist beliebig.*

So ist die Vorstellung „Schwester" durch keinerlei innere Beziehung mit der Lautfolge *Schwester* verbunden, die ihr als Bezeichnung dient; sie könnte ebenso gut dargestellt sein durch irgendeine andere Lautfolge: Das beweisen die Verschiedenheiten unter den Sprachen und schon das Vorhandensein verschiedener Sprachen: Das Bezeichnete „Ochs" hat auf dieser Seite der Grenze als Bezeichnung o-k-s, auf jener Seite b-ö-f (bœuf). [...]

Das Wort „beliebig" erfordert hierbei eine Bemerkung. Es soll nicht die Vorstellung erwecken, als ob die Bezeichnung von der freien Wahl der sprechenden Person abhinge [...]; es soll besagen, dass es *unmotiviert* ist, d. h. beliebig im Verhältnis zum Bezeichneten, mit welchem es in Wirklichkeit keinerlei natürliche Zusammengehörigkeit hat. [...]

---

1 **a** Was assoziieren Sie mit dem Begriff „Zeichen"? Tragen Sie verschiedene Arten von Zeichen in einer Tabelle zusammen. Unterscheiden Sie dabei zwischen „natürlichen" Zeichen (eine Wolke, die Regen „bedeutet" ...) und „künstlichen" Zeichen (Schriftzeichen ...).
b Bestimmen Sie anhand von Beispielen die Funktion verschiedener Arten von Zeichen für die Verständigung.

2 Was versteht Saussure unter einem „sprachlichen Zeichen"? Gehen Sie auch auf seine Auffassung von den Bestandteilen des sprachlichen Zeichens und deren Beziehung zueinander ein.

3 Untersuchen Sie folgende sprachliche Phänomene und überlegen Sie, ob Saussures Modell hier greift bzw. inwiefern dieses verändert werden müsste:
- lautmalerische (onomatopoetische) Wörter in verschiedenen Sprachen (z. B. das Krähen eines Hahns: französisch „cocorico", deutsch „kikeriki")
- Wörter mit verschiedenen Bedeutungen (z. B. „Bank", „Schloss").

4 Weiterführend: Untersuchen Sie Wörter, die sich historisch gewandelt haben, wie z. B. das Wort „Frau". Schlagen Sie dazu in einem etymologischen Wörterbuch nach. Klären Sie das Verhältnis von Bezeichnung und Bezeichnetem.

Sprechen als Handeln, Sprache als „Werkzeug"

Ludwig Wittgenstein: **Philosophische Untersuchungen** (1953 postum) Auszüge

23. Wie viele Arten der Sätze gibt es aber? Etwa Behauptung, Frage und Befehl? – Es gibt *unzählige* solcher Arten: unzählige verschiedene Arten der Verwendung alles dessen, was wir „Zeichen", „Worte", „Sätze" nennen. Und diese Mannigfaltigkeit ist nichts Festes, ein für alle Mal Gegebenes; sondern neue Typen der Sprache, neue Sprachspiele, wie wir sagen können, entstehen und andre veralten und werden vergessen. (Ein *ungefähres Bild* davon können uns die Wandlungen der Mathematik geben.) Das Wort „Sprach*spiel*" soll hier hervorheben, dass das Sprechen der Sprache ein Teil ist einer Tätigkeit, oder einer Lebensform. Führe dir die Mannigfaltigkeit der Sprachspiele an diesen Beispielen, und anderen, vor Augen:
Befehlen und nach Befehlen handeln –
Beschreiben eines Gegenstands nach dem Ansehen, oder nach Messungen –
Herstellen eines Gegenstands nach einer Beschreibung (Zeichnung) –
Berichten eines Hergangs –
Über den Hergang Vermutungen anstellen –
Eine Hypothese aufstellen und prüfen – [...].

27. „Wir benennen die Dinge und können nun über sie reden. Uns in der Rede auf sie beziehen." – Als ob mit dem Akt des Benennens schon das, was wir weiter tun, gegeben wäre. Als ob es nur Eines gäbe, was heißt: „von Dingen reden". Während wir doch das Verschiedenartigste mit unsern Sätzen tun. Denken wir allein an die Ausrufe. Mit ihren ganz verschiedenen Funktionen.

Ludwig Wittgenstein (1889–1951)

Wasser!	Fort!	Au!
Hilfe!	Schön!	Nicht!

Bist du nun noch geneigt, diese Wörter „Benennungen von Gegenständen" zu nennen? [...]

31. [...] Betrachte noch diesen Fall: Ich erkläre jemandem das Schachspiel; und fange damit an, indem ich auf eine Figur zeige und sage: „Das ist der König. Er kann so und so ziehen, etc. etc." – In diesem Fall werden wir sagen: die Worte „Das ist der König" (oder „Das heißt ‚König'") sind nur dann eine Worterklärung, wenn der Lernende schon ‚weiß, was eine Spielfigur ist'. Wenn er etwa schon andere Spiele gespielt hat, oder beim Spiele Anderer, ‚mit Verständnis' zugesehen hat – *und dergleichen*. Auch nur dann wird er beim Lernen des Spiels relevant fragen können: „Wie heißt das?" – nämlich, diese Spielfigur.
Wir können sagen: Nach der Benennung fragt nur der sinnvoll, der schon etwas mit ihr anzufangen weiß. Wir können uns ja auch denken, dass der Gefragte antwortet: „Bestimm die Benennung selber!" – und nun müsste, der gefragt hat, für alles selber aufkommen.

1 **a** Was versteht Wittgenstein unter „Sprachspiele" (Abschnitt 23)? Erklären Sie drei der genannten Beispiele in einem situativen Kontext.
b Belegen Sie die in Abschnitt 27 aufgestellte These anhand der angeführten Einwortsätze, indem Sie deren Gebrauch und Bedeutung in unterschiedlichen Situationen erläutern.
c Wie entsteht im Sinne Wittgensteins „Bedeutung" (Abschnitt 31)? Überlegen Sie, wie man Saussures Modell des sprachlichen Zeichens (→ S. 118 f.) im Sinne Wittgensteins modifizieren müsste.

d Formulieren Sie knapp und präzise den Grundgedanken Wittgensteins. Vervollständigen Sie dazu den folgenden Satzanfang: „Sprache ist für Wittgenstein ..."

2 Erklären Sie den folgenden von Wittgenstein gewählten Vergleich zwischen einer Sprache und einer Stadt und belegen Sie Ihre Aussagen mit konkreten Beispielen.

Unsere Sprache kann man ansehen als eine alte Stadt: ein Gewinkel von Gässchen und Plätzen, alten und neuen Häusern, und Häusern mit Zubauten aus verschiedenen Zeiten; und dies umgeben von einer Menge neuer Vororte mit geraden und regelmäßigen Straßen und mit einförmigen Häusern. *(Philosophische Untersuchungen, Abschnitt 18)*

Heinrich Biermann, Bernd Schurf: **Karl Bühlers Organon-Modell und seine Erweiterungen** (1999)

Karl Bühler (1879–1963) hat die Ergebnisse seiner Sprachanalyse in einem **Organon-Modell** grafisch dargestellt:

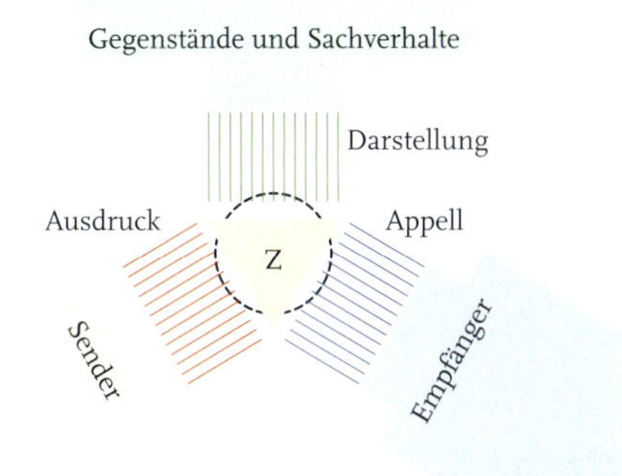

„Die Sprache", sagt Bühler, „ist dem Werkzeug verwandt; auch sie gehört zu den Geräten des Lebens, ist ein Organon [Werkzeug] wie das dingliche Gerät." Nach Bühler sind beim Sprechen immer drei Elemente beteiligt, die über das Sprachzeichen (Z) in Sinnbezug miteinander treten: (mindestens) ein Sender, (mindestens) ein Empfänger und Objekte der gegenständlichen Welt. Diese Gegenstände oder Sachverhalte sind Anlass der Kommunikation zwischen Sender und Empfänger, aber nicht ausschließlich. Die Sprachzeichen, die zwischen Sender und Empfänger gewechselt werden, können sich auch auf diese selbst richten. Wenn sich der Sinnbezug des Sprachzeichens auf den Sender selbst richtet, nennt Bühler diese Funktion des Zeichens Ausdruck; den auf den Empfänger zielenden Sinnbezug bezeichnet er als Appell. Die Darstellung ist der auf Gegenstände und Sachverhalte zielende Sinnbezug des sprachlichen Zeichens.

Die Sprecherabsicht (Intention) entscheidet darüber, welche dieser Funktionen in einer sprachlichen Äußerung jeweils überwiegt. Ein Sender, der beim Adressaten eine bestimmte Handlung auslösen will und der deshalb werbend, überredend, überzeugend oder befehlend spricht, rückt z. B. die Appellfunktion in den Vordergrund.

In jeder Mitteilung sind alle drei Funktionen der Sprache enthalten, wobei jedoch eine Funktion mehr oder weniger stark dominieren kann.

Sprachwissenschaftler wie Roman Jakobson (1896–1982) haben das Organon-Modell Bühlers weiterentwickelt. Für Jakobson hat die Sprache über die von Bühler genannten Funktionen hinaus weitere Aufgaben. Sie lassen sich schematisch so darstellen:

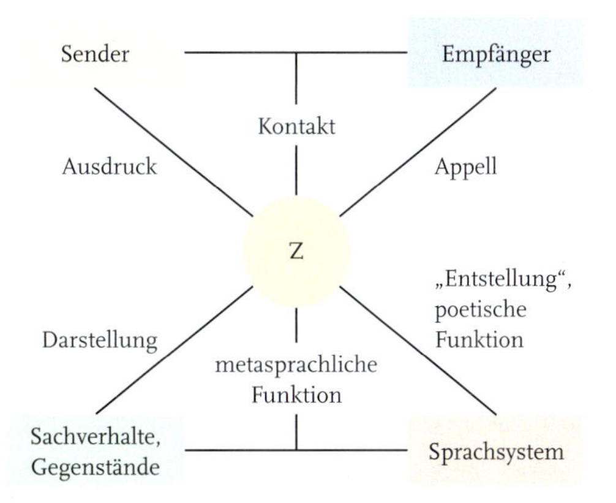

Für Jakobson ist die Aufrechterhaltung des **Kontakts** zwischen Kommunikationspartnern eine wichtige Funktion des sprachlichen Zeichens. Der Wissenschaftler betont hier die soziale Funktion der Sprache.
Weiterhin führt er eine **metasprachliche Funktion** der Sprache an. Damit ist gemeint, dass sprachliche Äußerungen auch dazu dienen können, sich auf sich selbst zu beziehen.
Die **poetische Funktion** der Sprache erläutert UMBERTO ECO (*1932): „Als dichterisch gilt für gewöhnlich jene Redeweise, die, indem sie Laut und Begriff, Laute und Wörter in ein völlig neues Verhältnis zueinander bringt und Sätze in ungewohnter Weise zusammenfügt, zugleich mit einer bestimmten Bedeutung auch eine neuartige Emotion vermittelt; und dies so sehr, dass die Emotion auch dann entsteht, wenn die Bedeutung nicht sofort klar wird."
Das Organon-Modell von Bühler und seine Fortentwicklung haben deutlich gemacht, dass jedes Element der Sprache, jedes Wort, in einen sozialen Prozess hineinwirkt, dass es auf unterschiedliche Arten und mit unterschiedlichen Intensitäten auf alle an einem Kommunikationsprozess Beteiligten zielt. Ist das Wort ein dichterisches, so liegt eine von allen anderen verschiedene Wirkungsweise vor. In seiner dichterischen Funktion wirkt das Wort – als ein Element des Sprachsystems – zunächst auf die Sprache selbst, und zwar durch ungewohnten Gebrauch, durch „Entstellung" seines normalen Sinns.

1. Beschreiben Sie, wie sich Bühlers und Saussures Modelle des sprachlichen Zeichens voneinander unterscheiden.
2. Ordnen Sie Ihnen bekannte Kommunikationssituationen und -formen schwerpunktmäßig den bühlerschen Sprachfunktionen „Ausdruck", „Darstellung" und „Appell" zu.
3. Klären Sie an Beispielen die metasprachliche und poetische Funktion der Sprache.

1.2 Sprache als Kommunikationssystem

Die verschiedenen Dimensionen einer Nachricht

1. Stellen Sie Vermutungen darüber an, warum in dieser Situation ein Konflikt entsteht.

Friedemann Schulz von Thun: **Miteinander reden – Das Vier-Seiten-Modell einer Nachricht°** (1981)

[...] Dass jede Nachricht ein ganzes Paket mit vielen Botschaften ist, macht den Vorgang der zwischenmenschlichen Kommunikation so kompliziert und störanfällig, aber auch so aufregend und spannend.
Um die Vielfalt der Botschaften, die in einer Nachricht stecken, ordnen zu können, möchte ich vier seelisch bedeutsame Seiten an ihr unterscheiden. Ein Alltagsbeispiel:

Der Mann (= Sender) sagt zu seiner am Steuer sitzenden Frau (= Empfänger): „Du, da vorne ist grün!“ – Was steckt alles drin in dieser Nachricht, was hat der Sender (bewusst oder unbewusst) hineingesteckt, und was kann der Empfänger ihr entnehmen?

1. Sachinhalt (oder: Worüber ich informiere)
Zunächst enthält die Nachricht eine Sachinformation. [...]

2. Selbstoffenbarung (oder: Was ich von mir selbst kundgebe)
In jeder Nachricht stecken nicht nur Informationen über die mitgeteilten Sachinhalte, sondern auch Informationen über die Person des Senders. [...] In jeder Nachricht steckt ein Stück Selbstoffenbarung des Senders. Ich wähle den Begriff der Selbstoffenbarung, um damit sowohl die gewollte *Selbstdarstellung* als auch die unfreiwillige *Selbstenthüllung* einzuschließen. [...]

3. Beziehung (oder: Was ich von dir halte oder wie wir zueinander stehen)
Aus der Nachricht geht ferner hervor, wie der Sender zum Empfänger steht, was er von ihm hält. Oft zeigt sich dies in der gewählten Formulierung, im Tonfall und anderen nichtsprachlichen Begleitsignalen. Für diese Seite der Nachricht hat der Empfänger ein besonders empfindliches Ohr; denn hier fühlt er sich als Person in bestimmter Weise behandelt (oder misshandelt). [...]

4. Appell (oder: Wozu ich dich veranlassen möchte)
Kaum etwas wird „nur so“ gesagt – fast alle Nachrichten haben die Funktion, auf den Empfänger *Einfluss zu nehmen.* [...]
Die Nachricht dient also (auch) dazu, den Empfänger zu veranlassen, bestimmte Dinge zu tun oder zu unterlassen, zu denken oder zu fühlen. Dieser Versuch, Einfluss zu nehmen, kann mehr oder minder offen oder versteckt sein – im letzteren Fall sprechen wir von Manipulation. Der manipulierende Sprecher scheut sich nicht, auch die anderen drei Seiten der Nachricht in den Dienst der Appellwirkung zu stellen. Die Berichterstattung auf der Sachseite ist dann einseitig und tendenziös, die Selbstdarstellung ist darauf ausgerichtet, beim Empfänger bestimmte Wirkung zu erzielen (z.B. Gefühle der Bewunderung oder Hilfsbereitschaft); und auch die Botschaften auf der Beziehungsseite mögen von dem heimlichen Ziel bestimmt sein, den anderen „bei Laune zu halten“ (etwa durch unterwürfiges Verhalten oder durch Komplimente). Wenn Sach-, Selbstoffenbarungs- und Beziehungsseite auf die Wirkungsverbesserung der Appellseite ausgerichtet werden, werden sie *funktionalisiert,* d.h. spiegeln nicht wider, was ist, sondern werden zum Mittel der Zielerreichung. [...]

Die nun hinlänglich beschriebenen vier Seiten einer Nachricht sind in folgendem Schema zusammengefasst:

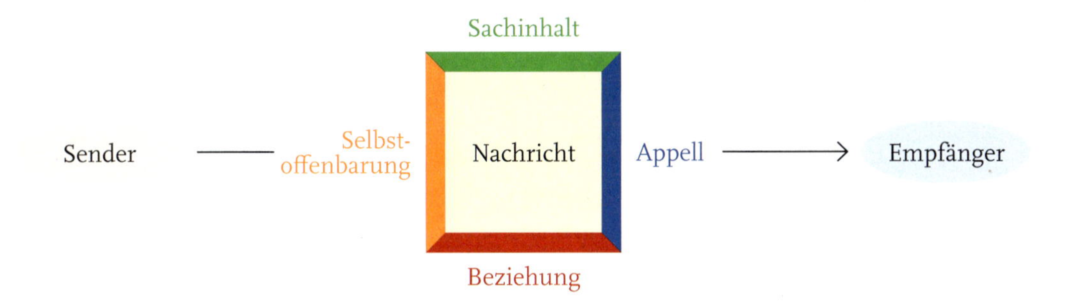

Das Beispiel rechts illustriert, wie gesendete und empfangene Nachricht völlig unterschiedlich ausfallen können.
[...] Nehmen wir an, der Mann habe eine reine Informationsfrage stellen wollen (Kapern sind ihm unbekannt). Wir können dann den geschilderten Vorfall analysieren, indem wir die gesendete und die empfangene Nachricht einander gegenüberstellen:

Sender

Empfänger

1 Erläutern Sie den in der Abbildung auf S. 122 dargestellten Wortwechsel mit Hilfe des Vier-Seiten-Modells der sprachlichen Nachricht. Unterscheiden Sie dabei zwischen gesendeter und aufgenommener Nachricht.

2 Wie stark das Bild, das Sender und Empfänger voneinander haben, die sprachliche Verständigung beeinflusst, zeigt folgende Situation: Ein Lehrer fragt auf einer Klassenfahrt einen Schüler, der ihm während der Freizeit begegnet: „Woher kommst du denn?" Der Schüler mault: „Wieso?" Der Lehrer denkt sich: „Dieser Kerl ist einfach ein hoffnungsloser Fall!"

a Erläutern Sie den Dialog anhand des Vier-Seiten-Modells und vergleichen Sie Ihre Ergebnisse mit denen Ihrer Mitschüler/-innen. Sie können nach dem Prinzip der wachsenden Gruppe (→ S. 353) verfahren.

b Wie könnten die Beteiligten die Kommunikation in dieser Situation verbessern? Sammeln Sie Ideen.

c Überlegen Sie sich weitere Alltagssituationen, in denen eine Nachricht zwar ausdrücklich eine Sachinformation oder -frage enthält, unausgesprochen jedoch die Aspekte „Selbstoffenbarung", „Beziehung" oder „Appell" dominieren.

3 Weiterführend: Wählen Sie eine zentrale Stelle aus einem Dramendialog in diesem Band und analysieren Sie die Gesprächsbeiträge nach dem Vier-Seiten-Modell (z. B. im Dialog zwischen Faust und Margarete in Marthens Garten → S. 51 ff.).

4 Erklären Sie an einem selbst gewählten Beispiel, wie nach Schulz von Thun Manipulation durch Sprache zu Stande kommt, und nennen Sie Situationen im privaten oder öffentlichen Leben, in denen Manipulation durch Sprache stattfindet.

5 Vergleichen Sie das Kommunikationsmodell von Schulz von Thun mit dem Zeichenmodell Bühlers (S. 115). Beschreiben Sie Gemeinsamkeiten und Unterschiede.

6 Paul Watzlawick, ein Pionier der Kommunikationstheorie, formulierte in seinem Buch „Menschliche Kommunikation" (1969) die Grundannahme „Man kann nicht nicht kommunizieren". Erläutern Sie diese Aussage mit Hilfe einer typischen Alltagssituation.

Frauensprache – Männersprache?

Mario Barth: **Deutsch – Frau. Frau – Deutsch** (2004) Auszug

Liebe Leser und Leserinnen,
dieses Buch wurde einzig und alleine geschrieben, um das Verständnis zwischen Männern und Frauen zu verbessern. Immer öfter kommt es zu Schwierigkeiten zwischen Mann und Frau, und ich weiß, warum …
Frauen sprechen einfach eine andere Sprache als Männer. […]
Mann und Frau am Frühstückstisch, der von der Frau liebevoll gedeckt worden ist. Er setzt sich einfach hin und fängt an zu essen – was man halt so am Frühstückstisch macht. Es dauert keine fünf Minuten, da hört man von der Frau: *„Na toll!!!“* Mehr kommt nicht, einfach nur *„Na toll!“*. Der Mann guckt kurz hoch und isst weiter. Es vergehen keine fünf Minuten, da steht sie auf, schmeißt die Serviette hin und geht. […] Er frühstückt in Ruhe zu Ende, geht dann zu ihr und fragt ganz direkt: *„Was ist denn?“* Sie antwortet: *„Nichts, schon gut!“*

Laut Duden bedeutet diese Aussage, dass alles in Ordnung ist und er sich weiter keine Gedanken zu machen braucht. NEEEIIIIN, wie gesagt: nur laut Duden, aber nicht laut Frau – Deutsch! […]

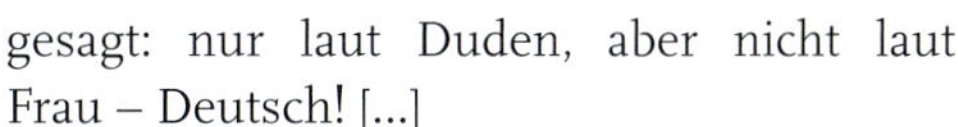

Vokabeln

Na toll!	Du Idiot bekommst mal wieder nicht mit, was um dich rum passiert!
Nichts, schon gut!	Frag doch nicht so blöde, du weißt genau, was nicht in Ordnung ist. Auch wenn ich jetzt zwar sage, es ist in Ordnung, erwarte ich von dir, dass du mich mindestens noch dreimal fragst, ob auch wirklich alles in Ordnung ist.

1 Der Autor karikiert das Verhalten eines Paares. Warum misslingt hier die Verständigung?
2 Tragen Sie eigene Erfahrungen und Beobachtungen zum Gesprächsverhalten von Männern und Frauen zusammen. Vergleichen Sie Ihre Ergebnisse.

Deborah Tannen: **Du kannst mich einfach nicht verstehen. Warum Männer und Frauen aneinander vorbeireden** (1991) Auszug

„Ich reparier dir das“
Männer und Frauen finden es oft gleichermaßen frustrierend, wie der andere auf ihre Probleme reagiert. Und wenn der andere frustriert ist, ist man selbst umso gekränkter. Frauen nehmen es übel, wenn Männer für jedes Problem eine Lösung parat haben, und Männer werfen den Frauen vor, dass sie sich weigern, die Probleme aus der Welt zu schaffen, über die sie sich beklagen. Weil viele Männer sich als Problemlöser sehen, empfinden sie es als Herausforderung ihrer intellektuellen Fähigkeiten, wenn jemand Sorgen oder Kummer hat, genauso, wie eine Frau, die mit einem kaputten Fahrrad oder stotterndem Auto vorstellig wird, eine Herausforderung ihres bastlerischen Geschicks darstellt. Aber während viele Frauen dankbar sind, wenn man ihnen bei der Reparatur technischer Gerätschaften hilft, neigen nur wenige zur Dankbarkeit, wenn man ihre emotionalen Probleme „reparieren will“. […]
Der Versuch, ein Problem zu lösen oder zu „reparieren“, konzentriert sich auf die Mitteilungsebene eines Gesprächs. Aber den meisten Frauen, die gern und oft von Problemen

bei der Arbeit oder im Freundeskreis berichten, geht es nicht in erster Linie um die reine Information. Für sie zählt die Metamitteilung: Wenn man von einem Problem erzählt, fordert man den anderen auf, Verständnis zu zeigen („Ich weiß, wie du dich fühlst.") oder von einer ähnlichen Erfahrung zu berichten („Mir ist mal was Ähnliches passiert, da habe ich mich genauso gefühlt."). Mit anderen Worten, Problemgespräche zielen darauf, eine Beziehung zu festigen, indem man Metamitteilungen aussendet wie: „Wir sind gleich; du bist nicht allein." Frauen sind enttäuscht, wenn diese Bestätigung ausbleibt und sie im Gegenteil den Eindruck gewinnen, dass man sich von ihnen distanziert, indem man ihnen Ratschläge gibt, die Metamitteilungen auszusenden scheinen wie: „Wir sind nicht gleich. Du hast die Probleme. Ich habe die Lösungen."

Darüber hinaus ist gegenseitiges Verständnis symmetrisch, und diese Symmetrie trägt zu einem Gefühl von Gemeinschaft bei. Aber das Erteilen von Ratschlägen ist asymmetrisch. Der Ratgebende rahmt sich als klüger, vernünftiger, kontrollierter – mit anderen Worten als überlegen – ein. Und das vergrößert die Distanz. [...]

Beziehungssprache und Berichtssprache

Wer redet mehr, Männer oder Frauen? Die anscheinend geteilten Meinungen zu dieser Frage lassen sich durch die Unterscheidung in – wie ich es nenne – *öffentliches* und *privates Sprechen* aussöhnen. Männer fühlen sich eher wohl, wenn sie „öffentlich" reden, während Frauen sich eher wohl fühlen, wenn sie „privat" reden. Man kann diese Unterschiede auch durch die Begriffe *Beziehungssprache (rapport-talk)* und *Berichtssprache report-talk)* umschreiben.

Für die meisten Frauen ist die Sprache der Konversation in erster Linie eine Beziehungssprache: eine Möglichkeit, Bindungen zu knüpfen und Gemeinschaft herzustellen. Sie demonstrieren vor allem Gemeinsamkeiten und gleichartige Erfahrungen. Von Kindheit an kritisieren Mädchen Spielgefährtinnen, die sich hervortun oder besser als andere erscheinen wollen. Frauen haben ihre engsten Beziehungen zu Hause oder in einer Umgebung, in der sie sich *zu Hause fühlen* – mit einem oder wenigen Menschen, denen sie sich nah und mit denen sie sich wohl fühlen, mit anderen Worten, bei privaten Gesprächen. Aber selbst an die öffentlichste Situation kann man herangehen, als handele es sich um ein privates Gespräch.

Für die meisten Männer sind Gespräche in erster Linie ein Mittel zur Bewahrung von Unabhängigkeit und zur Statusaushandlung in einer hierarchischen sozialen Ordnung. Zu diesem stellen Männer ihr Wissen und ihre Fähigkeiten zur Schau und glänzen mit sprachlichen Darbietungen wie Anekdoten, Witzen oder Informationen, um sich in den Mittelpunkt zu rücken. Männer lernen von klein auf, Gespräche zu benutzen, um Aufmerksamkeit zu bekommen und zu behalten. Sie fühlen sich also wohler, wenn sie in großen Gruppen sprechen, die sich aus Leuten zusammensetzen, die sie weniger gut kennen – wenn sie, im weitesten Sinne, „öffentlich reden". Aber selbst die privatesten Situationen lassen sich wie ein öffentliches Gespräch behandeln, so, als ginge es eher um eine Berichterstattung als um die Festigung von Beziehungen.

1 Arbeiten Sie Deborah Tannens Thesen heraus und fassen Sie ihre Erläuterungen zusammen. Beziehen Sie Tannens Analyse auf Schulz von Thuns Vier-Seiten-Modell der Kommunikation.

2 **a** Vergleichen Sie in Kleingruppen Tannens Einschätzungen mit Ihren persönlichen Erfahrungen.
b Diskutieren Sie in der Kleingruppe über die These, dass Frauen eine „andere Sprache" sprechen als Männer. Präsentieren Sie Ihre Ergebnisse vor der gesamten Lerngruppe; Sie können dies in Form eines Dialogs (→ S. 352) tun.

1.3 Sprache und Medien

Sprache, Information und Wissen im Zeitalter elektronischer Medien

Aus dem Wörterbuch der Massenmedien (2003)

Die neue Woche wird hoffentlich langweilig. Die letzten Tage nämlich waren aufregend, aber auch erdrückend. Steinschwer lag der so genannte Mantel der Geschichte auf unseren Schultern. Zwei ergreifende Fernsehabende mit Willy Brandt, dazu eine Dokumentation über Brandt, die Jahrhundertgestalt. Bebende Berichte vom neuen Picasso-Museum in Malaga und über Picasso, den Jahrhundertkünstler. Prickelnde Reportagen über den Jahrhundertwein, auf den sich Deutschland nun freuen darf, nach dem Jahrhundertsommer, im Jahr nach der Jahrhundertflut. Bei einem Fernsehtreffen schließlich zwischen den Damen Maischberger (Talk) und Mutter (Geige) fiel fast nebenher das Wort Jahrhundertbegabung, und genau besehen trifft es auf beide hohen Damen zu. Kurzum: eine Zeit voller Jahrhundertereignisse liegt hinter uns, und man fragt sich schon, wie viele solcher Jahrhundertwochen ein Mensch im Jahr ertragen kann.

Es ist eine ewige, wahrscheinlich müßige Frage, ob die Welt immer besser wird oder immer schlimmer. Sicher aber ist, dass die Welt immer lauter wird. Und dass die Wortproduzenten eine führende Rolle bei der Lärmemission spielen. Früher dachte und sprach man auch in kleineren Zeiträumen, denken wir nur an ehrwürdige Wörter wie: Schrecksekunde, Fünfminutenterrine, Stundenhotel oder Wonnemonat. Heute muss immer gleich das Jahrhundert beschworen werden, gleichviel, ob wirklich Jahrhundertfiguren am Werk sind. [...] Die Wörter Kult, Hype und Ikone sind durch millionenfachen Gebrauch zu Blödwörtern geworden, und jetzt wird das Jahrhundert leer gepresst. Zum Gedröhne passt, dass man im ZDF an diesem Freitag die erbitterte Suche nach dem „größten Deutschen“ fortsetzt und nun endlich die Top 100 präsentieren wird. Man könnte sich schon wieder maßlos aufregen und vom Jahrhundertschwachsinn sprechen. Aber wir wollten ja eine langweilige Woche haben, eine gemütliche, also lassen wir es. Warten wir lieber auf den Jahrhundertwein, mit dem wir fröhlich eintreten wollen in unsere Blaue Periode[1]. Und suchen wir bis dahin Trost bei der Geschichte vom Anfang aller Dinge. Als der Herr das Licht und die Finsternis trennte, die Erde schuf und das Meer, die Vögel und die Seeungetüme. „Und Gott sah, dass es gut war.“ Welch eine geradezu göttlich bescheidene Formulierung, welch eine himmlische Untertreibung im Angesicht eines Jahrmilliardenwerks! Und sah, dass es gut war. Mehr nicht. Aber klar ist wohl auch, dass man einen Ghostwriter wie diesen Herrn Moses, der die Schlagzeilen und Pointen derart verschenkt, heutzutage feuern würde. Fristlos.

(aus: Süddeutsche Zeitung, Streiflicht, 03.11.2003)

Eines der vielen „Jahrhunderttalente“ des noch jungen Jahrhunderts: der Nachwuchsfußballer Pier Larrauri Corroy

1 **Blaue Periode:** Anspielung nicht nur auf die Wirkung des Jahrhundertweins, sondern auch auf die so genannte Phase im Werk Picassos; die in Blautönen gehaltenen Bilder zeigen vorwiegend Menschen in gedrückter Stimmung und in elenden Umständen.

1 Erläutern Sie in wenigen Sätzen, was den Autor/die Autorin am Sprachgebrauch in den Massenmedien, insbesondere im Fernsehen, ärgert.
2 Der Journalist/die Journalistin hat für seine/ihre Kritik die Darstellungsform der Glosse gewählt. Das wichtigste Merkmal dieser Form des Kommentars ist die amüsante, ironische Pointe: Konzentrierte, zugespitzte Formulierungen, bildhafte Vergleiche, witzige Sprachspiele bringen die Meinung des Verfassers/der Verfasserin „auf den Punkt". Zeigen Sie im Text typische Merkmale einer Glosse.
3 Wählen Sie Ihre Lieblingsformulierung in diesem „Streiflicht". Erläutern Sie den erzielten Effekt.
4 Untersuchen Sie mit Hilfe der Kommunikationsmodelle von Bühler (→ S. 121) und Schulz von Thun (→ S. 122 f.), welche impliziten Botschaften in den Nachrichten von „Jahrhundertgestalten", „-künstlern", „-fluten" etc. enthalten sind.
5 Schlagen Sie eine Überschrift vor, die vor allem die sprachkritische Absicht des Textes andeutet.

Neil Postman (1931–2003) ist mit seinem Buch „Wir amüsieren uns zu Tode" (1985) zum bekanntesten Medienkritiker der westlichen Welt geworden. In seinem neueren Werk „Die zweite Aufklärung. Vom 18. ins 21. Jahrhundert" richtet er den Blick auf die historischen Errungenschaften der Aufklärung. Von dieser Epoche, meint Postman, sollten wir lernen, die Probleme der Gegenwart klüger zu bewältigen: „Die eigenen Irrtümer zu vergessen ist schlecht. Indessen könnte es schlimmer sein, die eigenen Erfolge zu vergessen." Postman war Professor für Medienökologie an der New York University.

Neil Postman: **Die zweite Aufklärung. Vom 18. ins 21. Jahrhundert – Information als Ware°** (1999)

Man könnte sich fragen, weshalb das späte siebzehnte und das achtzehnte Jahrhundert üblicherweise nicht als Zeitalter der Information bezeichnet werden. Die Antwort, scheint 5 mir, lautet, dass der Begriff der „Information" damals etwas anderes bedeutete als heute. Information verstand man nicht als Ware, die man verkaufen und kaufen konnte. Anders als heute [...] galt sie als wertvoll nur 10 dann, wenn sie in einen Kontext eingebettet war, wenn sie einem politischen, gesellschaftlichen oder wissenschaftlichen Konzept, das selbst wiederum in irgendeine Weltsicht hineinpassen musste, Gestalt, Struktur oder 15 Verbindlichkeit verlieh. [...]
Alle Zeitungen dieses Zeitalters betrachteten die Information als Waffe. Die erste Zeitung Amerikas aus dem Jahr 1690 verwies darauf, dass ihr Zweck die Bekämpfung der Ver- 20 logenheit war, die damals in Boston vorherrschte [...].
Man gab kein Wissen weiter, um einen anderen „zu informieren". Man tat es, damit ein anderer etwas tat oder empfand, und dieses 25 Handeln und diese Empfindung waren wiederum Teil einer größeren Idee. Die Information war, kurz gesagt, ein rhetorisches Instrument, und in diesem Verständnis von Informationen gab es bis zur Mitte des neunzehnten Jahrhunderts keine tief greifende 30 Veränderung.
Der Bedeutungswandel von Information wurde hauptsächlich durch die Erfindung der Telegrafie und Fotografie in den vierziger Jahren des neunzehnten Jahrhunderts her- 35 vorgerufen. Besonders die Telegrafie gab der Idee der kontextlosen Information ihre Legi-

Neil Postman (1931–2003)

timation, der Vorstellung also, dass der Wert von Informationen nicht von ihrer Bindung an irgendeine Funktion im Bereich des Gesellschaftlichen oder Politischen abhing.
Die Fotografie hingegen erfordert keinen Kontext. Es ist gerade das Besondere an ihr, dass dabei Bilder aus ihrem Kontext genommen werden, damit sie auf neue Weise gesehen werden können. [...]
In einer Welt der Fotografien gibt es keinen Anfang, keine Mitte und kein Ende, so wenig wie die Telegrafie dies impliziert. Die Welt ist atomisiert. [...]
Die Frage, mit der man sich im neunzehnten Jahrhundert auseinandersetzte, war, wie man mehr Informationen schneller und in verschiedenartigeren Formen zu mehr Menschen bringen kann. Seit 150 Jahren hat nun die Menschheit mit staunenswertem Einfallsreichtum an der Lösung dieses Problems gearbeitet. Die gute Nachricht lautet, dass wir es inzwischen gelöst haben. Die schlechte heißt, dass wir mit dieser Lösung ein anderes, bisher noch nie da gewesenes Problem geschaffen haben: die Informationsschwemme, den Informationsmüll, die zweck- und sogar sinnlose Information. [...]
Das Problem, das im 21. Jahrhundert gelöst werden muss, ist sicher nicht die *Verbreitung* von Information. Dieses Problem ist seit Langem gelöst. Das anstehende Problem ist, wie man Information in Wissen verwandelt und wie Wissen in Erkenntnis. [...]
Was meine ich mit „Wissen“? Ich definiere Wissen als organisierte Information – als die in einen Kontext eingebettete Information; als Information, die einen Zweck hat und die einen dazu bringt, sich weitere Informationen zu beschaffen, um etwas zu verstehen. Ohne organisierte Information mögen wir zwar etwas *von* der Welt wissen, aber sehr wenig *über* sie. Wer über Wissen verfügt, weiß, wie er Informationen einzuschätzen hat, weiß, wie er sie in eine Beziehung zu seinem eigenen Leben bringt, und vor allem weiß er, wenn Informationen irrelevant sind. [...]
Ich verstehe unter Erkenntnis die Fähigkeit zu unterscheiden, welcher Informationsstand für die Lösung eines Problems relevant ist. Wissen ist, wie ich gesagt habe, organisierte Information.
Ich glaube, dass Zeitungen anfangen müssen, ihre Aufgabe nicht nur als Wissensvermittler zu sehen, sondern auch als Erkenntnisvermittler.

Die folgenden Aufgaben können Sie arbeitsteilig in Kleingruppen ausführen. Für die Präsentation der Ergebnisse ist z. B. eine Expertenrunde (→ S. 353 f.) geeignet.

1 Unsere Informationsgesellschaft ist noch lange keine Wissensgesellschaft. Suchen Sie im Text nach Begründungen für diese These Postmans und präsentieren Sie Ihre Funde in einer zusammenhängenden Darstellung.

2 In seinem Buch „Die zweite Aufklärung“ ordnet Postman nicht den modernen elektronischen Medien, sondern den Zeitungen den Auftrag der Aufklärung zu. Stellen Sie Überlegungen an, weshalb Postman nur den Zeitungen diese Aufgabe zutraut. Werten Sie den Text unter diesem Blickwinkel aus.

3 Der amerikanische Medienkritiker Neil Postman und der deutsche Erziehungswissenschaftler Volker Ladenthin vertreten ähnliche Positionen. Vergleichen Sie Postmans Text mit dem Zeitungsbeitrag „Surfen statt denken“ auf Seite 130. Sie können sich dabei an den Schlüsselbegriffen „Information“, „Wissen“, „Erkenntnis“ orientieren.

4 Wählen Sie ein aktuelles Ereignis aus, über das die Medien ausgiebig informieren. Verschaffen Sie sich dazu einige Medienberichte des laufenden Tages. Versuchen Sie an der Berichterstattung zu zeigen, was Postman mit seiner Unterscheidung zwischen Information und Wissen meint.

Jens Voss: **Surfen statt denken** (1999)

Büffeln ade, es klingt so schön: Fakten, Formeln, Grafiken – alles auf Festplatte gespeichert oder abrufbereit im Internet. Wissen – nur noch ein technisches Problem in einer Gesellschaft, die sich wortselig „Wissensgesellschaft" nennt. Die Sache hat nur einen Haken: Man weiß nur, was man weiß. Mit diesem lapidaren Satz stört der in Bonn lehrende Erziehungswissenschaftler Volker Ladenthin die Plausibilität der Vorstellung, man könne gespeicherte Informationen einfach abrufen und dann eben „wissen". „Computer und Internet", spottet der Professor, „sind die letzte Hoffnung darauf, das Lernen zu vermeiden".

Ladenthin warnt nicht nur vor falschen Hoffnungen, er schlägt Alarm: Die Informationsbeschaffung per Mausklick hat Nebenwirkungen für die geistige Verfasstheit ganzer Generationen. Wenn Wissen einfach abgerufen wird, verändert sich schleichend auch das Denken. „Wir sind auf dem Wege", warnt Ladenthin, „keine wissenschaftsorientierte Gesellschaft mehr zu sein".

Gerade das Surfen im Internet zeigt augenfällig, worum es geht. Diese Art der Suche nach Informationen gehorcht einem Prinzip, das im Kern zutiefst wissenschaftsfeindlich ist: dem Zufall. Informationen aus dem Internet häufen sich zu Fakteninseln in einem weiten Meer aus Ahnungslosigkeit. Es fehlt die Systematik der Aneignung, es fehlen bewusst gesteuerte Strategien im Fragen, Suchen und Finden einer Lösung für ein Problem – Ladenthin: „Schüler und Studenten arbeiten zunehmend ergebnisorientiert und nicht methodenorientiert." Was dabei auf der Strecke bleibt, nennt er „gewusstes Wissen", Wissen also, das um den Weg und die Mühe des Erkennens weiß. Wissen ohne methodisches Wissen aber sei nicht „zukunftsträchtig" – es bleibe stumm für kommende Probleme.

Die Folgen sind für Ladenthin bereits bei seinen Studenten klar ablesbar: Bestimmte Fähigkeiten schwinden, die Fähigkeit etwa, sich über längere Intervalle zu konzentrieren oder Problemlösungsstrategien von einem Gebiet auf ein anderes zu übertragen. Forciert wird diese Tendenz für Ladenthin durch die uferlose Bildlichkeit, die im Fernsehen, im Computer oder im Internet zur Vermittlung von Sachverhalten genutzt wird. Komplexe Zusammenhänge werden visuell so eingängig dargeboten, dass sich die Mühe abstrakten Denkens erübrigt.

[...] der oft zu hörende Eindruck, Schüler würden wesentlich mehr Informationen über die Welt aus Fernsehen, Computer oder Internet als aus der Schule holen, [ist] eine optische Täuschung: Bilder drängen sich in der Erinnerung viel mächtiger in den Vordergrund als abstraktes Denkvermögen und methodische Fertigkeiten.

Entschieden plädiert [Ladenthin] für die Rückkehr zu kognitiven, also erkenntnisbestimmten Unterrichtsformen, für die Zurückdrängung spielerischer Elemente in der Schule. Kognitiv bestimmter Unterricht heißt allerdings auch: Unterricht, in dem die Schüler in erster Linie nicht auf den Spaßfaktor an einer Sache, sondern auf die Sache verpflichtet werden.

(aus: Rheinische Post, 21.09.1999)

1 Der Text unterscheidet zwischen „Wissen" und „gewusste[m] Wissen" (Z.38). Erläutern Sie den gemeinten Unterschied.

2 Die Bedeutung der Sprache für den Wissenserwerb wird im Text nicht ausdrücklich thematisiert. Leiten Sie aus den Behauptungen des Textes Folgerungen zur Rolle und Gefährdung der Sprache ab.

3 Zurzeit wird der Einsatz von Bildschirmmedien im Schulunterricht gefördert. Diskutieren Sie die Forderung, das müsse sich ändern.

Simsen, Chatten, Mailen

1 Die rechts abgebildete SMS hat etwas weniger als 160 Zeichen, kommt also mit einer SMS-Nachrichteneinheit aus.

a Wie würde diese SMS auf Sie als Empfänger wirken?

b Formulieren Sie die Nachricht so, wie Sie sie selbst als SMS-Nachricht verschicken würden. Vergleichen Sie in Kleingruppen Ihre Ergebnisse und prüfen Sie, wie viele Zeichen Sie verwendet haben.

c Wandeln Sie die folgende E-Mail in eine SMS um. Verfahren Sie wie in Aufgabe b. Diskutieren Sie die Angemessenheit Ihrer Ergebnisse.

> Sehr geehrter, lieber Herr Geyer,
>
> ganz herzlichen Dank für Ihre freundliche Nachricht mit der Einladung, Sie nach Berlin in das Hauptstadt-Studio unseres Bayerischen Rundfunks begleiten zu dürfen. Wenn Sie einverstanden sind, werde ich mich zur Regelung der Reiseformalitäten morgen telefonisch bei Ihnen melden.
>
> Inzwischen die besten Grüße und Wünsche von Ihrem Hanspeter Killer.

2 Manche Kritiker sehen in der Verbreitung der orthografisch und grammatisch oft nachlässig verfassten SMS-Nachrichten einen Beitrag zum Sprachverfall.
Wie soll und darf man SMS-Nachrichten sprachlich gestalten?
Finden Sie sich mit Mitschülern/Mitschülerinnen, die eine ähnliche Meinung zu dieser Frage vertreten, in Kleingruppen zusammen und bereiten Sie eine Diskussion vor.

3 Weiterführend: Das Verb *simsen* steht bereits in Wörterbüchern wie dem DUDEN oder dem WAHRIG. Seine Entstehung, seine Wortbildung und Grammatik machen es zu einer Rarität im deutschen Wortschatz. Informieren Sie Ihre Lerngruppe in einem Kurzvortrag (→ S. 13) zu diesen Aspekten.

Sims *n. 1* **1.** = Gesims **2.** Mauervorsprung unter dem Fenster
Sim|sa|la|bim ein Zauberwort
Sim|se *f. 11, Bez. für* verschiedene grasartige Pflanzen
sim|sen *intr. u. tr. 1* eine SMS bzw. etwas als SMS schicken
Si|mu|lant [lat.] *m. 10* jmd., der eine Krankheit simuliert
Si|mu|la|ti|on *f. 10* Vortäuschung (einer Krankheit); *Ggs.:* Dissimulation

(aus: WAHRIG. Die deutsche Rechtschreibung)

Dirk Asendorpf: **„Chatten macht Spaß"** (2001) Auszug

Verkommt die deutsche Sprache durch den Cyberslang? Der Linguist Peter Schlobinski gibt Entwarnung. Peter Schlobinski, 47, ist Professor für Germanistische Linguistik an der Universität Hannover und beschäftigt sich intensiv mit Sprache und Kommunikation im Internet.
Die Fragen stellte Dirk Asendorpf.

Die Zeit: Wann haben Sie Ihren letzten handgeschriebenen Brief verfasst?
Schlobinski: Das ist so lange her, dass ich mich nicht mehr dran erinnern kann.
Die Zeit: Ist mit dem Ersatz des Briefes durch die E-Mail nicht eine ganze Kommunikationskultur verloren gegangen?
Schlobinski: Das ist eine oft behauptete, unbewiesene Hypothese, die ich für falsch halte. Bei den Jugendlichen, die ich selber untersucht habe, hat sich gezeigt, dass insbesondere die Mädchen auch sehr viel geschrieben haben – Postkarten und Briefe. Wobei bestimmte Merkmale wie der Smiley dann auch auf Postkarten wieder auftauchen.
Die Zeit: Da bleibt nicht die sprachliche Ausdruckskraft auf der Strecke?
Schlobinski: Private E-Mails haben teilweise den gleichen Duktus, den gleichen Stil wie ein persönlicher Brief. Nur weil man ein formelles Medium hat und einen Computer benutzt, wird die Kommunikation nicht schlechter.
Die Zeit: Gilt das auch für Chats im Internet?
Schlobinski: Da haben wir eine Hybridisierung zwischen geschriebener und gesprochener Sprache. Schrift hat hier zum ersten Mal nicht mehr die Funktion zu archivieren, sondern synchron zu kommunizieren. Das schlägt sich auch sprachlich nieder. Die Kleinschreibung beschleunigt das Tippen. Wir haben Abkürzungen wie *g* für Grinsen oder *LOL* für *laughing out loud*, informationskomprimierende Strukturen wie *dichbeneid* oder *dumiraufdengeistgeh*. Diese haben sich historisch aus der Comicsprache entwickelt. Das heißt aber nicht, dass wir in den Chats nur Comicsprache finden. Wir haben auch dialektale Merkmale, Merkmale aus der Umgangssprache, teilweise eine etwas reduzierte Syntax. Ein ziemlich komplexes Register.
Die Zeit: Führen E-Mail und Chatten womöglich sogar zu einer Renaissance des schriftlichen Ausdrucks?
Schlobinski: Das ist eine interessante Hypothese, die man untersuchen sollte. In der Tat entsteht hier eine neue Form der Schriftlichkeit. Mich erinnert das an die Dialektdiskussion: Es gibt verschiedene Register, und diejenigen, die diese verschiedenen Register ziehen können, sind kommunikativ im Vorteil. Chatten im Internet führt nicht zur Deprivation.

(aus: Die Zeit, 22. 03. 2001)

---

1 Der Text enthält viele Fremdwörter. Klären Sie unbekannte Begriffe und geben Sie den Text wieder, indem Sie Fremdwörter ersetzen, die Sie im Kontext für nicht nötig halten.
2 Listen Sie die genannten Merkmale der „neue[n] Form der Schriftlichkeit" auf. Ergänzen Sie die im Text erwähnten Merkmale und Beispiele mit eigenen.
3 Diskutieren Sie die Frage, ob wohl „E-Mail und Chatten [...] zu einer Renaissance des schriftlichen Ausdrucks" führen werden.

2 Wiederholungskurs Grammatik und Orthografie

2.1 Wiederholungskurs Grammatik

Wortarten

Der gesamte Wortschatz unserer Sprache lässt sich in Wortarten einteilen. Das grammatische System der Wortarten orientiert sich daran, ob und wie die Wörter sich verändern können.

Wortarten im Überblick

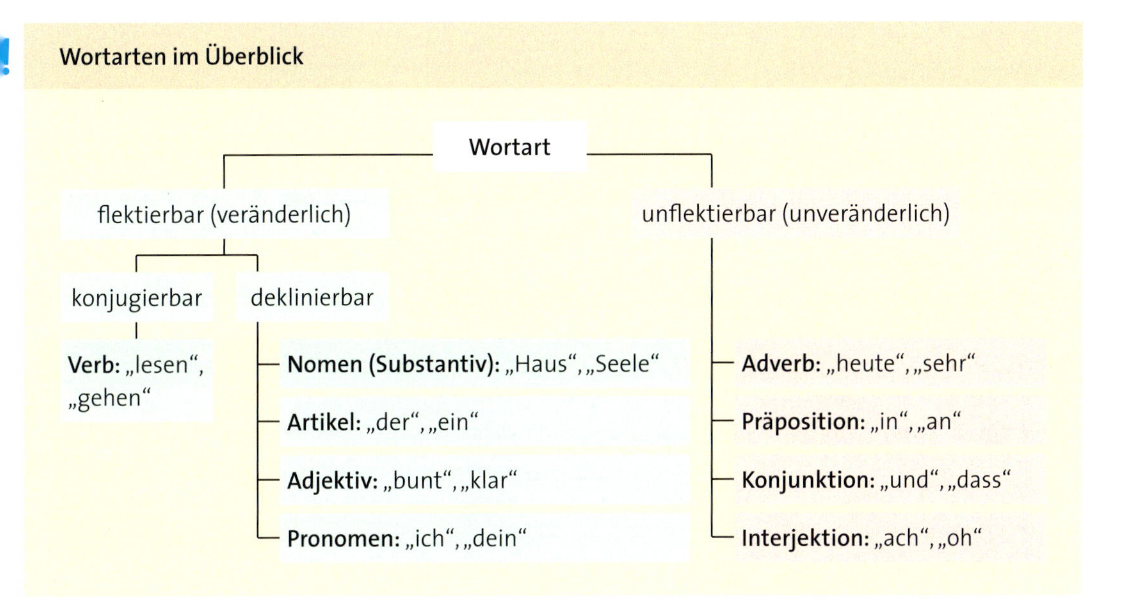

In manchen Grammatiken wird das **Numerale** (Zahlwort) als eigenständige Wortart betrachtet. Zu den Numeralien gehören z. B. Adjektive wie „zweite“, Nomen wie „Million“, Pronomen wie „kein“, „mehrere“. Die nicht flektierbaren Wörter werden zusammenfassend auch als **Partikeln** bezeichnet.

Flexion (Beugung) von Nomen und Verb

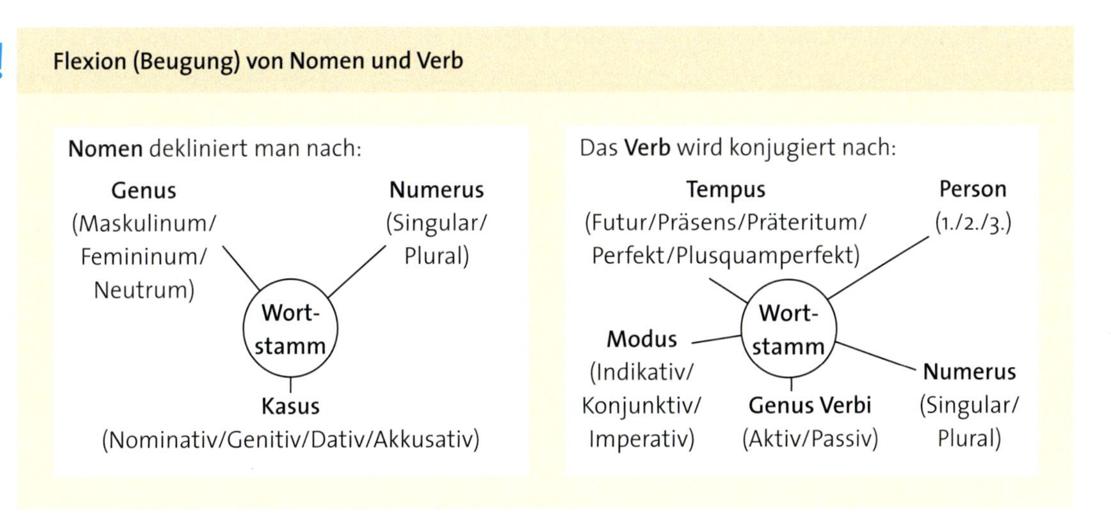

1 Stellen Sie zusammen, nach welchen Aspekten die Wortarten **Adjektiv, Artikel** und **Pronomen** dekliniert werden.

2 Sehr viele Sätze enthalten **Pronomen;** als Begleiter und Stellvertreter sichern sie die grammatischen Bezüge in Texten. Der folgende Beispielsatz enthält alle Arten von Pronomen. Überprüfen Sie Ihre Kenntnisse, indem Sie jeder Art von Pronomen einen Textbeleg zuordnen.

Doch wer war diese Frau, die sich mit ihrer „Geschichte des Fräuleins von Sternheim" sogleich in das Herz jeder Leserin und jedes Lesers schrieb und sie alle begeisterte?

Demonstrativpronomen
Indefinitpronomen
Interrogativpronomen
Personalpronomen
Possessivpronomen
Reflexivpronomen
Relativpronomen

Sophie von La Roche (1730–1807)

3 Die folgenden Beispielsätze enthalten typische Grammatikfehler. Beschreiben Sie die Fehler im Rückgriff auf Ihre grammatischen Kenntnisse und die in diesem Abschnitt wiederholten Fachbegriffe. Verfassen Sie eine verbesserte Version.
Kontrollieren Sie anschließend mit Hilfe der unten stehenden Tipps zur Fehlersuche und -korrektur.

Vorsicht, Fehler!

Der Bär Bruno gehörte zu den bestbekanntesten Lebewesen diesen Jahres. Er wurde von einem Wirt im Juni 2006 nahe seiner Hütte und später nahe des Wanderwegs und oberhalb dem Spitzingsee beobachtet. Dann war er wieder untergetaucht gewesen. Schließlich gab das Umweltministerium den Bär zum Abschuss frei. Wegen seinem Entscheid geriet die Behörde in die Kritik.

Tipps zu Aufgabe 3
- „Dieser", „diese", „dieses" ... Deklinieren Sie zur Probe „dieses Kind".
- Nach welcher Präposition der Dativ und nach welcher der Genitiv stehen muss, wissen auch erfahrene Schreiber/-innen nicht immer genau. Manchmal hilft nur der Blick in eine ausführliche Grammatik oder ein Wörterbuch mit grammatischen Erläuterungen.
- Bei Unsicherheit mit Vergangenheitsformen ist es nützlich, die Tempusformen des verwendeten Verbs systematisch durchzukonjugieren.
- Einige Nomen verführen zur unkorrekten Unterlassung der Deklination. Der Dativ und Akkusativ Singular von „der Mensch" z. B. lautet korrekt: „dem Mensch*en*" und „den Mensch*en*".
- Das Possessivpronomen der 3. Person Singular stimmt nicht nur mit dem Genus, Numerus und Kasus des Nomens, das es begleitet, überein; es orientiert sich zusätzlich auch am Genus des „Besitzers"/der „Besitzerin".

4 Weiterführend: Vergleichen Sie in verschiedenen Ihnen bekannten Sprachen, in welcher Weise sich das Possessivpronomen an Bezugswörter angleicht. Sie können das Beispiel „sein Bruder – ihr Bruder – seine Schwester – ihre Schwester" wählen.

Satzglieder

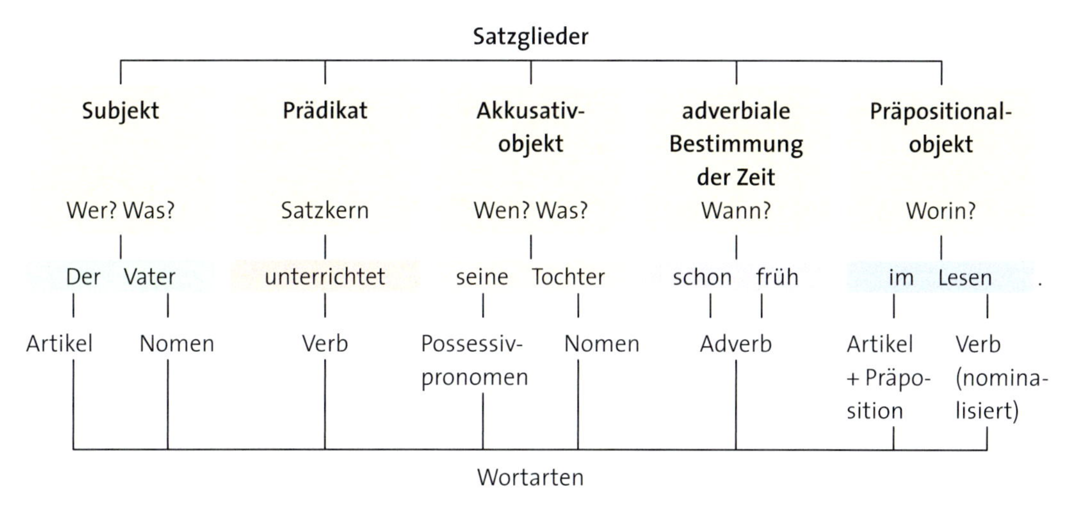

Die meisten Sätze setzen sich aus mehreren Satzgliedern zusammen. Ein Satzglied kann aus einem Wort oder mehreren Wörtern bestehen. Welche Wörter ein Satzglied bilden, lässt sich durch die **Umstellprobe** ermitteln: Diese Wörter bleiben bei jeder möglichen und den Sinngehalt des Satzes nicht verändernden Umstellung zusammen.
Satzglieder sind nicht durchgängig an bestimmte Wortarten gebunden und nicht allein an den Wortarten erkennbar; sie können erst durch Fragen in ihrer Funktion bestimmt werden.

- Das **Prädikat** bildet den Kern des Satzes (die Satzaussage). Es gibt einteilige Prädikate (z. B. „Er *unterrichtet* sie") und mehrteilige Prädikate (z. B. „Er *bringt* ihr das Lesen *bei*", „Er *hat* sie *unterrichtet*").
- Das **Subjekt** (der Satzgegenstand) wird vom Prädikat ausgehend durch die Frage „Wer ...?" oder „Was ...?" ermittelt (z. B. „Wer unterrichtet seine Tochter ...?").
- Das **Akkusativobjekt** (die Ergänzung im Akkusativ) antwortet auf die Fage „Wen ...?" oder „Was ...?".
- Das **Dativobjekt** (die Ergänzung im Dativ) erfragt man mit „Wem ...?".
- Das **Genitivobjekt** wird durch die Frage „Wessen ...?" bestimmt; es wird heute nur noch in wenig gebräuchlichen Formulierungen verwendet, z. B.: „Er vergewisserte sich *ihrer Zuneigung*".
- Das **Präpositionalobjekt** ist eine Ergänzung, die nicht durch einen bestimmten Kasus markiert ist, sondern durch eine Präposition (z. B. „auf", „in", „über" ...); das Präpositionalobjekt wird durch präpositionale Fragewörter wie „worin", „worauf", „worüber" ... erfragt.
  Die Präposition von Präpositionalobjekten kann nicht frei gewählt werden; was für eine Präposition zu stehen hat, wird von dem Wort bestimmt, von dem das Präpositionalobjekt abhängig ist, z. B.: „Sie knüpfte *an die Tradition des Pietismus* an." „Sophie verlobte sich *mit ihrem Jugendfreund Christoph Martin Wieland*." Bei adverbialen Bestimmungen (→ S. 136) hingegen kann die Präposition frei gewählt werden (z. B. „Sie las *im Freien*", „Sie las *auf dem Sofa*", „Sie las *unter dem Baum*").

1 Bestimmen Sie in den folgenden Sätzen die Objekte.

Goethe schwärmte von Sophie von La Roche. Noch nach vielen Jahren erinnerte er sich ihrer mit freundlichen Worten: Sie habe vielen Lesern Freude gemacht und bis in ihre höheren Jahre auf eine gewisse Eleganz geachtet.

Adverbiale Bestimmungen (Adverbiale, Umstandsbestimmungen) sind Satzglieder, die z. B. mit „Wann ...?", „Wo ...?", „Warum ...?", „Wie ...?" erfragt werden. Sie geben die näheren Umstände eines Geschehens an. Man unterscheidet:

- **adverbiale Bestimmung der Zeit** – Fragen: Wann? Wie lange? Wie oft? Seit wann? Bis wann?
- **adverbiale Bestimmung des Raumes** – Fragen: Wo? Wohin? Wie weit? Woher?
- **adverbiale Bestimmung des Grundes** – Fragen: Warum? Unter welcher Bedingung? Wozu? Trotz welchen Umstands? Mit welcher Folge?
- **adverbiale Bestimmung der Art und Weise** – Fragen: Wie? Womit? Wodurch?

2 Identifizieren Sie in den folgenden Sätzen die adverbialen Bestimmungen.

Sophie von La Roche lernte schon im Alter von drei Jahren lesen.
Trotz ihrer Bitte ließ sie der Vater nicht Latein lernen.
Durch ihre Heirat mit Frank von La Roche löste sie 1753 überraschend ihre Verlobung mit Christoph Martin Wieland.
Wieland veröffentlichte ihren Roman „Geschichte des Fräuleins von Sternheim" 1771 ohne Nennung der Autorin.

Christoph Martin Wieland (1733–1813)

Einfache und zusammengesetzte Sätze

In anspruchsvollen Texten gleicht oft kaum ein Satz in seiner Bauweise dem anderen:

Beispieltext	**Art des Satzes/Fachausdruck**
Tatsächlich ähnelt das Leben der Sophie von La Roche dem ihrer Romanfigur Sophie.	**einfacher Satz:** enthält nur eine finite Verbform
Der ehrgeizige Vater trainiert das Töchterlein, will es zum Wunderkind dressieren.	**zusammengezogener Satz** mit nur einem Subjekt, aber mehr als einem finiten Verb
Sophie erhält Unterricht in Geschichte, Astronomie und Französisch, aber eine gute Hausfrau soll das Kind auch noch werden.	**Satzreihe** aus zwei gleichrangigen Hauptsätzen mit eigenem Subjekt und Prädikat: **Parataxe** (Nebenordnung von Sätzen)
Doch als das Mädchen Latein lernen möchte, erlaubt der Vater das nicht, weil er nicht will, dass aus seiner Tochter eine „Gelehrtenmamsell" wird.	**Satzgefüge** aus einem übergeordneten Hauptsatz und einem oder mehreren untergeordneten Nebensätzen: **Hypotaxe** (Unterordnung von Sätzen)
Nur keine „männliche Bildung"! Lieber die Chancen auf dem Heiratsmarkt wahren!	**satzwertige Ausdrücke:** grammatisch unvollständige, aber als Sätze zu verstehende Mitteilungen, wie z. B. manche Ausrufe

Die **Nebensätze** in einem Satzgefüge lassen sich unterscheiden und kennzeichnen nach ihrer formalen **Einleitung,** nach ihrer **Funktion** im Satz und nach ihrem **Inhalt,** ihrer Sinnrichtung:

Arten von Nebensätzen – Unterscheidung nach ihrer Einleitung

Relativsätze	Indirekte Fragesätze	Konjunktionalsätze
werden eingeleitet durch **Relativpronomen** oder **Pronominaladverbien**	werden eingeleitet durch **Interrogativpronomen** und **-adverbien**	werden eingeleitet durch **unterordnende Konjunktionen** (Subjunktionen)
Beispiel: „Der erste Roman, *den* sie schrieb, machte sie auf einen Schlag berühmt. Das Buch hatte alles, *woran* man einen Erfolgstitel messen kann."	Beispiel: „Die Leser rätselten, *wer* wohl diesen Briefroman verfasst hatte. Herausgeber Wieland wusste freilich, *woher* das Buch kam."	Beispiel: „*Obwohl* die frühe Verlobung mit Christoph Martin Wieland wieder gelöst wurde, blieb der bekannte Dichter zeitlebens ihr Vertrauter."

Arten von Nebensätzen – Unterscheidung nach ihrer Funktion

Attributsätze	Subjekt- und Objektsätze	Adverbialsätze
erfüllen die **Funktion eines Attributs** und lassen sich in ein solches umwandeln. Sie bestimmen (als Relativsätze) ein Nomen im übergeordneten Hauptsatz genauer.	übernehmen die **Rolle eines Subjekts bzw. Objekts** und lassen sich durch „Wer oder was?" bzw. „Wen oder was?" erfragen.	erfüllen die **Funktion einer adverbialen Bestimmung** und lassen sich in eine solche umformen.
Beispiel: „Ihr Mann, Frank von La Roche, war Privatsekretär des Grafen von Stadion, *der vermutlich auch sein leiblicher Vater war.*" Umformprobe: „Ihr Mann, Frank von La Roche, war Privatsekretär *seines vermutlichen leiblichen Vaters* Graf von Stadion."	Beispiel: „*Dass im Leben einer Frau die Pflicht über der Neigung stehen soll,* ist ihr fester Grundsatz." („Wer oder was ist ihr fester Grundsatz?" → Subjektsatz) „Heute erkennen wir, *wie modern ihr Konzept der weiblichen Aufklärung war.*" („Wen oder was erkennen wir?" → Objektsatz)	Beispiel: „*Weil sie nach dem Tod ihres Mannes selbst für sich sorgen musste,* nahm sie ihre Schriftstellerei wieder auf." Umformprobe: „*Auf Grund des Zwangs zur Selbstversorgung nach dem Tod ihres Mannes* nahm sie ihre Schriftstellerei wieder auf."

! **Adverbialsätze – Unterscheidung nach ihrer Sinnrichtung**

Adverbialsatz	**informiert über**	**Fragen**	**Konjunktionen**	**Beispiel**
Temporalsatz	Zeitpunkt, Zeitspanne	Wann? Wie lange?	als, während, nachdem	*Als Sophies Tochter starb,* nahm sie die Waisen bei sich auf.
Kausalsatz	Grund, Motiv	Warum?	weil, da	*Weil ihr Mann die Kirche kritisiert hatte,* wurde er 1780 entlassen.
Konditionalsatz	Bedingung	Unter welcher Bedingung?	wenn, falls, sofern	*Wenn Wieland damals sehr wohlhabend gewesen wäre,* hätte sie ihn wahrscheinlich geheiratet.
Modalsatz	Art und Weise	Wie?	indem	Sie wurde auch bekannt, *indem sie die erste deutsche Frauenzeitschrift herausgab.*
Finalsatz	Zweck	Wozu?	damit	Sie unterhielt einen großen Salon, *damit sie mit Literaten und Künstlern in Kontakt sein konnte.*
Konsekutivsatz	Folge	Mit welcher Folge?	sodass	1794 entfiel ihre Witwenversorgung, *sodass sie ihren Lebensunterhalt durch Schreiben sichern musste.*
Konzessivsatz	Einschränkung	Trotz welcher Umstände?	obwohl, obgleich	*Obwohl ihr erster Roman ein großer Erfolg war,* brachte das Schreiben wenig ein.
Adversativsatz	Gegensatz	Bei welchen gegensätzlichen Umständen?	anstatt dass, während	*Während sie bis 1780 großzügig leben konnte,* war das Geld in späteren Jahren knapp.

1 Bestimmen Sie in den folgenden Sätzen die Sinnrichtung des Nebensatzes.

Ihre Tochter Maximiliane Brentano verstarb früh, sodass Sophie von La Roche sich um die kleinen Kinder kümmern musste.
Indem sie ihre Großmutterpflicht erfüllte, wurde sie zur Erzieherin der berühmten Romantiker Clemens Brentano und Bettina von Arnim.
Erst nachdem sie von ihren Pflichten als Hausfrau und Mutter frei war, erfüllte sie sich ihre Reisewünsche.
Während andere Damen der Gesellschaft nur zu ihrem Vergnügen reisten, brachte Sophie von La Roche aus Frankreich, Holland und England interessante Reisetagebücher mit.

2.2 Grammatik und Stil

Stil entwickeln

Sprachlicher Stil entsteht in der gezielten Auswahl aus sprachlichen Gestaltungsmöglichkeiten. Unterschiedliche Sprachgestalt erzeugt unterschiedliche Wirkung. Als sprachliche Gestaltungsmittel nutzen wir die Grammatik und die Lexik (den Wortschatz) einer Sprache.
Wer einen Text entwirft, trifft z.B. Entscheidungen ...

- für eine bestimmte Wortart: Verb oder Nomen
- für eine Handlungsrichtung: Aktiv oder Passiv
- für eine Satzkonstruktion: Hauptsatz oder Satzgefüge
- für eine Wortwahl: Alltags- oder Fachwortschatz
- ...

1 Ergänzen Sie die Liste mit weiteren Aspekten, die den Stil eines Textes prägen.

Sachtexte orientieren sich an Stilqualitäten, die schon seit der Antike gelten:

Auf dem Weg zu einem „guten Stil" helfen Tipps zu Satz und Wort, zu Grammatik und Lexik. Wie ein Text anhand solcher Tipps verbessert werden kann, sehen Sie auf S. 140 am Beispiel einiger Überlegungen zu Morgensterns Gedicht „Die Trichter".

Christian Morgenstern: **Die Trichter**

Zwei Trichter wandeln durch die Nacht.
Durch ihres Rumpfs verengten Schacht
Fließt weißes Mondlicht
Still und heiter
Auf ihren
Waldweg
u. s.
w.

erster Entwurf Vorsicht, Fehler!	**Tipps**	**überarbeitete Fassung**
Als Besonderheit des Gedichts „Die Trichter“ von Christian Morgenstern kann angemerkt werden, dass es nicht bloß ein kindisches Spiel (Morgenstern als Meister des blühenden Unsinns) mit der Trichterform ist, sondern es hat einen tieferen Sinn, da durch die zwei Trichter mit romantischen Wörtern eine ganze Epoche veräppelt wird, wobei die Bildungsbürger der Wilhelminischen Zeit kritisiert werden sollen.	– *überschaubare Sätze bilden* – *unnötige vorgeschaltete Sätze einsparen* – *Verben meist im Aktiv verwenden* – *passiven Infinitiv mit Modalverb meiden* – *Klammern auflösen* – *Phrasen weglassen* – *Fachwortschatz nutzen* – *Nebensätze reduzieren, insbesondere solche mit „dass“ und „wobei“* – *Wiederholung von „es“ als Subjekt vermeiden* – *Bezüge im Satz durchhalten* – *Umgangssprache (→ S. 65) meiden*	*Christian Morgensterns Gedicht „Die Trichter“ ist Sprachspiel und Kulturkritik: Zwei triviale Trichter verhalten sich vor romantischer Kulisse wie handelnde Figuren. An solch blühendem Unsinn haben heute noch alle Leser ihre Freude, die sich einen kindlichen Blick erhalten haben. Die kulturbeflissenen Bildungsbürger der Wilhelminischen Ära fühlten sich vermutlich eher veralbert.*

2 Wenden Sie die Tipps auch auf die folgenden Sätze an und überarbeiten Sie diese stilistisch.

Schon beim ersten Lesen fällt auf, dass die Zeilen des Gedichts so angeordnet sind, dass dadurch die Form eines Trichters gebildet wird. Das Zustandekommen des Trichters ergibt sich dadurch, dass eine Verringerung der Zahl der Wörter von jeder Zeile zur
5 *nächsten stattfindet. Es werden auch in den letzten zwei Zeilen Abkürzungen benutzt, da mit ihnen das dünne Ende des Trichters gezeigt werden soll. Der besondere Witz besteht in der Bildung des Reims des zweiten Reimpaars des Gedichts durch einen einzigen Buchstaben, wobei das „w.“ von „u. s. w.“ eigentlich aus*
10 *zwei Silben besteht, indem die Abkürzung laut gesprochen wird.*

3 Die folgenden Auszüge aus Schülerarbeiten zeigen unterschiedliche stilistische Vorlieben. Wählen Sie die zwei aus, die Ihnen am besten gefallen, und erklären Sie, woran das liegt.

a) Würde man den dritten und vierten Vers zu einem zusammenfassen und auch aus den Versen 5 bis 8 nur einen einzigen Vers bilden, dann ergäben sich insgesamt zwei simple Reimpaare mit gleichen metrischen Verhältnissen. Morgenstern hat offensichtlich einen Vierzeiler durch Zeilenumbruch in einen trichterförmigen Achtzeiler verwandelt.

b) Zwei Trichter gehen also zu nächtlicher Stunde wie ein Liebespärchen spazieren. Wer sonst würde nachts auf einem Waldweg „wandeln"?
c) Übersinnliche Kräfte lassen die Trichter über der Erde schweben; das Mondlicht fällt durch sie hindurch auf den Weg und trifft auf die Erde wie ein wanderndes Spotlight.
d) Vielleicht entwickeln diese Trichter vor der romantischen Kulisse romantische Gefühle. Erweckte die Romantik nicht auch Bäume, Bäche und „blaue Blumen" zum Leben?
e) Die Trichter bündeln das Mondlicht und wachsen so über ihre triviale Arbeit hinaus, Flüssigkeiten für den praktischen Alltagsgebrauch zu kanalisieren.
f) Die dürre Abkürzungsformel „u.s.w." bringt die gesamte romantische Sprachkulisse zum Einsturz.

Kohärenz herstellen

Als „Kohärenz" bezeichnet man den sprachlogischen Zusammenhang in einem Text. Kohärenz entsteht aus der sachgerechten, schlüssigen Reihung und Verbindung von Aussagen. Kohärenz steuert das Leseverhalten: Ob ein Leser/eine Leserin weiterliest oder sich abwendet, hängt ganz wesentlich davon ab, wie kohärent ein Text wirkt.

1 **a** Bringen Sie die Textabschnitte a) bis i) in eine kohärente Reihenfolge. Beginnen Sie mit Abschnitt d) und setzen Sie Abschnitt i) an den Schluss. Sie können Partnerarbeit wählen. Der geordnete Text bietet Ihnen Informationen zur Textsorte „Reisebild".
b Nennen Sie die sprachlichen Mittel, die Sie in Aufgabe a von Satz zu Satz geleitet haben und mit denen im geordneten Text Verknüpfungen signalisiert werden.

a) Charakteristisch für die aufklärerische Reiseliteratur ist ein urteilender Berichterstatter, der seine Beobachtungen im fremden Land mitteilt.

b) Der Erzähler in Heines „Reisebildern" lässt sich vom erlebten Reiseort zu gedanklichen Ausflügen anstiften, die wie spontane, assoziative Einfälle alle möglichen Themen aufgreifen.

c) Aus der geografischen Reise wird eine Reise zur Selbsterkundung.

d) Mit seinen „Reisebildern" knüpft Heine an die beschreibende aufklärerische Reiseliteratur an.

e) Auch Vorbilder poetischer Reiseliteratur lagen bereits vor.

f) Heine verbindet in seinen „Reisebildern" diese beiden Typen von Reiseliteratur und erweitert sie.

g) Der Aufklärer will sein Lesepublikum unterrichten und zur Urteilsfähigkeit erziehen.

h) Sie heben sich durch ihre subjektive Schilderung des Erlebten von den faktenorientierten aufklärerischen Reiseberichten ab.

i) Die Exkurse kommentieren Erscheinungen und Entwicklungen der Zeit in komplizenhaftem Einverständnis mit einem intelligenten Leser.

Mit der Doppelpunkt-Methode können Sie die Kohärenz Ihrer eigenen Texte prüfen und sichern: Der Doppelpunkt am Schluss einer Aussage verspricht jeweils weitere aufschlussreiche Informationen zum eröffneten Sachverhalt.
Überprüfen Sie die Methode an den Sätzen über den Maler und Zeichner Wilhelm Busch (1832–1908) in Aufgabe 2.

Wilhelm Busch: **Die Prise** (1868) Auszug

Der Herr Direktor sitzt beim Wein
Und schaut gar sehr verdrießlich drein.

Das Auge schweift ins Grenzenlose;
Die Hand greift nach der Tabaksdose.

2 Ordnen Sie jedem Doppelpunkt der linken Spalte die passende Information aus der rechten Spalte zu. Die den inhaltlichen Zusammenhang signalisierenden Wörter sind jeweils hervorgehoben.

1. Weltberühmt wurde Wilhelm Busch als Zeichner und Dichter von Bildergeschichten:
2. Vor allem die epigrammatischen Pointen seiner Verse erregten Bewunderung:
3. Den Lyriker Busch lernte erst die Nachwelt richtig schätzen:
4. Die bürgerliche Figur des Direktors markiert mit ihrem Verhalten den Wechsel von der Romantik zum Biedermeier:
5. Das zweite Reimpaar der Bildergeschichte „Die Prise“ bietet eine solche Pointierung:

a) In ein, zwei Zeilen bringt er einen komplexen Lebenszusammenhang auf den Punkt.
b) Viele seiner Gedichte gehören heute zum festen Bestandteil lyrischer Anthologien.
c) Im Parallelismus der Satzglieder versteckt sich der Gegensatz zweier Epochen.
d) Dem suchenden Blick ins Entgrenzte folgt die handgreifliche Beruhigung aus dem Behälter der Alltagsdroge.
e) Die Streiche von „Max und Moritz“ sind in fast hundert Sprachen übersetzt.

Fachwortschatz erweitern

1 „Das Auge schweift ins Grenzenlose;
Die Hand greift nach der Tabaksdose.“

Die beiden Verse zeigen eine besonders interessante Textgestalt. Nutzen Sie für eine sehr genaue interpretierende Beschreibung des Verspaares Begriffe aus der nebenstehenden Liste mit Fachwörtern. Sie können den Text aus Aufgabe 2 als Hilfe heranziehen.

Antithese
Aussagesatz
Binnenreim
Funktion
Indikativ Präsens
Kontrast
lokales Adverbial
nominalisiertes Adjektiv
parallele Syntax
Parallelismus
poetischer Singular
pointiert; Pointierung
Präpositionalgruppe
Romantik
Biedermeier
Satzglied
Vers
Wortart
zusammengesetztes Nomen

Sprachkritik lernen

Der Bayerische Rundfunk leistet sich einen so genannten Sprachpfleger, der die grammatische Korrektheit und stilistische Angemessenheit gesendeter Texte prüft. So soll ein hohes sprachliches Niveau der gesendeten Beiträge gewährleistet werden.
In regelmäßigen Abständen dokumentiert der Sprachpfleger seine Beobachtungen in Sprachberichten. Der persönliche Austausch mit Redakteuren und Sprechern hält die Diskussion über die beste Sprachgestalt im Medium Hörfunk wach.
Die folgenden drei Beispiele zeigen, wie der Sprachpfleger vorgeht.

Gesendeter Text Vorsicht, Fehler!	Kommentar des Sprachpflegers	Verbesserungsvorschlag
[Der Bund Naturschutz sieht die bayerischen Biber in Gefahr. Der Grund: Die Zuständigkeit für die Tiere ist im September von den Bezirksregierungen auf die Landratsämter übergegangen.] Seitdem sind laut Bund Naturschutz im Konfliktfall mit Grundstücksbesitzern ***mehr Biber als angeblich störende Nager*** *getötet worden.*	Auslöser der missverständlichen Bezüge im Satz ist vermutlich die Fügung „mehr ... als“. Die Vergleichspartikel „als“ führt hier nicht, wie erwartet, den Komparativ „mehr“ weiter: „... sind mehr Biber als in früheren Jahren getötet worden“. Vielmehr leitet die Partikel „als“ hier eine Apposition ein: Biber sind „störende Nagetiere“. Das ist grammatisch nicht unkorrekt, irritiert aber die Hörerinnen und Hörer.	*... Laut Bund Naturschutz sind seither deutlich mehr Biber von Grundstücksbesitzern getötet worden, weil diese die Tiere als schädliche Nager empfinden.*
Die Bundeskanzlerin äußerte sich auch zur Sicherheitslage nach den ***gescheiterten*** *Bombenanschlägen auf zwei Regionalzüge in Deutschland. Seit den* ***missglückten*** *Kofferattentaten ...*	In den Ausdrücken „missglückt“ und „gescheitert“ schwingt ein nicht gewollter Begleitwert des Bedauerns mit, weil sie die Täter-Perspektive einnehmen. [...]	*... nach den geplanten Bombenanschlägen ...* *Seit den versuchten Kofferattentaten ...*
Nach Angaben der Ministerin ist der Bund bereit, den Ländern bei der ***Finanzierung*** *der Hochschulerweiterung* ***finanziell*** *zu helfen.*	Nicht alles, was sich in einem Satz kürzen oder einsparen lässt, muss auch eingespart werden. Komplizierte Vorgänge verlangen mit Recht die freundliche Ausführlichkeit der Darstellung. Auch der höfliche Umgangston ist durch sprachliche Redundanz bestimmt. Um solche hilfreiche Redundanz handelt es sich beim vorliegenden Beispiel nicht. Hier darf einer der beiden Ausdrücke fehlen.	*..., den Ländern bei der Finanzierung der Hochschulerweiterung zu helfen.* *..., die Länder bei der Hochschulerweiterung finanziell zu unterstützen.*

1 Auch die folgenden Beispiele stammen aus den monatlichen Berichten des Sprachpflegers. Wählen Sie ein Beispiel aus und entwerfen Sie einen Kommentar nach dem Muster der Sprachberichte.
Schreiben Sie Verbesserungsvorschläge und erläutern Sie diese in Kleingruppen.

Vorsicht, Fehler!

Gesendete Texte

Im Rucksackradio gibt's gleich prominente Skigymnastiktipps.	*Die Krankenkassen beharren darauf, an der Kampagne festzuhalten.*	*Die Themen: Koalitionsausschuss verhandelt über Mindestlohn und Kohle.*
Audi hat in diesem Jahr 684.000 Fahrzeuge ausgeliefert. Das sind mehr als 8 Prozent als im Vorjahreszeitraum.	*Auf ihrer Nahostreise hat sich Bundeskanzlerin Merkel bemüht, die Bemühungen um den Frieden voranzutreiben.*	*Fürth. Fahnder der Polizei haben in der fränkischen Stadt ein Drogenlabor ausgenommen und einen 24-Jährigen festgenommen.*
Die Feuerwehr geht davon aus, dass der Brand von einer glimmenden Zigarette ausgegangen ist.	*Ob Agatha Christie sich darüber bewusst war, dass ihre Romane solche Wirkungen auslösen?*	*Die Kirchenbewegung „Wir sind Kirche" kritisierte den Ausstieg (aus der Schwangerenberatung) scharf und nannte ihn als nicht hinnehmbar.*

2.3 Wiederholungskurs Orthografie

Rechtschreibschwierigkeiten im Deutschen lassen sich folgenden Bereichen zuordnen:

- **Groß- und Kleinschreibung**
  Beispiel: Nominalisierung von Adjektiven wie „nichts *Neues*"
- **Getrennt- und Zusammenschreibung**
  Beispiel: Verbindungen aus Adjektiv und Verb wie „richtigstellen"
- **s-Laute und Sonderfall *das* und *dass***
  Beispiel: „Straße", „Gasse"
- **Homophone und ähnlich klingende Laute**
  Beispiel: „Hemd" und „hemmt"; „hält" und „Held"
- **Dehnung und Schärfung**
  Beispiel: Dehnungs-h bei „hohl", aber nicht bei „holen"
- **Fremdwörter**
  Beispiel: Fremdwörter aus dem Griechischen wie „Rhythmus"
- **Zeichensetzung, Schreibung mit Bindestrich, Worttrennung**
  Beispiel: kein Apostroph bei „Lessings ‚Nathan'"

Der folgende Romanausschnitt enthält Beispiele aus all diesen Bereichen der Rechtschreibung:

Hanns-Josef Ortheil: **Die große Liebe** (2003) Auszug

Wir standen auf und gingen weiter durch den stillen Ort, ich fragte mich, wie sie wohl mit Hässlichem oder mit Krankheit und Tod umgehen würde, ich vermutete, dass sie noch 5 nicht durch viele Schicksalsschläge irritiert war, sie machte den Eindruck einer Person, die auf eine zeitfremde Art lebte, zeitfremd, aber stimmig, selbstbewusst, stark, es war bestimmt nicht leicht, ihr zu imponieren.
10 Wir hielten immer wieder ein, sie machte mich auf lauter Kleinigkeiten aufmerksam, den Ruf eines Stars, die winzige, fensterlose *sala* eines alten Friseurs [...]. Da, sagte sie nur, da, schauen Sie!, und wenn ich nicht sofort reagierte, machte sie zu den Sachen eine 15 knappe Bemerkung, wie aus den siebziger Jahren, sehen Sie, das ist ganz bäuerlich, merken Sie, rot-weiße Karomuster in genau dieser Form sind bäuerlich. [...] Sie verwandelte selbst dieses Bergnest in eine attraktive, 20 homogene Kulisse, der nichts anderes zu Grunde lag als eine geheime Ästhetik, eine Summe von bestimmten Regeln der Darstellung und des Sich-Zeigens. [...] Ich wurde wieder hellwach, [...] die Welt war kein Zufall 25 mehr, nichts Peinliches, keine Dekoration, sie war ein Museum [...].

1 Identifizieren Sie im Romanausschnitt jeweils Beispiele für die auf S. 144 genannten Problembereiche der Rechtschreibung.

2 **a** Verwenden Sie Sätze des Textes, die Sie für besonders schwierig halten, für ein Partnerdiktat.
b Vergleichen Sie, wo Ihre Rechtschreibstärken und -schwächen liegen.

3 Prüfen Sie anhand eines aktuellen Rechtschreibwörterbuchs, ob es für die folgenden Wörter und Ausdrücke noch andere korrekte Schreibweisen gibt: „siebziger Jahre" (Z. 16 f.), „rot-weiß" (Z. 18), „Friseur" (Z. 13).

4 Der Romantext bietet ein Beispiel für die Nominalisierung eines Verbs – „-Zeigens" (Z. 24) – und Beispiele für die Nominalisierung von Adjektiven – „Hässlichem" (Z. 3), „Peinliches" (Z. 26). Formulieren Sie für jede der Textstellen einen Tipp, der die Nominalisierung erkennen hilft.

Nominalisierungen

Romantisches Rauschen

In vielen Eichendorff-Gedichten erscheint die Natur belebt wie ein absichtsvoll wirkendes Wesen. Als ein Belebtes kann sie sich dem romantischen Dichter mitteilen. Der romantische Künstler ist der Einzige, der zu hören versteht, was sich da mitteilt. Die häufigste der natürlichen Mitteilungsformen begegnet in dem Verb „rauschen". Als Rauschen vernimmt 5 und vermittelt der romantische Dichter das Sprechen der Natur. Es ist ein unbestimmtes, ungeregeltes Reden, dieses Rauschen. Die Gedichte „In der Fremde" und „Schöne Fremde" thematisieren mit der ersten Zeile das Rauschen als eine Art poetisches Medium: „Ich hör die Bächlein rauschen …" und „Es rauschen die Wipfel und schauern …". Was sich im Rauschen mitteilt und was es an Wirkungen beim Sprecher auslöst, erfährt der Leser aus 10 dem Seelenzustand, den der lyrische Sprecher in Vers und Wort bekundet.

1 Begründen Sie die Groß- bzw. Kleinschreibung der markierten Wörter im Text auf S.145.
2 Formulieren Sie möglichst vollständige Tipps für das Erkennen von Nominalisierungen.
3 Schreiben Sie den folgenden Text in richtiger Groß- und Kleinschreibung ab.

FRAUENFIGUREN BEI KLEIST: PENTHESILEA UND KÄTHCHEN

KLEIST SELBST HAT IN EINEM BRIEF DIE ZWEI FRAUENFIGUREN ZUSAMMENGEBRACHT – PENTHESILEA, DIE AMAZONE, UND KÄTHCHEN, DIE KINDLICHE. ER BEZEICHNET DIE BEIDEN ALS DAS PLUS UND MINUS DER ALGEBRA, EIN UND DASSELBE WESEN, NUR UNTER ENTGEGENGESETZTEN BEDINGUNGEN GEDACHT. DIE CHARAKTERE WIDERSPRECHEN ALSO EINANDER NICHT, SONDERN VERKÖRPERN ZWEI SEITEN EINES LIEBESSCHICKSALS. KÄTHCHEN ÜBERWINDET IN DER UNBEIRRTHEIT DES GEFÜHLS, IM FESTHALTEN AM ERWÜNSCHTEN UND ERTRÄUMTEN ALLE WIDRIGEN UMSTÄNDE, PENTHESILEA GERÄT IN DIE TÖDLICHE ZERRISSENHEIT ZWISCHEN LIEBEN UND SIEGEN; SIE LÄSST SICH IRREFÜHREN VON MISSDEUTETEN WAHRNEHMUNGEN.

Penthesilea. Festival „Art Carnuntum“, Petronell, 2002

Getrennt- und Zusammenschreibung

! **Verbindungen mit Verben**

- Verbindungen aus **Adjektiv + Verb** werden in den meisten Fällen **getrennt** geschrieben: „kritisch lesen“, „heftig diskutieren“, „präzise schildern“.
  Aber:
  - Ist die Verbindung nicht in einem wörtlichen, sondern nur in einem **übertragenen Sinne** zu verstehen, muss **zusammengeschrieben** werden: „klarmachen“ („etwas verständlich machen“), „richtigstellen“ („etwas korrigieren“), „großschreiben“ („mit großem Anfangsbuchstaben schreiben“).
  - Bezeichnet das Adjektiv das Ergebnis eines Vorgangs (so genanntes **resultatives Adjektiv**) kann **getrennt oder zusammengeschrieben** werden: „klein schneiden“/„kleinschneiden“, „blau färben“/„blaufärben“, „kaputt machen“/„kaputtmachen“.
- Verbindungen aus **Adverb + Verb** oder **Präposition + Verb** werden **zusammengeschrieben,** wenn die Hauptbetonung auf dem ersten Bestandteil (Adverb oder Präposition) liegt: „auseinandersetzen“, „zurückfahren“, „zusammenfinden“, „entgegengehen“.
  Nur wenn die Hauptbetonung nicht auf dem ersten Bestandteil liegt und dieser adverbial gebraucht ist, wird auseinandergeschrieben: „Er konnte (nach der OP) wieder sehen“. „Sie wollte dabei sitzen (diese Arbeit im Sitzen verrichten).“

„Goethezeit" – oder „Jean-Paul-Zeit"?

Neben Hölderlin und Kleist war Jean Paul ein weiterer herausragender Autor der Zeit um 1800, der sich den literaturgeschichtlichen Einordnungen entzieht. Wenn wir heute von der „Goethezeit" sprechen, übersehen wir leicht, dass Jean Pauls Ruhm wenigstens kurzzeitig den des „Dichterfürsten" überstrahlte: Man muss sich klarmachen, dass im Jahr 1795, als der erste Band von Goethes Roman „Wilhelm Meisters Lehrjahre" erschien, ein anderes Buch alle Aufmerksamkeit auf sich zog und zum Modebuch des Jahres wurde: Jean Pauls zweiter Roman „Hesperus" machte den Autor mit einem Schlage berühmt. Die Mischung aus bürgerlicher Tugendhaftigkeit, Gefühlsseligkeit und scharfer Gesellschaftskritik traf genau den Nerv der Zeit; die gebildeten Kreise Deutschlands konnten sich in diesem Buch wiedererkennen. Die Resonanz, die der „Hesperus" hervorrief, war mit der des „Werther" vergleichbar.

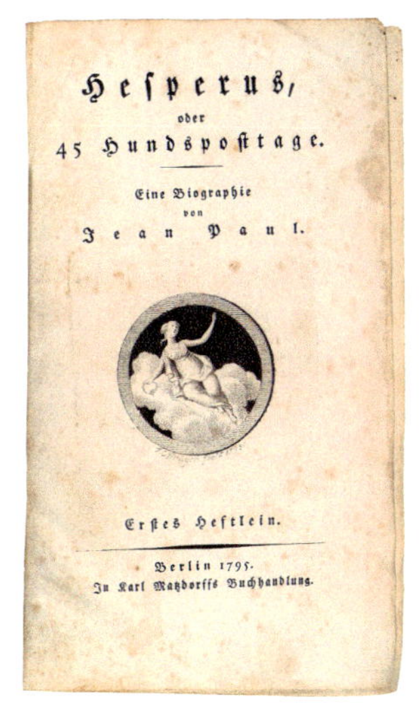
Hesperus,
oder
45 Hundsposttage.
Eine Biographie
von
Jean Paul.
Erstes Heftlein.
Berlin 1795.
In Karl Matzdorffs Buchhandlung.

Jean Paul: Hesperus, Titelblatt 1795

Die Figuren in Jean Pauls Romanen entstammen oft den ländlichen, ärmlichen Verhältnissen, in denen der Autor selbst aufgewachsen war. Die noch von Friedrich Nietzsche vertretene Ansicht, hierin zeige sich ein Hang zum Spießigen, Provinziellen, muss jedoch richtiggestellt werden: In einer äußerst reichen, zuweilen überhandnehmenden Metaphorik werden in Jean Pauls Romanen „Kleines" und „Großes" miteinander in Verbindung gebracht und dadurch verfremdet und humoristisch gespiegelt. Die humoristische Darstellungsweise bietet dem Autor auch die Möglichkeit, sich trotz Zensur in scharfer Form mit dem Feudalismus und der deutschen Kleinstaaterei auseinanderzusetzen.

1 Begründen Sie die Zusammenschreibung der markierten Wörter.
2 Entscheiden Sie im folgenden Text an den markierten Stellen: getrennt oder zusammen?

„Ein Chinese in Rom"

Auch in Weimar fand der „Hesperus" begeisterte Leser. Zu erfahren, dass Herder und Wieland ihn hoch◆schätzten, ermutigte den Autor, die Reise in das „Rom Deutschlands" anzutreten.
Bei Herder, der ihm Hochachtung und Sympathie entgegen◆brachte und ihm auch in seinem Literaturverständnis nahe◆stand, fand er freundliche Aufnahme. Goethe hatte den Hesperus zwar auch aufmerksam◆gelesen und wohlwollend aufgenommen, empfing den Gast jedoch kühler und mochte sich auch rückblickend in seinem Urteil nicht fest◆legen: Er sei „so ein kompliziertes Wesen", „man schätzt ihn bald zu hoch, bald zu tief, und niemand weiß das wunderliche Wesen recht anzufassen".

Jean Paul (1763–1825)

Goethe dürfte es auch schwer◆gefallen sein, sich unvoreingenommen mit Jean Pauls Dichtung
15 *auseinander◆zu◆setzen. Der am Ideal griechischer Formstrenge orientierte „Klassiker“ und der auf Stofffülle angewiesene Humorist konnten in ihren ästhetischen Vorstellungen nicht überein◆stimmen.*
Durch eine vermeintlich herab◆lassende Bemerkung Jean Pauls verärgert verfasste Goethe später das Gedicht „Ein Chinese in Rom“, in dem er Jean Pauls Besuch in Weimar spöttisch◆betrachtet
20 *und Person und Werk des Autors als wunderlich und abseitig herab◆würdigt. Jean Paul seinerseits mokierte sich über die Weimarer Verehrung des „Griechischen“ und karikierte diese 1796 in der zweiten Vorrede zu „Quintus Fixlein“ in Gestalt des verknöcherten Kunstrats Fraischdörfer, der blind für die gegenwärtige Welt in phrasenreicher Rede „griechische“ Ideale beschwört.*

Kommasetzung

! **Tipps zum Kommasetzen**

Orientieren Sie sich an folgenden Grundregeln:
- Die einzelnen Glieder einer **Aufzählung** werden durch Komma getrennt. Vor „und“ und „oder“ steht in der Aufzählung keine Komma.
- **Nebensätze** grenzt man durch Komma ab; sind sie eingeschoben, werden sie mit paarigem Komma eingeschlossen. (Wie man Nebensätze an ihrer Einleitung erkennt, können Sie im Wiederholungskurs Grammatik nachlesen, → S. 137.)
- Bei **Infinitivgruppen mit *zu*** lassen sich Kommafehler mit Hilfe folgender Regel vermeiden: Infinitivgruppen aus Infinitiv + „zu“ + mindestens einem weiteren Wort werden durch Komma abgetrennt.
  Nach dieser Regel setzen Sie allerdings manchmal Kommas, die zwar richtig, aber nicht unbedingt verlangt sind. Einzelheiten der Regelung entnehmen Sie § 75 des aktuellen amtlichen Regelwerks.
- **Nachträge** und **Zusätze** grenzt man durch Komma ab; sind sie eingeschoben, werden sie mit paarigem Komma eingeschlossen.
  Manchmal liegt es im Ermessen des/der Schreibenden, ob er/sie etwas als Zusatz oder Nachtrag kennzeichnen will. Achten Sie darauf, ob der Nachtrag bzw. Zusatz beim Sprechen durch eine Pause abgehoben wird bzw. abgehoben werden soll.
  Details finden Sie in §§ 77, 78 der aktuellen amtlichen Regelung.

1 **a** Übertragen Sie den folgenden Text in Ihre Unterlagen. Prüfen Sie, ob an den gekennzeichneten Stellen Kommas fehlen, und ergänzen Sie diese gegebenenfalls.
b Überprüfen Sie Ihre Kommasetzung nochmals, indem Sie die amtliche Regelung (§ 71 ff.) zu Rate ziehen. Ermitteln Sie, welche Kommas gesetzt werden können und welche gesetzt werden müssen.

Die Rahmenhandlung in Novellen des Realismus

Die meisten Novellen des so genannten poetischen Realismus bevorzugen den behutsam ✱ einleitenden Beginn ✱ der den Leser ✱ hübsch der Reihe nach ✱ mit Ort ✱ Zeit ✱ und handelnden Personen bekannt macht. Besonders beliebt war ✱ etwa bei G. Keller ✱ Th. Storm ✱ oder C.F. Meyer ✱ das Verfahren ✱ die eigentliche Erzählung ✱ in eine Rahmenhandlung einzubetten ✱ vor allem ✱ weil diese den Leser in die Erzählsituation mit einbezog: Eine Gruppe ✱ eine echte Plaudergesellschaft ✱ hat sich zusammengefunden ✱ um sich zu unterhalten ✱ und unterhalten zu werden ✱ und an dieser Unterhaltung kann der Leser ✱ sozusagen als unsichtbarer Gast ✱ teilnehmen ✱ und das erzählte Geschehen miterleben. Eine Person ✱ aus der Gruppe ✱ übernimmt es ✱ den Erzähler ✱ dessen Kompetenz sich im Verlauf des Gesprächs deutlich kundtut ✱ zu überreden ✱ seine Geschichte preiszugeben. Die Gruppe wird sich während der Erzählung zurückhalten mit Kommentaren ✱ aber doch gegenwärtig bleiben ✱ und so die Erzählsituation szenisch beleben und beglaubigen.

2 Schreiben Sie den folgenden Text ab. Kennzeichnen Sie Nebensätze und Einschübe durch Kommas.

Hier fehlen Kommas!

Grimms Märchen

Die Brüder Grimm Jacob und Wilhelm sind vielleicht das berühmteste Brüderpaar der Welt. Sie hatten sich die Aufgabe gestellt die verstreut überlieferten Märchen deutscher Sprache zu sammeln und herauszugeben. Seit es Grimms Märchen gibt seit der ersten Ausgabe die noch zu Goethes Lebenszeit erschien wissen wir wie ein Märchen aussieht und wie es funktioniert. Freilich arbeiteten die Grimms das haben neuere Forschungen nachweisen können stärker an der Textgestalt der so genannten Volksmärchen mit als sie glauben machen wollten. Manchmal war das schon deshalb nötig um aus den Geschichten für Erwachsene aus deftiger und gelegentlich obszöner Unterhaltung jugendfreie Kinder- und Hausmärchen zu schaffen. Wer die Märchen der Brüder Grimm als Geschichten vom Erwachsenwerden liest wird auch heute noch die Geschichten für Erwachsene heraushören.

„das“ oder „dass“?

1 Erklären Sie die Schreibweisen in der Abbildung.
2 Überlegen Sie, warum die falsche Schreibung von „das“ und „dass“ im Kopf des Lesers/der Leserin oft mehr Verwirrung stiftet als andere Rechtschreibfehler.
3 Erläutern Sie die im Merkkasten genannte Regel anhand von Beispielen.

! **„das“ oder „dass“?**

Ob „das“ oder „dass“ zu schreiben ist, lässt sich durch eine **Ersatzprobe** ermitteln:
Der Artikel, das Demonstrativpronomen und das Relativpronomen „das“ können durch „dieses“, „jenes“ oder „welches“ ersetzt werden, die Konjunktion „dass“ nicht.

Fremd- und Fachwörter

Fachtexte kommen nicht ohne Fachwortschatz aus. Die Fachausdrücke literaturwissenschaftlicher Texte stammen fast immer aus dem Lateinischen und dem Griechischen. Dies zeigt sich auch an dem folgenden Text aus der „Deutschen Vierteljahresschrift für Literaturwissenschaft und Geistesgeschichte“.

Wolfram Groddeck: **Über das „Wortlose“ in Hölderlins Ode „Thränen“** (2006) Auszug

Hölderlins späte Ode „Thränen“ zeigt metrische Interferenzen unterschiedlicher äolischer Versmaße, die sich als poetologisch sinnvoll erweisen, indem sie auf eine ver-
5 schwiegene Präsenz der Sappho im Gedicht deuten. [...] Bettina von Arnims enthusiastische Paraphrase dessen, was der geistig schon verwirrte Hölderlin gesagt haben soll, hat zweifellos einen authentischen Kern: [...]
10 Der poetische Geist denkt also in rhythmisch-metrischen Gesetzen, d.h. in messbaren rhythmischen Proportionen, und wird gerade dadurch in der Sprache fühlbar.

1 Klären Sie unbekannte Begriffe mit Hilfe eines Fremdwörter- und gegebenenfalls Fachwörterbuchs.
2 Testen Sie Ihre Rechtschreib-Sicherheit im wechselseitigen Diktat.
3 Griechische Fremdwörter zeigen typische, leicht erkennbare Merkmale:
   - Vorsilben wie „anti-“, „dia-“, „dys-“, „kata-“, „meta-“, „syn-“
   - die Buchstabenverbindungen „ph“, „rh“, „th“
   - den Vokal „y“

   Legen Sie eine Liste literaturwissenschaftlicher Fachbegriffe an.
   Verlassen Sie sich zunächst auf Ihr eigenes Wissen und erweitern Sie dann die Liste systematisch auf zwanzig bis dreißig Einträge (→ S. 328 ff., Umgang mit Texten – Methoden und Begriffe).

D Literatur und ihre Geschichte

Stimmen zum Lesen

Die Literatur hat mein Leben gerettet. Dank ihr war ich nie einsam. Denn Bücher können Freunde sein, die einen an die Hand nehmen und mitnehmen auf eine Reise.
(Zoë Jenny, Schriftstellerin)

Zoë Jenny (*1974)

Lies keine Oden, mein Sohn, lies die Fahrpläne: Sie sind genauer. [...]
*(Anfang des Gedichts „ins lesebuch für die oberstufe" von Hans Magnus Enzensberger, *1929, Schriftsteller)*

Lesen, bis man keinen Satz mehr versteht, erst das ist Lesen.
(Elias Canetti, 1905–1994, Schriftsteller)

Uwe Timm (*1940)

Bücher sind wie Vampire. Sie stehen in den Regalen und warten auf ihre Opfer, auf jemanden, der nach ihnen greift, der sich festliest, und schon beginnt ihr geisterhaftes Leben. Sie saugen dem Neugierigen auf höchst lustvolle Weise seine Lebenszeit aus.
(Uwe Timm, Schriftsteller)

Lass dich deine Lektüre nicht beherrschen, sondern herrsche über sie.
(Johann Wolfgang von Goethe, 1749–1832)

1 Wählen Sie eine der Bemerkungen zum Lesen, die Sie besonders anspricht, und begründen Sie in einem kurzen Statement Ihre Wahl.

2 **a** *Von der Auseinandersetzung mit Literatur des 18. und 19. Jahrhunderts erwarte ich mir …* Führen Sie diesen Satz schriftlich fort.

b Tauschen Sie in Kleingruppen Ihre Überlegungen aus Aufgabe a aus.

c Tragen Sie in Kleingruppen Ihre Ansichten zur Bedeutung des Umgangs mit Literatur bis 1900 zusammen und stellen Sie diese anschließend der gesamten Lerngruppe vor. Nutzen Sie dabei Möglichkeiten der Visualisierung, wie z. B. einen Ideenstern (→ S. 348).

1 Aufklärung – Wiederholungskurs

Was ist Aufklärung?

1 **a** Beschreiben Sie die Abbildung möglichst genau (Bildaufbau, Körperhaltung, Kleidung, Gesichtsausdruck ...).
b Referat: Bereiten Sie einen Kurzvortrag (→ S. 13) zur Gestalt der Minerva vor und erklären Sie ihre Funktion in Chodowieckis Radierung.
c Erläutern Sie die Intention des Bildes. Berücksichtigen Sie Bezüge zu Ihnen bekannten literarischen Texten der Aufklärung.

2 Untersuchen Sie den Begriff „Aufklärung" im Hinblick auf seine Metaphorik und auf mögliche Assoziationen.
Vergleichen Sie auch die Bezeichnungen im Englischen („Enlightenment") und im Französischen („siècle des lumières").

Daniel Chodowiecki: Toleranz – Die aufgeklärte Weisheit, in der Gestalt der Minerva, nimmt die Bekenner aller Religionen in ihren Schutz, 1792

Wenn die große Menge der Regierten aus Ochsen bestünde und die kleine Zahl der Regierenden aus Ochsentreibern, dann würde die kleine Zahl gut daran tun, die große Menge in Unwissenheit zu halten. Aber so ist es nicht. Einige Nationen, die lange Zeit nur Hörner trugen und wiederkäuten, haben angefangen zu denken. Wenn einmal die Zeit des Denkens gekommen ist, kann man den Geistern die Kraft nicht wieder nehmen, die sie erlangt haben; man muss die, die denken, als denkende Wesen behandeln [...].
Es ist lächerlich zu glauben, dass eine aufgeklärte Nation nicht glücklicher ist als eine unwissende. Es ist schändlich, die Toleranz als gefährlich hinzustellen, wo wir doch England und Holland vor unseren Türen durch diese Toleranz gedeihen sehen, während berühmte Königreiche durch die gegenteilige Ansicht entvölkert und verwahrlost sind. *(Voltaire, 1760)*

Bildung, Kultur und Aufklärung sind Modifikationen des geselligen Lebens; Wirkungen des Fleißes und der Bemühungen der Menschen, ihren geselligen Zustand zu verbessern. Je mehr der gesellige Zustand eines Volkes durch Kunst und Fleiß mit der Bestimmung des Menschen in Harmonie gebracht worden; desto mehr Bildung hat dieses Volk.
Bildung zerfällt in *Kultur* und *Aufklärung*. Jene scheint mehr auf das *Praktische* zu gehen [...]. – Aufklärung hingegen scheint sich mehr auf das *Theoretische* zu beziehen. Auf vernünftige Erkenntnis (objekt.) und Fertigkeit (subj.) zum vernünftigen Nachdenken, über Dinge des menschlichen Lebens [...]. *(Moses Mendelssohn, 1784)*

Aufklärung ist der Ausgang des Menschen aus seiner selbst verschuldeten Unmündigkeit. Unmündigkeit ist das Unvermögen, sich seines Verstandes ohne Leitung eines anderen zu bedienen. Selbst verschuldet ist diese Unmündigkeit,
5 wenn die Ursache derselben nicht am Mangel des Verstandes, sondern der Entschließung und des Mutes liegt, sich seiner ohne Leitung eines anderen zu bedienen. Sapere aude! Habe Mut, dich deines eigenen Verstandes zu bedienen! ist also der Wahlspruch der Aufklärung.
10 Faulheit und Feigheit sind die Ursachen, warum ein so großer Teil der Menschen, nachdem sie die Natur längst von fremder Leitung freigesprochen [...], dennoch gerne zeitlebens unmündig bleiben; und warum es anderen so leicht wird, sich zu deren Vormündern aufzuwerfen. [...]
15 Es ist also für jeden einzelnen Menschen schwer, sich aus der ihm beinahe zur Natur gewordenen Unmündigkeit herauszuarbeiten. Er hat sie sogar lieb gewonnen und ist vorderhand wirklich unfähig, sich seines eigenen Verstandes zu bedienen, weil man ihn niemals den Versuch davon machen ließ.

(Immanuel Kant, 1784)

Immanuel Kant (1724–1804)

1 **a** Erläutern Sie anhand der drei Textauszüge, welches Grundverständnis von Aufklärung die Autoren teilen.
b Arbeiten Sie auch die unterschiedlichen thematischen Akzente der Texte heraus.

2 Aktivieren Sie Ihr Vorwissen: Legen Sie dar, auf welche gesellschaftlichen Verhältnisse sich die Stellungnahmen von Voltaire, Mendelssohn und Kant beziehen (Politik, Gesellschaftsordnung, Rolle von Kirche und Literatur ...).

3 Rekapitulieren Sie Ihr Wissen aus der 10. Jahrgangsstufe: Nennen Sie literarische Werke, die der Aufklärung verpflichtet sind.
Bereiten Sie einen Kurzvortrag (→ S. 13) vor, in dem Sie am Beispiel eines ausgewählten Werks die literarische Umsetzung der Aufklärungsprogrammatik darlegen.

Aufklärung und Öffentlichkeit

1783 wurde in Berlin die Zeitschrift „Berlinische Monatsschrift" gegründet, die bald zu einem wichtigen Publikationsorgan der deutschen Aufklärungsbewegung wurde. Führende Autoren setzten sich darin mit der Frage auseinander, was eigentlich unter Aufklärung zu verstehen sei. Die Antworten wurden von Preußens Regierung mit Argwohn verfolgt. Spätestens Anfang der 1790er Jahre war eine freie Meinungsäußerung auch in dieser Zeitschrift nicht mehr möglich.
Von den vielen Beiträgen ist es vor allem Immanuel Kants Aufsatz „Was ist Aufklärung?", der eine prägnante und bis heute viel zitierte Definition der Aufklärung gegeben hat. Neben der oben wiedergegebenen, berühmten Eingangspassage enthält Kants Text eine Untersuchung zur Frage, wie Aufklärung und Öffentlichkeit zusammenhängen. Seiner Meinung nach ist es nämlich für den Einzelnen schwer, sich allein aus der Unmündigkeit zu befreien:

Immanuel Kant: **Beantwortung der Frage: Was ist Aufklärung?** (1784) Auszug

[...] Dass aber ein Publikum sich selbst aufkläre, ist eher möglich; ja es ist, wenn man ihm nur die Freiheit lässt, beinahe unausbleiblich. Denn da werden sich immer einige Selbstdenkende [...] finden, welche, nachdem sie das Joch der Unmündigkeit selbst abgeworfen haben, den Geist einer vernünftigen Schätzung des eigenen Werts und des Berufs jedes Menschen, selbst zu denken, um sich verbreiten werden. [...]

Zu dieser Aufklärung aber wird nichts erfordert als F r e i h e i t; und zwar die unschädlichste unter allen, was nur Freiheit heißen mag, nämlich die: von seiner Vernunft in allen Stücken *öffentlichen Gebrauch* zu machen. Nun höre ich aber von allen Seiten rufen: Räsoniert nicht! Der Offizier sagt: *Räsoniert nicht,* sondern exerziert! Der Finanzrat: *Räsoniert nicht,* sondern bezahlt! Der Geistliche: *Räsoniert nicht,* sondern glaubt! [...] Hier ist überall Einschränkung der Freiheit. Welche Einschränkung aber ist der Aufklärung hinderlich, welche nicht, sondern ihr wohl gar beförderlich? – Ich antworte: Der *öffentliche* Gebrauch seiner Vernunft muss jederzeit frei sein, und der allein kann Aufklärung unter Menschen zu Stande bringen; der *Privatgebrauch* derselben aber darf öfters sehr enge eingeschränkt sein, ohne doch darum den Fortschritt der Aufklärung sonderlich zu hindern. Ich verstehe aber unter dem öffentlichen Gebrauche seiner eigenen Vernunft denjenigen, den jemand als G e l e h r t e r von ihr vor dem ganzen Publikum der Leserwelt macht. Den Privatgebrauch nenne ich denjenigen, den er in einem gewissen ihm anvertrauten *bürgerlichen Posten,* oder Amte, von seiner Vernunft machen darf. Nun ist zu manchen Geschäften, die in das Interesse des gemeinen Wesens laufen, ein gewisser Mechanismus notwendig, vermittels dessen einige Glieder des gemeinen Wesens sich bloß passiv verhalten müssen, um durch eine künstliche Einhelligkeit von der Regierung zu öffentlichen Zwecken gerichtet oder wenigstens von der Zerstörung dieser Zwecke abgehalten zu werden. Hier ist es nun freilich nicht erlaubt zu räsonieren; sondern man muss gehorchen. Sofern sich aber dieser Teil der Maschine zugleich als Glied eines ganzen gemeinen Wesens, ja sogar der Weltbürgergesellschaft ansieht, mithin in der Qualität eines Gelehrten, der sich an ein Publikum im eigentlichen Verstande durch Schriften wendet, kann er allerdings räsonieren, ohne dass dadurch die Geschäfte leiden, zu denen er zum Teile als passives Glied angesetzt ist. So würde es sehr verderblich sein, wenn ein Offizier, dem von seinen Oberen etwas anbefohlen wird, im Dienste über die Zweckmäßigkeit oder Nützlichkeit dieses Befehls laut vernünfteln wollte; er muss gehorchen. Es kann ihm aber billigermaßen nicht verwehrt werden, als Gelehrter, über die Fehler im Kriegesdienste Anmerkungen zu machen und diese seinem Publikum zur Beurteilung vorzulegen. Der Bürger kann sich nicht weigern, die ihm auferlegten Abgaben zu leisten; sogar kann ein vorwitziger Tadel solcher Auflagen, wenn sie von ihm geleistet werden sollen, als ein Skandal (das allgemeine Widersetzlichkeiten veranlassen könnte) bestraft werden. Ebenderselbe handelt demohngeachtet der Pflicht eines Bürgers nicht entgegen, wenn er, als Gelehrter, wider die Unschicklichkeit oder auch Ungerechtigkeit solcher Ausschreibungen öffentlich seine Gedanken äußert.

1 Arbeiten Sie die wichtigsten Thesen des Textes heraus. Gehen Sie dabei vor allem auf die Unterscheidung zwischen öffentlichem und privatem Gebrauch der Vernunft ein.

2 Überlegen Sie, welche Aufgabe den Schriftstellern nach Kants Auffassung zukommen könnte.

3 Kants Aufsatz bezieht sich auf die gesellschaftliche Situation des 18. Jahrhunderts. Diskutieren Sie, inwieweit seine Thesen heute noch Gültigkeit beanspruchen können.

Die aufgeklärte Gesellschaft braucht Autoren/Autorinnen und ein lesendes Publikum. Die folgenden Statistiken geben einen Eindruck von der Entwicklung der Buchproduktion und -rezeption im 18. Jahrhundert.

Entwicklung der Buchproduktion nach Auswertung der Ostermessekataloge*; hier: zur Messe fertig gewordene Schriften

	1765	1775	1785	1795	1805
Schriften in deutscher Sprache	677	1076	1603	1932	2859

* Verlage stellten neue Bücher vorwiegend auf den großen Ostermessen vor. Frankfurt am Main und vor allem Leipzig waren die wichtigsten Standorte dieser Messen.

Anteile der verschiedenen Sachgebiete in Prozent (bezogen auf die Zahl der Gesamterscheinungen)

Sachgebiete	1735	1740	1745	1750	1775	1800
Jurisprudenz	8,5	12	10,7	8	6,2	3,5
Medizin	5,3	7,6	6	8	6,5	4,9
Geschichte	18,7	16,6	14,2	16	16,2	15,7
Musik	0,8	1,1	1,3	3,7	2,8	3
Theologie	40,5	32,9	31	28,9	19,9	6
Philosophie	22,6	25,9	30,4	26,7	34,1	39,6
Poesie	3,6	3,9	6,4	8,7	14,3	27,3

Alphabetisierungsrate (deutschsprachiges Mitteleuropa)*:

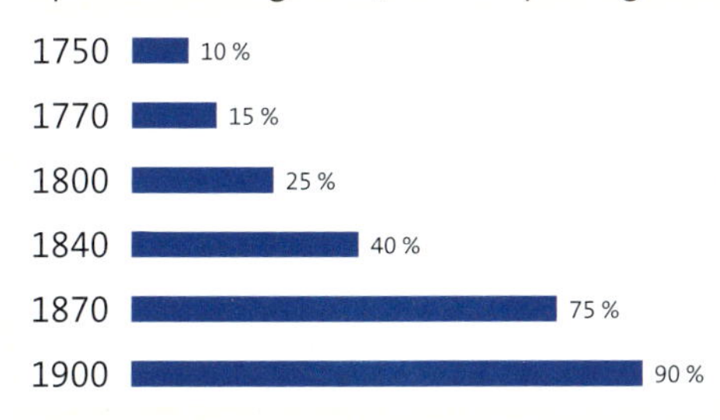

* Die Zahlen beruhen auf Schätzungen. Zudem gab es erhebliche regionale Unterschiede sowie ein starkes Bildungsgefälle zwischen Stadt und Land. In einigen wenigen Zentren war der Anteil der Lesefähigen deutlich höher, in anderen (ländlichen) Gebieten wesentlich niedriger als angegeben. Auch ist zu beachten, dass längst nicht alle (halbwegs) Alphabetisierten tatsächlich gelesen haben. Zur Zeit der Klassik (→ S. 159 ff.) z. B. haben wohl nur knapp 1 % der lesefähigen Erwachsenen literarische Werke gelesen.

Die Ausbreitung des Lesens wird auch kritisch beäugt:

So lange die Welt stehet, sind keine Erscheinungen so merkwürdig gewesen als in Deutschland die *Romanleserey*, und in Frankreich die *Revolution*. Diese zwey Extreme sind ziemlich zugleich mit einander großgewachsen, und es ist nicht ganz unwahrscheinlich, dass die Romane wohl eben so viel im Geheimen Menschen und Familien unglücklich gemacht haben, als es die so
5 schreckbare französische Revolution öffentlich thut. Wenn man bedenkt, dass Sittenlosigkeit, Spott über ernsthafte Gegenstände, Leichtsinn, der alles zu unternehmen im Stande ist, Religions=Verachtung und thierische Triebe der Wollust in unsern neu aufblühenden Geschlechtern durch die Romanlektür ausserordentlich verbreitet worden; so kann man warlich die Folgen nicht geringer berechnen – als dass eine Total=Revolution in der bescheidenen, alttreuherzigen
10 Denkungsart vorgehen müsse, und die Nachkommen noch weit elender seyn werden, als wir es jetzt schon sind.

(Johann Georg Heinzmann, 1795)

Ein Schlaglicht auf den Zustand literarischer Öffentlichkeit außerhalb der literarischen Zentren wirft ein Brief Heinrich von Kleists vom 14.09.1800 aus Würzburg an seine Verlobte Wilhelmine von Zenge:

Nirgends kann man den Grad der Kultur einer Stadt und überhaupt den Geist ihres herrschenden Geschmacks schneller und doch zugleich richtiger kennen lernen, als – in den Lesebibliotheken.
Höre, was ich darin fand, und ich werde Dir ferner nichts mehr über den Ton von Würzburg zu sagen brauchen.
„Wir wünschen ein paar gute Bücher zu haben.“ – *Hier steht die Sammlung zu Befehl.* – „Etwa von Wieland.“ – *Ich zweifle fast.* – „Oder von Schiller, Goethe.“ – *Die möchten hier schwerlich zu finden sein.* – „Wie? Sind alle diese Bücher vergriffen? Wird hier so stark gelesen?“ – *Das eben nicht.* – „Wer liest denn hier eigentlich am meisten?“ – *Juristen, Kaufleute und verheiratete Damen.* – „Und die unverheirateten?“ – *Sie dürfen keine fordern.* – „Und die Studenten?“ – *Wir haben Befehl, ihnen keine zu geben.* – „Aber sagen Sie uns, wenn so wenig gelesen wird, wo in aller Welt sind denn die Schriften Wielands, Goethes, Schillers?“ – *Halten zu Gnaden, diese Schriften werden hier gar nicht gelesen.* – „Also Sie haben sie gar nicht in der Bibliothek?“ – *Wir dürfen nicht.* – „Was stehn denn also eigentlich für Bücher hier an diesen Wänden?“ – *Rittergeschichten, lauter Rittergeschichten, rechts die Rittergeschichten m i t Gespenstern, links o h n e Gespenster, nach Belieben.* – „So, so.“ – –

1 Welches Bild vom Lesen im 18. Jahrhundert ergibt sich aus den Statistiken und Texten? Fassen Sie die Hauptaussagen jeweils zusammen und formulieren Sie auf der Grundlage Ihrer Ergebnisse ein Statement zur Entwicklung des Buchwesens und Lesens im 18. Jahrhundert.

2 Weiterführend: Vergleichen Sie Buchproduktion und -rezeption im 18. Jahrhundert und heute.

Aufklärung heute

Günter Grass: **Der Traum der Vernunft** (1984) Auszug

[...] Die Unterschrift „Der Traum der Vernunft“ hat Goya einer Aquatinta-Radierung beigegeben, die einen über seinem Schreibwerkzeug schlafenden Mann zeigt, hinter dem Nachtgetier, Eulen und Fledermäuse flattern und ein Raubtier lagert: fast Luchs, noch Katze. Doch da das spanische Wort für Traum auch Schlaf bedeuten kann, könnte der Untertitel des beängstigenden Bildes auch heißen: „Der Schlaf der Vernunft erzeugt Ungeheuer.“ Und schon ist der Streit entfesselt, tritt das Elend der Aufklärung zutage, sind wir beim Thema.
Zweierlei wird bildhaft der Vernunft unterstellt: indem sie träumt, gebiert sie Ungeheuer, ihre Träume sind Ungeheuer – oder: weil die Vernunft schläft, ist den nächtlichen Ungeheuern Freiraum gegeben, macht sich Unvernunft breit, wird das mühsame Werk der Aufklärung überschattet, mit Dunkelheit überzogen, zunichte.
Die erste Deutung spricht für sich: Die Vernunft, des Men-

Francisco de Goya:
Der Traum der Vernunft, 1797/98

schen besondere, ihn auszeichnende Gabe, ist gleichwohl fähig, sobald sie träumt, Ungeheuer, sprich, erschreckende Visionen und Utopien als Schreckensherrschaften zu entwerfen. Vergangenheit und Gegenwart bestätigen diese Deutung, denn alle bis heute wirksamen Ideologieentwürfe sind Träume aufklärender Vernunft und haben – hier als Verelendung produzierender Kapitalismus, dort als mit Zwang herrschender Kommunismus – ihre Ungeheuerlichkeit bewiesen. [...]

Dabei war viel Hoffnung im Spiel, als vor mehr als zweihundertfünfzig Jahren die Aufklärer fleißig wurden und mit dem Talglicht Vernunft gegen Pfaffen und sonstige Dunkelmänner antraten. Es hieß: Wenn man das Menschengeschlecht vom Aberglauben befreie, es richtig erziehe, ihm den Blitzableiter schenke, es fortschreitend durch Elektrifizierung erleuchte und obendrein lehre, richtig die Zähne zu putzen, werde ein neues, verbessertes, Tag und Nacht lesendes, kurzum, ein vom Aberglauben befreites und zwangsläufig gesundes Menschengeschlecht dem ewigen Frieden und der allumfassenden Gerechtigkeit nahe sein.

Diese Hoffnung trog, wie wir wissen; oder sie ging pragmatischer auf als gedacht. Weder hat die Elektrifizierung den Menschen verbessert, noch wird das Kabelfernsehen ihn frei und mündig machen. Aus dem neuen, diesmal technischem Aberglauben anhängend, trat, nach wechselnder Mode gekleidet, der alte Adam hervor; eher ist er grausamer, gewiß zynischer und – weil mit Hilfe des technischen Fortschritts besser instrumentiert – gründlicher geworden, sobald sein Hang zur Zerstörung freigesetzt wird.

Natürlich tritt dieser neue, aufgeklärte alte Adam nicht nur als menschliche Bestie auf; immerhin ist er halbwegs demokratischer, bei Sonntagslaune toleranter, beim Aufteilen der Zuwächse und des Raubbaus sozialer, wenn nicht klüger, so doch schlauer und – statistisch gewertet – langlebiger geworden. Soll das die Ausbeute der Aufklärung sein? War mehr nicht drin?

So wird gefragt werden müssen. Ist die beklemmende, Freund und Feind nivellierende Beobachtung, daß die Befürworter der nuklearen Hochrüstung und deren Gegner allesamt die Sprache der Vernunft sprechen, jeweils den Gesetzen der Logik folgen und eintönig die Rettung des Menschengeschlechts im Munde führen, etwa als Fortschritt zu werten und als Triumph der Aufklärung zugleich? So ist es. So sprechen Konferenzprotokolle und Hirtenbriefe sogar. Jeder versteht jeden, bis er ihn, vernünftigerweise und streng logisch gedacht, durch Erstschlag ausrotten wird.

Seitdem der alte Adam fähig ist, sich, seinesgleichen und – wie nebenbei – alles sonstige Leben total zu vernichten, steht er mit seiner Vernunft, die ihn auszeichnen sollte vor allem Getier, allein und überdies gottverlassen allein da. Zurückgeworfen auf sich. Von seinen Werken umgeben, die sich selbständig machen. Überdrüssig seiner Vernunft, entdeckt er, seitdem sie kränkelt und siecht, die Natur. Soll sie den alten Adam retten? Ihm Ausweg und Zuflucht sein? Ihn aufklären neuerdings?

Auch das wird gefragt werden müssen, wenn hier, unter dem Dach der Akademie fortan und hoffentlich streitbar „Vom Elend der Aufklärung" die Rede sein wird. R

1 Grass spricht in seiner Rede von gescheiterten Hoffnungen der Aufklärung. Stellen Sie Argumente für Licht- und Schattenseiten der Aufklärung, die Grass andeutet, einander gegenüber.
2 Untersuchen Sie den Text im Hinblick auf seine rhetorische Gestaltung (→ S. 65).
3 Wie beurteilen Sie das Bild vom Schicksal der Aufklärung, das Grass entwirft?
4 Weiterführend: Schreiben Sie ein „Traumprotokoll": Welche Ungeheuer entsteigen den Träumen eines Menschen heute?

!

Epochenüberblick: Aufklärung (ca. 1720–1800) – Sturm und Drang (ca. 1765–1785)

Seit dem 17. Jahrhundert rückt die europäische Philosophie den Menschen in den Mittelpunkt des Interesses (Descartes: „cogito ergo sum" – „Ich denke, also bin ich"; Alexander Pope: „The proper study of mankind is man"). Die neue bürgerliche Gesellschaft des 18. Jahrhunderts führt diesen Ansatz fort. **Vernunft, Tugend, Bildung** und **Erziehung** werden zu zentralen Begriffen; das **neue Menschenbild** soll helfen, die **politische, gesellschaftliche, religiöse** und **wirtschaftliche Bevormundung** zu **beenden.** Nicht der Stand oder das religiöse Bekenntnis eines Menschen entscheiden über seinen Rang, zentral ist seine Übereinstimmung mit einer als universell gültig vorgestellten Vernunft. Vernunftgebrauch weist den Weg für richtiges Handeln – dieses wird mit Tugend und **Nützlichkeit für die Gesellschaft** gleichgesetzt.
Ziel aller Aufklärer ist es, ihre Ideale in der **Öffentlichkeit** zu diskutieren. Das Buch- und Zeitschriftenwesen erlebt einen deutlichen Aufschwung. Das enorm gewachsene Lesebedürfnis wird z. B. durch „Moralische Wochenschriften" befriedigt – Zeitschriften nach englischem Vorbild, die Informationen und Ratschläge zu ethischen, kulturellen und sozialen Themen geben.
Der **Literatur** fällt bei der Erziehung zur Vernunft eine wichtige Rolle zu. Nach Johann Christoph Gottsched hat Literatur die Aufgabe, eine „nützliche moralische Wahrheit" in Gestalt einer nach Regeln der Wahrscheinlichkeit erfundenen Handlung zu vermitteln. Gegen Gottscheds Regelpoetik, die Elemente wie Fantasie und Emotionalität weitgehend ausklammert, wendete sich schon Gotthold Ephraim Lessing. Sein **bürgerliches Trauerspiel** stellt bürgerliche Personen, ihre Weltauffassung und ihren **Konflikt mit dem Adel** ins Zentrum der Handlung und möchte durch die mitfühlende Teilnahme am Bühnengeschehen wirken. Von Georg Christoph Lichtenberg wird der **Aphorismus** als eigenständige Ausdrucksform in der deutschen Literatur entwickelt; die kurzen pointierten Texte wenden sich gegen Intoleranz und Irrationalismus.
Dem Vernunftkult mancher Aufklärer stellt die Bewegung der **Empfindsamkeit** einen **Gefühls- und Freundschaftskult** entgegen. Autoren wie Friedrich Gottlieb Klopstock und Sophie von La Roche werden zu Kultfiguren einer Leserschaft, die sich der Intensität ihrer oft schwärmerischen Gefühle wechselseitig versichert.
Im **Sturm und Drang** wird die aufrührerische Seite der neuen Subjektivität sichtbar: Mit den Aufklärern teilt man die **Kritik an politischer Bevormundung,** zudem wird aber verstärkt die **Emotionalität** des Menschen in den Blick genommen. Die Leitidee des **Genies** betont den **Wert des Individuellen, Spontanen, Impulsiven.** Ein Ideal von ungekünsteltem, lebendigem Ausdruck glaubt man in der **Volksdichtung** zu finden; die **Natur** wird als Quelle des Schöpferischen und Unverfälschten gesehen. Literarisches Vorbild ist William Shakespeare (1564–1616).

Wichtige Autoren und Werke:
Aufklärung
JOHANN C. GOTTSCHED (1700–1766): Versuch einer Critischen Dichtkunst vor die Deutschen (1730)
GOTTHOLD EPHRAIM LESSING (1729–1781): Minna von Barnhelm (1763, Komödie), Emilia Galotti (1772, bürgerliches Trauerspiel), Nathan der Weise (1779, Drama)
GEORG CHRISTOPH LICHTENBERG (1742–1799): Aphorismen (entstanden 1764–1799)
Empfindsamkeit
SOPHIE VON LA ROCHE (1730–1807): Geschichte des Fräuleins von Sternheim (1771, Roman)
Sturm und Drang
FRIEDRICH SCHILLER (1759–1805): Die Räuber (1781, Drama), Kabale und Liebe (1784, Drama)
JOHANN WOLFGANG VON GOETHE (1749–1832): Götz von Berlichingen (1773, Drama), Sesenheimer Lieder (1771, Gedichte), Die Leiden des jungen Werthers (1774, Briefroman)

2 Klassik

Johann Heinrich Wilhelm Tischbein: Goethe in der Campagna di Roma (1786/88)

England – Deutschland:
ein „Fußballklassiker"

Abbildung in einer Frauenzeitschrift:
„klassischer Hosenanzug"

Antonio Canova: Paolina Borghese als Venus (1805–08)

1 „Klassik", „klassisch" – Erläutern Sie anhand der Abbildungen Bedeutungen dieser Bezeichnungen.

2 **a** Tragen Sie weitere Beispiele für die Verwendung dieser Wörter zusammen (Medien, Werbung, Umgangssprache ...).

b Stellen Sie verschiedene Bedeutungen der Bezeichnungen „Klassik" und „klassisch" in einem Cluster (→ S. 348), einer Mind-Map (→ S. 347) oder einer anderen grafischen Veranschaulichung dar.

2.1 Hintergründe: Goethe und Schiller in Weimar

Ein Künstlerbündnis

Johann Wolfgang von Goethe (1749–1832)

Johann Wolfgang von Goethe

Johann Wolfgang Goethe ist seit der Veröffentlichung seines Sturm-und-Drang-Dramas „Götz von Berlichingen" (1773) und des Briefromans „Die Leiden des jungen Werthers" (1774) ein gefeierter Schriftsteller. Seit 1775 lebt er in Weimar, wo ihm Herzog Karl August Regierungsämter anver-
5 traut. Stadt und Hof sind klein; die Mutter des Herzogs, Anna Amalia, holt jedoch zahlreiche Vertreter der intellektuellen Elite nach Weimar. Goethe findet zwar neben seinen Ämtern auch Zeit für literarische Arbeiten; von seinen Verwaltungstätigkeiten ausgelaugt bricht er jedoch 1786 fluchtartig zu einer langen Italienreise auf. In Italien beschäftigt er sich intensiv
10 mit antiker Kunst und Fragen der Ästhetik. In seiner Biografie ist der Italienaufenthalt ein Neubeginn. An seinen Herzog schreibt er: „Ich habe mich in dieser anderthalbjährigen Einsamkeit selbst wiedergefunden; aber als was? – Als Künstler!"
Unterstützung auf seinem Weg zu einer neuen Literatur- und Kunstauffassung findet Goethe nach seiner Rückkehr aus Italien vor allem bei Friedrich Schiller. Gemeinsame Basis für die Zusammenar-
15 beit der beiden Dichter, die Mitte der 1790er Jahre beginnt, ist unter anderem ihre kritische Haltung gegenüber den Ereignissen in Frankreich nach 1789.
Der „Musenhof" in Weimar entwickelt sich in dieser Zeit zum Modell eines idealen Gemeinwesens, das deutschland-, ja europaweit Ausstrahlungskraft hat. Goethe ist verantwortlich für das Hoftheater; es entstehen zahlreiche Gedichte und er entwickelt sein Faust-Drama weiter.

Friedrich Schiller (1759–1805)

Friedrich Schiller

Wie Goethe ist auch Friedrich Schiller seit der Uraufführung seines Sturm-und-Drang-Dramas „Die Räuber" (1782) ein viel beachteter Autor. Er kann aber von seinen Veröffentlichungen nicht leben und sucht deshalb beständig nach Einnahmequellen, die ihn an verschiedene Orte führen. Seit
5 Ende 1788 ist er unbesoldeter Geschichtsprofessor in Jena, nahe Weimar. Der promovierte Mediziner beschäftigt sich mit Philosophie, vor allem mit Kant und Fragen der Ästhetik. Er steht in Kontakt mit wichtigen Intellektuellen seiner Zeit, z. B. mit Wilhelm von Humboldt, Friedrich Hölderlin und Friedrich Schlegel.
10 Seit 1790 bezieht Schiller ein festes Gehalt vom Weimarer Herzog; 1794 bietet er Goethe die Mitarbeit an seiner Zeitschrift „Die Horen" an. Die von Schiller veröffentlichte Ankündigung des neuen Projekts (→ S. 179) darf als gemeinsames Kunstprogramm der Klassik gelesen werden. Goethe schickt ihm nun jeden Druckbogen seines Romans „Wilhelm Meisters Lehrjahre" (1795/96) und erhält von Schiller ausführliche Kommentare. Goethe seinerseits hat einen großen Anteil an der
15 Entstehung von Schillers Wallenstein-Trilogie. Der erste Teil des Geschichtsdramas wird 1798 zur Eröffnung des umgebauten Weimarer Theaters uraufgeführt. Ende 1799 zieht Schiller mit seiner Familie von Jena nach Weimar um. Er ist weiterhin ungemein produktiv und arbeitet meist parallel an mehreren Dramen, großen Gedichten und theoretischen Schriften. Die schon angeschlagene Gesundheit leidet darunter – nach mehreren schweren Krankheitsanfällen stirbt Schiller 1805.

1 Die Rede von einer Epoche der „Klassik" in der deutschen Literatur bezieht sich in der Regel auf die Jahre 1786 (Beginn von Goethes Italienreise) bis 1805 (Schillers Tod) und insbesondere auf die künstlerische Kooperation Goethes und Schillers. Stellen Sie aus den biografischen Informationen auf S.160 Voraussetzungen für die Entstehung der Klassik in Deutschland zusammen.

2 Referate: Zur geistigen Elite, die in Weimar eine Heimat fand, gehörten nicht nur Goethe und Schiller. Stellen Sie in Kurzreferaten (→ S.13) oder Kurzvorträgen (→ S.13) folgende Personen vor: Herzogin Anna Amalia, Johann Gottfried Herder, Christoph Martin Wieland, August von Kotzebue, Johanna Schopenhauer.

Schiller und Goethe treffen sich im Juli 1794 mehrmals. Diese Begegnungen finden in einer freundlich-vertrauten Atmosphäre statt. Schiller fühlt sich ermutigt, Goethe zu dessen 45. Geburtstag am 28. August 1794 einen Brief zu schreiben, in dem er seine eigene Art zu dichten und zu denken derjenigen Goethes vergleichend gegenüberstellt.
Goethe charakterisiert er als einen Denker der Intuition, der von den empirischen Gegebenheiten ausgehe und vom Besonderen zum Allgemeinen fortschreite; er selbst dagegen erfasse zunächst das Allgemeine und versuche dann, die gewonnene Idee in der konkreten Welt wiederzufinden.
Goethe ist mit dieser Einschätzung sehr einverstanden. Er schreibt zurück, dass er sich „kein angenehmer[es] Geschenk" als diesen Brief zu seinem Geburtstag habe vorstellen können.

Friedrich Schiller: **Brief an Goethe°** (23. August 1794) Auszug

Lange schon habe ich, obgleich aus ziemlicher Ferne, dem Gang Ihres Geistes zugesehen, und den Weg, den Sie sich vorgezeichnet haben, mit immer erneuerter Bewunderung bemerkt. [...]
Wären Sie als ein Grieche, ja nur als ein Italiener geboren worden, und hätte schon von der Wiege an eine auserlesene Natur und eine idealisierende Kunst Sie umgeben, so wäre Ihr Weg unendlich verkürzt, vielleicht ganz überflüssig gemacht worden. Schon in die erste Anschauung der Dinge hätten Sie dann die Form des Notwendigen aufgenommen, und mit Ihren ersten Erfahrungen hätte sich der große Stil in Ihnen entwickelt. Nun, da Sie ein Deutscher geboren sind, da Ihr griechischer Geist in diese nordische Schöpfung geworfen wurde, so blieb Ihnen keine andere Wahl, als entweder selbst zum nordischen Künstler zu werden, oder Ihrer Imagination das, was ihr die Wirklichkeit vorenthielt, durch Nachhülfe der Denkkraft zu ersetzen, und so gleichsam von innen heraus und auf einem rationalen Wege ein Griechenland zu gebären. In derjenigen Lebens-Epoche, wo die Seele sich aus der äußern Welt ihre innere bildet, von mangelhaften Gestalten umringt, hatten Sie schon eine wilde und nordische Natur in sich aufgenommen, als Ihr siegendes, seinem Material überlegenes Genie diesen Mangel von innen entdeckte, und von außen her durch die Bekanntschaft mit der griechischen Natur davon vergewissert wurde. Jetzt mussten Sie die alte, Ihrer Einbildungskraft schon aufgedrungene schlechtere Natur nach dem besseren Muster, das Ihr bildender Geist sich erschuf, korrigieren, und das kann nun freilich nicht anders als nach leitenden Begriffen von statten gehen. Aber diese logische Richtung, welche der Geist bei der Reflexion zu nehmen genötiget ist, verträgt sich nicht wohl mit der ästhetischen, durch welche allein er bildet. Sie hatten also eine Arbeit mehr: denn so wie Sie von der Anschauung zur Abstraktion übergingen, so mussten Sie nun rückwärts Begriffe wieder in Intuitionen umsetzen, und Gedanken in Gefühle verwandeln, weil nur durch diese das Genie hervorbringen kann.

1 Schiller deutet Goethes künstlerisches Verfahren.
a Stellen Sie den im Text auf S. 161 beschriebenen Prozess in einem Schaubild (→ S. 350) dar. Verwenden Sie dabei zentrale Begriffe des Textes wie „Denkkraft", „Imagination" ...
b Erläutern Sie die im Brief beschriebene Kunstauffassung mit eigenen Worten.
2 Betrachten Sie die Abbildung rechts und beschreiben Sie, wie der Bildhauer die von Schiller erläuterten unterschiedlichen Geisteshaltungen der beiden Dichter zu visualisieren versucht.
3 Weiterführend: Das Denkmal steht auf dem Platz vor dem Weimarer Deutschen Nationaltheater. Informieren Sie sich über die Geschichte dieses bedeutenden Theaters von den Anfängen des Weimarer Hoftheaters bis heute. Stellen Sie Ihre Ergebnisse auf einem Wandplakat dar.

Ernst Rietschel (1804–1861): Denkmal für Goethe und Schiller in Weimar (1852–1857)

Goethe und Schiller festigen ihr Bündnis auch, indem sie gemeinsam Widersacher benennen und sich von anderen ästhetischen und politischen Vorstellungen abgrenzen. In mehr als 900 gemeinsam verfassten „Xenien" üben sie schnell und polemisch, in knapper pointierter Form Kritik.
„Xenien" nannte der römische Dichter Martial (ca. 40–104 n. Chr.) Begleitverse zu Geschenken – Goethe und Schiller verwenden den Begriff in ironischer Umdeutung.

Johann Wolfgang von Goethe, Friedrich Schiller: **Xenien** (1796)

Die schwere Verbindung
Warum will sich Geschmack und Genie so selten vereinen?
Jener fürchtet die Kraft, dieses verachtet den Zaum.

Deutscher Nationalcharakter
Zur Nation euch zu bilden, ihr hoffet es, Deutsche, vergebens;
Bildet, ihr könnt es, dafür freier zu Menschen euch aus!

Geschwindschreiber
Was sie gestern gelernt, das wollen sie heute schon lehren –
Ach, was haben die Herrn doch für ein kurzes Gedärm!

Poetische Erdichtung und Wahrheit
Wozu nützt die ganze Erdichtung? – Ich will es dir sagen,
Leser, sagst du mir, wozu die Wirklichkeit nützt.

Der Zeitpunkt
Eine große Epoche hat das Jahrhundert geboren,
Aber der große Moment findet ein kleines Geschlecht.

1 Versuchen Sie die Aussage jeder Xenie zu entschlüsseln, indem Sie das Thema bestimmen und den Inhalt in eigenen Worten wiedergeben, z. B.:
„Die schwere Verbindung": Thema: Kunsttheorie. Aussage: Oft sind Kunstwerke zwar ansprechend gemacht, aber langweilig und einfallslos. Oder aber: Kunstwerke sind zwar mit Inspiration gemacht, aber ohne ansprechende Form.

„Die Welt ist aus den Fugen" – Stimmen zur Französischen Revolution

Georg Forster: **Brief an Christian Gottlob Heyne vom 30. Juli 1789°** (Auszug)

[...] Schön ist es aber zu sehen, was die Philosophie in den Köpfen gereift und dann im Staate zu Stande gebracht hat, ohne dass man ein Beispiel hätte, dass je eine so gänzliche Veränderung so wenig Blut und Verwüstung gekostet hätte. Also ist es doch der sicherste Weg, die Menschen über ihren wahren Vorteil und über ihre Rechte aufzuklären; dann gibt sich das Übrige wie von selbst.

Friedrich Schiller: **Brief an den Herzog von Augustenburg vom 13. Juli 1793°** (Auszug)

Wäre das Faktum wahr – wäre der außerordentliche Fall wirklich eingetreten, dass die politische Gesetzgebung der Vernunft übertragen, der Mensch als Selbstzweck respektiert und behandelt, das Gesetz auf den Thron erhoben und wahre Freiheit zur Grundlage des Staatsgebäudes gemacht worden, so wollte ich auf ewig von den Musen Abschied nehmen und dem herrlichsten aller Kunstwerke, der Monarchie der Vernunft, alle meine Tätigkeit widmen. Aber dieses Faktum ist es eben, was ich zu bezweifeln wage. Ja, ich bin so weit entfernt, an den Anfang einer Regeneration im Politischen zu glauben, dass mir die Ereignisse der Zeit vielmehr alle Hoffnungen dazu auf Jahrhunderte benehmen. [...]

Der Versuch des französischen Volks, sich in seine heiligen Menschenrechte einzusetzen und eine politische Freiheit zu erringen, hat bloß das Unvermögen und die Unwürdigkeit desselben an den Tag gebracht und nicht nur dieses unglückliche Volk, sondern mit ihm auch einen beträchtlichen Teil Europas und ein ganzes Jahrhundert in Barbarei und Knechtschaft zurückgeschleudert. Der Moment war der günstigste, aber er fand eine verderbte Generation, die ihn nicht wert war und weder zu würdigen noch zu benutzen wusste.

Hinrichtung Ludwigs XVI. am 21. Januar 1793 auf der Place de la République in Paris

Johann Peter Eckermann: **Gespräche mit Goethe, Gespräch vom 4. Januar 1824** (Auszug)

„Es ist wahr“, [sagte Goethe], „ich konnte kein Freund der Französischen Revolution sein, denn ihre Gräuel standen mir zu nahe und empörten mich täglich und stündlich, während ihre wohltätigen Folgen damals noch nicht zu ersehen waren. Auch konnte ich nicht gleichgültig dabei sein, dass man in Deutschland künstlicherweise ähnliche Szenen herbeizuführen trachtete, die in Frankreich Folge einer großen Notwendigkeit waren.

Ebenso wenig war ich ein Freund herrischer Willkür. Auch war ich vollkommen überzeugt, dass irgendeine große Revolution nie Schuld des Volkes ist, sondern der Regierung. Revolutionen sind ganz unmöglich, sobald die Regierungen fortwährend gerecht und fortwährend wach sind, so dass sie ihnen durch zeitgemäße Verbesserungen entgegenkommen und sich nicht so lange sträuben, bis das Notwendige von unten her erzwungen wird.“

---

1 **a** Erstellen Sie eine Übersicht mit den wichtigsten Daten zur Französischen Revolution.
b Klären Sie, welche Auswirkungen die Ereignisse in Frankreich auf die deutsche Geschichte hatten.

2 Fassen Sie die drei Stellungnahmen zur Französischen Revolution auf S. 163 f. jeweils kurz zusammen. Gehen Sie auf den Zusammenhang zwischen Inhalt und Entstehungszeit der Äußerungen ein.

„Freiheitsbäume“ waren eines der Symbole der Französischen Revolution. 1790 errichteten die Jakobiner in Paris einen solchen Baum, krönten ihn mit der jakobinischen Freiheitsmütze und umtanzten ihn, wobei sie Revolutionslieder sangen. Bald gehörte der Tanz um den „arbre de la liberté“ zu den Festen der Revolution. Auch in manchen deutschen Fürstentümern wurden spontan Freiheitsbäume aufgestellt; dieses Bekenntnis zu den Idealen der Revolution wurde jedoch streng geahndet.

---

3 Mit welcher Darstellungsabsicht zeigt die Goethe zugeschriebene Zeichnung das Revolutionszeichen inmitten einer idyllischen Landschaft? Begründen Sie Ihre Vermutungen.

Johann Wolfgang von Goethe: Freiheitsbaum, 1792

Weimar aus der Sicht eines Zeitgenossen

V. Wölfling[1]: **Weimar** (1796) Auszug

[...] es war mir unmöglich, sage ich, mir eine solche Residenz anders zu denken als den Sitz des Lichtes. Sitten, Kultur, Menschen, Staatsverwaltung, alles malte mir meine Fantasie mit schönen Regenbogenfarben. Das Äußere der Stadt musste allenthalben Geschmack und Wohlstand zeigen, und ich glaubte ganz gewiss, mich bei meiner An-

1 **V. Wölfling:** Theologe und Schriftsteller, Verfasser eines Reiseberichts über Thüringen

kunft durch eine erwünschte Täuschung nach Athen versetzt zu fühlen, keinen Schritt gehen zu können, ohne einen Beweis von durchdachten Verbesserungen wahrzunehmen oder einem schönen Geist oder Künstler in den Weg zu rennen. Aber ich konnte vor Entzückungen bis in den dritten Himmel ganz ruhig sein. Denn für diesmal sah ich keine Akademie von schönen Geistern aus allen Enden Deutschlands konzentriert, keine Menschen, welche der Extrakt aller Aufklärung und Verfeinerung waren, keine Verfassung, welche nach den Idealen dichtender Minister und Philosophen geformt war, kein Athen – kurz, nichts und wieder nichts von alledem, was ich geträumt und fantasiert hatte. Es ging alles so prosaisch zu [...].

Die Häuser sind meistens dürftig gebaut, und es hat mir alles so das armselige Ansehen einer nahrlosen Landstadt. Man darf sich nicht weit von den Hauptstraßen entfernen, um in Winkel und Löcher zu kommen, welche dieses Ansehen noch mehr gewinnen. Kein einziger Platz ist, der der Stadt eine residenzähnliche Ansicht gäbe. Das alte Schloss ist längst abgebrannt; der Hof wohnt in dem Landschaftshause, und mit der Erbauung eines neuen Residenzschlosses geht es sehr sparsam.

[...] Sie besuchen das Kaffeehaus, und da sehen Sie eine leere Tabagie[2], in welcher der Wirt vor Langeweile die Hände reibt und Sie mit Komplimenten beinahe in den äußersten Winkel jagt, weil Sie ihn so glücklich gemacht und besucht haben. Des Abends aber treffen Sie allenfalls einen Klub von Kanzelisten, Schreibern etc. an, der Sie in seinem Tabaksqualm beinahe erstickt. Der Italiener, ein ehrlicher Deutscher, bei dem Sie Jenaer [Gewächs, sieht aus wie Wein] für Pontac bezahlen und nicht weiter versucht werden, die getauften Champagner, Burgunder und wie die Namen alle heißen zu kosten, um Ihren Magen auf einige Wochen zu verderben. – So fand ich Weimar in dem ersten Nachmittage, da ich mich umsah.

Unter den 11 000 Menschen, welche die Stadt bewohnen, ist bei Weitem die größere Zahl eine Rasse von kleinstädtischen Spießbürgern, welchen man weder die Verfeinerung einer Hofstadt noch sonderlichen Wohlstand anmerkt. Alles lebt von dem Luxus eines eingeschränkten Hofs, dessen Fürst abwesend ist und dessen geringer Adel zum Teil arm ist, zum Teil aus gelehrten oder schönen Geistern besteht, welche zu philosophisch denken, um des Hofes wegen Aufwand zu machen.

Weimar besitzt weder Fabriken noch Handel [...].

Die guten Köpfe und Genies, welche Weimar in Ruf gebracht haben, verlieren sich mit ihren Studierwinkeln, in welchen sie nach Ideen konzipieren und Bücher zur Welt bringen, wie einzelne leuchtende Punkte am Himmel. Sie sind mehr fürs große Publikum des Auslandes als für den einheimischen kleinen Staat, in dessen Hofschatten sie sich laben und sonnen.

2 **Tabagie:** Gasthaus, in dem geraucht werden darf

---

1 **a** Stellen Sie die in Wölflings Bericht geschilderten Erwartungen und Wahrnehmungen vergleichend einander gegenüber.
b Überlegen Sie, warum die Erwartungen und die Erfahrungen des Reisenden wohl so weit auseinanderklaffen.

2 Referate: Informieren Sie Ihre Lerngruppe in Kurzreferaten (→ S. 13) über:
- Die politische Situation in Deutschland um 1800 als Hintergrund für Wölflings Schilderung der Stadt Weimar
- Stadt und Herzogtum Weimar um 1800: Politik, Gesellschaft, Wirtschaft

2.2 Menschenbilder, Menschenbildung: „Edel sei der Mensch ...“

Humanität

Johann Wolfgang von Goethe: **Das Göttliche** (1783)

Edel sei der Mensch,
Hilfreich und gut!
Denn das allein
Unterscheidet ihn
5 Von allen Wesen,
Die wir kennen.

Heil den unbekannten
Höhern Wesen,
Die wir ahnen!
10 Ihnen gleiche der Mensch!
Sein Beispiel lehr' uns
Jene glauben.

Denn unfühlend
Ist die Natur:
15 Es leuchtet die Sonne
Über Bös' und Gute,
Und dem Verbrecher
Glänzen wie dem Besten
Der Mond und die Sterne.

20 Wind und Ströme,
Donner und Hagel
Rauschen ihren Weg
Und ergreifen
Vorübereilend
25 Einen um den andern.

Auch so das Glück
Tappt unter die Menge,
Fasst bald des Knaben
Lockige Unschuld,
30 Bald auch den kahlen
Schuldigen Scheitel.

Nach ewigen, ehrnen,
Großen Gesetzen
Müssen wir alle
35 Unsreres Daseins
Kreise vollenden.

Nur allein der Mensch
Vermag das Unmögliche:
Er unterscheidet,
40 Wählet und richtet;
Er kann dem Augenblick
Dauer verleihen.

Er allein darf
Den Guten lohnen,
45 Den Bösen strafen,
Heilen und retten,
Alles Irrende, Schweifende
Nützlich verbinden.

Und wir verehren
50 Die Unsterblichen,
Als wären sie Menschen,
Täten im Großen,
Was der Beste im Kleinen
Tut oder möchte.

55 Der edle Mensch
Sei hilfreich und gut!
Unermüdet schaff' er
Das Nützliche, Rechte,
Sei uns ein Vorbild
60 Jener geahneten Wesen!

Johann Gottfried Herder (1744–1803)

1762–64: Studium der Theologie und Philosophie in Königsberg, unter anderem bei Immanuel Kant.
1764–69: Arbeit als Lehrer und Prediger in Riga.
1770: in Straßburg Bekanntschaft mit dem 21-jährigen Goethe, für den er zu einem wichtigen Förderer wird. Goethe verdankt Herder u.a. Hinweise auf Homer und Pindar, auf die englische Literatur und die Volkspoesie.
1775: Goethe setzt sich für Herders Berufung nach Weimar ein, wo dieser ab 1776 mit der Oberaufsicht über Kirche und Schulwesen betraut wird.

Johann Gottfried Herder

Johann Gottfried Herder: **Briefe zur Beförderung der Humanität** (1793) Auszug

Humanität ist der Charakter unsres Geschlechts; er ist uns aber nur in Anlagen angeboren, und muss uns eigentlich angebildet werden. Wir bringen ihn nicht fertig auf die Welt mit; auf der Welt aber soll er das Ziel unsres Bestrebens, die Summe unsrer Übungen, unser Wert sein: denn eine Angelität[1] im Menschen kennen wir nicht, und wenn der Dämon[2], der uns regiert, kein humaner Dämon ist, werden wir Plagegeister der Menschen. Das Göttliche in unserm Geschlecht ist also *Bildung zur Humanität.* […] Der Mensch ist von Erde, eine zerbrechliche, von einem flüchtigen Othem[3] durchhauchte Leimhütte[4]; sein Leben ist ein Schatte, sein Los ist Mühe auf Erden. Schon dieser Begriff führte zur Menschlichkeit, d.i. zum erbarmenden Mitgefühl des Leidens seiner Nebenmenschen, zur Teilnahme an den Unvollkommenheiten ihrer Natur, mit dem Bestreben, diesen zuvorzukommen oder ihnen abzuhelfen.

1 **Angelität:** Engelhaftigkeit
2 **Dämon:** nach antiker Vorstellung ein Geist, eine innere Stimme
3 **Othem, Odem:** poetische, gehobene Sprache für „Atem"
4 **Leimhütte:** Lehmhütte

---

1 Fassen Sie Herders Verständnis von „Humanität" und „Menschlichkeit" in einem Satz zusammen.

2 **a** Geben Sie den Gedankengang in Goethes Gedicht „Das Göttliche" wieder, indem Sie jeweils den Hauptgedanken der Strophen in eigenen Worten formulieren und die Argumentation – das Verhältnis von Forderungen und Begründungen im Gedicht – herausarbeiten.
b Charakterisieren Sie, wie das Gedicht Göttliches und Menschliches ins Verhältnis setzt.
c Vergleichen Sie die Aussage des Gedichts mit Herders Konzeption von Humanität.

3 Vergleichen Sie das Menschenbild in Goethes Gedicht „Prometheus" (1774) aus der Phase des Sturm und Drang mit dem Menschenbild in dem Gedicht „Das Göttliche".

4 **a** Beschreiben Sie die Form des Gedichts „Das Göttliche" und bestimmen Sie an ausgewählten Beispielen den Zusammenhang zwischen formaler und inhaltlicher Gestaltung.
b Was könnte an diesem Gedicht „klassisch" sein? Begründen Sie Ihre Vermutungen.

Johann Wolfgang von Goethe: **Wilhelm Meisters Lehrjahre** (1795/96) Auszug

[In einem Brief an seinen Schwager Werner begründet Wilhelm Meister seinen Entschluss, sich einer Theatertruppe anzuschließen.]

Dass ich dir's mit e i n e m Worte sage: Mich selbst, ganz wie ich da bin, auszubilden, das war dunkel von Jugend auf mein Wunsch und meine Absicht. Noch hege ich eben diese Gesinnungen, nur dass mir die Mittel, die mir es möglich machen werden, etwas deutlicher sind. Ich habe mehr Welt gesehen, als du glaubst, und sie besser benutzt, als du denkst. Schenke deswegen dem, was ich sage, einige Aufmerksamkeit, wenn es gleich nicht ganz nach deinem Sinne sein sollte.

Wäre ich ein Edelmann, so wäre unser Streit bald abgetan; da ich aber nur ein Bürger bin, so muss ich einen eigenen Weg nehmen, und ich wünsche, dass du mich verstehen mögest. Ich weiß nicht, wie es in fremden Ländern ist, aber in Deutschland ist nur dem Edelmann eine gewisse allgemeine, wenn ich sagen darf, personelle Ausbildung möglich. Ein Bürger kann sich Verdienst erwerben und zur höchsten Not seinen Geist ausbilden; seine Persönlichkeit geht aber verloren, er mag sich stellen, wie er will. Indem es dem Edelmann, der mit den Vornehmsten umgeht, zur Pflicht wird, sich selbst einen vornehmen Anstand zu geben, indem dieser Anstand, da ihm weder Tür noch Tor verschlossen ist, zu einem freien Anstand wird, da er mit seiner Figur, mit seiner Person, es sei bei Hofe oder

30 bei der Armee, bezahlen muss, so hat er Ursache, etwas auf sie zu halten und zu zeigen, dass er etwas auf sie hält. Eine gewisse feierliche Grazie bei gewöhnlichen Dingen, eine Art von leichtsinniger Zierlichkeit bei ernst-
35 haften und wichtigen kleidet ihn wohl, weil er sehen lässt, dass er überall im Gleichgewicht steht. Er ist eine öffentliche Person, und je ausgebildeter seine Bewegungen, je sonorer seine Stimme, je gehaltner und ge-
40 messener sein ganzes Wesen ist, desto vollkommner ist er. Wenn er gegen Hohe und Niedre, gegen Freunde und Verwandte immer ebenderselbe bleibt, so ist nichts an ihm auszusetzen, man darf ihn nicht anders wün-
45 schen. Er sei kalt, aber verständig; verstellt, aber klug. Wenn er sich äußerlich in jedem Momente seines Lebens zu beherrschen weiß, so hat niemand eine weitere Forderung an ihn zu machen, und alles Übrige, was er an
50 und um sich hat, Fähigkeit, Talent, Reichtum, alles scheinen nur Zugaben zu sein.
Nun denke dir irgendeinen Bürger, der an jene Vorzüge nur einigen Anspruch zu machen gedächte; durchaus muss es ihm misslingen,
55 und er müsste desto unglücklicher werden, je mehr sein Naturell ihm zu jener Art zu sein Fähigkeit und Trieb gegeben hätte.
Wenn der Edelmann im gemeinen Leben gar keine Grenzen kennt, wenn man aus ihm Kö-
60 nige oder königähnliche Figuren erschaffen kann; so darf er überall mit einem stillen Bewusstsein vor seinesgleichen treten; er darf überall vorwärtsdringen, anstatt dass dem Bürger nichts besser ansteht als das reine,
65 stille Gefühl der Grenzlinie, die ihm gezogen ist. Er darf nicht fragen: Was bist du?, sondern nur: Was hast du? Welche Einsicht, welche Kenntnis, welche Fähigkeit, wie viel Vermögen? Wenn der Edelmann durch die
70 Darstellung seiner Person alles gibt, so gibt der Bürger durch seine Persönlichkeit nichts und soll nichts geben. Jener darf und soll scheinen; dieser soll nur sein, und was er scheinen will, ist lächerlich oder abge-
75 schmackt. Jener soll tun und wirken, dieser soll leisten und schaffen; er soll einzelne Fähigkeiten ausbilden, um brauchbar zu werden, und es wird schon vorausgesetzt, dass in seinem Wesen keine Harmonie sei, noch sein dürfe, weil er, um sich auf e i n e Weise 80
brauchbar zu machen, alles Übrige vernachlässigen muss.
An diesem Unterschiede ist nicht etwa die Anmaßung der Edelleute und die Nachgiebigkeit der Bürger, sondern die Verfassung 85
der Gesellschaft selbst schuld; ob sich daran einmal etwas ändern wird und was sich ändern wird, bekümmert mich wenig; genug, ich habe, wie die Sachen jetzt stehen, an mich selbst zu denken, und wie ich mich selbst 90
und das, was mir ein unerlässliches Bedürfnis ist, rette und erreiche.
Ich habe nun einmal gerade zu jener harmonischen Ausbildung meiner Natur, die mir meine Geburt versagt, eine unwiderstehliche 95
Neigung. Ich habe, seit ich dich verlassen, durch Leibesübung viel gewonnen; ich habe viel von meiner gewöhnlichen Verlegenheit abgelegt und stelle mich so ziemlich dar. Ebenso habe ich meine Sprache und Stimme 100
ausgebildet, und ich darf ohne Eitelkeit sagen, dass ich in Gesellschaften nicht missfalle. Nun leugne ich dir nicht, dass mein Trieb täglich unüberwindlicher wird, eine öffentliche Person zu sein und in einem weitern 105
Kreise zu gefallen und zu wirken. Dazu kömmt meine Neigung zur Dichtkunst und zu allem, was mit ihr in Verbindung steht, und das Bedürfnis, meinen Geist und Geschmack auszubilden, damit ich nach und 110
nach auch bei dem Genuss, den ich nicht entbehren kann, nur das Gute wirklich für gut und das Schöne für schön halte. Du siehst wohl, dass das alles für mich nur auf dem Theater zu finden ist und dass ich mich in 115
diesem einzigen Elemente nach Wunsch rühren und ausbilden kann. Auf den Brettern erscheint der gebildete Mensch so gut persönlich in seinem Glanz als in den obern Klassen; Geist und Körper müssen bei jeder 120
Bemühung gleichen Schritt gehen, und ich werde da so gut sein und scheinen können als irgend anderswo.

1 **a** Die Hauptfigur in Goethes Entwicklungs- und Bildungsroman beschreibt einen Kontrast zwischen der Rolle eines Adeligen und der eines Bürgers. Stellen Sie einschlägige Textpassagen tabellarisch einander gegenüber.
b Bringen Sie den beschriebenen Gegensatz in ein oder zwei Sätzen auf den Punkt.
c Arbeiten Sie Wilhelms Zielvorstellung heraus.

2 Beurteilen Sie heutige Bildungsgänge und Lebensmöglichkeiten im Hinblick auf Wilhelm Meisters Lebensziel. Bedenken Sie dabei auch den Berufsweg, für den er sich entscheidet.

„Meine Beschäftigung ist jetzt ziemlich konzentriert. Kant und die Griechen sind beinahe meine einzige Lektüre.“ Was Friedrich Hölderlin 1794 an seinen ehemaligen Studienkollegen Hegel schreibt, gilt für viele Schriftsteller um 1800. Der Philosoph Immanuel Kant (1724–1804) hatte mit seinen Schriften Erkenntnistheorie, Moralphilosophie und Ästhetik auf eine neue Grundlage gestellt.
5 In der praktischen Philosophie, der Moralphilosophie, wollte der Königsberger Philosophieprofessor ein Fundament schaffen, das Gültigkeit für alle Menschen, gleich welchen Standes oder welcher Nation, haben sollte. Eine solche Grundlage glaubte Kant nur in einer als zeitlos gültig gedachten, allgemein menschlichen Vernunft finden zu können. Kant betrachtet den Menschen als Doppelwesen: Auf der einen Seite ist er ein Naturwesen, gebraucht seine Sinne, seinen Körper, hat Neigungen,
10 Gefühle und (oft egoistische) Interessen; auf der anderen Seite steht sein „intelligibles“ Wesen, d.h., er ist vernunftbegabt und „frei“, insofern er von seiner sinnlichen Natur, seinen Neigungen, Gefühlen, persönlichen Motiven usw. absehen und sich an Maßgaben der Vernunft orientieren kann. Der Kern von Moral, den der Mensch als Vernunftwesen begreifen kann, ist für Kant Verallgemeinerbarkeit; dies bringt der in verschiedenen Formulierungen bekannte kategorische Imperativ zum Aus-
15 druck: „Handle so, dass die Maxime deines Willens jederzeit zugleich als Prinzip einer allgemeinen Gesetzgebung gelten könne.“ Entscheidend für Moralität ist nach Kant allein das Handeln aus Vernunftgründen und nach Prinzipien der Verallgemeinerbarkeit. Die Vernunft soll den Willen regieren; wer lediglich auf Grund seiner Neigungen und Gefühle oder aus persönlichen Interessen das moralisch Gebotene tut, handelt zwar pflichtgemäß, aber nicht „aus Pflicht“, nicht wirklich moralisch.

Die Doppelnatur des Menschen nach Kant

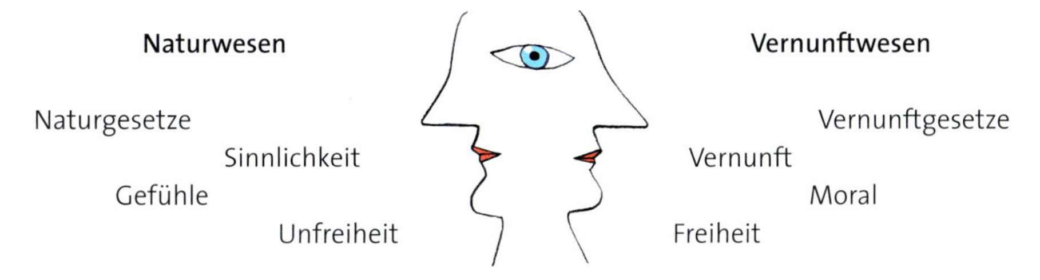

Friedrich Schiller: **Über Anmut und Würde** (1793)

In der kantischen Moralphilosophie ist die Idee der *Pflicht* mit einer Härte vorgetragen, die alle Grazien davon zurückschreckt und einen schwachen Verstand leicht versuchen
5 könnte, auf dem Wege einer finstern und mönchischen Asketik die moralische Vollkommenheit zu suchen. […]

Eine schöne Seele nennt man es, wenn sich das sittliche Gefühl aller Empfindungen des Menschen endlich bis zu dem Grad versi- 10 chert hat, dass es dem Affekt die Leitung des Willens ohne Scheu überlassen darf und nie Gefahr läuft, mit den Entscheidungen desselben im Widerspruch zu stehen. Daher sind bei einer schönen Seele die einzelnen Handlungen eigentlich nicht sittlich, sondern der ganze Charakter ist es. In einer schönen Seele ist es also, wo Sinnlichkeit und Vernunft, Pflicht und Neigung harmonieren, und Grazie ist ihr Ausdruck in der Erscheinung. [...] Es ist dem Menschen zwar aufgegeben, eine innige Übereinstimmung zwischen seinen beiden Naturen zu stiften, immer ein harmonierendes Ganze zu sein und mit seiner vollstimmigen ganzen Menschheit zu handeln. Aber diese Charakterschönheit, die reifste Frucht seiner Humanität, ist bloß eine Idee, welcher gemäß zu werden er mit anhaltender Wachsamkeit streben, aber die er bei aller Anstrengung nie ganz erreichen kann.

1 **a** Schillers Text ist eine Antwort auf Kants Philosophie. Machen Sie die gemeinsame Basis deutlich.
b Zeigen Sie, inwiefern der Dichter über den Philosophen hinausgeht. Erläutern Sie dabei das Konzept der „schönen Seele".

2 Referat: Maria Stuart als „schöne Seele": Als Beispiel für eine „schöne Seele" gilt die Figur der Maria Stuart in Schillers gleichnamigem Drama. Stellen Sie Drama und Hauptfigur in einem Kurzreferat (→ S. 13) vor.

Iphigenie – Drama der Humanität

Anregungen für sein Drama „Iphigenie auf Tauris" bezieht Goethe aus Euripides' Tragödie „Iphigenie bei den Taurern" (um 416 v. Chr.). Nach einer 1779 fertig gestellten ersten Prosafassung arbeitet er das Drama auf seiner Italienreise in Verse um. „Iphigenie" gilt als erstes Drama der deutschen Klassik. Das Stück greift die Geschichte der Tochter Agamemnons auf, die von ihrem Vater geopfert werden soll, um günstigen Wind für die Überfahrt nach Troja zu erzwingen. Die Göttin Diana allerdings entführt Iphigenie vom Opferaltar auf die Insel Tauris. Hier setzt die Handlung ein. Iphigenie wurde von König Thoas aufgenommen und dient als Priesterin der Diana auf der „barbarischen" Insel, weigert sich aber, den König zu heiraten.

Iphigenie im Tempel der Diana vor dem Standbild der Göttin, Maxim Gorki Theater Berlin, 2002

Johann Wolfgang von Goethe:
Iphigenie auf Tauris (1787) 1. Aufzug, 1. Auftritt

IPHIGENIE.
Heraus in eure Schatten, rege Wipfel
Des alten, heil'gen, dicht belaubten Haines[1],
Wie in der Göttin stilles Heiligtum,
Tret ich noch jetzt mit schauderndem Gefühl,

[1] **Hain:** Wäldchen, geweihter Wald. Gemeint ist hier der Wald vor dem Tempel Dianas, der Schauplatz des 1. Aufzugs.

5 Als wenn ich sie zum ersten Mal beträte,
Und es gewöhnt sich nicht mein Geist hierher.
So manches Jahr bewahrt mich hier verborgen
Ein hoher Wille, dem ich mich ergebe;
Doch immer bin ich, wie im ersten, fremd.
10 Denn ach mich trennt das Meer von den Geliebten,
Und an dem Ufer steh ich lange Tage,
Das Land der Griechen mit der Seele suchend;
Und gegen meine Seufzer bringt die Welle
Nur dumpfe Töne brausend mir herüber.
15 Weh dem, der fern von Eltern und Geschwistern
Ein einsam Leben führt! Ihm zehrt der Gram
Das nächste Glück vor seinen Lippen weg,
Ihm schwärmen abwärts immer die Gedanken
Nach seines Vaters Hallen, wo die Sonne
20 Zuerst den Himmel vor ihm aufschloss, wo
Sich Mitgeborne spielend fest und fester
Mit sanften Banden aneinanderknüpften.
Ich rechte mit den Göttern nicht; allein
Der Frauen Zustand ist beklagenswert.
25 Zu Haus und in dem Kriege herrscht der Mann,
Und in der Fremde weiß er sich zu helfen.
Ihn freuet der Besitz; ihn krönt der Sieg,
Ein ehrenvoller Tod ist ihm bereitet.
Wie eng gebunden ist des Weibes Glück!
30 Schon einem rauen Gatten zu gehorchen
Ist Pflicht und Trost; wie elend, wenn sie gar
Ein feindlich Schicksal in die Ferne treibt.
So hält mich Thoas hier, ein edler Mann,
In ernsten, heil'gen Sklavenbanden fest.
35 O wie beschämt gesteh ich, dass ich dir
Mit stillem Widerwillen diene, Göttin,
Dir, meiner Retterin! Mein Leben sollte
Zu freiem Dienste dir gewidmet sein.
Auch hab ich stets auf dich gehofft und hoffe
40 Noch jetzt auf dich, Diana, die du mich,
Des größten Königes verstoßne Tochter,
In deinen heil'gen, sanften Arm genommen.
Ja, Tochter Zeus', wenn du den hohen Mann,
Den du, die Tochter fordernd, ängstigtest,
45 Wenn du den göttergleichen Agamemnon,
Der dir sein Liebstes zum Altare brachte,
Von Trojas umgewandten Mauern rühmlich
Nach seinem Vaterland zurückbegleitet,
Die Gattin ihm, Elektren und den Sohn,
50 Die schönen Schätze, wohl erhalten hast:
So gib auch mich den Meinen endlich wieder,
Und rette mich, die du vom Tod errettet,
Auch von dem Leben hier, dem zweiten Tode.

---

1 Geben Sie Ihren ersten Eindruck von der Eingangsszene wieder.
2 Der sprachlich anspruchsvolle Text erschließt sich nicht beim ersten Lesen. Verschaffen Sie sich zunächst einen Überblick über den Inhalt: Bilden Sie Abschnitte im Monolog (→ S. 337) und formulieren Sie zu diesen Überschriften.
3 Die erste Szene ist oft Teil der Exposition (→ S. 335) eines Dramas. Bestimmen Sie Merkmale einer Exposition in dem auf S. 170 f. wiedergegebenen 1. Auftritt von „Iphigenie auf Tauris".
4 Betrachten Sie das Szenenfoto auf S. 170 und beschreiben Sie, wie Iphigenies Situation zum Ausdruck gebracht wird.
5 Goethe verfasst sein Drama in Blankversen (→ S. 340). Übertragen Sie ausgewählte Verse in einen Prosatext. Vergleichen Sie die Wirkung von Prosa- und Versfassung.

Der Konflikt spitzt sich zu, als eines Tages Iphigenies Bruder Orest und sein Freund Pylades auftauchen. Fremde, die an der Küste aufgegriffen werden, sollen nach einem alten Brauch geopfert werden. Die beiden waren aufgebrochen, um einen Orakelspruch Apolls zu erfüllen: Orest soll „die Schwester" nach Griechenland heimholen – gemeint sein kann ein Bildnis der Diana, der Schwester Apolls, oder die Schwester Orests, Iphigenie. Damit der Fluchtplan Orests gelingt, soll Iphigenie Thoas täuschen. Nach antiker Vorstellung müsste Iphigenie unbedingt ihren Bruder schützen. Doch sie entscheidet sich anders: Sie offenbart sich dem König und will ihn überzeugen:

Johann Wolfgang von Goethe: Iphigenie auf Tauris (1787) **5. Aufzug, 3. Auftritt** Auszug

IPHIGENIE.
[...] Du weißt es, kennst mich und du willst mich zwingen!
THOAS.
Gehorche deinem Dienste, nicht dem Herrn.
IPHIGENIE.
Lass ab! Beschönige nicht die Gewalt,
Die sich der Schwachheit eines Weibes freut.
5 Ich bin so frei geboren als ein Mann.
Stünd Agamemnons Sohn dir gegenüber,
Und du verlangtest, was sich nicht gebührt:
So hat auch er ein Schwert und einen Arm,
Die Rechte seines Busens zu verteid'gen.
10 Ich habe nichts als Worte, und es ziemt
Dem edlen Mann, der Frauen Wort zu achten.
THOAS.
Ich acht es mehr als eines Bruders Schwert.
IPHIGENIE.
Das Los der Waffen wechselt hin und her:
Kein kluger Streiter hält den Feind gering.
15 Auch ohne Hilfe gegen Trutz und Härte
Hat die Natur den Schwachen nicht gelassen.
Sie gab zur List ihm Freude, lehrt' ihn Künste:
Bald weicht er aus, verspätet und umgeht.
Ja, der Gewaltige verdient, dass man sie übt.
THOAS.
20 Die Vorsicht stellt der List sich klug entgegen.
IPHIGENIE.
Und eine reine Seele braucht sie nicht.
THOAS.
Sprich unbehutsam nicht dein eigen Urteil.
IPHIGENIE.
O sähest du, wie meine Seele kämpft,
Ein bös Geschick, das sie ergreifen will,
25 Im ersten Anfall mutig abzutreiben!
So steh ich denn hier wehrlos gegen dich?
Die schöne Bitte, den anmut'gen Zweig,
In einer Frauen Hand gewaltiger
Als Schwert und Waffe, stößest du zurück.
30 Was bleibt mir nun, mein Innres zu verteidgen?
Ruf ich die Göttin um ein Wunder an?
Ist keine Kraft in meiner Seele Tiefen?
THOAS.
Es scheint, der beiden Fremden Schicksal macht
Unmäßig dich besorgt. Wer sind sie? Sprich!
35 Für die dein Geist gewaltig sich erhebt?
IPHIGENIE.
Sie sind – sie scheinen – für Griechen halt ich sie.
THOAS.
Landsleute sind es? und sie haben wohl
Der Rückkehr schönes Bild in dir erneut?
IPHIGENIE *nach einigem Stillschweigen.*
40 Hat denn zur unerhörten Tat der Mann
Allein das Recht? Drückt denn Unmögliches
Nur er an die gewalt'ge Heldenbrust?
Was nennt man groß? Was hebt die Seele schaudernd
Dem immer wiederholenden Erzähler?
45 Als was mit unwahrscheinlichem Erfolg
Der Mutigste begann. Der in der Nacht
Allein das Heer des Feindes überschleicht,
Wie unversehen eine Flamme wütend
Die Schlafenden, Erwachenden ergreift,
50 Zuletzt, gedrängt von den Ermunterten,
Auf Feindes Pferden, doch mit Beute kehrt,
Wird der allein gepriesen? der allein,
Der, einen sichern Weg verachtend, kühn
Gebirg und Wälder durchzustreifen geht,
55 Dass er von Räubern eine Gegend säubre?
Ist uns nichts übrig? Muss ein zartes Weib
Sich ihres angebornen Rechts entäußern,
Wild gegen Wilde sein, wie Amazonen
Das Recht des Schwerts euch rauben und mit Blute
60 Die Unterdrückung rächen? Auf und ab
Steigt in der Brust ein kühnes Unternehmen:
Ich werde großem Vorwurf nicht entgehn,
Noch schwerem Übel, wenn es mir misslingt;
Allein *euch* leg ich's auf die Kniee! Wenn
65 Ihr wahrhaft seid, wie ihr gepriesen werdet,
So zeigt's durch euern Beistand und verherrlicht
Durch mich die Wahrheit! – Ja, vernimm, o König,

Es wird ein heimlicher Betrug geschmiedet:
Vergebens fragst du den Gefangnen nach;
70 Sie sind hinweg und suchen ihre Freunde,
Die mit dem Schiff am Ufer warten, auf.
Der Älteste, den das Übel hier ergriffen
Und nun verlassen hat – es ist Orest,
Mein Bruder, und der andre sein Vertrauter,
75 Sein Jugendfreund mit Namen Pylades.
Apoll schickt sie von Delphi diesem Ufer
Mit göttlichen Befehlen zu, das Bild
Dianens wegzurauben und zu ihm
Die Schwester hinzubringen, und dafür
80 Verspricht er dem von Furien[1] Verfolgten,
Des Mutterblutes Schuldigen[2], Befreiung.
Uns beide hab ich nun, die Überbliebnen
Von Tantals[3] Haus, in deine Hand gelegt:
Verdirb uns – wenn du darfst.

THOAS. Du glaubst, es höre
85 Der rohe Skythe, der Barbar, die Stimme
Der Wahrheit und der Menschlichkeit, die Atreus[4],
Der Grieche, nicht vernahm?

IPHIGENIE. Es hört sie jeder,
Geboren unter jedem Himmel, dem
Des Lebens Quelle durch den Busen rein
90 Und ungehindert fließt […].

1 **Furien:** Rachegöttinnen
2 Die Ermordung seines Vaters durch seine Mutter rächte Orest durch Tötung der Mutter.
3 **Tantalos:** Stammvater der Tantaliden. Er missbraucht das Vertrauen der Götter; diese belegen ihn und seine Nachkommen mit einem Fluch, der bis hin zu Iphigenie und Orest wirkt.
4 **Atreus:** Großvater Iphigenies, auf Grund des Fluchs ist auch seine Geschichte geprägt von Mord, Ehebruch und Inzest.

1 Beschreiben Sie, in welchem Konflikt sich Iphigenie befindet und welchen Lösungsversuch sie macht.

2 Erschließen Sie den Text genauer, indem Sie in Kleingruppen eine gestaltende Lesung des Dialogs vorbereiten, die Sie auch mimisch und gestisch unterstützen.
Wenn Ihnen das Pathos der Rede zunächst fremd erscheint, können Sie sich anfangs auch über eine übertriebene Darstellung annähern.

3 **a** Obwohl Iphigenies Rede ab Vers 40 Merkmale eines Monologs aufweist, ist sie doch genau auf ihren Adressaten bezogen. Bilden Sie Abschnitte in Iphigenies Gesprächsbeiträgen und erläutern Sie, welche Taktik sie jeweils verfolgt.
Sie können Partnerarbeit wählen und Ihre Ergebnisse in folgender Weise vortragen: Ein Sprecher/eine Sprecherin liest eine zentrale Passage vor, die andere Stimme formuliert die zugehörigen Absichten Iphigenies (z. B. „Ich schmeichle ihm …“, „Jetzt appelliere ich an …“).
b Sie können für die Analyse von Iphigenies Vorgehen auch Friedemann Schulz von Thuns Kommunikationsmodell heranziehen (→ S. 122 ff.). Bestimmen Sie an ausgewählten Textstellen das Verhältnis von Sachinhalt, Selbstoffenbarung, Beziehungsbotschaft und Appell in Iphigenies Äußerungen.

4 Goethe lässt Iphigenie ihr Ziel nicht verfehlen: Thoas ist von ihrem seelischen Adel beeindruckt und lässt sie mit ihrem Bruder in die Heimat zurückkehren. Ist Iphigenie eine „schöne Seele“? Charakterisieren Sie Iphigenie mit Bezug auf diesen von Schiller geprägten Begriff (→ S. 169 f.).

5 **a** Rekapitulieren Sie Ihre jetzigen Kenntnisse zum Menschenbild in Texten der deutschen Klassik und stellen Sie mit Blick auf heutige literarische Texte Überlegungen zur Aktualität dieses Menschenbilds an.
b Weiterführend: „Schützt Humanismus denn vor gar nichts?“, fragt Alfred Andersch im Nachwort zu seiner Erzählung „Der Vater eines Mörders“. „Die Frage ist geeignet, einen in Verzweiflung zu stürzen.“ Informieren Sie sich über den Inhalt der Erzählung und erklären Sie die Bedeutung dieser Aussage vor dem Hintergrund Ihrer Kenntnisse des klassischen Humanitätsideals.

Kleists Penthesilea – Iphigenies dunkle Schwester?

Penthesilea, die junge Königin der Amazonen, greift mit einer Schar kriegerischer Frauen in den Kampf um Troja ein. Die Amazonen sichern den Fortbestand ihres Frauenstaates, indem sie junge Kriegsgefangene zu einem „Rosenfest" in ihr Land bringen. Für persönliche Liebesbeziehungen gibt es in diesem System keinen Raum; die Männer müssen nach dem Fest das Land verlassen.
Die antiken Sagen erzählen, wie Achill in der Schlacht auf Penthesilea trifft und sie mit leichter Hand tötet. Doch als man der Toten den Helm abnimmt, ist er von ihrer Schönheit tief berührt.
In Kleists Drama ist es Penthesilea, die bereits beim ersten Anblick Achills verwirrt errötet und sich leidenschaftlich in diesen verliebt. Das Geschehen zwischen den beiden Heldenfiguren nimmt einen anderen Verlauf als in der Sage. Begleitet von ihren Mitstreiterinnen und ihrer engsten Vertrauten Prothoe sucht Penthesilea im Kriegsgetümmel den Mann, der sie bei ihrer ersten Begegnung so aus der Fassung brachte.

Heinrich von Kleist: **Penthesilea** (1808) **5. Auftritt** Auszug

DIE AMAZONEN.
Heil dir, du Siegerin! Überwinderin!
Des Rosenfestes Königin! Triumph dir!
PENTHESILEA.
Nichts vom Triumph mir! Nichts vom Rosenfeste!
Es ruft die Schlacht noch einmal mich ins Feld.
5 Den jungen trotzgen Kriegsgott bändg' ich mir,
Gefährtinnen, zehntausend Sonnen dünken,
Zu einem Glutball eingeschmelzt, so glanzvoll
Nicht, als ein Sieg, ein Sieg mir über ihn.
PROTHOE.
Geliebte, ich beschwöre dich –
PENTHESILEA. Lass mich!
10 Du hörst, was ich beschloss, eh würdest du
Den Strom, wenn er herab von Bergen schießt,
Als meiner Seele Donnersturz regieren.
Ich will zu meiner Füße Staub ihn sehen,
Den Übermütgen, der mir an diesem
15 Glorwürdgen Schlachtentag, wie keiner noch,
Das kriegerische Hochgefühl verwirrt.
Ist das die Siegerin, die schreckliche,
Der Amazonen stolze Königin,
Die seines Busens erzne Rüstung mir,
20 Wenn sich mein Fuß ihm naht, zurückespiegelt?
Fühl ich, mit aller Götter Fluch Beladne,
Da rings das Heer der Griechen vor mir flieht,
Bei dieses einzgen Helden Anblick mich
Gelähmt nicht, in dem Innersten getroffen,
25 Mich, *mich* die Überwundene, Besiegte?
Ins Schlachtgetümmel stürzen will ich mich,
Wo der Hohnlächelnde mein harrt, und ihn
Mir überwinden, oder leben nicht!

1 Penthesilea kämpft mit einander widerstrebenden Empfindungen. Beschreiben Sie, was in ihr vorgeht und in welchem Konflikt sie sich befindet.
2 Vergleichen Sie Sprechweise und Haltung der Amazonenkönigin mit der Iphigenies in dem eröffnenden Monolog „Heraus in eure Schatten ..." (→ S. 170 f.).
Berücksichtigen Sie auch das unterschiedliche Verständnis der Frauenrolle.
3 Referat: Informieren Sie Ihre Lerngruppe in einem Kurzreferat (→ S. 13) über den Mythos von den Amazonen. Gehen Sie auch auf den Anlass für die Gründung des Frauenstaates ein sowie auf die Sage von Penthesilea und Achill.

Der 15. Auftritt legt mitten im blutigen Kriegsgeschehen eine schützende Idylle um das Paar. Penthesilea glaubt, sie habe Achill im Kampf bezwungen, und Achill, der Sieger des Zweikampfes, spielt aus Liebe zu ihr den Besiegten.

Penthesilea und Achill im 15. Auftritt, Deutsches Theater Berlin, 1998

Heinrich von Kleist: **Penthesilea** (1808) **15. Auftritt** Auszug

PENTHESILEA.
Komm jetzt, du süßer Nereïdensohn,
Komm, lege dich zu Füßen mir – Ganz her!
Nur dreist heran! – – Du fürchtest mich doch nicht?
– Verhasst nicht, weil ich siegte, bin ich dir?
5 Sprich! Fürchtest du, die dich in Staub gelegt?
ACHILLES *zu ihren Füßen.*
Wie Blumen Sonnenschein.
PENTHESILEA. Gut, gut gesagt!
So sieh mich auch wie deine Sonne an. –
Diana, meine Herrscherin, er ist
10 Verletzt!
ACHILLES.
Geritzt am Arm, du siehst, nichts weiter.
PENTHESILEA.
Ich bitte dich, Pelide, glaube nicht,
Dass ich jemals nach deinem Leben zielte.
Zwar gern mit diesem Arm hier traf ich dich;
15 Doch als du niedersankst, beneidete
Hier diese Brust den Staub, der dich empfing.
ACHILLES.
Wenn du mich liebst, so sprichst du nicht davon.
Du siehst, es heilt schon.
PENTHESILEA. So verzeihst du mir?
ACHILLES. Von ganzem Herzen. –
PENTHESILEA. Jetzt – kannst du mir sagen,
20 Wie es die Liebe macht, der Flügelknabe,
Wenn sie den störr'gen Leun in Fesseln schlägt?
ACHILLES.
Sie streichelt, denk ich, seine rauen Wangen,
So hält er still.
PENTHESILEA. Nun denn, so wirst du dich
Nicht mehr als eine junge Taube regen,
25 Um deren Hals ein Mädchen Schlingen legt.
Denn die Gefühle dieser Brust, o Jüngling,
Wie Hände sind sie, und sie streicheln dich.
Sie umschlingt ihn mit Kränzen.

Achilles.
Wer bist du, wunderbares Weib?
Penthesilea. Gib her. –
30 Ich sagte still! Du wirst es schon erfahren.
– Hier diese leichte Rosenwindung nur
Um deine Scheitel, deinen Nacken hin –
Zu deinen Armen, Händen, Füßen nieder –
Und wieder auf zum Haupt – – so ists geschehn.
35 – Was atmest du?
Achilles. Duft deiner süßen Lippen.
Penthesilea *indem sie sich zurückbeugt.*
Es sind die Rosen, die Gerüche streun.
– Nichts, nichts!
Achilles. Ich wollte sie am Stock versuchen.
Penthesilea.
Sobald sie reif sind, Liebster, pflückst du sie.
40 *Sie setzt ihm noch einen Kranz auf und lässt ihn gehn.*
Jetzt ists geschehn. – O sieh, ich bitte dich,
Wie der zerflossne Rosenglanz ihm steht!
Wie sein gewitterdunkles Antlitz schimmert!
45 Der junge Tag, wahrhaftig, liebste Freundin,
Wenn ihn die Horen[1] von den Bergen führen,
Demanten perlen unter seinen Tritten:
Er sieht so weich und mild nicht drein, als er. –
Sprich! Dünkts dich nicht, als ob sein Aug glänzte? –
50 Fürwahr, man möchte, wenn er so erscheint, fast zweifeln,
Dass er es sei [...]

1 **die Horen:** wörtlich „die Stunden" – hier als Schutzgöttinnen der verschiedenen Tageszeiten

1 In Rede und Gegenrede entwerfen Penthesilea und Achill eine Fülle von Bildern des liebenden Einverständnisses. Sammeln und interpretieren Sie einige dieser Bilder.
2 „Wer bist du ...?" (V. 29) Die verwunderte Frage könnte auch Penthesilea an Achill stellen – und beide an sich selber. Wählen Sie Verse aus, in denen die Verwandlung besonders deutlich wird.

Penthesilea bemerkt, dass Achill sich nur aus Liebe geschlagen gegeben hat. Im Kampfgewühl werden die beiden getrennt. Achill lässt Penthesilea durch einen Boten erneut zum Zweikampf fordern, wiederum in der Absicht, sie zu täuschen und ihr freiwillig zu unterliegen, da sie sich ihm ja nur als Besiegtem nähern darf. Penthesilea jedoch erscheint wie zur Jagd gerüstet mit ihren Hunden und schießt ihm, sobald sie ihn erblickt, einen Pfeil durch den Hals.

Heinrich von Kleist: **Penthesilea** (1808) **23. Auftritt** Auszug

Meroe. [...]
Den Pfeil, den weit vorragenden, im Nacken,
Hebt er sich röchelnd auf, und überschlägt sich,
Und hebt sich wiederum und will entfliehn;
Doch, hetz! schon ruft sie: Tigris! hetz, Leäne!
5 Hetz, Sphinx! Melampus! Dirke! Hetz, Hyrkaon!
Und stürzt – stürzt mit der ganzen Meut, o Diana!
Sich über ihn, und reißt – reißt ihn beim Helmbusch,
Gleich einer Hündin, Hunden beigesellt,
Der greift die Brust ihm, dieser greift den Nacken,
10 Dass von dem Fall der Boden bebt, ihn nieder!
Er, in dem Purpur seines Bluts sich wälzend,
Rührt ihre sanfte Wange an, und ruft:
Penthesilea! meine Braut! was tust du?
Ist dies das Rosenfest, das du versprachst?
15 Doch sie – die Löwin hätte ihn gehört,
Die hungrige, die wild nach Raub umher,
Auf öden Schneegefilden heulend treibt;
Sie schlägt, die Rüstung ihm vom Leibe reißend,
Den Zahn schlägt sie in seine weiße Brust,
[...]

1 Wie Penthesilea den geliebten Mann zu Tode hetzt, lässt sich auf der Bühne kaum darstellen. Das Drama bewältigt die Aufgabe mit der Technik des Botenberichts (→ S. 337). Der Botenbericht bringt die Erzählung ins Drama – und Dramatisches in die Erzählung. Benennen Sie typische Merkmale szenischer Erzählung im Text und beschreiben Sie, wie das Ungeheuerliche sprachlich vermittelt wird.
2 Stellen Sie Vermutungen darüber an, warum Penthesilea in dieser Weise vorgeht.

Penthesilea erfährt von der Hohepriesterin der Diana, dass Achill den Zweikampf forderte, um sich ihr abermals freiwillig zu ergeben.
Der Textauszug zeigt Penthesileas Reaktion auf diese Mitteilung:

Heinrich von Kleist: **Penthesilea** (1808) **24. Auftritt** Auszug

[...]
PENTHESILEA. Küsst ich ihn tot?
DIE ERSTE PRIESTERIN. O Himmel!
PENTHESILEA. Nicht? Küsst ich nicht? Zerrissen wirklich? Sprecht?
DIE OBERPRIESTERIN. Weh! Wehe! ruf ich dir. Verberge dich!
Lass fürder ewge Mitternacht dich decken!
5 PENTHESILEA. – So war es ein Versehen. Küsse, Bisse,
Das reimt sich, und wer recht von Herzen liebt,
Kann schon das eine für das andre greifen.
MEROE. Helft ihr, ihr Ewgen, dort!
PROTHOE *(ergreift sie)*. Hinweg!
PENTHESILEA. Lasst, lasst!
(Sie wickelt sich los, und lässt sich auf Knien vor der Leiche nieder.)
10 Du Ärmster aller Menschen, du vergibst mir!
Ich habe mich, bei Diana, bloß versprochen,
Weil ich der raschen Lippen Herr nicht bin;
Doch jetzt sag ich dir deutlich, wie ichs meinte:
Dies, du Geliebter, wars, und weiter nichts.
15 *Sie küsst ihn.*
DIE OBERPRIESTERIN. Schafft sie hinweg!
MEROE. Was soll sie länger hier?
PENTHESILEA. Wie manche, die am Hals des Freundes hängt,
Sagt wohl das Wort: Sie lieb ihn, o so sehr,
Dass sie vor Liebe gleich ihn essen könnte;
20 Sieh her: als *ich* an deinem Halse hing,
Hab ich's wahrhaftig Wort für Wort getan;
Ich war nicht so verrückt, als es wohl schien.

Penthesilea, 24. Auftritt, Deutsches Theater Berlin, 1998

1 „Ich war nicht so verrückt, als es wohl schien." – Gleichwohl wird sich Penthesilea wenig später aus Entsetzen und Reue über ihre Tat selbst töten. Finden Sie bei aller Fremdheit auch Ansatzpunkte für ein Verständnis von Penthesileas Verhalten?
Verfassen Sie ein Plädoyer zur Verteidigung Penthesileas.

Christine Dössel: **Liebe ist nur ein Mord** (2006) Auszug

Der unglückselige Heinrich von Kleist, der nie die Aufführung auch nur eines seiner Stücke erlebte, hatte das Pech, ein literarischer Zeitgenosse des alles überstrahlenden Herrn Goethe zu sein. Kleist näherte sich dem Dichterfürsten, um dessen Anerkennung er rang, „auf den Knien meines Herzens" [...]. Doch einer wie Goethe, der saturiert[1] auf dem Thron der Hochkultur saß und mit seinem humanistisch idealisierten Menschenbild auf die Welt ringsum herabsah, so einer konnte mit den leidenschaftlich ungestümen Stücken eines Kleists nichts anfangen. [...] Und mit der „Penthesilea", die einer Frauenfigur wie Goethes Iphigenie so konträr entgegensteht, dass es aus den Verszeilen zum Himmel schreit, konnte Seine Exzellenz sich überhaupt nicht befreunden. [...]

(aus: Süddeutsche Zeitung, 16.08.2005)

1 **saturiert:** gesättigt, (selbst)zufrieden

1 a Erläutern Sie die Auffassung, dass Penthesilea der Iphigenie „konträr entgegensteht". Bedenken Sie auch, woran das „wunderbare Weib" in Kleists Tragödie scheitert und wie Iphigenie in Goethes Schauspiel das gute Ende bewirkt.
b Gibt es bei allen augenfälligen Unterschieden auch Wesenszüge, die beide Frauenfiguren verbinden?

2 Formulieren Sie Sätze, die Goethe sinngemäß über „Penthesilea" gesagt haben könnte.

3 Bereiten Sie auf der Grundlage Ihrer bisherigen Kenntnis der beiden Stücke eine Diskussion zwischen zwei Parteien vor, die jeweils Penthesilea bzw. Iphigenie für die interessantere und aktuellere Bühnenfigur halten. Eine dritte und vierte Partei können auch beiden Figuren die genannten Eigenschaften zu- oder absprechen.

Heinrich von Kleist

Heinrich von Kleist (1777–1811)

geb. 1777 in Frankfurt/Oder; Offizierslaufbahn (abgebrochen), studierte Philosophie, Physik, Mathematik, Staatslehre; Verlobung mit Wilhelmine von Zenge (wieder gelöst); 1800 Umzug nach Berlin; Reise nach Paris, lebte in der Schweiz und in verschiedenen deutschen Städten; 1807 Anstellung am Finanzdepartement in Königsberg; Gefangenschaft in Frankreich; Aufenthalt in Dresden, Prag, Berlin; Selbstmord zusammen mit Henriette Vogel 1811 am Berliner Wannsee

4 Referat: Die knappe biografische Skizze oben gibt wenig Auskunft über Kleists literarische Bedeutung, vermittelt aber einen Eindruck von der Rastlosigkeit seines Lebens.
Beleuchten Sie einige Stationen dieses Lebens in Kurzvorträgen (→ S. 13) oder Kurzreferaten (→ S. 13):
- Genie im Schatten: Kleist und Goethe
- Gruppenbild mit Dichter: Kleist und die Frauen
- Unterwegs durch Europa: Der unruhige Reisende
- Tod am Wannsee: Der inszenierte Selbstmord

2.3 Kunstauffassungen: Die „Fahne der Wahrheit und Schönheit“

Der Weg der Kunst – Idealisieren

Friedrich Schiller: **Ankündigung der Zeitschrift „Die Horen[1]“** (1795)

Zu einer Zeit, wo das nahe Geräusch des Kriegs[2] das Vaterland ängstiget, wo der Kampf politischer Meinungen und Interessen diesen Krieg beinahe in jedem Zirkel erneuert und nur allzu oft Musen[3] und Grazien[4] daraus verscheucht, wo weder in den Gesprächen noch in den Schriften des Tages vor diesem allverfolgenden Dämon der Staatskritik Rettung ist, möchte es ebenso gewagt als verdienstlich sein, den so sehr zerstreuten Leser zu einer Unterhaltung von ganz entgegengesetzter Art einzuladen. In der Tat scheinen die Zeitumstände einer Schrift wenig Glück zu versprechen, die sich über das Lieblingsthema des Tages ein strenges Stillschweigen auferlegen und ihren Ruhm darin suchen wird, durch etwas anders zu gefallen, als wodurch jetzt alles gefällt. Aber je mehr das beschränkte Interesse der Gegenwart die Gemüter in Spannung setzt, einengt und unterjocht, desto dringender wird das Bedürfnis, durch ein allgemeines und höheres Interesse an dem, was *rein menschlich* und über allen Einfluss der Zeiten erhaben ist, sie wieder in Freiheit zu setzen und die politisch geteilte Welt unter der Fahne der Wahrheit und Schönheit wieder zu vereinigen.
Dies ist der Gesichtspunkt, aus welchem die Verfasser dieser Zeitschrift dieselbe betrachtet wissen möchten. Einer heitern und leidenschaftfreien Unterhaltung soll sie gewidmet sein, und dem Geist und Herzen des Lesers, den der Anblick der Zeitbegebenheiten bald entrüstet, bald niederschlägt, eine fröhliche Zerstreuung gewähren. Mitten in diesem politischen Tumult soll sie für Musen und Charitinnen[5] einen engen vertraulichen Zirkel schließen, aus welchem alles verbannt sein wird, was mit einem unreinen Parteigeist gestempelt ist. Aber indem sie sich alle Beziehungen auf den *jetzigen* Weltlauf und auf die *nächsten* Erwartungen der Menschheit verbietet, wird sie über die vergangene Welt die Geschichte und über die kommende die Philosophie befragen, wird sie zu dem Ideale veredelter Menschheit, welches durch die Vernunft aufgegeben, in der Erfahrung aber so leicht aus den Augen gerückt wird, einzelne Züge sammeln und an dem stillen Bau bessrer Begriffe, reinerer Grundsätze und edlerer Sitten, von dem zuletzt alle wahre Verbesserung des gesellschaftlichen Zustandes abhängt, nach Vermögen geschäftig sein.

1 **Die Horen:** die griechischen Göttinnen Eunomia (gesetzliche Ordnung), Dike (Gerechtigkeit) und Eirene (Frieden). Sie verkörpern für Schiller den Geist der literarischen Monatsschrift, die er zwischen 1795 und 1797 herausgab.
2 Seit 1792 befinden sich die europäischen Monarchien, darunter Preußen und Österreich, im Krieg mit dem revolutionären Frankreich.
3 **Musen:** Schutzgöttinnen der Künste
4 **Grazien:** Göttinnen in Gestalt junger Mädchen, die den Menschen Anmut, Schönheit und Freude bringen
5 **Charitinnen:** griechischer Name der Grazien

1 Beschreiben Sie Schillers Charakterisierung des öffentlichen Diskurses in den Jahren nach der Französischen Revolution.
2 Arbeiten Sie Schillers Verständnis von den Aufgaben und der Rolle der Kunst heraus. Gehen Sie auch auf die Funktion seiner Rückgriffe auf die griechische Mythologie ein.

Johann Joachim Winckelmann (1717–1768) gilt als einer der Begründer wissenschaftlicher Kunstgeschichte und Archäologie. Nach Jahren autodidaktischer Beschäftigung mit antiker Kunst lebte Winckelmann ab 1755 in Rom und hatte dort in seinem Amt als Oberaufseher über die antiken Kunstschätze der Region Gelegenheit, seine Studien zu vertiefen. Winckelmann entwickelte eine neue Sichtweise der antiken Kunst, die er dem Verspielten, Überladenen des Barock und Rokkoko entgegenstellte. Goethe setzte sich während seines Italienaufenthalts mit Winckelmanns Anschauungen auseinander; deren Einfluss auf das Kunstverständnis der Weimarer Klassik ist unübersehbar.

Johann Joachim Winckelmann: **Gedanken über die Nachahmung der griechischen Werke in der Malerei und Bildhauerkunst** (1755) Auszüge

§ 6. Der einzige Weg für uns, groß, ja, wenn es möglich ist, unnachahmlich zu werden, ist die Nachahmung der Alten, und was jemand vom Homer gesaget, dass derjenige ihn bewundern lerne, der ihn wohl verstehen gelernet, gilt auch von den Kunstwerken der Alten, sonderlich der Griechen. Man muss mit ihnen, wie mit seinem Freunde, bekannt geworden sein, um
5 den Laokoon ebenso unnachahmlich als den Homer zu finden.

§ 11. Die Kenner und Nachahmer der griechischen Werke finden in ihren Meisterstücken nicht allein die schönste Natur, sondern noch mehr als Natur, das ist, gewisse idealische Schönheiten derselben, die, wie uns ein alter Ausleger des Plato lehret, „von Bildern, bloß im Verstande entworfen, gemacht sind“.

10 § 37. Das Gesetz aber: die Personen ähnlich und zu gleicher Zeit schöner zu machen, war allezeit das höchste Gesetz, welches die griechischen Künstler über sich erkannten, und setzet notwendig eine Absicht des Meisters auf eine schönere und vollkommenere Natur voraus.

§ 38. Wenn also von einigen Künstlern berichtet wird, dass sie wie Praxiteles[1] verfuhren,
15 welcher seine knidische Venus[2] nach seiner Beischläferin Kratina gebildet, oder wie andere Maler, welche die Lais[3] zum Modell der Grazien genommen: so glaube ich, sei es geschehen, ohne Abweichung von den gemeldeten allgemeinen großen Gesetzen der Kunst. Die sinnliche Schönheit gab dem Künstler die schöne Natur, die idealische Schönheit die erhabenen Züge: Von jener nahm er das Menschliche,
20 von dieser das Göttliche.

1 **Praxiteles:** griechischer Bildhauer, 4. Jh. v. Chr.
2 **knidisch:** aus Knidos (antike Hafenstadt im Südwesten Kleinasiens)
3 **Lais:** Name einer Hetäre (Beischläferin)

§ 79. Das allgemeine vorzügliche Kennzeichen der griechischen Meisterstücke ist endlich eine edle Einfalt und eine stille Größe, sowohl in der Stellung als im Ausdruck. So wie die Tiefe des Meers allezeit ruhig bleibt, die Oberfläche mag noch so wüten, eben so zeiget der Ausdruck in den Figuren der Griechen bei allen Leidenschaften eine große und gesetzte
25 Seele. Diese Seele schildert sich in dem Gesichte des Laokoon, und nicht in dem Gesichte allein, bei dem heftigsten Leiden. Der Schmerz, welcher sich in allen Muskeln und Sehnen des Körpers entdecket und den man ganz allein, ohne das Gesicht und andere Teile zu betrachten, an dem schmerzlich eingezogenen Unterleibe beinahe selbst zu empfinden glaubet: die-

ser Schmerz, sage ich, äußert sich dennoch mit keiner Wut in dem Gesichte und in der ganzen
30 Stellung. Er erhebet kein schreckliches Geschrei, wie Virgil von seinem Laokoon singet[4]. Die Öffnung des Mundes gestattet es nicht; es ist vielmehr ein ängstliches und beklemmtes Seufzen [...]. Der Schmerz des Körpers und die Größe der Seele sind durch den ganzen Bau der Figur mit gleicher Stärke ausgeteilet und gleichsam abgewogen. Laokoon leidet, aber er leidet wie des Sophokles Philoktetes[5]: sein Elend gehet uns bis an die Seele;
35 aber wir wünscheten, wie dieser große Mann das Elend ertragen zu können.

4 Der römische Dichter Vergil schildert die Geschichte des Priesters Laokoon im zweiten Gesang seines Epos „Aeneis“

5 **Philoktetes:** Protagonist der gleichnamigen Tragödie des Sophokles. Philoktet wird von einer Schlange gebissen; die eiternde, stinkende Wunde veranlasst seine Gefährten dazu, ihn auf einer Insel auszusetzen. Erst Jahre später holt Odysseus ihn dort ab.

§80. Der Ausdruck einer so großen Seele gehet weit über die Bildung der schönen Natur; der Künstler musste die Stärke des Geistes in sich selbst fühlen, welche er seinem Marmor einprägte. Griechenland hatte Künstler und Weltweise in einer Person, und mehr als einen Metrodor[6]. Die Weisheit reichte der Kunst die Hand und blies den Figuren derselben
40 mehr als gemeine Seelen ein.

6 **Metrodor:** Philosoph, Schüler Epikurs, ca. 330–277 v. Chr.

Laokoon-Gruppe. Römische Marmorkopie nach einem vermutlich um 200 v. Chr. entstandenen griechischen Bronzeoriginal

1 „Edle Einfalt und stille Größe“ wurde zu einem geflügelten Wort. Erklären Sie aus den Textauszügen und mit Blick auf die Laokoon-Gruppe, für welches Kunstverständnis diese Formel steht.

2 Diskutieren Sie, inwieweit Ihnen Winckelmanns Kunstverständnis plausibel erscheint. Beziehen Sie Winckelmanns Programmatik auch auf Menschenbilder in zeitgenössischer Kunst.

3 Referate: Halten Sie Kurzvorträge (→ S. 13) zu folgenden Themen:
- Der Mythos von Laokoon
- „Der erhobene Arm“ – die Laokoon-Gruppe und die Geschichte ihrer Rekonstruktion
- Die Deutung der Laokoon-Gruppe bei Vergil und Lessing
- Winckelmanns Auffassung der Antike

Kunst und Künstler – drei Gedichte

Johann Wolfgang von Goethe: **Römische Elegien V** (1795)

Froh empfind' ich mich nun auf klassischem Boden begeistert,
Vor- und Mitwelt spricht lauter und reizender mir.
Hier befolg' ich den Rat, durchblättre die Werke der Alten
Mit geschäftiger Hand, täglich mit neuem Genuss.
5 Aber die Nächte hindurch hält Amor mich anders beschäftigt;
Werd' ich auch halb nur gelehrt, bin ich doch doppelt beglückt.
Und belehr' ich mich nicht, indem ich des lieblichen Busens
Formen spähe, die Hand leite die Hüften hinab?
Dann versteh' ich den Marmor erst recht: ich denk' und vergleiche,
10 Sehe mit fühlendem Aug', fühle mit sehender Hand.
Raubt die Liebste denn gleich mir einige Stunden des Tages,
Gibt sie Stunden der Nacht mir zur Entschädigung hin.
Wird doch nicht immer geküsst, es wird vernünftig gesprochen;
Überfällt sie der Schlaf, lieg' ich und denke mir viel.
15 Oftmals hab' ich auch schon in ihren Armen gedichtet
Und des Hexameters Maß leise mit fingernder Hand
Ihr auf den Rücken gezählt. Sie atmet in lieblichem Schlummer,
Und es durchglühet ihr Hauch mir bis ins Tiefste die Brust.
Amor schüret die Lamp' indes und denket der Zeiten,
20 Da er den nämlichen Dienst seinen Triumvirn getan.

J. H. W. Tischbein: Goethe am Fenster seiner Wohnung in Rom (1787)

Der Apollo vom Belvedere.
Römische Marmorkopie nach einem hellenistischen Bronzeoriginal aus dem 4. Jh. v. Chr.
Winckelmann galt die Statue als „das höchste Ideal der Kunst unter allen Werken des Altertums". Auch Goethe war von der Skulptur tief beeindruckt.

Johann Wolfgang von Goethe: **Natur und Kunst** (1800)

Natur und Kunst, sie scheinen sich zu fliehen
Und haben sich, eh' man es denkt, gefunden;
Der Widerwille ist auch mir verschwunden,
Und beide scheinen gleich mich anzuziehen.

5 Es gilt wohl nur ein redliches Bemühen!
Und wenn wir erst in abgemessnen Stunden
Mit Geist und Fleiß uns an die Kunst gebunden,
Mag frei Natur im Herzen wieder glühen.

So ist's mit aller Bildung auch beschaffen:
10 Vergebens werden ungebundne Geister
Nach der Vollendung reiner Höhe streben.

Wer Großes will, muss sich zusammenraffen;
In der Beschränkung zeigt sich erst der Meister,
Und das Gesetz nur kann uns Freiheit geben.

Friedrich Schiller: **Die Teilung der Erde** (1795)

„Nehmt hin die Welt!“, rief Zeus von seinen Höhen
Den Menschen zu. „Nehmt, sie soll euer sein!
Euch schenk ich sie zum Erb und ewgen Lehen,
Doch teilt euch brüderlich darein.“

5 Da eilt, was Hände hat, sich einzurichten,
Es regte sich geschäftig Jung und Alt.
Der Ackermann griff nach des Feldes Früchten,
Der Junker birschte durch den Wald.

Der Kaufmann nimmt, was seine Speicher fassen,
10 Der Abt wählt sich den edeln Firnewein[1],
Der König sperrt die Brücken und die Straßen
Und sprach: „Der Zehente[2] ist mein.“

Ganz spät, nachdem die Teilung längst geschehen,
Naht der Poet, er kam aus weiter Fern;
15 Ach! da war überall nichts mehr zu sehen,
Und alles hatte seinen Herrn!

„Weh mir! So soll denn ich allein von allen
Vergessen sein, ich, dein getreuster Sohn?“
So ließ er laut der Klage Ruf erschallen
20 Und warf sich hin vor Jovis[3] Thron.

„Wenn du im Land der Träume dich verweilet“,
Versetzt der Gott, „so hadre nicht mit mir.
Wo warst du denn, als man die Welt geteilet?“ –
„Ich war“, sprach der Poet, „bei dir.

25 Mein Auge hing an deinem Angesichte,
An deines Himmels Harmonie mein Ohr –
Verzeih dem Geiste, der, von deinem Lichte
Berauscht, das Irdische verlor!“

„Was tun?“, spricht Zeus, „Die Welt ist weggegeben,
30 Der Herbst, die Jagd, der Markt ist nicht mehr mein.
Willst du in meinem Himmel mit mir leben:
Sooft du kommst, er soll dir offen sein.“

1 Firnewein: alter Wein
2 Zehent: im Feudalismus übliche Abgabe von etwa zehn Prozent der Erträge an den Herrscher
3 Jovis: lateinischer Genitiv für Jupiter. Jupiter ist die römische Entsprechung zu Zeus.

1 Alle drei Gedichte auf S. 182 f. machen Aussagen über Kunst und Künstler. Sammeln Sie diese in einem Cluster (→ S. 348).
2 **a** Vergleichen Sie die Gedichte unter inhaltlichen Gesichtspunkten (Tipp: In jedem Gedicht steht die Kunst in einem anderen Zusammenhang).
b Vergleichen Sie die Gedichte nach formalen Aspekten (Elegie → S. 342, Distichen → S. 339, Sonett → S. 342, ...) und stellen Sie jeweils Zusammenhänge mit dem Inhalt her.
3 Setzen Sie die Gedichte und die Abbildungen auf S. 182 miteinander in Beziehung.
4 **a** Betrachten Sie Inhalt und sprachliche Gestaltung der drei Gedichte im Zusammenhang mit dem Kunstprogramm der Klassik, so weit Sie es bisher kennen gelernt haben.
b Stellen Sie kontrastierend Zusammenhänge mit der Epoche des Sturm und Drang her.

Friedrich Hölderlin – Der Schwabe, der ein Grieche war

Friedrich Hölderlin: **An die Parzen** (1799)

Nur e i n e n Sommer gönnt, ihr Gewaltigen!
Und einen Herbst zu reifem Gesange mir,
Dass williger mein Herz, vom süßen
Spiele gesättiget, dann mir sterbe.

5 Die Seele, der im Leben ihr göttlich Recht
Nicht ward, sie ruht auch drunten im Orkus nicht;
Doch ist mir einst das Heil'ge, das am
Herzen mir liegt, das Gedicht, gelungen,

Willkommen dann, o Stille der Schattenwelt!
10 Zufrieden bin ich, wenn auch mein Saitenspiel
Mich nicht hinab geleitet; e i n m a l
Lebt ich, wie Götter, und mehr bedarf's nicht.

Friedrich Hölderlin (1770–1843), 22-jährig

Friedrich Hölderlin: **Hyperions Schicksalslied** (1799)

Ihr wandelt droben im Licht
Auf weichem Boden, selige Genien!
Glänzende Götterlüfte
Rühren euch leicht,
5 Wie die Finger der Künstlerin
Heilige Saiten.

Schicksallos, wie der schlafende
Säugling, atmen die Himmlischen;
Keusch bewahrt
10 In bescheidener Knospe,
Blühet ewig
Ihnen der Geist,
Und die seligen Augen
Blicken in stiller
15 Ewiger Klarheit.

Doch uns ist gegeben,
Auf keiner Stätte zu ruhn,
Es schwinden, es fallen
Die leidenden Menschen
20 Blindlings von einer
Stunde zur andern,
Wie Wasser von Klippe
Zu Klippe geworfen,
Jahr lang ins Ungewisse hinab.

„An die Parzen“:

1 Klären Sie die Wörter „Parzen“, „Orkus“, „Saitenspiel“.
2 Beschreiben Sie das im Gedicht formulierte Verständnis von Aufgabe und Leistung des Dichters und der Dichtung. Vergleichen Sie dies mit den Aussagen der Gedichte auf S. 182 f.
3 Untersuchen und interpretieren Sie die sprachliche Gestaltung der Ode (→ S. 342).

„Hyperions Schicksalslied“:
Im Schicksal des jungen Griechen Hyperion, der Hauptfigur seines gleichnamigen Briefromans, spiegelt Hölderlin seine eigenen Leiden an den Verhältnissen in Deutschland. Der in einen unheilvollen Befreiungskampf gegen die türkische Besatzung verwickelte Hyperion beklagt, dass er in seiner Heimat von deren einstiger Größe nichts findet.

4 Vergleichen Sie Hölderlins Ode (→ S. 342) in Aufbau und Aussage mit Goethes Gedicht „Das Göttliche“ (→ S. 166).
5 Interpretieren Sie auch die formale Gestaltung des Gedichts.

Friedrich Hölderlin: **Die Heimat** (entstanden 1801)

Froh kehrt der Schiffer heim an den stillen Strom,
Von Inseln fernher, wenn er geerntet hat;
So käm' auch ich zur Heimat, hätt' ich
Güter so viele, wie Leid, geerntet.

5 Ihr teuern Ufer, die mich erzogen einst,
Stillt ihr der Liebe Leiden, versprecht ihr mir,
Ihr Wälder meiner Jugend, wenn ich
Komme, die Ruhe noch einmal wieder?

Am kühlen Bache, wo ich der Wellen Spiel,
10 Am Strome, wo ich gleiten die Schiffe sah,
Dort bin ich bald; euch traute Berge,
Die mich behüteten einst, der Heimat

Verehrte sichre Grenzen, der Mutter Haus
Und liebender Geschwister Umarmungen
15 Begrüß' ich bald und ihr umschließt mich,
Dass, wie in Banden, das Herz mir heile,

Ihr treugebliebnen! aber ich weiß, ich weiß
Der Liebe Leid, dies heilet so bald mir nicht,
Dies singt kein Wiegensang, den tröstend
20 Sterbliche singen, mir aus dem Busen.

Denn sie, die uns das himmlische Feuer leihn,
Die Götter schenken heiliges Leid uns auch,
Drum bleibe dies. Ein Sohn der Erde
Schein ich; zu lieben gemacht, zu leiden.

Hölderlinturm in Tübingen

Am Neckarufer in Tübingen steht der so genannte Hölderlinturm. Ein Zimmer des Türmchens wurde für den ab ca. 1802 psychisch schwer erkrankten Friedrich Hölderlin das letzte Quartier. Die Familie des Schreiners, dem das Haus gehörte, betreute ihn in dieser dunklen Hälfte des Lebens bis zu seinem Tod im Jahr 1843.
Nur ein paar Schritte vom Hölderlinturm entfernt liegt das berühmte Tübinger Stift, in dem der junge Hölderlin mit der studentischen Elite des Landes Theologie studierte. Die jungen Männer begeisterten sich für die Leitwerte der Französischen Revolution. Ihrem Schwabenland wünschten sie ähnlich radikale politische Umwälzungen.

---

1 Hölderlins Gedicht beginnt mit dem gleichen Wort wie Goethes „Römische Elegie V" (→ S. 182); doch dann beginnen sofort die Gegensätze.
a Formulieren Sie Überschriften für die beiden Gedichte, die den Kontrast deutlich machen.
b Ordnen Sie gegensätzliche Textstellen aus Goethes Elegie und Hölderlins Gedicht „Die Heimat" in zwei Spalten an. Vergleichen und begründen Sie Ihre Auswahl.
2 Vergleichen Sie die Gedichte auch unter formalen Aspekten. Beschreiben Sie, inwiefern die formale Gestaltung des Gedichts „Die Heimat" dessen Aussage unterstützt.
3 Referat: Präsentieren Sie in einem oder mehreren Kurzreferaten (→ S. 13) weitere Informationen zu Leben und Werk Hölderlins. Sie können dabei z. B. folgende Themen vertiefen: Hölderlins Zeit im Tübinger Stift, Hölderlin und die Französische Revolution, Hölderlins Beziehungen zu Frauen, der „Hyperion"-Roman, Hölderlins Verhältnis zu Schiller und Goethe.
4 Weiterführend: Erstellen Sie ein Tondokument, das als Entwurf für einen Rundfunkbeitrag dienen könnte – z. B. anlässlich des Geburtstages von Friedrich Hölderlin. Der Beitrag könnte biografische Informationen mit der Lesung von Gedichten verbinden.

2.4 Textfenster: Johann Wolfgang von Goethe: „Faust“

Mephisto und Faust, Nürnberger Staatstheater 2006

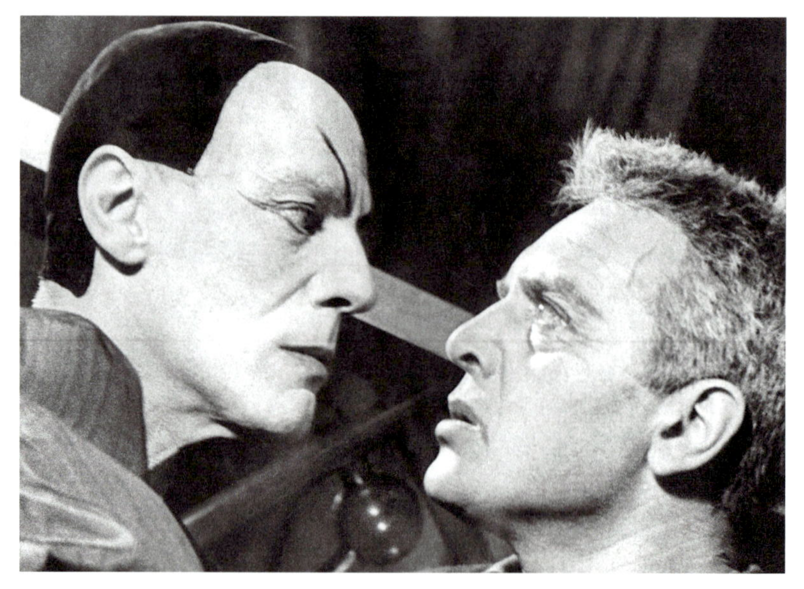

Mephisto und Faust, Verfilmung der Inszenierung von Gustav Gründgens, 1960

1 Die Abbildungen vermitteln einen Eindruck von Faust und dem Teufel Mephisto sowie von der Beziehung der beiden Figuren zueinander. Beschreiben Sie Ihren Eindruck.
2 Machen Sie sich bewusst, welches Bild von Faust und Mephisto Sie vor der Lektüre des Dramas haben bzw. hatten. Aus welchen Quellen, Eindrücken, Informationen setzt sich dieses Bild zusammen?
3 Nennen Sie Erwartungen, die Sie mit der Lektüre von „Faust. Der Tragödie erster Teil“ verbinden.

Stoff- und Entstehungsgeschichte

„Das Hauptgeschäft zu Stande gebracht. Letztes Mundum[1]. Alles rein Geschriebene eingeheftet.“ Mit dieser sachlichen Notiz zieht Goethe am 22. Juli 1831, wenige Wochen vor seinem 82. Geburtstag und genau acht Monate vor seinem Tod, den Schlussstrich unter sein Lebenswerk. Fast 60 Jahre lang hat er immer wieder an seiner Faust-Dichtung gearbeitet. Der Stoff, auf den Goethe zurückgriff, hatte schon andere Schriftsteller fasziniert; die literarische Tradition beginnt im 16. Jahrhundert.

1 **Mundum:** Reinschrift

Übersicht zur Stoffgeschichte

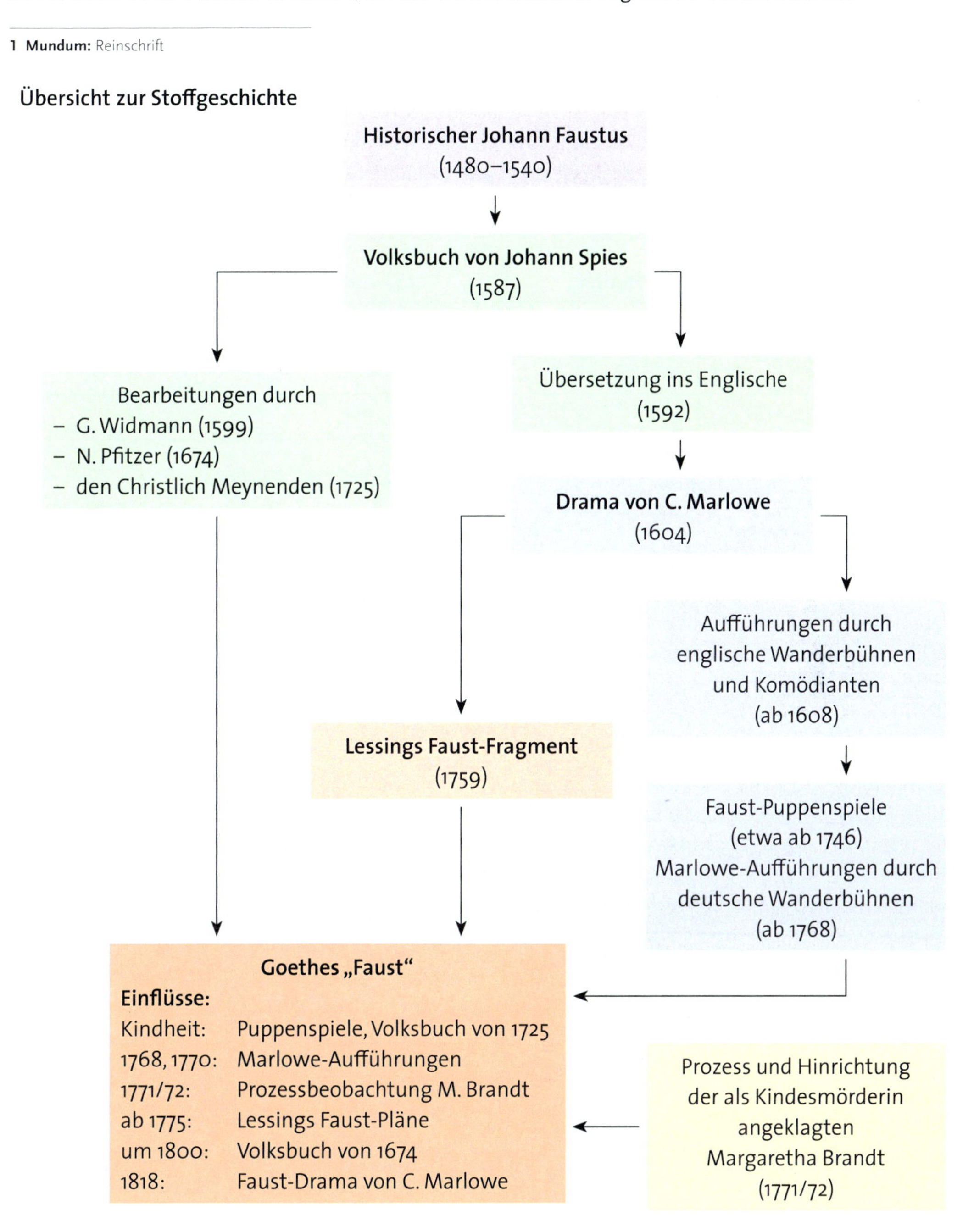

Der historische Johann Faustus

Am Beginn der Faust-Dichtung steht eine historische Gestalt namens Johann Faustus. Den wenigen zeitgenössischen Zeugnissen zufolge handelt es sich um einen umherziehenden Arzt, Astrologen, Alchemisten und Magier, der etwa von 1480 bis 1540, in der Umbruchszeit vom Mittelalter zur Neuzeit, lebte. Früh schon rankten sich um den Gelehrten Legenden, die ihm einen Bund mit dem Teufel nachsagten.

---

1 Informieren Sie sich über Johann Faustus. Nutzen Sie auch das Internet.

2 Johann Faustus lebte in einer Zeit, die viele soziale und kulturelle Veränderungen mit sich brachte.

a Gestalten Sie eine tabellarische Übersicht zu dieser Epoche. Ziehen Sie Informationen aus dem Internet, aus Lexika und aus dem Religions- und Geschichtsunterricht heran. Berücksichtigen Sie neben den in der Tabelle genannten Wissensgebieten weitere Bereiche wie Medizin, Kunst und Architektur, Literatur, Religion, Gesellschaft.

	Mittelalter	**15. und 16. Jahrhundert**
Astronomie	*geozentrisches Weltbild*	*heliozentrisches Weltbild (Kopernikus)*
Geografie	…	…
Technik	…	…
…	…	…

b Begründen Sie, warum Johann Faustus als typischer Repräsentant seiner Zeit gelten kann. Wie erklären Sie sich seine große Wirkung auf die Zeitgenossen?

3 Überlegen Sie, welche Personen Ihrer Meinung nach heute eine ähnliche Faszination auf ihre Mitmenschen ausüben könnten und worauf ihre Wirkung gründen könnte.

Vom historischen zum literarischen Faust

Die erste literarische Behandlung des Stoffes stellt Faust als einen Menschen dar, der sich mit dem Teufel verbündet, um Erkenntnisse über die Welt zu gewinnen. Das anonym verfasste Volksbuch wurde von dem Verleger Johann Spies veröffentlicht.

Historia von D. Johann Fausten (1587) Auszug

Doktor Faustus, ein Arzt, und wie er den Teufel beschworen hat

Wie obgemeldt worden, stunde Doktor Fausti Sinn dahin, das zu lieben, das nicht zu lieben
5 war, dem trachtet er Tag und Nacht nach; nahme an sich Adlers Flügel, wollte alle Gründ am Himmel und Erden erforschen, dann sein Fürwitz, Freiheit und Leichtfertig-

HISTORIA
Von D. Johañ
Fausten/dem weitbeschreyten
Zauberer vnnd Schwartzkünstler/
Wie er sich gegen dem Teuffel auff eine be-
nandte zeit verschrieben / Was er hierzwischen für
seltzame Abentheuwer gesehen/selbs angerich-
tet vnd getrieben/biß er endtlich seinen wol verdienten Lohn
empfangen.
Mehrertheils auß seinen eygenen hin-
derlassenen Schrifften/allen hochtragenden/
fürwitzigen vnd Gottlosen Menschen zum schrecklichen
Beyspiel/abscheuwlichen Exempel/vnd treuwe-
hertziger Warnung zusammen gezo-
gen/vnd in den Druck ver-
fertiget.

Ausschnitt aus dem Titelblatt des Volksbuchs, 1587

keit stache und reizte ihn also, dass er auf eine Zeit etliche zäuberische vocabula[1], figuras[2], characteres und coniurationes[3], damit er den Teufel vor sich möchte fordern, ins Werk zu setzen und zu probiern sich fürnahme. [...] Beschwur also diesen Stern zum ersten, andern und dritten Mal, darauf ging ein Feuerstrom, eines Mannes hoch, auf, ließ sich wieder herunter und wurden sechs Lichtlein darauf gesehen. Einmal sprang ein Lichtlein in die Höhe, denn das ander hernieder, bis sich änderte und formierte ein Gestalt eines feurigen Mannes; dieser ging um den Zirkel herum ein Vierteilstund lang. Bald darauf ändert sich der Teufel und Geist in Gestalt eines grauen Mönchs, kam mit Fausto zu Sprach, fragte, was er begehrte. Darauf war Doktor Fausti Begehr, dass er morgen um 12 Uhrn zu Nacht ihm erscheinen sollt in seiner Behausung, des sich der Teufel ein Weil weigerte. Doktor Faustus beschwur ihn aber bei seinem Herrn, dass er ihm sein Begehr sollte erfüllen und ins Werk setzen, welches ihm der Geist zuletzt zusagte und bewilligte.

Doktor Faustus lässt sich das Blut heraus in einen Tiegel, setzt es auf warme Kohlen und schreibt, wie hernach folgen wird

Ich, Johannes Faustus, Doktor, bekenne mit meiner eigen Hand offentlich zu einer Bestätigung und in Kraft dies Briefs: Nachdem ich mir fürgenommen die Elementa zu spekulieren und aber aus den Gaben, so mir von oben herab bescheret und gnädig mitgeteilt worden, solche Geschicklichkeit in meinem Kopf nicht befinde und solches von den Menschen nicht erlernen mag, so hab ich gegenwärtigem gesandtem Geist, der sich Mephistophiles nennet, ein Diener des höllischen Prinzen in Orient, mich untergeben, auch denselbigen, mich solches zu berichten und zu lehren, mir erwählet, der sich auch gegen mir versprochen, in allem untertänig und gehorsam zu sein. Dagegen aber ich mich hinwider gegen ihme verspriche und verlobe, dass so 24 Jahr, von dato dies Briefs an, herum und füruber gelaufen, er mit mir nach seiner Art und Weis, seines Gefallens, zu schalten, walten, regieren, führen, gut Macht haben solle, mit allem, es sei Leib, Seel, Fleisch, Blut und Gut, und das in sein Ewigkeit. Hierauf absage ich allen denen, so da leben, allem himmlischen Heer und allen Menschen, und das muss sein. Zu festem Urkund und mehrer Bekräftigung habe ich diesen Rezess eigner Hand geschrieben, unterschrieben und mit meinem hiefür gedrücktem eigen Blut, meines Sinns, Kopfs, Gedanken und Willen verknüpft, versiegelt und bezeugt etc.

Oratio Fausti ad Studiosos[4]

[...] Es geschahe aber zwischen zwölf und ein Uhr in der Nacht, dass gegen dem Haus her ein großer ungestümer Wind ginge, so das Haus an allen Orten umgabe, als ob es alles zugrunde gehen und das Haus zu Boden reißen wollte [...]. Sie [die Studenten] hörten ein gräuliches Pfeifen und Zischen, als ob das Haus voller Schlangen, Nattern und anderer schädlicher Würme wäre. Indem geht Doktor Fausti Tur uf in der Stuben, der hub an, um Hülf und mordio zu schreien, aber kaum mit halber Stimm, bald hernach hört man ihn nicht mehr. [...] Also endet sich die ganze wahrhaftige Historia und Zäuberei Doktor Fausti, daraus jeder Christ zu lernen, sonderlich aber die eines hoffärtigen, stolzen, fürwitzigen und trotzigen Sinnes und Kopfs sind, Gott zu förchten, Zauberei, Beschwerung und andere Teufelswerks zu fliehen, so Gott ernstlich verboten hat, und den Teufel nit zu Gast zu laden noch ihm Raum zu geben, wie Faustus getan hat. Dann uns hie ein erschrecklich Exempel seiner Beschreibung und Ends fürgebildet ist, dasselben müßig zu gehen und Gott allein zu lieben [...]. Amen.

1 **vocabula:** Worte
2 **figuras:** Figuren
3 **coniurationes:** Beschwörungsformeln

4 **Oratio ...:** Rede des Faust an die Studenten. Faust nimmt in Erwartung seines Todes und seiner Höllenfahrt Abschied von den Studenten und mahnt sie, sein Schicksal als Warnung zu betrachten.

Als Drama bearbeitet wurde der Volksbuch-Stoff erstmals von Christopher Marlowe, dessen Schauspiel „The Tragicall History of the Life and Death of Doctor Faustus“ (als Buch veröffentlicht 1604) durch englische Wanderbühnen bald auch in Deutschland aufgeführt wurde. Goethe lernte den Faust-Stoff marlowescher Prägung schon früh durch Puppenspiele kennen. Wie in den vorherigen Fassungen geht Faust einen Pakt mit dem Teufel ein; er will sein Wissen und seine Macht ins Grenzenlose erweitern und gibt dafür seine Seele. Der Teufel bietet Faust allerlei magischen Schabernack; Fausts Bedürfnisse bleiben jedoch unbefriedigt und er stirbt schließlich in angstvoller Erwartung ewiger Verdammnis. Der Epilog (→ S. 335) des Chores bringt Achtung für Fausts gute Anlagen und sein Erkenntnisstreben zum Ausdruck, präsentiert seine Selbstüberhebung gegenüber Gott jedoch auch als warnendes Beispiel.

Christopher Marlowe: **Die tragische Historie vom Doktor Faustus** (1604) **1. Akt, 1. Szene** Auszug

Faust in seinem Studierzimmer
Faustus. Genug studieret, Faust!
Zieh erst einmal das Fazit und sondiere
die Tiefe des Erreichten und Gewollten!
5 Als Theolog' begannst du, bleib's nach außen,
doch ziel drauf ab, das Höchste und den Sinn
jedweder Kunst zu eigen dir zu machen,
und leb und stirb mit Aristoteles!
(Ein Buch ergreifend)
10 Geliebte Analytik, du verzückst mich!
(Er liest.)
„Bene dissere est finis logices.“
Ist gut zu disputieren höchster Sinn
der Logik? Wirkt sie keine größern Wunder?
15 Dann lies nichts mehr, *das* Ziel hast du erreicht!
Fausts Geist ist einer höhern Sache würdig:
[...] *(Nach einem anderen Buche greifend)* Komm, Galen[1]!
In Ansehung des Spruchs: „Ubi desinit
20 philosophus ibi incipit medicus[2]“
sei, Faust, ein Arzt und scheffle Gold und lass dich
für manche Wunderkur verewigen!
(Liest.)
„Summum bonum medicinae sanitas.“
25 Das Ziel der Heilkunst ist des Leibs Gesundheit.
[...]
Doch bist du stets nur Faustus und ein Mensch.
Könntst du die Menschen ewig leben machen
oder Gestorbne wiederum beleben,
30 dann wäre diese Wissenschaft was wert.
Fort, Medizin!
(Nach einem andern Buche greifend) Wo ist der Justinian[3]?
[...]
Dies Studium passt für Sklaven, die es lüstet,
35 um Geld der andern schmutzige Wäsch' zu waschen,
mir ist's zu starr, zu unfrei und servil[4].
Alles erwogen, bleibt die Theologie
das Beste. Fauste, lies die Bibel richtig!
(Liest.)
40 [...]
Wir *müssen* sündigen und folglich sterben,
ja, müssen sterben eines ewigen Todes.

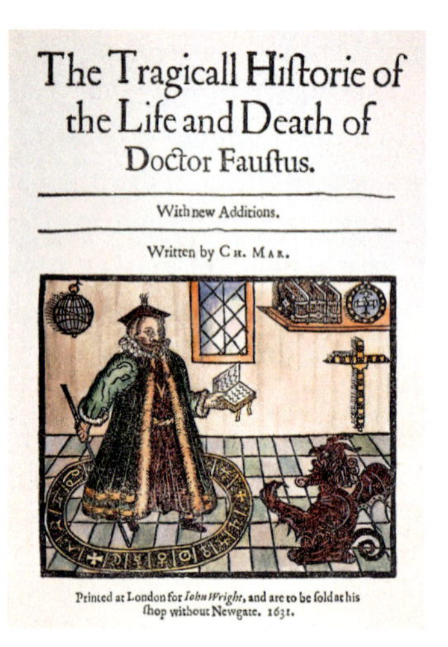

Marlowe: Die tragische Historie vom Doktor Faustus. Titelblatt der Ausgabe von 1631

1 **Galen:** griechischer Arzt und Anatom, ca. 129–216 n. Chr.
2 **Ubi ...:** Wo der Philosoph aufhört, fängt der Arzt an.
3 Gemeint ist hier die berühmte Sammlung des römischen Rechts des byzantinischen Kaisers Justinian I.
4 **servil:** unterwürfig, knechtisch

Che sera, sera[5] – was ist das für 'ne Weisheit!
„Was kommt, muss sein?!“ Fahr hin, Theologie!
45 Hier, die Metaphysik der Magier,
der Nekromanten[6] Schriften, *die* sind göttlich!
Die magischen Linien und Kreise, Diagramme
und Lettern, danach lechzt der Faust am meisten!
Oh, welche Welt der Wonn' und des Genusses,
50 der Macht, der Ehre und der Allgewalt
ist dem Adepten[7] dieser Kunst verheißen!
Mir, mir steht alles zu Befehl, was zwischen
den unbewegten Polen sich bewegt!
Kaisern und Königen gehorcht man nur
55 in ihren großen oder kleinen Ländern,
sie können weder Wind noch Wetter machen –
doch wer in diese Sphären dringt, des Herrschaft
streckt sich, so weit des Menschen Denken schweift:
ein wahrer Magier ist ein mächtiger Gott.
60 Drum, Fauste, strenge deines Geistes Kräfte
hier an, Gottgleichheit zu gewinnen!

5 Che sera, sera: in heutigem Italienisch „Che sarà, sarà“: „Was sein wird, wird sein.“
6 Nekromant: Toten-, Geisterbeschwörer
7 Adept: ein in die Alchemie Eingewiesener

Entscheidende Impulse gewann Goethe durch Gotthold Ephraim Lessings Pläne für ein Faust-Drama, die einen Wendepunkt in der literarischen Tradition markieren. Von Lessings Entwürfen sind nur Bruchteile überliefert.

Gotthold Ephraim Lessing: **Faust-Fragment** (1759) **Vorspiel**

In einem alten Dome. Der Küster und sein Sohn, welche eben zu Mitternacht geläutet, oder läuten wollen.
Die Versammlung der Teufel, unsichtbar auf 5 den Altaren sitzend und sich über ihre Angelegenheiten beratschlagend. Verschiedne ausgeschickte Teufel erscheinen vor dem Beelzebub, Rechenschaft von ihren Verrichtungen zu geben. Einer der eine Stadt in 10 Flammen gesetzt. Ein Andrer der in einem Sturme eine ganze Flotte begraben. Werden von einem Dritten verlacht, dass sie sich mit solchen Armseligkeiten abgegeben. Er rühmt sich einen Heiligen verführt zu haben; den 15 er beredet, sich zu betrinken, und der im Trunke einen Ehebruch und einen Mord begangen. Dieses gibt Gelegenheit von Fausten zu sprechen, der so leicht nicht zu verführen sein möchte. Dieser dritte Teufel nimmt es auf sich, und zwar ihn in vier und zwanzig 20 Stunden der Hölle zu überliefern.
Itzt, sagt der eine Teufel, sitzt er noch bei der nächtlichen Lampe, und forschet in den Tiefen der Wahrheit.
Zu viel Wissbegierde ist ein Fehler; und aus 25 einem Fehler können alle Laster entspringen, wenn man ihm zu sehr nachhänget.
Nach diesem Satze entwirft der Teufel, der ihn verführen will, seinen Plan.

Hauptmann von Blankenburg: **Schreiben über Lessings verloren gegangenen Faust°** (1784) Auszug

Sie wünschen, mein teuerster Freund, eine Nachricht von dem verloren gegangenen Faust des verstorbenen Lessings zu erhalten; was ich davon weiß, teile ich Ihnen um desto 5 lieber mit, da, mit meinem Willen, nicht eine Zeile, nicht eine Idee dieses großen, um immer noch nicht genug gekannten, ja oft sogar mutwillig verkannten Mannes, verloren gehen sollte. *[Im Folgenden wird die Handlung des Vorspiels referiert].* 10
Nun erhält Mephistopheles Auftrag und Anweisung, was und wie er es anzufangen habe,

um den armen Faust zu fangen; in den folgenden Akten beginnt, – und vollendet er, dem Scheine nach, sein Werk [...]. – Genug, die höllischen Heerscharen glauben ihre Arbeit vollbracht zu haben; sie stimmen im fünften Akt Triumphlieder an – wie eine Erscheinung aus der Oberwelt sie auf die unerwartetste, und doch natürlichste, und doch für jeden beruhigendste Art unterbricht: „Triumphiert nicht“, ruft ihnen der Engel zu, „ihr habt nicht über Menschheit und Wissenschaft gesiegt; die Gottheit hat dem Menschen nicht den edelsten der Triebe gegeben, um ihn ewig unglücklich zu machen; was ihr sahet, und jetzt zu besitzen glaubt, war nichts als ein Phantom. –“

Der folgende Text ist Teil von Lessings Auseinandersetzung mit verschiedenen Theologen seiner Zeit über das richtige Religionsverständnis.

Gotthold Ephraim Lessing: **Eine Duplik** (1778) Auszug

Nicht die Wahrheit, in deren Besitz irgendein Mensch ist oder zu sein vermeinet, sondern die aufrichtige Mühe, die er angewandt hat, hinter die Wahrheit zu kommen, macht den Wert des Menschen. Denn nicht durch den Besitz der Wahrheit, sondern durch die Nachforschung der Wahrheit erweitern sich seine Kräfte, worin allein seine immer wachsende Vollkommenheit bestehet. Der Besitz macht ruhig, träge, stolz. –

Wenn Gott in seiner Rechten alle Wahrheit und in seiner Linken den einzigen Trieb nach Wahrheit, obschon mit dem Zusatze, mich immer und ewig zu irren, verschlossen hielte und spräche zu mir: „Wähle!“, ich fiele ihm mit Demut in seine Linke und sagte: „Vater, gib! Die reine Wahrheit ist ja doch nur für dich allein!“

---

1 **a** Gliedern Sie zur ersten Orientierung die Texte von Spies, Marlowe und Lessing bzw. Blankenburg auf S.188 ff. in Sinnabschnitte und geben Sie anschließend den Inhalt jedes Abschnitts in einem Satz wieder.
b Überlegen Sie sich jeweils einen Untertitel zu den Faust-Werken von Spies, Marlowe und Lessing, der den Leser/die Leserin zum Kauf anregen soll.

2 **a** Bei den hier vorgestellten Bearbeitungen des Faust-Stoffes spielen drei Motivkomplexe eine zentrale Rolle: das Streben nach Wissen, die Zuwendung zur Magie und die Rolle des Bösen. Arbeiten Sie tabellarisch die unterschiedliche Ausgestaltung der Motive in den drei Fassungen heraus.
b Fassen Sie Ihre bisherigen Ergebnisse zusammen und benennen Sie zentrale Gemeinsamkeiten und Unterschiede in der Darstellung Fausts in den einzelnen Bearbeitungen.

3 Gehen Sie von der Annahme aus, Spies, Lessing und Marlowe hätten sich zu einem Gespräch über die Gestaltung des Stoffes getroffen. Skizzieren Sie dieses Gespräch. Gehen Sie dabei folgendermaßen vor:
a Stellen Sie aus den vorliegenden Texten geeignete Zitate zu einer Textcollage zusammen.
b Ergänzen Sie diese durch eigene Textteile.
- Gehen Sie auf die unterschiedliche Bewertung Fausts und seines Untergangs ein.
- Arbeiten Sie heraus, welche Absicht die Autoren mit ihren Darstellungen vermutlich jeweils verfolgten. Bedenken Sie dabei die Veränderung des Welt- und Menschenbilds von der beginnenden Renaissance zur Aufklärung.

Entstehungsgeschichte von Goethes „Faust“

Goethe selbst bezeichnete sein Faust-Drama als die Summe seines Lebens. Das Werk spiegelt das sich verändernde Lebensgefühl des Dichters und seine verschiedenen Schaffensphasen in den jeweiligen Literaturepochen.

Urfaust (1772–1775)
Faust. Ein Fragment (1790)
Faust. Der Tragödie erster Teil (1808)
Faust. Der Tragödie zweiter Teil (1832)

1 Referate: Präsentieren Sie in Kurzreferaten (→ S. 13) Informationen zu folgenden Themen:
- Werkgeschichte des „Faust“ und die wichtigsten Veränderungen in den verschiedenen Fassungen,
- Prozess und Hinrichtung der wegen Kindsmordes angeklagten Margaretha Brandt als Quelle für die Gestaltung der Gretchenhandlung.

Goethes „Faust“

Faust und sein Streben nach Wissen

Der „Prolog im Himmel“ in „Faust I“ bildet zusammen mit der Schlussszene von „Faust II“ die himmlische Rahmenhandlung des irdischen Geschehens um Faust. Nach einem Lobgesang der Erzengel über die Herrlichkeit der Schöpfung berichtet Mephisto vom Treiben der Menschen. Die Rede kommt auf Faust, und Mephisto bietet dem Herrn eine Wette an:

Mephistopheles.
Was wettet Ihr? den sollt Ihr noch verlieren,
Wenn Ihr mir die Erlaubnis gebt,
Ihn meine Straße sacht zu führen!
Der Herr.
315 Solang er auf der Erde lebt,
So lange sei dir's nicht verboten.
Es irrt der Mensch, solang er strebt.

Mephisto im Gespräch mit dem Herrn.
Verfilmung der Inszenierung von Peter Stein, 2000

Buch Hiob 1,1–1,22

Es war ein Mann im Lande Uz, sein Name war Hiob. Und dieser Mann war rechtschaffen und redlich und gottesfürchtig und mied das Böse. Ihm wurden sieben Söhne und drei 5 Töchter geboren. Und sein Besitz bestand aus siebentausend Schafen und dreitausend Kamelen und fünfhundert Gespannen Rinder und fünfhundert Eselinnen, und sein Gesinde war sehr zahlreich, sodass dieser Mann 10 größer war als alle Söhne des Ostens. [...]
Und es geschah eines Tages, da kamen die Söhne Gottes, um sich vor dem Herrn einzufinden. Und auch der Satan kam in ihrer Mitte.
Und der Herr sprach zum Satan: Woher 15 kommst du? Und der Satan antwortete dem Herrn und sagte: Vom Durchstreifen der Erde und vom Umherwandern auf ihr.
Und der Herr sprach zum Satan: Hast du Acht gehabt auf meinen Knecht Hiob? Denn 20 es gibt keinen wie ihn auf Erden – ein Mann, so rechtschaffen und redlich, der Gott fürchtet und das Böse meidet!
Und der Satan antwortete dem Herrn und sagte: Ist Hiob etwa umsonst so gottesfürch- 25 tig? Hast du selbst nicht ihn und sein Haus und alles, was er hat, rings umhegt? Das Werk seiner Hände hast du gesegnet, und

sein Besitz hat sich im Land ausgebreitet. Strecke jedoch nur einmal deine Hand aus und taste alles an, was er hat, ob er dir nicht ins Angesicht flucht!
Da sprach der HERR zum Satan: Siehe, alles, was er hat, ist in deiner Hand. Nur gegen ihn selbst strecke deine Hand nicht aus!
Und der Satan ging vom Angesicht des HERRN fort.
Und es geschah eines Tages, als seine Söhne und seine Töchter im Haus ihres erstgeborenen Bruders aßen und Wein tranken, da kam ein Bote zu Hiob und sagte: Die Rinder waren gerade beim Pflügen, und die Eselinnen weideten neben ihnen, da fielen Sabäer ein und nahmen sie weg und die Knechte erschlugen sie mit der Schärfe des Schwertes. Ich aber bin entkommen, nur ich allein, um es dir zu berichten. Noch redete der, da kam ein anderer und sagte: Feuer Gottes fiel vom Himmel, brannte unter den Schafen und den Knechten und verzehrte sie. Ich aber bin entkommen, nur ich allein, um es dir zu berichten. Noch redete der, da kam ein anderer und sagte: Die Chaldäer hatten drei Abteilungen aufgestellt und sind über die Kamele hergefallen und haben sie weggenommen, und die Knechte haben sie mit der Schärfe des Schwertes erschlagen. Ich aber bin entkommen, nur ich allein, um es dir zu berichten. Während der noch redete, da kam ein anderer und sagte: Deine Söhne und deine Töchter aßen und tranken Wein im Haus ihres erstgeborenen Bruders. Und siehe, ein starker Wind kam von jenseits der Wüste her und stieß an die vier Ecken des Hauses. Da fiel es auf die jungen Leute, und sie starben. Ich aber bin entkommen, nur ich allein, um es dir zu berichten. –
Da stand Hiob auf und zerriss sein Obergewand und schor sein Haupt; und er fiel auf die Erde und betete an. Und er sagte: Nackt bin ich aus meiner Mutter Leib gekommen, und nackt kehre ich dahin zurück. Der HERR hat gegeben, und der HERR hat genommen, der Name des HERRN sei gepriesen!
Bei alldem sündigte Hiob nicht und legte Gott nichts Anstößiges zur Last.

---

1 Lesen Sie in Ihrer Faust-Ausgabe das Gespräch zwischen dem Herrn und Mephisto in den Versen 271–353.
Die folgenden Aufgaben 2 bis 5 können Sie arbeitsteilig in Gruppen behandeln und Ihre Ergebnisse in Expertenrunden (→ S. 353 f.) präsentieren.

2 Im Verlauf der Unterhaltung zwischen Gott und Mephisto werden zwei unterschiedliche Bilder vom Menschen entworfen.
Stellen Sie die Sichtweise Mephistos derjenigen des Herrn gegenüber. Gehen Sie dabei besonders auf die Metaphern aus dem Bereich der Tier- und Pflanzenwelt ein.

3 **a** Faust wird zunächst von Mephisto charakterisiert. Formulieren Sie die Verse 300 („Fürwahr …“) bis 307 („… tiefbewegte Brust“) in heutiges Deutsch um und klären Sie, worin Fausts zwiespältiges Wesen besteht.
b Erläutern Sie, warum sich der Herr und Mephisto für Faust interessieren und wie sie sein Wesen beurteilen.

4 Die Hauptfigur wird zum Gegenstand einer Wette zwischen dem Herrn und Mephisto, mit der Goethe auf die biblische Geschichte von Hiob zurückgreift.
a Erschließen Sie den Auszug aus dem Buch Hiob und führen Sie Gemeinsamkeiten und Unterschiede zwischen der biblischen Geschichte und dem „Prolog im Himmel“ in einer Tabelle oder in einer Schnittmengengrafik (→ S. 351) an. Gehen Sie dabei auf die Charakterisierung von Hiob und Faust sowie auf Inhalt und Zweck der Wette ein.
b Äußern Sie Ihre Vermutungen zur Frage, warum Goethe die biblische Vorlage in dieser Weise abwandelte.

5 Untersuchen Sie die Rolle Mephistos im göttlichen Weltplan anhand von Leitfragen:
- *Wie wird Mephisto durch den Herrn charakterisiert?*
- *Welche Aufgabe ist für ihn im Umgang mit den Menschen vorgesehen?*
- …

Beziehen Sie auch in Ihre Überlegungen mit ein, wie Mephisto sich später selbst charakterisiert: „[Ich bin] Ein Teil von jener Kraft, / Die stets das Böse will und stets das Gute schafft“ (V. 1335 f.).

Fausts Existenz- und Erkenntniskrise

Johann Wolfgang von Goethe: **Faust. Der Tragödie erster Teil.** (1808) Auszug aus der Szene **„Nacht“**

In einem hochgewölbten, engen, gotischen Zimmer
Faust unruhig auf seinem Sessel am Pulte.
Faust. Habe nun, ach! Philosophie,
355 Juristerei und Medizin,
Und leider auch Theologie!
Durchaus studiert, mit heißem Bemühn.
Da steh' ich nun, ich armer Tor!
Und bin so klug als wie zuvor;
360 Heiße Magister, heiße Doktor gar
Und ziehe schon an die zehen Jahr
Herauf, herab und quer und krumm
Meine Schüler an der Nase herum –
Und sehe, dass wir nichts wissen können!
365 Das will mir schier das Herz verbrennen. […]
Drum hab ich mich der Magie ergeben,
Ob mir, durch Geistes Kraft und Mund,
Nicht manch Geheimnis würde kund;
380 Dass ich nicht mehr, mit sauerm Schweiß,
Zu sagen brauche, was ich nicht weiß;
Dass ich erkenne, was die Welt
Im Innersten zusammenhält,
Schau alle Wirkenskraft und Samen,
385 Und tu nicht mehr in Worten kramen.

Rembrandt: Faust in der Studierstube. Radierung um 1652

1 Lesen Sie den Beginn des Eröffnungsmonologs in der Szene „Nacht“ in Ihrer Faust-Ausgabe (V. 354–417). Gliedern Sie den Monolog nach dem Muster der folgenden Tabelle in Sinnabschnitte.

Sinnabschnitt	*Inhalt*
V. 354–357	*bisher studierte Fächer*
V. 358–359	*Erkennen der Nutzlosigkeit des Wissens*
V. …	*…*

2 Stellen Sie sich vor, dass Faust seine Lebenslage und seinen Gefühlszustand in einem Tagebucheintrag umreißt. Schreiben Sie diesen Eintrag. Folgende Aspekte können berücksichtigt werden: Bewertung der gegenwärtigen Situation, Selbsteinschätzung als Wissenschaftler, Naturverhältnis, Ziele und Wünsche.

3 Faust ist zu Beginn des Dramas zweifach charakterisiert worden; auf die Fremdcharakterisierung durch den Herrn und Mephisto im Prolog folgt nun die Selbstcharakterisierung in der Szene „Nacht". Inwiefern stimmen diese Charakterisierungen überein? Stellen Sie dazu zentrale Aussagen aus beiden Szenen einander gegenüber.

4 Diskutieren Sie in Ihrer Lerngruppe die folgenden Thesen:
- Fausts Ungenügen an der Wissenschaft ist im 21. Jahrhundert überholt.
- Auch heutzutage gibt es Situationen, die derartige Daseinszweifel und existenzielle Krisen auslösen, wie Faust sie durchlebt.
- Faust versucht durch die Magie einen Ausweg zu finden. Im 21. Jahrhundert gibt es ähnliche Versuche der Krisenbewältigung.

Erstellen Sie zunächst in Kleingruppen Karten mit Argumenten. Sie können die Methode „Diskussion mit Gruppenschutz" (→ S. 352) verwenden.

5 Mit Wagner tritt in der Szene „Nacht" noch ein anderer Typ von Wissenschaftler auf. Vergleichen Sie Faust und Wagner im Hinblick auf ihr Verhältnis zur Wissenschaft.

Der Teufelspakt

Faust sieht der wissenschaftlichen Erkenntnis Grenzen gesetzt, wendet sich der Magie zu und wird auch hier enttäuscht. Nach einer gescheiterten Beschwörung des Erdgeistes versucht er durch Selbsttötung Einsicht in die Zusammenhänge des Kosmos zu erlangen. Als er durch die Klänge des Osterchors von diesem weiteren Entgrenzungsversuch abgehalten wird, wendet er sich der Erfahrung des sinnlichen Lebens zu. Seine Sehnsucht nach „neuem, buntem Leben" (V. 1121) bildet den Anknüpfungspunkt für den Auftritt Mephistos.

Johann Wolfgang von Goethe: **Faust I** (1808) Auszug aus der Szene **„Studierzimmer"**

MEPHISTOPHELES.
Ich will mich *hier* zu deinem Dienst verbinden,
Auf deinen Wink nicht rasten und nicht ruhn;
Wenn wir uns *drüben* wiederfinden,
So sollst du mir das Gleiche tun.
1660 FAUST.
Das Drüben kann mich wenig kümmern,
Schlägst du erst diese Welt zu Trümmern,
Die andre mag darnach entstehn. [...]
MEPHISTOPHELES.
In diesem Sinne kannst du's wagen.
Verbinde dich; du sollst, in diesen Tagen,
Mit Freuden meine Künste sehn,
Ich gebe dir, was noch kein Mensch gesehn.
1675 FAUST. Was willst du armer Teufel geben?
Ward eines Menschen Geist, in seinem hohen Streben,
Von deinesgleichen je gefasst?
Doch hast du Speise, die nicht sättigt, hast
Du rotes Gold, das ohne Rast,
1680 Quecksilber gleich, dir in der Hand zerrinnt,
Ein Spiel, bei dem man nie gewinnt,
Ein Mädchen, das an meiner Brust
Mit Äugeln schon dem Nachbar sich verbindet,
Der Ehre schöne Götterlust,
1685 Die, wie ein Meteor, verschwindet.
Zeig mir die Frucht, die fault, eh man sie bricht,
Und Bäume, die sich täglich neu begrünen!

MEPHISTOPHELES.
Ein solcher Auftrag schreckt mich nicht,
Mit solchen Schätzen kann ich dienen.
1690 Doch, guter Freund, die Zeit kommt auch heran,
Wo wir was Guts in Ruhe schmausen mögen.
FAUST.
Werd ich beruhigt je mich auf ein Faulbett legen,
So sei es gleich um mich getan!
Kannst du mich schmeichelnd je belügen,
1695 Dass ich mir selbst gefallen mag,
Kannst du mich mit Genuss betrügen;
Das sei für mich der letzte Tag!
Die Wette biet ich!
MEPHISTOPHELES. Topp!
FAUST. Und Schlag auf Schlag!
Werd ich zum Augenblicke sagen:
1700 Verweile doch! du bist so schön!
Dann magst du mich in Fesseln schlagen,
Dann will ich gern zugrunde gehn!
Dann mag die Totenglocke schallen,
Dann bist du deines Dienstes frei,
1705 Die Uhr mag stehn, der Zeiger fallen,
Es sei die Zeit für mich vorbei!
MEPHISTOPHELES.
Bedenk es wohl, wir werden's nicht vergessen.
FAUST. Dazu hast du ein volles Recht,
Ich habe mich nicht freventlich vermessen.
1710 Wie ich beharre, bin ich Knecht,
Ob dein, was frag ich, oder wessen.
MEPHISTOPHELES.
Ich werde heute gleich, beim Doktorschmaus,
Als Diener, meine Pflicht erfüllen.
Nur eins! – Um Lebens oder Sterbens willen,
1715 Bitt ich mir ein paar Zeilen aus.
FAUST. Auch was Geschriebnes forderst du Pedant?

1 **a** Der Pakt mit dem Teufel bildet schon im Volksbuch bei Spies das Zentrum des Faust-Stoffes. Klären Sie anhand folgender Leitfragen Motive, Bedingungen und Inhalte der Abmachungen zwischen Faust und Mephisto.
- Wie lautet Mephistos Paktangebot? Was fordert er dafür?
- Faust bietet Mephisto eine Wette an. Worum wettet er und was erwartet er sich davon? Was ist sein Wetteinsatz?

b Setzen Sie einen schriftlichen Vertrag zwischen Faust und Mephisto auf und halten Sie deren Rechte und Pflichten fest. Formulieren Sie dabei die Bedingungen für einen Wettsieg Mephistos mit eigenen Worten (V.1692–1706).

Vertragswerk zwischen Faust und Mephisto

Grundsatzerklärung Mephistos
§ 1 Ich, Mephisto, erkläre mich hiermit bereit, Faust auf Erden zu dienen.
§ 2 Ich biete Faust …

Grundsatzerklärung Fausts
§ 1 Unter der Bedingung, dass …, verpflichte ich, Faust, mich, …
§ 2 Zusatzklausel
Wenn folgende Situationen eintreten, sei mein Leben sofort beendet:
– …
– …
– …
– …

§ 3 Beide Vertragspartner stimmen den obigen Abmachungen zu.

Datum, Unterschrift Mephisto *Datum, Unterschrift Faust*

2 Warum ist sich Faust so sicher, dass er die Wette gewinnen wird? Begründen Sie Ihre Vermutungen.
3 Die irdische Wette zwischen Faust und Mephisto erinnert an die himmlische Wette zwischen dem Herrn und Mephisto. Erläutern Sie, welche inhaltlichen und strukturellen Beziehungen zwischen den beiden Abmachungen bestehen.
4 Untersuchen Sie, wie sich Goethes Ausgestaltung des Pakts zwischen Faust und Mephisto von den bisherigen literarischen Bearbeitungen unterscheidet, und beschreiben Sie, welche neue Bedeutung das Bündnis dadurch erhält.

Faust als Verführer und Liebender

Die Wette ebnet den Weg zu Fausts Aufbruch in die „kleine Welt". Geleitet von Mephisto wandelt sich der Geistesmensch zum Sinnenmenschen, der sich in das „Rauschen der Zeit" (V. 1754) stürzen will. Mephisto führt Faust zu Gretchen.

Moritz Retzsch: Gretchens Stube, 1816

Die Aufgaben 1–4 können Sie arbeitsteilig behandeln und Ihre Ergebnisse anschließend in der gesamten Lerngruppe präsentieren. Sie können auch Expertenrunden (→ S. 353) bilden.

1 **a** Beschreiben Sie, wie Gretchen und ihre Lebenswelt in dem Stich von Moritz Retzsch charakterisiert wird.
b Lesen Sie die Szenen „Garten" und „Ein Gartenhäuschen". Schreiben Sie einen Liebesbrief an Margarete, den Faust im Anschluss an diese Begegnung verfassen könnte, sowie einen Antwortbrief Gretchens.
c Charakterisieren Sie die Liebesbeziehung zwischen Faust und Gretchen in der Szene „Garten". Arbeiten Sie dabei heraus, was Faust an Margarete fasziniert und welche Vorbehalte diese hegt.
2 Warum scheitert die Liebe zwischen Faust und Gretchen? Analysieren Sie das Religionsgespräch in „Marthens Garten" (→ S. 51 ff.) und Fausts Selbstaussprache in der Szene „Wald und Höhle".
3 Stellen Sie die Entwicklung der Liebesbeziehung in den Szenen „Straße", „Garten", „Marthens Garten", „Zwinger", „Dom" und „Kerker" in einer Reihe von Standbildern (→ S. 358) dar.
4 Wer trägt die Verantwortung für das Geschehene? Inszenieren Sie eine Gerichtsverhandlung. Gehen Sie dabei folgendermaßen vor:
- Klären Sie den Tatbestand durch Auflisten der Geschädigten und der Straftaten.
- Verteilen Sie die Rollen der am Prozess Beteiligten (Angeklagte, Verteidiger, Zeugen, Richter).
- Überlegen Sie sich entsprechend Ihrer Rolle Argumente und Inhalte, mit denen Sie den Richter überzeugen wollen. Dieser fällt zum Schluss ein begründetes Urteil.

Höchster Augenblick und Erlösung

In „Der Tragödie zweiter Teil“ macht Faust sich auf in die „große Welt“ des Kaiserhofs. Es beginnt eine Zeitreise vom Mittelalter in die Antike und zurück in die Gegenwart. Mit Hilfe Mephistos gewinnt Faust politische Macht und erhält vom Kaiser Land als Geschenk.
In seinem großen Schlussmonolog im 5. Akt unmittelbar vor seinem Tod umreißt Faust das Ziel einer Landgewinnung für Millionen von Menschen.

Johann Wolfgang von Goethe: **Faust. Der Tragödie zweiter Teil.** (1832) **5. Akt** Auszug

Faust.
Ein Sumpf zieht am Gebirge hin,
11560 Verpestet alles schon Errungene;
Den faulen Pfuhl auch abzuziehn,
Das Letzte wär das Höchsterrungene.
Eröffn' ich Räume vielen Millionen,
Nicht sicher zwar, doch tätig-frei zu wohnen.
11565 Grün das Gefilde, fruchtbar; Mensch und Herde
Sogleich behaglich auf der neusten Erde,
Gleich angesiedelt an des Hügels Kraft,
Den aufgewälzt kühn-emsige Völkerschaft.
Im Innern hier ein paradiesisch Land,
11570 Da rase draußen Flut bis auf zum Rand,
Und wie sie nascht, gewaltsam einzuschießen,
Gemeindrang eilt, die Lücke zu verschließen.
Ja! diesem Sinne bin ich ganz ergeben,
Das ist der Weisheit letzter Schluss:
11575 Nur der verdient sich Freiheit wie das Leben,
Der täglich sie erobern muss.
Und so verbringt, umrungen von Gefahr,
Hier Kindheit, Mann und Greis sein tüchtig Jahr.
Solch ein Gewimmel möcht ich sehn,
11580 Auf freiem Grund mit freiem Volke stehn.
Zum Augenblicke dürft ich sagen:
Verweile doch, du bist so schön!
Es kann die Spur von meinen Erdetagen
Nicht in Äonen untergehn. –
11585 Im Vorgefühl von solchem hohen Glück
Genieß ich jetzt den höchsten Augenblick.
(Faust sinkt zurück, die Lemuren[1] fassen ihn auf und legen ihn auf den Boden.)
Mephistopheles.
Ihn sättigt keine Lust, ihm gnügt kein Glück,
So buhlt er fort nach wechselnden Gestalten;
Den letzten, schlechten, leeren Augenblick,
11590 Der Arme wünscht ihn festzuhalten.

„Faust II“, Schlussmonolog Fausts im 5. Akt.
Verfilmung der Inszenierung von Peter Stein, 2000

1 **Lemuren:** in der römischen Mythologie die nachts als Geister umherirrenden Seelen der Verstorbenen

Der mir so kräftig widerstand,
Die Zeit wird Herr, der Greis hier liegt im Sand.
Die Uhr steht still –

11595 **CHOR.** Steht still! Sie schweigt wie Mitternacht.
Der Zeiger fällt.

MEPHISTOPHELES. Er fällt, es ist vollbracht.

CHOR. Es ist vorbei.

MEPHISTOPHELES. Vorbei! ein dummes Wort.
Warum vorbei?
Vorbei und reines Nicht, vollkommnes Einerlei!
Was soll uns denn das ew'ge Schaffen!
Geschaffenes zu nichts hinwegzuraffen!
11600 „Da ist's vorbei!" Was ist daran zu lesen?
Es ist so gut, als wär es nicht gewesen,
Und treibt sich doch im Kreis, als wenn es wäre.
Ich liebte mir dafür das Ewig-Leere.

Mephisto, die Lemuren und Faust,
Verfilmung der Inszenierung von Peter Stein, 2000

[Teufel eilen herbei, um Faust zur Hölle zu bringen, doch plötzlich erscheinen himmlische Heerscharen, die seine Seele mit sich führen.]

Johann Peter Eckermann: **Gespräche mit Goethe in den letzten Jahren seines Lebens 1823–1832** (1836–1848) Gespräch vom 6. Juni 1831, Auszug

„Der Faust, wie er im fünften Akt erscheint", sagte Goethe ferner, „soll nach meiner Intention gerade hundert Jahre alt sein, und ich bin nicht gewiss, ob es nicht etwa gut wäre, dieses irgendwo ausdrücklich zu bemerken."
Wir sprachen sodann über den Schluss, und Goethe machte mich auf die Stelle aufmerksam, wo es heißt:

Gerettet ist das edle Glied
Der Geisterwelt vom Bösen:
Wer immer strebend sich bemüht,
Den können wir erlösen,
Und hat an ihm die Liebe gar
Von oben teilgenommen,
Begegnet ihm die selige Schar
Mit herzlichem Willkommen.

„In diesen Versen", sagte er, „ist der Schlüssel zu Fausts Rettung enthalten. In Faust selber eine immer höhere und reinere Tätigkeit bis ans Ende, und von oben die ihm zu Hülfe kommende ewige Liebe. Es steht dieses mit unserer religiösen Vorstellung durchaus in Harmonie, nach welcher wir nicht bloß durch eigene Kraft selig werden, sondern durch die hinzukommende göttliche Gnade."

1 Hat Faust seine Wette mit Mephisto verloren? Entscheiden Sie sich für eine Antwort – „Ja", „Nein", „Jein", „Ich weiß nicht". Bilden Sie mit Mitschülern/-schülerinnen, die Ihrer Meinung sind, eine Gruppe. Sammeln Sie Argumente, mit denen Sie Ihre Position dann im Plenum vertreten.

2 Fausts Seele wird in der letzten Szene vor Mephistos Helfern geschützt und von Engeln „himmelwärts" geführt.
   a Erläutern Sie, wie Goethe Fausts Erlösung rechtfertigt.
   b Überlegen Sie, was dies für den Ausgang der Wette zwischen dem Herrn und Mephisto bedeutet.
   c Klären Sie, welche Funktion damit die Schlussszene für die Struktur des Dramas hat.

3 Goethe bezeichnet sein Werk als „Tragödie“ (→ S. 335). Erörtern Sie mit Ihren Mitschülern/-schülerinnen, inwiefern Ihnen dieser Untertitel zutreffend erscheint. Sie können nach dem Prinzip der wachsenden Gruppe (→ S. 353) verfahren.

4 Als Regisseur/-in einer neuartigen Faust-Inszenierung haben Sie jegliche Freiheit gegenüber dem Stoff:

a Skizzieren Sie in Stichworten ein alternatives Ende und begründen Sie Ihre Wahl.

b Vergleichen Sie Ihre Fassung mit dem Originaltext und diskutieren Sie das von Goethe gewählte Ende und die damit verbundene Frage nach Fausts Schuld.

5 Das Thema des Irrens und Strebens steht im Mittelpunkt von Goethes Menschenbild und bildet die thematische Klammer des Faust-Dramas. Goethe äußert sich selbst über seine Hauptfigur:

> Fausts Charakter, auf der Höhe, wohin die neue Ausbildung aus dem alten rohen Volksmärchen denselben hervorgehoben hat, stellt einen Mann dar, welcher, in den allgemeinen Erdesschranken sich ungeduldig und unbehaglich fühlend, den Besitz des höchsten Wissens, den Genuss der schönsten Güter für unzulänglich achtet, seine Sehnsucht auch
> 5 nur im mindesten zu befriedigen, einen Geist, welcher deshalb nach allen Seiten hin sich wendend immer unglücklicher zurückkehrt. Diese Gesinnung ist der modernen so analog, dass mehrere gute Köpfe die Lösung einer solchen Aufgabe zu unternehmen sich gedrängt fanden.
>
> *(Goethe: Entwurf zu einer Ankündigung der „Helena“, 1826)*

a Wie bewerten Sie die Figur Faust vor dem Hintergrund der heutigen Zeit, die geprägt ist von Leitwerten wie Fortschritt, Wachstum, Innovation und Steigerung? Sie können die Diskussionsform des „Kugellagers“ (→ S. 352) wählen.

b Wie erklären Sie sich, dass Goethes Faust auch heute noch als eine der faszinierendsten Figuren der deutschen Literaturgeschichte gilt?

6 Goethes „Faust“ ist sicher ein „Klassiker“ im Sinne eines über Epochen hinweg geschätzten und immer neu entdeckten Werkes. Aber inwiefern ist es auch ein Werk im Sinne der Kunstkonzeption der „Klassik“, wie Sie diese in den Teilkapiteln D 2.1 bis 2.3 kennen gelernt haben? Ziehen Sie für Ihre Überlegungen auch den Epochenüberblick auf S. 209 heran.

7 Weiterführend:
- Überlegen Sie, ob Sie eines der Bilder auf S. 186 oder das Bild rechts als Abbildung für das Titelblatt eines Programmhefts für eine Faust-Inszenierung wählen würden. Begründen Sie Ihre Entscheidung.
- Konzipieren Sie selbst einen Entwurf für ein Titelblatt, das Ihre zentrale Vorstellung von Faust widerspiegelt.
- Wählen Sie einen Ihnen passend erscheinenden Untertitel für das Stück.

Otto Dix: Sehnsucht (1918)

Goethes „Faust" im Spiegel späterer Faust-Bearbeitungen

Im 19. und 20. Jahrhundert erfuhr der Faust-Stoff eine Vielzahl literarischer Bearbeitungen: Allein etwa 200 Dichtungen, Opern- und Filmtexte entstanden, die in der Deutung der Figur jeweils eigene Schwerpunkte setzten.

Heinrich Heine: „Der Doktor Faust"

1846/47 schreibt Heinrich Heine (1797–1856) im Auftrag des Königlichen Theaters in London das Libretto für ein Ballett, in dem er den Faust-Stoff aufgreift und Motive aus dem Volksbuch des Johann Spies neu gestaltet.

Heinrich Heine: **Der Doktor Faust. Ein Tanzpoem** (1851) **1. Akt** Auszug

Studierzimmer, groß, gewölbt, in gotischem Stil. Spärliche Beleuchtung. An den Wänden Bücherschränke, astrologische und alchimistische Gerätschaften (Welt- und Himmelskugel, Planetenbilder, Retorten und seltsame Gläser), anatomische Präparate (Skelette von Menschen und Tieren) und sonstige Requisiten der Nekromantie[1].
Es schlägt Mitternacht. [...]
Faust erhebt sogleich mit gesteigertem Eifer seine Beschwörungen, aber diesmal schwindet plötzlich die Dunkelheit, das Zimmer erhellt sich mit unzähligen Lichtern, statt des Donnerwetters ertönt die lieblichste Tanzmusik, und aus dem geöffneten Boden, wie aus einem Blumenkorb, steigt hervor eine Balletttänzerin, gekleidet im gewöhnlichen Gaze- und Trikotkostüme und umhergaukelnd in den banalsten Pirouetten.
Faust ist anfänglich darob befremdet, dass der beschworene Teufel Mephistopheles keine unheilvollere Gestalt annehmen konnte als die einer Balletttänzerin, doch zuletzt gefällt ihm diese lächelnd anmutige Erscheinung und er macht ihr ein gravitätisches Kompliment. Mephistopheles oder vielmehr Mephistophela, wie wir nunmehr die in die Weiblichkeit übergegangene Teufelei zu nennen haben, erwidert parodierend das Kompliment des Doktors und umtänzelt ihn in der bekannten koketten Weise. Sie hält einen Zauberstab in der Hand und alles, was sie im Zimmer damit berührt, wird aufs Ergötzlichste umgewandelt, doch dergestalt, dass die ursprüngliche Formation der Gegenstände nicht ganz vertilgt wird, z. B. die dunklen Planetenbilder erleuchten sich buntfarbig von innen, aus den Pokalen mit Missgeburten blicken die schönsten Vögel hervor, die Eulen tragen Girandolen im Schnabel, prachtvoll sprießen an den Wänden hervor die kostbarsten güldenen Geräte, venezianische Spie-

Heinrich Heine: Der Doktor Faust. Schlussvignette der Erstausgabe von 1851

1 **Nekromantie:** Toten-, Geisterbeschwörung

gel, antike Basreliefs[2], Kunstwerke, alles chaotisch gespenstisch und dennoch glänzend
45 schön: eine ungeheuerliche Arabeske[3]. [...]
[Mephistophela lässt Gestalten der Unterwelt auftreten und verwandelt diese in Balletttänzerinnen.]
Faust ergötzt sich an dieser Metamorphose,
50 doch scheint er unter allen jenen hübschen Teufelinnen keine zu finden, die seinen Geschmack gänzlich befriedige; dieses bemerkend, schwingt Mephistophela wieder ihren Stab, und in einem schon vorher an die Wand
55 hingezauberten Spiegel erscheint das Bildnis eines wunderschönen Weibes in Hoftracht und mit einer Herzogskrone auf dem Haupte. Sobald Faust sie erblickt, ist er wie hingerissen von Bewunderung und Entzücken, und
60 er naht dem holden Bildnis mit allen Zeichen der Sehnsucht und Zärtlichkeit. Doch das Weib im Spiegel, welches sich jetzt wie lebend bewegt, wehrt ihn von sich ab mit hochmütigstem Naserümpfen; er kniet flehend
65 vor ihr nieder und sie wiederholt nur noch beleidigender ihre Gesten der Verachtung. Der arme Doktor wendet sich hierauf mit bittenden Blicken an Mephistophela. [...]
[Es folgt die Beschwörung eines Balletttänzers, der um die Frau im Spiegel wirbt und
70 *Fausts Eifersucht erregt.]*
Jetzt reicht Mephistophela wieder das Pergamentblatt dem Faust dar, und dieser, ohne langes Besinnen, öffnet sich eine Ader am Arme, und mit seinem Blute unterzeichnet
75 er den Kontrakt, wodurch er für zeitliche irdische Genüsse seiner himmlischen Seligkeit entsagt. [...]

2 **Basrelief:** Relief: bildliche Darstellung, die sich plastisch vom Hintergrund abhebt. Beim Basrelief (Flachrelief) ragen die Figuren nur wenig aus der Grundfläche heraus.
3 **Arabeske:** Verzierung, oft abstrakt aus verschlungenen Linien oder aus stilisierten pflanzlichen Motiven

Die weitere Handlung in Kürze: Mephistophela bringt Faust zu einem fürstlichen Hof, wo er den Reizen der Herzogin erliegt, die in Wahrheit Satans Braut ist. Er verlebt mit ihr die Walpurgisnacht in exzessiver Sinnlichkeit; dies ruft bei Faust Ekel und die Sehnsucht nach der reinen Welt des Griechentums hervor. Mit Helena erlebt Faust reines Glück auf einer Insel, das aber von der eifersüchtigen Satansbraut zerstört wird. Schließlich verliebt sich Faust in eine sittsame Bürgerstochter und hofft auf Befriedigung seiner seelischen Bedürfnisse. An seinem Hochzeitstag verweist Mephistophela auf den Pakt, verwandelt sich in eine Schlange und erdrosselt ihn.

1 Vergleichen Sie Heines Gestaltung des Faust-Stoffes mit Goethes Bearbeitung. Beschreiben Sie Veränderungen bei zentralen Handlungsmotiven und deren Auswirkungen auf Inhalt, Thematik und Intention. Berücksichtigen Sie auch den Zusammenhang mit der Textgattung (Drama/Ballett-Libretto).
2 Heine warf Goethe eine zu starke Abweichung von der Vorlage vor:

> [...] In diesem zweiten Teil befreit Goethe den Nekromanten aus den Krallen des Teufels, er schickt ihn nicht zur Hölle, sondern lässt ihn triumphierend einziehen ins Himmelreich unter dem Geleite tanzender Engelein, katholischer Amoretten, und das schauerliche Teufelsbündnis [...] endigt wie eine frivole[1] Farce[2] – ich hätte fast gesagt wie ein Ballett."
>
> *(Heine: Erläuterungen zu „Der Doktor Faust. Ein Tanzpoem")*
>
> 1 **frivol:** leichtfertig, frech, auch: schlüpfrig
> 2 **Farce:** derb komisches Lustspiel, auch: billiger Scherz; lächerliche, aber als wichtig dargestellte Angelegenheit

Beziehen Sie diese Aussage auf den Kontext der Entstehungszeit des „Tanzpoems" und auf Ihre Vorkenntnisse zum Literatur- und Selbstverständnis Heinrich Heines (→ Kapitel D4, S. 235 ff.).

Thomas Mann: „Doktor Faustus"

Ideologische Vereinnahmungen sahen in Faust den deutschnationalen Helden, im „Faustischen" die Verkörperung des deutschen Wesens in seiner Gedankentiefe, seinem Drang nach Grenzüberschreitung und nach Erforschung der Welt. In Abgrenzung vom Bild des faustischen Menschen schrieb Thomas Mann (1875–1955) im amerikanischen Exil während des Zweiten Weltkriegs seinen Roman „Doktor Faustus". Im Mittelpunkt des Romans steht die Figur des Musikers Adrian Leverkühn, der mit dem Teufel paktiert, um künstlerische Genialität zu erlangen, dies aber mit geistiger Umnachtung bezahlt.

Thomas Mann: **Doktor Faustus** (1947) Auszug

[Der Teufel begegnet Leverkühn während dessen Italienaufenthalts:]

„Bist aber auch ein attraktiver Fall, das bekenne ich frei. Von früh an hatten wir ein Auge auf dich, auf deinen geschwinden, hoffärtigen Kopf, dein trefflich ingenium und memoriam. Da haben sie dich die Gotteswissenschaften studieren lassen, wie's dein Dünkel sich ausgeheckt, aber du wolltest dich bald keinen Theologum mehr nennen, sondern legtest die hl. Geschrift unter die Bank und hieltest es ganz hinfort mit den figuris, characteribus und incantationibus der Musik, das gefiel uns nicht wenig. Denn deine Hoffart verlangte es nach dem Elementarischen, und du gedachtest es zu gewinnen in der dir gemäßesten Form, dort, wo's als algebraischer Zauber mit stimmiger Klugheit und Berechnung vermählt und doch zugleich gegen Vernunft und Nüchternheit allzeit kühnlich gerichtet ist. Wussten wir denn aber nicht, dass du zu gescheit und kalt und keusch seist fürs Element, und wussten wir nicht, dass du dich darob ärgertest und dich erbärmlich ennuyiertest[1] mit deiner schamhaften Gescheitheit? So richteten wir's dir mit Fleiß, dass du uns in die Arme liefst, will sagen: meiner Kleinen, der Esmeralda[2], und dass du dir's holtest, die Illumination, das Aphrodisiacum[3] des Hirns, nach dem es dich mit Leib und Seel und Geist so gar verzweifelt verlangte. Kurzum, zwischen uns braucht's keinen vierigen Wegscheid im Spesser Wald und keine Zirkel. Wir sind im Vertrage und im Geschäft, – mit deinem Blut hast du's bezeugt und dich gegen uns versprochen und bist auf uns getauft – dieser mein Besuch gilt nur der Konfirmation. Zeit hast du von uns genommen, geniale Zeit, hochtragende Zeit, volle vierundzwanzig Jahre ab dato recessi, die setzen wir dir zum Ziel. Sind die herum und vorübergelaufen, was nicht abzusehen, und ist so eine Zeit auch eine Ewigkeit, – so sollst du geholt sein. Herwiderumb wollen wir dir unterweilen in allem untertänig und gehorsam sein, und dir soll die Hölle frommen, wenn du nur absagst allen, die da leben, allem himmlischen Heer und allen Menschen, denn das muss sein."

Ich (äußerst kalt angeweht): „Wie? Das ist neu. Was will die Klausel sagen?"

Er: „Absage will sie sagen. Was sonst? Denkst du, Eifersucht ist nur in den Höhen zu Hause und nicht in den Tiefen? Uns bist du, feine, erschaffene Kreatur, versprochen und verlobt. Du darfst nicht lieben."

1 ennuyieren: langweilen

2 Beim Studium der Musik in Leipzig machte Leverkühn die Bekanntschaft einer Prostituierten namens Esmeralda. Die Worte „hetaera esmeralda", die Leverkühn auch motivisch als „h-a-e-a-es" wiederkehrend in seine Werke einbaut, rufen den Teufel.

3 Aphrodisiakum: die Sexualität anregendes Mittel

1 **a** Erläutern Sie, warum Adrian Leverkühn für den Teufel ein „attraktiver Fall" ist. Gehen Sie auf die Charakterisierung Leverkühns durch den Teufel ein.

b Klären Sie, welche Vereinbarungen der Pakt zwischen dem Teufel und dem Künstler enthält.

2 Thomas Mann betonte, dass sein Roman mit Goethes Faust-Drama lediglich die Quelle, das Volksbuch, gemein habe. Inwiefern trifft dies zu? Vergleichen Sie die Fassungen und stellen Sie Ihre Ergebnisse in einer Tabelle gegenüber.

3 Welche Bedeutung gewinnen die Figur des Teufels und der Teufelspakt im Vergleich zu der Ausgestaltung bei Goethe angesichts der historischen Situation, in der Thomas Mann schreibt? Berücksichtigen Sie dabei folgende Aussage Manns über seinen Roman: „Ein schrecklich deutscher Roman – beinahe ein Roman Deutschlands – das sich dem Teufel verschreibt.“

Faust und kein Ende

Die literarischen Bearbeitungen des Faust-Stoffes zogen Auseinandersetzungen aller Art nach sich und reichen bis zu Comic-Versionen – sei es als Werkinterpretation, als Parodie oder als Wiederaufnahme von Text- oder Bildzitaten. Hier zwei Beispiele aus US-amerikanischen Comics:

„Silver Surfer“ (1984): Auf der Suche nach seiner entführten Freundin findet der Held Silver Surfer sie schließlich in der Gewalt von Mephisto, dem Herrn der Unterwelt.

„Doktor Faustus“ (1981): Der nie endende Kampf zwischen Gut und Böse konfrontiert den positiven Superhelden „Die Spinne“ mit dem Superschurken Doktor Faustus.

1 Beschreiben Sie, welche Rollen Faust und Mephisto in den Comics zugewiesen werden.

2 Prüfen Sie die Übereinstimmung der Rollenverteilung mit Goethes Faust-Drama.

3 Weiterführend: Skizzieren Sie eine Fortsetzung zu einem der beiden Comics (ca. drei bis vier Bilder).

2.5 Rezeption: Klassik und Klassiker – Eine heutige Sicht

Iris Radisch: **Als die Kunst noch helfen sollte** (2005)

Eine Revolution, die auf Samtpfoten heranschleicht: „Über die ästhetische Erziehung des Menschen in einer Reihe von Briefen“[1]

Unvorstellbar, dass es einmal eine Zeit gab, in der man die Kunst für das Höchste im Leben gehalten hat, höher als alle Geschäfte, höher als alle Wissenschaft! Groß und bedeutend und unübersehbar platziert im Zentrum der menschlichen Existenz. Man kann Schiller unlesbar finden, zumal diese gedankenbrecherischen, begriffsrasselnden Briefe „Über die ästhetische Erziehung des Menschen“. Aber unmöglich kann man sein Herz vor der Kühnheit dieses Gedankens verschließen. Was immer wir dem großen Manne vorwerfen, den Starrkrampf seiner Verse, das Gipserne seines Schönheitsideals, das Schachfigurenartige seiner Charaktere, Ruhm gebührt ihm, die Kunst dahin gestellt zu haben, wo sie hingehört: auf den Königsthron der Gesellschaft.

Fragen wir, wer heute auf diesem Thron Platz genommen hat, werden uns verschiedene Anwärter in den Sinn kommen: der Körper und alle, die sich so rastlos um sein Wohlergehen mühen, die Unterhaltung und die um sie besorgte Enter- und Infotainment-Industrie, die Wirtschaft und ihr Wachstumskatechismus[2], die Technik und ihre Heilsversprechen – die Kunst und ihr Wahrheitsanspruch werden kaum dabei sein.

Das, merkwürdig genug, war zu Schillers Zeiten nicht anders. Darum beginnen die Briefe „Über die ästhetische Erziehung“ auch mit einem Bocksgesang[3] über die Kunstferne, die Verwahrlosung und Verfallenheit der Gegenwart, den man am liebsten schon morgen in einem Hamburger Nachrichtenmagazin zustimmend beseufzen möchte. Wie nah ist uns Schillers verzweifeltes Gejaule über die unrühmlichen seelischen Folgen der technischen Revolution. Von der „Zerrüttung“ des inneren Menschen, seinem „kalten Herzen“, seinem „Geschäftsgeist“, der „Zerstückelung“ des menschlichen Wesens geht seine klagende Rede.

Die Menschheit mag von dieser Zerrissenheit in der arbeitsteiligen Moderne Vorteile erfahren, der Mensch als solcher kann unter dem „Fluch dieses Weltzweckes“ nur leiden, ist in seiner Natur, seiner natürlichen Harmonie und ursprünglichen Vollkommenheit tief gestört. Wir alle wissen, wovon der Mann spricht. Der technische Fortschritt erleichtert das Leben im selben Maß, wie er den Lebenssinn verödet. „Und so wird denn allmählich das einzelne konkrete Leben vertilgt, damit das abstrakte Ganze sein dürftiges Dasein friste.“ Im Grunde sind wir in dieser Sache keinen Schritt weiter.

Trotz Schiller. Trotz seiner großartigen Kunstidee, na ja, man muss leider ein wenig piefig[4] und Pisa-mäßig[5] hinzufügen Kunst*erziehungs*idee als der großen Befreierin der Menschheit. Eine mitreißende Utopie: Freiheit durch Kunst, Erziehung zu einer von allen äußeren und inneren Zwängen unabhängigen Menschenart, die allmähliche Hervorbringung der vollständig entwickelten idealistischen Persönlichkeit. So in etwa das Programm. Was der Französischen Revolution missraten war, sollte die Kunst auf dem zweiten Bildungswege richten. Das Kunst-

1 **„Über die ästhetische Erziehung des Menschen …“:** kunsttheoretische Abhandlung Schillers, Vorabdruck 1795 in den „Horen“, Buchfassung 1801

2 **Katechismus:** Lehrbuch für den Unterricht im christlichen Glauben; hier: System von Glaubenssätzen

3 **Bocksgesang:** wörtliche Übersetzung des griechischen Wortes „tragodia“ (Tragödie). Die Chöre traten in der Tragödie teils in Bocksmasken auf. Hier: Klagegesang

4 **piefig:** (abwertend:) kleinbürgerlich, spießig

5 **PISA-Studie:** internationale Studie zur Messung von Bildungserfolgen bei Schülern (s. Fußnote auf S. 75). Mit den PISA-Studien 2000 und 2003 rückten Erziehungsfragen in den Vordergrund der öffentlichen Diskussion.

schöne war der Vorgeschmack auf das ganz große politisch-ästhetische Gesamtkunstwerk, das Überall-Schöne: die Befreiung des Menschen von unmenschlichen, sprich unschönen Daseinsbedingungen. Eine Revolution, die sich auf den Samtpfoten der Fiktion heranschleicht. Und eine große Aufgabe, vielleicht ein bisschen zu groß für die Kunst, die, wie wir Nachgeborenen glauben, erst dann unverwechselbar und ganz Kunst ist, wenn sie so unverbindlich, unberechenbar und flüchtig wie das Leben ist, dem wir heutzutage auch nicht mehr allzu viel zumuten möchten.

Wenn wir heute Lebensvermeidungskünstler geworden sind, so war Schiller ein Lebensüberforderungsmensch. Jemand, der das Unmögliche, die „höchste Erweiterung des Seins", so selbstverständlich verlangte wie unsereins den Krankenkassenschutz. Die Freiheit, die Unsterblichkeit, die Erhabenheit über alle Qualen der sozialen und biologischen Beschränkung! Großspuriger war auf Erden nicht zu denken, so im Flug, so selbstüberheblich und immer mit einem unhörbaren Lied auf den Lippen. Manchmal möchte man ihn mütterlich zur Seite nehmen, ihm schonend beibringen, dass wir heute irgendwie auch ohne Freiheit und Unsterblichkeit halbwegs zurechtkommen.

Aber bleiben wir bei den Träumen. „Auf den Flügeln der Einbildungskraft verlässt der Mensch die engen Schranken der Gegenwart", und so ähnlich und so weiter orgelt es durch diese Briefe. Aber wie genau und welche Flügel? Wie soll das große schillersche Schöne den Weg zum kleinen Menschen finden? Durch fleißigen Kulturkonsum, Theater, Museum, Lesezirkel? Wie immer bei Schiller geht es um alles: um die poetische Existenz als solche. Schiller nennt ein modernes Passwort: das Spiel. Im Spiel sollen wir das Wunder vollbringen: ganz Mensch, ganz frei und ganz dem Schönen ergeben zu sein.[6]

Jeder kennt den Schiller-Satz: „Der Mensch ist nur da ganz Mensch, wo er spielt." Ein Satz, Utopie und Bestandsaufnahme in einem, der nach dem Willen seines Erfinders „das ganze Gebäude der ästhetischen Kunst und der noch schwürigern Lebenskunst tragen" sollte.

Nicht von der Feierabendkunst, von der Kulturrevolution ist die Rede. Das Spiel ist gleichsam das Planschbecken einer befreiten Gesellschaft. Wusste er, welche Geister er da rief? Konnte er sich eine Gesellschaft wie unsere vorstellen, in der nahezu alles in der Klammer des Als-ob verhandelt wird, in der alles Spiel, der Ernst hingegen ein zu Unterhaltungszwecken simuliertes Exotikum[7] geworden ist?

Er wusste es nicht. Man ist versucht zu sagen: Er wusste noch nicht, was ein Spiel ist. In dieser kleinen Schrift ähnelt es sehr einem mittelalterlichen Turnierkampf der höheren Begrifflichkeiten, bei dem sich die Turnierspieler mit heruntergeklapptem Visier auf knappstem Raum drängeln und auf den beiden gegnerischen Seiten dicke Klumpen bilden: Materie, Leben, Sinnlichkeit, Empfindung, Natur und Endlichkeit sind in der einen Mannschaft. Form, Ideal, Logik, Moral, Freiheit und Unendlichkeit in der anderen. Bei Spielbeginn stehen sich die beiden Mannschaften, die eine auf Erden, die andere oben im Himmel, starr und unversöhnlich gegenüber. Hier unten reckt das wilde Leben seine Lanze, klappert die Natur mit ihrer engen Rüstung; starr und ehern stehen dort oben die Gesetze der Vernunft und Logik, die Ideale des Griechentums, die ewigen Formen

6 Für Schiller ist der Mensch durch den „Stofftrieb" auf die materielle, sinnlich erfahrbare Wirklichkeit bezogen; durch den „Formtrieb" auf Geistiges, auf Vernunft, Ideen und Werte. Der „Spieltrieb", der sich in der Kunst verwirklicht, vermittelt zwischen beiden Sphären, gibt Geistigem eine sinnlich erfahrbare Gestalt und versieht materiell Wirkliches mit ideeller Bedeutung. Die Regeln für dieses freie Wechselspiel von Sinnlichkeit und Vernunft gibt der Mensch in der Kunst sich selbst.

7 **Exotikum:** etwas aus dem Üblichen Herausfallendes, einen fremdartigen Zauber Ausübendes zum Gebrauch durch eine beschränkte und durch ihre vorübergehende Lebendigkeit geschwächte Menschheit bereit.

Das ist, und ich bin wahrlich nicht die Erste, dies zu bemerken, eine reichlich schematische und ungerechte Mannschaftsaufstellung. Jedes Kind kann vorhersehen, wie dieses Spiel zwischen Himmel und Erde, Tod und Leben ausgehen wird. Wer davon träumt, „die Zeit in der Zeit aufzuheben", das „Werden mit absolutem Sein zu vereinbaren", träumt von der Auslöschung des Lebendigen. Alle Begriffsverknäulung, in die Schiller sich in dieser Schrift kopfüber stürzt, verbirgt nicht, auf welcher Seite dieser Schiedsrichter trotz mannigfacher Beteuerung des Gegenteils steht: auf der der Gipsbüsten, der Unendlichkeit, der Unbeweglichkeit, der Leblosigkeit und der Vernunft (deutlicher vor allem in der kleinen Nachschrift „Über das Erhabene"). Die Lebens- und Naturverachtung dieses nachscholastischen[8] Zeitalters ist legendär, und Schiller war, aller dialektischen Trockenübung zum Trotz, einer ihrer letzten Anhänger, bevor die technische Intelligenz des 20. Jahrhunderts diese Todesspur wieder aufnahm.

Aber die Kunst! Sie hat in diesem ungerecht sortierten Mannschaftsspiel die alles entscheidende Rolle. Für dieses Donnerwort sind wir ihm dankbar. Nur die Kunst, glaubt Schiller, bringt es fertig, dass der Himmel über mir und das flüchtige Leben in mir sich berühren. Von ihr allein hängt es ab, ob unser Leben gelingt oder scheitert. Dieser Gedanke ist stärker als alle Einwände. Die Kunst als Lebensermöglicherin, als Luft zum Atmen, als unabhängige Größe, von der alles andere abhängt. Ohne die Kunst wären wir verloren.

Sind wir also verloren? Heute, gut zweihundert Jahre später, ist die Kunst entthront, abgeschoben und gehätschelt, ein im Überfluss vorhandenes Freizeitpläsier[9] unter anderen. Sie hat nacheinander alle Ämter abgelegt, die sie je bekleidet hat. Sie dient weder Kirche noch König, und auch das Gewissen des Geschäftsbürgertums schläft gut ohne sie. Den lebensumstürzenden Ernst, den Schiller ihr zusprach, konnte keine Gesellschaft seither verwirklichen. Wenn Schiller den luxuriösen Keller sähe, in den wir das Aschenbrödel Kunst gesperrt haben, während wir die bösen Stiefschwestern in der Beletage der Medien- und Kulturindustrie für das vergessene Aschenbrödel ausgeben, ich glaube, er wäre verzweifelt.

(aus: Die Zeit, 04.01.2005)

8 **Scholastik:** Philosophie und Theologie des Mittelalters, die sich mit Fragen des christlichen Glaubens beschäftigte. Nachscholastik: Philosophie nach der mittelalterlichen Bindung an die Theologie (z. B. Descartes, Locke, Kant ...)

9 **Pläsier:** (veraltet) Vergnügen, Spaß

1 Versuchen Sie in Kleingruppen schwierige Textstellen aus dem Textzusammenhang zu klären. Notieren Sie Unverstandenes für eine anschließende gemeinsame Klärung in der gesamten Lerngruppe.

2 Rekonstruieren Sie aus dem Text Grundzüge des Kunstverständnisses in Schillers Briefen „Über die ästhetische Erziehung ...". Sie können Absatz für Absatz vorgehen und jeweils zusammenfassend Kernaussagen formulieren.

3 Klären Sie die Position der Autorin: Beschreiben Sie, inwiefern sie Schillers Kunstauffassung aus heutiger Sicht positiv und inwiefern sie diese negativ bewertet.

4 **a** Iris Radischs Text ist in essayistischem (→ S. 76) Stil verfasst. Weisen Sie essayistische Textelemente nach.

b Wählen Sie Formulierungen aus dem Text, die Ihnen besonders gut oder wenig gelungen erscheinen, und begründen Sie Ihre Wahl.

5 Weiterführend: Entwerfen Sie einen Gegenessay: „Warum wir Kunst heute wirklich nicht mehr brauchen!" Überarbeiten Sie Ihre Texte in einer Schreibkonferenz (→ S. 355).

! **Epochenüberblick: Klassik (1786–1805)**

Verschiedene europäische Nationalliteraturen haben ihre „klassische" Zeit. In Italien ist es die Renaissance (etwa 1300–1600), mit Dichtern wie Dante und Tasso, in England das Elisabethanische Zeitalter mit William Shakespeare, in Frankreich das 17. Jahrhundert (Corneille, Racine, Molière). „Klassik" meint hier eine literarische Blütezeit, in der viele **Werke** erscheinen, die **prägende Wirkung auf die Kultur** haben und auch international Ansehen gewinnen. Die Rede von einer Klassik der deutschen Literatur bezieht sich in der Regel auf die Zeit zwischen **1786 (Goethes Italienreise,** Begegnung mit der Antike) bis **1805 (Tod Schillers)**; hierbei kommt noch eine speziellere Bedeutung des Begriffs „Klassik" zum Tragen, nämlich die oft als „Klassizismus" bezeichnete Orientierung am Inbegriff „klassischer" Kunst – an der **Antike.**
Indem Goethe und Schiller sich ein Bild von antikem Kunstverständnis machten, schufen sie zugleich ein Vorbild für ihre eigene Kunstanschauung. Grundüberzeugungen und Ziele der Aufklärung wurden dabei beibehalten, insbesondere das Ideal einer **Erziehung der Menschen** in Ausrichtung auf **Vernunft, Freiheit, Moralität** und letztlich auf eine **„Verbesserung des gesellschaftlichen Zustandes"** (Schiller). Allerdings betrachtet man die **Kunst als autonomen Bereich,** der sich nicht politisch funktionalisieren lässt; Kunst soll läutern und Ideale vermitteln, ohne direkt zu belehren. Hintergrund für das Kunstverständnis der Klassik ist die Enttäuschung über die von Gewalt und Krieg geprägte Entwicklung der Französischen Revolution. In einer politischen Umwälzung solcher Art konnten Goethe und Schiller kein Heil für die durchaus als bedrückend empfundenen gesellschaftlichen Verhältnisse in Deutschland sehen.
Zentral für die Weimarer Kunstkonzeption ist die Vorstellung einer umfassenden Humanisierung, ein Programm „veredelter Menschheit" (Schiller). Leitbild ist eine Persönlichkeit, die **„Humanität"** in vollkommenstem Sinne verkörpert, in der alle guten Kräfte und Anlagen des Menschen in Harmonie zusammenfinden. Vorbilder für solche Vollkommenheit ließen sich in der Wirklichkeit nicht finden, die Kunst sollte sie schaffen. In Abgrenzung vom Sturm-und-Drang-Ideal ungebundener Selbstverwirklichung geht es um einen Menschen, der seine sinnliche Natur nicht leugnet, aber seine Freiheit an Maßgaben der Vernunft bindet und sich in einem Prozess der **Selbsterziehung** selbst **Regeln, Ziel und Form** gibt. Musterhafte Annäherungen an das Ideal wahrer, zu höchster Schönheit gesteigerter Humanität erblickte man – angeregt durch Schriften des kunstgeschichtlichen Pioniers Johann Joachim Winckelmann – in antiken griechischen Skulpturen, die Menschen in ihrer individuellen, lebendigen Körperlichkeit, aber doch mit gemessenem, gehaltenem, auf Selbstzucht hinweisendem Ausdruck zeigen.
Maß, Gesetz und Formstrenge waren auch Leitwerte für die literarische Gestaltung. Vorbilder fand man in der antiken griechischen Literatur. Metrisch regelmäßig gebaute Verse und eine nach Kunstgesetzen durchgeformte Sprache traten an die Stelle der ganz auf freien, individuellen Ausdruck bedachten Sprache des Sturm und Drang.

Wichtige Autoren und Werke:

JOHANN WOLFGANG VON GOETHE (1749–1832): Iphigenie auf Tauris (1787, Drama), Torquato Tasso (1790, Drama), Faust I (1808, Drama), Wilhelm Meisters Lehrjahre (1795/96, Roman), Gedichte

FRIEDRICH SCHILLER (1759–1805): Wallenstein-Trilogie (1798/99, Dramen), Maria Stuart (1801, Drama), Wilhelm Tell (1804, Drama), Gedichte, Schriften zur Ästhetik

Autoren im Umkreis der Klassik:

FRIEDRICH HÖLDERLIN (1770–1843): Gedichte; Hyperion (1797/99, Roman)

HEINRICH VON KLEIST (1777–1811): Penthesilea (1808, Drama), Das Käthchen von Heilbronn (1810, Drama), Das Erdbeben von Chili (1807, Novelle), Michael Kohlhaas (1810, Novelle)

Caspar David Friedrich (1774–1840): Wanderer über dem Nebelmeer (1818)

1 Beschreiben Sie das Gemälde von Caspar David Friedrich möglichst genau. Achten Sie auf verschiedene Gestaltungselemente wie Motive, Bildaufbau, Farben, Licht ...

2 a Formulieren Sie Hypothesen zur Wirkungsabsicht des Bildes. Sie können sich auch vorstellen, dass Sie an dieser Stelle ein Foto machen und z.B. einen anderen Bildaufbau oder eine andere Beleuchtung wählen oder die Figur anders ins Bild setzen. Vergleichen Sie die vermutliche Wirkung.
b Überlegen Sie, inwiefern das Gemälde Ihrem Begriff von „Romantik“ entspricht.

3.1 Hintergründe: Industrialisierung und Nationalstaatsidee

Industrialisierung

Karl Immermann: **Die Epigonen**[1] (1836) Auszug

Abermals sah Hermann das tiefe gewundene Tal vor sich liegen, aus welchem die weißen Fabrikgebäude des Oheims hervorleuchteten. Die Maschinen klapperten, der Dampf der Steinkohlen stieg aus engen Schloten und verfinsterte die Luft, Lastwagen und Packenträger begegneten ihm und verkündigten durch ihre Menge die Nähe des rührigsten Gewerbes. Ein Teil des Grüns war durch bleichende Garne [...] dem Auge entzogen, das Flüsschen, welches mehrere Werke trieb, musste sich zwischen einer Bretter- und Pfosteneinfassung fortzugleiten bequemen. Zwischen diesen Zeichen bürgerlichen Fleißes erhoben sich auf dem höchsten Hügel der Gegend die Zinnen des Grafenschlosses, in der Tiefe die Türme des Klosters. Beide Besitzungen nutzte der Oheim zu seinen Geschäftszwecken. [...] Die mannigfaltigen Gewerbevorrichtungen, welche er nun im Einzelnen musterte, berührten sein Auge noch unangenehmer als Tages zuvor. Diese anmutige Hügel- und Waldnatur schien ihm durch sie entstellt und zerfetzt zu sein. [...] Um alle Sinne aus der Fassung zu bringen, lagerte sich über der ganzen Gegend ein mit widerlichen Gerüchen geschwängerter Dunst, welcher von den vielen Färbereien und Bleichen herrührte. [...] Abschreckend war die kränkliche Gesichtsfarbe der Arbeiter. Jener zweite Stand [...] unterschied sich auch dadurch von den dem Ackerbau Treugebliebenen, dass seine Genossen bei Feuer und Erz oder hinter dem Webstuhle nicht nur sich selbst bereits den Keim des Todes eingeimpft, sondern denselben auch schon ihren Kindern vermacht hatten, welche, bleich und aufgedunsen, auf Wegen und Stegen umherkrochen. [...]

Mit Sturmesschnelligkeit eilt die Gegenwart einem trocknen Mechanismus zu; wir können ihren Lauf nicht hemmen, sind aber nicht zu schelten, wenn wir für uns und die Unsrigen ein grünes Plätzchen abzäunen und diese Insel so lange als möglich gegen den Sturz der vorbeirauschenden industriellen Wogen befestigen.

1 **Epigone:** unbedeutender, unschöpferischer Nachahmer bedeutender Vorgänger

Alfred Rethel: Die Mechanische Werkstatt Harkort u. Co. auf Burg Wetter (um 1834)

1 **a** Der Romanauszug beschreibt einen Kontrast von Natur und Industrie, von Alt und Neu. Stellen Sie entsprechende Formulierungen aus dem Text einander gegenüber.
b Fassen Sie die Kritik des Textes an der beginnenden Industrialisierung zusammen.

2 Die von Rethel gemalte Industrieanlage wurde 1818 gegründet. Auf Burg Wetter wurden u. a. Dampfmaschinen und mechanische Webstühle gefertigt. Inszenieren Sie ein Gespräch zwischen dem Unternehmer, der stolz seine Fabrik präsentiert, und einem Besucher/einer Besucherin, der/die die Anfänge der Industrialisierung kritisch beurteilt.

3 Beziehen Sie den letzten Absatz des Textes auf Entwicklungen in der Gegenwart und nehmen Sie zur beschriebenen Haltung Stellung.

An einem schönen warmen Herbstmorgen kam ich auf der Eisenbahn vom andern Ende Deutschlands mit einer Vehemenz dahergefahren, als käme es bei Lebensstrafe darauf an, dem Reisen, das doch mein alleiniger Zweck war, auf das Allerschleunigste ein Ende zu machen. Diese Dampffahrten rütteln die Welt, die eigentlich nur noch aus Bahnhöfen besteht, unermüdlich durcheinander wie ein Kaleidoskop, wo die vorüberjagenden Landschaften, ehe man noch irgendeine Physiognomie gefasst, immer neue Gesichter schneiden.

(Joseph von Eichendorff über Eindrücke bei seiner ersten Eisenbahnfahrt 1850)

Ortsveränderungen mittels irgendeiner Art von Dampfmaschinen sollten im Interesse der öffentlichen Gesundheit verboten sein. Die raschen Bewegungen können nicht verfehlen, bei den Passagieren die geistige Unruhe, „delirium furiosum" genannt, hervorzurufen.

(aus einem Gutachten bayrischer Ärzte von 1835)

„Mir ist nicht bange", sagte Goethe, „dass Deutschland nicht eins werde; unsere guten Chausseen und künftigen Eisenbahnen werden schon das Ihrige tun [...]"

(Johann Peter Eckermann: Gespräch mit Goethe vom 23. Oktober 1828)

Der König Ernst August von Hannover [1771–1851] sagte einst, als man bei ihm die Genehmigung zum Bau der ersten Eisenbahn im Hannoverschen nachsuchte: „Ich will keine Eisenbahnen im Lande; ich will nicht, dass jeder Schuster und Schneider so rasch reisen kann wie ich." *(Julius von Hartmann: Lebenserinnerungen, 1882)*

Die Lokomotive ist der Leichenwagen, auf dem der Absolutismus und Feudalismus zum Kirchhof gefahren wird. *(Friedrich Harkort, Gründer der Mechanischen Werkstatt Harkort u. Co. auf Burg Wetter)*

Eröffnung der München-Augsburger Eisenbahn 1840

1 Erläutern Sie die einzelnen Stellungnahmen zum Thema Eisenbahn vor dem Hintergrund der damaligen Verhältnisse.

2 Die Entwicklung der Eisenbahn stellt einen bedeutenden Umbruch in der Geschichte der Menschheit dar. Erklären Sie von heute zurückblickend einem Zeitgenossen des Jahres 1835 die sich aus dem Eisenbahnbau ergebenden Vor- und Nachteile. Knüpfen Sie an Einschätzungen in den Zitaten an.

3 Referat: Präsentieren Sie in einem Kurzreferat (→ S. 13) oder Kurzvortrag (→ S. 13) Eckdaten zur Industrialisierung in der ersten Hälfte des 19. Jahrhunderts.

4 Stellen Sie verschiedene Aspekte und Auswirkungen der Industrialisierung bis 1850 tabellarisch zusammen: politisch, wirtschaftlich, kulturell, ökologisch.

5 Weiterführend: Untersuchen Sie in Arbeitsgruppen, ob es auch in der Gegenwart Entwicklungen gibt, die einen ähnlich revolutionären Charakter haben wie die Industrialisierung. Präsentieren Sie Ihre Ergebnisse vor der gesamten Lerngruppe und begründen Sie Ihre Einschätzung.

„Das ganze Deutschland" – Nationalstaatsidee

Ernst Moritz Arndt: **Des Deutschen Vaterland** (1813) Auszug

Was ist des Deutschen Vaterland?
Ist's Preußenland, ist's Schwabenland?
Ist's, wo am Rhein die Rebe blüht?
Ist's, wo am Belt[1] die Möwe zieht?
5 O nein! nein! nein!
Sein Vaterland muss größer sein.

Was ist des Deutschen Vaterland?
Ist's Baierland, ist's Steierland?
Ist's, wo des Marsen[2] Rind sich streckt?
10 Ist's, wo der Märker Eisen reckt?
O nein! nein! nein!
Sein Vaterland muss größer sein.

Was ist des Deutschen Vaterland?
Ist's Pommerland, Westfalenland?
15 Ist's, wo der Sand der Dünen weht?
Ist's, wo die Donau brausend geht?
O nein! nein! nein!
Sein Vaterland muss größer sein.

Was ist des Deutschen Vaterland?
20 So nenne mir das große Land!
Ist's Land der Schweizer? ist's Tirol?
Das Land und Volk gefiel mir wohl;
Doch nein! nein! nein!
Sein Vaterland muss größer sein.

25 Was ist des Deutschen Vaterland?
So nenne mir das große Land!
Gewiss, es ist das Österreich,
An Ehren und an Siegen reich?
O nein! nein! nein!
30 Sein Vaterland muss größer sein!

Was ist des Deutschen Vaterland?
So nenne mir das große Land!
So weit die deutsche Zunge klingt
Und Gott im Himmel Lieder singt,
35 Das soll es sein!
Das, wackrer Deutscher, nenne dein!

Das ist des Deutschen Vaterland,
Wo Eide schwört der Druck der Hand,
Wo Treue hell vom Auge blitzt
40 Und Liebe warm im Herzen sitzt –
Das soll es sein!
Das, wackrer Deutscher, nenne dein!

Das ist des Deutschen Vaterland,
Wo Zorn vertilgt den welschen[3] Tand,
45 Wo jeder Franzmann heißet Feind,
Wo jeder Deutsche heißet Freund –
Das soll es sein!
Das ganze Deutschland soll es sein!
[...]

1 **Belt:** Meerenge an der Ostsee
2 **Marsen:** ehemaliges germanisches Volk bei Marsberg im Sauerland
3 **welsch:** hier (abwertend): französisch

Napoleon | 1806 | Befreiungskriege | Wiener Kongress | Waterloo | Deutscher Bund | Karlsbader Beschlüsse

1 Informieren Sie sich über den politischen Hintergrund der Jahre 1806–1818 und die Enttäuschungen nach dem Wiener Kongress.

2 **a** Interpretieren Sie Arndts Gedicht im Zusammenhang mit der damaligen politischen Situation. Beschreiben und bewerten Sie dabei auch die „Definition" Deutschlands, die der Dichter anbietet.
b Untersuchen Sie die rhetorisch-appellative Struktur des damals populären Gedichts und beschreiben Sie Zusammenhänge zwischen formaler Gestaltung und beabsichtigter Wirkung.

3.2 Menschenbilder: „Nach innen geht der geheimnisvolle Weg“

Menschenbilder, Lebensentwürfe

Wir träumen von Reisen durch das Weltall: Ist denn das Weltall nicht in uns? Die Tiefen unseres Geistes kennen wir nicht. – Nach innen geht der geheimnisvolle Weg. In uns oder nirgends ist die Ewigkeit mit ihren Welten, die Vergangenheit und Zukunft. *(Novalis, 1772–1801, Schriftsteller)*

Der Fleiß und der Nutzen sind die Todesengel mit dem feurigen Schwert, welche dem Menschen die Rückkehr ins Paradies verwehren. Nur mit Gelassenheit und Sanftmut, in der heiligen Stille der echten Passivität kann man sich an sein ganzes Ich erinnern und die Welt und das Leben anschauen. *(Friedrich Schlegel, 1772–1829, Schriftsteller und Philosoph)*

Unser Alltagsleben besteht aus lauter erhaltenden, immer wiederkehrenden Verrichtungen. [...] Philister leben nur ein Alltagsleben. [...] Poesie mischen sie nur zur Notdurft unter, weil sie nun einmal an eine gewisse Unterbrechung ihres täglichen Laufs gewöhnt sind. *(Novalis)*

Lasset uns darum unser Leben in ein Kunstwerk verwandeln, und wir dürfen kühnlich behaupten, dass wir dann schon irdisch unsterblich sind. *(Ludwig Tieck, 1773–1853, Schriftsteller)*

Viele suchen schon gar nicht mehr, und diese sind die Unglücklichsten, denn sie haben die Kunst zu leben verlernt, da das Leben nur darin besteht, immer wieder zu hoffen, immer zu suchen. *(Ludwig Tieck)*

Der wesentliche Sinn des Lebens ist Gefühl. Zu fühlen, dass wir sind, und sei es durch den Schmerz. Es ist die „sehnsuchtsvolle Leere“, die uns dazu treibt, zu spielen – zu kämpfen – zu reisen – zum leidenschaftlichen Tun. *(Lord Byron, 1788–1824, englischer Schriftsteller)*

Kinder müssen wir werden, wenn wir das Beste erreichen wollen. *(Philipp Otto Runge, 1777–1810, Maler)*

In jedem Kinde liegt eine wunderbare Tiefe. *(Robert Schumann, 1810–1856, Komponist)*

Welch eine wundersame Zeit ist nicht dies Mittelalter, wie glühte nicht in ihm die Erde liebeswarm und lebenstrunken auf; wie waren die Völker nicht kräftige, junge Stämme noch, nichts Welkes, nichts Kränkelndes, alles saftig, frisch und voll, alle Pulse rege schlagend, alle Quellen rasch aufsprudelnd, alles bis in die Extreme hin lebendig. *(Friedrich Schlegel)*

Philipp Otto Runge: „Die Hülsenbeck'schen Kinder“, 1805/06

1 **a** Übertragen Sie die Aussagen von Künstlern der Romantik auf S. 214 in Ihre eigene Sprache. Sie können arbeitsteilig verfahren.
b Ordnen Sie die Gedanken zu dem von den Künstlern befürworteten und abgelehnten Menschenbild jeweils in einem Cluster (S. 348).
2 Verfassen Sie ein „romantisches Manifest“, in dem Sie darlegen, wie man ein gelingendes Leben gestalten sollte und wie nicht.

Joseph von Eichendorff: **Die zwei Gesellen** (1818)

Es zogen zwei rüstge Gesellen
Zum ersten Mal von Haus,
So jubelnd recht in die hellen,
Klingenden, singenden Wellen
5 Des vollen Frühlings hinaus.

Die strebten nach hohen Dingen,
Die wollten, trotz Lust und Schmerz,
Was Rechts in der Welt vollbringen,
Und wem sie vorübergingen,
10 Dem lachten Sinnen und Herz. –

Der Erste, der fand ein Liebchen,
Die Schwieger kauft' Hof und Haus;
Der wiegte gar bald ein Bübchen,
Und sah aus heimlichem Stübchen
15 Behaglich ins Feld hinaus.

Dem Zweiten sangen und logen
Die tausend Stimmen im Grund,
Verlockend' Sirenen[1], und zogen
Ihn in der buhlenden Wogen
20 Farbig klingenden Schlund.

Und wie er auftaucht' vom Schlunde,
Da war er müde und alt,
Sein Schifflein das lag im Grunde,
So still wars rings in die Runde,
25 Und über die Wasser wehts kalt.

Es singen und klingen die Wellen
Des Frühlings wohl über mir;
Und seh ich so kecke Gesellen,
Die Tränen im Auge mir schwellen –
30 Ach Gott, führ uns liebreich zu Dir!

1 **Sirene:** in der griechischen Mythologie: Mischwesen aus Frau und Vogel, das durch seinen betörenden Gesang Fischer anlockt, um sie zu töten

1 **a** Nehmen Sie an, Sie ständen vor der Aufgabe, zu diesem Gedicht ein Drehbuch zu verfassen: Beschreiben Sie, wie Sie die unterschiedlichen Lebenswege der beiden „Gesellen“ darstellen würden. Entscheiden Sie sich für ein Filmgenre – eine Komödie, einen tragischen Film, ein Liebesdrama ... Mit welchen Schauspielertypen würden Sie die Rollen besetzen?
b Erörtern Sie, inwiefern Ihre Konzeptionen der literarischen Vorlage – Eichendorffs Gedicht – gerecht werden.
2 Die beiden Gesellen diskutieren vor ihrer Trennung und Jahrzehnte später über die richtige Lebensweise. Inszenieren Sie Streitgespräche.
3 **a** Beziehen Sie die Lebensentwürfe der beiden Gesellen auf die programmatischen Aussagen von Künstlern der Romantik auf S. 214.
b Erschließen Sie die Haltung des Sprechers im Gedicht (→ S. 339) zu den beiden widerstreitenden Lebensmöglichkeiten.
4 Stellen Sie formale und klangliche Besonderheiten des Gedichts zusammen und beziehen Sie diese auf den Inhalt.

E.T.A. Hoffmann – Ein „romantisches“ Leben?

Hoffmann (rechts) beim Zechen. Federzeichnung E.T.A. Hoffmanns

E.T.A. Hoffmann, eigentlich Ernst Theodor Wilhelm Hoffmann, 1776 in Königsberg geboren, wuchs nach der Scheidung seiner Eltern bei seiner Großmutter auf. Schon früh fiel sein außergewöhnliches zeichnerisches und musikalisches Talent auf. Dennoch studierte er, der Familientradition folgend, Jura an der Universität Königsberg und wurde 1798 Referendar am Kammergericht in Berlin. Seine tatsächliche Liebe galt jedoch der Musik – aus dem preußischen „Wilhelm“ machte er kurzerhand den musikalisch-künstlerischen „Amadeus“.
Hoffmanns ausgeprägte Vorliebe für alkoholische Getränke brachte ihm schließlich eine Strafversetzung nach Plock ein, einem kleinen Ort an der Weichsel. Tagsüber saß er zu Gericht über Hausierer und Landstreicher – und nachts träumte er in seiner Verbannung von Mozart: „Anwandlung von Todesahndungen – Doppeltgänger“, notierte er 1804 in sein Tagebuch.
Die Leidenszeit endete vorübergehend mit der Versetzung nach Warschau, wo er neben seiner beruflichen Tätigkeit auch als Komponist und Dirigent in Erscheinung trat. Nach der Besetzung Polens durch die Franzosen im Jahre 1807 verlor Hoffmann Anstellung und Einkommen. In desolatem Gesundheitszustand und finanziell ruiniert fand er nach dem Tod seiner zweijährigen Tochter Cäcilia 1809 eine Stelle als Kapellmeister am Theater in Bamberg. Zugleich begann eine Phase großer literarischer Produktivität.
Eine unglückliche Liebe und permanente Geldnot veranlassten Hoffmann 1813 jedoch, als Musikdirektor nach Sachsen zu einer wandernden Operntruppe zu wechseln. Nach einem Zerwürfnis mit dem Leiter der Oper verlor er im Jahr darauf seine Stellung wieder und versuchte sich von nun an als freier Schriftsteller. Bald sah er sich allerdings genötigt, wieder an die preußische „Staatskrippe“ zurückzukehren. Als Jurist am Berliner Kammergericht hörte er jedoch nicht auf, zu schreiben und zu komponieren: Die Uraufführung seiner Oper „Undine“ wurde 1816 vom Berliner Publikum durchaus wohlwollend aufgenommen. Gleichzeitig war Hoffmann in den Berliner Weinkellern ein häufig gesehener Gast. In dieser Zeit entstanden zahlreiche literarische Werke, die zum Teil auch dem Zweck dienten, sein intensives Nachtleben zu finanzieren.
Seine Kritik an der Demagogenverfolgung brachte Hoffmann bald wieder in existenzielle Schwierigkeiten, lediglich seine Krankheit schützte ihn vor strenger Bestrafung und erneuter Verbannung. 1822 starb er schließlich gelähmt und mit zerrütteter Gesundheit beim Diktieren einer letzten Erzählung.

1 Informieren Sie sich über literarische Werke E.T.A. Hoffmanns und ermitteln Sie, inwieweit der von Hoffmann erlebte Konflikt zwischen Zwängen des bürgerlichen Alltags und Verheißungen einer künstlerischen Existenz in seiner Literatur gespiegelt wird.

2 Weiterführend: Untersuchen Sie die Biografien weiterer Autoren und Autorinnen im Umkreis der Romantik unter dem Gesichtspunkt der Spannung zwischen bürgerlicher und künstlerischer Existenz: Novalis, Karoline von Günderrode, Clemens Brentano, Joseph von Eichendorff, Friedrich und August Wilhelm Schlegel.

Ansichten von der Nachtseite der Seele

Gotthilf Heinrich Schubert: **Die Symbolik des Traumes** (1814) Auszug

Die Meinung, dass jene Bilder, deren sich die Seele im Traume gleichsam statt der Worte bediene, eine eigentümliche, vielleicht sogar feststehende, hieroglyphische Bedeutung hätten, ist eine sehr alte und wohl ziemlich weit unter den Völkern verbreitete. [...] Überhaupt solle der versteckte Poet in unserem Inneren, der im Traume so geschäftig ist, den Menschen auch auf andere Weise in seinen nächtlichen Bildern an die Kehrseite alles seines irdischen Glückes erinnern, solle z. B. der träumenden Seele vor der nahen Beförderung zum äußern Glücke das Bild einer Totenbahre oder des eigenen Leichenbegängnisses zeigen, ihr zuweilen die im Innern herrschenden Leidenschaften und Begierden unter dem Bilde hässlicher oder furchtbarer Tiere (die von dem Träumer auf dem Schoße oder sonst wie gehegt werden) versinnlichen usw. Die Sache sei aber, was das Einzelne und das Besondere dabei betrifft, wie sie wolle, im Allgemeinen hat es mit dem Dasein des seltsamen, versteckten Poeten in uns seine Richtigkeit. Diesem scheint allerdings manches erstaunlich lustig vorzukommen, was uns sehr traurig macht, und umgekehrt scheint er über viele unserer Freuden sehr ernste Ansichten zu haben; ein Zeichen, dass er sich überhaupt in unserm jetzigen Zustande nicht so ganz behaglich befinde. Jedoch müssen wir uns gleich von Anfang hüten, jenes rätselhafte Organ in unserm Innern, das im Traumzustande vorzüglich tätig ist, für besser zu halten, als es wirklich ist. Allerdings weiß es [...] über das, was das Morgen und überhaupt das Künftige betrifft, sehr wohl Bescheid und spricht dieses, sooft es der geschäftige Geist zum Worte kommen lässt, unverhohlen aus; aber wir dürfen nicht vergessen, dass es eins ist mit dem, was der eigentliche Sitz unserer Neigungen und Begierden ist und was die Schrift Herz des Menschen nennet. Selbst im Traume zeigt es sich gar oft in seiner eigentlichen Natur, und wie überhaupt gar viele Menschen sich im Traume von einer andern, schlimmeren Seite kennen lernen, als die ist, welche sie im wachen Zustand zur Schau tragen (die durch die Dressur der Erziehung und der Lebensverhältnisse gebildete), wie die scheinbar Sanften im Traume aufbrausend, zornig, ja grausam sind usw., so scheint überhaupt die träumende *Natur* in uns ursprünglich keine große Freundin von jenem Licht von oben, vor welchem alle nächtliche Schatten schwinden.

Johann Heinrich Füssli: Nachtmahr (1802)

1 Erstellen Sie ausgehend von dem Wort „Traum“ einen Cluster (→ S. 348) zu Schuberts Text.
2 Charakterisieren Sie den „versteckte[n] Poet[en]“ (Z. 7) und dessen Funktion im Leben.
3 Stellen Sie die wesentlichen Aussagen Schuberts thesenartig zusammen und formulieren Sie dazu eine aufklärerische Gegenposition.
4 Beziehen Sie das Bild „Der Nachtmahr“ von Füssli auf Schuberts Text.

In seinem Roman „Die Elixiere des Teufels" greift E.T.A. Hoffmann Elemente der in England damals verbreiteten „Gothic Novel" auf; ein populäres und auch für Hoffmann anregendes Beispiel einer solchen Schauergeschichte war der Roman „Der Mönch" von Matthew Lewis aus dem Jahre 1796.
Im Zentrum von Hoffmanns Roman steht ein junger Mann, der in ein Kapuzinerkloster eintritt und den Klosternamen Medardus annimmt. Als Prediger außergewöhnlich begabt, schlägt er das Publikum in seinen Bann. Nachdem Medardus nach einem Kollaps seine Rednergabe verloren hat, trinkt er von einem aus der Reliquienkammer entwendeten „Teufelselixier" und erlangt seine Fähigkeiten zurück. Im Beichtstuhl begegnet er bald darauf einer Unbekannten, der er bedingungslos verfällt. Vom Prior des Klosters wird Medardus schließlich in einer geistlichen Mission nach Rom gesandt. Unterwegs trifft er im Gebirge einen an einem Abhang Schlafenden, der auf seinen Zuruf hin in den Abgrund stürzt: Der Tote ist Viktorin, der sich auf dem Weg zum nahe gelegenen Schloss befunden hat, wo er seine Geliebte, die Baronin Euphemie, treffen wollte. Medardus tritt kurz entschlossen an seine Stelle und wird von Euphemie als Viktorin empfangen. Als sich Medardus jedoch ihrer Stieftochter Aurelie, in der er seine Geliebte zu erkennen glaubt, nähert, bedroht Euphemie ihn und er ermordet die Baronin sowie Hermogen, den Bruder Aureliens. Auf der Flucht gelangt Medardus in ein einsames Forsthaus:

E. T. A. Hoffmann: **Die Elixiere des Teufels** (1815/16) Auszug

[...] da ging die Türe auf, und eine dunkle Gestalt trat hinein, die ich zu meinem Entsetzen als mich selbst im Kapuzinerhabit, mit Bart und Tonsur erkannte. Die Gestalt kam näher 5 und näher an mein Bett, ich war regungslos, und jeder Laut, den ich herauszupressen suchte, erstickte in dem Starrkrampf, der mich ergriffen. Jetzt setzte sich die Gestalt auf mein Bett und grinsete mich höhnisch 10 an. „Du musst jetzt mit mir kommen", sprach die Gestalt, „wir wollen auf das Dach steigen, unter die Wetterfahne, die ein lustig Brautlied spielt, weil der Uhu Hochzeit macht. Dort wollen wir ringen miteinander, und wer 15 den ändern herabstößt, ist König und darf Blut trinken." – Ich fühlte, wie die Gestalt mich packte und in die Höhe zog, da gab mir die Verzweiflung meine Kraft wieder. „Du bist nicht ich, du bist der Teufel", schrie ich 20 auf und griff wie mit Krallen dem bedrohlichen Gespenst ins Gesicht, aber es war, als bohrten meine Finger sich in die Augen wie in tiefe Höhlen, und die Gestalt lachte von Neuem auf in schneidendem Ton. In dem 25 Augenblick erwachte ich, wie von einem plötzlichen Ruck emporgeschüttelt. Aber das Gelächter dauerte fort im Zimmer. Ich fuhr in die Höhe, der Morgen brach in lichten Strahlen durch das Fenster, und ich sah vor dem Tisch, den Rücken mir zugewendet, ei- 30 ne Gestalt im Kapuzinerhabit stehen. – Ich erstarrte vor Schreck, der grauenhafte Traum trat ins Leben.

[Die Gestalt erweist sich als Kapuzinermönch von ungewisser Identität. Im Schicksal des 35 Kapuziners erkennt Medardus entsetzt rätselhafte Parallelen zu seinem eigenen. Im weiteren Verlauf seiner Irrfahrt begegnet Medardus erneut Aurelie, die in ihm den Mörder ihres Bruders erkennt. Medardus wird verhaf- 40 tet und in den Kerker geworfen:]

Die Burgglocke hatte zwölfe geschlagen, als sich wieder leise und entfernt das Pochen vernehmen ließ, das mich gestern so verstört hatte. – Ich wollte darauf nicht achten, aber 45 immer lauter pochte es in abgemessenen Schlägen, und dabei fing es wieder an, dazwischen zu lachen und zu ächzen. – Stark auf dem Tisch schlagend, rief ich laut: Still ihr da drunten!, und glaubte mich so von dem 50 Grauen, das mich befing, zu ermutigen; aber da lachte es gellend und schneidend durch das Gewölbe und stammelte: Brü-der-lein, Brü-der-lein ... zu dir her-auf ... herauf ... ma-mach auf ... mach auf! – Nun begann es 55 dicht neben mir im Fußboden zu schaben, zu rasseln und zu kratzen, und immer wieder lachte es und ächzte; stärker und immer stärker wurde das Geräusch, das Rasseln, das Kratzen – dazwischen dumpf dröhnende Schläge wie das Fallen schwerer Massen. – Ich war aufgestanden, mit der Lampe in der Hand. Da rührte es sich unter meinem Fuß, ich schritt weiter und sah, wie an der Stelle, wo ich gestanden, sich ein Stein des Pflasters losbröckelte. Ich erfasste ihn und hob ihn mit leichter Mühe vollends heraus. Ein düstrer Schein brach durch die Öffnung, ein nackter Arm mit einem blinkenden Messer in der Hand streckte sich mir entgegen. Von tiefem Entsetzen durchschauert bebte ich zurück. Da stammelte es von unten herauf: Brü-der-lein! Brü-der-lein, Me-dar-dus ist da-da, herauf ... nimm, nimm! ... brich ... brich ... in den Wa-Wald ... in den Wald! – Schnell dachte ich Flucht und Rettung; alles Grauen überwunden, ergriff ich das Messer, das die Hand mir willig ließ, und fing an, den Mörtel zwischen den Steinen des Fußbodens emsig wegzubrechen. Der, der unten war, drückte wacker herauf. Vier, fünf Steine lagen zur Seite weggeschleudert, da erhob sich plötzlich ein nackter Mensch bis an die Hüften aus der Tiefe empor und starrte mich gespenstisch an mit des Wahnsinns grinsendem, entsetzlichem Gelächter. Der volle Schein der Lampe fiel auf das Gesicht – ich erkannte mich selbst.

Medardus und sein Doppelgänger. Holzstich von A. Asmus als Illustration in der zwölfbändigen Ausgabe der „Gesammelten Schriften“ Hoffmanns von 1844/45

1 Setzen Sie den Romanauszug mit einigen Sätzen fort.

2 Hoffmanns Text kombiniert eine realistische Erzählweise mit fantastischen bzw. märchenhaften Elementen. Notieren Sie entsprechende Textstellen und gehen Sie auf den Effekt der Mischung ein.

3 **a** Beschreiben und interpretieren Sie das Verhältnis zwischen Medardus und seinem Doppelgänger.

b Beziehen Sie das Doppelgängermotiv in Hoffmanns Text auf Schuberts Bild vom „inneren Poeten“ (→ S. 217).

c „Das Ich ist nicht Herr im eigenen Hause.“ – Viele Erkenntnisse aus Sigmund Freuds Psychoanalyse sind in unser heutiges Selbstverständnis eingegangen. Begriffe wie „Unterbewusstsein“, „Verdrängung“ gehören zum Alltagssprachgebrauch. Versuchen Sie in diesem Sinne eine psychologische Deutung des Doppelgängermotivs.

4 **a** Beschreiben Sie weitere Ausgestaltungen des Doppelgängermotivs in Literatur und Film.

b Sammeln Sie Möglichkeiten, die das Motiv des Doppelgängers bietet (Ideenstern, → S. 348).

5 Referat: Informieren Sie Ihre Lerngruppe über die Handlung und Themen der „Elixiere des Teufels“.

6 **a** „Ich bin das, was ich scheine, und scheine das nicht, was ich bin, mir selbst ein unerklärlich Rätsel, bin ich entzweit mit meinem Ich!“ (Medardus). Die Beziehung des romantischen Ichs zur eigenen Identität ist nicht unproblematisch. Finden Sie weitere Gegensatzpaare und ergänzen Sie die Gegenüberstellung:

	Die Identität (?) des Menschen	
Vernunft –		– Gefühl
Wirklichkeit –		– Traum
... –		– ...

b Beschreiben Sie mit Blick auf die bisherigen Ergebnisse dieses Kapitels Chancen und Risiken, die mit der romantischen Auffassung vom Ich verbunden sind.

7 Beziehen Sie Ihre Erkenntnisse zur romantischen Perspektive auf das Ich auf die damaligen politischen, gesellschaftlichen und wirtschaftlichen Verhältnisse.

3.3 Kunstauffassungen: „Die Welt muss romantisiert werden“

„Ahnen des Unendlichen“

Die Welt muss romantisiert werden. So findet man den ursprünglichen Sinn wieder. *(Novalis)*

Es hat mich immer verdrossen, wenn ich von der romantischen Poesie als einer besonderen Gattung habe reden hören. Man will sie der klassischen entgegenstellen und damit einen Gegensatz bezeichnen. Aber Poesie ist und bleibt zuerst Poesie [...]. Sie ist an sich schon romantisch, es gibt in diesem Sinne gar keine andere als romantische Poesie. *(Ludwig Tieck)*

Die romantische Poesie ist eine progressive Universalpoesie. Ihre Bestimmung ist nicht bloß, alle getrennten Gattungen wieder zu vereinigen [...]. Sie will und soll auch Poesie und Prosa, Genialität und Kritik, Kunstpoesie und Naturpoesie bald mischen, bald verschmelzen, die Poesie lebendig und gesellig und das Leben und die Gesellschaft poetisch machen [...]. Die romantische Dichtart ist noch im Werden; ja das ist ihr eigentliches Wesen, dass sie ewig nur werden, nie vollendet sein kann. *(Friedrich Schlegel)*

[...] mit einem Worte: Dies Ahnen des Unendlichen in den Anschauungen ist das Romantische. *(Ludwig Uhland)*

Dichter und Priester waren im Anfang eins – und nur spätere Zeiten haben sie getrennt. Der echte Dichter ist aber immer Priester, so wie der echte Priester immer Dichter geblieben – und sollte nicht die Zukunft den alten Zustand der Dinge wieder herbeiführen? *(Novalis)*

Denn es wird doch immer der wesentliche Charakter des Romantischen bleiben, dass die Abgeschlossenheit fehlt und dass immer noch auf ein Weiteres, auf ein Fortschreiten gedeutet wird. *(Carl Gustav Carus)*

Die unmittelbare Ursache aller Kunst ist Gott. *(Friedrich Wilhelm Joseph Schelling)*

Sie [die romantische Poesie] allein ist unendlich, wie sie allein frei ist, und das als ihr erstes Gesetz anerkennt, dass die Willkür des Dichters kein Gesetz über sich leide. *(Friedrich Schlegel)*

---

1 Ordnen Sie diese Aussagen von Künstlern der Romantik nach Themen: Wesen der Kunst, Weltverständnis, Aufgaben der Kunst ...
2 Versuchen Sie in eigenen Worten zu umschreiben, was unter dem Begriff der „progressiven Universalpoesie“ zu verstehen ist.
3 Fassen Sie das in den Zitaten beschriebene Kunstverständnis mit eigenen Worten zusammen.
4 Referat: Zum romantischen Kunstverständnis gehört auch das Konzept der „romantischen Ironie“. Friedrich Schlegel bezeichnet sie als „Stimmung, welche alles übersieht und sich über alles Bedingte unendlich erhebt, auch über eigene Kunst, Tugend oder Genialität“. Die romantische Ironie verweist auf das Vorläufige, Unzureichende jeder Kunst und Erkenntnis. Präsentieren Sie Ihrer Lerngruppe in einem Kurzvortrag (→ S. 13) weitere Informationen zum Begriff der „romantischen Ironie“.

Novalis: **Wenn nicht mehr Zahlen und Figuren°** (1802)

Wenn nicht mehr Zahlen und Figuren
Sind Schlüssel aller Kreaturen,
Wenn die, so singen oder küssen,
Mehr als die Tiefgelehrten wissen,
5 Wenn sich die Welt ins freie Leben
Und in die Welt wird zurückbegeben,
Wenn dann sich wieder Licht und Schatten
Zu echter Klarheit wieder gatten,
Und man in Märchen und Gedichten
10 Erkennt die wahren Weltgeschichten,
Dann fliegt vor einem geheimen Wort
Das ganze verkehrte Wesen fort.

Joseph von Eichendorff: **Wünschelrute** (1838)

Schläft ein Lied in allen Dingen,
Die da träumen fort und fort,
Und die Welt hebt an zu singen,
Triffst du nur das Zauberwort.

1 Übertragen Sie die einzelnen Aussagen in Novalis' Gedicht in Ihre eigene Sprache.
2 Interpretieren Sie Eichendorffs Gedicht; berücksichtigen Sie dabei auch den Titel.
3 Stellen Sie Bezüge zwischen den beiden Gedichten und den Texten auf S. 220 her.
4 Besprechen Sie die beiden Gedichte für eine romantische Literaturzeitschrift.
5 Referate: „[...] Und man in Märchen und Gedichten / Erkennt die wahren Weltgeschichten":
- die grimmsche Märchensammlung im Kontext der romantischen Kunstauffassung,
- die Gattung des romantischen Kunstmärchens (z. B. „Der Runenberg" von Ludwig Tieck ...).

Novalis: **Heinrich von Ofterdingen** (1799/1800) Auszug

Die Eltern lagen schon und schliefen, die Wanduhr schlug ihren einförmigen Takt, vor den klappernden Fenstern sauste der Wind; abwechselnd wurde die Stube hell von dem 5 Schimmer des Mondes. Der Jüngling lag unruhig auf seinem Lager und gedachte des Fremden und seiner Erzählungen. Nicht die Schätze sind es, die ein so unaussprechliches Verlangen in mir geweckt haben, sagte er zu 10 sich selbst; fernab liegt mir alle Habsucht: aber die blaue Blume sehn' ich mich zu erblicken. Sie liegt mir unaufhörlich im Sinn, und ich kann nichts anderes dichten und denken. So ist mir noch nie zu Mute gewesen: es ist, 15 als hätt' ich vorhin geträumt, oder ich wäre in eine andere Welt hinübergeschlummert; denn in der Welt, in der ich sonst lebte, wer hätte da sich um Blumen bekümmert, und gar von einer so seltsamen Leidenschaft für 20 eine Blume hab' ich damals nie gehört. Wo eigentlich nur der Fremde herkam? Keiner von uns hat je einen ähnlichen Menschen gesehn; doch weiß ich nicht, warum nur ich von seinen Reden so ergriffen worden bin; die andern haben ja das Nämliche gehört, 25 und keinem ist so etwas begegnet. [...] Der Jüngling verlor sich allmählich in süßen Fantasien und entschlummerte. Da träumte ihm erst von unabsehlichen Fernen und wilden, unbekannten Gegenden. Er wanderte über 30 Meere mit unbegreiflicher Leichtigkeit; wunderliche Tiere sah er; er lebte mit mannigfaltigen Menschen, bald im Kriege, in wildem Getümmel, in stillen Hütten. Er geriet in Gefangenschaft und die schmählichste Not. Alle 35 Empfindungen stiegen bis zu einer nie gekannten Höhe in ihm. Er durchlebte ein unendlich buntes Leben; starb und kam wieder, liebte bis zur höchsten Leidenschaft und war dann wieder auf ewig von seiner Geliebten 40 getrennt. Endlich gegen Morgen, wie draußen die Dämmerung anbrach, wurde es stiller in seiner Seele, klarer und bleibender wurden die Bilder. Es kam ihm vor, als ginge er in einem dunkeln Walde allein. Nur selten schimmerte der Tag durch das grüne Netz. Bald kam er vor eine Felsenschlucht, die bergan stieg. Er musste über bemooste Steine klettern, die ein ehemaliger Strom heruntergerissen hatte. Je höher er kam, desto lichter wurde der Wald. Endlich gelangte er zu einer kleinen Wiese, die am Hange des Berges lag. Hinter der Wiese erhob sich eine hohe Klippe, an deren Fuß er eine Öffnung erblickte, die der Anfang eines in den Felsen gehauenen Ganges zu sein schien. Der Gang führte ihn gemächlich eine Zeitlang eben fort, bis zu einer großen Weitung, aus der ihm schon von fern ein helles Licht entgegenglänzte. Wie er hineintrat, ward er einen mächtigen Strahl gewahr, der wie aus einem Springquell bis an die Decke des Gewölbes stieg und oben in unzählige Funken zerstäubte, die sich unten in einem großen Becken sammelten; der Strahl glänzte wie entzündetes Gold; nicht das mindeste Geräusch war zu hören, eine heilige Stille umgab das herrliche Schauspiel. Er näherte sich dem Becken, das mit unendlichen Farben wogte und zitterte. Die Wände der Höhle waren mit dieser Flüssigkeit überzogen, die nicht heiß, sondern kühl war und an den Wänden nur ein mattes, bläuliches Licht von sich warf. Er tauchte seine Hand in das Becken und benetzte seine Lippen. Es war, als durchdränge ihn ein geistiger Hauch, und er fühlte sich innigst gestärkt und erfrischt. Ein unwiderstehliches Verlangen ergriff ihn, sich zu baden, er entkleidete sich und stieg in das Becken. Es dünkte ihn, als umflösse ihn eine Wolke des Abendrots; eine himmlische Empfindung überströmte sein Inneres; mit inniger Wollust strebten unzählbare Gedanken in ihm sich zu vermischen; neue, niegesehene Bilder entstanden, die auch ineinanderflossen und zu sichtbaren Wesen um ihn wurden, und jede Welle des lieblichen Elements schmiegte sich wie ein zarter Busen an ihn. Die Flut schien eine Auflösung reizender Mädchen, die an dem Jünglinge sich augenblicklich verkörperten.

Berauscht von Entzücken und doch jedes Eindrucks bewusst, schwamm er gemach dem leuchtenden Strome nach, der aus dem Becken in den Felsen hineinfloss. Eine Art von süßem Schlummer befiel ihn, in welchem er unbeschreibliche Begebenheiten träumte und woraus ihn eine andere Erleuchtung weckte. Er fand sich auf einem weichen Rasen am Rande einer Quelle, die in die Luft hinausquoll und sich darin zu verzehren schien. Dunkelblaue Felsen mit bunten Adern erhoben sich in einiger Entfernung; das Tageslicht, das ihn umgab, war heller und milder als das gewöhnliche, der Himmel war schwarzblau und völlig rein. Was ihn aber mit voller Macht anzog, war eine hohe lichtblaue Blume, die zunächst an der Quelle stand und ihn mit ihren breiten, glänzenden Blättern berührte.

1 Tragen Sie nach dem ersten Lesen den Traum Heinrichs in Ihrer Lerngruppe nochmals laut vor und versuchen Sie anschließend möglichst genau aufzuschreiben, was Ihnen im Gedächtnis geblieben ist. Vergleichen Sie mit dem Original: Was haben Sie fast wörtlich übernommen, was haben Sie umformuliert, was haben Sie vergessen?

2 Benennen Sie die einzelnen Stationen des Traumes und fassen Sie zusammen, welche Erfahrungen Heinrich jeweils macht.

3 Suchen Sie die Adjektive und Wortfelder im Text, die Ihnen besonders wichtig erscheinen.

4 **a** Sammeln Sie Assoziationen zur Farbe Blau. Nutzen Sie dabei die Abbildung auf S. 223.
b Vergleichen Sie Ihre Assoziationen mit Goethes Gedanken zur Farbe Blau (→ S. 223).
c Die „blaue Blume" wird zum bekanntesten Symbol der deutschen Romantik. Warum? Versuchen Sie eine eigene Interpretation dieser Erscheinung.
d Interpretieren Sie den Traum Heinrichs vor dem Hintergrund Ihrer Ergebnisse aus den Aufgaben auf S. 220 und 221.

Yves Klein: Ohne Titel. Werk aus reinem ultramarinblauen Pigment (um 1960)

In seiner „Farbenlehre“ charakterisierte Johann Wolfgang von Goethe die Farbe Blau und ihre Wirkung unter anderem folgendermaßen:

Die Farben von der Minusseite sind Blau, Rotblau und Blaurot. Sie stimmen zu einer unruhigen, weichen und sehnenden Empfindung.

Wie wir einen angenehmen Gegenstand, der vor uns flieht, gern verfolgen, so sehen wir das Blaue gern an, nicht weil es auf uns dringt, sondern weil es uns nach sich zieht.

So wie die Steigerung selbst unaufhaltsam ist, so wünscht man auch mit dieser Farbe immer fortzugehen, nicht aber, wie beim Rotgelben, immer tätig vorwärtszuschreiten, sondern einen Punkt zu finden, wo man ausruhen könnte.

Bild des Mittelalters – Kunst und Religion

Novalis: **Die Christenheit oder Europa** (entstanden 1799) Auszug

Es waren schöne, glänzende Zeiten, wo Europa ein christliches Land war, wo e i n e Christenheit diesen menschlich gestalteten Weltteil bewohnte; e i n großes gemeinschaftliches Interesse verband die entlegensten Provinzen dieses weiten geistlichen Reichs. – Ohne große weltliche Besitztümer lenkte und vereinigte e i n Oberhaupt die großen politischen Kräfte. – Eine Zunft, zu der jedermann den Zutritt hatte, stand unmittelbar unter demselben und vollführte seine Winke und strebte mit Eifer seine wohltätige Macht zu befestigen. Jedes Glied dieser Gesellschaft wurde allenthalben geehrt, und wenn die gemeinen Leute Trost oder Hülfe, Schutz oder Rat bei ihm suchten und gerne dafür seine mannigfaltigen Bedürfnisse reichlich versorgten, so fand es auch bei den Mächtigeren Schutz, Ansehen und Gehör.

[...]

Das Resultat der modernen Denkungsart nannte man Philosophie und rechnete alles dazu, was dem Alten entgegen war, vorzüglich also jeden Einfall gegen die Religion. [...] der Religionshass dehnte sich sehr natürlich und folgerecht auf alle Gegenstände des Enthusiasmus aus, verketzerte Fantasie und Gefühl, Sittlichkeit und Kunstliebe, Zukunft und Vorzeit, setzte den Menschen in der Reihe der Naturwesen mit Not oben an und machte die unendliche schöpferische Musik des Weltalls zum einförmigen Klappern einer ungeheuren Mühle, die vom Strom des Zufalls getrieben und auf ihm schwimmend, eine Mühle an sich, ohne Baumeister und Müller und eigentlich ein echtes Perpetuum mobile, eine sich selbst mahlende Mühle sei. [...] Das Licht war wegen seines mathematischen Gehorsams und seiner Frechheit ihr Liebling geworden. Sie freuten sich, dass es sich eher zerbrechen ließ, als dass es mit Farben gespielt hätte, und so benannten sie nach ihm ihr großes Geschäft, Aufklärung. [...] man suchte der alten Religion einen neuern, vernünftigen, gemeinern Sinn zu geben, indem man alles Wunderbare und Geheimnisvolle sorgfältig von ihr abwusch.

1 a Übertragen Sie folgendes Schema in Ihre Aufzeichnungen und ergänzen Sie es:

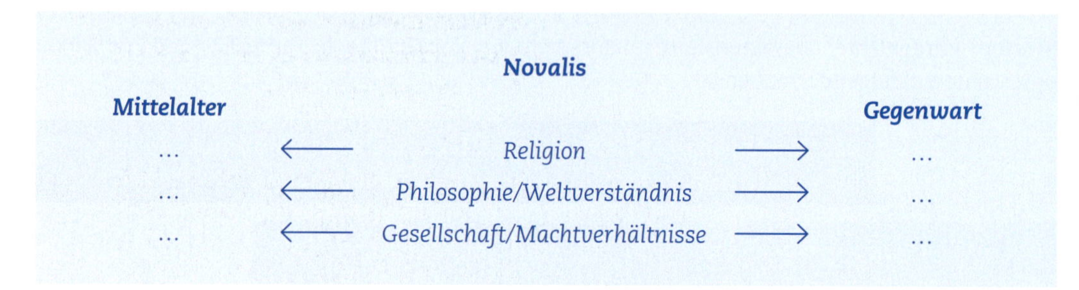

b Charakterisieren und bewerten Sie das Bild vom Mittelalter, das der 27-jährige Novalis entwirft.

c Fassen Sie Novalis' Einschätzung der Aufklärung und ihrer Folgen in eigenen Worten zusammen.

d Weiterführend: Vergleichen Sie Novalis' kritische Einschätzung der Aufklärung mit der Perspektive von Günter Grass in der Rede auf S. 156 f.

2 Deuten Sie die Funktion von Novalis' Mittelalter-Bild im Rahmen seines Kunstverständnisses.

3 a Beschreiben und interpretieren Sie Schinkels Gemälde „Mittelalterliche Stadt an einem Fluss" vor dem Hintergrund der romantischen Kunstauffassung.

b Referat: Informieren Sie sich über die Baugeschichte des Kölner und des Regensburger Doms und stellen Sie Ihre Ergebnisse der Klasse in einem Kurzreferat (→ S. 13) vor.

c Weiterführend: Ermitteln Sie, ob es auch in Ihrer näheren Umgebung „gotische" Gebäude aus dem 19. Jahrhundert gibt. Informieren Sie sich und Ihre Lerngruppe über deren Baugeschichte.

Karl Friedrich Schinkel: Mittelalterliche Stadt an einem Fluss (1815)

3.4 Textfenster: Lyrik der Romantik

Sehnsucht als Zentralmotiv

Joseph von Eichendorff:
Sehnsucht (1834)

Es schienen so golden die Sterne,
Am Fenster ich einsam stand
Und hörte aus weiter Ferne
Ein Posthorn im stillen Land.
5 Das Herz mir im Leib entbrennte,
Da hab ich mir heimlich gedacht:
Ach, wer da mitreisen könnte
In der prächtigen Sommernacht!

Zwei junge Gesellen gingen,
10 Vorüber am Bergeshang,
Ich hörte im Wandern sie singen
Die stille Gegend entlang:
Von schwindelnden Felsenschlüften,
Wo die Wälder rauschen so sacht,
15 Von Quellen, die von den Klüften
Sich stürzen in die Waldesnacht.

Sie sangen von Marmorbildern,
von Gärten, die überm Gestein
In dämmernden Lauben verwildern,
20 Palästen im Mondenschein,
Wo die Mädchen am Fenster lauschen,
Wann der Lauten Klang erwacht,
Und die Brunnen verschlafen rauschen
In der prächtigen Sommernacht. –

Joseph von Eichendorff:
Wem Gott will rechte Gunst erweisen[1] (1826)

Wem Gott will rechte Gunst erweisen,
Den schickt er in die weite Welt,
Dem will er seine Wunder weisen
In Berg und Wald und Strom und Feld.

5 Die Trägen, die zu Hause liegen,
Erquicket nicht das Morgenrot,
Sie wissen nur vom Kinderwiegen,
Von Sorgen, Last und Not um Brot.

Die Bächlein von den Bergen springen,
10 Die Lerchen schwirren hoch vor Lust,
Was sollt' ich nicht mit ihnen singen
Aus voller Kehl' und frischer Brust?

Den lieben Gott lass ich nur walten;
Der Bächlein, Lerchen, Wald und Feld
15 Und Erd' und Himmel will erhalten,
Hat auch mein' Sach' aufs Best' bestellt!

1 Das Gedicht entstammt Eichendorffs Novelle „Aus dem Leben eines Taugenichts". Die Hauptfigur singt das Lied, als sie ihre Heimatstadt verlässt.

---

1 **a** Schreiben Sie Wörter aus den beiden Gedichten heraus, die Sie dem Begriff „Sehnsucht" als Assoziationen zuordnen würden.
b Welche dieser Wörter stehen für Sie selbst dem Begriff „Sehnsucht" besonders nahe?

2 **a** Versuchen Sie ausgehend von Aufgabe 1 das Gefühl der Sehnsucht genauer zu charakterisieren und von benachbarten Regungen (z. B. „Fernweh" oder „Heimweh" ...) abzugrenzen.
b Vergleichen Sie Ihre Bestimmungsversuche mit Definitionen in Nachschlagewerken, z. B. auch im grimmschen Wörterbuch.

3 **a** Begründen Sie, ob eines der beiden Gedichte für Sie das Gefühl der Sehnsucht treffender ausdrückt als das andere.
b Arbeiten Sie auch die Wirkung der klanglichen und formalen Gestaltung in dem von Ihnen gewählten Gedicht heraus.

4 Überlegen Sie, warum die romantische Literatur häufig das Motiv des Wanderns aufgreift.

Adelbert von Chamisso: **Sterne und Blumen°**

Sterne und Blumen, –
Blicke und Atem, –
Töne.
Durch die Räume ziehn,
5 Ein Ton der Liebe!
Sehnsucht!

Mit verwandten Tönen
Sich vermählen
Glühen,
10 Nie verhallen,
Und die Blumen,
Und die Sterne lieben.
Gegenliebe!
Sehnsucht!

1 Tragen Sie das Gedicht laut vor und notieren Sie Ihre Eindrücke.

2 **a** Formulieren Sie die Ihrer Meinung nach zentrale Aussage des Gedichts.
b Lesen Sie noch einmal die Aussagen zum Kunstverständnis auf S. 220 und interpretieren Sie Chamissos Gedicht vor diesem Hintergrund.
c Beschreiben Sie, warum das Gefühl der Sehnsucht für das Selbst- und Weltverständnis der Romantiker besonders wichtig ist.

Romantische Nacht

Clemens Brentano: **Sprich aus der Ferne°** (1801)

Sprich aus der Ferne
Heimliche Welt,
Die sich so gerne
Zu mir gesellt.

5 Wenn das Abendrot niedergesunken,
Keine freudige Farbe mehr spricht,
Und die Kränze still leuchtender Funken
Die Nacht um die schattigte Stirne flicht:

Wehet der Sterne
10 Heiliger Sinn
Leis durch die Ferne
Bis zu mir hin.

Wenn des Mondes still lindernde Tränen
Lösen der Nächte verborgenes Weh;
15 Dann wehet Friede. In goldenen Kähnen
Schiffen die Geister im himmlischen See.

Glänzender Lieder
Klingender Lauf
Ringelt sich nieder,
20 Wallet hinauf.

Wenn der Mitternacht heiliges Grauen
Bang durch die dunklen Wälder hinschleicht,
Und die Büsche gar wundersam schauen,
Alles sich finster tiefsinnig bezeugt:

25 Wandelt im Dunkeln
Freundliches Spiel,
Still Lichter funkeln
Schimmerndes Ziel.

Alles ist freundlich wohlwollend verbunden,
30 Bietet sich tröstend und trauernd die Hand,
Sind durch die Nächte die Lichter gewunden,
Alles ist ewig im Innern verwandt.

Sprich aus der Ferne
Heimliche Welt,
35 Die sich so gerne
Zu mir gesellt.

1 Bilden Sie Kleingruppen und untersuchen Sie die Stimmung des Gedichts: Ist sie melancholisch, gelöst, heiter, andächtig, enthusiastisch, zuversichtlich ...? Tragen Sie das Gedicht in Ihrer Gruppe entsprechend vor.

2 a Charakterisieren Sie in einigen Sätzen das Verhältnis von Ich und Welt, das in diesem Gedicht zum Ausdruck gebracht wird.

b Untersuchen Sie das Gedicht im Hinblick auf Personifikationen (→ S. 332) und deren Wirkung.

3 Beschreiben Sie den formalen und den inhaltlichen Aufbau des Gedichts und stellen Sie Bezüge zur Wirkungsabsicht her.

4 Thomas Mann rühmte einst die besondere Musikalität von Brentanos Gedichten. Stellen Sie die Elemente zusammen, die diese Einschätzung rechtfertigen.

5 Vergleichen Sie Brentanos Gedicht mit Chamissos „Sterne und Blumen“ (S. 226).

Karl Friedrich Schinkel: Die Nacht, in ein weites Tuch gehüllt, über dem Golf von Neapel schwebend (1834)
Inschrift: Wenn auch ein Tag uns klar vernünftig lacht, / In Traumgespinst verwickelt uns die Nacht. (Faust II)

1 Betrachten Sie das Bild von Karl Friedrich Schinkel. Beschreiben Sie, welche Elemente der romantischen Nacht darin aufgegriffen werden. Berücksichtigen Sie auch Ihre Ergebnisse aus dem Abschnitt „Ansichten von der Nachtseite der Seele“ auf S. 217 ff.

Karoline von Günderrode: **Der Kuss im Traume** (1805)

Karoline von Günderrode (1780–1806)

Es hat ein Kuss mir Leben eingehaucht,
Gestillet meines Busens tiefstes Schmachten.
Komm, Dunkelheit! mich traulich zu umnachten,
Dass neue Wonne meine Lippe saugt.

5 In Träume war solch Leben eingehaucht,
Drum leb' ich, ewig Träume zu betrachten,
Kann aller andern Freuden Glanz verachten,
Weil nur die Nacht so süßen Balsam haucht.

Der Tag ist karg an liebesüßen Wonnen,
10 Es schmerzt mich seines Lichtes eitles Prangen
Und mich verzehren seiner Sonnen Gluten.

Drum birg dich Aug' dem Glanze ird'scher Sonnen!
Hüll dich in Nacht, sie stillet dein Verlangen
Und heilt den Schmerz, wie Lethes[1] kühle Fluten.

1 **Lethe:** Fluss der Unterwelt

1 Untersuchen Sie, welche Aspekte der Nacht Karoline von Günderrode in ihrem Gedicht in den Vordergrund stellt.
2 Der Literaturwissenschaftler und Publizist Franz Josef Görtz schrieb zu diesem Gedicht, es sei „kein Liebeslied, sondern ein Hymnus auf den Tod". Nehmen Sie zu dieser Ansicht begründet Stellung.
3 Vergleichen Sie die Gestaltung des Nacht-Motivs in Eichendorffs „Mondnacht" (→ S. 30) mit der in Brentanos Gedicht „Sprich aus der Ferne" und Günderrodes „Der Kuss im Traume".
4 **a** Sammeln Sie eigene Assoziationen zum Thema Nacht und vergleichen Sie diese mit den poetischen Assoziationen der Romantiker.
b Begründen Sie, warum das Motiv der Nacht in der romantischen Kunst (Literatur, Malerei, Musik) eine so zentrale Bedeutung hat.

Der Dichter/die Dichterin und sein/ihr Gedicht

Monika Schmitz-Emans: **Zum romantischen Lyrikverständnis°** (2004) Auszug

Viele wichtige Vertreter der romantischen Dichtung haben ein lyrisches Werk hinterlassen, darunter – um nur die wichtigsten zu nennen – in Deutschland neben den Brüdern 5 Schlegel auch Tieck und Novalis, Arnim, Brentano, Karoline von Günderrode, Eichendorff und Heine. [...] Begleitend zur lyrischen Dichtung der Romantik vollzieht sich die Reflexion über das Lyrische. Als konstitutiv erscheinen vor allem drei Grundzüge des 10 Lyrischen: seine Unbegrifflichkeit, seine sprachlichen Abweichungen von der alltäglichen Rede und seine Nähe zur Musik. Insofern die Musik gelegentlich als die romantischste der Künste apostrophiert wird, 15 scheint es nahezuliegen, die Sprache der Dichtung zu musikalisieren. [...] Die Lyrik Brentanos und Eichendorffs ist wie die Tiecks durch ihre Klangeffekte geprägt, in inhaltlichen Kategorien hingegen nur schwer zu fassen. Sie evoziert Empfindungen, Ahnungen und vage Fantasien, lässt dem Leser aber viele Freiheiten, den Klängen einen hypothetischen Sinn zu geben.

---

1 **a** Erläutern Sie die genannten „drei Grundzüge des Lyrischen" an Beispielen aus diesem Kapitel.
b Klären Sie im Rückgriff auf den Textauszug, warum die Lyrik lange Zeit als „Herzstück" der deutschen Romantik galt.
c Beschreiben Sie, welche Besonderheiten die Einschätzung der Musik als „romantischste der Künste" rechtfertigen könnten.

2 Nicht selten ist die Lyrik der Romantik in Prosatexte eingebunden. Manche Gedichte wurden erst in späteren Ausgaben aus ihrem ursprünglichen Zusammenhang gelöst und gesondert veröffentlicht. Überlegen Sie, welche Gründe wohl oft dazu führten, dass Autoren wie Eichendorff, Tieck oder Brentano ihre lyrischen Texte in einen Prosazusammenhang einbetteten. Beziehen Sie programmatische Aussagen zur Romantik mit ein (→ S. 220).

Gemeinsam mit Clemens Brentano veröffentlichte Achim von Arnim 1806–1808 das dreibändige Werk „Des Knaben Wunderhorn", das „alte deutsche Lieder" sammelt – die Herausgeber griffen hierbei teils stark bearbeitend ein. Arnim und Brentano betrachteten die Volkslieder als Ausdruck eines unverfälschten Erlebens und ungekünstelter poetischer Produktivität sowie als Inspirationsquelle für die romantische Dichtung. Wie die „Kinder- und Hausmärchen" der Brüder Grimm wurden auch die Liedersammlungen der Romantiker populär; bis heute sind sie Bestandteil der Alltagskultur in Deutschland.

Volkslied: Der von Johann Gottfried Herder (→ S. 166) geprägte und heute eingebürgerte Begriff bezeichnet ein verbreitetes, ursprünglich mündlich überliefertes, nicht (mehr) einem bestimmten Verfasser zugeordnetes Lied. Volkslieder bringen oft in prägnanten, einfachen Bildern, die häufig aus dem Bereich der Natur oder der Religion stammen, menschliche Grunderfahrungen zur Sprache, z. B. Sehnsucht, Liebesleid und -glück, Tod, Schmerz, Freude, Aufbruch. Die Verse sind meist strophisch gegliedert, mit einer einfachen Melodie verbunden und häufig gereimt. Die formale Gestaltung weicht oft von strenger Regelmäßigkeit ab. Häufig finden sich Assonanzen (→ S. 330), metrische Entsprechungen und Wiederholungsfiguren.

Clemens Brentano und Achim von Arnim:
Des Knaben Wunderhorn.
Kupferstich auf der ersten Seite von Band II der Erstausgabe

Wenn ich ein Vöglein wär°

Wenn ich ein Vöglein wär,
Und auch zwei Flügel hätt,
Flög ich zu dir;
Weil's aber nicht kann sein,
5 Bleib ich allhier.

Bin ich gleich weit von dir,
Bin ich doch im Schlaf bei dir
Und red mit dir;
Wenn ich erwachen tu,
10 Bin ich allein.

Es vergeht keine Stund in der Nacht,
Da mein Herze nicht erwacht
Und an dich gedenkt,
Dass du mir viel tausendmal
15 Dein Herz geschenkt.

Lass rauschen, Lieb, lass rauschen°

Ich hört ein Sichlein rauschen,
Wohl rauschen durch das Korn,
Ich hört ein Mägdlein klagen,
Sie hätt ihr Lieb verlorn.

5 Lass rauschen, Lieb, lass rauschen,
Ich acht nicht, wie es geht,
Ich tät mein Lieb vertauschen
In Veilchen und im Klee.

Du hast ein Mägdlein worben
10 In Veilchen und im Klee,
So steh ich hier alleine,
Tut meinem Herzen weh.

Ich hör ein Hirschlein rauschen
Wohl rauschen durch den Wald,
15 Ich hör mein Lieb sich klagen,
Die Lieb verrauscht so bald.

Lass rauschen, Lieb, lass rauschen,
Ich weiß nicht, wie mir wird,
Die Bächlein immer rauschen,
20 Und keines sich verirrt.

---

1 **a** In beiden Gedichten aus der Sammlung „Des Knaben Wunderhorn" spielt die Liebe eine wichtige Rolle. Beschreiben Sie, wie die Gedichte von der Liebe sprechen.
b Prüfen Sie, inwieweit die beiden Texte Merkmale eines Volkslieds (→ S. 229) aufweisen.

2 Untersuchen Sie weitere Gedichte des Romantik-Kapitels auf volksliedhafte Züge.

3 Versuchen Sie zu erklären, warum manche Romantiker dem Volkstümlichen und der Nähe zum Volk besondere Bedeutung beimaßen. Berücksichtigen Sie dabei auch politische Hintergründe.

4 **a** Erläutern Sie die Aussage dieser Strophe aus Eichendorffs Gedicht „An die Dichter" aus dem Jahre 1815 vor dem Hintergrund Ihrer Kenntnisse zum romantischen Dichtungsverständnis.
b Weiterführend: Beschaffen Sie sich das vollständige Gedicht und arbeiten Sie heraus, welche, Rolle Eichendorff darin dem Dichter zumisst.

> Der Dichter kann nicht mit verarmen;
> Wenn alles um ihn her zerfällt,
> Hebt ihn ein göttliches Erbarmen –
> Der Dichter ist das Herz der Welt.
> *(Joseph von Eichendorff)*

5 Ein „Klassiker"/eine „Klassikerin" und ein „Romantiker"/eine „Romantikerin" diskutieren über das richtige Verständnis der Aufgaben von Dichter/-in und Dichtung. Planen Sie ein Gespräch und spielen Sie es vor Ihrer Lerngruppe.
Beziehen Sie auch Ihre Ergebnisse aus den Aufgaben auf S. 220 und 221 mit ein.

6 Lesen Sie noch einmal Hölderlins Gedichte auf S. 184 f. und setzen Sie diese in Beziehung zum romantischen Dichtungsverständnis.

3.5 Rezeption: Rückblick auf die Romantik

Thomas Mann: **Deutschland und die Deutschen** (1945) Auszug

Die deutsche Romantik, was ist sie anderes als ein Ausdruck jener schönsten deutschen Eigenschaft, der deutschen Innerlichkeit? Viel Sehnsüchtig-Verträumtes, Fantastisch-Geisterhaftes und Tief-Skurriles, auch ein hohes artistisches Raffinement, eine alles überschwebende Ironie verbindet sich mit dem Begriff der Romantik. Aber nicht dies ist eigentlich, woran ich denke, wenn ich von deutscher Romantik spreche. Es ist vielmehr eine gewisse dunkle Mächtigkeit und Frömmigkeit, man könnte auch sagen: Altertümlichkeit der Seele, welche sich den chtonischen[1], irrationalen und dämonischen Kräften des Lebens, das will sagen: den eigentlichen Quellen des Lebens nahe fühlt und einer nur vernünftigen Weltbetrachtung und Weltbehandlung die Widersetzlichkeit tieferen Wissens, tieferer Verbundenheit mit dem Heiligen bietet. Die Deutschen sind ein Volk der romantischen Gegenrevolution gegen den philosophischen Intellektualismus und Rationalismus der Aufklärung – eines Aufstandes der Musik gegen die Literatur, der Mystik gegen die Klarheit. Die Romantik ist nichts weniger als schwächliche Schwärmerei; sie ist die Tiefe, welche sich zugleich als Kraft, als Fülle empfindet; ein Pessimismus der Ehrlichkeit, der es mit dem Seienden, Wirklichen, Geschichtlichen gegen Kritik und Meliorismus[2], kurz mit der Macht gegen den Geist hält und äußerst gering denkt von aller rhetorischen Tugendhaftigkeit und idealistischen Weltbeschönigung. [...]

Goethe hat die lakonische Definition gegeben, das Klassische sei das Gesunde und das Romantische das Kranke. Eine schmerzliche Aufstellung für den, der die Romantik liebt bis in ihre Sünden und Laster hinein. Aber es ist nicht zu leugnen, dass sie noch in ihren holdesten, ätherischsten, zugleich volkstümlichen und sublimen Erscheinungen den Krankheitskeim in sich trägt, wie die Rose den Wurm, dass sie ihrem innersten Wesen nach Verführung ist, und zwar Verführung zum Tode. [...]

Und, heruntergekommen auf ein klägliches Massenniveau, das Niveau eines Hitler, brach der deutsche Romantismus aus in hysterische Barbarei, in einen Rausch und Krampf von Überheblichkeit und Verbrechen, der nun in der nationalen Katastrophe, einem physischen und psychischen Kollaps ohnegleichen, sein schauerliches Ende findet.

1 **chtonisch:** der Erde zugehörend. Als chtonische Götter bezeichnet die Mythenforschung die erdverbundenen Götter.

2 **Meliorismus:** Fortschrittsglaube, der Welt, Gesellschaft oder Menschen verbessern will

1 **a** Schreiben Sie in geordneter Form die Begriffe und Gegenbegriffe heraus, mit denen Thomas Mann die deutsche Romantik charakterisiert und von gegensätzlichen Geisteshaltungen abgrenzt.

Romantik	**...**
– *Altertümlichkeit der Seele*	– *Intellektualismus*
– *irrationale, dämonische Kräfte des Lebens*	– ...
– ...	

b Geben Sie Thomas Manns Überlegungen zur Romantik in drei oder vier zentralen Thesen wieder.

c Erläutern Sie die Zusammenhänge von „Romantismus“ und Nationalsozialismus, die der Text anspricht.

Lothar Pikulik: **Frühromantik** (2002) Auszug

Die Romantiker repräsentieren das Denken und Fühlen der anbrechenden Moderne und gleichzeitig eine in der Moderne liegende Tendenz zur Erweiterung, Ergänzung und auch Selbstrelativierung. Sie sind ebenso aufgeklärte wie empfindsame Intellektuelle, die, statt sich mit dem Bestehenden abzufinden, aus Ungenügen an den Beschränktheiten des gegebenen Seins und Bewusstseins geistige Fühler ausstrecken, um das ganz Andere – und doch im tiefsten Grund allen Vertraute – jenseits der Grenzen zu ertasten. Ein grobes Missverständnis wäre es, sie vernunftfeindlich zu nennen. Sie bekämpfen nur jene Haltung, die es sich an der platten Oberfläche des Daseins genug sein lässt.

Keith Hartley: **Einführung in die Ausstellung „Ernste Spiele. Der Geist der Romantik in der deutschen Kunst 1790–1990“** (1995) Auszug

Sie [die Ausstellung] möchte zeigen, dass viele Wurzeln dessen, was man heute die Moderne nennt, in die Romantik zurückreichen, ja dass man den Anfang der Moderne in vielerlei Hinsicht um 1800 statt um 1900 ansetzen könnte. [...] Viele Schriftsteller und Kritiker haben in der Romantik gleichsam eine Wasserscheide der abendländischen Kunst gesehen, eine Zeit, in der die alten Formen des kirchlichen und fürstlichen Auftraggebertums zusammenbrachen und die Künstler gezwungen waren, sich ihren Lebensunterhalt auf dem neuen Markt zu verdienen, der sich mit dem Bürgertum herausbildete. Die alten Gewissheiten, die aus thematischen und stilistischen Vorgaben erwuchsen, wichen subtileren Einflüssen, im Endeffekt jedoch konnte jetzt der Künstler selbst entscheiden, was er malte und wie. Diese neue Individualität wurde bestärkt durch die kopernikanische Wende[1], die Kant und spätere Philosophen der Romantik in unserem Verständnis des Verhältnisses von Ich und Natur im Allgemeinen herbeiführten. Daraus ergab sich eine neue Subjektivität, die das Primat der individuellen Wahrnehmung und Vorstellungskraft postulierte.

1 **kopernikanische Wende:** Kant selbst verglich seinen neuen Ansatz in der Erkenntnistheorie mit der Wende vom heliozentrischen zum kopernikanischen Weltbild: Erkenntnis sollte nicht mehr als geistige Abbildung von Strukturen einer Welt außerhalb des menschlichen Geistes verstanden werden, sondern als Strukturierung der Welt durch den menschlichen Geist. Der Mensch mit seinen Erkenntnismöglichkeiten rückt ins Zentrum dieses Menschen- und Weltbildes.

1 Stellen Sie die Aspekte zusammen, die von Pikulik und Hartley angeführt werden, um die Aktualität und die Bedeutung der Romantik zu belegen.
2 Erstellen Sie in Partnerarbeit eine Collage zum Thema „Romantik“, in der Sie verschiedenen Aspekten des Themas Rechnung tragen.

Caspar David Friedrich: Der Mönch am Meer (1808–10), Öl auf Leinwand, 110 × 171,5 cm

Gerhard Richter gilt als einer der bedeutendsten deutschen Künstler der Gegenwart.
In vielen seiner Bilder knüpft er bewusst an die Tradition der romantischen Malerei an – insbesondere an Caspar David Friedrich.

Gerhard Richter: Seestück (1975), Öl auf Leinwand, 200 × 300 cm

1 a Überlegen Sie Alternativen für die Titel der beiden Bilder auf S. 232 und 233.
b Was ist an den Bildern „romantisch"? Sammeln Sie Ihre Einschätzungen.
2 a Vergleichen Sie die Bilder. Gehen Sie auf Gemeinsamkeiten und Unterschiede ein.
b Nehmen Sie an, Sie würden die Entstehungsdaten der Bilder nicht kennen: Nennen Sie Argumente, mit denen Sie eines der Bilder als „moderner" bezeichnen würden.
3 Projektvorschlag: Gestalten Sie einen romantischen Leseabend, zu dem Sie Eltern, Freunde/Freundinnen und Lehrer/-innen einladen. Tragen Sie verschiedene Texte aus der Epoche der Romantik vor. Sie können einige auch im Stile einer romantischen Literaturkritik besprechen. Beziehen Sie Musik und darstellende Kunst mit ein. Bitten Sie die Besucher/-innen, selbst Texte mitzubringen und vorzutragen.

Epochenüberblick: Romantik (ca. 1795–1840)

Der mit der Aufklärung (→ S. 152 ff.) begonnene Prozess, den Menschen losgelöst von fest gefügten gesellschaftlichen Bindungen als autonomes Wesen zu betrachten und seelisch auszuloten, wird von der Romantik weiter fortgeführt. Mit Blick auf die Zeitumstände werden jedoch der Vernunftglaube der Aufklärer wie auch das Humanisierungsideal der Klassiker fragwürdig: Der Verlauf der Französischen Revolution, die napoleonischen Kriege und die **Wiederherstellung des alten absolutistischen Systems in Europa** nach Napoleons Sturz zerstören den Glauben an eine Neugestaltung der Verhältnisse nach den Ideen der Aufklärung. Die sich abzeichnende Macht der **Industrialisierung** zeigt die Gefahr einer Reduzierung des Menschen auf seinen ökonomischen Nutzwert; das Ideal einer umfassenden ästhetischen Erziehung hatte für die Romantiker bereits den Zusammenhang mit der Realität verloren.
In einer Situation realer Machtlosigkeit wendet sich der **Blick nach innen;** es gilt nicht länger, die Welt nach Maßgabe der Vernunft zu ändern, sondern sie möglichst intensiv zu erleben. In der Aufwertung und **Kultivierung des Emotionalen** schließt die Romantik an den Sturm und Drang (→ S. 158) sowie die Empfindsamkeit (→ S. 158) an. Auch bisher wenig ausgeleuchtete seelische Bereiche werden erkundet; **Unbewusstes, Traum,** auch seelische Erkrankungen kommen ver-

stärkt in den Blick. Vor dem Hintergrund der eingeschränkten realen Entfaltungsmöglichkeiten ist auch das romantische Grundgefühl und Zentralmotiv der **Sehnsucht** zu sehen: Die Sehnsucht richtet sich nicht auf einen fest umrissenen Gegenstand; als Verlangen nach Entgrenzung kommt sie an kein Ziel, in ihr kann die Intensität des eigenen Fühlens und Wünschens genossen werden. Die im romantischen Lebensgefühl angelegte **Gratwanderung** zwischen einer Existenz in den **Zwängen des bürgerlichen Alltags** und den Verheißungen einer **poetischen Existenz** zeigt sich im Leben vieler Schriftsteller/-innen dieser Epoche.
Der künstlerischen Einbildungskraft fällt die Aufgabe einer Stiftung bzw. Entdeckung von Sinn in einer ansonsten als sinnentleert empfundenen Welt zu. Die Forderung nach einer **Poetisierung** bzw. **„Romantisierung" der Welt** durch die Kunst richtet sich auf einen **universellen Sinnzusammenhang,** in dem Mensch, Natur, Kunst und Leben zu einer harmonischen Einheit zusammenfinden. Dieser ersehnte Zusammenhang des Ganzen lässt sich nur andeuten, nicht abschließend begrifflich fassen. Besonders geschätzt werden daher unbegriffliche Formen der Äußerung, vor allem die **Musik,** aber auch die Malerei und die **Lyrik,** die mit Anspielungen und musikalischen Elementen arbeitet.
Vorbilder für ein vermeintlich natürliches, unverbildetes, volles Welterleben und Anregungen für die eigene Dichtung findet man in der so genannten **Volksdichtung,** z. B. in **Volksliedern** und **Volksmärchen.** Manche Romantiker etablieren ein verklärtes Bild des **Mittelalters als** einer **goldenen Zeit,** zu der die Kunst den Weg zurückweisen müsse. Hier habe der Mensch Geborgenheit in einem urwüchsigen, intensiven christlichen Glauben und in einer fest gefügten, einfachen Gesellschaft gefunden.
Das romantische Programm einer **„progressiven Universalpoesie"** (Schlegel) will nicht nur getrennte Schreibformen wie Epik, Lyrik und programmatische Prosa wieder zusammenführen, sondern auch eine **Einheit von Kunst und Leben** herstellen, „das Leben und die Gesellschaft poetisch machen". Wie sehr die Schriftsteller/-innen dieser Epoche an eine durchgängige Poetisierung des gesellschaftlichen Lebens glaubten oder eher die Kunst als Sache Auserwählter und als einen Bereich jenseits des Alltags betrachteten – diese Frage lässt sich nicht einheitlich für alle Romantiker beantworten. Das für die Romantik zentrale **Motiv der Nacht** kann als Bild für die romantische Kunst selbst gelten: Jenseits der Alltagswelt öffnet die romantische Nacht einen Projektionsraum für eine ersehnte, sinndurchwaltete, lebendige Gegenwelt.

Wichtige Autoren und Werke:

LUDWIG TIECK (1773–1853): Geschichte des Herrn William Lovell (1795, Roman), Der gestiefelte Kater (1797, Drama)

NOVALIS (1772–1801): Blüthenstaub (1798, Prosa), Hymnen an die Nacht (1799, Gedichte), Heinrich von Ofterdingen (1799/1800, Roman)

AUGUST WILHELM SCHLEGEL (1767–1845) und FRIEDRICH SCHLEGEL (1772–1829): Athenäum (1798–1800, Zeitschrift)

KAROLINE VON GÜNDERRODE (1780–1806): Gedichte und Fantasien (1804, Gedichtsammlung)

CLEMENS BRENTANO (1778–1842) und ACHIM VON ARNIM (1781–1831): Des Knaben Wunderhorn (1806/08, Sammlung von Volksliedern)

JACOB GRIMM (1785–1863) und WILHELM GRIMM (1786–1859): Kinder- und Hausmärchen (1812/15)

E.T.A. HOFFMANN (1776–1822): Die Elixiere des Teufels (1815, Roman), Der goldene Topf (1814, Märchen), Nachtstücke (1817, Erzählungen), Lebensansichten des Katers Murr (1820, Roman)

JOSEPH VON EICHENDORFF (1788–1857): Das Marmorbild (1819, Novelle), Aus dem Leben eines Taugenichts (1826, Novelle), Gedichte

4 Junges Deutschland, Vormärz, Biedermeier

Eugène Delacroix: Die Freiheit führt das Volk (1830)

Annette von Droste-Hülshoff: Selbstbildnis am offenen Fenster (um 1840)

1 a Wie wirken die beiden Bilder auf Sie? Formulieren Sie Ihre ersten Eindrücke.
b Beschreiben Sie die beiden Bilder detailliert (Bildaufbau, zentrale Figuren, Licht, farbliche Gestaltung ...).
Stellen Sie Vermutungen zur Darstellungsabsicht an.

2 Die drei in diesem Kapitel behandelten literarischen Strömungen verlaufen zeitnah etwa in den Jahrzehnten zwischen dem Wiener Kongress und dem Revolutionsjahr 1848. Tragen Sie Ihre Vorkenntnisse zu zentralen Entwicklungen in Politik, Kultur und Gesellschaft zusammen.

4.1 Hintergründe: Deutschland 1830–1850 – Zustände und Stimmungslagen

Stimmen des Ungenügens: Zwei Gedichte

Heinrich Heine: **Mein Herz, mein Herz ist traurig°** (1826)

Mein Herz, mein Herz ist traurig,
Doch lustig leuchtet der Mai;
Ich stehe, gelehnt an der Linde,
Hoch auf der alten Bastei.

5 Da drunten fließt der blaue
Stadtgraben in stiller Ruh;
Ein Knabe fährt im Kahne,
Und angelt und pfeift dazu.

Jenseits erheben sich freundlich,
10 In winziger, bunter Gestalt,
Lusthäuser, und Gärten, und Menschen,
Und Ochsen, und Wiesen, und Wald.

Die Mägde bleichen Wäsche,
Und springen im Gras herum;
15 Das Mühlrad stäubt Diamanten,
Ich höre sein fernes Gesumm.

Am alten grauen Turme
Ein Schilderhäuschen steht;
Ein rotgeröckter Bursche
20 Dort auf und nieder geht.

Er spielt mit seiner Flinte,
Die funkelt im Sonnenrot,
Er präsentiert und schultert –
Ich wollt, er schösse mich tot.

Heinrich Heine (1797–1856) um 1828

1 Dieses Gedicht Heinrich Heines entstand in denselben Jahren, in denen viele bekannte Romantiker ihre wichtigsten Werke verfassten und veröffentlichten. Welche formalen, sprachlichen und inhaltlichen Gestaltungselemente sprechen für eine Zuordnung des Gedichts zur romantischen Strömung?

2 ... und trotzdem stimmt etwas nicht!

a Benennen Sie die irritierenden Signale, mit denen das Gedicht über den Rahmen romantischer Lyrik hinausweist.

b Worauf könnte Heine hiermit hindeuten? Diskutieren Sie die Aussageabsicht unter Berücksichtigung der gesellschaftlichen Situation während der Entstehungszeit.

Annette von Droste-Hülshoff: **Am Turme** (1842)

Ich steh auf hohem Balkone am Turm,
Umstrichen vom schreienden Stare,
Und lass gleich einer Mänade[1] den Sturm
Mir wühlen im flatternden Haare;
5 O wilder Geselle, o toller Fant[2],
Ich möchte dich kräftig umschlingen,
Und, Sehne an Sehne, zwei Schritte vom Rand
Auf Tod und Leben dann ringen!

Und drunten seh ich am Strand, so frisch
10 Wie spielende Doggen, die Wellen
Sich tummeln rings mit Geklaff und Gezisch
Und glänzende Flocken schnellen.
O, springen möcht ich hinein alsbald,
Recht in die tobende Meute,
15 Und jagen durch den korallenen Wald
Das Walross, die lustige Beute!

Und drüben seh ich ein Wimpel wehn
So keck wie eine Standarte[3],
Seh auf und nieder den Kiel sich drehn
20 Von meiner luftigen Warte;
O, sitzen möcht ich im kämpfenden Schiff,
Das Steuerruder ergreifen
Und zischend über das brandende Riff
Wie eine Seemöwe streifen.

25 Wär ich ein Jäger auf freier Flur,
Ein Stück nur von einem Soldaten,
Wär ich ein Mann doch mindestens nur,
So würde der Himmel mir raten;
Nun muss ich sitzen so fein und klar,
30 Gleich einem artigen Kinde,
Und darf nur heimlich lösen mein Haar
Und lassen es flattern im Winde!

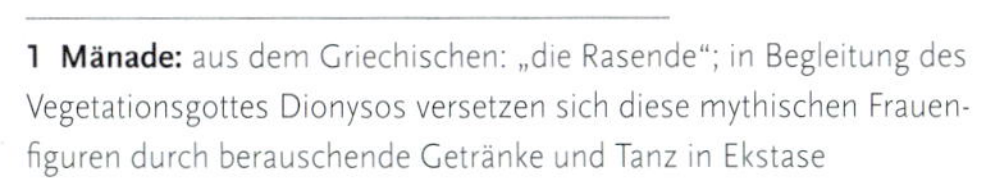

1 **Mänade:** aus dem Griechischen: „die Rasende“; in Begleitung des Vegetationsgottes Dionysos versetzen sich diese mythischen Frauenfiguren durch berauschende Getränke und Tanz in Ekstase

2 **Fant:** nach dem Deutschen Wörterbuch der Brüder Grimm aus dem Italienischen: Bursche, „gern mit dem Nebensinn eines leichtfertigen Menschen, Schalks und Gecken“

3 **Standarte:** Fahne einer berittenen Truppe

Annette von Droste-Hülshoff (1797–1848)

1 **a** Formulieren Sie eine Hypothese zur Aussageabsicht des Gedichts.
b Überprüfen Sie Ihre Hypothese, indem Sie das Gedicht genauer untersuchen. Analysieren Sie verschiedene Aspekte: sprachliche und klangliche Gestaltungsmittel, Aufbau, Stimmung des lyrischen Ichs.

2 Beziehen Sie das Gedicht auf Ihre Vorkenntnisse zur damaligen gesellschaftlichen Rolle der Frau. Stellen Sie auch Zusammenhänge mit Droste-Hülshoffs Selbstbildnis auf S. 235 her.

3 Weiterführend: Erarbeiten Sie in Gruppen eine Präsentation zur gesellschaftlichen Stellung der Frau in der ersten Hälfte des 19. Jahrhunderts. Überprüfen Sie, inwiefern das Gedicht die Realität reflektiert.

4 Vergleichen Sie die Gedichte von Heine und Droste-Hülshoff im Hinblick auf Ihre Aussage und Intention.

Vormärz: Daten, Ereignisse, Positionen

Die Literatur der Autoren und Autorinnen, deren Hauptwerke zwischen 1830 und 1848 entstehen, wird mit Blick auf ihren Bezug zu gesellschaftlichen Entwicklungen der Zeit in zwei große Strömungen unterteilt: Auf der einen Seite versuchen Schriftsteller/-innen in Anknüpfung an die Kunstauffassung der Romantik das Schöne der Kunst und Poesie gegenüber den immer bedrückenderen gesellschaftlichen und politischen Entwicklungen aufrechtzuerhalten; ihre Werke werden unter dem Begriff des „Biedermeier“ (→ S. 266) zusammengefasst. Dem stehen Autoren und Autorinnen gegenüber, deren Dichtung sich stärker an den politischen Ereignissen und Veränderungen orientiert; sie werden den Strömungen des „Jungen Deutschland“ und des „Vormärz“ (→ S. 265 f.) zugeordnet.

Die Fahne mit den Farben Schwarz, Rot, Gold – seit Anfang des 19. Jahrhunderts Symbol für den angestrebten demokratischen deutschen Nationalstaat

Zeitraum	Politische Ereignisse
18.09.1814 bis 09.06.1815	Territoriale Neuordnung und politische Restauration Europas auf dem Wiener Kongress
20.09.1819	Bestätigung der Karlsbader Beschlüsse durch den Bundestag in Frankfurt: Überwachung und Bekämpfung nationaler und liberaler Tendenzen (unter anderem Pressezensur)
27.–29.07.1830	Barrikadenkämpfe in Paris, Julirevolution
27.–30.05.1832	30.000 Besucher auf dem Hambacher Fest

Philipp Jakob Siebenpfeiffer: Eröffnungsrede auf dem Hambacher Fest 1832° (Auszug)

Wir selbst wollen, wir selbst müssen vollenden das Werk, und, ich ahne, bald, bald muss es geschehen, soll die deutsche, soll die europäische Freiheit nicht erdrosselt werden von den Mörderhänden der Aristokraten.
[...] ihr deutsche Männer! o lasset auch uns aller Spaltungen vergessen, alle Marken und Abscheidungen beseitigen; lasset uns nur eine Farbe tragen, damit sie uns stündlich erinnere, was wir sollen und wollen, die Farbe des deutschen Vaterlands; auf ein Gesetz nur lasset im Geist uns schwören, auf das heilige Gesetz deutscher Freiheit; auf ein Ziel nur lasset uns blicken, auf das leuchtende Ziel deutscher Nationaleinheit [...].

12.12.1837	Entlassung der Göttinger Sieben aus ihren Professorenämtern wegen ihres Protests gegen die Auflösung der liberalen Verfassung im Königreich Hannover
07.06.1840	Inthronisation Friedrich Wilhelms IV. zum König von Preußen

Karl Marx: Brief an Arnold Ruge im Mai 1843 (Auszug)

Die Menschen dagegen, welche sich nicht als Menschen fühlen, wachsen ihren Herren zu, wie eine Zucht von Sklaven oder Pferden. Die angestammten Herren sind der Zweck dieser ganzen Gesellschaft. Diese Welt gehört ihnen. Sie nehmen sie, wie sie ist und sich fühlt. Sie nehmen sich selbst, wie sie sich vorfinden, und stellen sich hin, wo ihre Füße gewachsen sind, auf die Nacken dieser politischen Tiere [...].
Die Philisterwelt ist die politische Tierwelt, und wenn wir ihre Existenz anerkennen müssen, so bleibt uns nichts übrig, als dem Status quo einfacherweise recht zu geben. Barbarische Jahrhunderte haben ihn erzeugt und ausgebildet, und nun steht er da als ein konsequentes System, dessen Prinzip die entmenschte Welt ist. Die vollkommenste Philisterwelt, unser Deutschland, musste also natürlich weit hinter der Französischen Revolution, die den Menschen wiederherstellte, zurückbleiben [...].

03.–06.06.1844 Weberaufstand in Schlesien und blutige Niederschlagung durch das preußische Heer
11.04.1847 Zusammenkunft des preußischen „Vereinigten Landtags", der wegen seiner Forderung nach Mitbestimmung und Gewaltenteilung vom König aufgelöst wird

Friedrich Wilhelm IV.: **Rede vor dem preußischen Vereinigten Landtag, 11. April 1847°** (Auszug)

Es ist Gottes Wohlgefallen gewesen, Preußen durch das Schwert groß zu machen, durch das Schwert des Krieges nach außen, durch das Schwert des Geistes nach innen. Aber 5 wahrlich nicht des *verneinenden Geistes* der Zeit, sondern des Geistes der *Ordnung und der Zucht*. Ich sprech' es aus, meine Herren. Wie im Feldlager ohne die allerdringendste Gefahr und größte Torheit nur *ein* Wille gebieten darf, so können dieses Landes Geschi- 10 cke, soll es nicht augenblicklich von seiner Höhe fallen, nur von *einem* Willen geleitet werden [...].

24.02.1848 Abdankung Louis Philippes und Ausrufung der Zweiten Republik in Frankreich
26.02.1848 Volksversammlung in Mannheim, dann in weiteren Städten, „Märzforderungen"
09.03.1848 Bildung einer konstitutionellen Regierung unter liberaler Führung in Karlsruhe/Baden
18.03.1848 Barrikadenkämpfe in Berlin
18.05.1848 Zusammentritt des ersten deutschen Parlaments in der Frankfurter Paulskirche

Robert Blum: **Beitrag in der Debatte zur Außenpolitik in der Frankfurter Nationalversammlung am 22. Juli 1848°** (Auszug)

Man sagt uns bei jeder Gelegenheit: Die alte Zeit ist tot, die neue hat begonnen! Was war denn die alte Zeit in Beziehung auf die so genannten völkerrechtlichen Verhältnisse? Sie 5 war nichts anderes als eine Reihe von Dynastenbündnissen, die nur dazu dienten, entweder der gegenseitigen Herrschgier Schranken zu setzen oder die gemeinsame Gewaltstellung zu erhalten und zu verstärken. Diese 10 Art von Bündnissen war es, die unser Vaterland eine undenkliche Zeit hindurch aufgehalten hat, ein Großes und Ganzes zu werden. Sie war es, die die Feindseligkeit der Stämme und die Spannungen der einzelnen Abteilungen des Volkes hervorriefen, die 15 so genannten Kirchturminteressen in den Vordergrund schoben, um – die Blicke abzulenken von dem, was nottat, von dem Bewusstsein, dass Deutschland nicht eher Geltung in dem Bunde europäischer Völker 20 gewinnen könne, als bis es ein freies Volk geworden.

09.11.1848 Hinrichtung des Paulskirchenabgeordneten Robert Blum wegen seiner Beteiligung am Wiener Aufstand im Oktober
05.12.1848 Auflösung der Nationalversammlung, Erlass einer Verfassung durch Wilhelm IV.
18.06.1849 Ende der deutschen Nationalversammlung: Ein vor preußischen Truppen nach Stuttgart geflohenes Rumpfparlament wird vom württembergischen Militär aufgelöst.
nach 1849 Hunderttausende Deutsche wandern aus, die Mehrheit nach Nordamerika.

1 Sammeln Sie arbeitsteilig zu den einzelnen Daten weiterführende Informationen und gestalten Sie gemeinsam eine Wandzeitung zu den politischen und gesellschaftlichen Ereignissen des Vormärz.
2 Benennen Sie jeweils die zentrale Intention der politischen Stellungnahmen auf S. 238 und 239. Zeigen Sie auf, wie sprachliche Gestaltungsmittel die Wirkungsabsicht unterstützen.

Zensur

Die Verschärfung der Zensur durch die „Karlsbader Beschlüsse“ 1819 galt über alle Ländergrenzen hinweg. Heinrich Heine beschreibt die Wirkung auf die Schriftsteller:

Heinrich Heine: **Die Zensur°** (1831)

Ach! diese Geisteshenker machen uns selbst zu Verbrechern, und der Schriftsteller, der wie eine Gebärerin während des Schreibens gar bedenklich aufgeregt ist, begeht in diesem Zustande sehr oft einen Gedankenkindermord, eben aus wahnsinniger Angst vor dem Richtschwerte des Zensors. Ich selbst unterdrücke in diesem Augenblick einige neugeborene unschuldige Betrachtungen über die Geduld und Seelenruhe, womit meine lieben Landsleute schon seit so vielen Jahren ein Geistermordgesetz ertragen […].

Capitel XII.

Die deutschen Censoren — — — —
— — — — — — — — — —
— — — — — — — — — —
— — — — — — — — — —
— — — — — — — — — —
— — — — — — — — — —
— — — — — Dummköpfe — —
— — — — — — — — — —
— — — — — — — — — —
— — — — — — — — — —
— — — — —

Heinrich Heine: Parodie auf die Zensur in: „Ideen. Das Buch Le Grand“ (1826)

1. Verfassen Sie aus der Perspektive eines fanatischen und eines gutwilligen Zensors ein Gutachten zu der abgebildeten Parodie auf die Zensur.
2. Beschreiben und interpretieren Sie die unten abgebildete, damals sehr bekannte Karikatur „Triumphzug des Zensors“ möglichst detailliert.

Der Triumphzug des Zensors (um 1830)

Die Enttäuschung nach 1848

Heinrich Heine: Erinnerung aus Krähwinkels Schreckenstagen (1854)

Wir Bürgermeister und Senat,
Wir haben folgendes Mandat
Stadtväterlichst an alle Klassen
Der treuen Bürgerschaft erlassen.

Ausländer, Fremde, sind es meist,
Die unter uns gesät den Geist
Der Rebellion. Dergleichen Sünder,
Gottlob! sind selten Landeskinder.

Auch Gottesleugner sind es meist;
Wer sich von seinem Gotte reißt,
Wird endlich auch abtrünnig werden
Von seinen irdischen Behörden.

Der Obrigkeit gehorchen, ist
Die erste Pflicht für Jud und Christ.
Es schließe jeder seine Bude
Sobald es dunkelt, Christ und Jude.

Wo ihrer drei beisammenstehn,
Da soll man auseinandergehn.
Des Nachts soll niemand auf den Gassen
Sich ohne Leuchte sehen lassen.

Es liefre seine Waffen aus
Ein jeder in dem Gildenhaus;
Auch Munition von jeder Sorte
Wird deponiert am selben Orte.

Wer auf der Straße räsoniert,
Wird unverzüglich füsiliert;
Das Räsonieren durch Gebärden
Soll gleichfalls hart bestrafet werden.

Vertrauet eurem Magistrat,
Der fromm und liebend schützt den Staat
Durch huldreich hochwohlweises Walten;
Euch ziemt es, stets das Maul zu halten.

---

1 Informieren Sie sich über die realen Hintergründe des Gedichts.
2 Schreiben Sie eine kommentierende Antwort auf dieses Rollengedicht aus der Sicht eines möglichen Adressaten/einer möglichen Adressatin.
3 Untersuchen Sie die stilistische Gestaltung und ihren Zusammenhang mit der Intention des Gedichts.
4 Weiterführend: Entwerfen Sie zu einem der politisch aktiven Schriftsteller der Zeit einen „Steckbrief" und dokumentieren Sie darin vor allem die Auseinandersetzung mit der staatlichen Macht – z. B. zu Georg Herwegh, Ludwig Börne, Ludwig Pfau, Georg Weerth, Robert Prutz oder Louise Aston.
5 Erläutern Sie, wie das Verhalten der deutschen Bevölkerung im Jahr 1848 in der Karikatur unten charakterisiert und bewertet wird.

Michel und seine Kappe im Jahr 48

Zeitgenössische Karikatur

4.2 Menschenbilder im Vormärz – „Wir arme Leut“

„Woyzeck“

Georg Büchner: **Briefe an die Familie°**

Georg Büchner (1813–1837)

5.4.1833

[…] Was nennt Ihr denn *gesetzlichen Zustand*? Ein Gesetz, das die große Masse der Staatsbürger zum fronenden Vieh macht, um die unnatürlichen Bedürfnisse einer unbedeutenden und verdorbenen Minderzahl zu befriedigen? Und dies Gesetz, unterstützt durch eine rohe Militärgewalt und durch die dumme Pfiffigkeit seiner Agenten, dies Gesetz ist eine *ewige, rohe Gewalt,* angetan dem Recht und der gesunden Vernunft, und ich werde mit *Mund* und *Hand* dagegen kämpfen, wo ich kann.

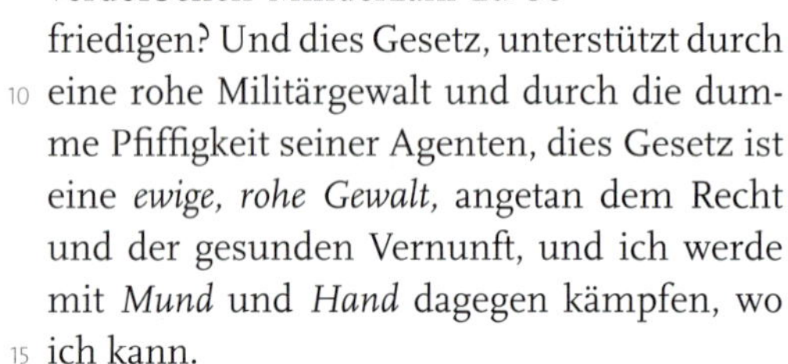

Gießen, im Februar 1834

Ich verachte niemanden, am wenigsten wegen seines Verstandes oder seiner Bildung, weil es in niemands Gewalt liegt, kein Dummkopf oder kein Verbrecher zu werden – weil wir durch gleiche Umstände wohl alle gleich würden und weil die Umstände außer uns liegen. Der Verstand nun gar ist nur eine sehr geringe Seite unsers geistigen Wesens und die Bildung nur eine sehr zufällige Form desselben. Wer mir eine solche Verachtung vorwirft, behauptet, dass ich einen Menschen mit Füßen träte, weil er einen schlechten Rock anhätte. Man nennt mich einen Spötter. Es ist wahr, ich lache oft; aber ich lache nicht darüber, wie jemand ein Mensch, sondern nur darüber, dass er ein Mensch ist; wofür er ohnehin nichts kann, und lache dabei über mich selbst, der ich sein Schicksal teile. Die Leute nennen das Spott, sie vertragen es nicht, dass man sich als Narr produziert und sie duzt; sie sind Verächter, Spötter und Hochmütige, weil sie die Narrheit nur außer sich suchen. Ich habe freilich noch eine Art von Spott, es ist aber nicht der der Verachtung, sondern der des Hasses. Der Hass ist so gut erlaubt als die Liebe, und ich hege ihn im vollsten Maße gegen die, welche verachten. Es ist deren eine große Zahl, die, im Besitz einer lächerlichen Äußerlichkeit, die man Bildung, oder eines toten Krams, den man Gelehrsamkeit heißt, die große Masse ihrer Brüder ihrem verachtenden Egoismus opfern.

Straßburg, 1.1.1836

Ich komme vom Christkindelsmarkt: überall Haufen zerlumpter, frierender Kinder, die mit aufgerissenen Augen und traurigen Gesichtern vor den Herrlichkeiten aus Wasser und Mehl, Dreck und Goldpapier standen. Der Gedanke, dass für die meisten Menschen auch die armseligsten Genüsse und Freuden unerreichbare Kostbarkeiten sind, machte mich sehr bitter.

---

1 Erschließen Sie anhand der drei Briefauszüge, welches gesellschaftlich relevante Menschenbild Büchner Anfang des 19. Jahrhunderts zeichnet:

a Welche Aussagen macht Büchner über die Menschen, wie sie sind und wie sie sein sollten? Ziehen Sie zur Erläuterung die zentralen Begriffe des Briefs aus dem Jahr 1834 heran.

b Welche Vorschläge würde Büchner wohl zur Verwirklichung von mehr Menschlichkeit machen?

c Setzen Sie Büchners Ansatz in Beziehung mit der in der Weimarer Klassik (→ S. 159 ff.) geprägten Vorstellung von Humanität.

Die Hauptfigur Woyzeck in Büchners gleichnamigem Dramenfragment ist ein einfacher Soldat, der als Laufbursche für seinen Hauptmann arbeitet. Woyzeck wird ausgenutzt und gedemütigt; als seine Geliebte Marie ihn betrügt, weiß er in seiner Verzweiflung keinen anderen Weg, als sie zu töten. Büchner greift in seinem Drama den Fall des aus dem Militärdienst entlassenen arbeitslosen Soldaten Johann Christian Woyzeck auf, der 1821 in Leipzig in einem Zustand psychischer Erkrankung seine Geliebte erstochen hatte.

Georg Büchner: **Woyzeck. Szene „Der Hauptmann. Woyzeck"** (1836) Auszug

HAUPTMANN. Woyzeck, Er sieht immer so verhetzt aus! Ein guter Mensch tut das nicht, ein guter Mensch, der sein gutes Gewissen hat. – Red Er doch was, Woyzeck! Was ist heut für Wetter?

WOYZECK. Schlimm, Herr Hauptmann, schlimm; Wind!

HAUPTMANN. Ich spür's schon. 's ist so was Geschwindes draußen: So ein Wind macht mir den Effekt wie eine Maus. *Pfiffig:* Ich glaub', wir haben so was aus Süd-Nord?

WOYZECK. Ja wohl, Herr Hauptmann.

HAUPTMANN. Ha! Ha! Ha! Süd-Nord! Ha! Ha! Ha! Oh, Er ist dumm, ganz abscheulich dumm! *Gerührt:* Woyzeck, Er ist ein guter Mensch – aber *mit Würde:* Woyzeck, Er hat keine Moral! Moral, das ist, wenn man moralisch ist, versteht Er. Es ist ein gutes Wort. Er hat ein Kind ohne den Segen der Kirche, wie unser hochehrwürdiger Herr Garnisonsprediger sagt, ohne den Segen der Kirche, es ist nicht von mir.

WOYZECK. Herr Hauptmann, der liebe Gott wird den armen Wurm nicht drum ansehen, ob das Amen drüber gesagt ist, eh' er gemacht wurde. Der Herr sprach: Lasset die Kindlein zu mir kommen.

HAUPTMANN. Was sagt er da? Was ist das für 'ne kuriose Antwort? Er macht mich ganz konfus mit seiner Antwort. Wenn ich sag: Er, so mein ich Ihn, Ihn.

Der Hauptmann und Woyzeck. Bühnenzeichnung. Bayerische Staatsoper, 1982

WOYZECK. Wir arme Leut – Sehn Sie, Herr Hauptmann, Geld, Geld! Wer kein Geld hat. Da setz einmal einer seinesgleichen auf die Moral in der Welt! Man hat auch sein Fleisch und Blut. Unsereins ist doch einmal unselig in der und der andern Welt. Ich glaub', wenn wir in Himmel kämen, so müssten wir donnern helfen.

HAUPTMANN. Woyzeck, Er hat keine Tugend! Er ist kein tugendhafter Mensch! Fleisch und Blut? Wenn ich am Fenster lieg, wenn's geregnet hat, und den weißen Strümpfen nachsehe, wie sie über die Gassen springen, – verdammt, Woyzeck, – da kommt mir die Liebe! Ich hab auch Fleisch und Blut. Aber Woyzeck, die Tugend! Die Tugend! Wie sollte ich dann die Zeit herumbringen? Ich sag' mir immer: Du bist ein tugendhafter Mensch, *gerührt* ein guter Mensch, ein guter Mensch.

---

1. Stellen Sie sich vor, dass Büchner selbst Woyzeck in diesem Dialog zur Seite steht und auf die Äußerungen des Hauptmanns und auf dessen Gesprächsverhalten reagiert. Verfassen Sie einige Entgegnungen Büchners.
2. Charakterisieren Sie zusammenfassend das Gesprächsverhalten des Hauptmanns und Woyzecks.
3. Erproben Sie eine szenische Lesung des Dramenauszugs.

Georg Büchner: **Woyzeck. Szene „Woyzeck. Der Doktor"** (1836)

Woyzeck. Der Doktor.

DOKTOR. Was erleb' ich, Woyzeck? Ein Mann von Wort!

WOYZECK. Was denn, Herr Doktor?

DOKTOR. Ich hab's gesehn, Woyzeck; Er hat auf die Straß gepisst, wie ein Hund. Und doch drei Groschen täglich und die Kost! Woyzeck, das ist schlecht; die Welt wird schlecht, sehr schlecht!

WOYZECK. Aber, Herr Doktor, wenn einem die Natur kommt.

DOKTOR. Die Natur kommt, die Natur kommt! Die Natur! Hab' ich nicht nachgewiesen, dass der Musculus constrictor vesicae dem Willen unterworfen ist? Die Natur! Woyzeck, der Mensch ist frei, in dem Menschen verklärt sich die Individualität zur Freiheit. – Den Harn nicht halten können! *Schüttelt den Kopf, legt die Hände auf den Rücken und geht auf und ab.* Hat Er schon seine Erbsen gegessen, Woyzeck? Nichts als Erbsen[1], cruciferae, merk Er sich's! Es gibt eine Revolution in der Wissenschaft, ich sprenge sie in die Luft. Harnstoff 0,10, salzsaure Ammonium, Hyperoxydul – Woyzeck, muss Er nicht wieder pissen? Geh Er einmal hinein und probier Er's!

WOYZECK. Ich kann nit, Herr Doktor.

DOKTOR *mit Affekt.* Aber an die Wand pissen! Ich hab's schriftlich, den Akkord in der Hand! – Ich hab's gesehen, mit diesen Augen gesehen; ich steckt' grade die Nase zum Fenster hinaus und ließ die Sonnenstrahlen hineinfallen, um das Niesen zu beobachten. *Tritt auf ihn los:* Nein, Woyzeck, ich ärgre mich nicht; Ärger ist ungesund, ist unwissenschaftlich. Ich bin ruhig, ganz ruhig; mein Puls hat seine gewöhnlichen sechzig, und ich sag's Ihm mit der größten Kaltblütigkeit. Behüte, wer wird sich über einen Menschen ärgern, ein' Mensch! Wenn es noch ein Proteus[2] wäre, der einem krepiert! Aber, Woyzeck, Er hätte nicht an die Wand pissen sollen –

WOYZECK. Sehn Sie, Herr Doktor, manchmal hat einer so 'en Charakter, so 'ne Struktur. – Aber mit der Natur ist's was anders, sehn Sie; mit der Natur *er kracht mit den Fingern* das is so was, wie soll ich sagen, zum Beispiel ...

DOKTOR. Woyzeck, Er philosophiert wieder.

WOYZECK *vertraulich.* Herr Doktor, haben Sie schon was von der doppelten Natur gesehn? Wenn die Sonn in Mittag steht und es ist, als ging' die Welt in Feuer auf, hat schon eine fürchterliche Stimme zu mir geredt!

DOKTOR. Woyzeck, Er hat eine Aberratio[3].

WOYZECK *legt den Finger auf die Nase.* Die Schwämme, Herr Doktor, da, da steckt's. Haben Sie schon gesehn, in was für Figuren die Schwämme auf dem Boden wachsen? Wer das lesen könnt!

DOKTOR. Woyzeck, Er hat die schönste Aberratio mentalis partialis[4], die zweite Spezies, sehr schön ausgeprägt, Woyzeck, Er kriegt Zulage! Zweite Spezies: fixe Idee mit allgemein vernünftigem Zustand. – Er tut noch alles wie sonst? Rasiert seinen Hauptmann?

WOYZECK. Ja wohl.

DOKTOR. Isst seine Erbsen?

WOYZECK. Immer ordentlich, Herr Doktor. Das Geld für die Menage kriegt meine Frau.

DOKTOR. Tut seinen Dienst?

WOYZECK. Ja wohl.

DOKTOR. Er ist ein interessanter Kasus. Subjekt Woyzeck, Er kriegt Zulage, halt Er sich brav. Zeig Er seinen Puls. Ja.

1 Zu Büchners Zeit gab es recht häufig ernährungsphysiologische Menschenversuche, die z. B. klären sollten, wann ein Mensch bei zu einseitiger Ernährung krank wird und welche billigere Ersatznahrung es für Fleisch gibt. Dies war vor allem für die Verpflegung von Armeen von Interesse.

2 **Proteus:** hier: Lurch (als Versuchstier)

3 **Aberratio:** hier: Wahnvorstellung

4 **Aberratio mentalis partialis:** partielle Geistesgestörtheit

1 Arbeiten Sie heraus, welche Ziele der Arzt und Woyzeck in dem Gespräch verfolgen.

2 a Zeigen Sie auf, inwiefern in diesem Dialog eine Verständigung zu Stande kommt bzw. nicht zu Stande kommt und worin die Ursachen hierfür liegen.

b Charakterisieren Sie das Verhältnis zwischen dem Arzt und Woyzeck.

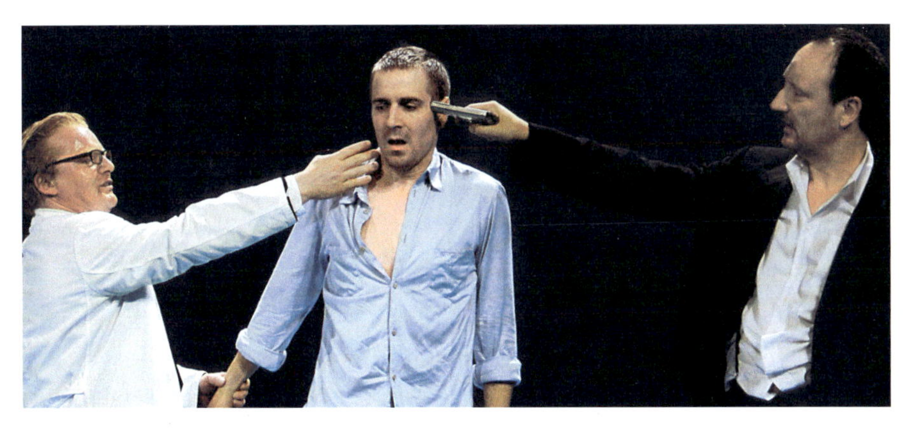

Arzt, Woyzeck und Hauptmann. Bayerisches Staatsschauspiel München, 2007

3 **a** Diskutieren Sie, inwiefern das Szenenfoto die Figurenkonstellation Arzt – Woyzeck – Hauptmann angemessen zum Ausdruck bringt.
b Erstellen Sie eigene Standbilder (→ S. 358) zu den Szenen „Der Hauptmann. Woyzeck" und „Woyzeck. Der Doktor".

4 Weiterführend: Wenn Sie das Drama „Woyzeck" als Ganzschrift gelesen haben, wissen Sie, dass die Szenenfolge variabel ist. Vielleicht haben Sie in Ihrer Lerngruppe auch Ausgaben mit unterschiedlicher Textgestalt.
Erarbeiten Sie eine Übersicht, aus welchen Szenen das Drama besteht, und stellen Sie anschließend in Gruppenarbeit mögliche Szenenfolgen zusammen. Diskutieren Sie Ihre Lösungen mit den anderen Gruppen und achten Sie darauf, ob unterschiedliche Schwerpunkte gesetzt werden bzw. welche Wirkung mit der gewählten Szenenfolge bei einer Inszenierung des Stücks erreicht würde.

Die Großmutter versammelt Maries Tochter und einige Kinder um sich und erzählt ihnen ein Märchen.

Georg Büchner: **Woyzeck. Märchen der Großmutter°** (1836)

GROSSMUTTER. Kommt, ihr kleinen Krabben! – Es war einmal ein arm Kind und hatt' kein Vater und keine Mutter, war alles tot, und war niemand mehr auf der Welt. Alles tot, und es
5 is hingangen und hat gesucht Tag und Nacht. Und weil auf der Erde niemand mehr war, wollt's in Himmel gehen, und der Mond guckt es so freundlich an; und wie es endlich zum Mond kam, war's ein Stück faul Holz. Und da
10 is es zur Sonn gangen, und wie es zur Sonn kam, war's ein verwelkt Sonneblum. Und wie's zu den Sternen kam, waren's kleine goldne Mücken, die waren angesteckt, wie der Neuntöter[1] sie auf die Schlehen steckt. Und wie's
15 wieder auf die Erde wollt, war die Erde ein umgestürzter Hafen[2]. Und es war ganz allein. Und da hat sich's hingesetzt und geweint, und da sitzt es noch und is ganz allein.

1 **Neuntöter:** Vogel, der erbeutete Insekten und Mäuse auf Schlehendornen aufspießt
2 **Hafen:** regionaler Ausdruck für Topf, Nachttopf

---

1 Lesen Sie in Grimms Kinder- und Hausmärchen „Die Sterntaler". Stellen Sie Unterschiede zwischen Büchners Märchen und dem grimmschen tabellarisch gegenüber.

2 Erschließen Sie, mit welcher Intention Büchner das Märchen verändert.

3 Weiterführend: Schreiben Sie für eine Literaturzeitschrift, die dem Literaturverständnis der Romantik verpflichtet ist, eine Besprechung von Büchners Märchen.

„Der Hessische Landbote“

Büchners Flugschrift „Der Hessische Landbote“ wurde 1834 auf einer Geheimpresse gedruckt und in etwa 10.000 Exemplaren verbreitet. Der Pastor Friedrich Ludwig Weidig hat Büchners Text vor dem Druck bearbeitet. Die kursiv gedruckten Passagen sind Ergänzungen Weidigs.

Georg Büchner: **Der Hessische Landbote** (1834)

Erste Botschaft

Darmstadt, im Juli 1834

Vorbericht

Dieses Blatt soll dem hessischen Lande die Wahrheit melden, aber wer die Wahrheit sagt, wird gehenkt, ja sogar der, welcher die Wahrheit liest, wird durch meineidige Richter vielleicht gestraft. Darum haben die, welchen dies Blatt zukommt, Folgendes zu beobachten:

1. Sie müssen das Blatt sorgfältig außerhalb ihres Hauses vor der Polizei verwahren;
2. sie dürfen es nur an treue Freunde mitteilen;
3. denen, welchen sie nicht trauen wie sich selbst, dürfen sie es nur heimlich hinlegen;
4. würde das Blatt dennoch bei einem gefunden, der es gelesen hat, so muss er gestehen, dass er es eben dem Kreisrat habe bringen wollen;
5. wer das Blatt nicht gelesen hat, wenn man es bei ihm findet, der ist natürlich ohne Schuld.

Friede den Hütten! Krieg den Palästen!

Im Jahr 1834 sieht es aus, als würde die Bibel Lügen gestraft. Es sieht aus, als hätte Gott die Bauern und Handwerker am fünften Tage und die Fürsten und Vornehmen am sechsten gemacht, und als hätte der Herr zu diesen gesagt: „Herrschet über alles Getier, das auf Erden kriecht“, und hätte die Bauern und Bürger zum Gewürm gezählt. Das Leben der *Vornehmen* ist ein langer Sonntag: Sie wohnen in schönen Häusern, sie tragen zierliche Kleider, sie haben feiste Gesichter und reden eine eigne Sprache; das Volk aber liegt vor ihnen wie Dünger auf dem Acker. Der Bauer geht hinter dem Pflug, der Vornehme aber geht hinter ihm und dem Pflug und treibt ihn mit den Ochsen am Pflug, er nimmt das Korn und lässt ihm die Stoppeln. Das Leben des Bauern ist ein langer Werktag; Fremde verzehren seine Äcker vor seinen Augen, sein Leib ist eine Schwiele, sein Schweiß ist das Salz auf dem Tische des *Vornehmen.*

Im Großherzogtum Hessen sind 718.373 Einwohner, die geben an den Staat jährlich an 6.363.436 Gulden, als

1.	Direkte Steuern	2.128.131 Fl.[1]
2.	Indirekte Steuern	2.478.264 Fl.
3.	Domänen	1.547.394 Fl.
4.	Regalien	46.938 Fl.
5.	Geldstrafen	98.511 Fl.
6.	Verschiedene Quellen	64.198 Fl.
		6.363.436 Fl.

Dies Geld ist der Blutzehnte, der von dem Leib des Volkes genommen wird. An 700.000 Menschen schwitzen, stöhnen und hungern dafür. Im Namen des Staates wird es erpresst, die Presser berufen sich auf die Regierung, und die Regierung sagt, das sei nötig, die Ordnung im Staat zu erhalten. Was ist denn nun das für ein gewaltiges Ding: der Staat? Wohnt eine Anzahl Menschen in einem Land und es sind Verordnungen oder Gesetze vorhanden, nach denen jeder sich richten muss, so sagt man, sie bilden einen Staat. Der Staat also sind a l l e; die Ordner im Staat sind die Gesetze, durch welche das Wohl a l l e r gesichert wird und die aus dem Wohl a l l e r hervorgehen sollen. – Seht nun, was man in dem Großherzogtum aus dem Staat gemacht hat; seht, was es heißt: die Ordnung im Staate erhalten! 700.000 Menschen bezah-

1 **Fl.**: Abkürzung für Gulden (franz.: Florin)

len dafür 6 Millionen, d.h., sie werden zu Ackergäulen und Pflugstieren gemacht, damit sie in Ordnung leben. In Ordnung leben heißt hungern und geschunden werden.
Wer sind denn die, welche diese Ordnung gemacht haben und die wachen, diese Ordnung zu erhalten? Das ist die Großherzogliche Regierung. Die Regierung wird gebildet von dem Großherzog und seinen obersten Beamten. Die anderen Beamten sind Männer, die von der Regierung berufen werden, um jene Ordnung in Kraft zu erhalten. Ihre Anzahl ist Legion: Staatsräte und Regierungsräte, Landräte und Kreisräte, geistliche Räte und Schulräte, Finanzräte und Forsträte usw. mit allem ihrem Heer von Sekretären usw. Das Volk ist ihre Herde, sie sind seine Hirten, Melker und Schinder; sie haben die Häute der Bauern an, der Raub der Armen ist in ihrem Hause; die Tränen der Witwen und Waisen sind das Schmalz auf ihren Gesichtern; sie herrschen frei und ermahnen das Volk zur Knechtschaft. Ihnen gebt ihr 6.000.000 Fl. Abgaben; sie haben dafür die Mühe, euch zu regieren; d.h. sich von euch füttern zu lassen und euch eure Menschen- und Bürgerrechte zu rauben. […]
Das alles duldet ihr, weil euch Schurken sagen: diese Regierung sei von Gott. Diese Regierung ist nicht von Gott, sondern vom Vater der Lügen. Diese deutschen Fürsten sind keine rechtmäßige Obrigkeit, den deutschen Kaiser, der vormals vom Volke frei gewählt wurde, haben sie seit Jahrhunderten verachtet und endlich gar verraten. Aus Verrat und Meineid, und nicht aus der Wahl des Volkes, ist die Gewalt der deutschen Fürsten hervorgegangen, und darum ist ihr Wesen und Tun von Gott verflucht! Ihre Weisheit ist Trug, ihre Gerechtigkeit ist Schinderei. Sie zertreten das Land und zerschlagen die Person des Elenden. Ihr lästert Gott, wenn ihr einen dieser Fürsten einen Gesalbten des Herrn nennt, d.h., Gott habe die Teufel gesalbt und zu Fürsten über die deutsche Erde gesetzt. Deutschland, unser liebes Vaterland, haben diese Fürsten zerrissen, den Kaiser, den unsere freien Voreltern wählten, haben diese Fürsten verraten, und nun fordern diese Verräter und Menschenquäler Treue von euch! – Doch das Reich der Finsternis neiget sich zum Ende. Über ein Kleines, und Deutschland, das jetzt die Fürsten schinden, wird als ein Freistaat mit einer vom Volk gewählten Obrigkeit wiederauferstehn.

1. Untersuchen Sie, wer die Adressaten des Flugblatts „Hessischer Landbote“ sind, wie sie angesprochen werden und welche sozialen und politischen Ziele die Verfasser verfolgen.
2. Beschreiben Sie die Argumentationsstrategie und die wirkungsvollsten rhetorischen Mittel (→ S. 330 ff.) in Büchners Text.
3. Informieren Sie sich über Büchners Biografie und insbesondere über die Folgen der Flugschrift für die beiden Verfasser.

2493. Steckbrief.
Der hierunter signalisirte Georg Büchner, Student der Medizin aus Darmstadt, hat sich der gerichtlichen Untersuchun· seiner indicirten Theilnahme an staatsverrätherischen Handlungen durch die Entfernung aus dem Vaterlande entzogen. Man ersucht deßhalb die öffentlichen Behörden des In- und Auslandes, denselben im Betretungsfalle festnehmen und wohlverwahrt an die unterzeichnete Stelle abliefern zu lassen.
Darmstadt, den 13. Juni 1835.
Der von Großh. Hess. Hofgericht der Provinz Oberhessen bestellte Untersuchungs-Richter, Hofgerichtsrath
Georgi.

Personal-Beschreibung.
Alter: 21 Jahre,
Größe: 6 Schuh, 9 Zoll neuen Hessischen Maases,
Haare: blond,
Stirne: sehr gewölbt,
Augenbraunen: blond,
Augen: grau,
Nase: stark,
Mund: klein,
Bart: blond,
Kinn: rund,
Angesicht: oval,
Gesichtsfarbe: frisch,
Statur: kräftig, schlank,
Besondere Kennzeichen: Kurzsichtigkeit.

Steckbrief zur Fahndung nach Georg Büchner, 1835

4.3 Kunstauffassungen: „Ästhetische Feldzüge“ und „das sanfte Gesetz“

„Junges Deutschland“ – Aufgaben einer neuen Literatur

Heinrich Heine: **Die romantische Schule** (1833) Auszug

Der politische Zustand Deutschlands war der christlich-altdeutschen Richtung noch besonders günstig. Not lehrt beten, sagt das Sprüchwort, und wahrlich, nie war die Not in 5 Deutschland größer und daher das Volk dem Beten, der Religion, dem Christentum zugänglicher als damals. [...] Und in der Tat, gegen den Napoleon konnte auch gar kein anderer helfen als der liebe Gott selbst. Auf die 10 weltlichen Heerscharen war nicht mehr zu rechnen, und man musste vertrauungsvoll den Blick nach dem Himmel wenden.

Wir hätten auch den Napoleon ganz ruhig ertragen. Aber unsere Fürsten, während sie 15 hofften, durch Gott von ihm befreit zu werden, gaben sie auch zugleich dem Gedanken Raum, dass die zusammengefassten Kräfte ihrer Völker dabei sehr mitwirksam sein möchten: Man suchte in dieser Absicht den 20 Gemeinsinn unter den Deutschen zu wecken, und sogar die allerhöchsten Personen sprachen jetzt von deutscher Volkstümlichkeit, vom gemeinsamen deutschen Vaterlande, von der Vereinigung der christlich 25 germanischen Stämme, von der Einheit Deutschlands. Man befahl uns den Patriotismus und wir wurden Patrioten; denn wir tun alles, was uns unsere Fürsten befehlen. [...]

Was sich bald darauf in Deutschland ereignete, ist euch allzuwohl bekannt. 30 Als Gott, der Schnee und die Kosaken die besten Kräfte des Napoleon zerstört hatten, erhielten wir Deutsche den allerhöchsten Befehl, uns vom fremden Joche zu befreien, [...] und wir erkämpften die Freiheit; 35 denn wir tun alles, was uns von unseren Fürsten befohlen wird.

In der Periode, wo dieser Kampf vorbereitet wurde, musste eine Schule, die [...] alles deutsch Volkstümliche in Kunst und Leben hervorrühmte, ihr trefflichstes Gedeihen fin- 40 den. Die romantische Schule ging damals Hand in Hand mit dem Streben der Regierungen [...]. Die Schule schwamm mit dem Strom der Zeit, nämlich mit dem Strom, der nach seiner Quelle zurückströmte. 45 Als endlich der deutsche Patriotismus und die deutsche Nationalität vollständig siegte, triumphierte auch definitiv die volkstümlich germanisch christlich romantische Schule, die „neudeutsch-religiös-patriotische Kunst“. 50

1 Arbeiten Sie Heines Einschätzungen zu folgenden Aspekten heraus:
- die deutsche Mentalität am Anfang des 19. Jahrhunderts
- die Rolle des deutschen Nationalismus in diesem Zeitraum
- die Rolle der Romantik für die politische Entwicklung Deutschlands

2 Bestimmen Sie die rhetorische Strategie (→ S. 65) des Textes und arbeiten Sie den Zusammenhang zwischen sprachlicher Gestaltung und Wirkungsabsicht heraus.

Durch revolutionäre Unternehmungen sollte die Macht der Fürsten gebrochen und ein demokratisches Deutschland aufgebaut werden. Was bedeutete dies aber für die Literatur? Woran konnte sie sich orientieren? Wie sollte sie dieses Ziel unterstützen? Welche Konsequenzen hatte die neue Zeit für die literarische Arbeit? Mit diesen und ähnlichen Fragen beschäftigten sich sowohl literaturtheoretische als auch literarische Texte der Zeit.

Ludolf Wienbarg: **Ästhetische Feldzüge** (1834) Auszug

Dir, junges Deutschland, widme ich diese Reden, flüchtige Ergüsse wechselnder Aufregung, aber alle aus der Sehnsucht des Gemüts nach einem besseren und schöneren Volksleben entsprungen. [...] Jene früheren Großen unserer Literatur lebten in einer von der Welt abgeschiedenen Sphäre, weich und warm gebettet in einer verzauberten idealen Welt, und sterblichen Göttern ähnlich auf die Leiden und Freuden der wirklichen Welt hinabschauend und sich vom Opferduft der Gefühle und Wünsche des Publikums ernährend. Die neuern Schriftsteller sind von dieser sichern Höhe herabgestiegen, sie machen einen Teil des Publikums aus, sie stoßen sich mit der Menge herum, sie ereifern sich, freuen sich, lieben und zürnen wie jeder andere, sie schwimmen mitten im Strom der Welt [...]. Die Schriftstellerei ist kein Spiel schöner Geister, kein unschuldiges Ergötzen, keine leichte Beschäftigung der Fantasie mehr, sondern der Geist der Zeit, der unsichtbar über allen Köpfen waltet, ergreift des Schriftstellers Hand und schreibt im Buch des Lebens mit dem ehernen Griffel der Geschichte, die Dichter und ästhetischen Prosaisten stehen nicht mehr wie vormals allein im Dienst der Musen, sondern auch im Dienst des Vaterlandes, und allen mächtigen Zeitbestrebungen sind sie Verbündete.

Georg Herwegh: **Die neue Literatur** (1845) Auszug

Ich schreibe nicht für bevorzugte Geschlechter, ich schreibe nicht für Gelehrte, ich schreibe einzig und allein für mein Volk, für mein deutsches Volk! [...]
Nicht Verachtung, wie so viele getan, Liebe will ich predigen dem deutschen Volke für seine Literatur, für seine Poesie, für seine auserwählten, berufenen Geister. Aber Liebe nicht nur für den toten marmornen Ruhm, Liebe nicht bloß für Schiller und Goethe, für Herder und Lessing, für Tieck und Novalis, Liebe nicht bloß für das künstlerische Erbe der Vergangenheit, nein, Liebe, warme, brünstige Liebe auch für die Samenkörner der Zukunft, für die poetischen Sprösslinge, die so herrlich gedeihen vor unsern Augen. Ich möchte die Liebe der Nation erwecken für ihre aufblühende, für ihre *junge Literatur.* [...] Die junge Literatur besaß den Mut, keck die Fragen des Jahrhunderts herauszugreifen aus dem Zetteltopfe der Zeit und sie poetisch zu gestalten. Man hat ihr daraus ein Verbrechen, ein großes Verbrechen gemacht. Was in der Wirklichkeit vor ihr liegt, sollte sie denn das nicht dichterisch behandeln dürfen? [...] Es ist aber nicht genug, dass dieselbe nicht zurückgedrängt werde, man soll die Geburten des modernen Geistes nach Kräften erleichtern, damit wir baldmöglichst unsere Bedürfnisse erkennen und über uns ins Klare kommen! Das deutsche Volk wird, hoffe ich, so billig sein und der jungen Literatur trotz allen fanatischen Einflüsterungen endlich einmal ihr Recht angedeihen lassen. Die *junge Literatur* unterscheidet sich ganz wesentlich von jeder früheren, und die Nation ist ihr zu besonderem Danke verpflichtet. Die junge Literatur ist nämlich durch und durch von ihrem Ursprunge an *demokratisch,* was sich zum Teil bis in die kleinsten Nuancen derselben hinaus nachweisen lässt. Sie braucht zu ihren Tragödien und Novellen nicht mehr jenen fürstlichen Apparat, der selbst Shakespeare zu großartigen Effekten noch zulässlich dünkte. Für sie ist in jedem Zimmer ein Roman, für sie rauscht in jedem Herzen die Melodie des Schicksals. Während der Dichter in früheren Zeiten sich zurückzog aus dem Gewühle der Welt, stürzt die junge Literatur sich mitten in den Strom des Lebens und schöpft aus ihm die meisten Wellen. Der Dichter vereinsamt sich nicht mehr, er sagt sich von keiner gesellschaftlichen Beziehung mehr los, kein Interesse des Volkes und der Menschheit bleibt seinem Herzen fremd.

1 a Mit der Widmung „Dir, junges Deutschland ...", die er der gesammelten Ausgabe seiner Reden voranstellte, prägte Wienbarg maßgeblich den Begriff „Junges Deutschland". Formulieren Sie seine Charakterisierungen der „alten" und der „neuen" Dichtung in eigenen Worten und stellen Sie diese in einer Tabelle oder in einem Cluster (→ S. 348) einander gegenüber.
b Ergänzen Sie Ihre Aufzeichnungen zu Aufgabe a mit Herweghs Forderungen an die „junge Literatur".
2 Identifizieren und interpretieren Sie Wienbargs Anspielungen auf Goethes Gedicht „Prometheus".
3 Überprüfen Sie anhand einiger ausgewählter literarischer Texte in Kapitel D 4, inwiefern diese in inhaltlicher und sprachlicher Hinsicht Wienbargs und Herweghs Forderungen umsetzen.

Politische Lyrik

Das folgende Gedicht stammt aus Georg Herweghs Lyrikband „Gedichte eines Lebendigen", der im Schweizer Exil erschien. Das Buch wurde nach Deutschland geschmuggelt und erlangte große Popularität.

Georg Herwegh (1817–1875)

Georg Herwegh: **Das freie Wort** (1841)

Sie sollen alle singen
Nach ihres Herzens Lust;
Doch mir soll fürder klingen
Ein Lied nur aus der Brust:
5 Ein Lied, um dich zu preisen,
Du Nibelungenhort,
Du Brot und Stein der Weisen,
Du freies Wort!

Habt ihr es nicht gelesen:
10 Das Wort war vor dem Rhein?
Im Anfang ist's gewesen
Und soll drum ewig sein.
Und eh ihr einen Schläger
Erhebt zum Völkermord,
15 Sucht unsern Bannerträger,
Das freie Wort!

Ihr habet zugeschworen
So treu dem Vaterland,
Doch ihr seid all verloren
20 Und haltet nimmer stand,
Solang in West und Osten,
Solang in Süd und Nord
Das beste Schwert muss rosten,
Das freie Wort!

25 Ach! es will finster werden,
Wohl finster überall,
Doch ist die Nacht auf Erden
Ja für die Nachtigall.
Heraus denn aus der Wolke,
30 Die, Sänger, euch umflort;
Erst predigt eurem Volke
Das freie Wort!

Lasst eure Adler fliegen,
Ihr Fürsten, in die Welt
35 Und sie nicht müßig liegen
Auf eurem Wappenfeld!
O jagt einmal die Raben
Aus unsern Landen fort,
Und sprecht: Ihr sollt es haben;
40 Das freie Wort!

1 An wen richtet sich das Gedicht? Begründen Sie Ihre Vermutungen.
2 Formulieren Sie den Appell der einzelnen Strophen.
3 Weiterführend: Informieren Sie Ihren Kurs in einem Kurzvortrag (→ S. 13) über die Biografie Georg Herweghs.

Heinrich Heine: **Zur Beruhigung** (1844)

Wir schlafen, ganz wie Brutus schlief –
Doch jener erwachte und bohrte tief
In Cäsars Brust das kalte Messer;
Die Römer waren Tyrannenfresser.

5 Wir sind keine Römer, wir rauchen Tabak.
Ein jedes Volk hat seinen Geschmack,
Ein jedes Volk hat seine Größe;
In Schwaben kocht man die besten Klöße.

Wir sind Germanen, gemütlich und brav,
10 Wir schlafen gesunden Pflanzenschlaf,
Und wenn wir erwachen, pflegt uns zu dürsten,
Doch nicht nach dem Blute unserer Fürsten.

Wir sind so treu wie Eichenholz,
Auch Lindenholz, drauf sind wir stolz;
15 Im Land der Eichen und der Linden
Wird niemals sich ein Brutus finden.

Und wenn auch ein Brutus unter uns wär,
Den Cäsar fänd er nimmermehr,
Vergeblich würd er den Cäsar suchen;
20 Wir haben gute Pfefferkuchen.

Wir haben sechsunddreißig Herrn
(Ist nicht zu viel!), und einen Stern
Trägt jeder schützend auf seinem Herzen,
Und er braucht nicht zu fürchten die Iden
des Märzen[1].

25 Wir nennen sie Väter, und Vaterland
Benennen wir dasjenige Land,
Das erbeigentümlich gehört den Fürsten;
Wir lieben auch Sauerkraut mit Würsten.

Wenn unser Vater spazieren geht,
30 Ziehn wir den Hut mit Pietät;
Deutschland, die fromme Kinderstube,
Ist keine römische Mördergrube.

Lieder ohne Worte.

Michel in der Monarchie. *

Michel in der Monarchie. Karikatur, 1848

1 **Iden des März:** 15. Tag des römischen Monats Martius, Tag der Ermordung Cäsars

1 Erläutern Sie die kommunikative Funktion des Titels „Zur Beruhigung“.
2 Beschreiben Sie, wie sprachliche und formale Mittel die Intention des Gedichts stützen.
3 **a** Vergleichen Sie die Gedichte von Herwegh und Heine im Hinblick auf ihre Aussageabsicht und ihre sprachlich-stilistische Gestaltung.
b Weiterführend: „Herwegh, du eiserne Lerche“, so beginnt Heinrich Heine sein Gedicht „An Georg Herwegh“. Informieren Sie sich über die mit dieser Bezeichnung verbundene Einschätzung.
4 **a** Recherchieren Sie im Internet weitere Karikaturen, die das „germanische Wesen“ in der ersten Hälfte des 19. Jahrhunderts charakterisieren. Stellen Sie die „deutschen Eigenschaften“ thesenartig zusammen. Überprüfen Sie diese auf ihre Gültigkeit am Anfang des 21. Jahrhunderts.
b Entwerfen Sie einen Text, der in ironischer Verfremdung das „deutsche Wesen“ der Gegenwart karikiert.

Bewahren in bewegten Zeiten

Das „Junge Deutschland" empfindet sich in einem Gegensatz zu ästhetischen Konzepten der Klassik und Romantik; die Schriftsteller des Vormärz erhoffen ungeduldig politische Umwälzungen und demokratische Reformen. An einer historischen Schwelle zu stehen, ermöglicht aber nicht nur die Perspektive auf das erwartete Neue, sondern auch den Blick auf die Kontinuität des bisher Gültigen. Tatsächlich artikuliert die Literatur in der Mitte des 19. Jahrhunderts nicht nur die Hoffnung auf künftige Veränderungen, sondern auch ein Gefühl, alte Werte zu verlieren. Anders als die bereits zu Wort gekommenen Autoren formuliert z. B. Franz Grillparzer die Sehnsucht nach traditionellen Formen des gesellschaftlichen und literarischen Lebens.

Franz Grillparzer: **Der Reichstag** (1849) Auszug

Wohlan! Werft um, reißt ein! Macht euch nur laut!
Verkennt der Gottheit stillgeschäft'gen Finger,
Und all, woran Jahrhunderte gebaut,
Erklärt es als der Willkür Sklavenzwinger.

5 Das schönste Werk der Weisheit und der Kraft,
Dass sie die Roheit, schwer genug, gebändigt,
Hebts auf! Entlasst den Pöbel seiner Haft,
Erklärt der Bildung Werk als schon beendigt.
[...]

10 Macht alles gleich! Hüllt in dasselbe Kleid
Der Menschheit urerschaffne nackte Blöße,
Bis alles ärmlich wie ihr selber seid
Und euer Maß die vorbestimmte Größe.
[...]

Franz Grillparzer (1791–1872)

Franz Grillparzer: **Fortschritt** (1846)

Nur weiter geht ihr tolles Treiben,
Von vorwärts! vorwärts! erschallt das Land:
Ich möchte, wärs möglich, stehen bleiben,
Wo Schiller und Goethe stand.

1 Versuchen Sie Grillparzers Rückgriff auf den Standpunkt Schillers und Goethes zu deuten.

Eduard Mörike: **Um Mitternacht** (1828)

Gelassen stieg die Nacht ans Land,
Lehnt träumend an der Berge Wand,
Ihr Auge sieht die goldne Waage nun
Der Zeit in gleichen Schalen stille ruhn;
5 Und kecker rauschen die Quellen hervor,
Sie singen der Mutter, der Nacht, ins Ohr
Vom Tage,
Vom heute gewesenen Tage.

Das uralt alte Schlummerlied,
10 Sie achtet's nicht, sie ist es müd';
Ihr klingt des Himmels Bläue süßer noch,
Der flücht'gen Stunden gleich geschwung'nes Joch.
Doch immer behalten die Quellen das Wort,
Es singen die Wasser im Schlafe noch fort
15 Vom Tage,
Vom heute gewesenen Tage.

1 Auch dieses bekannte Gedicht des Biedermeier thematisiert die Schwelle zwischen zwei Zeiten. Untersuchen Sie die inhaltliche, formale und sprachliche Gestaltung des Themas.
2 a Beschreiben Sie das Verhältnis von „Nacht" und „Quellen" und interpretieren Sie das poetische Bild.
b Interpretieren Sie das Bild der Waage.
3 Weiterführend: Gestalten Sie eine Collage, in der Sie das Gedicht bildlich umsetzen.

Adalbert Stifter: **Bunte Steine – Vorrede** (1853) Auszug

Es ist einmal gegen mich bemerkt worden, dass ich nur das Kleine bilde, und dass meine Menschen stets gewöhnliche Menschen seien. Wenn das wahr ist, bin ich heute in der Lage, den Lesern ein noch Kleineres und Unbedeutenderes anzubieten, nämlich allerlei Spielereien für junge Herzen. [...] Weil wir aber schon einmal von dem Großen und Kleinen reden, so will ich meine Ansichten darlegen, die wahrscheinlich von denen vieler anderer Menschen abweichen. Das Wehen der Luft, das Rieseln des Wassers, das Wachsen der Getreide, das Wogen des Meeres, das Grünen der Erde, das Glänzen des Himmels, das Schimmern der Gestirne halte ich für groß: das prächtig einherziehende Gewitter, den Blitz, welcher Häuser spaltet, den Sturm, der die Brandung treibt, den feuerspeienden Berg, das Erdbeben, welches Länder verschüttet, halte ich nicht für größer als obige Erscheinungen, ja ich halte sie für kleiner, weil sie nur Wirkungen viel höherer Gesetze sind. Sie kommen auf einzelnen Stellen vor und sind die Ergebnisse einseitiger Ursachen. [...] Nur augenfälliger sind diese Erscheinungen und reißen den Blick des Unkundigen und Unaufmerksamen mehr an sich, während der Geisteszug des Forschers vorzüglich auf das Ganze und Allgemeine geht und nur in ihm allein Großartigkeit zu erkennen vermag, weil es allein das Welterhaltende ist. [...]

So wie es in der äußeren Natur ist, so ist es auch in der inneren, in der des menschlichen Geschlechtes. Ein ganzes Leben voll Gerechtigkeit, Einfachheit, Bezwingung seiner selbst, Verstandesmäßigkeit, Wirksamkeit in seinem Kreis, Bewunderung des Schönen, verbunden mit einem heiteren gelassenen Sterben, halte ich für groß: Mächtige Bewegungen des Gemütes, furchtbar einherrollenden Zorn, die Begier nach Rache, den entzündeten Geist, der nach Tätigkeit strebt, umreißt, ändert, zerstört und in der Erregung oft das eigene Leben hinwirft, halte ich nicht für größer, sondern für kleiner, da diese Dinge so gut nur Hervorbringungen einzelner und einseitiger Kräfte sind, wie Stürme, feuerspeiende Berge, Erdbeben. Wir wollen das sanfte Gesetz zu erblicken suchen, wodurch das menschliche Geschlecht geleitet wird. [...] Es ist [...] das Gesetz der Gerechtigkeit, das Gesetz der Sitte, das Gesetz, das will, dass jeder geachtet, geehrt, ungefährdet neben dem anderen bestehe, dass er seine höhere menschliche Laufbahn gehen könne, sich Liebe und Bewunderung seiner Mitmenschen erwerbe, dass er als Kleinod gehütet werde, wie jeder Mensch ein Kleinod für alle andern Menschen ist. Dieses Gesetz liegt überall, wo Menschen neben Menschen wohnen, und es zeigt sich, wenn Menschen gegen Menschen wirken. Es liegt in der Liebe der Ehegatten zueinander, in der Liebe der Eltern zu den Kindern, der Kinder zu den Eltern, in der Liebe der Geschwister, der Freunde zueinander, in der süßen Neigung beider Geschlechter, in der Arbeitsamkeit, wodurch wir erhalten werden, in der Tätigkeit, wodurch man für seinen Kreis, für die Ferne, für die Menschheit wirkt, und endlich in der Ordnung und Gestalt, womit ganze Gesellschaften und Staaten ihr Dasein umgeben und zum Abschlusse bringen. Darum haben alte und neue Dichter vielfach diese Gegenstände benützt, um ihre Dichtungen dem Mitgefühle naher und ferner Geschlechter anheimzugeben. Darum sieht der Menschenforscher, wohin er seinen Fuß setzt, überall nur dieses Gesetz allein, weil es das einzige Allgemeine, das einzige Erhaltende und nie Endende ist.

1 Fassen Sie in eigenen Worten zusammen, was Stifter als „sanftes Gesetz" bezeichnet.
2 Vergleichen Sie Stifters Programmatik – auch stilistisch – mit der Wienbargs und Herweghs (S. 249).

4.4 Textfenster: Essayistisches Schreiben: Heinrich Heines Reisebilder

Heinrich Heine: Ein Leben auf der Flucht

Wilhelm Hensel: Heinrich Heine, 1829

Schon in den ersten 20 Lebensjahren Heinrich Heines (1797–1856) werden einige Grundtendenzen seiner Existenz deutlich:
Er ist ein Getriebener – bereits mit 17 Jahren verlässt er nach dem Abbruch der gymnasialen Ausbildung das Elternhaus in Düsseldorf, um in Frankfurt am Main bei dem Bankier Rindskopf eine kaufmännische Lehre zu beginnen. Ein Jahr später siedelt er nach Hamburg um; dort setzt er die Lehre im Bankhaus seines Onkels Salomon Heine fort, der zeit seines Lebens wichtigster Geldgeber wird. Heine versucht sich bereits als Schriftsteller – noch vor seinem 20. Geburtstag veröffentlicht er 1817 in der Zeitschrift „Hamburgs Wächter“ erste Gedichte.
Die folgenden Studienjahre verbringt Heine an ständig wechselnden Orten: Zunächst immatrikuliert er sich in Bonn (1819), dann in Göttingen (1820) und schließlich in Berlin (1821). 1824 kehrt er nach Göttingen zurück. Seine ersten Reisen führen ihn immer wieder aus der biedermeierlichen Enge Göttingens heraus in die begeisternde Landschaft des Harz. Die Wanderjahre ab 1825 (siehe Übersicht auf S. 255) resultieren aus dem neuartigen bürgerlichen Interesse an Bildungsreisen. Während der promovierte Jurist Heine zunächst noch zwischen einem bürgerlichen Beruf und der Schriftstellerei schwankt, unterstützen die ersten Erfolge der „Reisebilder“ seine literarische Tätigkeit. „Ich will viel reisen und viel sehen. Dieses befördert auch meine Poeterey“, notiert Heine 1825 – und die Schriftstellerei ist letztlich auch dafür verantwortlich, dass Heine im Mai 1831 endgültig nach Paris übersiedelt, nachdem im Januar desselben Jahres das preußische Oberzensurkollegium den vierten Teil seiner „Reisebilder“ polizeilich verboten hat. So beginnt nach der wenig glücklichen „Ehe [...] mit unserer lieben Frau Germania“ Heines Zeit des Exils, von wo sehnsüchtige Gedanken immer wieder nach der Heimat zurückkehren. Denn „wer das Exil nicht kennt, begreift nicht, wie grell es unsere Schmerzen färbt, und wie es Nacht und Gift in unsere Gedanken gießt. [...] Nur wer im Exil gelebt hat, weiß auch, was Vaterlandsliebe ist, Vaterlandsliebe, mit all ihren süßen Schrecken und sehnsüchtigen Kümmernissen“.

Friedrich Adolph Hornemann: Heinrich Heine, 1850

1 a Vergleichen Sie die beiden Porträts auf S. 254. Beschreiben Sie, wie der Dichter jeweils auf Sie wirkt.
b Recherchieren Sie zur Biografie Heines. Beziehen Sie Ihre Informationen auf die Charakterisierung in den Porträts auf S. 254.

Heinrich Heine: Reisen und Veröffentlichungen 1822–1832

	Reisen	Veröffentlichungen
1822	Reise nach Polen	
1823		„Über Polen" in der Zeitschrift „Der Gesellschafter"
1824	Fußwanderung durch den Harz	
1825	Sommerurlaub auf Norderney	
1826		„Die Harzreise" im „Gesellschafter", „Reisebilder, 1. Teil" bei Hoffmann & Campe, darin u. a. „Die Harzreise" und die Gedichtzyklen „Die Nordsee. Erste Abteilung" und „Die Heimkehr"
1827	Reise nach England; Reise über Frankfurt am Main, Heidelberg und Stuttgart nach München	„Reisebilder, 2. Teil" (Hoffmann & Campe), darin der Gedichtzyklus „Die Nordsee. Zweite Abteilung" und die Prosatexte „Die Nordsee. Dritte Abteilung"
1828	August bis November: Aufenthalt in Italien: Mailand, Genua, Lucca, Florenz und Venedig	„Englische Fragmente" in „Neue Allgemeine Politische Annalen"
1829		Teile der „Reise von München nach Genua" im „Morgenblatt für gebildete Stände", „Reisebilder, 3. Teil" (Hoffmann & Campe), darin: „Reise von München nach Genua" und „Die Bäder von Lucca"
1830	Sommerurlaub auf Helgoland	„Briefe aus Helgoland", in denen Heine die Vorgänge der Pariser Julirevolution reflektiert
1831	Übersiedlung nach Paris (18. Mai)	„Reisebilder, 4. Teil" (Hoffmann & Campe), darin u. a. „Die Stadt Lucca" und „Englische Fragmente"
1832		Der Abdruck seiner Artikelserie „Französische Zustände" in der Augsburger „Allgemeinen Zeitung" wird von Metternich nach einigen Folgen unterbunden. Dezember: Die Buchausgabe „Französische Zustände" erscheint und wird in Preußen verboten.

Journalistische Reisebilder

Die Textform „Reisebeschreibung", die es bereits vor Heine gab, erhält durch die Schriftsteller des Jungen Deutschland und des Vormärz eine neue Zielrichtung. Der Blick richtet sich genau und kritisch auf die soziale und politische Wirklichkeit der Zeit. Heine ist einer der Ersten, der diese zeit- und kulturkritische Form der reflektierenden Reiseprosa prägt.

Heinrich Heine: **Die Harzreise** (1824) Auszug

Die Stadt Göttingen, berühmt durch ihre Würste und Universität, gehört dem Könige von Hannover und enthält 999 Feuerstellen, diverse Kirchen, eine Entbindungsanstalt, 5 eine Sternwarte, einen Karzer, eine Bibliothek und einen Ratskeller, wo das Bier sehr gut ist. [...] Die Stadt selbst ist schön und gefällt einem am besten, wenn man sie mit dem Rücken ansieht. Sie muss schon sehr 10 lange stehen; denn ich erinnere mich, als ich vor fünf Jahren dort immatrikuliert und bald darauf konsiliiert[1] wurde, hatte sie schon dasselbe graue, altkluge Ansehen und war schon vollständig eingerichtet mit Schnur- 15 ren[2], Pudeln[3], Dissertationen, Thédansants[4], Wäscherinnen, Kompendien, Taubenbraten, Guelfenorden, Promotionskutschen, Pfeifenköpfen, Hofräten, Justizräten, Relegationsräten, Profaxen[5] und anderen Faxen. [...]
20 Im Allgemeinen werden die Bewohner Göttingens eingeteilt in Studenten, Professoren, Philister[6] und Vieh; welche vier Stände doch nichts weniger als streng geschieden sind. Der Viehstand ist der bedeutendste. [...] Die 25 Zahl der Göttinger Philister muss sehr groß sein, wie Sand, oder besser gesagt, wie Kot am Meer; wahrlich, wenn ich sie des Morgens mit ihren schmutzigen Gesichtern und weißen Rechnungen vor den Pforten des 30 akademischen Gerichtes aufgepflanzt sah, so mochte ich kaum begreifen, wie Gott nur so viel Lumpenpack erschaffen konnte. [...]
[Etwas später berichtet Heine aus den Zechen „Dorothea" und „Karolina" in Clausthal.]
Ich war zuerst in die Karolina gestiegen. Das 35 ist die schmutzigste und unerfreulichste Karolina, die ich je kennen gelernt habe. [...] Da unten ist ein verworrenes Rauschen und Summen, man stößt beständig an Balken und Seile, die in Bewegung sind, um die Ton- 40 nen mit geklopften Erzen oder das hervorgesinterte Wasser heraufzuwinden. Zuweilen gelangt man auch in durchgehauene Gänge, Stollen genannt, wo man das Erz wachsen sieht und wo der einsame Bergmann den 45 ganzen Tag sitzt und mühsam mit dem Hammer die Erzstücke aus der Wand herausklopft. Bis in die unterste Tiefe, wo man, wie einige behaupten, schon hören kann, wie die Leute in Amerika „Hurra, Lafayette!"[7] schreien, bin 50 ich nicht gekommen; unter uns gesagt, dort, bis wohin ich kam, schien es mir bereits tief genug: – immerwährendes Brausen und Sausen, unheimliche Maschinenbewegung, unterirdisches Quellengeriesel, von allen Sei- 55 ten herabtriefendes Wasser, qualmig aufsteigende Erddünste, und das Grubenlicht immer bleicher hineinflimmernd in die einsame Nacht. Wirklich, es war betäubend, das Atmen wurde mir schwer, und mit Mühe hielt 60 ich mich an den glitschrigen Leitersprossen. Ich habe keinen Anflug von sogenannter Angst empfunden, aber, seltsam genug, dort unten in der Tiefe erinnerte ich mich, dass ich im vorigen Jahre ungefähr um dieselbe Zeit 65 einen Sturm auf der Nordsee erlebte, und ich

1 Heine wurde 1821 wegen einer Duellaffäre auf begrenzte Zeit von der Universität Göttingen verwiesen (Consilium Abeundi).
2 **Schnurre:** studentischer Ausdruck für Nachtwächter – nach der „Schnurre" (Schnarre), die diese als Alarminstrument bei sich trugen
3 **Pudel:** studentischer Ausdruck für Hausmeister, Aufpasser einer Universität
4 **Thédansant:** Tanztee, kleiner Ball
5 **Profax:** (Studentensprache:) Professor
6 **Philister:** Spießbürger

7 Zur selben Zeit (1824) wurde der Kämpfer für die amerikanische Unabhängigkeit in den USA begeistert gefeiert.

Arbeiten im Bergwerk (um 1875)

meinte jetzt, es sei doch eigentlich recht traulich angenehm, wenn das Schiff hin und her schaukelt, die Winde ihre Trompeterstückchen losblasen, zwischendrein der lustige Matrosenlärm erschallt und alles frisch überschauert wird von Gottes lieber, freier Luft. Ja, Luft! [...]

Die meisten Bergarbeiter wohnen in Klaustal und in dem damit verbundenen Bergstädtchen Zellerfeld. Ich besuchte mehrere dieser wackern Leute, betrachtete ihre kleine häusliche Einrichtung, hörte einige ihrer Lieder, die sie mit der Zither, ihrem Lieblingsinstrumente, gar hübsch begleiten, ließ mir alte Bergmärchen von ihnen erzählen und auch die Gebete hersagen, die sie in Gemeinschaft zu halten pflegen, ehe sie in den dunkeln Schacht hinuntersteigen, und manches gute Gebet habe ich mitgebetet. Ein alter Steiger meinte sogar, ich sollte bei ihnen bleiben und Bergmann werden; und als ich dennoch Abschied nahm, gab er mir einen Auftrag an seinen Bruder, der in der Nähe von Goslar wohnt, und viele Küsse für seine liebe Nichte.

So stillstehend ruhig auch das Leben dieser Leute erscheint, so ist es dennoch ein wahrhaftes, lebendiges Leben. Die steinalte, zitternde Frau, die, dem großen Schranke gegenüber, hinterm Ofen saß, mag dort schon ein Vierteljahrhundert lang gesessen haben, und ihr Denken und Fühlen ist gewiss innig verwachsen mit allen Ecken dieses Ofens und allen Schnitzeleien dieses Schrankes. Und Schrank und Ofen leben, denn ein Mensch hat ihnen einen Teil seiner Seele eingeflößt.

Nur durch solch tiefes Anschauungsleben, durch die „Unmittelbarkeit“ entstand die deutsche Märchenfabel, deren Eigentümlichkeit darin besteht, dass nicht nur die Tiere und Pflanzen, sondern auch ganz leblos scheinende Gegenstände sprechen und handeln. Sinnigem, harmlosem Volke in der stillen, umfriedeten Heimlichkeit seiner niedern Berg- oder Waldhütten offenbarte sich das innere Leben solcher Gegenstände, diese gewannen einen notwendigen, konsequenten Charakter, eine süße Mischung von fantastischer Laune und rein menschlicher Gesinnung [...].

1 Wie stellt Heine Menschen und soziale Wirklichkeit in Göttingen dar und wie in der Bergarbeitersiedlung von „Klaustal“? Erarbeiten Sie Unterschiede in der Beschreibung.

2 **a** Untersuchen Sie, welche sprachlichen und formalen Gestaltungsmittel Heine verwendet, um die sozialen Realitäten der beiden Orte deutlich zu machen.

b Begründen Sie die Zuordnung des Textes zur Textform Essay (→ S. 76).

3 Referat: Vergleichen Sie Heines „Harzreise“ mit einer anderen stilbildenden Reiseschilderung, z. B.:
- Laurence Sterne: „Sentimental Journey through France and Italy by Mr. Yorick“, 1768;
- Johann Wolfgang von Goethe: „Italienische Reise“, 1813/14;
- Washington Irving: „The Alhambra“, 1832.

Heinrich Heine: **Englische Fragmente II – London** (1828) Auszug

In den Hauptstraßen der City, demjenigen Teil Londons, wo der Sitz des Handels und der Gewerke, wo noch altertümliche Gebäude zwischen den neuen zerstreut sind und wo auch die Vorderseite der Häuser mit ellenlangen Namen und Zahlen, gewöhnlich goldig und relief bis ans Dach, bedeckt sind: Da ist jene charakteristische Einförmigkeit der Häuser nicht so auffallend, umso weniger, da das Auge des Fremden unaufhörlich beschäftigt wird durch den wunderbaren Anblick neuer und schöner Gegenstände, die an den Fenstern der Kaufläden ausgestellt sind. Nicht bloß diese Gegenstände selbst machen den größten Effekt, weil der Engländer alles, was er verfertigt, auch vollendet liefert und jeder Luxusartikel, jede Astrallampe und jeder Stiefel, jede Teekanne und jeder Weiberrock uns so finished und einladend entgegenglänzt: Sondern auch die Kunst der Aufstellung, Farbenkontrast und Mannigfaltigkeit gibt den englischen Kaufläden einen eignen Reiz; selbst die alltäglichsten Lebensbedürfnisse erscheinen in einem überraschenden Zauberglanze, gewöhnliche Esswaren locken uns durch ihre neue Beleuchtung, sogar rohe Fische liegen so wohlgefällig appretiert, dass uns der regenbogenfarbige Glanz ihrer Schuppen ergötzt, rohes Fleisch liegt wie gemalt auf saubern, bunten Porzellantellerchen mit lachender Petersilie umkränzt, ja alles erscheint uns wie gemalt [...]. Auf der entgegengesetzten Seite Londons, die man das Westende nennt, the west end of the town, und wo die vornehmere und minder beschäftigte Welt lebt, ist jene Einförmigkeit noch vorherrschender; doch gibt es hier ganze lange, gar breite Straßen, wo alle Häuser groß wie Paläste, aber äußerlich nichts weniger als ausgezeichnet sind, außer dass man hier, wie an allen nicht ganz ordinären Wohnhäusern Londons, die Fenster der ersten Etage mit eisengittrigen Balkonen verziert sieht und auch au rez de chaussée ein schwarzes Gitterwerk findet, wodurch eine in die Erde gegrabene Kellerwohnung geschützt wird. [...] Auf allen diesen Plätzen und Straßen wird das Auge des Fremden nirgends beleidigt von baufälligen Hütten des Elends. Überall starrt Reichtum und Vornehmheit, und hineingedrängt in abgelegene Gässchen und dunkle, feuchte Gänge wohnt die Armut mit ihren Lumpen und ihren Tränen.

Der Fremde, der die großen Straßen Londons durchwandert und nicht just in die eigentlichen Pöbelquartiere gerät, sieht daher nichts oder sehr wenig von dem vielen Elend, das in London vorhanden ist. Nur hie und da, am Eingange eines dunklen Gässchens, steht schweigend ein zerfetztes Weib, mit einem Säugling an der abgehärmten Brust, und bettelt mit den Augen. Vielleicht wenn diese Augen noch schön sind, schaut man einmal hinein – und erschrickt ob der Welt von Jammer, die man darin geschaut hat. Die gewöhnlichen Bettler sind alte Leute, meistens Mohren, die an den Straßenecken stehen und, was im kotigen London sehr nützlich ist, einen Pfad für Fußgänger kehren und dafür eine Kupfermünze verlangen. Die Armut in Gesellschaft des Lasters und des Verbrechens schleicht erst des Abends aus ihren Schlupfwinkeln. Sie scheut das Tageslicht umso ängstlicher, je grauenhafter ihr Elend kontrastiert mit dem Übermute des Reichtums, der überall hervorprunkt; nur der Hunger treibt sie manchmal um Mittagszeit aus dem dunkeln Gässchen, und da steht sie mit stummen, sprechenden Augen und starrt flehend empor zu dem reichen Kaufmann, der geschäftig-geldklimpernd vorübereilt, oder zu dem müßigen Lord, der, wie ein satter Gott, auf hohem Ross einherreitet und auf das Menschengewühl unter ihm dann und wann einen gleichgültig vornehmen Blick wirft, als wären es winzige Ameisen, oder doch nur ein Haufen niedriger Geschöpfe, deren Lust und Schmerz mit seinen Gefühlen nichts gemein hat – denn über dem Menschengesindel, das am Erdboden festklebt,

schwebt Englands Nobility, wie Wesen höherer Art, die das kleine England nur als ihr Absteigequartier, Italien als ihren Sommergarten, Paris als ihren Gesellschaftssaal, ja die ganze Welt als ihr Eigentum betrachten. Ohne Sorgen und ohne Schranken schweben sie dahin, und ihr Gold ist ein Talisman, der ihre tollsten Wünsche in Erfüllung zaubert.
Arme Armut! wie peinigend muss dein Hunger sein, dort, wo andere im höhnenden Überflusse schwelgen! Und hat man dir auch mit gleichgültiger Hand eine Brotkruste in den Schoß geworfen, wie bitter müssen die Tränen sein, womit du sie erweichst! Du vergiftest dich mit deinen eignen Tränen. Wohl hast du recht, wenn du dich zu dem Laster und dem Verbrechen gesellst. Ausgestoßene Verbrecher tragen oft mehr Menschlichkeit im Herzen als jene kühlen, untadelhaften Staatsbürger der Tugend, in deren bleichen Herzen die Kraft des Bösen erloschen ist, aber auch die Kraft des Guten. Und gar das Laster ist nicht immer Laster. Ich habe Weiber gesehen, auf deren Wangen das rote Laster gemalt war und in ihrem Herzen wohnte himmlische Reinheit. Ich habe Weiber gesehen – ich wollt, ich sähe sie wieder! –

1 **a** Klären Sie, welche Absicht Heine mit seiner Schilderung Londons verfolgt.
b Untersuchen Sie mit Blick auf die Darstellungsabsicht, wie Heine die Großstadt inszeniert und wie er seinen Text sprachlich gestaltet.

2 Legen Sie eine Tabelle an, in der Sie Gestaltungselementen des Essays (→ S. 76) Beispiele aus dem Text zuordnen.

Essays schreiben

Reisen sind auch heute noch Anlass zu poetischen Reflexionen: Erfahrungen schlagen sich nieder in kritischen, frechen, nachdenklichen, lustigen, schwärmerischen Erinnerungen an den besuchten Ort. Lassen Sie sich von den drei folgenden Textausschnitten anregen, eigene Reiseerfahrungen in Form eines Essays zu Papier zu bringen.

In Weimar glänzt nicht alles goethehaft – offizielle Statements, Erwartungen und eigene Erfahrungen decken sich nicht immer:

Wladimir Kaminer: **Nie wieder Weimar** (2000) Ausschnitt

Auf Einladung der *Literarischen Gesellschaft Thüringen* fuhr ich zum ersten Mal in meinem Leben nach Weimar [...].
Die deutsche Kulturhauptstadt sah aus wie ein Stück Sahnetorte in einer Mikrowelle oder wie eine riesige Ausstellung, die gerade eröffnet wurde. Trotz 37 Grad im Schatten besichtigten wir in drei Tagen alles, was die Kulturhauptstadt anzubieten hatte: die neu gestrichenen Baracken und restaurierten Öfen des KZs Buchenwald. Die 21 staubigen Särge von Schiller und Goethe, die gegen ein Eintrittsgeld von DM 10,– auch zu besichtigen waren, ebenso ihre diversen Häuser. Dazu Hitlers private Kunstsammlung, das Nietzsche-Archiv und das Bienenmuseum sowie die Ausstellung zum Jubiläum des thüringischen Vorstehhundes. Überall wimmelte es von Touristen, in jeder Kneipe ein „Goethezimmer“, auf jedem Klo ein Erinnerungsschildchen. [...]

Ein Autor wandert auf den Spuren des Schriftstellers Adalbert Stifter (1805–1868) im Oberpfälzer Wald. Er erinnert sich an seine Kindheit und verbindet Beobachtungen mit Fantasien und Überlegungen:

Harald Grill: Stilles Land an der Grenze (1996) Auszug

Die Wanderung führt uns den Reichenstein hinunter. Wir können der Schiabfahrt nicht ausweichen. Eine breite Bresche mit Liftanlagen ist hier in den Wald geholzt worden, 5 klafft wie eine tiefe, offene Wunde. Darin windet sich am Schilift entlang eine Riesenrutsche, eine glänzende, stählerne Sommerrodelbahn den Reichenstein hinunter nach Stadlern.
10 Die metallene Riesenschlange glitzert in der Sonne, nimmt geduldig Kinder und Erwachsene an und lässt sie bergab gleiten, rollen, poltern mit schrillem Geschrei, mit Gequietsche, mit Juhu und Hurra. Unten an der Tal- 15 station des Lifts machen wir Rast und schauen den ankommenden Rodlern zu. Urlauber allesamt. Plötzlich schreit ein Mädchen laut auf, brüllt wie in Todesangst. Eine Menschentraube bildet sich. Der Mann, der den Lift 20 bedient, eilt mit einem Besen herbei. Schlägt mit dem Besenstil wie ein Wilder in die Rodelwanne. Da geht ein Raunen und ein Aufatmen durch die Menschenmenge. Der Held der Sommerrodelbahn schleudert in 25 hohem Bogen den zerschmetterten Körper einer Schlange in den Brennnesselwald. Eine Kreuzotter sei es gewesen, hört man die Leute durcheinanderreden, mindestens einen Meter lang. Die Königin der mitteleuropäischen Schlangen war in die Falle gegangen, 30 war gefangen gewesen in der Glitzerwanne ihrer Riesenschwester. Und als wär es Eifersucht gewesen, fiel die kleine, große Kreuzotter ein Mädchen an und biss zu. Doch der Arzt kommt schon mit dem Serum. Für alles 35 ist gesorgt. Für die Kreuzottern nicht. Früher kamen sie in der Oberpfalz häufiger vor als in anderen Gegenden Deutschlands. Heute sind diese scheuen Tiere fast ausgestorben. Schlangen haben keine Lobby. Der eine Sün- 40 denfall wird ihnen immer noch nachgetragen. Gnade uns Gott, wenn man uns eines Tages unsere Sünden nachträgt.
Ich stelle mir vor: Das Tier lebt noch. Vielleicht kann es sich noch einmal retten. 45 Schlangen sind zäh, denke ich und glaube es selbst nicht. Im Winter werden dort Schifahrer nach flotter Abfahrt elegant bremsen auf winzigen Knöchelchen ... Man könnte denken: Wer fast nur aus Rückgrat besteht, der 50 ist selber schuld.

Zwei Oberstufenschüler beobachten eine Szene in einem Kaffeehaus, das sie auf einer Studienfahrt in Wien besucht haben:

Kaffeepause in Wien (2006) Auszug

Hat man irgendwann genug vom geschäftigen Treiben am Graben, so findet man versteckt in einem engen Seitengässchen ein nettes, kleines Café ungarischen Ursprungs. 5 Hier, und nicht etwa in den toten Fassaden kaukanischer Prachtbauten, lebt die Donaumetropole Wien mit ihrem eigentümlichen Charme und ihren herzwärmenden Archetypen. Im Herbst etwa, wenn die Sonne 10 am Nachmittag schon an wärmender Kraft verloren hat und ein Zögern die Entscheidung, ob der Kaffee besser drinnen oder draußen getrunken werden sollte, begleitet, kann es sein, dass ein alter Mann mit tiefen Falten im Gesicht auf einen zukommt. Die- 15 ser bittet dann in unnachahmlicher Weise, doch draußen Platz zu nehmen. Seine Sprache passt dabei in harmonisch wunderbarer Art und Weise zu seinem Äußeren, Gestik und Mimik fügen sich zusammen zu diesem 20

Paradeexemplar einer Wiener Persönlichkeit. Folgt nun der unerfahrene und verblüffte Fremdling nicht aufs Erste dem freundlichen Zureden des Alten, echauffiert sich jener geradezu, denn stets will er seine Gäste rundum zufrieden stellen. Er ist nämlich der Senior-Chef dieses traditionsreichen Cafés, einer Institution der Stadt, der es einfach nicht ertragen kann, wenn auch nur ein Besucher sich in seinem Hause unwohl fühlt. Manchmal übertreibt er es jedoch mit seiner Gutherzigkeit, und dann kann es vorkommen, dass der Sohn hinzukommt und beschwichtigend eingreift: „A geh, Papa, lass doch de Leit', de wer'n scho wissen, was' woll'n!" Sie gleichen sich sehr, der Vater und der Sohn, dieselben Gesichtszüge, dieselbe Aussprache, selbst die Leberflecken an der linken Schläfe sind ähnlich. Der kleine Disput endet dann damit, dass der Sohn fürsorglich den Arm um den Vater legt und die beiden die schmunzelnden Gäste gestikulierend verlassen.

1 Lassen Sie sich von einem dieser Beispiele für essayistisches Schreiben anregen und verfassen Sie selbst einen essayistischen Text.
- Nehmen Sie eine eigene Reise in den Blick.
- An welche Ereignisse und Erlebnisse erinnern Sie sich? Legen Sie eine Stoffsammlung an.
- Sammeln Sie Ideen, wie Sie Ihre Beobachtungen mit Reflexionen verbinden können.
- Legen Sie eine Grobgliederung zum Textverlauf an.
- Überlegen Sie, welche satirischen Elemente sich in Ihre Darstellung integrieren lassen. Suchen Sie nach geeigneten Formulierungen und treffenden Vergleichen.
- Weitere Hinweise zum essayistischen Schreiben finden Sie auf S. 76 ff.

4.5 Rezeption: Büchner und Heine – Stimmen von heute

Arnold Stadler: **Erbarmen mit dem Seziermesser** (1999)
Dankrede bei der Verleihung des Georg-Büchner-Preises 1999

[...] „Hat es während des Guillotinierens geregnet? Oder hast du einen schlechten Platz bekommen und nichts sehen können?" Das sind Büchners Fragen, die er dem Menschen stellt. Schauderhaft. Mit einem Drama, das den Tod im Titel trägt[1], begann er. Was für ein Leben! Unter den allertraurigsten Umständen hat er „ich" gesagt und dabei auf die Welt gesehen, diesen Revolutionsplatz, über den er sich keine Illusionen gemacht hat. Doch wie diese Welt, die sprachverschlagend ist, zur Sprache bringen? Was Georg Büchner zu sagen hat, konnte ich im „Lenz"[2] nachlesen: Lenz sagte: „Die Dichter, von denen man sage, sie geben die Wirklichkeit, hätten auch keine Ahnung davon, doch

Arnold Stadler (*1954)

1 Gemeint ist Büchners Drama „Dantons Tod". Georges Danton war einer der maßgeblichen Führer der Französischen Revolution. Als er sich 1794 für ein Ende des von Robespierre initiierten Terrors einsetzte, wurde er nach kurzem Prozess guillotiniert.

2 **„Lenz":** Hauptfigur dieser Erzählung Büchners ist der Sturm-und-Drang-Dichter Jakob Michael Reinhold Lenz. Büchner lässt Lenz eine Kunstauffassung formulieren, die der seinen nahesteht.

seien sie immer noch erträglicher als die, welche die Wirklichkeit verklären wollten. Er sagte: Der liebe Gott hat die Welt wohl gemacht, wie sie sein soll, und wir können wohl nicht was Besseres klecksen. Unser einziges Bestreben soll sein, ihm ein wenig nachzuschaffen. Ich verlange in allem Leben, Möglichkeit des Daseins und dann ist's gut: Wir haben dann nicht zu fragen, ob es schön, ob es hässlich ist. Das Gefühl, dass, was geschaffen sei, Leben habe, stehe über diesen beiden und sei das einzige Kriterium in Kunstsachen. Übrigens begegne es uns nur selten."
Und: „Man muss die Menschheit lieben, um in das eigentümliche Wesen jedes Einzelnen einzudringen; es darf einem keiner zu gering, keiner zu hässlich sein, erst dann kann man sie verstehen." Büchner lässt einen Menschen, der alles sehen will, der auf *panem et circenses*[3] aus ist, fragen: „Hat es während des Guillotinierens geregnet? Oder hast du einen schlechten Platz bekommen und nichts sehen können?" Und Georg Büchner erbarmt sich auch noch dieser seiner Erbärmlichkeit. Das sind Fragen, die von Menschen mit dem Blick auf die Guillotine gestellt werden. Büchner macht sich über die Welt, den Revolutionsplatz mit dem Menschen, der in seiner Mitte hingerichtet wird *und* zuschaut, keine Illusionen. Trotzdem: „Ich bin kein Guillotinenmesser", schreibt er an seine so genannte Braut. Für „Guillotinenromantik" (ein wahres Stichwort aus „Dantons Tod") ist er nicht zu haben.
Dagegen wollen die von Büchner so genannten Bürger alle jene, „die kein Loch im Rock haben", totschlagen und totgeschlagen *sehen:* „An die Laterne!" Das ist eine Forderung der Avantgarde, die sich mit dem schönnamigen Wort „Revolution" schmückt. Kommt mir bekannt vor, dachte ich: Pol Pot[4], der alle erschlagen ließ, die eine Brille trugen, Intellektuelle oder auch nur Menschen, die die Welt besser sehen wollten. Das war vor 20 Jahren. „An die Laterne!", das war die Forderung des Bürgers vor 200 Jahren, doch dann kommt, von Büchner so gewollt, so steht es in seinem Text, „ein junger Mensch". Es ist das Vorrecht dieses jungen Menschen, in diese Welt das Wort „Erbarmen!" hineinzurufen. Dieser junge Mensch ist so jung wie Büchner selbst und hat einen Namen: Georg Büchner.
„Junger Mensch: Erbarmen!" Büchner, der sich keine Illusionen macht, ruft dennoch: „Erbarmen!" Das ist großartig. Und im „Woyzeck" ist es wieder da, das Erbarmen: „Herr Doktor, erlauben Sie, dass ich ein Menschenleben rette?" [...]
Büchners Erbarmen geht mit dem Seziermesser vor. Die Sprache ist sein Seziermesser. Also tut es weh. Und er weiß als Anatom[5], dass wir alle denselben Grundriss haben; und als Mensch weiß er: dass der Schmerz, der zwar nicht messbar ist, sich doch an der jeweils selben Stelle einstellt. Und gewiss ist: ja, die einzige Gewissheit ist: Es tut weh, also bin ich. Es blutet, also bin ich. Ich blute, also bin ich.
Ich sehe, ein Abgrund tut sich auf, ein Schmerz stellt sich ein [...]: ein Anti-Descartes gegen das gedenkvolle, blutleere Cogito ergo sum[6]. Darin liegt der Unterschied zwischen Descartes und Büchner: sein Mensch blutet, während Descartes' Mensch denkt. Georg Büchner seziert, aber die Sprache ist bei ihm ein Seziermesser *und* ein Schmerzmittel. [...]
„Wir haben nicht zu fragen, ob es schön oder hässlich ist." So Büchner. Von da erkläre ich mir Büchners Gegenwart, für die ich, wie für alles Große, keine Erklärung habe. Sie ist einleuchtend wie eine Metapher: Büchner, das ist

3 panem et circenses: Der römische Dichter Juvenal kritisiert mit diesem Spruch („Brot und Zirkusspiele") die Haltung des Volks, das während der Republik die politische Macht abgegeben hat und sich nur noch für seine Unterhaltung interessiert.
4 Pol Pot (ca. 1928–1998): kambodschanischer Diktator, Anführer der Roten Khmer, infolge deren Herrschaft mehr als 1,5 Millionen Kambodschaner getötet wurden
5 Stadler bezieht sich auf Büchners Medizinstudium, das dieser 1836 mit Promotion abschloss.
6 Cogito ergo sum: „Ich denke, also bin ich." René Descartes (1596–1650) fasst mit diesem Satz die Grundlage des neuzeitlichen Menschenbildes zusammen. Allein die Vernunft gibt dem Menschen die Gewissheit für die Erkenntnis der Wirklichkeit und für seine Existenz.

eine Begegnung von Rose und Schwert. [...]
Büchners Sprache – sein Seziermesser und Schmerzmittel – ist etwas Sonderbares, etwas, das einen Schmerz zugleich stillt und provoziert. Ein Seziermesserschmerz, der zum Verschmerzen führt, aber nicht in jedem Fall. „Erbarmen!“ – so hat dieses Seziermesser bei mir gewirkt.
Allerdings ist es ein niederschmetterndes Erbarmen: und das Niederschmetterndste, das Georg Büchner in seinem lebens- wie todesnahen Drama zu sagen hat, kommt ganz zum Schluss: Da bin ich wieder bei der Anfangsfrage nach dem Logensitz auf dem Revolutionsplatz: Nein, es hat nicht geregnet. Und man sah alles, und jene, die sich am Anfang nach dem schlechten Platz erkundigt haben, haben jetzt den besten: in der Mitte des Revolutionsplatzes, oben auf der Guillotine, die das unglaublichste Seherlebnis ermöglicht: die öffentliche Hinrichtung, denn die Revolution frisst ihre Kinder. Grässlicher Fatalismus dieser Geschichte Büchners: Wir sind auf dem Revolutionsplatz und hören, wie „einige Stimmen“, so die Regie-Anweisung Büchners, „das war schon einmal da; wie langweilig!“ rufen, derweil „Männer und Weiber singen und tanzen“, so Büchner. [...]
Die „drei Weiber“ aber, von Büchner so genannt, sind seltsame Zeuginnen des Todes [...].
Erstes Weib: Ein hübscher Mann, der Hérault![7]
Zweites Weib: Wie er beim Konstitutionsfest so am Triumphbogen stand, da dachte ich so, der muss sich gut auf der Guillotine ausnehmen, dachte ich. Das war so ’ne Ahnung.
Drittes Weib: Ja, man muss die Leute in allen Verhältnissen sehen: Es ist recht gut, dass das Sterben so öffentlich wird.
So reden Georg Büchners drei Weiber, die offenbar einen guten Platz bekommen und alles gesehen haben.
Und diesen guten Platz gibt es immer noch: beim Fernsehen sitzen wir in der ersten Reihe[8]. Das ist die traurige Aktualität Büchners.

7 **Marie-Jean Hérault:** Richter und Abgeordneter für die Gesetzgebende Nationalversammlung. Unter anderem wegen seiner Zusammenarbeit mit Georges Danton wurde er 1794 vom Revolutionstribunal zum Tode verurteilt.
8 Stadler spielt hier auf einen Werbeslogan der öffentlich-rechtlichen Fernsehanstalten an: „Bei ARD und ZDF sitzen Sie in der ersten Reihe.“

1 Erläutern Sie Stadlers These, Sprache sei für Büchner zugleich ein Seziermesser und ein Schmerzmittel.
2 Fassen Sie mit eigenen Worten zusammen, was der Text als besondere Leistung Büchners hervorhebt.
3 **a** „... beim Fernsehen sitzen wir in der ersten Reihe. Das ist die traurige Aktualität Büchners.“ Erläutern Sie den Schlussgedanken des Textes.
b Nehmen Sie Stellung zu dieser abschließenden Überlegung Stadlers.
4 Projekt: Informieren Sie Ihren Kurs in verschiedenen Projektpräsentationen über Autoren der Gegenwart – eventuell auch Büchner-Preisträger der letzten Jahre –, in deren Werken Sie Übereinstimmungen mit Büchners Literaturverständnis feststellen.

Iris Radisch: **Heine, der Spieler. Warum er uns immer noch entzückt** (2006) Auszug

Das Publikum war und ist begeistert. Und man weiß nicht, ob es an dem tiefromantischen, volkstümlich unterkomplexen Klingeling seiner Gedichte oder dem sentimental-ironischen Umgang damit liegt. Das müssen wir auch nicht entscheiden. Entscheidend ist in dieser Sache etwas anderes. Nennen wir es Heines Spieltrieb. Andere haben es seine Wunde, seine tragische Ironie, sein Außenseitertum genannt. Er selbst sprach von dem „Weltriss“, der mitten durch sein Herz lief. Wir können ihn nicht mehr fragen, ob damit vor allem sein Judentum, sein Liebesleid, seine politische und religiöse Skepsis oder schlicht seine überlegene Intelligenz, sein Talent zur Desillusion, sein überragender Witz gemeint waren. Was es genau war, das es ihm unmöglich machte, auf Erden standesgemäß unterzukommen.

Die nüchternen Fakten dieser Außenseiterkarriere sind bekannt: Selbst als getauftem Juden war ihm jedes Staatsamt verschlossen; die angebetete millionenschwere Hamburger Cousine liebte einen anderen und „hat sich mit diesem vermählt“[1]; im Pariser Exil bleibt er, selbst in den liberalen deutsch-jüdischen Exilantenkreisen, ein schillernder Paradiesvogel zwischen allen Fronten; er nennt sich einen „Soldaten im Freiheitskampf“ und wäscht sich die Hände, wenn er sie dem Volk gedrückt hat. Bis zu seiner schweren Krankheit, die ihn in die „Matratzengruft“ zwingt, ist der große Liebeslyriker ein fleißiger Liebhaber käuflicher Frauen; die „einzige Freude“ seines Lebens (behauptet er) verdankt er einer 18-jährigen Schuhverkäuferin, die er heiratet, vergeblich zu erziehen versucht und bei schlechter Führung (behaupten seine Freunde) „wie der erste beste Droschkenkutscher zu verprügeln pflegte“.

Literarisch bedient er sich mit beiden Händen in der Werkzeugkiste der Romantiker, hält die Romantik aber für Gesinnungsliteratur – mittelalterlich, christlich verkopft, jenseitstaumelig, obrigkeitshörig, unsinnlich, kunstpathetisch und völlig démodé. Journalistisch erfindet er im Vorbeigehen das Reisefeuilleton, den ironischen Salonstil, den schreibenden Großstadtflaneur, den assoziativ plaudernden Korrespondentenbericht und manch andere, heute leider in Vergessenheit geratene Raffinesse der noch jungen Profession, bleibt aber als politischer Publizist zum Verdruss der linken Genossen dauerhaft humoristisch, ergo unzuverlässig. Alles hübsch zusammengerechnet: ein Ironiker und Dekonstruktivist[2], ein ewig Ungläubiger, ein Zuschauer, kein Teilnehmer des Lebens. Böse Zungen könnten sagen: ein geistreicher Profiteur, der mit fremden Schätzen wie kein anderer zu spielen versteht, doch selbst keine hat. Eine Art höherer Discjockey.

Schon recht. Doch ist es ein höheres Discjockeytum aus niedrigsten, will sagen herzerweichend einfachen Motiven: „Und als ich euch meine Schmerzen geklagt, / da habt ihr gegähnt und nichts gesagt; / Doch als ich sie in zierliche Verse gebracht, / da habt ihr mir große Elogen gemacht.“ Es ist ein Spiel, das der Spieler nicht aus Wurschtigkeit, sondern aus altmodischer Verzweiflung betreibt. Ihm fehlt einfach alles. Was er hinter sich sieht, gefällt ihm nicht. Wo er ist, will man ihn nicht haben. Was er vor sich sieht, flößt ihm Grauen ein. Der Rest ist Galgenhumor.

(aus: Die Zeit, 16.02.2006)

1 Radisch zitiert hier einen Vers aus Heines Gedicht „Ein Jüngling liebt ein Mädchen“, dessen erste Strophe lautet: „Ein Jüngling liebt ein Mädchen, / Die hat einen andern erwählt; / Der andre liebt eine andre / Und hat sich mit dieser vermählt.“

2 **Dekonstruktivismus, auch Dekonstruktion:** Ansatz in der Philosophie und Literaturbetrachtung, der sich von der Annahme verabschiedet, ein Text habe einen bestimmten, vom Autor/von der Autorin intendierten Sinn. Stattdessen werden Texte auf das in ihnen nicht Gesagte oder ungewollt Mitgesagte hin betrachtet. Aus dieser Perspektive erlauben Texte eine Vielfalt möglicher Deutungen.

1 **a** Die Autorin geht auf die Person, das Leben und das Werk Heines ein. Stellen Sie zusammen, welche Züge sie jeweils hervorhebt.

b Überlegen Sie, welche Bedeutung diese Merkmale für einen Leser/eine Leserin zu Beginn des 21. Jahrhunderts haben.

c Stellen Sie Beziehungen zwischen dem Inhalt und der sprachlichen Gestaltung von Radischs Text her.

2 Sind Sie ebenso wie die Autorin der Meinung, es gebe Gründe, warum Heine „uns immer noch entzückt“? Diskutieren Sie Ihre Stellungnahmen in der Lerngruppe.

3 **a** Beschreiben Sie das Bild von Michael Mathias Prechtl möglichst genau (Bildaufbau, einzelne Bildelemente, Gesichtsausdruck, Körperhaltung, farbliche Gestaltung ...).
b Informieren Sie sich – z.B. per Internet – genauer über die Bedeutung der einzelnen Bildelemente.
c Beschreiben Sie, welches Heine-Bild Prechtls Radierung vermittelt.

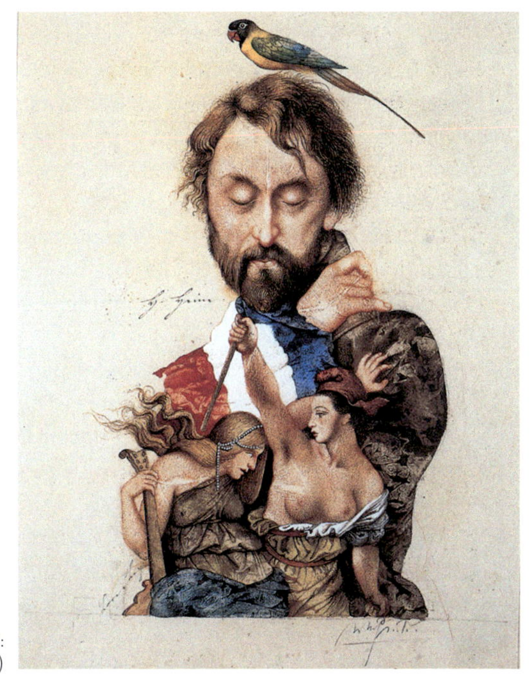

Michael Mathias Prechtl:
Heinrich Heine, Loreley & Liberté (1984)

Epochenüberblick: Junges Deutschland, Vormärz, Biedermeier (ca. 1830–1848)

Das politische Spannungsfeld, in dem sich die Schriftsteller/-innen zwischen 1830 und 1848 bewegten, ist mit den Begriffen **„Restauration“** und **„Revolution“** umrissen. Nach 1815 wurden Hoffnungen auf liberale Reformen und auf ein politisch geeintes demokratisches Deutschland enttäuscht – insbesondere durch die **Karlsbader Beschlüsse von 1819,** die den Fortbestand der Kleinstaaterei und des Absolutismus festschrieben und eine verschärfte **Zensur** zur Folge hatten. Die Mehrheit der Bevölkerung akzeptierte schweigend die Rückkehr zur politischen Ordnung der Vorkriegsjahre; diese wurde als Zeit des Friedens erinnert.
Andererseits äußerten jedoch verschiedene Gruppen von Intellektuellen wie die Schriftsteller des Jungen Deutschland und die radikaldemokratisch gesinnten Autoren des Vormärz und einige weitere Teile des Volkes wie das liberale Bürgertum ihren Unmut, sodass es bis 1848, dem Jahr der bürgerlichen Revolution in Deutschland, zu mehreren lokalen revolutionären Unternehmungen kam. Vor allem die **französische Julirevolution von 1830,** die das Königshaus der Bourbonen endgültig entmachtete, löste eine starke Welle der Politisierung aus. In der Folgezeit wurden aber die Protestaktionen und Aufstände durch den Polizeistaat gnadenlos verfolgt, sodass viele Beteiligte eingekerkert oder ins Exil getrieben wurden. Die Erschütterungen des absolutistischen Systems verstärkten sich, als nach 1840 auf Grund des wachsenden sozialen Elends auch die unteren sozialen Schichten Widerstand leisteten. Die **Märzrevolution 1848/49** schließlich bewirkte die Wahl der Frankfurter Nationalversammlung, löste in fast allen deutschen Bundesstaaten liberale Reformen aus und brachte somit die Demokratisierung der Gesellschaft einen Schritt voran.
Viele bürgerliche Schriftsteller nahmen sich in den Jahren 1830–1848 der Sache der Demokratie und der sozialen Gerechtigkeit entschiedener an als je zuvor. Dies führte dazu, dass die Schriften des **Jungen Deutschland** – Ludolf Wienbarg prägte diesen Begriff in seinen „Ästhetischen Feld-

zügen" – 1835 vom Deutschen Bundestag als staatsgefährdend verboten wurden. Dieser literarischen Gruppe, der unterstellt wurde, Gesellschaftsordnung, christliche Religion und Moral zu untergraben, wurden u.a. Heinrich Heine, Karl Gutzkow und Ludwig Börne zugerechnet. Die Schriftsteller verband der Kampf gegen jede Form des Dogmatismus und für die Garantie demokratischer Freiheiten. Teil ihres literarischen Programms war die Auseinandersetzung mit der Weimarer Klassik und der Romantik, deren Kunstbegriff sie ablehnten. Sie forderten eine **politisch engagierte Literatur,** die Ereignisse der Zeit aufgreift und deshalb den idealistischen Rückzug in die Kunst nicht duldet. Entsprechend verwendeten die Autoren neben den traditionellen literarischen Gattungen zunehmend auch die vielfältigen Formen des Journalismus wie das satirische Feuilleton.
Umfassender als der literaturhistorische Begriff des Jungen Deutschland ist der des **„Vormärz"**, der alle jene Autoren und Autorinnen einschließt, die die revolutionären Ereignisse bis 1848 sympathisierend und aktiv begleitet haben. Dazu zählen neben Georg Büchner auch Georg Herwegh, Ferdinand Freiligrath, Ludwig Pfau (ab 1848 Herausgeber des „Eulenspiegel", des ersten deutschen Karikaturenblatts), Georg Weerth und Louise Aston. Sowohl Herwegh, der 1848 als Führer des Republikanischen Komitees der Deutschen in Paris in den Badischen Aufstand eingriff, als auch Aston, die 1848 in Männerkleidern in Berlin, später in Frankfurt auf den Barrikaden kämpfte, beteiligten sich persönlich an den Kämpfen für ein demokratisches Deutschland.
Demgegenüber versuchten die Schriftsteller des **Biedermeier** in Anknüpfung an Kunstauffassungen der Klassik und vor allem der Romantik die **Idee des Schönen** und der **Harmonie** zu bewahren, obwohl auch sie die Bedrückung durch die restaurativen gesellschaftlichen Entwicklungen wahrnahmen. Allerdings fanden sie ihren Weg nicht im Protest, sondern in der **Hinwendung zu traditionellen Werten** wie Familie, Volk, Natur und Gott. Der eigene Weg nach innen, eine psychologisch immer weiter verfeinerte Selbstbeobachtung, wurde neben dem gesuchten Einklang zwischen Gemüt, sozialem Umfeld, Natur und Schöpfung zum zentralen Thema ihrer Dichtung.

Wichtige Autorinnen/Autoren und Werke – Junges Deutschland und Vormärz

HEINRICH HEINE (1797–1856): Reisebilder (1826–31), Deutschland. Ein Wintermärchen (1844, Verserzählung), journalistische Texte, Gedichte
LUDWIG BÖRNE (1786–1837): Briefe aus Paris (1832–34, Briefesammlung)
GEORG BÜCHNER (1813–1837): Der Hessische Landbote (1834, Flugschrift), Dantons Tod (1835, Drama), Woyzeck (1836, Drama), Lenz (1839, Erzählung)
GEORG HERWEGH (1817–1875): Gedichte eines Lebendigen (1841/44)
BETTINA VON ARNIM (1783–1859): Dies Buch gehört dem König (1843, Reportagen)
LOUISE ASTON (1814–1871): Meine Emanzipation (1846, Verteidigungsschrift nach ihrer Ausweisung aus Berlin)
GEORG WEERTH (1822–1856): Humoristische Skizzen aus dem deutschen Handelsleben (satirisches Feuilleton), Gedichte

Wichtige Autorinnen/Autoren und Werke – Biedermeier

EDUARD MÖRIKE (1804–1875): Maler Nolten (1832, Novelle), Mozart auf der Reise nach Prag (1856, Novelle), Gedichte
ANNETTE VON DROSTE-HÜLSHOFF (1797–1848): Die Judenbuche (1842, Novelle), Gedichte
ADALBERT STIFTER (1805–1868): Der Hochwald (1842/44, Novelle), Bunte Steine (1853, Sammlung von Erzählungen), Der Nachsommer (1857, Roman)
FRANZ GRILLPARZER (1791–1872): Der arme Spielmann (1848, Novelle), Dramen, Gedichte

5 Realismus und Naturalismus

Jean-François Millet: Ährenleserinnen (1857)

Lokomotiv- und Wagenräderbau in der Gussstahlfabrik von Friedrich Krupp in Essen (um 1900) Fotografie

1 Wie wirken die beiden Abbildungen auf Sie? Formulieren Sie Ihre ersten Eindrücke.
2 Beschreiben Sie die Bilder vergleichend (Bildaufbau, abgebildete Personen, weitere Bildelemente, Stimmung, Wirkung der Darstellungstechnik ...).
3 Vergleichen Sie die Abbildungen hinsichtlich der Motivwahl und der Darstellungsweisen mit Ihnen bekannten Bildern aus früheren Epochen.

5.1 Hintergründe: Bürgertum und Industrialisierung

Aufstrebendes Bürgertum

Auch wenn das Bürgertum gegen Ende des 19. Jahrhunderts noch weitgehend von der politischen Herrschaft ausgeschlossen blieb, hatte seine ökonomische und kulturelle Bedeutung doch stark zugenommen. Bürgerliche Werte und bürgerlicher Lebensstil beeinflussten auch das Selbstverständnis und die Lebensweise anderer sozialer Schichten.

Sabina Becker: **Zwischen Kritik und Affirmation**[1] (2003) Auszug

Im Zuge des wirtschaftlichen Aufstiegs zeigte sich immer deutlicher, dass sich die Freiheitsvorstellungen der Bourgeoisie[2] von denen der liberalen Intelligenz zunehmend 5 entfernten. Das Besitzbürgertum, vor allem die Industriellen, verstanden unter Freiheit, Liberalismus und Liberalität primär die uneingeschränkte Kapitalisierung und Ökonomisierung des Lebens, die Freiheit des öko- 10 nomischen Wettbewerbs also, während das liberale Bildungsbürgertum und die liberale, auch die literarische Intelligenz Liberalität mit demokratischer Entfaltung des Individuums sowie mit dessen humanitärer Bildung 15 und Ausbildung gleichsetzten.
Innerhalb des liberalen Bildungsbürgertums begrüßte man die politische Realisierung der nationalen Einheit durch Bismarcks Machtpolitik, ein Vorhaben, an dessen Einlösung 20 man selbst gearbeitet hatte, aber gescheitert war. Doch zugleich nahm die Skepsis an der durch das (Besitz-)Bürgertum betriebenen Materialisierung nahezu aller Lebensbereiche zu. Ein expansives, materialistisches Wirtschaftsdenken dominierte die Mentalität und 25 Einstellung weiter Teile des Bürgertums. Es löste ein kulturelles und soziales Unbehagen aus, das in bildungsbürgerlichen Kreisen zu einer sich bis zur Jahrhundertwende verschärfenden Kritik am kapitalistischen Agie- 30 ren der Bourgeoisie führte.
Diese dem offiziellen Fortschrittsoptimismus des Bürgertums, aber auch des wilhelminischen Staats entgegenstehende pessimistische Haltung trat innerhalb der Literatur als 35 eine Selbstkritik der bürgerlichen Gesellschaft auf. [...]
Die primär nach materiellen und ökonomischen Belangen ausgerichtete bürgerliche Gesellschaft wird [...] kritisch beschrieben: 40 Man erinnert das an ökonomischen Werten interessierte Besitzbürgertum, das mit dem Zuwachs an wirtschaftlicher Macht seinen Ausschluss von der politischen Herrschaft zu kompensieren suchte, an seine humanitären 45 Verpflichtungen und ehemaligen liberalen Ziele respektive bürgerlichen Werte.

1 **Affirmation:** Bejahung, Zustimmung
2 **Bourgeoisie:** hier: Besitzbürgertum

---

1 **a** Erschließen Sie den Text, indem Sie die Einstellungen von Besitzbürgertum und Bildungsbürgertum einander gegenüberstellen. Sie können dazu z. B. zwei kontrastierende Cluster (→ S. 348) anlegen oder ein Schaubild (→ S. 350) erstellen.
b Überlegen Sie, was einem „Besitzbürger"/einer „Besitzbürgerin" und einem „Bildungsbürger"/einer „Bildungsbürgerin" bei Auswahl und Ausstattung eines Wohnhauses wohl besonders wichtig wäre. Betrachten Sie auch die Abbildungen auf S. 269.

2 Referat: Geben Sie in einem Kurzreferat (→ S. 13) einen Überblick über die Entwicklung der sozialen Stände und die Herausbildung von sozialen Klassen im 19. Jh. in Deutschland.

Fabrikantenvilla, erbaut 1873

Theodor Fontanes Arbeitszimmer, 1898

Im Zentrum von Theodor Fontanes Roman „Jenny Treibel" (1892) steht die Ehefrau des Fabrikanten Treibel. Die charmante und geistreiche Tochter des Gymnasialprofessors Willibald Schmidt, Corinna, möchte Leopold, den etwas langweiligen Sohn Jennys, heiraten, um ein abgesichertes und angenehmes Leben führen zu können. Ihr Vetter Marcell, der Corinna sehr mag, ist von ihr enttäuscht. Willibald Schmidt beruhigt Marcell, Jenny werde diese Heirat nie zulassen. Er lässt Marcell wissen, wie er Jenny einschätzt.

Theodor Fontane: **Frau Jenny Treibel oder „Wo sich Herz zum Herzen find't"** (1892) Auszug

„Jenny Bürstenbinder, das ist ihr Vatername, wie du vielleicht schon weißt, ist der Typus einer Bourgeoise. Sie war talentiert dafür, von Kindesbeinen an, und in jenen Zeiten, 5 wo sie noch drüben in ihres Vaters Laden, wenn der Alte gerade nicht hinsah, von den Traubenrosinen naschte, da war sie schon geradeso wie heut und deklamierte den ,Taucher' und den ,Gang nach dem Eisenhammer'[1] 10 und auch allerlei kleine Lieder, und wenn es recht was Rührendes war, so war ihr Auge schon damals immer in Tränen, und als ich eines Tages mein berühmtes Gedicht[2] gedichtet hatte, du weißt schon, das Unglücksding, 15 das sie seitdem immer singt und vielleicht auch heute wieder gesungen hat, da warf sie sich mir an die Brust und sagte: ,Willibald, Einziger, das kommt von Gott.' Ich sagte halb verlegen etwas von meinem Gefühl und meiner Liebe, sie blieb aber dabei, 20 es sei von Gott, und dabei schluchzte sie dermaßen, dass ich, so glücklich ich einerseits in meiner Eitelkeit war, doch auch wieder einen Schreck kriegte vor der Macht dieser Gefühle. Ja, Marcell, das war so unsere stille 25 Verlobung, ganz still, aber doch immerhin eine Verlobung; wenigstens nahm ich's dafür und strengte mich riesig an, um so rasch wie möglich mit meinem Studium am Ende zu sein und mein Examen zu machen. Und ging 30 auch alles vortrefflich. Als ich nun aber kam, um die Verlobung perfekt zu machen, da hielt sie mich hin, war abwechselnd vertraulich und dann wieder fremd, und während sie nach wie vor das Lied sang, *mein* Lied, 35 liebäugelte sie mit jedem, der ins Haus kam,

1 „Der Taucher", „Der Gang nach dem Eisenhammer": Balladen von Schiller
2 das im Romantitel genannte Gedicht „Wo sich Herz zum Herzen find't"

bis endlich Treibel erschien und dem Zauber ihrer kastanienbraunen Locken und noch mehr ihren Sentimentalitäten erlag. Denn der Treibel von damals war nicht der Treibel von heut, und am andern Tag kriegte ich die Verlobungskarten. Alles in allem eine sonderbare Geschichte, daran, das glaub ich sagen zu dürfen, andere Freundschaften gescheitert wären; aber ich bin kein Übelnehmer und Spielverderber, und in dem Lied, drin sich, wie du weißt, ‚die Herzen finden' – beiläufig eine himmlische Trivialität und ganz wie geschaffen für Jenny Treibel –, in dem Liede lebt unsere Freundschaft fort bis diesen Tag, ganz so, als sei nichts vorgefallen. Und am Ende, warum auch nicht? Ich persönlich bin drüber weg, und Jenny Treibel hat ein Talent, alles zu vergessen, was sie vergessen will. Es ist eine gefährliche Person, und umso gefährlicher, als sie's selbst nicht recht weiß und sich aufrichtig einbildet, ein gefühlvolles Herz und vor allem ein Herz ‚für das Höhere' zu haben. Aber sie hat nur ein Herz für das Ponderable[3], für alles, was ins Gewicht fällt und Zins trägt, und für viel weniger als eine halbe Million gibt sie den Leopold nicht fort, die halbe Million mag herkommen, woher sie will. Und dieser arme Leopold selbst. So viel weißt du noch, der ist nicht der Mensch des Aufbäumens oder der Eskapade nach Gretna Green[4]. Ich sage dir, Marcell, unter Brückner[5] tun es Treibels nicht, und Kögel[6] ist ihnen noch lieber. Denn je mehr es nach Hof schmeckt, desto besser. Sie liberalisieren und sentimentalisieren beständig, aber das ist alles Farce; wenn es gilt, Farbe zu bekennen, dann heißt es: ‚Gold ist Trumpf' und weiter nichts."

[Corinna verlobt sich mit Leopold, aber Jenny legt ihren Einspruch bei Vater und Tochter in einer Art ein, die Corinna deutlich macht, dass ihre Verlobung ein Irrtum war. Marcell ist großmütig, liebt Corinna noch immer und trägt ihr die Heirat an. Der alte Schmidt kommentiert diese Entwicklung gegenüber seiner Tochter:]

„Du bist ein Glückskind. Sieh, das ist das, was man das Höhere nennt, das wirklich Ideale, nicht das von meiner Freundin Jenny. Glaube mir, das Klassische, was sie jetzt verspotten, das ist das, was die Seele frei macht, das Kleinliche nicht kennt und das Christliche vorahnt und vergeben und vergessen lehrt, weil wir alle des Ruhmes mangeln. Ja, Corinna, das Klassische, das hat Sprüche wie Bibelsprüche. Mitunter beinah noch etwas drüber. Da haben wir zum Beispiel den Spruch: ‚Werde, der du bist'[7], ein Wort, das nur ein Grieche sprechen konnte. Freilich, dieser Werdeprozess, der hier gefordert wird, muss sich verlohnen, aber wenn mich meine väterliche Befangenheit nicht täuscht, bei *dir* verlohnt es sich. Diese Treibelei war ein Irrtum [...]. Jetzt hast du das Richtige gefunden und dich selbst dazu ..."

3 **Ponderable:** das Wägbare
4 **Gretna Green:** Ort für Schnelltrauungen in Schottland
5 **Brückner:** seit 1872 Generalsuperintendent in Berlin
6 **Kögel:** Oberhofprediger und Seelsorger Wilhelms I.

7 Zitat aus einer Ode des griechischen Dichters Pindar (um 522–446 v. Chr.)

1 **a** Welchen ersten Eindruck haben Sie von Jenny Treibel und von Willibald Schmidt? Äußern Sie Ihre Einschätzungen.
b Lesen Sie einige Textpassagen gestaltend und versuchen Sie dabei eine Charakterisierung Schmidts.
c Beschreiben Sie, wie Sie sich das Aussehen, die Kleidung und die Körperhaltung von Schmidt und Jenny Treibel vorstellen.

2 Beziehen Sie den Romanausschnitt auf den sozialgeschichtlichen Text auf S. 268: Erarbeiten Sie Einstellungen und Werte des Gymnasialprofessors Schmidt und der Fabrikantengattin Treibel. Charakterisieren Sie beide vor dem Hintergrund der gesellschaftlichen Entwicklung.

Industrialisierung

Jürgen Kocka: **Das Jahrhundert der Industrialisierung** (2001) Auszug

Die Tragfähigkeit des Industrialisierungsparadigmas[1] ergibt sich aus der Zentralität der Prozesse, die es bezeichnet. Denn die Industrialisierung war mit einer Vielzahl anderer Entwicklungen, Lebensbereiche und Problemfelder wechselseitig verknüpft, die sich damit aus industrialisierungsgeschichtlichem Blickwinkel erschließen lassen. Das gilt für die Geschichte der Bevölkerung, der Wanderungen und der Verstädterung, der Einkommen und des Konsums, für die Geschichte der sozialen Schichten und Klassen, der sozialen Mobilität und Proteste, der sozialen Bewegungen und besonders der Arbeiterbewegung, für den Umbau des Erziehungswesens und den Abbau des Analphabetentums, die beginnende „Verwissenschaftlichung des Körpers", die Geschichte des Sports und anderes mehr. Allzu oft ist Industrialisierung ausschließlich als sozialökonomischer Prozess verstanden worden. Sie war jedoch gleichzeitig eine kulturelle Umwälzung sondergleichen. [...] so brachte die Industrialisierung ihrerseits neue Erfahrungen und Orientierungen hervor, vor allem die Erfahrung rasanten, Schwindel erregenden Wandels, der Beschleunigung der Zeit und der Schrumpfung des Raumes. Mit Industrialisierung war bald die Lockerung herkömmlicher Bindungen, die Krise traditioneller Werte und die Infragestellung eingewurzelter Gewohnheiten verbunden sowie die – teils emphatische[2], teils katastrophisch gestimmte – Erwartung von Neuem.

1 **Paradigma:** Denkmuster, wissenschaftlicher Ansatz zur Erklärung von Sachverhalten

2 **emphatisch:** mit Nachdruck, eindringlich (positiv)

Spinnerei Rosenau in Augsburg um 1890

1 Referat: Vergegenwärtigen Sie in einem Kurzreferat (→ S.13) die Eckdaten der industriellen Revolution in der zweiten Hälfte des 19. Jahrhunderts in Deutschland.
2 Erschließen Sie den Text, indem Sie die Bereiche zusammenstellen, auf die sich der sozioökonomische und kulturelle Wandel durch die Industrialisierung besonders auswirkte.
3 Suchen Sie Beispiele, die diesen Wandel dokumentieren, wie z.B. Statistiken und Bildmaterial. Sie können daraus ein Schaubild (→ S.350) gestalten.

Emile Zola, Hauptvertreter des französischen Naturalismus, schrieb seinen Roman „Germinal“ unter dem Eindruck des niedergeschlagenen Bergarbeiteraufstands in Anzin 1884. Im Mittelpunkt des Romans steht das Leben der Bergarbeiter, Hauptfigur ist der junge Mechaniker Etienne Lantier, der nach langer Suche Arbeit in den Kohlegruben von Montsou gefunden hat. Zola stellt Unternehmer und Arbeiter ohne ausdrückliche Wertungen dar. Er wollte sie so „zeigen, wie die Gesellschaft sie gemacht hat“. Der Begriff „Germinal“ ist dem französischen Revolutionskalender entnommen; er bedeutet „Keim-Monat“ und deutet auf Unruhe und den Anbruch einer sozialen Revolution hin.
In dem folgenden Auszug wird die Arbeit unter Tage dargestellt.

Emile Zola: **Germinal** (1885) Auszug

Jeder voll geladene Karren wurde so, wie er von der Abbaustelle abfuhr – mit einer besonderen Marke versehen, damit ihn der Abnehmer den Häuern[1] gutschreiben konnte –, zutage gefördert. Man musste also sorgsam darauf bedacht sein, dass man ihn ordentlich vollbekam und nur gute Kohle nahm; sonst wurde die Annahme verweigert.

Etienne, dessen Augen sich an die Dunkelheit gewöhnt hatten, sah Cathérine an. Ihr bleichsüchtiges Gesicht war noch weiß. Er hätte nicht sagen können, wie alt sie war. Sie schien ihm so schwächlich, dass er sie nur auf zwölf Jahre schätzte. Dennoch fühlte er, dass sie älter war, denn sie war unbefangen wie ein Junge und von einer naiven Keckheit, die ihn ein wenig verlegen machte. Sie gefiel ihm nicht. Er fand sie mit ihrem blassen Pierrotkopf[2], dessen Schläfen die Kappe dicht anlag, zu gassenjungenhaft. In Erstaunen aber setzte ihn die Kraft dieses Kindes, eine nervige, mit großer Geschicklichkeit gepaarte Kraft. Mit kleinen, gleichmäßigen und geschwinden Schaufelwürfen füllte sie ihren Karren schneller als er. Dann schob sie ihn mit einem einzigen langsamen Stoß glatt, ohne hängen zu bleiben, unter dem niedrigen Gestein hin bis zum Bremsberg, während sich Etienne abrackerte, entgleiste und aus seiner misslichen Lage nicht herauskam.

Der Weg war auch wirklich nicht gerade bequem. Es waren von der Abbaustelle bis zum Bremsberg an die sechzig Meter. Die Förderstrecke, die die Abraumarbeiter[3] noch nicht erweitert hatten, war ein wahrer Schlauch mit sehr ungleichmäßiger Decke, die überall Vorsprünge hatte. An manchen Stellen kam der beladene Karren gerade noch durch. Der Schlepper musste sich dann hinducken und auf den Knien rutschen, um sich nicht den Schädel einzurennen. Übrigens bogen sich die Stempel[4] schon und barsten. In der Mitte eingeknickt, sahen sie mit den langen, weißen Rissen aus wie allzu schwache Krücken. Man musste sich vorsehen, dass man sich an diesen Bruchstellen nicht verletzte; und unter dem langsamen Druck, der schenkeldicke Rundhölzer aus Eiche zerbrach, warf man sich platt auf den Bauch in der dumpfen Angst, man könnte plötzlich hören, wie einem der eigene Rücken zerkrachte.

„Schon wieder!“, sagte Cathérine und lachte. Etiennes Karren war an der schwierigsten Stelle entgleist. Es wollte ihm nicht gelingen, ihn auf diesen Schienen, die sich im nassen Boden verbogen, geradeaus vorwärtszuschieben. Er fluchte, ereiferte sich, plagte sich wütend mit den Rädern ab, ohne sie trotz der größten Anstrengung wieder aufs Gleis bringen zu können.

„Warte doch!“, fuhr das junge Mädchen fort. „Wenn du dich ärgerst, geht’s erst recht nicht.“ Geschickt war sie herzugeglitten, hatte rücklings den Hintern unter den Karren

1 **Häuer:** Bergmann
2 **Pierrot:** in der französischen Pantomime eine komische, melancholische Figur mit weiß geschminktem Gesicht
3 **Abraum:** Erdschicht über den Bodenschätzen, die abgeräumt werden muss
4 **Stempel:** im Bergbau ein Element zur Absicherung des Grubenausbaus

Kinderarbeit im Bergbau im 19. Jahrhundert

geschoben, den sie mit einem Ruck ihrer Hüfte anhob und wieder aufs Gleis brachte. Dabei wog der Wagen siebenhundert Kilo.
Überrascht und beschämt stotterte Etienne
70 Entschuldigungen [...].
Bei jeder Fahrt empfand Etienne die drückende Schwüle, die unten vor Ort herrschte, hörte den unregelmäßigen, dumpfen und gebrochenen Takt der Keilhauen[5], das gedehn-
75 te, qualvolle Stöhnen der in ihre Arbeit verbissenen Häuer. Alle vier hatten sich ausgezogen, lagen fast unter der Kohle begraben, bis an die Kappe mit nassem, schwarzem Schmutz bedeckt. Einmal hatten sie Maheu,
80 der bereits röchelte, befreien und die Bretter entfernen müssen, um die Kohle auf die Abbaustrecke hinabgleiten zu lassen. Zacharie und Levaque schimpften auf das Flöz[6], das, wie sie sagten, hart wurde, ein Umstand, der
85 sich auf ihren Akkordlohn[7] ungünstig auszuwirken drohte. Chaval wandte sich um, blieb einen Augenblick auf dem Rücken liegen und schalt auf Etienne, über dessen Anwesenheit er sich offenbar ärgerte.
„Schlappschwanz! Hat er noch nicht einmal 90
so viel Kraft wie ein Mädchen! – Willst du wohl deinen Karren richtig voll laden? He, du möchtest wohl deine Ärmchen schonen! – Gott verdammt, dir zieh ich die zehn Sous[8] ab, wenn uns deinetwegen ein Karren zu- 95
rückgewiesen wird!“
Viel zu froh, fürs Erste wenigstens diese Sträflingsarbeit gefunden zu haben, unterließ es Etienne, darauf zu antworten, und schickte sich in die brutale Rangordnung, die 100
Chaval, den Vorarbeiter, über ihn, den Hilfsarbeiter, setzte. Aber er war nicht mehr im Stande, zu gehen. Seine Füße bluteten. Seine Glieder zuckten von schmerzhaften Krämpfen. Der Rumpf war ihm wie von einem ei- 105
sernen Ring zusammengepresst. Glücklicherweise war es zehn Uhr, und vor Ort entschloss man sich zu frühstücken.

5 **Keilhaue:** im Bergbau spitzkeilförmige Hacke
6 **Flöz:** abbaubare Schicht (von Kohle)
7 **Akkordlohn:** Bezahlung nach produzierter Menge
8 **Sou:** französische Münze, Geldstück von geringem Wert

1 Erschließen Sie die Arbeitsbedingungen der Bergarbeiter.
Legen Sie dazu eine Mind-Map (→ S. 348) an.
2 Untersuchen Sie den Einfluss der Arbeit auf die Beziehungen der Arbeiter zueinander.
3 Analysieren Sie die Darstellungsweise Zolas. Klären Sie dazu auch die Erzählstrategie (Erzählverhalten, Standort des Erzählers, Erzählhaltung → S. 333 f.).
4 Vergleichen Sie die Darstellung der Stollen und der Arbeit unter Tage in diesem Text und in Heines „Harzreise“ (→ S. 256 f.).
5 Weiterführend: Untersuchen Sie die literarischen Texte des Kapitels „Realismus und Naturalismus“ jeweils unter folgenden Gesichtspunkten:
- Schauplätze (Stadt oder Land/Dorf),
- soziale Schichten bzw. Klassen der Hauptfiguren,
- die Rolle der Industrialisierung und der sozialen Probleme in den Texten.

Halten Sie Ihre Ergebnisse in einer (tabellarischen) Übersicht fest.

5.2 Menschenbilder: „Man ist nicht bloß ein einzelner Mensch" – Individuum und Gesellschaft

Materialismus und Atheismus

In den letzten beiden Dritteln des 19. Jahrhunderts dominierten materialistische und atheistische sowie pessimistische Ansätze in der Philosophie. Darwinismus (→ S. 279), Empirie (Erfahrung) und Positivismus prägten das zeitgenössische Weltbild. Der Positivismus ist eine Wissenschaftstheorie, die besagt, dass alle Erkenntnis auf Erfahrung und genauer Beobachtung der wahrnehmbaren Tatsachen beruht; auch die Philosophie soll sich auf diese Grundlagen stützen und keine metaphysischen Erklärungen für Sinn und Ursachen des Gegebenen mehr akzeptieren. Die Autoren des Realismus und des Naturalismus wurden in unterschiedlicher Weise von diesen Positionen beeinflusst. Gottfried Keller z. B. beschäftigte sich mit den Lehren des Philosophen Ludwig Feuerbach (1804–1872), eines Hauptvertreters des philosophischen Materialismus und Atheismus in Deutschland. Feuerbach übte scharfe Religionskritik:

Ludwig Feuerbach: **Vorlesungen über das Wesen der Religion** (1851) Auszug

Das Christentum hat sich die Erfüllung der unerfüllbaren Wünsche des Menschen zum Ziel gesetzt, aber ebendeswegen die erreichbaren Wünsche des Menschen außer Acht 5 gelassen; es hat den Menschen durch die Verheißung des ewigen Lebens um das zeitliche Leben, durch das Vertrauen auf Gottes Hilfe um das Vertrauen zu seinen eigenen Kräften, durch den Glauben an ein besseres Leben im 10 Himmel um den Glauben an ein besseres Leben auf Erden und das Bestreben, ein solches zu verwirklichen, gebracht. Das Christentum hat dem Menschen gegeben, was er in seiner Einbildung wünscht, aber ebendeswegen 15 nicht gegeben, was er in Wahrheit und Wirklichkeit verlangt und wünscht. In seiner Einbildung verlangt er ein himmlisches, überschwängliches, in Wahrheit aber ein irdisches, ein mäßiges Glück. Zum irdischen Glück ge-20 hört freilich nicht Reichtum, Luxus, Üppigkeit, Pracht, Glanz und anderer Tand, sondern nur das Notwendige, nur das, ohne was der Mensch nicht menschlich existieren kann. Aber wie viele Menschen mangeln des Not-25 wendigsten! Aus diesem Grunde erklären es die Christen für frevelhaft und unmenschlich, das Jenseits zu leugnen und ebendamit den Unglücklichen, Elenden dieser Erde den einzigen Trost, die Hoffnung eines besseren Jenseits zu rauben. [...] Der Theismus, der 30 Gottesglaube [...] ist verneinend; er verneint die Natur, die Welt und die Menschheit: *vor Gott ist die Welt und der Mensch Nichts,* Gott ist und war, ehe Welt und Menschen waren; [...] für den wahren Theisten gibt es keine 35 Macht und Schönheit der Natur, keine Tugend des Menschen; alles nimmt der gottesgläubige Mensch dem Menschen und der Natur, nur um damit seinen Gott auszuschmücken und zu verherrlichen. [...] Der 40 Theismus ist daher „negativ und destruktiv"; nur auf die Nichtigkeit der Welt und des Menschen, d. h. des wirklichen Menschen baut er seinen Glauben. Nun aber ist Gott nichts anderes als das abgezogene, fantas- 45 tische, durch die Einbildungskraft verselbstständigte Wesen des Menschen und der Natur; der Theismus opfert daher das wirkliche Leben und Wesen der Dinge und Menschen einem bloßen Gedanken- und Fantasiewesen 50 auf. Der Atheismus dagegen opfert das Gedanken- und Fantasiewesen dem wirklichen Leben und Wesen auf. Der Atheismus ist daher positiv, bejahend; er gibt der Natur und Menschheit die Bedeutung, die Würde wie- 55 der, die ihr der Theismus genommen; er belebt die Natur und Menschheit, welchen der Theismus die besten Kräfte ausgesogen.

1 a Arbeiten Sie Feuerbachs zentrale Thesen zum Theismus und zum Atheismus heraus. Klären Sie Ihr Textverständnis zunächst in Kleingruppen.
b Diskutieren Sie die Thesen (Podiumsdiskussion → S. 353, Quadro-Methode → S. 353).
2 Vergleichen Sie Feuerbachs Menschenbild mit dem in Goethes Gedicht „Das Göttliche" (→ S. 166).

Frederic Edwin Church:
Dämmerung in der Wildnis (1860)

Gottfried Keller: **Abendlied** (1872)

Augen, meine lieben Fensterlein,
Gebt mir schon so lange holden Schein,
Lasset freundlich Bild um Bild herein:
Einmal werdet ihr verdunkelt sein!

5 Fallen einst die müden Lider zu,
Löscht ihr aus, dann hat die Seele Ruh;
Tastend streift sie ab die Wanderschuh,
Legt sich auch in ihre finstre Truh.

Noch zwei Fünklein sieht sie glimmend stehn,
10 Wie zwei Sternlein innerlich zu sehn,
Bis sie schwanken und dann auch vergehn,
Wie von eines Falters Flügelwehn.

Doch noch wandl ich auf dem Abendfeld,
Nur dem sinkenden Gestirn gesellt;
15 Trinkt, o Augen, was die Wimper hält,
Von dem goldnen Überfluss der Welt!

1 Tauschen Sie sich über Ihre ersten Eindrücke zu Gottfried Kellers „Abendlied" aus.
2 Stellen Sie einen Zusammenhang her zwischen Kellers Gedicht und Ludwig Feuerbachs Position. Sie können den Zusammenhang in Form einer Schnittmengengrafik (→ S. 351) veranschaulichen.
3 Diskutieren Sie Bezüge des Gedichts zum Positivismus.
4 Bringen Sie das Gedicht in Zusammenhang mit Frederic Edwin Churchs Gemälde „Dämmerung in der Wildnis".

Konflikt zwischen Individuum und Gesellschaft

Zentrales Thema des Realismus ist die Beziehung von Individuum und Gesellschaft. Auch Fontane gestaltet dieses Thema, z. B. in seinem Roman „Effi Briest" (1894/95).
Die Hauptfiguren gehören altem Adel an. Instetten hat die sehr viel jüngere Effi Briest geheiratet und mit ihr in dem kleinen Ort Kessin gelebt. Das dortige Leben und die Ehe erfüllen Effi nicht, sodass sie sich auf eine Affäre mit Major Crampas einlässt, aus Langeweile und ohne Leidenschaft. Sieben Jahre später, das Ehepaar lebt inzwischen in Berlin, entdeckt Instetten Liebesbriefe von Major Crampas, die Effi aufbewahrt hat. In seiner ersten Bestürzung sucht Instetten seinen Kollegen und Freund Wüllersdorf auf. Instetten äußert die Überlegung, Crampas zum Duell zu fordern – einen Gedanken, den er bald darauf in die Tat umsetzt.

Theodor Fontane: **Effi Briest** (1894/95) Auszug

„Ich habe mir's hin und her überlegt. Man ist nicht bloß ein einzelner Mensch, man gehört einem Ganzen an, und auf das Ganze haben wir beständig Rücksicht zu nehmen, wir sind 5 durchaus abhängig von ihm. Ging es, in der Einsamkeit zu leben, so könnt ich es gehen lassen; ich trüge dann die mir aufgepackte Last, das rechte Glück wäre hin, aber es müssen so viele leben ohne dies ‚rechte Glück', 10 und ich würde es auch müssen und – auch können. Man braucht nicht glücklich zu sein, am allerwenigsten hat man einen Anspruch darauf, und den, der einem das Glück genommen hat, den braucht man nicht not- 15 wendig aus der Welt zu schaffen. Man kann ihn, wenn man weltabgewandt weiterexistieren will, auch laufen lassen. Aber im Zusammenleben mit den Menschen hat sich ein Etwas herausgebildet, das nun mal da ist und nach dessen Paragrafen wir uns gewöhnt ha- 20 ben, alles zu beurteilen, die anderen und uns selbst. Und dagegen zu verstoßen geht nicht; die Gesellschaft verachtet uns, und zuletzt tun wir es selbst und können es nicht aushalten und jagen uns die Kugel durch den Kopf. 25 Verzeihen Sie, dass ich Ihnen solche Vorlesung halte, die schließlich doch nur sagt, was sich jeder selber hundertmal gesagt hat. Aber freilich, wer kann was Neues sagen! Also noch einmal, nichts von Hass oder derglei- 30 chen, und um eines Glückes willen, das mir genommen wurde, mag ich nicht Blut an den Händen haben; aber jenes, wenn Sie wollen, uns tyrannisierende Gesellschafts-Etwas, das fragt nicht nach Charme und nicht nach Lie- 35 be und nicht nach Verjährung. Ich habe keine Wahl. Ich muss."

1 Fassen Sie die Argumentation Instettens zusammen und arbeiten Sie heraus, wie er das Verhältnis von Individuum und Gesellschaft charakterisiert.

2 Nehmen Sie aus heutiger Sicht Stellung zu Instettens Überlegungen. Sie können auch eine Entgegnung Wüllersdorfs verfassen, in die Sie Ihre eigenen Überlegungen einfließen lassen.

3 Vergleichen Sie die Rolle des Individuums in Kellers „Abendlied" und in Instettens Stellungnahme. Sie können zwei kontrastierende Cluster (→ S. 348) oder ein Schnittmengencluster (→ S. 350) anlegen.

Major Crampas und Effi in Rainer Werner Fassbinders Film „Fontane Effi Briest" (1974)

Milieu und Vererbung

Gerhart Hauptmanns Drama „Vor Sonnenaufgang“ (1889) ist eine Milieustudie und stellt die Folgen der Industrialisierung dar. In der Familie Krause, die durch Kohlevorkommen auf ihrem Boden zu Reichtum gekommen ist, herrschen Alkoholismus, sexuelle Ausschweifungen, Ehebruch, versuchter Inzest. Die ganze Familie ist davon betroffen, der alte Krause, seine Tochter Martha und deren Ehemann Hoffmann. Nur Helene, die jüngste Tochter Krauses, hat sich bis jetzt den Auswirkungen dieses Milieus entziehen können, da sie in einem Internat erzogen wurde. In diese Familie kommt Alfred Loth, Sozialreformer, Abstinenzler und Anhänger der Vererbungslehre, also Sprachrohr einiger damals verbreiteter Ansichten; er will eine Studie über die Lebensbedingungen der Bergarbeiter schreiben. Loth und Helene lernen einander kennen und lieben und wollen heiraten. Helene hofft, dadurch ihrem Milieu zu entkommen. Dr. Schimmelpfennig, der zur Entbindung von Martha in das Haus kommt, war ein alter Mitstreiter Loths und klärt den Freund über die Zustände in der Familie auf.

Gerhart Hauptmann: **Vor Sonnenaufgang** (1889) Auszug

DOKTOR SCHIMMELPFENNIG, *nach einigen unruhigen Anläufen.* Die Geschichte ist leider die: Ich halte mich für verpflichtet ... ich schulde dir unbedingt Aufklärung. Du wirst Helene Krause, glaub' ich, nicht heiraten können.

LOTH, *kalt.* So, glaubst du? [...]

DOKTOR SCHIMMELPFENNIG. Du musst unbedingt deine Hauptforderung in Bezug auf Ehe fallen gelassen haben, obgleich du vorhin durchblicken ließt, es käme dir nach wie vor darauf an, ein an Leib und Seele gesundes Geschlecht in die Welt zu setzen.

LOTH. Fallen gelassen ... fallen gelassen? Wie sollte ich denn das ...

DOKTOR SCHIMMELPFENNIG. Dann bleibt nichts übrig ... dann kennst du doch eben die Verhältnisse nicht. Dann weißt du zum Beispiel nicht, dass Hoffmann einen Sohn hatte, der mit drei Jahren bereits am Alkoholismus zu Grunde ging.

LOTH. Wa... was – sagst du?

DOKTOR SCHIMMELPFENNIG. 's tut mir leid, Loth, aber sagen muss ich's dir doch, du kannst ja dann noch machen, was du willst. Die Sache war kein Spaß. Sie waren gerade wie jetzt zu Besuch hier. Sie ließen mich holen, eine halbe Stunde zu spät. Der kleine Kerl war längst verblutet. – *Loth mit den Zeichen tiefer, furchtbarer Erschütterung an des Doktors Mund hängend. – Doktor Schimmelpfennig.* Nach der Essigflasche hatte das dumme Kerlchen gelangt in der Meinung, sein geliebter Fusel sei darin. Die Flasche war herunter- und das Kind in die Scherben gefallen. Hier unten, die Vena saphena[1], die hatte es sich vollständig durchschnitten.

LOTH. W...w...essen Kind, sagst du ...?

DOKTOR SCHIMMELPFENNIG. Hoffmanns und ebenderselben Frau Kind, die da oben wieder ... und auch die trinkt, trinkt bis zur Besinnungslosigkeit, trinkt, so viel sie bekommen kann.

LOTH. Also von Hoffmann ... Hoffmann geht es nicht aus?!

DOKTOR SCHIMMELPFENNIG. Bewahre. Das ist tragisch an dem Menschen, er leidet darunter, soviel er überhaupt leiden kann. Im Übrigen hat er's gewusst, dass er in eine Potatorenfamilie[2] hineinkam. Der Bauer[3] kommt nämlich überhaupt nicht mehr aus dem Wirtshaus.

LOTH. Dann freilich – begreife ich manches – nein! Alles begreife ich – alles. *Nach einem dumpfen Schweigen.* Dann ist ihr Leben hier ... Helenens Leben – ein ... ein – wie soll ich sagen?! Mir fehlt der Ausdruck dafür – ... nicht?

1 **Vena saphena:** Vene im Bein
2 **Potatoren:** Alkoholabhängige
3 **der Bauer:** Gemeint ist der alte Krause.

Doktor Schimmelpfennig. Horrend gera-
60 dezu! Das kann ich beurteilen. Dass du bei ihr hängen bliebst, war mir auch von Anfang an sehr begreiflich. Aber wie ges...

Loth. Schon gut! – verstehe ... Tut denn ...? Könnte man nicht vielleicht ... vielleicht
65 könnte man Hoffmann bewegen, etwas ... etwas zu tun? Könntest du nicht vielleicht – ihn zu etwas bewegen? Man müsste sie fortbringen aus dieser Sumpfluft.

Doktor Schimmelpfennig. Hoffmann?

70 **Loth.** Ja, Hoffmann.

Doktor Schimmelpfennig. Du kennst ihn schlecht ... Ich glaube zwar nicht, dass er sie schon verdorben hat. Aber ihren guten Ruf hat er sicherlich schon jetzt verdorben.

75 **Loth,** *aufbrausend.* Wenn das ist: Ich schlag' ihn ... Glaubst du wirklich? Hältst du Hoffmann wirklich für fähig ...?

Doktor Schimmelpfennig. Zu allem, zu allem halte ich ihn fähig, wenn für ihn ein
80 Vergnügen herausspringt.

Loth. Dann ist sie – das keuscheste Geschöpf, was es gibt ... *Loth nimmt langsam den Hut und hängt sich ein Täschchen um.*

Doktor Schimmelpfennig. Was gedenkst
85 du zu tun, Loth?

Loth. Nicht begegnen ...!

Doktor Schimmelpfennig. Du bist also entschlossen?

Loth. Wozu entschlossen?

90 **Doktor Schimmelpfennig.** Euer Verhältnis aufzulösen.

Loth. Wie sollt' ich wohl dazu nicht entschlossen sein?

Doktor Schimmelpfennig. Ich kann dir
95 als Arzt noch sagen, dass Fälle bekannt sind, wo solche vererbten Übel unterdrückt worden sind, und du würdest sicher deinen Kindern eine rationelle Erziehung geben.

Loth. Es mögen Fälle vorkommen.

100 **Doktor Schimmelpfennig.** Und die Wahrscheinlichkeit ist vielleicht nicht so gering, dass ...

Loth. Das kann uns nicht helfen, Schimmel. So steht es: Es gibt drei Möglichkeiten!
105 Entweder ich heirate sie, und dann ..., nein, dieser Ausweg existiert überhaupt nicht. Oder – die bewusste Kugel. Na ja, dann hätte man wenigstens Ruhe. Aber nein! So weit sind wir noch nicht, so was kann man sich
110 einstweilen noch nicht leisten – also: leben! kämpfen! – Weiter, immer weiter. *Sein Blick fällt auf den Tisch, er bemerkt das von Eduard zurechtgestellte Schreibzeug, setzt sich, ergreift die Feder, zaudert und sagt:* Oder am Ende ...?

115 **Doktor Schimmelpfennig.** Ich verspreche dir, ihr die Lage so deutlich als möglich vorzustellen.

Loth. Ja, ja! – nur eben ... ich kann nicht anders. *Er schreibt, adressiert und kuvertiert. Er*
120 *steht auf und reicht Schimmelpfennig die Hand.* Im Übrigen verlasse ich mich auf dich. –

[...]

Loth *wendet sich, bevor er zur Tür hinaustritt, noch einmal nach rückwärts und nimmt mit*
125 *den Augen noch einmal den ganzen Raum in sein Gedächtnis auf. Hierauf zu sich:* Da könnt' ich ja nun wohl gehen. *Nach einem letzten Blick ab.*

[Kurz darauf bringt Martha ein totes Kind zur
130 *Welt. Nachdem Helene Loths Abschiedsbrief gelesen und sich der Abreise Loths vergewissert hat, tötet sie sich.]*

---

1 a Erarbeiten Sie die Informationen, die Loth von Schimmelpfennig über Helenes Familie erhält.
b Bestimmen Sie die Gründe, aus denen Loth seine Entscheidung trifft, und charakterisieren Sie die Art und Weise seiner Entscheidungsfindung.

2 Untersuchen Sie die Regieanweisungen und bestimmen Sie ihre Rolle in diesem Text.

3 Diskutieren Sie Loths Entscheidung.

4 a Analysieren Sie Inhalt und Darstellung der Zeichnung auf S. 279.
b Setzen Sie die satirische Zeichnung in Beziehung zu Hauptmanns Text.

Ernst Retemeyer: Freie Bühne. Aus dem Beiblatt zur satirischen Zeitschrift „Kladderadatsch", Berlin 1890

Darwinismus und Sozialismus

Charles Darwin: **Der Kampf ums Dasein und die natürliche Zuchtauswahl°** (1859) Auszug

[...] Wie kommt es, könnte man weiter fragen, dass sich die Varietäten, die ich beginnende Arten nannte, schließlich in gute und unterschiedliche Arten verwandeln, die meistens mehr voneinander abweichen als die Varietäten derselben Art? Wie entstehen jene Gruppen von Arten dieser Gattungen? Wie aus dem nächsten Kapitel deutlich hervorgehen wird, sind alles das Folgen des *Kampfes ums Dasein*. In diesem Wettkampfe wird jede Veränderung, wie gering sie auch sein und aus welchen Ursachen sie auch entstanden sein mag, wenn sie nur irgendwie dem Individuum vorteilhaft ist, auch zur Erhaltung dieses Individuums beitragen und sich gewöhnlich auch auf die Nachkommen vererben. Diese werden daher mehr Aussicht haben, am Leben zu bleiben, denn von den vielen Individuen einer Art, die geboren werden, lebt nur eine geringe Anzahl fort. Ich habe dieses Prinzip, das jede geringfügige, wenn auch nur nützliche Veränderung konserviert, „natürliche Zuchtauswahl" genannt, um seine Beziehung zu der vom Menschen veranlassten künstlichen Zuchtwahl zu kennzeichnen. Indessen ist der von Herbert Spencer gebrauchte Ausdruck *Überleben des Tüchtigsten* besser und zuweilen ebenso bequem.

1 Erläutern Sie, wie die „natürliche Zuchtauswahl" der Arten nach Darwin erfolgt.
2 Erarbeiten Sie, an welche Punkte der darwinschen Theorie Loth anknüpft (→ S. 277 f.).

Kopf eines Theaterplakats aus dem Jahr 1889

Wie viele Vertreter des Naturalismus stand Gerhart Hauptmann der Sozialdemokratie nahe und nahm sich der „sozialen Frage" an. Sein Drama „Vor Sonnenaufgang" trägt den Untertitel „Soziales Drama". Der Protagonist, der Sozialreformer Alfred Loth, hat für seine Ideen unter dem Sozialistengesetz bereits zwei Jahre im Gefängnis gesessen. Er erklärt der jungen Helene, wofür er sein Leben einsetzen will:

Gerhart Hauptmann: **Vor Sonnenaufgang** (1889) Auszug

LOTH. Mein Kampf ist ein Kampf um das Glück aller; sollte ich glücklich sein, so müssen es erst alle andern Menschen um mich herum sein; ich müsste um mich 5 herum weder Krankheit noch Armut, weder Knechtschaft noch Gemeinheit sehen. Ich könnte mich sozusagen nur als Letzter an die Tafel setzen.

HELENE *mit Überzeugung.* Dann sind Sie ein 10 sehr, sehr guter Mensch!

LOTH *ein wenig betreten.* Verdienst ist weiter nicht dabei, Fräulein, ich bin so veranlagt. Ich muss übrigens sagen, dass mir der Kampf im Interesse des Fortschritts doch 15 große Befriedigung gewährt. Eine Art Glück, die ich weit höher veranschlage als die, mit der sich der gemeine Egoist zufrieden gibt ... [...]
Geboren wird man wohl nicht damit. Man 20 kommt dazu durch die Verkehrtheit unserer Verhältnisse, scheint mir; – nur muss man für das Verkehrte einen Sinn haben: Das ist es! Hat man den und leidet man so bewusst unter den verkehrten Verhältnissen, dann 25 wird man mit Notwendigkeit zu dem, was ich bin. [...]
Es ist zum Beispiel verkehrt, wenn der im Schweiße seines Angesichts Arbeitende hungert und der Faule im Überflusse leben 30 darf. Es ist verkehrt, den Mord im Frieden zu bestrafen und den Mord im Krieg zu belohnen.

1 Fassen Sie Loths Gesellschaftsbild und -ideal zusammen.
2 Erörtern Sie unter Einbeziehung des folgenden Ausschnitts aus einem Lexikonartikel, inwiefern die von Loth vorgetragene Position „sozialistisch" genannt werden kann.

Sozialismus [zu lateinisch *socialis* „kameradschaftlich, bundesgenössisch"]: seit dem frühen 19. Jahrhundert Bezeichnung für eine gesellschaftstheoretische Lehre, die die Umgestaltung der Gesellschaft mit dem Ziel, soziale Gleichheit und Gerechtigkeit für alle herzustellen, anstrebt; für eine politische Bewegung, die die Gesellschaft im Sinne dieser Lehre zu verändern 5 versucht, sowie für einen dieser Lehre entsprechenden Zustand der Gesellschaft. Gemeinsam sind den unterschiedlichen sozialistischen Positionen die Forderungen nach Aufhebung des Privateigentums an Produktionsmitteln, d.h. der in der Klassengesellschaft herrschenden Ausbeutung, der Entfremdung und der materiellen Verelendung der unteren Schichten; nach gesamtgesellschaftlicher Planung ökonomischer Prozesse zur Überwindung der krisenhaften 10 Konjunkturzyklen; nach Solidarität mit den Unterprivilegierten und Minderheiten innerhalb und außerhalb der jeweiligen Gesellschaft; nach der Versöhnung von Mensch und Natur.

(aus: Schülerduden. Die Philosophie)

5.3 Kunstauffassungen: Zwischen Verklärung und Wiedergabe der Wirklichkeit

Auseinandersetzung mit dem Drama der Klassik: Selbst- und Fremdbestimmung

Protagonistin in Hebbels Drama „Maria Magdalena" (1844) ist Klara, die Tochter des Tischlermeisters Anton. Sie ist von ihrem Verlobten Leonhard gegen ihren Willen geschwängert worden. Als Leonhard erfährt, dass Klaras Mitgift verloren ist, verspricht er einem wohlhabenden Mädchen des Ortes die Ehe und löst die Verlobung mit Klara durch einen Brief. Klaras Vater hat ihr mit Selbstmord gedroht, falls sie ihm „Schande" machen werde. Ihr Jugendfreund Friedrich ist in den Ort zurückgekehrt, er liebt Klara noch immer, aber als sie ihm ihre Schwangerschaft andeutet, sagt er: „Darüber kann kein Mann weg!" Klara sucht in dieser ausweglosen Lage noch einmal das Gespräch mit Leonhard.

Klara und Leonhard. Schauspiel Essen, 2004

Friedrich Hebbel: **Maria Magdalena** (1844) **3. Akt, 2. Szene** Auszug

KLARA. […] nicht als Mädchen, das vor unverdienter Schande zittert, denn *(halblaut)* ich zittre noch mehr vor dir, nur als Tochter des alten Mannes, der mir das Leben gegeben hat,
5 stehe ich hier!
LEONHARD. Und du willst?
KLARA. Du kannst fragen? Oh, dass ich wieder gehen dürfte! Mein Vater schneidet sich die Kehle ab, wenn ich – heirate mich!
10 **LEONHARD.** Dein Vater –
KLARA. Er hat's geschworen! Heirate mich!
LEONHARD. Hand und Hals sind nahe Vettern. Sie tun einander nichts zuleide! Mach dir keine Gedanken!
15 **KLARA.** Er hat's geschworen – heirate mich, nachher bring mich um, ich will dir für das eine noch dankbarer sein wie für das andere!
LEONHARD. Liebst du mich? Kommst du, weil dich dein Herz treibt? Bin ich der Mensch,
20 ohne den du nicht leben und sterben kannst?
KLARA. Antworte dir selbst!
LEONHARD. Kannst du schwören, dass du mich liebst? Dass du mich so liebst, wie ein Mädchen den Mann lieben muss, der sich auf ewig
25 mit ihr verbinden soll?
KLARA. Nein, das kann ich nicht schwören! Aber dies kann ich schwören: Ob ich dich liebe, ob ich dich nicht liebe, nie sollst du's erfahren! Ich will dir dienen, ich will für dich
30 arbeiten, und zu essen sollst du mir nichts geben, ich will mich selbst ernähren, ich will bei Nachtzeit nähen und spinnen für andere Leute, ich will hungern, wenn ich nichts zu tun habe, ich will lieber in meinen eignen Arm
35 hineinbeißen als zu meinem Vater gehen, damit er nichts merkt. Wenn du mich schlägst, weil dein Hund nicht bei der Hand ist oder weil du ihn abgeschafft hast, so will ich eher meine Zunge verschlucken als ein Geschrei
40 ausstoßen, das den Nachbarn verraten könnte, was vorfällt. Ich kann nicht versprechen, dass meine Haut nicht die Striemen meiner Geißel

zeigen soll, denn das hängt nicht von mir ab, aber ich will lügen, ich will sagen, dass ich mit 45 dem Kopf gegen den Schrank gefahren oder dass ich auf dem Estrich, weil er zu glatt war, ausgeglitten bin, ich will's tun, bevor noch einer fragen kann, woher die blauen Flecke rühren. Heirate mich! – Ich lebe nicht lange. Und 50 wenn's dir doch zu lange dauert und du die Kosten der Scheidung nicht aufwenden magst, um von mir loszukommen, so kauf Gift aus der Apotheke und stell's hin, als ob's für deine Ratten wäre, ich will's, ohne dass du auch nur 55 zu winken brauchst, nehmen und im Sterben zu den Nachbarn sagen, ich hätt's für verstoßenen Zucker gehalten!

Leonhard. Ein Mensch, von dem du dies alles erwartest, überrascht dich doch nicht, wenn er 60 nein sagt?

Klara. So schaue Gott mich nicht zu schrecklich an, wenn ich komme, ehe er mich gerufen hat! Wär's um mich allein – ich wollt's ja tragen, ich wollt's geduldig hinnehmen als ver-65 diente Strafe für, ich weiß nicht was, wenn die Welt mich in meinem Elend mit Füßen träte, statt mir beizustehen, ich wollte mein Kind, und wenn's auch die Züge dieses Menschen trüge, lieben. Ach, und ich wollte vor der ar-70 men Unschuld so viel weinen, dass es, wenn es älter und klüger würde, seine Mutter gewiss nicht verachten noch ihr fluchen sollte. Aber ich bin's nicht allein, und leichter find ich am Jüngsten Tag noch eine Antwort auf des Rich-75 ters Frage: warum hast du dich selbst umgebracht? als auf die: warum hast du deinen Vater so weit getrieben?

[Leonhard tut Klaras Not mit der Bemerkung ab, dass Tausende von Frauen ein ähnliches 80 Schicksal erfahren und sich deren Väter in die neue Situation hineingefunden hätten.]

1 Erarbeiten Sie Klaras Situation und die in der damaligen Gesellschaft geltenden Werte.
2 Erschließen Sie die Szene: Arbeiten Sie die Ziele und Positionen der Figuren heraus, charakterisieren Sie ihre Beziehung. Stellen Sie Verbindungen her zu Mitteln der Gesprächsführung (→ S. 338) und sprachlichen Mitteln. Halten Sie Ihre Ergebnisse in einer Tabelle (vgl. S. 56) fest.
3 Bauen Sie ein Standbild (→ S. 358) für diese Szene. Vergleichen Sie es mit dem Szenenfoto auf S. 281.
4 a Vergleichen Sie Menschenbild und Werte, Kommunikation, Figuren und Sprache in Hebbels „Maria Magdalena" und in Goethes „Iphigenie auf Tauris" (→ S. 170 ff.).
b Weiterführend: Schreiben Sie einen Brief, in dem Iphigenie Klara berät.
5 Stellen Sie Züge in dieser Szene zusammen, die Sie für „realistisch" halten.

Verklärung der Wirklichkeit

Ästhetik und Poetik wurden im Realismus nicht in systematischer Weise entwickelt; vielmehr vertraten Autoren ihre Positionen mit unterschiedlicher Nuancierung. Kernbegriffe in den Überlegungen zur Ästhetik waren „Verklärung" und „Poetisierung der Wirklichkeit".

Theodor Fontane: **Unsere lyrische und epische Poesie seit 1848** (1853) Auszug

Was unsere Zeit nach allen Seiten hin charakterisiert, das ist ihr *Realismus*. Die Ärzte verwerfen alle Schlüsse und Kombinationen, sie wollen Erfahrungen; die Politiker (aller 5 Parteien) richten ihr Auge auf das wirkliche Bedürfnis und verschließen ihre Vortrefflichkeitsschablonen ins Pult; [...] vor allem aber sind es die materiellen Fragen, nebst jenen tausend Versuchen zur Lösung des sozialen Rätsels, welche so entschieden in den Vorder- 10 grund treten [...].

[Wir zögern] nunmehr nicht länger, unsere

Ansicht darüber auszusprechen, was wir überhaupt unter Realismus verstehen.
15 Vor allen Dingen verstehen wir *nicht* darunter das nackte Wiedergeben alltäglichen Lebens, am wenigstens seines Elends und seiner Schattenseiten. Traurig genug, dass es nötig ist, derlei sich von selbst verstehende 20 Dinge erst noch versichern zu müssen. Aber es ist noch nicht allzu lange her, dass man (namentlich in der Malerei[1]) *Misere* mit Realismus verwechselte und bei der Darstellung eines sterbenden Proletariers, den hungernde 25 Kinder umstehen, oder gar bei Produktionen jener so genannten Tendenzbilder (schlesische Weber, das Jagdrecht u. dgl. m.) sich einbildete, der Kunst eine glänzende Richtung vorgezeichnet zu haben. Diese Richtung verhält sich zum echten Realismus wie das rohe 30 Erz zum Metall: Die Läuterung fehlt. Wohl ist das Motto des Realismus der goethesche Zuruf: *Greif nur hinein ins volle Menschenleben, / Wo du es packst, da ist's interessant,* aber freilich, die Hand, die diesen Griff tut, muss eine 35 künstlerische sein. Das Leben ist doch immer nur der Marmorsteinbruch, der den Stoff in unendlichen Bildwerken in sich trägt; sie schlummern darin, aber nur dem Auge des Geweihten sichtbar und nur durch seine 40 Hand zu erwecken. Der Block an sich, nur herausgerissen aus einem größeren Ganzen, ist noch kein Kunstwerk, und dennoch haben wir die Erkenntnis als einen unbedingten Fortschritt zu begrüßen, dass es zunächst des 45 Stoffes, oder sagen wir lieber des *Wirklichen,* zu allem künstlerischen Schaffen bedarf.

1 Anspielung auf die Kunst des Malers Karl Hübner zur Zeit des Vormärz

Theodor Fontane: **Brief an Friedrich Stephany, 10.10.1889°** Auszug

Der Realismus wird ganz falsch aufgefasst, wenn man von ihm annimmt, er sei mit der Hässlichkeit ein für alle Mal vermählt; er wird erst ganz echt sein, wenn er sich um- 5 gekehrt mit der Schönheit vermählt und das nebenherlaufende Hässliche, das nun mal zum Leben gehört, verklärt hat. Wie und wodurch? Das ist seine Sache zu finden; der beste Weg ist der des Humors.

1 Klären Sie, was für Fontane „Läuterung“ und „Verklärung“ bedeuten, und stellen Sie die Argumente zusammen, die Fontane zu seiner Forderung nach Verklärung der Wirklichkeit in der Literatur führen.

Conrad Ferdinand Meyer: **Auf Goldgrund** (1887)

Ins Museum bin zu später
Stunde heut ich noch gegangen,
Wo die Heilgen, wo die Beter
Auf den goldnen Gründen prangen.

5 Dann durchs Feld bin ich geschritten
Heißer Abendglut entgegen,
Sah, die heut das Korn geschnitten,
Garben auf die Wagen legen.

Um die Lasten in den Armen,
10 Um den Schnitter und die Garbe
Floss der Abendglut, der warmen,
Wunderbare Goldesfarbe.

Auch des Tages letzte Bürde,
Auch der Fleiß der Feierstunde
15 War umflammt von heilger Würde,
Stand auf schimmernd goldnem Grunde.

1 Erschließen Sie den Gedankengang des Gedichts „Auf Goldgrund“.
2 Stellen Sie Zusammenhänge her zwischen Meyers Gedicht und Fontanes Begriff von „Realismus“.
3 Setzen Sie Meyers Gedicht in Beziehung zu Millets Gemälde „Ährenleserinnen“ (→ S. 267).

Naturwissenschaft und Dichtung

Wilhelm Bölsche: **Die naturwissenschaftlichen Grundlagen der Poesie** (1887) Auszug

Die Basis unseres gesamten modernen Denkens bilden die Naturwissenschaften. Wir hören täglich mehr auf, die Welt und die Menschen nach metaphysischen Gesichtspunkten zu betrachten, die Erscheinungen der Natur selbst haben uns allmählich das Bild einer unerschütterlichen Gesetzmäßigkeit alles kosmischen Geschehens eingeprägt, dessen letzte Gründe wir nicht kennen, von dessen lebendiger Betätigung wir aber unausgesetzt Zeuge sind. Das vornehmste Objekt naturwissenschaftlicher Forschung ist dabei selbstverständlich der Mensch geblieben, und es ist der fortschreitenden Wissenschaft gelungen, über das Wesen seiner geistigen und körperlichen Existenz ein außerordentlich großes Tatsachenmaterial festzustellen, das noch mit jeder Stunde wächst [...].

Der Dichter, der Menschen, deren Eigenschaften er sich möglichst genau ausmalt, durch die Macht der Umstände in alle möglichen Konflikte geraten und unter Betätigung jener Eigenschaften als Sieger oder Besiegte, umwandelnd oder umgewandelt, daraus hervorgehen oder darin untergehen lässt, ist in seiner Weise ein Experimentator, wie der Chemiker, der alle Stoffe mischt, in gewisse Temperaturgrade bringt und den Erfolg beobachtet. Natürlich: der Dichter hat Menschen vor sich, keine Chemikalien. Aber, wie oben ausgesprochen ist, auch diese Menschen fallen ins Gebiet der Naturwissenschaften. Ihre Leidenschaften, ihr Reagieren gegen äußere Umstände, das ganze Spiel ihrer Gedanken folgen gewissen Gesetzen, die der Forscher ergründet hat und die der Dichter bei dem freien Experimente so gut zu beachten hat wie der Chemiker [...].

Für den Dichter aber scheint mir in der Tatsache der Willensunfreiheit der höchste Gewinn zu liegen: Ich wage es auszusprechen: Wenn sie nicht bestände, wäre eine wahre realistische Dichtung überhaupt unmöglich. Erst indem wir uns dazu aufschwingen, im menschlichen Denken Gesetze zu ergründen, erst indem wir einsehen, dass eine menschliche Handlung, wie immer sie beschaffen sei, das restlose Ergebnis gewisser Faktoren, einer äußeren Veranlassung oder einer innern Disposition, sein müsse und dass auch diese Disposition sich aus gegebenen Größen ableiten lasse – erst so können wir hoffen, jemals zu einer wahren mathematischen Durchdringung der ganzen Handlungsweise eines Menschen zu gelangen und Gestalten vor uns aufwachsen zu lassen, die logisch sind wie die Natur.

Im Angesicht von Gesetzen können wir die Frage aufwerfen: Wie wird der Held meiner Dichtung unter diesen oder jenen Umständen handeln? Wir fragen zuerst: Wie wird er denken? Hier habe ich die äußere Ursache: Was findet sie in ihm vor? Was liegt als Erbe in seinem Geistesapparate, was hat die Bildung und Übung des Lebens darin angebahnt [...]?

---

1 Erarbeiten Sie Bölsches Menschenbild und sein Literaturverständnis. Erstellen Sie dazu eine Mind-Map (→ S. 347).

2 Zeigen Sie Einflüsse der Empirie und des Positivismus (→ S. 274) im Text auf.

Der naturalistische Dichter Arno Holz vertritt die These, dass „Kunst = Natur – x“ sei. Um das x in seiner Formel zu bestimmen, geht er von einer Kinderzeichnung auf einer Schiefertafel aus, die einen Soldaten darstellen soll, der aber nicht als solcher erkennbar ist. Der folgende Textauszug antwortet auf die Frage, woran dies liegt.

Arno Holz: **Die Kunst. Ihr Wesen und ihre Gesetze** (1891) Auszug

[...] „Nun, offenbar, in erster Linie wenigstens, doch schon an seinem Material. An seinen Reproduktionsbedingungen rein als solchen. Ich kann unmöglich aus einem Wassertropfen eine Billardkugel formen. Aus einem Stück Ton wird mir das schon besser gelingen, aus einem Block Elfenbein vermag ich's vollends."

Immerhin, musste ich mir aber wieder sagen, wäre es doch möglich gewesen, auch mit diesen primitiven Mitteln, diesem Stift und dieser Schiefertafel hier, ein Resultat zu erzielen, das das vorhandene so unendlich weit hätte hinter sich zurücklassen können, dass ich gezwungen gewesen wäre, das Zugeständnis zu machen: ja, auf ein denkbar noch *geringeres* Minimum lässt sich mit diesen lächerlich unvollkommenen Mitteln hier das verdammte x in der Tat nicht reduzieren! Und ich durfte getrost die Hypothese aufstellen, einem Menzel[1] beispielsweise wäre dies ein spielend Leichtes gewesen. Woraus sich denn sofort ergab, dass die jedesmalige Größe der betreffenden Lücke x bestimmt wird nicht bloß durch die jedesmaligen Reproduktionsbedingungen der Kunst rein als solche allein, sondern auch noch durch deren jedesmalige, dem immanenten Ziel dieser Tätigkeit mehr oder minder entsprechende Handhabung. [...]

„Die Kunst hat die Tendenz, wieder die Natur zu sein. Sie wird sie nach der Maßgabe ihrer jedweiligen Reproduktionsbedingungen und deren Handhabung."

1 **Adolph Menzel** (1815–1905): bedeutender Maler des Realismus

1 Klären Sie die Bedeutung der Formel „Kunst = Natur – x" möglichst genau und beschreiben Sie, worin für Holz das Wesen der Kunst besteht.
2 Vergleichen Sie Holz' Dichtungstheorie mit der Fontanes.
3 Diskutieren Sie, inwiefern Holz' Gedankengang überzeugend ist.

Protagonist in der von Arno Holz (1863–1929) und Johannes Schlaf (1862–1941) gemeinsam verfassten Prosaskizze „Papa Hamlet" ist der arbeitslose Schauspieler Niels Thienwiebel. Thienwiebel, ehemaliger Hamletdarsteller, lebt mit seiner schwindsüchtigen Frau Amalie und seinem drei Monate alten Sohn Fortinbras in armseligsten Verhältnissen. Er ist mittellos, die Mansarde wurde ihm gekündigt; Hunger, Kälte, Krankheit und seine Alkoholabhängigkeit beherrschen das Leben der Familie.

Arno Holz, Johannes Schlaf: **Papa Hamlet** (1889) Auszug

[...] Er war jetzt zu ihr unter die Decke gekrochen, die Unterhose hatte er anbehalten.

„Nicht mal Platz genug zum Schlafen hat man!"

Er reckte und dehnte sich.

„So'n Hundeleben! Nicht mal schlafen kann man!"

Er hatte sich wieder auf die andere Seite gewälzt.

Die Decke von ihrer Schulter hatte er mit sich gedreht, sie lag jetzt fast bloß da ....

....

....

Das Nachtlämpchen auf dem Tisch hatte jetzt zu zittern aufgehört.

Die beschlagene, blaue Karaffe davor war von unzähligen Lichtpünktchen wie übersät. Eine Seite aus dem Buch hatte sich schräg gegen das Glas aufgeblättert. Mitten auf dem vergilbten Papier hob sich deutlich die fette Schrift ab: „Ein Sommernachtstraum"[1]. Hinten auf der Wand, übers Sofa weg, warf die kleine, glitzernde Fotografie[2] ihren schwarzen, rechteckigen Schatten.

1 **„Ein Sommernachtstraum":** Komödie von William Skakespeare
2 Die Fotografie zeigt Thienwiebel als Hamlet.

Der kleine Fortinbras röchelte, nebenan hatte es wieder zu schnarchen angefangen.
„So'n Leben! So'n Leben!"
Er hatte sich wieder zu ihr gedreht. Seine Stimme klang jetzt weich, weinerlich.
„Du sagst ja gar nichts!"
Sie schluchzte nur wieder.
„Ach Gott, ja! So'n ... Ae!! ..."
Er hatte sich jetzt noch mehr auf die Kante zu gerückt.
„Is ja noch Platz da! Was drückste dich denn so an die Wand! Hast du ja gar nicht nötig!"
Sie schüttelte sich. Ein fader Schnapsgeruch hatte sich allmählich über das ganze Bett hin verbreitet.
„So ein Leben! Man hat's wirklich weit gebracht! ... Nu sich noch von so'ner alten Hexe rausschmeißen lassen! Reizend!! Na, was macht man nu? Liegt man morgen auf der Straße! ... Nu sag doch?"
Sie hatte sich jetzt noch fester gegen die Wand gedrückt. Ihr Schluchzen hatte aufgehört, sie drehte ihm den Rücken zu.
„Ich weiß ja! Du bist ja am Ende auch nicht schuld dran! Nu sag doch!"
Er war jetzt wieder auf sie zugerückt.
„Nu sag doch! ... Man kann doch nicht so – verhungern?!"
Er lag jetzt dicht hinter ihr.
„Ich kann auch nicht dafür! ... Ich bin ja gar nicht so! Is auch wahr! Man wird ganz zum Vieh bei solchem Leben! ... Du schläfst doch nicht schon?"
Sie hustete.
„Ach Gott, ja! Und nu bist du auch noch so krank! Und das Kind! Dies viele Nähen ... Aber du schonst dich ja auch gar nicht ... ich sag's ja!"

Blick in die Stube einer Berliner Arbeiterfamilie, 1910

Sie hatte wieder zu schluchzen angefangen.
„Du – hättest – doch lieber, – Niels ..."
„Ja ... ja! Ich seh's ja jetzt ein! Ich hätt's annehmen sollen! Ich hätt' ja später immer noch ... ich seh's ja ein! Es war unüberlegt! Ich hätte zugreifen sollen! Aber – nu sag doch!!"
„Hast du ihn – denn nicht ... denn nicht – wenigstens zu – Haus getroffen?"
„Ach Gott, ja, aber ... aber, du weißt ja! Er hat ja auch nichts! Was macht man nu bloß? Man kann sich doch nicht das Leben nehmen?!"
Er hatte jetzt ebenfalls zu weinen angefangen. [...]
[Als das Kind erneut einen Hustenanfall hat, zwingt Thienwiebel ihm den Schnuller in den Mund und tötet es dabei. Wenige Tage später wird Thienwiebel im Rinnstein gefunden, „Erfroren im Suff!", heißt es.]

1 Untersuchen Sie die im Text dargestellten Lebensbedingungen und den Umgang der Figuren miteinander.

2 Erarbeiten Sie die erzählerischen und sprachlichen Mittel und deren Funktion. Sie können dazu Teile des Textes in eine dramatische Szene umschreiben und ihn aus der Perspektive eines auktorialen Erzählers (→ S. 333) erzählen. Vergleichen Sie die Wirkung.

3 Setzen Sie den Originaltext in Beziehung zu der von Bölsche und Holz umrissenen naturalistischen Programmatik.

5.4 Textfenster: Die Novelle: Gerhart Hauptmanns „Bahnwärter Thiel"

Themen, Gestaltung und Epochenbezug

„Bahnwärter Thiel", eines der ersten Werke Gerhart Hauptmanns, entstand 1887 und erschien 1888. Hauptmann hatte 1885 geheiratet und war aus gesundheitlichen Gründen in den kleinen Ort Erkner bei Berlin gezogen. Für die Novelle gibt es keine stoffliche Vorlage. Aber Hauptmann fand für seine Figuren viele Anregungen in seiner Umgebung. Rückblickend schrieb er: „In Erkner nahm ich mein altes Leben mit Wanderungen und Beobachtungen aller Art wieder auf. Ich machte mich mit den kleinen Leuten bekannt, Förstern, Fischern, Kätnerfamilien[1] und Bahnwärtern, betrachtete eine Waschfrau, ein Spitalmütterchen[2] eingehend und mit der gleichen Liebe, als wenn sie eine Trägerin von Szepter und Krone gewesen wäre."

Gerhart Hauptmann: **Bahnwärter Thiel. Novellistische Studie** (1888) Auszug aus Kapitel 1 und 2

Allsonntäglich saß der Bahnwärter[3] Thiel in der Kirche zu Neu-Zittau, ausgenommen die Tage, an denen er Dienst hatte oder krank war und zu Bette lag. Im Verlaufe von zehn Jahren war er zweimal krank gewesen; das eine Mal infolge eines vom Tender[4] einer Maschine während des Vorbeifahrens herabgefallenen Stückes Kohle, welches ihn getroffen und mit zerschmettertem Bein in den Bahngraben geschleudert hatte; das andere Mal einer Weinflasche wegen, die aus dem vorüberrasenden Schnellzuge mitten auf seine Brust geflogen war. Außer diesen beiden Unglücksfällen hatte nichts vermocht, ihn, sobald er frei war, von der Kirche fernzuhalten.
Die ersten fünf Jahre hatte er den Weg von Schön-Schornstein, einer Kolonie an der Spree, herüber nach Neu-Zittau allein machen müssen. Eines schönen Tages war er dann in Begleitung eines schmächtigen und kränklich aussehenden Frauenzimmers erschienen, die, wie die Leute meinten, zu seiner herkulischen[5] Gestalt wenig gepasst hatte. Und wieder eines schönen Sonntagnachmittags reichte er dieser selben Person am Altare der Kirche feierlich die Hand zum Bund für das Leben. Zwei Jahre nun saß das junge zarte Weib ihm zur Seite in der Kirchenbank; zwei Jahre blickte ihr hohlwangiges, feines Gesicht neben seinem vom Wetter gebräunten in das uralte Gesangbuch –; und plötzlich saß der Bahnwärter wieder allein wie zuvor.

[Thiels Frau Minna[6] stirbt nach der Geburt eines Sohnes. Thiel heiratet ein Jahr später erneut, da er seiner Frau „in die Hand gelobt hat, für die Wohlfahrt des Jungen zu jeder Zeit ausgiebig Sorge zu tragen". Seine zweite Frau ist Lene[7].]

Die frühere Kuhmagd schien für den Wärter wie geschaffen. Sie war kaum einen halben Kopf kleiner als er und übertraf ihn an Gliederfülle. Auch war ihr Gesicht ganz so grob geschnitten wie das seine, nur dass ihm im Gegensatz zu dem des Wärters die Seele abging.
Wenn Thiel den Wunsch gehegt hatte, in seiner zweiten Frau eine unverwüstliche Arbeiterin, eine musterhafte Wirtschafterin zu ha-

1 **Kätner:** Bewohner eines sehr kleinen Hauses – einer Kate – meist am Dorfrand
2 **Spital:** Krankenhaus oder Altersheim
3 **Bahnwärter:** sozial niedriggestellter Beruf; Aufgaben des Bahnwärters waren die Bedienung der Schranken und die Wartung der Strecke
4 **Tender:** Kohlewagen hinter der Lokomotive
5 **Herkules:** griechischer Halbgott, mit außerordentlichen Kräften begabt
6 **Minna:** weiblicher Name, verwandt mit dem Wort „Minne", das im Mittelalter die verehrende Liebe zu einer Dame bezeichnet
7 **Lene:** weiblicher Name, abgeleitet von Helena, Name der Männer betörenden Königstochter, die Paris nach Troja entführt hat

ben, so war dieser Wunsch in überraschender Weise in Erfüllung gegangen. Drei Dinge jedoch hatte er, ohne es zu wissen, mit seiner Frau in Kauf genommen: eine harte, herrschsüchtige Gemütsart, Zanksucht und brutale Leidenschaftlichkeit. Nach Verlauf eines halben Jahres war es ortsbekannt, wer in dem Häuschen des Wärters das Regiment führte. Man bedauerte den Wärter.

Es sei ein Glück für „das Mensch“[8], dass sie ein so gutes Schaf wie den Thiel zum Manne bekommen habe, äußerten die aufgebrachten Ehemänner; es gäbe welche, bei denen sie gräulich anlaufen würde. So ein „Tier“ müsse doch kirre[9] zu machen sein, und wenn es nicht anders ginge denn mit Schlägen. Durchgewalkt müsse sie werden, aber dann gleich so, dass es zöge.

Sie durchzuwalken aber war Thiel trotz seiner sehnigen Arme nicht der Mann. Das, worüber sich die Leute ereiferten, schien ihm wenig Kopfzerbrechen zu machen. Die endlosen Predigten seiner Frau ließ er gewöhnlich wortlos über sich ergehen, und wenn er einmal antwortete, so stand das schleppende Zeitmaß sowie der leise, kühle Ton seiner Rede in seltsamstem Gegensatz zu dem kreischenden Gekeif seiner Frau. Die Außenwelt schien ihm wenig anhaben zu können: es war, als trüge er etwas in sich, wodurch er alles Böse, was sie ihm antat, reichlich mit Gutem aufgewogen erhielt.

Trotz seines unverwüstlichen Phlegmas[10] hatte er doch Augenblicke, in denen er nicht mit sich spaßen ließ. Es war dies immer anlässlich solcher Dinge, die Tobiaschen betrafen. Sein kindgutes, nachgiebiges Wesen gewann dann einen Anstrich von Festigkeit, dem selbst ein so unzähmbares Gemüt wie das Lenens nicht entgegenzutreten wagte.

Die Augenblicke indes, darin er diese Seite seines Wesens herauskehrte, wurden mit der Zeit immer seltener und verloren sich zuletzt ganz. Ein gewisser leidender Widerstand, den er der Herrschsucht Lenens während des ersten Jahres entgegengesetzt, verlor sich ebenfalls im zweiten. Er ging nicht mehr mit der früheren Gleichgültigkeit zum Dienst, nachdem er einen Auftritt mit ihr gehabt, wenn er sie nicht vorher besänftigt hatte. Er ließ sich am Ende nicht selten herab, sie zu bitten, doch wieder gut zu sein. – Nicht wie sonst mehr war ihm sein einsamer Posten inmitten des märkischen Kiefernforstes sein liebster Aufenthalt. Die stillen, hingebenden Gedanken an sein verstorbenes Weib wurden von denen an die Lebende durchkreuzt. Nicht widerwillig, wie die erste Zeit, trat er den Heimweg an, sondern mit leidenschaftlicher Hast, nachdem er vorher oft Stunden und Minuten bis zur Zeit der Ablösung gezählt hatte.

Er, der mit seinem ersten Weibe durch eine mehr vergeistigte Liebe verbunden gewesen war, geriet durch die Macht roher Triebe in die Gewalt seiner zweiten Frau und wurde zuletzt in allem fast unbedingt von ihr abhängig. – Zuzeiten empfand er Gewissensbisse über diesen Umschwung der Dinge, und er bedurfte einer Anzahl außergewöhnlicher Hilfsmittel, um sich darüber hinwegzuhelfen. So erklärte er sein Wärterhäuschen und die Bahnstrecke, die er zu besorgen hatte, insgeheim gleichsam für geheiligtes Land, welches ausschließlich den Manen[11] der Toten gewidmet sein sollte. Mit Hilfe von allerhand Vorwänden war es ihm in der Tat bisher gelungen, seine Frau davon abzuhalten, ihn dahin zu begleiten.

Er hoffte, es auch fernerhin tun zu können. Sie hätte nicht gewusst, welche Richtung sie einschlagen sollte, um seine „Bude“, deren Nummer sie nicht einmal kannte, aufzufinden.

Dadurch, dass er die ihm zu Gebote stehende Zeit somit gewissenhaft zwischen die Lebende und die Tote zu teilen vermochte, beruhigte Thiel sein Gewissen in der Tat.

Oft freilich, und besonders in Augenblicken einsamer Andacht, wenn er recht innig mit

8 das Mensch: abfällige Bezeichnung für Personen
9 kirre: zahm, fügsam
10 Phlegma: Trägheit, geistige und körperliche Langsamkeit
11 Manen: die Seelen der Toten in der antiken Mythologie

der Verstorbenen verbunden gewesen war, sah er seinen jetzigen Zustand im Lichte der Wahrheit und empfand davor Ekel.

Hatte er Tagdienst, so beschränkte sich sein geistiger Verkehr mit der Verstorbenen auf eine Menge lieber Erinnerungen aus der Zeit seines Zusammenlebens mit ihr. Im Dunkel jedoch, wenn der Schneesturm durch die Kiefern und über die Strecke raste, in tiefer Mitternacht beim Scheine seiner Laterne, da wurde das Wärterhäuschen zur Kapelle.

Eine verblichene Fotografie der Verstorbenen vor sich auf dem Tisch, Gesangbuch und Bibel aufgeschlagen, las und sang er abwechselnd die lange Nacht hindurch, nur von den in Zwischenräumen vorbeitosenden Bahnzügen unterbrochen, und geriet hierbei in eine Ekstase, die sich zu Gesichten[12] steigerte, in denen er die Tote leibhaftig vor sich sah.

[Thiel liebt seinen Sohn Tobias innig und Tobias hängt an seinem Vater. Lene allerdings misshandelt den kleinen Jungen. Das wird noch schlimmer, als nach einem Jahr Lene ihren Sohn zur Welt bringt. Als Thiel eines Tages vorzeitig nach Hause kommt, wird er – unbemerkt von Lene – Zeuge ihrer grausamen Ausfälle gegen seinen Sohn.]

Seine Blicke streiften flüchtig das heulende Tobiaschen. Einen Augenblick schien es, als müsse er gewaltsam etwas Furchtbares zurückhalten, was in ihm aufstieg; dann legte sich über seine gespannten Mienen plötzlich das alte Phlegma, von einem verstohlnen begehrlichen Aufblitzen der Augen seltsam belebt. Sekundenlang spielte sein Blick über den starken Gliedmaßen seines Weibes, das mit abgewandtem Gesicht herumhantierend, noch immer nach Fassung suchte. Ihre vollen, halbnackten Brüste blähten sich vor Erregung und drohten das Mieder zu sprengen, und ihre aufgerafften Röcke ließen die breiten Hüften noch breiter erscheinen. Eine Kraft schien von dem Weibe auszugehen, unbezwingbar, unentrinnbar, der Thiel sich nicht gewachsen fühlte.

Leicht gleich einem feinen Spinnengewebe und doch fest wie ein Netz von Eisen legte es sich um ihn, fesselnd, überwindend, erschlaffend. Er hätte in diesem Zustand überhaupt kein Wort an sie zu richten vermocht, am allerwenigsten ein hartes, und so musste Tobias, der in Tränen gebadet und verängstet in einer Ecke hockte, sehen, wie der Vater, ohne auch nur weiter nach ihm umzuschauen, das vergessne Brot von der Ofenbank nahm, es der Mutter als einzige Erklärung hinhielt und mit einem kurzen, zerstreuten Kopfnicken sogleich wieder verschwand.

12 **Gesichte:** Visionen

1 Arbeiten Sie die Haltung des Erzählers, der Männer im Dorf und Thiels gegenüber Lene heraus.
2 Minna und Lene – charakterisieren Sie die Frauenfiguren vergleichend.
3 Erläutern Sie den Konflikt, in dem Thiel sich befindet.
4 **a** Erschließen Sie aus den Zeilen 188–195, was vorgefallen ist.
b Beschreiben Sie, mit welchen erzählerischen Mitteln Thiels Befindlichkeit vermittelt wird (Z. 165–195).
5 Diskutieren Sie über die Frauenbilder in der Erzählung.

Gerhart Hauptmann: **Bahnwärter Thiel. Novellistische Studie** (1888) Auszug aus Kapitel 3

[Thiel ist auf seinen Posten zurückgekehrt. Für einen angekündigten Schnellzug hat er den Bahnübergang geschlossen.]

Er hatte seine Arbeit beendet und lehnte jetzt wartend an der schwarzweißen Sperrstange. Die Strecke schnitt rechts und links gradlinig in den unabsehbaren grünen Forst hinein; zu ihren beiden Seiten stauten die Nadelmassen gleichsam zurück, zwischen sich eine Gasse frei lassend, die der rötlichbraune, kiesbestreute Bahndamm ausfüllte. Die schwarzen, parallel laufenden Geleise darauf glichen in ihrer Gesamtheit einer ungeheuren eisernen Netzmasche, deren schmale Strähne sich im äußersten Süden und Norden in einem Punkte des Horizontes zusammenzogen.

Der Wind hatte sich erhoben und trieb leise Wellen den Waldrand hinunter und in die Ferne hinein. Aus den Telegrafenstangen, die die Strecke begleiteten, tönten summende Akkorde. Auf den Drähten, die sich wie das Gewebe einer Riesenspinne von Stange zu Stange fortrankten, klebten in dichten Reihen Scharen zwitschernder Vögel. Ein Specht flog lachend über Thiels Kopf hinweg, ohne dass er eines Blickes gewürdigt wurde.

Die Sonne, welche soeben unter dem Rand mächtiger Wolken herabging, um in das schwarzgrüne Wipfelmeer zu versinken, goss Ströme von Purpur über den Forst. Die Säulenarkaden der Kiefernstämme jenseits des Dammes entzündeten sich gleichsam von innen heraus und glühten wie Eisen.

Auch die Geleise begannen zu glühen, feurigen Schlangen gleich, aber sie erloschen zuerst; und nun stieg die Glut langsam vom Erdboden in die Höhe, erst die Schäfte der Kiefern, weiter den größten Teil ihrer Kronen in kaltem Verwesungslichte zurücklassend, zuletzt nur noch den äußersten Rand der Wipfel mit einem rötlichen Schimmer streifend. Lautlos und feierlich vollzog sich das erhabene Schauspiel. Der Wärter stand noch immer regungslos an der Barriere. Ein dunkler Punkt am Horizonte, da, wo die Geleise sich trafen, vergrößerte sich. Von Sekunde zu Sekunde wachsend, schien er doch auf einer Stelle zu stehen. Plötzlich bekam er Bewegung und näherte sich. Durch die Geleise ging ein Vibrieren und Summen, ein rhythmisches Geklirr, ein dumpfes Getöse, das, lauter und lauter werdend, zuletzt den Hufschlägen eines heranbrausenden Reitergeschwaders nicht unähnlich war.

Ein Keuchen und Brausen schwoll stoßweise fernher durch die Luft. Dann plötzlich zerriss die Stille. Ein rasendes Tosen und Toben erfüllte den Raum, die Geleise bogen sich, die Erde erzitterte – ein starker Luftdruck – eine Wolke von Staub, Dampf und Qualm, und das schwarze, schnaubende Ungetüm war vorüber. So wie sie anwuchsen, starben nach und nach die Geräusche. Der Dunst verzog sich. Zum Punkte eingeschrumpft, schwand der Zug in der Ferne, und das alte heil'ge Schweigen schlug über dem Waldwinkel zusammen.

„Minna", flüsterte der Wärter, wie aus einem Traum erwachend, und ging nach seiner Bude zurück.

[Thiel weiß, dass Lene bald zu seinem Wärterhäuschen kommen wird, um hier einen Acker anzulegen. Der Gedanke daran ist ihm unangenehm. In einem Moment plötzlicher Klarheit blickt Thiel auf die letzten Jahre bis hin zum jüngsten Vorfall mit Lene und Tobias zurück. Voll Scham und Reue wird ihm bewusst, wie sehr er auf Grund seiner Hörigkeit gegenüber Lene das Wohl seines Sohnes vernachlässigt hat.

Thiel schläft ein und träumt von dem entsetzlich misshandelten Tobias. Er träumt weiter von seiner toten Frau, die, aus der Ferne gekommen, auf den Bahngleisen geht und vor ihm „voller Herzensangst" flieht. In ihren Armen trägt sie „etwas Schlaffes, Blutiges, Bleiches", in Tüchern gewickelt, auf das sie mit tiefem Schmerz blickt wie eine sterbende Mutter auf ihr neugeborenes Kind. Thiel weiß, dass sie sich von ihm losgesagt hat.

90 *Am nächsten Tag begleiten Lene und die beiden Kinder den Bahnwärter zu seinem Arbeitsplatz. Lene arbeitet auf dem Kartoffelacker und möchte, dass Tobias den Säugling hütet; aber Thiel nimmt seinen Sohn mit, um die Strecke*
95 *abzulaufen. Thiel freut sich an seinem vergnügten und wissbegierigen Sohn. Am Nachmittag besteht Lene auf der Hilfe von Tobias.]*
„Pass auf ...", rief Thiel ihr nach, von plötzlicher Besorgnis ergriffen, „pass auf, dass er
100 den Geleisen nicht zu nahe kommt."
Ein Achselzucken Lenens war die Antwort.

Der schlesische Schnellzug war gemeldet, und Thiel musste auf seinen Posten. Kaum stand er dienstfertig an der Barriere, so hörte
105 er ihn auch schon heranbrausen.
Der Zug wurde sichtbar – er kam näher – in unzähligen, sich überhastenden Stößen fauchte der Dampf aus dem schwarzen Maschinenschlote. Da: ein – zwei – drei milch-
110 weiße Dampfstrahlen quollen kerzengerade empor, und gleich darauf brachte die Luft den Pfiff der Maschine getragen. Dreimal hintereinander, kurz, grell, beängstigend. Sie bremsen, dachte Thiel, warum nur? Und wieder
115 gellten die Notpfiffe schreiend, den Widerhall weckend, diesmal in langer, ununterbrochener Reihe.
Thiel trat vor, um die Strecke überschauen zu können. Mechanisch zog er die rote Fahne
120 aus dem Futteral und hielt sie gerade vor sich hin über die Geleise. – Jesus Christus, war er blind gewesen? Jesus Christus – o Jesus, Jesus, Jesus Christus! Was war das? Dort! – dort zwischen den Schienen ... „Ha-alt!", schrie der
125 Wärter aus Leibeskräften. Zu spät. Eine dunkle Masse war unter den Zug geraten und wurde zwischen den Rädern wie ein Gummiball hin und her geworfen. Noch einige Augenblicke, und man hörte das Knarren und
130 Quietschen der Bremsen. Der Zug stand.
Die einsame Strecke belebte sich. Zugführer und Schaffner rannten über den Kies nach dem Ende des Zuges. Aus jedem Fenster blickten neugierige Gesichter, und jetzt – die
135 Menge knäulte sich und kam nach vorn.

Thiel keuchte; er musste sich festhalten, um nicht umzusinken wie ein gefällter Stier. Wahrhaftig, man winkt ihm – „Nein!"
Ein Aufschrei zerreißt die Luft von der Unglücksstelle her, ein Geheul folgt, wie aus der 140
Kehle eines Tieres kommend. Wer war das?! Lene?! Es war nicht ihre Stimme, und doch ...
Ein Mann kommt in Eile die Strecke herauf.
„Wärter!"
„Was gibt's?" 145
„Ein Unglück!"... Der Bote schrickt zurück, denn des Wärters Augen spielen seltsam. Die Mütze sitzt schief, die roten Haare scheinen sich aufzubäumen.
„Er lebt noch, vielleicht ist noch Hilfe." 150
Ein Röcheln ist die einzige Antwort.
„Kommen Sie schnell, schnell!"
Thiel reißt sich auf mit gewaltiger Anstrengung. Seine schlaffen Muskeln spannen sich; er richtet sich auf, sein Gesicht ist blöd und 155
tot.
Er rennt mit dem Boten, er sieht nicht die todbleichen, erschreckten Gesichter der Reisenden in den Zugfenstern. Eine junge Frau schaut heraus, ein Handlungsreisender im 160
Fez, ein junges Paar, anscheinend auf der Hochzeitsreise. Was geht's ihn an? Er hat sich nie um den Inhalt dieser Polterkasten gekümmert; – sein Ohr füllt das Geheul Lenens. Vor seinen Augen schwimmt es durch- 165
einander, gelbe Punkte, Glühwürmchen gleich, unzählig. Er schrickt zurück – er steht. Aus dem Tanze der Glühwürmchen tritt es hervor, blass, schlaff, blutrünstig. Eine Stirn,

braun und blau geschlagen, blaue Lippen, über die schwarzes Blut tröpfelt. Er ist es. Thiel spricht nicht. Sein Gesicht nimmt eine schmutzige Blässe an. Er lächelt wie abwesend; endlich beugt er sich; er fühlt die schlaffen, toten Gliedmaßen schwer in seinen Armen; die rote Fahne wickelt sich darum.

[Während Tobias zum Arzt in den nächsten Ort gebracht wird, bleibt Thiel auf seinem Posten, um den Dienst zu versehen.]

„Vorbei, vorbei", stöhnte der Wärter, dann aber richtete er sich hoch auf und schrie, die rollenden Augen an die Decke geheftet, die erhobenen Hände unbewusst zur Faust ballend und mit einer Stimme, als müsse der enge Raum davon zerbersten: „Er muss, muss leben, ich sag dir, er muss, muss leben." Und schon stieß er die Tür des Häuschens von Neuem auf, durch die das rote Feuer des Abends hereinbrach, und rannte mehr, als er ging, nach der Barriere zurück. Hier blieb er eine Weile wie betroffen stehen und schritt dann plötzlich, beide Arme ausbreitend, bis in die Mitte des Dammes, als wenn er etwas aufhalten wollte, das aus der Richtung des Personenzuges kam. Dabei machten seine weit offenen Augen den Eindruck der Blindheit.

Während er, rückwärtsschreitend, vor etwas zu weichen schien, stieß er in einem fort halbverständliche Worte zwischen den Zähnen hervor: „Du – hörst du – bleib doch – du – hör doch – bleib – gib ihn wieder – er ist braun und blau geschlagen – ja ja – gut – ich will sie wieder braun und blau schlagen – hörst du? Bleib doch – gib ihn mir wieder."

Es schien, als ob etwas an ihm vorüberwandle, denn er wandte sich und bewegte sich, wie um es zu verfolgen, nach der anderen Richtung.

„Du, Minna" – seine Stimme wurde weinerlich wie die eines kleinen Kindes. „Du, Minna, hörst du? – gib ihn wieder – ich will ..." Er tastete in die Luft, wie um jemand festzuhalten. „Weibchen – ja – und da will ich sie ... und da will ich sie auch schlagen – braun und blau – auch schlagen – und da will ich mit dem Beil – siehst du? – Küchenbeil – mit dem Küchenbeil will ich sie schlagen, und da wird sie verrecken.

Und da ... ja mit dem Beil – Küchenbeil, ja – schwarzes Blut!" Schaum stand vor seinem Munde, seine gläsernen Pupillen bewegten sich unaufhörlich.

[Seine Gedanken verwirren sich weiter und er wird ihrer nicht Herr. Ein Zug bringt den toten Tobias zurück, er hat nicht gerettet werden können. Thiel bricht bewusstlos zusammen. Später finden Nachbarn in Thiels Haus Lene mit „zerschlagener Hirnschale" und das Kind mit durchschnittener Kehle. Thiel entdecken sie auf den Gleisen dort, wo Tobias überfahren wurde. Mit Gewalt muss er von der Strecke entfernt werden. Er wird in ein Untersuchungsgefängnis und einen Tag später in eine geschlossene Anstalt eingeliefert; er hält noch immer Tobias' braunes Mützchen fest.]

---

1 **a** Erarbeiten Sie Thiels Weg in den Wahnsinn. Gehen Sie auch auf erzählerische Mittel (→ S. 333 f.) bei der Darstellung von Thiels Zustand ein.
b Vergleichen Sie Thiels Wahn mit dem von Medardus in E. T. A. Hoffmanns Roman „Die Elixiere des Teufels" (→ S. 218 f.).

2 Analysieren Sie den ersten Abschnitt des Auszugs aus Kapitel 3 (bis Z. 67) genau; gehen Sie dabei auch auf den Erzähler (→ S. 333 f.), auf Metaphern (→ S. 331) und Symbole (→ S. 332) ein.

3 Milieu, Anlage und Schicksal:
a Untersuchen Sie, welche Rolle diese drei Faktoren in Hauptmanns novellistischer Studie spielen.
b Untersuchen Sie den Textausschnitt aus „Papa Hamlet" (→ S. 285 f.) von A. Holz und J. Schlaf unter denselben Gesichtspunkten und vergleichen Sie die Untersuchungsergebnisse miteinander.

4 Diskutieren Sie die Bedeutung des Symbols „Eisenbahn".

5 Ordnen Sie Hauptmanns „Bahnwärter Thiel" literaturgeschichtlich ein.

Theorie der Novelle im 19. und 20. Jahrhundert

In der Literatur der realistischen Strömungen des 19. Jahrhunderts dominiert die epische Dichtung. Neben dem Roman ist die Novelle eine bevorzugte Textform. Die Autoren und Autorinnen knüpfen hierbei an eine lange Tradition an. Die erste bedeutende Novellendichtung stammt von Boccaccio. Sein „Il Decamerone“ (1348–1353) ist eine Sammlung von hundert Novellen in einer Rahmenerzählung. Auch in der gegenwärtigen Literatur greifen Autoren die Textform Novelle auf (z. B. Christoph Hein: „Drachenblut“; Günter Grass: „Katz und Maus“ und „Im Krebsgang“).

Aussagen zur Textform Novelle:

Theodor Storm: **Verteidigung der Novelle. Eine zurückgezogene Vorrede** (1881) Auszug

Die *Novelle*, wie sie sich in neuerer Zeit, besonders in den letzten Jahrzehnten, ausgebildet hat und jetzt in einzelnen Dichtungen in mehr oder minder vollendeter Durchführung vorliegt, eignet sich zur Aufnahme auch des bedeutendsten Inhalts, und es wird nur auf den Dichter ankommen, auch in dieser Form das Höchste der Poesie zu leisten. Sie ist nicht mehr, wie einst, die „kurz gehaltene Darstellung einer durch ihre Ungewöhnlichkeit fesselnden und einen überraschenden Wendepunkt darbietenden Begebenheit“; die heutige Novelle ist die Schwester des Dramas[1] und die strengste Form der Prosadichtung. Gleich dem Drama behandelt sie die tiefsten Probleme des Menschenlebens; gleich diesem verlangt sie zu ihrer Vollendung einen im Mittelpunkte stehenden Konflikt, von welchem aus das Ganze sich organisiert, und demzufolge die geschlossenste Form und die Ausscheidung alles Unwesentlichen; sie duldet nicht nur, sie stellt auch die höchsten Forderungen der Kunst.

1 Anspielung auf die zeitgenössische geschlossene Form des Dramas mit strengem Aufbau (Exposition, steigende Handlung, Wendepunkt, fallende Handlung, Katastrophe)

Paul Heyse: **Meine Novellistik** (1900) Auszug

Von einer Novelle, der wir einen künstlerischen Wert zuerkennen, verlangen wir wie von jeder wirklichen dichterischen Schöpfung, dass sie uns ein bedeutsames Menschenschicksal, einen seelischen, geistigen oder sittlichen Konflikt vorführe, uns durch einen nicht alltäglichen Vorgang eine neue Seite der Menschennatur offenbare. Dass dieser Fall in kleinem Rahmen energisch abgegrenzt ist, wie der Chemiker die Wirkung gewisser Elemente, ihren Kampf und das endliche Ergebnis „isolieren“ muss, um ein Naturgesetz zur Anschauung zu bringen, macht den eigenartigen Reiz dieser Kunstform aus, im Gegensatz zu dem weiteren Horizont und den mannigfaltigen Charakterproblemen, die der Roman vor uns ausbreitet. [...]

Was zunächst die Qualität des Stoffes betrifft, der als spezifisch novellistisch betrachtet werden kann, will ich nur an das erinnern, was ich in der Einleitung zum Deutschen Novellenschatz geäußert habe und was seitdem als meine „Falkentheorie“ zitiert worden ist: dass man sich fragen müsse, ob die zu erzählende kleine Geschichte eine starke, deutliche *Silhouette* habe, deren Umriss, in wenigen Worten vorgetragen, schon einen charakteristischen Eindruck mache, wie der Inhalt jener Geschichte des Decamerone[1] vom „Falken“ in fünf Zeilen berichtet sich dem Gedächtnis tief einprägt.

1 **Decamerone:** Novellensammlung von Boccaccio; die „Falkennovelle“ ist die bekannteste daraus; der Falke, der den Lebensunterhalt des Protagonisten Frederigo sichert, wird einer geliebten Dame zum Opfer gebracht und ist damit ein Symbol für Liebe und Großherzigkeit.

Gottfried Keller: **Brief an Theodor Storm vom 16.08.1881**° Auszug[1]

Was die fragliche Materie selbst betrifft, so halte ich dafür, dass es für Roman und Novelle so wenig aprioristische[2] Theorien und Regeln gibt als für die anderen Gattungen, 5 sondern dass sie aus den für mustergültig anzusehenden Werken werden abgezogen, respektive dass die Werte und Gebietsgrenzen noch abgesteckt werden müssen. Das Werden der Novelle, oder was man so nennt, 10 ist ja noch immer im Fluss; inzwischen wird sich auch die Kritik auf Schätzung des Geistes beschränken müssen, der dabei sichtbar wird. Das Geschwätz der Scholiarchen[3] aber bleibt Schund [...].

1 Keller reagiert in seinem Brief auf Storms Vorrede zu einer geplanten Ausgabe seiner Novellen (s. S. 293).
2 **aprioristisch:** von vorneherein gegeben, durch Vernunftgründe erkennbar, nicht durch Wahrnehmung
3 Gemeint sind zeitgenössische Feuilletonisten, die normative Gattungsdefinitionen aufstellen und die zeitgenössischen Novellen daran messen.

August Wilhelm Schlegel: **Vorlesungen über schöne Literatur und Kunst** (1803–1804) Auszug

Die Gattung, welche sich dies vornimmt, ist die Novelle, und hieraus lässt sich einsehen, dass sie, um echt zu sein, von der einen Seite durch die seltsame Einzigkeit auffallen, von 5 der andern Seite eine gewisse allgemeine Gültigkeit haben muss [...]. So viel ist gewiss: die Novelle bedarf entscheidender Wendepunkte, sodass die Hauptmassen der Geschichte deutlich in die Augen fallen, und 10 dies Bedürfnis hat auch das Drama. [...] Um eine Novelle gut zu erzählen, muss man das Alltägliche, was in die Geschichte mit eintritt, so kurz als möglich abfertigen, und nicht unternehmen, es auf ungehörige Art aufstutzen zu wollen, nur bei dem Außerordentlichen 15 und Einzigen verweilen, aber auch dieses nicht motivierend zergliedern, sondern es eben positiv hinstellen, und den Glauben dafür fordern. Das Unwahrscheinlichste darf dabei nicht vermieden werden, vielmehr ist 20 es oft gerade das Wahrste, und also ganz an seiner Stelle. An die materielle Wahrscheinlichkeit, d.h. die Bedingungen der Wirklichkeit eines Vorfalls, muss sich der Erzähler durchaus binden, hier erfordert der Zweck 25 die größte Genauigkeit.

Wolfgang Rath: **Die Novelle** (2000)

[...] diese Dichte im Erzählen scheint sich in der Nachkriegsnovelle endgültig aufzulösen. Das Formprinzip ist die Verkettung kurzatmiger Einheiten zu einem zwar zusammen- 5 stimmenden, aber in sich zerstückelten Ganzen. Die Erzählprimate[1] haben sich offensichtlich ausgetauscht. Es steht nicht mehr, gemäß ursprünglichem Genrekonzept, die Einheit des Ganzen vor dem Einzelnen, son- 10 dern umgekehrt. Das Ganze deutet sich nur mehr in den gedanklichen Verknüpfungen episodischer[2] Rapporte[3] an. Vollzogen hat sich somit eine grundsätzliche Perspektivveränderung gegenüber dem Gattungsmuster 15 Boccaccios. Die Erzählperspektive dort ruht, im Medium des Films ausgedrückt, in der Totale[4] eines Wellenkreismusters, das gleichzeitig eine zentrifugale und zentripetale[5] Bewegung von Handlung aufzeigt. In der zeitgenössischen Literatur hat es sich zur Nahauf- 20 nahme verändert, die die einzelnen Wellenkreise in ihrer Abfolge zeigt und aus den Sequenzen ein Ganzes zur Vorstellung bringt. Aus der novellistischen Vogelperspektive Boccaccios ist die Froschperspektive zeitge- 25 nössischer Novellistik geworden, aus dramatischem Gesamtentwurf epische Szenerie.

1 **Erzählprimate:** vorrangige Aspekte des Erzählens
2 **Episoden:** einzelne, eher nebensächliche Ereignisse
3 **Rapporte:** Berichte, hier: Erzählabschnitte
4 **Totale:** Kameraeinstellung im Film, die den Raum, in dem eine Figur sich bewegt, im Überblick zeigt
5 **zentrifugal, zentripetal:** vom Zentrum weg, zum Zentrum hin

1 Erläutern Sie Kellers Stellungnahme (S. 294) anhand der Begriffe „normativ“ und „deskriptiv“.
2 Erschließen Sie die Aussagen zur Novelle auf S. 293 f., indem Sie eine Tabelle anlegen:

	Inhalt		**Struktur und Darstellung**		
	ausgewählte Inhalte	*Wirklichkeitsebene*	*Grundprinzipien des Aufbaus*	*Verwandtschaft mit anderen Gattungen*	*Elemente der Struktur und Darstellung*
Storm	…	…	…	…	…
Heyse	…	…	…	…	…
…	…	…	…	…	…

3 Untersuchen Sie die Auszüge aus „Bahnwärter Thiel“ auf Merkmale einer Novelle. Gehen Sie auch auf Leitmotive ein, die – wie in vielen Novellen – zur Konzentration der Handlung beitragen.
4 Erarbeiten Sie Merkmale einer modernen Novelle am Auszug aus Grass' „Katz und Maus“ (→ S. 297 f.). Berücksichtigen Sie dabei auch die Inhaltsangabe auf S. 298.
5 Diskutieren Sie den Wert von Gattungsdefinitionen für die Erschließung literarischer Texte.

Gestalten mit und nach „Bahnwärter Thiel“

Die folgenden Anregungen können Sie einzeln oder in Gruppen, auch arbeitsteilig, aufgreifen. Geben Sie Ihren Arbeiten Überschriften. Stellen Sie Ihre Ergebnisse vor und besprechen Sie diese hinsichtlich ihrer Qualität, ihrer Übereinstimmung mit Hauptmanns Text oder der bewussten Abweichung von ihm.

1 Schreiben Sie die Buchstaben der Namen MINNA, LENE und THIEL senkrecht untereinander. Beginnen Sie wie in einem Kreuzworträtsel mit jedem der Buchstaben ein Wort, das Sie waagerecht notieren; wählen Sie jeweils Wörter, die Ihre Eindrücke von den drei Figuren wiedergeben.
2 Stellen Sie die beiden Frauenfiguren durch Haltung, Gestik, Mimik und Bewegung im Raum dar.
3 Lene misshandelt den kleinen Tobias (→ S. 289, Z. 165 ff.); schreiben Sie auf, was sie dabei halblaut vor sich hin sprechen könnte.
4 Verfassen Sie einen inneren Monolog Thiels, der unbemerkt Zeuge der Misshandlung wird.
5 Entwerfen Sie einen Dialog zwischen Lene und Thiel, als er ihr eröffnet, dass die Familie einen Acker bei dem Wärterhäuschen anlegen darf, nachdem ihr die Pacht des alten Kartoffelackers gekündigt worden ist. Sie können sich dabei an dem Auszug aus „Papa Hamlet“ (→ S. 285 f.) orientieren.
6 Zeichnen Sie skizzenhaft die Landschaft, die von dem Bahnwärterhäuschen aus zu sehen ist, und tragen Sie Schlüsselwörter in Ihre Skizze ein.
7 Stellen Sie Stimmen von Thiels Kollegen und von Bewohnern der Siedlung nach dem Tod Lenes und der beiden Kinder zusammen; sprechen Sie diese Kurztexte und nehmen Sie die Stimmen auf. (Sie können z. B. auch Personen durcheinandersprechen lassen.)
8 Fertigen Sie eine Collage mit Leitmotiven und Symbolen aus der Novelle an (Wörter und gegebenenfalls Bilder); gestalten Sie das Schaubild aussagekräftig.
9 Entwerfen Sie einen modernen Bahnwärter Thiel.

5.5 Rezeption: Realistisches Schreiben heute

Die Literaturkonzeption Fontanes, Kellers und anderer wird heute mit dem Begriff „poetischer Realismus“ (→ S. 301) bezeichnet. „Realistische“ Literatur wird auch heute geschrieben – doch was bedeuten „Realismus“ und „realistisch“ überhaupt? Einen Beitrag zur Begriffsklärung leistet der folgende fiktive Dialog:

Was ist realistisch? Ein Gespräch

A: Was ist realistisch?

B: Ganz einfach. Im allgemeinen Sprachgebrauch nennt man einen Menschen „realistisch“, der Situationen richtig einschätzt und entsprechend handelt.

A: Dann würdest du uns beide sicher als realistisch bezeichnen. Aber schätzen wir denn Situationen immer gleich ein?

B: Nein, bestimmt nicht, schließlich haben wir unterschiedliche Perspektiven auf die Wirklichkeit. Denn wir haben unterschiedliche Persönlichkeiten, Erfahrungen, Werte.

A: Also kann man die Wirklichkeit gar nicht vollständig und sachgerecht erkennen, denn das erkennende Bewusstsein spielt bei der menschlichen Erkenntnis eine entscheidende Rolle. Das ist die erkenntnistheoretische Position des kritischen Realismus.

B: Vertraten denn die Autoren des Realismus und des Naturalismus auch diese erkenntnistheoretische Position?

A: In dieser literarischen Epoche hat man sich wenig Gedanken über die Erkenntnistheorie gemacht. Im 20. und 21. Jahrhundert haben die Autoren, die realistisch schrieben bzw. schreiben, allerdings mehr über diese Fragen reflektiert.

B: Aber was heißt denn „realistisches Schreiben“ in diesem Sinne?

A: Die realistisch schreibenden Autoren folgen dem Prinzip der Wahrscheinlichkeit: So könnte es gewesen sein. Das war schon eine Forderung des antiken Philosophen Aristoteles an die Literatur. Die Botschaft, die realistische Autoren vermitteln, wird in einem Ausschnitt der Welt dargestellt, der wahrscheinlich wirkt, ob nun gesellschaftliche Zustände, historische Ereignisse oder psychische Vorgänge im Vordergrund stehen.

B: Dann finden wir also in realistisch geschriebenen Werken nichts Fantastisches und Irreales wie in märchenhafter Dichtung und in Science-Fiction. Auch eine Idealisierung von Menschen und Welt hat dort keinen Platz.

A: So ist es. In diesem Sinne schrieb z. B. auch Georg Büchner realistisch oder später Autoren wie Erich Kästner, Heinrich Böll, Christa Wolf.

1 Tragen Sie in eine Mind-Map die Bereiche ein, in denen das Wort „realistisch“ verwendet wird, und fassen Sie seine Bedeutung jeweils knapp zusammen. Nutzen Sie das Gespräch oben.

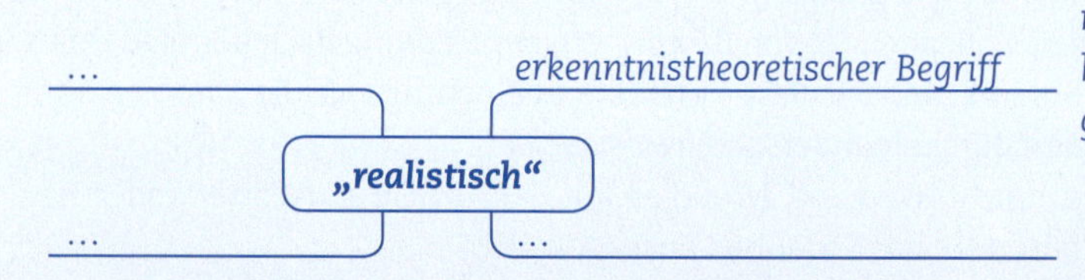

Günter Grass' Novelle „Katz und Maus" (1961) setzt im Jahr 1940 ein; das Geschehen findet in und um Danzig statt, später an diversen Kriegsschauplätzen. Eingangs wird die Hauptfigur vorgestellt, der Gymnasiast Mahlke. Ich-Erzähler ist sein Mitschüler Pilenz, der sich sehr viele Jahre später mit Mahlke und seiner eigenen Rolle in Mahlkes Leben auseinandersetzt.

Günter Grass: **Katz und Maus** (1961) Auszug

[...] und einmal, als Mahlke schon schwimmen konnte, lagen wir neben dem Schlagballfeld im Gras. Ich hätte zum Zahnarzt gehen sollen, aber sie ließen mich nicht, weil ich als Tickspieler[1] schwer zu ersetzen war. Mein Zahn lärmte. Eine Katze strich diagonal durch die Wiese und wurde nicht beworfen. Einige kauten oder zupften Halme. Die Katze gehörte dem Platzverwalter und war schwarz. Hotten Sonntag rieb sein Schlagholz mit einem Wollstrumpf. Mein Zahn trat auf der Stelle. Das Turnier dauerte schon zwei Stunden. Wir hatten hoch verloren und warteten nun auf das Gegenspiel. Jung war die Katze, aber kein Kätzchen mehr. Im Stadion wurden oft und wechselseitig Handballtore geworfen. Mein Zahn wiederholte ein einziges Wort. Auf der Aschenbahn übten Hundertmeterläufer das Starten oder waren nervös. Die Katze machte Umwege. Über den Himmel kroch langsam und laut ein dreimotoriges Flugzeug[2], konnte aber meinen Zahn nicht übertönen. Die schwarze Katze des Platzverwalters zeigte hinter Grashalmen ein weißes Lätzchen. Mahlke schlief. Das Krematorium zwischen den Vereinigten Friedhöfen und der Technischen Hochschule arbeitete bei Ostwind. Studienrat Mallebrandt pfiff: Wechsel Fangball Übergetreten. Die Katze übte. Mahlke schlief noch oder sah so aus. Neben ihm hatte ich Zahnschmerzen. Die Katze kam übend näher. Mahlkes Adamsapfel[3] fiel auf, weil er groß war, immer in Bewegung und einen Schatten warf. Des Platzverwalters schwarze Katze spannte sich zwischen mir und Mahlke zum Sprung. Wir bildeten ein Dreieck. Mein Zahn schwieg, trat nicht mehr auf der Stelle: denn Mahlkes Adamsapfel wurde der Katze zur Maus. So jung war die Katze, so beweglich Mahlkes Artikel – jedenfalls sprang sie Mahlke an die Gurgel; oder einer von uns griff die Katze und setzte sie Mahlke an den Hals; oder ich, mit wie ohne Zahnschmerzen, packte die Katze, zeigte ihr Mahlkes Maus: und Joachim Mahlke schrie, trug aber nur unbedeutende Kratzer davon.

Ich aber, der ich Deine Maus einer und allen Katzen in den Blick brachte, muß nun schreiben. Selbst wären wir beide erfunden, ich müßte dennoch. Der uns erfand[4], von Berufs wegen, zwingt mich, wieder und wieder Deinen Adamsapfel in die Hand zu nehmen, ihn an jeden Ort zu führen, der ihn siegen oder verlieren sah; und so lasse ich am Anfang die Maus über dem Schraubenzieher[5] hüpfen, werfe ein Volk vollgefressene Seemöwen hoch über Mahlkes Scheitel in den sprunghaften Nordost, nenne das Wetter sommerlich und anhaltend schön, vermute, daß es sich bei dem Wrack um ein ehemaliges Boot der Czaika-Klasse[6] handelt, gebe der Ostsee die Farbe dickglasiger Selterflaschen, lasse nun, da der Ort der Handlung südöstlich der Ansteuerungstonne Neufahrwasser festgelegt ist, Mahlkes Haut, auf der immer noch Wasser in Rinnsalen abläuft, feinkörnig bis graupelig werden; doch nicht die Furcht, sondern das übliche Frösteln nach dem langen Baden besetzte Mahlke und nahm seiner Haut die Glätte.

1 Tickspieler: Im Schlagballspiel gibt es „Jäger" (Fang- oder Tickgruppe) und „Gejagte" (Schlag- oder Läuferpartei).

2 dreimotoriges Flugzeug: JU 52, Transportflugzeug, vor allem von der Luftwaffe eingesetzt

3 Adamsapfel: ein beim Mann hervortretender Knorpel des Kehlkopfes; die volkstümliche Bezeichnung spielt auf Adams Sündenfall an, durch den dieser zum Bewusstsein seiner Blöße gelangte

4 Gemeint ist Günter Grass.

5 Mahlke trug einen Schraubenzieher um den Hals, um von seinem großen Adamsapfel abzulenken.

6 Boot der Czaika-Klasse: polnisches Minensuchboot

Dabei hatte keiner von uns, die wir dürr und langarmig zwischen zwei seitlich wegragenden Knien auf den Resten der Kommandobrücke hockten, von Mahlke verlangt, 75 nochmals in den Bugraum des abgesoffenen Minensuchbootes und in den mittschiffs anstoßenden Maschinenraum zu tauchen, etwas mit dem Schraubenschlüssel abzufummeln, ein Schräubchen, Rädchen oder was Dolles: ein Messingschild, dichtbeschrieben 80 mit den Bedienungsanweisungen irgendeiner Maschine in polnischer und englischer Sprache. R

Der Literaturwissenschaftler Wolfgang Rath fasst den Fortgang der Novelle so zusammen:

dtv
Günter Grass
Katz und Maus
Eine Novelle

[...] Mahlke vollbringt Tauchwunder und kundschaftet in gewagten Kraftakten das Innere des Bootes aus. Mit Fundstücken dekoriert er sich, hängt sie um den Hals. Ein Schraubenzieher, ein polnischer Orden, ein Medaillon der Jungfrau Maria, modische Wollbällchen oder Puscheln am Kragen sollen von seinem überdimensionalen Adamsapfel ablenken, gleichsam die Katze zu seiner Maus spielen. Doch die Leistungen in der Schülergruppe und die Gegenwelt in dem Schiffsidyll reichen ihm nicht zur Kompensation. Als in der Schule ein hochdekorierter Offizier und ehemaliger Schüler um die Kriegsdienste der Schüler wirbt, entwendet Mahlke dessen Orden. Er wird von der Schule geworfen, kann aber sein Kriegsabitur ablegen. Obwohl keineswegs nationalbegeistert, meldet er sich freiwillig und erwirbt bei der Panzereinheit in Kürze selbst das, was er sich vormals unlauter aneignete: das Ritterkreuz. Die soziale Anerkennung, die er sich dafür erhoffte, bleibt indes aus. Die alte Straftat verhindert seine triumphale Rede im Gymnasium, seine Rehabilitierung. Nachts lauert er dem Oberstudiendirektor auf und ohrfeigt ihn. Statt aus dem Urlaub an die Front zurückzukehren, desertiert er und verbirgt sich in der Kabine des Minensuchboots, die er als Schüler entdeckt und, da sie wasserfrei über dem Meeresspiegel liegt, als seinen Musenort eingerichtet hat. Pilenz, eifriger Ministrant, besorgt ihm Konserven, doch den Büchsenöffner versteckt er geflissentlich. In mieser Weise überlässt er Mahlke seinem Schicksal, von dem nichts weiter mehr bekannt wird. Die Schuld veranlasst Pilenz zu seinem Bericht, den er einer ausdrücklichen Beichte gleich ablegt.

1 Erschließen Sie den Anfang von Grass' Novelle „Katz und Maus":
 a Bestimmen Sie die Erzählweise (Erzählverhalten, Erzählerfigur, Standort des Erzählers ... → S. 333 f.).
 b Charakterisieren Sie Mahlke.
 c Erarbeiten Sie die Beziehung von Pilenz zu Mahlke; gehen Sie in diesem Zusammenhang auf die Bedeutung von Katze und Maus ein.
 d Katze und Maus – ähnliche Beziehungen kommen im Anfang der Novelle mehrfach vor; arbeiten Sie diese heraus.
 Sie können Ihre Ergebnisse auch in Form eines ausdrucksstark gestalteten Plakats vorstellen.
2 Prüfen Sie unter Einbeziehung der Inhaltsangabe, ob die Darstellungsweise in der Novelle realistisch ist.
3 Untersuchen Sie die Beziehung des Erzählers zum Autor und erörtern Sie auf dieser Grundlage die Beziehung von Dichtung und Realität.

Daniel Kehlmann erzählt in seinem Roman „Die Vermessung der Welt" (2005) die Lebensgeschichte von zwei großen Wissenschaftlern: Alexander von Humboldt (1769–1859), der auf ausgedehnten Forschungsreisen vor allem in Südamerika geografische und naturkundliche Erkenntnisse gewann, und Carl Friedrich Gauß (1777–1855), der als genialer Mathematiker u.a. in der Geometrie, der Arithmetik und Astronomie zu bedeutenden Einsichten gelangte.
Die beiden Männer begegneten sich 1828 anlässlich eines Kongresses in Berlin. Kehlmann gestaltet diese Begegnung in seinem Roman; wie das Treffen tatsächlich verlaufen ist, ist nicht überliefert. Über das Verhältnis von Geschichte und Fiktion in seinem Roman sagt der Autor: „Ich kann natürlich nicht ausschließen, dass viele Leute das Buch lesen, um zu wissen, wie es eigentlich gewesen ist, das erfährt man nicht, sondern höchstens, wie es gewesen sein könnte. Das Buch ist durch und durch ein Roman."

Daniel Kehlmann: **Die Vermessung der Welt** (2005) Auszug

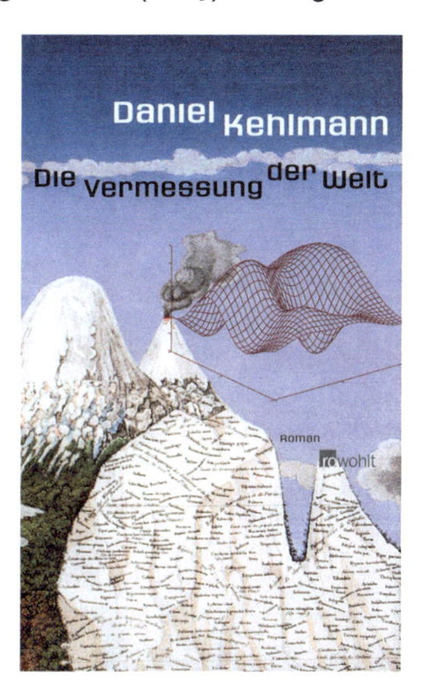

[...] Apropos, er [Humboldt] habe gehört, der Herr Professor [Gauß] beschäftige sich jetzt mit der Wahrscheinlichkeitsrechnung?
Sterbestatistik, sagte Gauß. Er nahm einen Schluck Tee, verzog angewidert das Gesicht und stellte die Tasse so weit von sich, wie er konnte. Man denke, man bestimme sein Dasein selbst. Man erschaffe und entdecke, erwerbe Güter, finde Menschen, die man mehr liebe als sein Leben, zeuge Kinder, vielleicht kluge, vielleicht auch idiotische, sehe den Menschen, den man liebe, sterben, werde alt und dumm, erkranke und gehe unter die Erde. Man meine, man habe selbst entschieden. Erst die Mathematik zeige einem, dass man immer die breiten Pfade genommen habe. Despotie[1], wenn er das schon höre! Fürsten seien auch nur arme Schweine, die lebten, litten und stürben wie alle anderen. Die wahren Tyrannen seien die Naturgesetze.
Aber der Verstand, sagte Humboldt, forme die Gesetze!
Der alte kantische[2] Unsinn. Gauß schüttelte den Kopf. Der Verstand forme gar nichts und verstehe wenig. Der Raum biege und die Zeit dehne sich[3]. Wer eine Gerade zeichne, immer weiter und weiter, erreiche irgendwann wieder ihren Ausgangspunkt. Er zeigte auf die niedrig im Fenster stehende Sonne. Nicht einmal die Strahlen dieses ausbrennenden Sterns kämen auf geraden Linien herab. Die Welt könne notdürftig berechnet werden, aber das heiße noch lange nicht, dass man irgendetwas verstehe.
Humboldt verschränkte die Arme. Erstens, die Sonne brenne nicht aus, sie erneuere ihr Phlogiston[4] und werde in Ewigkeit scheinen. Zweitens, was sei das mit dem Raum? Am Orinoko[5] habe er Ruderer gehabt, die ähnliche Witze gemacht hätten. Er habe das Ge-

1 1828 fällt in die Zeit der Zensur, Demagogenverfolgungen und Verfolgung von Liberalen, denen im Folgenden auch Gauß' Sohn Eugen zum Opfer fällt.

2 Immanuel Kant (1724–1804) vertrat in seiner Erkenntnislehre die Ansicht, dass dem Menschen die Erscheinungen nur in Formen zugänglich sind, die der menschliche Verstand an sie heranträgt (vgl. Fußnote auf S. 232).

3 wichtige Entdeckungen von Gauß

4 **Phlogiston:** nach der damaligen Chemie ein Bestandteil von Stoffen, der ihre Brennbarkeit bedingt

5 **Orinoko:** 2500 km langer Strom im nördlichen Südamerika, in dessen Gebiet Humboldt geforscht hat

fasel nie verstanden. Auch hätten sie oft sinnverwirrende Substanzen eingenommen.
Gauß erkundigte sich, was ein Kammerherr eigentlich zu tun habe.
Verschiedenes, dies und das. Dieser Kammerherr jedenfalls berate den König[6] bei wichtigen Entscheidungen, führe seine Erfahrung ins Feld, wo immer sie von Nutzen sei. Oft werde er bei diplomatischen Gesprächen zu Rate gezogen. Der König wünsche seine Anwesenheit bei fast jeder Abendmahlzeit. Er sei ganz versessen auf Berichte aus der Neuen Welt.
Also werde man fürs Essen und Plaudern bezahlt?
Der Sekretär kicherte, wurde blass und bat um Entschuldigung, er habe Husten.
Die wahren Tyrannen, sagte Eugen[7] in die Stille, seien nicht die Naturgesetze. Es gebe starke Bewegungen im Land, Freiheit sei nicht mehr bloß ein schillersches Wort.
Bewegungen von Eseln, sagte Gauß.
Er habe sich immer besser mit Goethe verstanden, sagte Humboldt. Schiller sei seinem Bruder[8] näher gewesen.
Von Eseln, sagte Gauß, die es nie zu etwas brächten. Die vielleicht etwas Geld erben würden und einen guten Namen, aber keine Intelligenz.
Sein Bruder, sagte Humboldt, habe erst kürzlich eine tiefsinnige Studie über Schiller verfasst. Ihm selbst habe Literatur ja nie viel gesagt. Bücher ohne Zahlen beunruhigten ihn. Im Theater habe er sich stets gelangweilt.
Ganz richtig, rief Gauß.
Künstler vergäßen zu leicht ihre Aufgabe: das Vorzeigen dessen, was sei. Künstler hielten Abweichungen für eine Stärke, aber Erfundenes verwirre die Menschen, Stilisierung verfälsche die Welt. Bühnenbilder etwa, die nicht verbergen wollten, dass sie aus Pappe seien, englische Gemälde, deren Hintergrund in Ölsauce verschwimme[9], Romane, die sich in Lügenmärchen verlören, weil der Verfasser seine Flausen an die Namen geschichtlicher Personen binde.
Abscheulich, sagte Gauß.
Er arbeite an einem Katalog von Pflanzen- und Naturmerkmalen, an welche sich zu halten man die Maler gesetzlich verpflichten müsse. Ähnliches sei für die dramatische Dichtung zu empfehlen. Er denke an Listen der Eigenschaften wichtiger Persönlichkeiten, von denen abzuweichen dann nicht mehr in der Freiheit des Autors liegen dürfe. Falls Herrn Daguerres[10] Erfindung eines Tages zur Perfektion komme, würden die Künste ohnehin überflüssig.
Der da schreibe Gedichte. Gauß wies mit dem Kinn auf Eugen.
Tatsächlich, fragte Humboldt.
Eugen wurde rot.
Gedichte und dummes Zeug, sagte Gauß. Schon seit der Kindheit. Er zeige sie nicht vor, aber manchmal sei er so blöd, die Zettel herumliegen zu lassen. Ein mieser Wissenschaftler sei er, aber als Literat noch übler.
Sie hätten Glück mit dem Wetter, sagte Humboldt. Letzten Monat habe es viel geregnet.

6 Da Humboldt bei Forschungsreisen sein Vermögen aufgebraucht hatte, trat er eine Versorgungsstelle als Kammerherr bei dem preußischen König Friedrich Wilhelm III. an.
7 Gauß' Sohn; sein Vater hält ihn für dumm
8 Wilhelm von Humboldt, Gründer der Berliner Universität, Minister, Sprach- und Geschichtsphilosoph
9 wahrscheinlich Anspielung auf die Bilder des englischen Malers Joseph Mallord William Turner (1775–1851)
10 **Louis Daguerre** (1787–1851) entwickelte das fotografische Jodsilberverfahren, mit dessen Hilfe Aufnahmen fixiert werden konnten.

1. Charakterisieren Sie die Figuren, untersuchen Sie ihre Beziehungen zueinander und erläutern Sie ihre Gesprächsführung.
2. Erarbeiten Sie die Positionen der beiden Forscher zu Naturwissenschaft, Freiheit und Kunst.
3. Diskutieren Sie die Darstellung von Wirklichkeit in diesem Roman, dessen Helden zwei große Naturwissenschaftler sind.
4. Interpretieren Sie die durchgehende Verwendung der indirekten Rede in diesem Roman.

!

Epochenüberblick: Realismus (ca. 1848–1890)

Die Autoren des Realismus gehörten zur Schicht des Bildungsbürgertums; sie schrieben für Bürger und vertraten bürgerliche Werte, darum wird diese literarische Epoche auch **„bürgerlicher Realismus“** genannt. Die Hoffnungen der Autoren auf Freiheitsrechte und Demokratie zerschlugen sich mit dem Scheitern der Revolution 1848; auch die obrigkeitsstaatliche Gründung des Deutschen Reiches 1871 und die materielle Orientierung des Besitzbürgertums erfüllten nicht ihre liberalen Erwartungen. Die Resignation und der Pessimismus im Spätrealismus hatten unter anderem hierin ihre Wurzel.
Die bedeutenden Entwicklungen in **Naturwissenschaft** und **Technik,** die rasante **Industrialisierung,** die **Urbanisierung,** die **Ausdifferenzierung des Bürgertums,** die Entstehung eines Proletariats, die **soziale Frage** und die zunehmende Dominanz des Materiellen im Leben forderten die Autoren zur **Auseinandersetzung mit der konkreten Wirklichkeit** heraus. Auch Philosophen und Wissenschaftler wie Ludwig Büchner, Ludwig Feuerbach, Karl Marx, Darwin und Le Comte wandten sich ihr zu und antworteten mit **Materialismus, Atheismus, Sozialismus, Darwinismus, Empirie** und **Positivismus;** sie beeinflussten die zeitgenössischen Diskurse.
Metaphysische Antworten auf die Fragen ihrer Zeit konnten die Autoren nicht geben. Aber sie alle vertraten die ethische **Forderung nach humanem Handeln** und knüpften hierbei an den Idealismus an. Sie fragten nach den Entfaltungsmöglichkeiten des Individuums in einer Welt, die diesem in der Gesellschaft und durch die Lebensumstände nur noch wenig Raum ließ, und sie kamen oft zu einer resignierenden Antwort. In der literarischen Gestaltung ihrer Sicht waren sie bestrebt, die Welt in sich schlüssig und in einem in sich schlüssigen Werk darzustellen. Die brüchige Welt wurde in der Dichtung **„poetisiert“** oder **„verklärt“**. Dieses ästhetische Konzept nannte der Dichter Otto Ludwig **„poetischen Realismus“**. Oft wurde Kritik in **Humor** gekleidet; vor allem im Spätrealismus paarte sie sich mit Resignation und Pessimismus. Das Konzept der Poetisierung beeinflusste die Stoffwahl. So schlossen die Autoren fast vollständig Stoffe und Probleme aus, die die Industrialisierung, die Urbanisierung, das Proletariat und die soziale Frage betrafen. Stattdessen wendeten sie sich **historischen Stoffen** zu oder in gegenwartsbezogenen Texten meist **ländlichen oder kleinstädtischen Regionen** und Lebensweisen. Die **Hauptfiguren** der Werke, deren Welt oft eng begrenzt ist, entstammten meist dem **Bürgertum** oder dem **Adel.**
Der ästhetischen Absicht des poetischen Realismus kamen epische Textformen am meisten entgegen, vor allem der **Roman** und die **Novelle.** Bedeutende Dramen hat nur Friedrich Hebbel verfasst. Die lyrische Produktion der meisten Autoren fiel in ihre Frühphase.
Wegbereiter für den deutschen poetischen Realismus waren u. a. die Werke von Dickens („Oliver Twist“, 1837/38), Balzac, Stendhal und Flaubert („Madame Bovary“, 1857).

Wichtige Autoren und Werke:

FRIEDRICH HEBBEL (1813–1863): Maria Magdalena (1844, Drama), Agnes Bernauer (1855, Drama)
THEODOR STORM (1817–1888): Immensee (1849, Novelle), Pole Poppenspäler (1875, Novelle), Hans und Heinz Kirch (1882, Novelle), Der Schimmelreiter (1888, Novelle), Gedichte
GOTTFRIED KELLER (1819–1890): Der Grüne Heinrich (1854/55, Roman), Die Leute von Seldwyla (1. Band 1856, 2. Band 1873/74, Novellen), Gedichte
WILHELM RAABE (1831–1910): Die Chronik der Sperlingsgasse (1857, Roman)
CONRAD FERDINAND MEYER (1825–1898): Das Amulett (1873, Novelle), Gedichte
THEODOR FONTANE (1819–1898): Unterm Birnbaum (1885, Roman), Frau Jenny Treibel (1892, Roman), Effi Briest (1895, Roman), Der Stechlin (1897, Roman), Gedichte

Epochenüberblick: Naturalismus (ca. 1880–1900)

Die meisten Autoren des Naturalismus wurden um 1862 geboren. Fast alle stammten aus dem Kleinbürgertum; alle waren liberal eingestellt, viele sympathisierten mit der bis 1890 verbotenen Sozialdemokratischen Partei. Sie lebten zumindest vorübergehend in den großen Städten, vor allem in Berlin, wo sie die soziale Misere in den Mietskasernen, Hinterhöfen und in den Bordellen kennen lernten. Die jungen Autoren schlossen sich schnell zu verschiedenen Gruppen zusammen, entwickelten mit ihren Zeitschriften Diskussionsforen und nutzten Vereine zur Aufführung ihrer Dramen, die ansonsten der preußischen Zensur zum Opfer gefallen wären.
Neben der **Erfahrung des sozialen Elends** war für die Naturalisten die **Rezeption natur- und sozialwissenschaftlicher Theorien** und Forschungsergebnisse prägend. Eine starke **Wissenschaftsorientierung** dominierte das zeitgenössische Denken; metaphysische Erklärungsmuster spielten keine Rolle mehr. Auch die Literatur sollte auf wissenschaftliche Grundlagen gestellt werden. **Biologie, Soziologie** und **Psychologie** entdeckten oder entwickelten Gesetze, denen der Mensch als biologisches, gesellschaftliches und individuelles Wesen unterworfen ist. So wird unter dem Einfluss von Hippolyte Taine die These übernommen, dass alle Menschen von den Faktoren „Rasse", „Zeit" und „Milieu", also **von Erbgut, Bedingungen der Gegenwart** und **gesellschaftlicher Umwelt determiniert** seien, der freie Wille wird in Frage gestellt.
Die Aufgabe der Kunst wird darin gesehen, die **Natur genau wiederzugeben.** Damit werden auch **Hässliches** und **Elend** Gegenstand der Kunst. Die Akteure in den **Dramen,** der bevorzugten Gattung im Naturalismus, entstammen der **Unterschicht,** nicht der Arbeiterklasse, die die Naturalisten kaum aus eigener Anschauung kannten; aber auch Bürger sind Protagonisten. Thematisiert wird vor allem die soziale **Not,** z. B. die **Zerstörung von Familien,** mit Aspekten wie **Alkoholismus, Unterdrückung der Frauen, Verbrechen, gestörte Sexualität.** Die Menschen werden in ihren Abhängigkeiten dargestellt. Intention dieser Literatur ist es, Mitleid zu erregen, anzuklagen sowie **Sozialkritik** zu üben.
Die Forderung, die Natur nachzuahmen, und das Konzept des Determinismus führen in Drama und erzählender Literatur zu neuen Darstellungsformen: In der epischen Dichtung z. B. imitiert der **„Sekundenstil"** die Sprechweise der Figuren und bildet das Milieu bis ins Detail ab, Erzählzeit und erzählte Zeit werden nahezu zur Deckung gebracht.
Allerdings zeigte es sich auch, dass die bevorzugte Thematik, nämlich die soziale Frage, das deterministische Menschenbild und die Gestaltungsmittel nur ein begrenztes Potenzial hatten. Gerhart Hauptmann bereitete bereits in seinem ersten naturalistischen Werk, dem „Bahnwärter Thiel", mit Symbolik und mythischen Bildern die literarischen Gegenströmungen im ersten Jahrzehnt des 20. Jahrhunderts vor.
Vorbilder in der deutschen Literatur fanden die Naturalisten in Lessing, den Dichtern des Sturm und Drang, in Büchner und Heine, die bestehende Missstände kritisiert und sich den benachteiligten Ständen zugewandt hatten. Besonders starken Einfluss übte die Literatur von Zola, von Ibsen und Strindberg, von Tolstoi und Dostojewski aus, deren genaue gesellschaftliche und psychologische Analysen die deutschen Naturalisten bewunderten.

Wichtige Autoren und Werke:

GERHART HAUPTMANN (1862–1946): Vor Sonnenaufgang (1889, Drama), Die Weber (1893, Drama), Der Biberpelz (1893, Drama), Bahnwärter Thiel (1897, Novelle), Die Ratten (1911, Drama)

ARNO HOLZ (1863–1929) und JOHANNES SCHLAF (1862–1941): Papa Hamlet (1889, Prosaskizze), Familie Selicke (1890, Drama), ARNO HOLZ: Phantasus (1898/99, Gedichte)

E Arbeitstechniken und Methoden

„Lange Texte konzipieren und strukturieren"

„Internetrecherche"

„Schneller lesen und verstehen"

„Sicher und überzeugend argumentieren"

„Prioritäten- und Zeitmanagement"

„Wirkungsvoll präsentieren"

„Erfolgreiches Projektmangement – Methoden und Techniken"

Die oben genannten Titel geben eine Auswahl von gängigen Seminarangeboten für die berufliche Weiterbildung wieder.
Methodische Fertigkeiten sind nicht nur in der Schule, sondern auch im Studium und im Beruf von großer Bedeutung. Besonders in den beiden Seminaren erhalten Sie Einblicke in Arbeitsformen, die Sie auch nach Ihrer Schulzeit begleiten werden.

1 Wählen Sie zwei oder drei der oben genannten Seminare aus, die Sie belegen würden. Prüfen Sie, wo Sie in diesem Band zu den genannten Themen Informationen und Anregungen zum Üben erhalten.

1 Ein Thema selbstständig erarbeiten: Die Seminararbeit

1 Welche Vorstellungen haben Sie von einem Wissenschaftler/einer Wissenschaftlerin? Wählen Sie eine oder zwei der Abbildungen aus, die Ihren Vorstellungen am meisten entsprechen. Begründen Sie Ihre Wahl.

2 **a** Erarbeiten Sie aus den in Ihrer Lerngruppe gefundenen Begründungen eine knappe Definition des Begriffs „Wissenschaft".

b Vergleichen Sie Ihre Definitionen mit entsprechenden Begriffsklärungen in (elektronischen) Lexika.

Wissenschaftliches Arbeiten setzt in der Regel jahrelanges Studium voraus. Doch schon in der Schule beginnen Sie, wissenschaftliche Arbeitsweisen zu üben; so bereiten Sie sich auf ein erfolgreiches Studium vor und lernen Verfahrensweisen kennen, mit denen unsere Gesellschaft ihr Wissen gewinnt. In Ihrem W-Seminar erstellen Sie innerhalb eines vorgegebenen Rahmenthemas ihre erste eigene „wissenschaftliche" Arbeit zu einem eingegrenzten Thema. Wenn Sie das Fach Deutsch wählen, dominiert meist die Auseinandersetzung mit literarischen Texten und mit der dazu verfassten Forschungsliteratur; empirische – d.h. auf Erfahrung beruhende, also vor allem mit Datenerhebung arbeitende – Methoden werden seltener eingesetzt.

3 Mit welchen Untersuchungsmethoden könnten Sie die folgenden Themenvorschläge bearbeiten? Ordnen Sie sie zu. Sie können pro Thema auch mehrere Methoden wählen.

Themen

1. Wer liest heute noch freiwillig Goethe? Goethe und seine Werke im 21. Jahrhundert.

2. Die Freundschaft zwischen Goethe und Schiller am Beispiel des „Balladenjahrs".

3. Sentenzen der Klassik – und was von ihnen heute noch übrig ist.

4. Schillerstraße und Goetheallee: Straßennamen als Indikatoren für die Rezeption der Klassiker.

5. Herders „Briefe zur Beförderung der Humanität": zwischen Aufklärung und Klassik?

Methoden

a Auseinandersetzung mit literarischen Texten (Primärliteratur)

b Auseinandersetzung mit wissenschaftlichen Texten (Sekundärliteratur)

c Auswertung von (archivarischen) Quellen

d Erstellung und Auswertung von Umfragen und Statistiken

1.1 Die Arbeit planen

Thema eingrenzen, Fragestellung entwickeln

In Ihrem W-Seminar behandeln Sie ein gemeinsames Rahmenthema; der Schwerpunkt der Arbeit liegt auf der Auseinandersetzung mit einem individuellen Seminararbeitsthema innerhalb dieses Rahmenthemas. Für die Orientierung im Rahmenthema ist es sinnvoll, sich zunächst möglichst einfache und knappe einschlägige Basisinformationen zu verschaffen. Kapitel in Schulbüchern oder Handbüchern, Lexikoneinträge (auch in elektronischen Lexika) sowie Sachbücher für Jugendliche sind geeignete Sprungbretter. Lesen Sie gründlich und visualisieren Sie Ihre Ergebnisse anhand von Cluster (→ S. 348), Mind-Map (→ S. 347) oder ähnlichen Formen.

Der folgende Textauszug aus dem dtv-Atlas „Deutsche Literatur“ enthält Basisinformationen zum Beispielthema „Die Weimarer Klassik“.

Horst D. Schlosser: **Weimarer Klassik: Voraussetzungen und Grundbedingungen°** (2006) Auszug

Der philosophische Idealismus ist eine der wesentlichen Komponenten der literarischen Klassik, wie sie in Weimar im Schaffen GOETHES und SCHILLERS entstand und wozu auch das Werk JEAN PAULS, FRIEDRICH HÖLDERLINS und HEINRICH VON KLEISTS gezählt werden muss. Die zeitgenössische Philosophie schenkte der Literatur eine **neue, tiefere Auffassung von der Bedeutung der Persönlichkeit,** nachdem sie das Subjekt in den Mittelpunkt der Erkenntnismöglichkeit gerückt hatte. Sie vermittelte einen neuen Begriff sittlicher Ordnung, der auf der Einsicht in das Wesen der Sittlichkeit, frei vom Zwang vorgegebener Gebote, beruhte. „Handle so, dass die Maxime deines Willens jederzeit zugleich als Prinzip einer allgemeinen Gesetzgebung gelten könnte“, lautet die Forderung des „kategorischen Imperativs“ IMMANUEL KANTS. So wurde der Idealismus zu einem **Eckstein eines neuen Humanitätsideals.** SCHILLER ist es, der sich am unmittelbarsten mit KANTS Anregungen auseinandersetzt und dabei seinen eigenen **„Vernunftidealismus“** formuliert.
„Klassik“ aber war und ist zunächst einmal nur ein formaler Begriff, der die Vorbildlichkeit einer künstlerischen Erscheinung benennen soll. In diesem Sinne kannte schon die Antike den *classicus scriptor,* wie GELLIUS (ca. 170 n. Chr.) den herausragenden, vorbildlichen Autor, unabhängig von einer Epochenzugehörigkeit, nannte. Im übertragenen Sinne wird hier eine soziale Kategorie, die Zugehörigkeit zur höchsten (römischen) Steuer-/Vermögensklasse, ins Spiel gebracht. In der weiteren Entwicklung wurde der Begriff des Klassischen mehr und mehr inhaltlich auf die Antike zurückbezogen, auf die **Vorbildlichkeit antiker Kunst und Kultur,** die die europäische Geistesgeschichte immer wieder angeregt hat. Rezeption, Anverwandlung antiker Vorbilder wurde zu einem entscheidenden Kriterium der Bezeichnung „klassisch“ für eine nichtantike Kulturphase, die freilich selbst wieder Vorbildcharakter erlangen musste. [...]
Die **Weimarer Klassik** wäre in ihrer Besonderheit kaum denkbar ohne eine Wendung im Verhältnis zur Antike, die auf das Wirken des Archäologen **Johann Joachim Winckelmann** (1717–68) zurückzuführen ist. WINCKELMANN, seit 1755 als Bibliothekar, ab 1763 auch als Verwalter der Altertümer in Rom, Florenz und Neapel tätig, lenkte den Blick der Kunstwissenschaft nach jahrhundertelanger Konzentration auf die römische Antike nun auf die **Kunst des griechischen Altertums,** in der er ein zeitloses Schönheitsideal verwirklicht sah. [...]
Wie wenig sich gerade die Weimarer Klassik monokausal erklären lässt [...], wird nicht zuletzt aus ihrer Verflechtung mit unterschiedlichen geistigen Strömungen des 18. Jahrhunderts ersichtlich. Der Subjektivismus der idealistischen Philosophie hat seine vielfältigen Verwandten in Grundpositionen der pietistisch bestimmten Empfindsamkeit und deren exzessiver Steigerung im „Sturm und Drang“. Der Wandel GOETHES vom „Stürmer und Dränger“ zum Autor der Klassik lässt sich als **Bändigung des Gefühlskults zur Gefühlskultur** beschreiben, an dessen Ende das als antik gedeutete **Ideal einer harmonischen Persönlichkeit** steht. Auch für seinen Läuterungsprozess zum klassischen Dichter waren mitmenschliche Bezüge entscheidend: so die Freundschaft des Herzogs KARL AUGUST, die ihm in Weimar einen Lebensraum schenkte, in dem sich seine Anlagen voll entfalten konnten; so auch seine von seiner Ankunft in Weimar an langjährige Verbindung mit CHARLOTTE VON STEIN, die für GOETHE zu einer unschätzbaren Erziehung zu Maß und Form wurde. Dass das durch diese Einflüsse

85 gewonnene In-sich-Ruhen des Klassikers auch ein durchaus gefährdetes, mit Mühe bewahrtes Gleichgewicht war, bezeugt die Schroffheit, mit der Goethe so manche seinem Ideal fremde Kraft von sich fernhielt, indem er auch enthusiastische Bewunderer 90 von sich stieß, oder die Vorsicht, mit der er manche neue Beziehung reifen ließ, wofür das Verhältnis zu SCHILLER ein deutlicher Beleg ist.

1 Übertragen Sie die folgende unvollständige Mind-Map in Ihre Unterlagen und fügen Sie Ergänzungen ein – bei Bedarf auch weitere Verzweigungen.

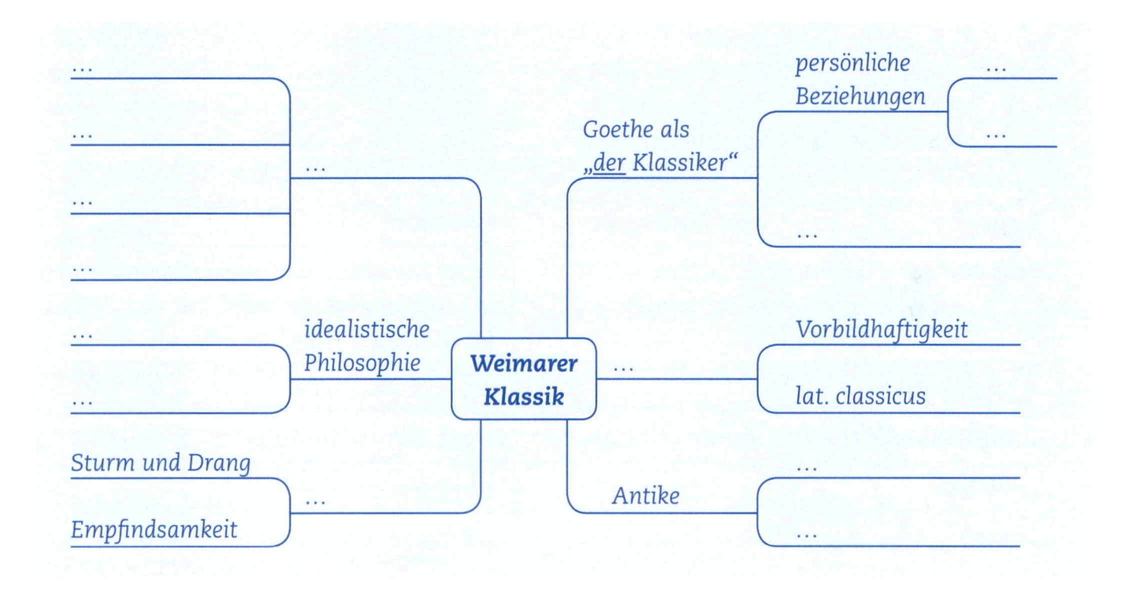

Eine solche Visualisierung bietet Ihnen eine Übersicht über verschiedene Teilaspekte des Rahmenthemas. Sie kann zugleich noch unklare, offene Bereiche verdeutlichen und Ihnen Suchbegriffe liefern, die bei der weiteren Recherche helfen.
Entweder wird Ihnen innerhalb des Rahmenthemas ein spezielles Thema für Ihre Seminararbeit vorgegeben oder Sie müssen Ihre Fragestellung selbst eingrenzen. Dabei kann die Anwendung von W-Fragen helfen:

Wer? Mit wem? Wann? Wo? Wie ... beschaffen? Warum?/Warum so ...?

Eine mögliche Fragestellung für eine Seminararbeit wäre z. B.:
„Wie ist die Beziehung der idealistischen Philosophie zur Weimarer Klassik beschaffen?“
Das Thema der Arbeit könnte dann lauten: „Die Weimarer Klassik und ihre Beziehung zur idealistischen Philosophie“.
Das Thema Ihrer Arbeit sprechen Sie in jedem Falle mit Ihrem Seminarleiter/Ihrer Seminarleiterin genau ab.

2 Entwickeln Sie weitere mögliche Themenstellungen zum Rahmenthema „Weimarer Klassik“. Formulieren Sie jeweils die dabei zu untersuchende Frage.

Zeitmanagement

Für die Abfassung Ihrer Seminararbeit besteht ein zeitlicher Rahmen von knapp einem Jahr. Das mag zunächst als enorm viel Zeit erscheinen – so viel, dass man noch lange nicht anfangen muss zu arbeiten. Dies ist jedoch ein Irrtum: Sie sollten zeitig mit der Arbeit beginnen und sich selbst einen Zeitplan anlegen, nach dem Sie Ihre Arbeit organisieren wollen; so vermeiden Sie, dass Sie in der Schlussphase in allzu großen Zeitdruck geraten.

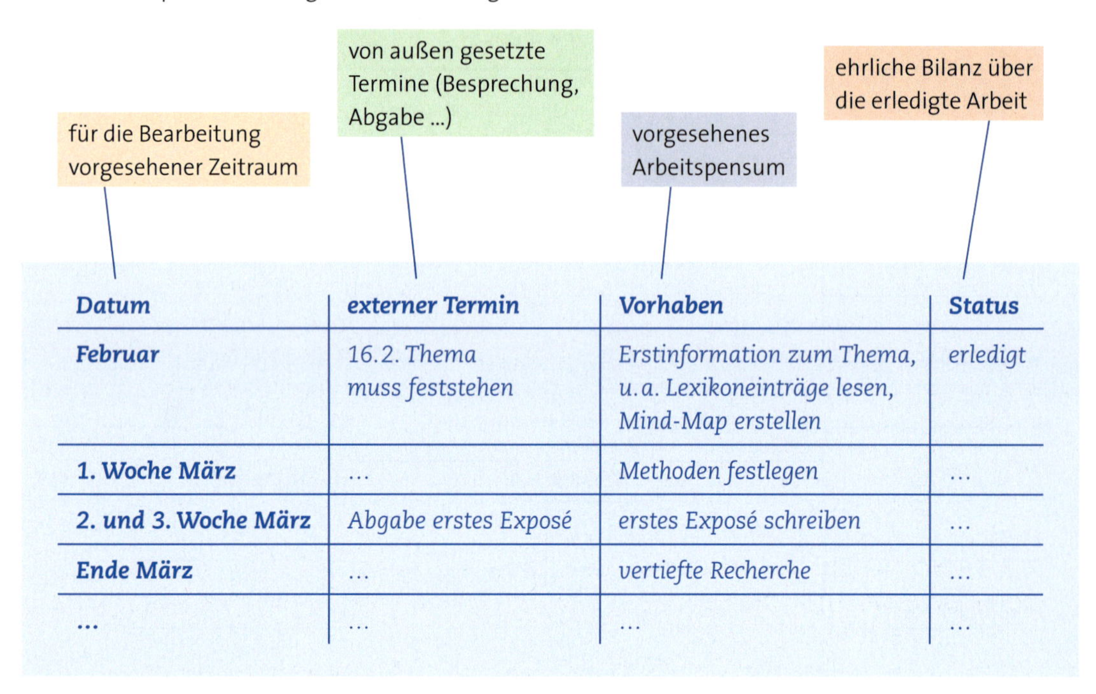

Datum	externer Termin	Vorhaben	Status
Februar	*16.2. Thema muss feststehen*	*Erstinformation zum Thema, u.a. Lexikoneinträge lesen, Mind-Map erstellen*	*erledigt*
1. Woche März	…	*Methoden festlegen*	…
2. und 3. Woche März	*Abgabe erstes Exposé*	*erstes Exposé schreiben*	…
Ende März	…	*vertiefte Recherche*	…
…	…	…	…

Zu Beginn enthält Ihr Arbeitsplan zumindest die „Meilensteine“ der Arbeit. Diese Arbeitspakete werden dann weiter unterteilt, sobald Sie sie in Angriff nehmen:
- erste Informationen einholen, Fragestellung und Methoden festlegen
- ein erstes Exposé abfassen
- weitere Informationen sammeln, Recherche vertiefen
- Material auswerten
- eine Gliederung/ein Inhaltsverzeichnis anlegen
- mit dem Schreiben beginnen
- ein Verzeichnis der verwendeten Literatur (Bibliografie) erstellen
- die Reinschrift abfassen
- Text überarbeiten
- Arbeit abgeben

1 Erstellen Sie einen Zeitplan für Ihre Seminararbeit. Berücksichtigen Sie die Ihnen bekannten Terminvorgaben und notieren Sie zunächst die „Meilensteine“. Ihr vorgesehener Abgabetermin sollte etwa zwei Wochen vor dem offiziellen Termin liegen, um unvorhergesehene Verzögerungen auffangen zu können.

Ein Exposé schreiben

Das Exposé ist das erste vorzeigbare Produkt einer wissenschaftlichen Arbeit. In ihm fassen Sie die Ergebnisse der Orientierungsphase zusammen und erarbeiten die genaue Formulierung Ihrer Fragestellung. Das Exposé wird in ganzen Sätzen ausformuliert und enthält auf etwa einer DIN-A4-Seite folgende Elemente:
- Vorstellung der in der Arbeit behandelten Frage
- Beschreibung des methodischen Vorgehens
- Eckpunkte der Zeitplanung

Exposé für eine Seminararbeit im Rahmen der Thematik „Weimarer Klassik"

Nach Höherem streben: Das Motiv des Schwebens in der Klassik

Fragestellung
Viele Texte der Klassik enthalten Vorstellungen vom Schweben, vom Fliegen, vom Aufstieg zu den Göttern. Der Literaturwissenschaftler Heinz Schlaffer hat behauptet, darin werde die idealistische Zielrichtung der deutschen Klassik deutlich. In der Arbeit soll der Frage nachgegangen werden, welche Bilder aus diesem Motivfeld es gibt und welche Bedeutung diese Bilder im Rahmen des klassischen Verständnisses von Dichtung haben könnten.

Methode
Als Basis der Arbeit sollen zunächst Texte zusammengetragen werden, die sich mit solchen Bewegungen der Erhebung und des Aufschwungs beschäftigen. Ausgangspunkt sind die Gedichte „Ganymed" (Goethe), „Das Göttliche" (Goethe), „Die Teilung der Erde" (Schiller), „Die Götter Griechenlands" (Schiller); diese Sammlung soll durch eingehende Lektüre der Gedichte Schillers und Goethes noch erweitert werden.
Auf der Grundlage dieser Texte werden dann die Bilder des Aufschwungs näher beschrieben. Vorläufig geht es um die Richtung der Bewegung, um deren Ziel sowie um die Wortwahl; die Gesichtspunkte der Beobachtung werden im Laufe der Arbeit noch weiter differenziert.
Im nächsten Schritt soll versucht werden, die Bedeutung des Bildfeldes vor dem Hintergrund der klassischen Dichtungstheorie zu beschreiben.
Den Ausgangspunkt für die weitere Literaturrecherche bilden:
- *Heinz Schlaffer: Die kurze Geschichte der deutschen Literatur. München 2002,*
- *einige einschlägige Aufsätze aus dem Reclam-Band „Gedichte und Interpretationen. Klassik und Romantik".*

Zeitplan
Die bibliografischen Vorarbeiten werden im Mai abgeschlossen sein. Mitte September sollte ein erstes Probekapitel vorliegen. Die Fertigstellung der Arbeit ist für Mitte November vorgesehen. Genaueres entnehmen Sie bitte dem beigelegten Terminplan.

---

1 Schreiben Sie, ausgehend von diesem Beispiel, ein Exposé. Nehmen Sie als Grundlage entweder Ihre eigene Seminararbeit oder wählen Sie aus den Themenstellungen aus Aufgabe 1 auf S. 305 ein geeignetes Thema aus.

1.2 Recherchieren, Quellenprotokolle erstellen

Recherchieren

Zur wissenschaftlichen Vorgehensweise gehört es, sich zunächst einen Überblick über die Forschung zum ausgewählten Thema zu verschaffen. Hierzu legt man ein Verzeichnis der einschlägigen wissenschaftlichen Literatur an. Auch für die schulische Seminararbeit sollte dieses Verzeichnis – die so genannte Bibliografie – die wichtigsten Standardwerke mit den aktuellen Forschungsergebnissen enthalten. Die verwendeten Titel werden Sie später in das Literaturverzeichnis (→ S. 320 f.) Ihrer Arbeit aufnehmen.
Bei der Suche nach wissenschaftlicher Literatur können Sie sich an folgenden Tipps orientieren:

! **Tipps für die Literaturrecherche**

- Suchen Sie **vom Allgemeinen zum Speziellen.** Lesen Sie zunächst Darstellungen, die einen Überblick zu Ihrem Thema und weiterführende Literaturhinweise geben.
- Aus dem Vergleich der Literaturverzeichnisse verschiedener einführender Darstellungen können Sie ersehen, welche Bücher häufig angeführt und zitiert werden; diese Bücher sind **Standardwerke.** Lesen Sie dann diese (aktuellen) Standardwerke und arbeiten Sie mit deren Literaturverzeichnis weiter.
- Suchen Sie **aktuelle Literatur.** Was unter „aktuell" verstanden wird, kann variieren. Während in den Naturwissenschaften oft schon zwei Jahre alte Texte veraltet sind, können in den Geisteswissenschaften auch zehn Jahre alte Texte noch als aktuell gelten.
- Häufig gibt es für bestimmte Fachbereiche **Bibliografien,** die alle wissenschaftlichen Neuerscheinungen verzeichnen und oft kurz rezensieren. Neben Bibliografien in Buchform findet man auch immer häufiger elektronische Bibliografien. Hier erhalten Sie Hinweise zu speziellerer Literatur zum Thema.
- **Universitätsbibliotheken** und **größere Stadtbüchereien** bieten meist sehr komfortable **elektronische Suchhilfen** an. Wie diese genau funktionieren, erfahren Sie am besten bei einer Bibliotheksführung vor Ort. Gemeinsam ist allen Suchhilfen die Einteilung nach Autor, Titel und Schlagwort. Insbesondere die Schlagwortsuche kann sehr hilfreich sein.

Welche Angaben zu den gewählten Büchern Ihre Bibliografie enthalten sollte, erfahren Sie im Abschnitt zum Anlegen eines Literaturverzeichnisses (→ S. 320 f.).

Schlagwortsuche im Internet und in der Bibliothek

Mit Hilfe der geläufigen Suchmaschinen einschlägige Webseiten zu den zentralen Begriffen Ihres Themas zu finden, ist oft einfach. Schwierig ist hingegen die Qualitätsprüfung der so gefundenen Informationen.
Anders bei der Schlagwortsuche in der Bibliothek: Während man sich auf die wissenschaftliche Qualität der gefundenen Texte in der Regel verlassen kann, geraten verwöhnte „Google"-Benutzer/-innen bei der Suche schnell in die Sackgasse, denn die Schlagwörter werden ja nicht automatisch in den Texten der Bibliothek gesucht; die Benutzer/-innen sind hier auf das von der Bibliothek eingerichtete System der Verschlagwortung angewiesen. Erste Hinweise auf dieses System gibt Ihnen das Online-Suchprogramm Ihrer Stadt- oder Universitätsbibliothek.

Beispiel:

---

1 Veranstalten Sie in Ihrer Lerngruppe einen Recherche-Wettbewerb:
Einigen Sie sich auf ein gemeinsames Thema (siehe z.B. Aufgabe 1 auf S. 305) und suchen Sie dazu fünf möglichst genau passende aktuelle Titel (Bücher und Aufsätze).
Legen Sie fest, wer im Internet und wer in Bibliotheken sucht, und vergleichen Sie anschließend Ihre Ergebnisse, Ihre Erfahrungen und Ihren zeitlichen Aufwand.

Primär- und Sekundärliteratur unterscheiden

Erstinformationen über ein Thema entnimmt man gemeinhin so genannter Tertiärliteratur – Lexika und Handbüchern. Für die wissenschaftliche Arbeit müssen Sie sich den Quellen und den Forschungsergebnissen zuwenden.

Primär- und Sekundärliteratur

Alle Gegenstände und Texte, die selbst Gegenstand der Forschung sind, bezeichnet man als Primärquelle bzw. **Primärliteratur.**
Alle Texte, die vom Gegenstand der Forschung handeln, nennt man Sekundärquelle bzw. **Sekundärliteratur.**
Lexika und andere Nachschlagewerke sind **Tertiärliteratur.**

1 **a** Notieren Sie zu den unten genannten Werken jeweils, ob es sich um einen Primär- oder um einen Sekundärtext zum Thema handelt oder ob der Text für das Thema überhaupt nicht relevant ist. Gehen Sie von folgendem Seminararbeitsthema aus:
Goethe als Person. Ein Überblick über seine Lebensgeschichte.
b Verfahren Sie wie in Aufgabe a), beziehen Sie die Literatur aber auf das Thema:
Goethe als Person – Sichtweisen des 20. Jahrhunderts.

Werke
1 Conrady, Karl Otto: Goethe – Leben und Werk. Düsseldorf, Zürich 1999
2 Perels, Christoph: Dichterwege. Eine kleine Goethe-Biografie. Stuttgart 1999
3 Boerner, Peter: Goethe. Reinbek bei Hamburg, 29. Auflage, 1995
4 Goethe, Johann Wolfgang von: Aus meinem Leben. Dichtung und Wahrheit. In: Ders.: Werke. Hrsg. von Erich Trunz. Bd. 9. München, 10. Auflage, 1982. Bd. 10. München, 9. Auflage, 1989
5 Meier, Bettina: Goethe in Trümmern. Zur Rezeption eines Klassikers in der Nachkriegszeit. Wiesbaden 1989
6 Kommerell, Max: Der Dichter als Führer in der deutschen Klassik. Klopstock, Herder, Goethe, Schiller, Jean Paul, Hölderlin. Berlin 1928

Gute Seiten – schlechte Seiten: Qualitätsprüfung im Internet

Im Internet kann jeder ohne Qualitätsprüfung veröffentlichen. Internetseiten müssen daher vor ihrer Verwendung auf ihren Wert und Wahrheitsgehalt hin überprüft werden.
Folgende Kriterien helfen:

! **Prüfkriterien für Internet-Seiten**

Urheberschaft, Aktualität
- Ist die Seite seriös? Kaum Bedenken gibt es bei Informationen auf Websites offizieller und anerkannter Einrichtungen: Seiten von Ministerien, Forschungseinrichtungen, Universitäten und überregionalen Tageszeitungen.
  Nur mit Vorsicht zu verwenden sind Seiten von Privatleuten. Wikipedia-Einträge müssen immer geprüft werden – zunächst auf der Seite selbst (z. B.: Gibt es Zeichen von Vandalismus, Hinweise auf der Diskussionsseite?), später durch Vergleich mit anderen Seiten oder am besten mit einem gedruckten Fachbuch.
  Gar nicht verwendbar sind Einträge in Foren; diese Informationen bieten nicht mehr Gewähr als Gespräche auf dem Schulhof.
- Ist die Seite aktuell? Wann ist der Text veröffentlicht bzw. zuletzt aktualisiert worden?

Einhaltung von Standards, Übereinstimmung mit seriösen (gedruckten) Quellen
- Werden grundlegende Standards eingehalten? Dazu gehören z. B. Übersichtlichkeit im Aufbau, klare Begrifflichkeit, nachvollziehbare Argumentation, Fehlen unbegründeter Wertungen, Qualität im sprachlichen Ausdruck, in Rechtschreibung und Zeichensetzung, Korrektheit bei Quellenangaben und Zitierweise.
- Stimmen die Informationen – soweit Vergleichbarkeit gegeben ist – mit verlässlichen (gedruckten) Texten überein?

Quellenprotokolle erstellen

Um nicht den Überblick zu verlieren, sollten Sie Ihre Recherche unbedingt dokumentieren. Dazu können Sie so genannte Quellenprotokolle anlegen. Sammeln und ordnen Sie alle Quellenprotokolle, z. B. durch Abheften. Komfortabel ist das Protokollieren am PC.

Quellenprotokoll (Beispiel)

Autor (Name, Vorname): …	*Notizen zum Inhalt:* … Notieren Sie hier sehr knapp, worum es in dem Text geht und welche Position der Autor/die Autorin zu Ihrer Frage vertritt. Fertigen Sie noch kein Exzerpt an!
Titel: …	
In (Zeitschrift, Sammelband): …	*Zusammenhang mit folgendem Gesichtspunkt des Themas:* … Für welchen Aspekt/welche Aspekte Ihrer Fragestellung ist der Text hilfreich?
Ort, Jahr: …	
(evtl.) Seitenangabe: …	*Wertung:* … Lohnt sich eine genauere Bearbeitung? (Auch bei einem Nein ausfüllen – dies hilft Doppelungen bei der Sichtung zu vermeiden!)
Signatur oder Internet-Adresse (URL): …	
Datum des Aufrufs (Internet): …	

1 Erproben Sie dieses Muster an einem Quellentext zu Ihrer Seminararbeit. Passen Sie das Formular gegebenenfalls Ihren Bedürfnissen an.

1.3 Informationen auswerten

Markieren und Notieren

Lesen Sie Texte, bei denen Eintragungen erlaubt sind, grundsätzlich mit dem Stift in der Hand. Markieren Sie bereits beim ersten Lesen schwierige und zu klärende Begriffe und Formulierungen mit Bleistift. Spätestens beim zweiten Lesen markieren Sie auch zentrale Begriffe sowie besonders wichtige oder fragwürdige Textstellen. Auch knappe Bemerkungen zur Gedankenführung bzw. Argumentationsstruktur am Rand sind hilfreich. Beachten Sie die Hinweise im Abschnitt „Markieren" in der Methoden-Übersicht dieses Bandes (→ S. 356).

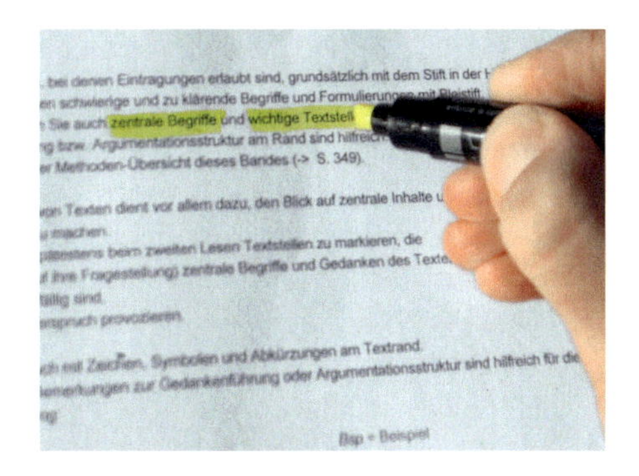

1 Kopieren Sie den Text auf S. 314 f. als Bearbeitungsexemplar mit breiten Rändern. Tragen Sie wie im folgenden Beispiel Markierungen ein und ergänzen Sie erklärende Einträge neben dem Text.

Heinz Schlaffer: **Die kurze Geschichte der deutschen Literatur** (2002) Auszug

Behauptung	In der deutschen Dichtung des 18. Jahrhunderts wird viel geschwebt.	
Belege	Selbst Goethes Figuren, von Ganymed bis Gretchen, Homunculus, Euphorion und Faust, schweben und verschweben, ohne dass ihr Lebensgang der sinnlichen Vielfalt der irdischen Natur abhold gewesen wäre, am Ende in einen inszenierten Himmel.	*Homunculus: künstlich geschaffener Mensch in „Faust II“* *Euphorion: Sohn Fausts und Helenas in „Faust II“*
Erläuterung/ Erweiterung	Gewiss besteht die deutsche Literatur in ihrer fruchtbarsten Epoche nicht nur aus solchen verklärten Aufschwüngen in eine höhere Welt. Aber sie sind der innere Maßstab, auf den sich die reiche und geistreiche Darstellung aller irdischen Freuden und Leiden, der tragischen Handlungen und komischen Widerstände, der naiven und komplizierten Seelenstimmungen ausrichtet.	

Heinz Schlaffer: **Die kurze Geschichte der deutschen Literatur** (2002) Auszug

In der deutschen Dichtung des 18. Jahrhunderts wird viel geschwebt. Selbst Goethes Figuren, von Ganymed bis Gretchen, Homunculus, Euphorion und Faust, schweben und verschweben, ohne dass ihr Lebensgang der sinnlichen Vielfalt der irdischen Natur abhold gewesen wäre, am Ende in einen inszenierten Himmel. Gewiss besteht die deutsche Literatur in ihrer fruchtbarsten Epoche nicht nur aus solchen verklärten Aufschwüngen in eine höhere Welt. Aber sie sind der innere Maßstab, auf den sich die reiche und geistreiche Darstellung aller irdischen Freuden und Leiden, der tragischen Handlungen und komischen Widerstände, der naiven und komplizierten Seelenstimmungen ausrichtet.

Im Bild der Unsterblichkeit, wie es die Dichter entwerfen, verbinden sich heidnischer Mythos, christliche Hoffnung, philosophisches Postulat und privater Wunsch zu einem poetischen Konzept, das allein durch seine Widersprüche stabilisiert wird. Die Epoche war von der griechischen Mythologie und Kunst fasziniert, weil sie Antworten gaben [...], ehe noch Fragen – und damit Zweifel – aufkommen konnten, worauf die Moderne keine Antworten mehr hatte. Da griechische Helden unsterblich wurden, indem die Götter sie in einen Stern verwandelten, versuchte Goethe, wenigstens für sich eine solche Anwartschaft schon zu Lebzeiten zu erwirken: Er wählte nach seiner Nobilitierung einen Stern auf blauem Grund zum Wappen und ließ sich am liebsten mit einem großen Ordensstern auf blauem Rock porträtieren. [...]

An der antiken Kunst, seinem Ideal, glaubte Schiller „Veredlung“ als inneren Zweck zu erkennen: „Der Mensch brachte hier etwas zu Stande, das mehr ist, als er selbst war, das an etwas Größeres erinnert als seine Gattung – beweist das vielleicht, dass er weniger ist, als er sein wird?“ Dieses „mehr“ konnte vielleicht bei der Aufnahme in den Himmel erfüllt werden, falls die Versprechungen der Religion doch nicht leer sein sollten, oder vielleicht in einer besseren Zukunft, falls die

Utopien der Aufklärung und Perspektiven der Französischen Revolution doch nicht mit der Herrschaft des Schreckens abgetan sein 50 sollten. Unstrittig aber war dieses „mehr" greifbar in der idealen Schönheit der großen Kunstwerke, die die Gestalt des realen Menschen verklärten, ihm also ein Jenseits im Diesseits verschafften. [...] Die verschwende- 55 risch gebrauchten Adjektive und Nomina „unsterblich", „göttlich", „heilig", „erhaben", „Entzückung", „Offenbarung", „Wahrheit", „Innerstes" sind emotionale Superlative, die zu höchsten Anstrengungen anspornen. Gerade die sachliche Unhaltbarkeit des An- 60 spruchs der Dichtung, einen Zugang zum Reich substanzieller Ideen zu eröffnen, steigerte Umfang und Qualität der poetischen Produktion. Nur durch unablässiges Entwerfen, Schreiben, Vortragen, Lesen und Deuten 65 von Dichtung war der kurzen Euphorie eines Zustands, dem „nichts Sterbliches" mehr anhaftete, Dauer zu verleihen.

„Marmelade kochen": Exzerpieren

Mit einem Exzerpt können Sie die Informationen eines wissenschaftlichen Textes verdichten und so Ihr Textverständnis vertiefen. Das Exzerpt dient zudem als Merkhilfe, wenn man mit mehreren Texten über einen längeren Zeitraum arbeiten muss. Meist versuchen Sie nicht, einen Text als Ganzes zu erfassen; Sie exzerpieren nur im Hinblick auf die für Ihre Fragestellung relevanten Gesichtspunkte. Gelungen ist ein Exzerpt dann, wenn Sie es bei der Abfassung Ihrer Arbeit ohne den Originaltext verwenden können; nützlich ist deshalb auch, wichtige Zitate im Wortlaut aufzunehmen.

Verfahren bei der Textzusammenfassung

Kürzung auf das Wesentliche

Lassen Sie alle Textinformationen weg, die für Ihren Zusammenhang unwichtig sind.
Beispiel: Am 20. Juli 1794 verließen Goethe und Schiller zufällig gleichzeitig eine Sitzung der Jenaer „Naturforschenden Gesellschaft", knüpften ein Gespräch an und setzten dies bald darauf in Schillers Haus fort.
Für den Sachzusammenhang „Schillers und Goethes gemeinsame literarische Arbeit" könnte die Zusammenfassung lauten: Die Beziehung zwischen Goethe und Schiller intensivierte sich 1794.

Verallgemeinerung

Ersetzen Sie Aufzählungen und Beispiele durch Oberbegriffe oder Fachwörter.
Beispiel: In Goethes Haus am Weimarer Frauenplan standen unter anderem Gipsabgüsse des Kopfes des berühmten „Apolls vom Belvedere", der „Juno Ludovisi" und von Antinoos' Skulptur „Kastor und Pollux".
Zusammenfassung: Goethe besaß zahlreiche Kopien antiker Statuen.

Konstruktion von Kerngedanken

Entwickeln Sie aus der Integration einzelner Informationen einen neuen umfassenden Hauptgedanken:
Beispiel: Aus Schillers Sicht scheiterte die Französische Revolution daran, dass die Menschen noch nicht reif für die Herstellung eines demokratischen und freiheitlichen Gemeinwesens waren. Auch Goethe war kein Freund der Revolution; für ihn standen die individuelle Selbstvervollkommnung und das Ideal einer behutsamen Erziehung des Einzelnen im Vordergrund.
Zusammenfassung: Für Schiller und Goethe hatte die Erziehung des einzelnen Menschen Vorrang vor einer Umwälzung der Gesellschaft.

Exzerpieren Sie so, dass Sie Ihren eigenen Text auch in einigen Monaten noch verstehen. Empfehlenswert ist die Unterteilung in mehrere Bestandteile: Nach der Kopfzeile mit den bibliografischen Angaben folgt der Hauptteil des Exzerpts, der eine knappe Zusammenfassung der relevanten inhaltlichen Aspekte enthält.
Bewährt hat sich die Anlage einer Spalte, in der Sie die Fundstelle im Ausgangstext angeben, und einer weiteren Spalte, in der Oberbegriffe bzw. Stichworte vermerkt werden.
Am Schluss des Exzerpts notieren Sie den Kerngedanken sowie Ihre Wertung des Textes im Hinblick auf seine Verwendbarkeit für Ihr Thema.
Beispiel für den Aufbau eines Exzerpts:

Heinz Schlaffer: Die kurze Geschichte der deutschen Literatur. München 2002. S.95 ff.	*Thema: Das Motiv des Schwebens und seine Bedeutung für das Dichtungsverständnis der deutschen Klassik*

Seite	***Zusammenfassung des Inhalts***	***Stichwort/ Oberbegriff***
95 (Textauszug Absatz 1)	*Behauptung: Motiv des Schwebens in der Dichtung des 18. Jahrhunderts ist wichtig. Beleg mit Beispielen (Goethe „Ganymed“ und „Faust“). Ausweitung der Behauptung: Streben nach Höherem ist die gedankliche Grundlage, der „innere Maßstab“ für die Darstellung der irdischen Welt. …*	*Bildfeld Idee*

Kerngedanke und Wertung

…

1 Setzen Sie das begonnene Exzerpt in Ihren Unterlagen fort.
2 Weiterführend: Veranstalten Sie einen Exzerpt-Wettbewerb: Exzerpieren Sie geeignete Texte. Tauschen Sie die Exzerpte untereinander aus und überprüfen Sie, ob Sie den Inhalt des Textes allein aus dem Exzerpt erschließen können.

1.4 Die Arbeit verfassen: Gliedern, Zitieren, Quellen angeben

Eine wissenschaftliche Arbeit besteht meist aus folgenden Elementen:
- Deckblatt (nennt Institution, Thema, eventuell übergeordnetes Thema, Verfasser/-in, Datum)
- Inhaltsverzeichnis
- Vorwort (kann bei kurzen Arbeiten entfallen)
- Einleitung (stellt die Fragestellung vor)
- Hauptteil (Ausführung der wichtigsten Gesichtspunkte, Thesen und Argumente)
- Zusammenfassung der Ergebnisse
- Abbildungen (wenn vorhanden)
- Literaturverzeichnis

Gliedern

Jede wissenschaftliche Arbeit enthält ein Inhaltsverzeichnis.
Die Gliederungspunkte im Inhaltsverzeichnis stimmen mit der Ausarbeitung hinsichtlich der Nummerierung und Formulierung exakt überein.
Zur Orientierung wird jeweils die Seitenzahl der ersten Seite eines neuen Kapitels genannt – nur mit Ziffer, ohne das Wort „Seite" oder die Abkürzung „S.".
Achten Sie darauf, dass Sie nur hinreichend großen Abschnitten einen eigenen Gliederungspunkt zuweisen.
Für die Systematik und die formale Anlage des Inhaltsverzeichnisses gelten dieselben Regeln wie beim Erörtern, bei der Sachtextanalyse oder beim Verfassen einer Literaturinterpretation. Beispiele für Gliederungen finden Sie in den entsprechenden Kapiteln dieses Bandes (→ S. 30 ff., S. 60 ff., S. 80 ff.).

! **Tipps für das Erstellen einer Gliederung**

- über- und untergeordnete Gliederungspunkte in eine **logische Struktur** bringen
- **aussagekräftige**, inhaltliche **Gliederungspunkte** formulieren (also z. B. nicht „Hauptteil", sondern das Thema des Hauptteils nennen)
- Ober- und Unterpunkte in **Nominalform** anführen (z. B. „Zusammenarbeit von Schiller und Goethe", nicht: „Schiller und Goethe arbeiten zusammen")
- **keinen Gliederungspunkt 1 ohne einen Gliederungspunkt 2** vorsehen (z. B. sollte auf „2.1" ein Punkt „2.2" folgen, nicht Punkt „3")
- in der Gliederung **konsequent** entweder das **Buchstaben-Ziffern-System** wählen (Beispiele unter anderem → S. 41, 48, 57) oder das **numerische System** befolgen (Beispiele → S. 67, S. 90 unten)

1 Verbessern Sie die folgende fehlerhafte Gliederung.

Vorsicht, Fehler!

1 Einleitung S. 1
2 Das Motiv des Schwebens in der Literatur der Klassik S. 2
2.1. Liste von Gedichten, die das Motiv enthalten S. 3
2.2 Schweben bei Goethe S. 4
2.1.1 Getragenwerden
2.1.2. Emporschweben S. 5
2.3 und bei Schiller S. 7
2.3.1 Der Dichter lebt bei den Göttern S. 8
2.3.1 Sprachliche Mittel und Schweben S. 9
2.4. Deutung des Motivs als Ausdruck der Idealisierung S. 9
2.4.1 Gedankliche Verbindung mit der Aufklärung S. 10
3 Fazit: Das Schweben ist ein Zentralmotiv der Klassik S. 11
Literaturverzeichnis

Zitieren

Wissenschaft lebt vom Dialog; dieser Dialog wird meist in schriftlicher Form geführt. Untersuchungen bauen auf bereits vorliegenden Ergebnissen auf und setzen sich mit diesen auseinander.
Für die Wiedergabe fremder Gedanken gibt es verschiedene sprachliche Möglichkeiten:

!

Arten der Redewiedergabe

- **wörtliches (direktes) Zitat**
  Beispiel: „In der deutschen Dichtung des 18. Jahrhunderts wird viel geschwebt" (Z. 1 f.), behauptet Heinz Schlaffer.
- **sinngemäßes (indirektes) Zitat**
  - mit indirekter Rede mit Konjunktiv. Beispiel: Heinz Schlaffer vermutet, Goethe habe den Stern in seinem Wappen als Symbol der Unsterblichkeit gewählt.
  - mit einem Nebensatz mit „dass" (im Indikativ oder Konjunktiv). Beispiel: Der Autor vermutet, dass Goethe den Stern in seinem Wappen als Symbol der Unsterblichkeit gewählt hat.
  - mit einer Paraphrase (Umschreibung) im Indikativ mit Angabe der Quelle. Beispiel: Nach Ansicht Schlaffers hat Goethe den Stern als Symbol der Unsterblichkeit gewählt.

Das Einbeziehen vorliegender Forschungsergebnisse ist wichtig – achten Sie aber darauf, dass Ihre Arbeit nicht zu einer bloßen Zusammenstellung von Zitaten wird. Zitate dienen als Belege für den eigenen Gedankengang. Fremde Gedanken müssen in jedem Fall als solche verdeutlicht und mit einer Quellenangabe (→ S. 320 f.) versehen werden – alles andere ist ein grober Verstoß gegen die Regeln wissenschaftlichen Arbeitens.
Für das wörtliche Zitieren gelten folgende Grundregeln:

!

„10 Gebote des Zitierens"

Regel	Beispiel
1. Zitate werden von Anführungszeichen eingeschlossen.	Aufgabe der Kunst war, ein „Jenseits im Diesseits" (Z. 53 f.) zu schaffen.
2. Nach dem Zitat steht immer ein Hinweis auf die Fundstelle. In einer längeren geisteswissenschaftlichen Arbeit, in der aus verschiedenen Texten zitiert wird, folgt dieser Hinweis in Form einer Fußnote (→ S. 320).	Schlaffer bezeichnet dies als „Jenseits im Diesseits"[1]. 1 Schlaffer, Heinz: Die kurze Geschichte der deutschen Literatur, München 2002. S. 98.
3. Zitate werden grammatisch korrekt in den eigenen Text eingebaut. Das bloße Anfügen in Klammern ist zu vermeiden.	Viele Figuren Goethes entschwinden, so Schlaffer, „in einen inszenierten Himmel" (Z. 7 f.).
4. Zitate müssen – wenn nicht ausdrücklich anders markiert (s. u.) – den Originaltext ohne jede Veränderung wiedergeben.	Goethe ließ sich oft malen – am liebsten „mit einem großen Ordensstern" (Z. 34 f.).

5. Auslassungen werden durch eckige Klammern markiert. Dies gilt für Auslassungen von Sätzen aus längeren Passagen, von Wörtern aus Sätzen und von Buchstaben aus Wörtern zum Zweck der grammatischen Anpassung an den eigenen Satz.	Viele Figuren Goethes „verschweben [...] in einen inszenierten Himmel" (Z. 5 ff.). Die „ideale[...] Schönheit der großen Kunstwerke" (Z. 51 f.) sei auch als Ausdruck der Hoffnung auf Unsterblichkeit zu verstehen.
6. Hinzufügungen stehen ebenfalls in eckigen Klammern. Sie sind nur in seltenen Fällen zulässig, etwa zur grammatischen Anpassung des Zitats an den eigenen Satz oder zur Erläuterung eines aus dem Zitat allein nicht verständlichen Wortes.	Das Wesen der Dichtung werde mit „emotionale[n] Superlative[n]" (Z. 58) beschrieben. „Aber sie [die Aufschwünge in eine höhere Welt] sind der innere Maßstab" (Z. 11 f.), auf den die irdische Welt bezogen wird.
7. Eigene Hervorhebungen werden in eckigen Klammern mit Angabe der eigenen Initialen angemerkt.	Kunst soll ein „Jenseits im Diesseits" [meine Hervorhebung, N.N.] schaffen.
8. Anführungszeichen innerhalb eines direkten Zitats werden durch halbe Anführungszeichen markiert.	In der griechischen Kunst „glaubte Schiller ‚Veredlung' als inneren Zweck zu erkennen" (Z. 36 ff.).
9. Fehler im zitierten Text werden durch ein angefügtes [sic] oder [!] markiert.	Etwa: Keine der Figuren sei „der irdischen Natur abholt [!] gewesen" (Z. 6 f.).
10. Zitate von mehr als drei vollständigen Zeilen werden meist nicht im laufenden Text zitiert, sondern durch Einrückung, kleinere Schriftgröße und nur einfachen Zeilenabstand kenntlich gemacht. Sie stehen dann nicht in Anführungszeichen.	Schlaffer führt dazu aus: Unstrittig aber war dieses „mehr" greifbar in der idealen Schönheit der großen Kunstwerke, die die Gestalt des realen Menschen verklärten, ihm also ein Jenseits im Diesseits verschafften.[1] 1 ebd., S. 97 f.

1 Prüfen Sie Satz für Satz, welche Formen der Redewiedergabe vorliegen und nach welchen Zitierregeln verfahren wird. Den Bezugstext von Heinz Schlaffer finden Sie auf S. 314 f.

Schlaffer findet das Motiv des Schwebens in vielen Texten von „Ganymed" bis „Faust". Er sieht in der Bewegung des Aufschwungs den „innere[n] Maßstab" (Z. 11 f.) der literarischen Darstellung irdischen Lebens. Nach seiner Auffassung spiegelt sich darin ein Bedürfnis nach Unsterblichkeit, das im Rückgriff auf Philosophie, antiken Mythos, christliche Religion sowie eigene Wünsche formuliert werde (vgl. Z. 17–35). Auf diese Weise deutet Schlaffer den Wunsch nach persönlicher Verehrung und die Stilisierung des Dichters zum genialen Dichterfürsten als die private Kehrseite der, mit Schiller zu sprechen, „‚Veredlung'" (Z. 37) des Menschen, die in der klassischen Humanitätsidee verfochten wird. Die Kunst wird in dieser Vorstellung zu einem Medium, das dem „realen Menschen […] ein Jenseits im Diesseits verschafft[…]" [meine Hervorhebung, N.N.] (Z. 52 ff.).

Quellen angeben: Fußnoten und Literaturverzeichnis erstellen

! **Quellenangaben in Fußnoten**

- Alle Quellen, aus denen Sie Formulierungen, Daten oder Gedankengänge für Ihren Text übernehmen, müssen Sie angeben – dies gilt für direkte Zitate wie für andere Formen der Wiedergabe. Übernommenes wird im laufenden Text mit einer Fußnotenziffer markiert.
- Die Fuß- oder Endnote enthält Autor/-in, Titel, evtl. die Zeitschrift, aus der der Artikel stammt, sowie Ort und Jahr der Veröffentlichung (vgl. bibliografische Angaben → S. 321). Außerdem nennen Sie in der Fußnote die Seite, auf die Bezug genommen wird. Die Seitenangabe steht direkt nach der Nennung des Textes, aus dem Sie zitieren, z. B.:
  Borchmeyer, Dieter: Die Weimarer Klassik. Portrait einer Epoche. Weinheim 1994, S. 54.
  Berghahn, Klaus: Schillers mythologische Symbolik. Erläutert am Beispiel der Götter Griechenlands. S. 1809. In: Weimarer Beiträge 31 (1985), S. 1803–1822.
- Wird ein Text häufiger zitiert, sind Abkürzungen möglich. Sie bestehen meist aus dem Nachnamen des Autors/der Autorin und einer aussagekräftigen Kürzung des Titels, z. B.:
  Borchmeyer: Klassik, S. 54.
- Folgen Bezugnahmen unmittelbar nacheinander, ist statt der erneuten Nennung des Namens und Titels die Abkürzung „ebd." („ebenda") mit Seitenangabe möglich, z. B.:
  ebd., S. 1817.
- Die Bezugnahme auf zwei aufeinanderfolgende Seiten wird durch ein „f." („folgende") markiert. Bei drei oder vier aufeinanderfolgenden Seiten steht „ff.", ansonsten eine Angabe mit „bis"-Zeichen, z. B.:
  ebd., S. 1817f. / ebd., S. 1817ff. / ebd., S. 1817–1822.

Am Ende Ihrer Arbeit stellen Sie alle verwendeten Quellen in einem Literaturverzeichnis zusammen. Dabei unterteilen Sie nach Primär- und Sekundärquellen (→ S. 311). Innerhalb dieser Blöcke werden die Quellen alphabetisch nach den Nachnamen der Autoren/Autorinnen geordnet. Werke desselben Autors werden in der Reihenfolge ihres Erscheinens geordnet. Bei der zweiten Nennung können Sie die Abkürzung „Ders." bzw. „Dies." für „derselbe" bzw. „dieselbe" gebrauchen.
Verwenden Sie nur zitierfähige Quellen. Nicht zitierfähig (oder nur als Primärquelle verwendbar) sind z. B. populäre Bücher bzw. Zeitschriften und nichtwissenschaftliche Internetauftritte (z. B. Wikipedia).

! **Zitierfähige Quellen**

Zitierfähig sind:

- **Monografien.** Eine Monografie ist eine in sich abgeschlossene wissenschaftliche Veröffentlichung zu einem Gegenstand. Sie ist von einem Autor/einer Autorin verfasst (seltener von einem Team) und hat in der Regel keinen Herausgeber/keine Herausgeberin.
- **Aufsätze aus Sammelbänden oder wissenschaftlichen Zeitschriften.** In einem Sammelband werden von einem Herausgeber/einer Herausgeberin mehrere Aufsätze verschiedener Autoren zu einem bestimmten Thema oder Anlass veröffentlicht. Zeitschriften sind periodisch erscheinende Publikationsorgane, die ebenfalls Aufsätze verschiedener Autoren enthalten.
- **wissenschaftliche Aufsätze** aus dem Internet von zweifellos seriöser Urheberschaft (→ S. 312).
- **Lexikonartikel** (Print-Lexika).

Es gibt verschiedene zulässige Modelle für das Erstellen von bibliografischen Angaben. Achten Sie darauf, dass Sie innerhalb des gewählten Schemas konsequent bleiben.

!

Bibliografische Angaben

Quellenangaben können folgendem Muster folgen:

Monografien

Name des Autors/der Autorin, Vorname: Titel. ggf. Untertitel. Ort, ggf. Auflage, Jahr.
Borchmeyer, Dieter: Die Weimarer Klassik. Portrait einer Epoche. Weinheim 1994.
Boerner, Peter: Goethe. Reinbek bei Hamburg, 29. Auflage, 1995.

Aufsätze aus Sammelbänden

Name des Autors/der Autorin, Vorname: Titel. ggf. Untertitel. In: Titel des Sammelbands. ggf. Untertitel. Herausgegeben von Vorname Name. ggf. Band. Ort Jahr, Seitenzahlen des Aufsatzes.
Dahnke, Hans-Dietrich: Die Debatte um „Die Götter Griechenlandes". In: Debatten und Kontroversen. Literarische Auseinandersetzungen in Deutschland am Ende des 18. Jahrhunderts. Hrsg. von Hans-Dietrich Dahnke u.a. Bd. 1. Berlin u.a. 1989, S. 193–269.

Aufsätze aus Zeitschriften

Name des Autors/der Autorin, Vorname: Titel. ggf. Untertitel. In: Name der Zeitschrift laufende Nummer (Jahr), Seitenzahlen des Aufsatzes.
Berghahn, Klaus: Schillers mythologische Symbolik. Erläutert am Beispiel der Götter Griechenlands. In: Weimarer Beiträge 31 (1985), S. 1803–1822.

Web-Dokumente

Name des Autors/der Autorin, Vorname: Titel des Dokuments. URL. Datum des Aufrufs der Seite.
Neumann, Matthias: Friedrich Schillers Philosophie des Schönen. www.uni-stuttgart.de/philo/index.php?id=838. 22.08.2008.
(Legen Sie sicherheitshalber Ihrer Arbeit einen Ausdruck der verwendeten Internetseite bei.)

1 Korrigieren und vereinheitlichen Sie die folgenden Literaturangaben und erstellen Sie daraus ein Literaturverzeichnis.

Vorsicht, Fehler!

- *Goethe, Johann Wolfgang von: Werke Bd. 1. München, 14. Auflage, 1989. Ders.: Ganymed. S. 46f.*
- *Cathleen Muehleck-Müller (1989): Schönheit und Freiheit: Die Vollendung der Moderne in der Kunst. Schiller – Kant. Würzburg.*
- *Johann Wolfgang von Goethe: Einfache Nachahmung der Natur, Manier, Stil. In: Ders.: Werke. Bd. 12. S. 30–34. 11. Auflage. München, 1989.*
- *Goethezeit: über die Entstehung des bürgerlichen Kunstverständnisses. 1999. Forssman, Erik. München.*
- *Denker ohne Gott und Vater. Schiller, Schlegel und der Entwurf von Modernität. Von Benjamin Marius Schmidt: Stuttgart, Weimar: 2001.*
- *Revolution und Autonomie. Deutsche Autonomieästhetik im Zeitalter der Französischen Revolution. Hrsg. von Wolfgang Wittkowski. Tübingen 1990. Darin: Hinck, Walter: Wissenschaft zum Kunstwerk geadelt: Schillers poetologische Lyrik. S. 297–313.*

2 Projektarbeit

Die Projektmethode ist eine offene Lernform, die Ihnen großen individuellen Gestaltungsraum lässt. In diesem Sinne ist Projektunterricht eine besondere Unterrichtsform, in der Sie sich unter mehr oder weniger starker Anleitung durch den Lehrer/die Lehrerin

- einem vorgegebenen oder gemeinsam formulierten **Thema** bzw. Problem zuwenden,
- zu dessen Bearbeitung nach eigenen Interessen einen **Plan** entwickeln,
- **arbeitsteilig in Gruppen** Teilthemen behandeln,
- Ihre Ergebnisse anderen **präsentieren.**

Die notwendigen Arbeitsmaterialien und Informationen beschaffen Sie sich – so weit wie möglich – selbst.
Die Projektarbeit durchläuft vier Phasen: **Planung, Durchführung, Präsentation** und **Nachbereitung.**

Planung

Planung eines Projekts

- *Themen finden*
- *Gruppen bilden*
- *Material und Informationen beschaffen*
- *Ergebnisse und Präsentation planen*
- *Projekt beschreiben*
- *Zeit- und Arbeitsplan erstellen*

In einem Planungsgespräch sollte Ihre gesamte Lerngruppe zunächst gemeinsam mit der Lehrerin/dem Lehrer das Thema für das gesamte Projekt finden.
Anschließend werden Gruppen zu verschiedenen Aspekten des Themas gebildet; die Gruppenpartner werden hierbei frei gewählt.
Die Gruppen diskutieren wesentliche Aspekte für das weitere Vorgehen. Hierbei sollten die in der Auflistung oben genannten Aspekte berücksichtigt werden.
Die Projektbeschreibung enthält die Formulierung des Gruppenthemas und der zu bearbeitenden Aspekte, außerdem werden geplante Informationsquellen und Präsentationsformen festgehalten.
Sollte es in der Gruppe noch „Stolpersteine" hinsichtlich Themenstellung, Erwartungshaltung, Wissensstand oder Zielsetzung geben oder entsteht durch die Vielfalt möglicher Ideen und Aspekte Verwirrung, kann eine der folgenden Methoden eingesetzt werden:

Blitzlicht (→ S. 349) Kartenabfrage (→ S. 349) Ideenbörse (→ S. 351) Metaplan (→ S. 351)

Bereits von Beginn des gemeinsamen Arbeitens an sollten Diskussionspunkte und Ergebnisse mitgeschrieben werden. Dazu eignet sich ein Gruppenjournal, das wie eine Art Tagebuch geführt wird. Die Gruppenmitglieder übernehmen abwechselnd die Rolle des Schriftführers/der Schriftführerin. Hilfreich ist dabei ein am PC erstelltes Formular, das den jeweiligen Bedürfnissen angepasst werden kann:

Gruppenmitglieder: ...
Gruppensprecher/-in: ...

Datum/ Journalführende/-r	**Arbeitsschritte/ -verteilung/ Aufgaben**	**Verantwortliche/-r**	**Materialien/ Recherchen**	**Hausaufgaben, Verteilung**	**Kommentar zu Fortschritt und Stolpersteinen**
Mo., ...	...	...	...	...	...
...	...	...	...	...	...

Außerdem sollte jede/-r für sich selbst ein individuelles Lernjournal anlegen. Hierin können Sie z. B. notieren,

- warum Sie einen bestimmten Teilauftrag übernommen haben,
- welche Schwierigkeiten es auf der Sach- und der Beziehungsebene (→ S. 123) gab,
- was Sie persönlich aus der bisherigen Arbeit gelernt haben,
- wie Sie Ihren eigenen Anteil am Gruppenprodukt einschätzen.

Durchführung

Planung	**Durchführung**
– *Themen finden* ✓ – *Gruppen bilden* ✓ – *Material und Informationen beschaffen* ✓ – *Ergebnisse und Präsentation planen* ✓ – *Projekt beschreiben* ✓ – *Zeit- und Arbeitsplan erstellen* ✓	– *Informationen auswerten* – *Produkt herstellen* – *Präsentation vorbereiten*

Beachten Sie in der Durchführungsphase die folgenden generellen Hinweise:

- Das Projekt fordert **eigenverantwortliche Arbeit,** die zuverlässig und verantwortungsvoll erledigt werden muss.
- Im Team ist eine angemessene **Kommunikation** notwendig; die Atmosphäre sollte von Offenheit und der grundlegenden Absicht, die Beziehungen zu verbessern, gekennzeichnet sein.
  Kritik am anderen ist dann angemessen formuliert, wenn jedes Gruppenmitglied sie auch für sich selbst ertragen könnte.
- Zur Klärung von Fragen und Zielen, zum Festhalten von Aufgaben und Zwischenergebnissen und meist auch für das Erstellen der Präsentation ist das **Schreiben** von zentraler Bedeutung.
  Halten Sie frühzeitig Wesentliches schriftlich fest. Neben dem Anlegen eines Gruppen- und eines Lernjournals erstellen Sie z. B. Exzerpte (→ S. 315 f.), legen Ablauf- und Zeitpläne an, erstellen Cluster oder Mind-Maps (→ S. 347 f.) und schreiben Thesenpapiere (→ S. 21).

Weitere Anregungen für die Arbeit in der Durchführungsphase:

Informationen und Meinungen austauschen (auch per E-Mail)	Hausaufgaben klar formulieren und gerecht verteilen	Quellen erschließen (Internet, Bibliothek, Mediothek)
Recherchen durchführen (auch außerhalb der Schule?)	Experten und Nicht-Experten befragen (Interviews)	Fortschritte der Arbeit kontrollieren
Texte überarbeiten (z. B. Schreibkonferenz → S. 355)	Literatur rechtzeitig beschaffen (ausleihen)	Protokollieren (Gruppenjournal) und Texte entwerfen
Termine vereinbaren (gemeinsame Treffen und Arbeiten)	Produktionsziele noch weiter klären (Ausstellung, Inszenierung, Film, Computerpräsentation usw.)	technische Mittel (Aufnahmegerät, Video ...) bereitstellen

Suchen Sie Beratung und Hilfe bei Ihrem Lehrer/Ihrer Lehrerin, wenn bei der Bearbeitung Ihres Themas Probleme auftreten, die Sie nicht selbst lösen können.
Am Ende der Durchführungsphase steht die Vorbereitung bzw. Einübung der Präsentation. Möglichkeiten der Präsentation sind: Hörspiel, Film/Video, Tätigkeitsbericht, Vortrag/Referat/Rede, Tanz, Fotoserie, Fragespiel/Quiz, Plakat/Wandzeitung/Flugblatt, Veranstaltung/Ausstellung, Theaterstück/Sketch, PowerPoint-Präsentation, Arbeitsmappe, Homepage, Spiel, Fest, Talkshow, Hearing/Tribunal usw.

Präsentation und Nachbereitung

In der Präsentationsphase präsentieren die einzelnen Gruppen jeweils der gesamten Lerngruppe und darüber hinaus oft noch einer breiteren Öffentlichkeit (Schule, Besucher ...) ihre Ergebnisse.
In der anschließenden letzten Phase der Projektarbeit tauschen Sie sich miteinander und mit dem Lehrer/der Lehrerin über die guten und schlechten Erfahrungen während der Projektarbeit aus. Dabei sollte auch das Thema Zeitplanung angesprochen werden. Sie überlegen, was bei einer weiteren Projektarbeit verändert werden müsste. Die Ergebnisse Ihrer Analyse sollten Sie in einer Zusammenschau festhalten. Sie können in dieser Phase auch bereits Ideen für ein neues Projekt sammeln.

Planung	***Durchführung***	***Präsentation***	***Nachbereitung***
– *Themen finden ✓* – *Gruppen bilden ✓* – *Material und Informationen beschaffen ✓* – *Ergebnisse und Präsentation planen ✓* – *Projekt beschreiben ✓* – *Zeit- und Arbeitsplan erstellen ✓*	– *Informationen auswerten ✓* – *Produkt herstellen ✓* – *Präsentation vorbereiten ✓*	– *Ergebnisse präsentieren ✓* – *Rückfragen beantworten ✓* – *Diskussionen führen ✓*	– *gute/schlechte Erfahrungen benennen* – *Veränderungsbedarf klären* – *neue Ideen sammeln*

3 Mitschreiben, Protokolle verfassen

3.1 Mitschreiben

Das Mitschreiben im Unterricht dient dazu, wichtige Informationen und Arbeitsergebnisse festzuhalten. Die Mitschrift ist eine Gedächtnisstütze, z. B. für das Vorbereiten von Klausuren. Manchmal wird das Mitgeschriebene nachträglich zu einem zusammenhängenden Text entfaltet – etwa wenn ein Protokoll (→ S. 326) zu schreiben ist.
Für das Mitschreiben eignen sich übersichtlich angelegte Blätter in der Arbeitsmappe oder Heftseiten mit einem großen Rand, der Raum für spätere Ergänzungen bietet. Karteikarten haben den Vorteil, dass man sie später leicht umordnen oder ergänzen kann.

! **Mitschreiben**

Beim Mitschreiben sollten Sie
- Informationen zusammenfassen und Unwichtiges weglassen;
- Gehörtes auf Stichworte, Halbsätze reduzieren;
- Definitionen, Thesen, Ergebnisse genau festhalten;
- geeignete Abkürzungen, Zeichen und Markierungen verwenden, z. B. Zusammenhänge durch Pfeile kennzeichnen, zentrale Begriffe unterstreichen;
- wenn nötig, den Vortragenden/die Vortragende um Wiederholung bitten.

---

1 **a** Fertigen Sie unter Berücksichtigung der Tipps oben eine Mitschrift zu einer Unterrichtsstunde an. Im Kopf der Mitschrift können Sie sich an folgendem Muster orientieren:

Datum — *12.11.2009*

Thema — *Novalis als Dichter der Romantik*

1) Referat Biografie Novalis
2) „Heinrich von Ofterdingen“ — Tagesordnung

*1) * 1772, † 1801*
eigtl. Freiherr von Hardenberg — Notizen

…

b Vergleichen Sie Ihre Notizen untereinander. Überprüfen Sie insbesondere, welche Aspekte jeweils für besonders wichtig erachtet wurden.
Vergewissern Sie sich bei Unstimmigkeiten noch einmal bei Ihrem Lehrer/Ihrer Lehrerin.

2 Benennen Sie die Schwierigkeiten, die Sie beim Mitschreiben hatten, und ergänzen Sie die Tipps oben entsprechend.

3.2 Protokolle verfassen

Protokolle spielen in verschiedenen Bereichen eine wichtige Rolle, z. B. bei beruflichen Besprechungen, Sitzungen von Vereinen, Gerichtsverhandlungen usw. In der Schule dient das Unterrichtsprotokoll dazu, den Gesprächsverlauf einer Stunde oder einen Schüler-, Lehrer- oder Expertenvortrag so wiederzugeben, dass alle, auch abwesende Mitglieder der Lerngruppe, sich informieren können über

- die zentralen Frage- oder Aufgabenstellungen,
- wichtige Zwischen- und alle Endergebnisse,
- die einzelnen Gesprächs- und Arbeitsphasen,
- kontroverse Thesen und Argumentationen, die gegebenenfalls namentlich zugeordnet werden.

Gesammelte Unterrichtsprotokolle helfen auch bei der Vorbereitung auf Klausuren oder auf das Abitur. Je nach Zweck kann die Form des **Verlaufsprotokolls** gewählt werden – z. B. zur Darstellung naturwissenschaftlicher Experimente – oder die Form des **Ergebnisprotokolls** – z. B. zur Zusammenfassung von Diskussionen. Das **Stundenprotokoll** in der Schule ist meist eine Mischung aus Verlaufs- und Ergebnisprotokoll; es berücksichtigt neben den Ergebnissen auch die wichtigsten Stationen des Unterrichtsverlaufs.

Da man einen referierenden Stil verwendet, werden Beiträge in der Regel in der indirekten Rede im Konjunktiv wiedergegeben.

Beispiel für den Aufbau eines Stundenprotokolls:

Protokoll der Deutschstunde vom … (Datum)

Beginn: *(Uhrzeit)*
Ende: *(Uhrzeit)*
Ort: *(Name der Schule, Zimmer)*
Anwesende: *(Namen, bei zu vielen Teilnehmern Sammelbezeichnung)*
Abwesende: *(Namen der Fehlenden)*
Protokoll: *(Namen des/der Protokollführenden)*
Thema: *(Thema der Unterrichtsstunde)*
Tagesordnung:
TOP 1: *(Tagesordnungspunkt 1)*
TOP 2: *(Tagesordnungspunkt 2)*
…

Zu TOP 1: *(Ergebnisse/Grundzüge des Verlaufs zu Punkt 1)*
Zu TOP 2: *(Ergebnisse/Grundzüge des Verlaufs zu Punkt 2)*
…

(Angabe von Ort, Datum) *(Unterschrift des Protokollanten/der Protokollantin)*

1 Verfassen Sie Protokolle zu einer Unterrichtssequenz und besprechen Sie anschließend Ihre Ergebnisse:
- Sind alle wichtigen Aspekte erfasst?
- Sind die einzelnen Punkte in der angemessenen Knappheit oder Ausführlichkeit dargestellt?
- Ist die sprachliche Form angemessen?
- Eignen sich die Protokolle zur Klausur- bzw. Abiturvorbereitung?

Methoden im Überblick

1 Umgang mit Texten – Methoden und Begriffe

Literarische Texte untersuchen – Allgemeines Analyseinstrumentarium

Dieser Abschnitt bietet einen Überblick über Gesichtspunkte und Begriffe, die für die Analyse literarischer Texte aller Gattungen – Lyrik, Epik, Dramatik – wichtig sind.

Stoff, Handlung, Aussage

- **Stoff:** Handlungskomponenten, die erfunden oder in historischen oder literarischen Quellen überliefert sind und vom Autor/der Autorin (um)gestaltet werden.
- **Fabel:** Stoff- und Handlungsgerüst (in anderer Bedeutung: lehrhafte kurze Erzählung mit Tierfiguren)
- **Plot:** Handlung, besonders im Hinblick auf Logik und kausale Abfolge
- **Thema:** Frage, um die es in einem Text geht
- **Aussagekern:** Antwort auf die Themafrage
- **Motiv:** kleinere stofflich-thematische Einheit; Situationsmotive wie „der Doppelgänger", „Liebe von Kindern verfeindeter Familien"; Typenmotive wie „der Einzelgänger", „die böse Frau"; Raum- und Zeitmotive wie „Schloss", „Mitternacht"

Aufbau

- **äußerer und innerer Aufbau:** äußerer Aufbau: Gliederung in Szenen/Auftritte und Aufzüge/Bilder; in Strophen, Verse; in Bände, Kapitel, Abschnitte; innerer Aufbau: Anordnung und Gliederung des Inhalts
- **Aufbautypen:** steigernd, kreisend, antithetisch, dialektisch, reihend usw.
- **Strukturelemente:** Exposition (Einführung in die Problemstellung, Raum, Zeit, Figuren in Drama und Roman), **Steigerung, Höhepunkt, Wendepunkt, Retardierung** (→ S. 335), **Lösung**
- **Chronologie:** siehe Zeit und Zeitgestaltung

Handlung (Dramatik, Epik)

- **Handlung** ist der Ablauf der Geschehnisse. In manchen modernen Texten tritt die Handlung zu Gunsten von Stillstand und Situationsbeschreibung zurück.
- **äußere und innere Handlung:** äußere Handlung: Handlungen und Geschehnisse; innere Handlung: psychische Vorgänge
- **Handlungsstränge: Rahmenhandlung/Binnenhandlung** (vor allem in der Novelle), **Haupt-, Neben-, Parallelhandlung, Kontrasthandlung**

Zeit und Zeitgestaltung

- **Chronologie:** Der Ablauf der Darstellung kann der Chronologie der Geschehnisse folgen oder von dieser abweichen – z. B. durch **Vorausdeutungen** und **Rückblenden.**
- **historische Situierung:** Manche Werke sind in eine historische Epoche eingebettet, die aus der Sicht des Autors oder seiner Figuren dargestellt ist.
- **symbolische Bedeutung von Zeit:** Tageszeiten, Jahreszeiten, Lebenszeiten und Festtage können vielfältige symbolische Bedeutung haben.

Raum und seine Funktionen

- **Realitätsbezug** des Raumes: geografischer Raum, Fantasieraum
- **Ortswahl:** z. B. Innen- oder Außenraum; Stadt oder Land, Natur- oder Kulturraum
- **Funktionen:**
  - der **Handlungsraum** ist der Raum, in dem die Handlung spielt;
  - der **Lebensraum** veranschaulicht die Lebensumstände der Figuren;
  - ein **Stimmungsraum** stellt die Stimmung einer Figur oder eines lyrischen Ichs dar;
  - ein **Symbolraum** verweist auf Charaktere, Sitten, Kräfte.

Figuren und ihre Beziehungen zueinander

- **Figuren:** fiktive Personen in literarischen Texten
- **Haupt- und Nebenfiguren:** Hauptfigur im Drama: Protagonist/-in, ihr Gegenspieler: Antagonist/-in
- **Formen der Charakterisierung:**
  - **direkte Charakterisierung:** durch Regieanweisungen, durch den Erzähler, oder die Figuren charakterisieren sich selbst oder andere
  - **indirekte Charakterisierung:** durch Verhalten und Handeln, durch sprechende Namen
- **Figurenkonzeption:** Anlage und Entwicklung der Figuren
  - **statisch oder dynamisch:** Die Figur bleibt sich gleich oder ändert sich.
  - **Charakter oder Typ:** individuell ausgearbeitete oder auf wenige Züge reduzierte Figur
  - **abstrakt oder psychologisch:** Die Figur verkörpert eine Idee oder sie ist psychologisch ausgearbeitet.
- **Figurenkonstellation:** das Verhältnis der Figuren zueinander
  - Grundlagen: **soziale Stellung, Geschlecht, Generationenzugehörigkeit, Wertorientierung**
  - Trennendes/Verbindendes: **Interessen, Ziele, Gefühle, Grad der Vertrautheit**

Wirklichkeitsebenen

Das Geschehen kann in der Wirklichkeit, im Traum, in Gedanken oder in der Fantasie spielen.

Sprachliche und stilistische Gestaltung

Folgende Aspekte helfen, die sprachliche Gestaltung eines Textes zu charakterisieren:
- **Sprachform: Hochsprache** oder **Dialekt**
- **Sprach- und Stilebene: Standardsprache, Umgangssprache, gehobene Sprache, dichterische Sprache, Gruppensprache** (z. B. Jugendsprache), **Fachsprache**
- **Wortwahl:**
  - Umfang und **Differenziertheit** des Wortschatzes
  - Bevorzugung bestimmter **Wortarten,** z. B. Nomen, Nominalisierungen, Verben, Adjektive
  - Bevorzugung bestimmter **Wortfelder**
  - Bevorzugung von **Wörtern aus einzelnen Klassen:** Abstrakta, Fremdwörter
  - Schlagwörter, Stereotypen, mehrdeutige Wörter, Synonyme
- **Grammatik:** Bevorzugung bestimmter Formen wie Konjunktiv, Partizipien u. a.
- **Syntax:** Bevorzugung bestimmter **Satzformen:** einfache Sätze, zusammengesetzte Sätze, Ellipsen, Parataxen, Hypotaxen (→ S. 136); Bevorzugung bestimmter **Satzarten:** Aussage-, Ausrufe-, Fragesätze u. a.

Rhetorische Figuren

Rhetorische Figur	Beispiel	Definition
Akkumulation, die	Staatsräte und Regierungsräte, Landräte und Kreisräte, geistliche Räte *(Büchner: Der Hessische Landbote)*	Reihung mehrerer Unterbegriffe zu einem genannten oder nicht genannten Oberbegriff
Allegorie, die	Es steigt herauf der Sensemann *(Rethel: Totentanz)*	bildhafte Darstellung abstrakter Begriffe, oft als Person
Alliteration, die	Wo die Beter / auf den goldnen Gründen prangen *(Meyer: Auf Goldgrund)*	Wiederholung des Anfangslauts betonter Stammsilben
Anapher, die	Und am Dienstag aßen wir nicht. / Und am Mittwoch mussten wir darben, / Und am Donnerstag litten wir Not *(Weerth: Das Hungerlied)*	Wiederholung eines Wortes oder einer Wortgruppe am Satz- oder Versanfang
Antithese, die	Friede den Hütten! Krieg den Palästen! *(Büchner: Der Hessische Landbote)*	Kombination entgegengesetzter Worte oder Sätze
Apostrophe, die	Dir, Deutschland, widme ich diese Reden *(Wienbarg: Ästhetische Feldzüge)*	Anrede meist abwesender Personen oder Dinge, oft feierlich
Archaismus, der	Mich dünkte [Mir schien]	veralteter sprachlicher Ausdruck
Assonanz, die	Glänzender Lieder / Klingender Lauf / Ringelt sich nieder, / Wallet hinauf. *(Brentano: Sprich aus der Ferne)*	Gleichklang der Vokale in zwei oder mehr Wörtern
Chiasmus, der	Den Hütten Friede, Krieg den Palästen! *(Variante zu einem Büchner-Zitat)*	Überkreuzstellung zweier aufeinander bezogener Wortgruppen oder Sätze
Chiffre, die	Schwarze Milch der Frühe *(Celan: Todesfuge)*	Zeichen; in moderner Dichtung schwer zu entschlüsselndes (Geheim-)Zeichen
Correctio, die	Loth: Dann freilich – begreife ich manches – nein! Alles begreife ich *(Hauptmann: Vor Sonnenaufgang)*	Verbesserung; Verstärkung bzw. Verdeutlichung der Aussage
Ellipse, die	Hauptmann: Was ist heut für Wetter? Woyzeck: Schlimm, Herr Hauptmann, schlimm; Wind! *(Büchner: Woyzeck)*	unvollständiger Satz, Weglassen eines Satzteils oder mehrerer Satzteile
Emphase, die	Faust: [...] Will niemand sein Gefühl und seine Kirche rauben. / Margarete: Das ist nicht recht, man muss dran glauben! *(Goethe: Faust I, 3420 f.)*	nachdrückliche Betonung durch akustische oder syntaktische Hervorhebung

Euphemismus, der	So schaue Gott mich nicht zu schrecklich an, wenn ich komme, bevor er mich gerufen hat [wenn ich mich selbst töte]. *(Hebbel: Maria Magdalena, III,2)*	beschönigende Umschreibung
Hyperbel, die	Ihr Gesicht [...] ist geradezu das Monogramm des Größenwahnsinns *(Hauptmann: Die Ratten)*	Übertreibung
Inversion, die	Sie schwingt [...] / vom Rücken sich des Pferds herab *(Kleist: Penthesilea, 1. Auftritt)*	ungeläufige Umstellung von Satzteilen
Ironie, die	Vertrauet eurem Magistrat, / Der fromm und liebend schützt den Staat *(Heine: Erinnerung aus Krähwinkels Schreckenstagen)*	Redeweise, bei der das Gegenteil vom Gesagten gemeint ist
Klimax, die	Nenn's Glück! Herz! Liebe! Gott! *(Goethe: Faust I, V. 3454)*	steigernde Reihung einzelner Wörter oder Sätze
Litotes, die	nicht unüblich (= üblich)	doppelte Verneinung, häufig als Bejahung wirkend
Metapher, die	Und spannt mit Kraft [...] sogleich / den Bogen an, dass sich die Enden küssen *(Kleist: Penthesilea, 23. Auftritt)*	uneigentliches Sprechen durch Gleichsetzen zweier Vorstellungen aus nicht zusammengehörigen Bereichen
Metonymie, die	Ich habe mich, bei Diana, bloß versprochen, / weil ich der raschen Lippe [statt: des Mundes] Herr nicht bin. *(Kleist: Penthesilea, 24. Auftritt)*	Ersetzen eines Begriffes durch einen anderen, der zu ihm in enger Beziehung steht
Neologismus, der	Diese Treibelei war ein Irrtum *(Fontane: Frau Jenny Treibel)*	Wortneuschöpfung
Onomatopoesie, die	Nun begann es dicht neben mir im Boden zu schaben, zu rasseln und zu kratzen. *(Hoffmann: Die Elixiere des Teufels)*	Lautmalerei
Oxymoron, das	heißer Schnee	Verbindung einander ausschließender Begriffe
Paradoxon, das	Ich bin das, was ich scheine, und scheine das nicht, was ich bin. *(Hoffmann: Die Elixiere des Teufels)*	scheinbarer Widerspruch

Parallelismus, der	Dem Bett sagte er Bild. Dem Tisch sagte er Teppich. Dem Stuhl sagte er Wecker. *(Bichsel: Ein Tisch ist ein Tisch)*	Wiederholung gleicher syntaktischer Fügungen
Parenthese, die	Sie schwingt, mit einer zuckenden Bewegung, / – Und einen finstern Blick wirft sie auf ihn – / Vom Rücken sich des Pferds herab *(Kleist: Penthesilea, 1. Auftritt)*	Einschub eines selbstständigen Gedankens in einen Satz
Periphrase, die	[...] mich, / Des größten Königes verstoßne Tochter [Iphigenie] *(Goethe: Iphigenie, I 1)*	Umschreibung
Personifikation, die	Gelassen stieg die Nacht ans Land *(Mörike: Um Mitternacht)*	Vermenschlichung eines Abstraktums oder eines Dings
Pleonasmus, der	kalter Schnee	Verbindung zweier Begriffe, von denen einer bereits im anderen enthalten ist
rhetorische Frage	Mein Liebchen, wer darf sagen: / Ich glaub an Gott? *(Goethe: Faust I, V. 3426/27)*	scheinbare Frage, deren Antwort bereits feststeht
Symbol, das	Es sind die Rosen, die Gerüche streun [Rose als Symbol der Liebe] *(Kleist: Penthesilea, 15. Auftritt)*	Sinnbild, oft ein Gegenstand, der über sich hinausweist
Synästhesie, die	Sehe mit fühlendem Aug', fühle mit sehender Hand *(Goethe: Römische Elegie V)*	Vermischung von Wahrnehmungen verschiedener Sinnesorgane
syndetische Reihung	Und hebt den Bogen auf und zielt und schießt *(Keist: Penthesilia, 23. Auftritt)*	durch Konjunktionen verknüpfte Reihung von Satzgliedern oder Sätzen
Synekdoche, die	Die Kirche war besetzter als gewöhnlich [statt: die Kirchenbänke waren ...] *(Hoffmann: Die Elixiere des Teufels)*	Ein Teil steht für das Ganze (pars pro toto) oder umgekehrt das Ganze für einen Teil (totum pro parte).
Tautologie, die	Sie wissen nur von [...] Sorgen, Last und Not um Brot *(Eichendorff: Aus dem Leben eines Taugenichts)*	Wiederholung des Gesagten mit sinnverwandtem Wort
Vergleich	Möchte ich [...] zischend über das brandende Riff / wie eine Seemöwe streifen *(Droste-Hülshoff: Am Turme)*	Herstellung einer Gemeinsamkeit zweier Bereiche, Verknüpfung meist mit „wie"

Epische Texte untersuchen

Der Erzähler

Der Erzähler ist nicht der **Autor,** sondern eine **fiktive Figur,** die die Meinung des Autors vertreten kann, aber nicht vertreten muss.
Der Erzähler ist charakteristisch für die epische Literatur. Seine spezifische Ausgestaltung strukturiert den epischen Text, denn er vermittelt das Erzählte. Darum ist eine genaue Analyse des Erzählers und seiner Eigenschaften für das Verständnis eines epischen Textes entscheidend.
Über die bloße Analyse des Erzählers hinaus muss immer nach der Funktion der spezifischen Ausgestaltung des Erzählers in dem jeweiligen Text gefragt werden.
Bei der Analyse des Erzählers helfen die folgenden in diesem Abschnitt vorgestellten Kategorien: Erzählform, Erzählverhalten, Standort, Innen-/Außensicht, Erzählhaltung, Darbietungsformen.

Erzählform

Der Erzähler kann in **Ich-Form** oder in **Er/Sie-Form** auftreten. Der **Ich-Erzähler** erzählt in der Regel von sich, der **Er-Erzähler** erzählt von anderen. Als erlebendes Ich ist der Ich-Erzähler Beteiligter am erzählten Geschehen, als erzählendes Ich ist er Vermittler der Geschichte.

Erzählverhalten

Der Ich- und der Er/Sie-Erzähler können sich auktorial, neutral oder personal verhalten.
Bei **auktorialem** Erzählverhalten steht der Erzähler *außerhalb* des Geschehens. Er macht sich bemerkbar durch Urteile, Analysen, Reflexionen, Leseranrede und/oder Vorgriff auf künftiges Geschehen.
Verhält der Erzähler sich **personal,** schlüpft er in eine oder nacheinander in mehrere der Figuren, ohne mit ihnen identisch zu werden. Er erzählt aus der Perspektive dieser Figur(en); er steht *im* Geschehen.
Ist das Erzählverhalten **neutral,** tritt der Erzähler als Figur völlig zurück; er ist nicht als erzählende Figur oder als Figur im Geschehen, aus deren Perspektive erzählt wird, fassbar. Er erzählt mit Distanz, als neutraler Beobachter, ohne Stellung zu beziehen. Auch bei Dialogen tritt er hinter seine Figuren zurück.
Viele Texte sind Mischformen bezüglich des Erzählverhaltens; in der Analyse ist dann vor allem das dominante Erzählverhalten zu berücksichtigen.

Standort des Erzählers (point of view)

Der räumliche und zeitliche Abstand des Erzählers zum erzählten Geschehen ist durch seinen Standort bestimmt. Der personale Erzähler ist an den begrenzten räumlichen Horizont der Figur, aus deren Perspektive er erzählt, gebunden. Der auktoriale Erzähler, der außerhalb des Geschehens steht, hat Abstand und damit Überblick über Raum und Zeit; hat er den völligen Über- und Einblick, spricht man vom **allwissenden** oder **„olympischen" Erzähler.**

Innensicht/Außensicht

Alle Erzähler können das Äußere der Figuren darstellen. Der Ich-Erzähler kann in der Regel in das Innere der anderen Figuren nicht hineinsehen und nur das Äußere zeigen. Der personale Er-Erzähler kann nur die Gedanken und Gefühle der Figur, aus deren Perspektive er erzählt, darstellen. Der auktoriale und der neutrale Er-Erzähler können das Äußere und das Innere der Figuren wiedergeben.

Erzählhaltung

Der auktoriale Erzähler nimmt eine Haltung zum Erzählten ein, die viele Schattierungen haben kann, z.B. ironisch, kritisch, ablehnend, neutral, wohlwollend, begeistert. Der neutrale Erzähler bleibt objektiv. Die Haltung des personalen Erzählers zum erzählten Geschehen ist an die Einstellung der Figur, aus deren Perspektive er erzählt, gebunden.

Darbietungsformen des Erzählens

Zentrale epische Darbietungsformen sind Erzählerbericht und Beschreibung; der neutrale Erzähler stellt objektiv dar, der auktoriale Erzähler lässt seine Sichtweise in Reflexionen und Kommentaren einfließen. Die Figuren kommen zu Wort durch direkte Rede (szenisches Erzählen, neutrales Erzählverhalten) und indirekte Rede (alle Erzählertypen). Die Figurengedanken und -gefühle können z.B. durch Gedankenbericht und stumme indirekte Rede dargestellt werden (auktorial und neutral).
Bei personalem Erzählverhalten werden Figurengedanken in Form der **erlebten Rede,** des **inneren Monologs** oder des **Bewusstseinsstroms** (stream of consciousness) wiedergegeben. Die erlebte Rede bringt Gedachtes in der 3. Person im Imperfekt zur Sprache, der innere Monolog in der ersten Person Präsens bzw. Perfekt. Im Bewusstseinsstrom kommen assoziative Folgen von Bewusstseinsinhalten, z.B. Gedanken, Empfindungen zum Ausdruck; hier wird die Syntax aufgelöst. Bei allen drei Darstellungsformen wird oft die Sprache der Figur verwendet, aus deren Perspektive erzählt wird, also Wendungen aus der mündlichen Sprache, Ausrufe, Fragen u.a.

Zeit und Zeitgestaltung (vgl. auch → S. 328)

- **Erzählzeit und erzählte Zeit:** Erzählzeit ist die Zeit, die das Erzählen der Geschichte dauert, erzählte Zeit ist die Zeit, die das erzählte Geschehen in Anspruch nimmt. Sind beide identisch, spricht man von **Zeitdeckung** (vor allem bei szenischer Darstellung, siehe oben); ist die Erzählzeit länger als die erzählte Zeit, liegt **Zeitdehnung** vor (z.B. bei Beschreibungen während eines Geschehens und bei inneren Monologen), ist sie kürzer, so spricht man von **Zeitraffung.**
- **Chronologie:** Die Reihenfolge des Erzählens kann dem zeitlichen Ablauf des Erzählten folgen **(chronologisches, lineares Erzählen)**, sie kann davon aber auch abweichen – z.B. durch Umstellungen, durch **Rückblicke, Rückblenden** oder **Vorausdeutungen.**

Epische Formen

- kleinere Formen: Anekdote, Fabel, Parabel, Märchen, Sage, Legende, Kalendergeschichte, Kurzgeschichte, Kürzestgeschichte
- mittlere Formen: Erzählung, Novelle
- Großformen: Epos, Roman

Dramatische Texte untersuchen

Grundtypen des Dramas: Tragödie, Komödie, Tragikomödie

- Im Zentrum der **Tragödie** steht ein für den Protagonisten/die Protagonistin unlösbarer Konflikt. Er/sie muss sich entscheiden, z.B. zwischen zwei gegensätzlichen Werten, die Entscheidung führt in der Regel zu seinem/ihrem moralischen oder physischen Untergang. Sonderformen sind das bürgerliche Trauerspiel, das insbesondere Konflikte zwischen Bürgertum und Adel thematisiert, und das soziale Drama, das soziale Probleme ins Zentrum rückt.
- Die **Komödie** ist ein Bühnenwerk mit komischem oder heiterem Inhalt und glücklichem Ausgang, in dem menschliche Schwächen mit Nachsicht entlarvt werden.
- In der **Tragikomödie** wird im Rahmen eines tragischen Konflikts Komisches mitgestaltet.

Bauformen des Dramas (siehe auch → S.328 unter „Aufbau“)

- Im **traditionellen aristotelischen Drama** besteht die Einheit von Ort, Zeit und Handlung; d.h. die Handlung spielt an möglichst wenigen Orten und in kurzer Zeit, idealerweise an einem Tag. Sie ist auf den Ausgang hin komponiert und enthält keine Nebenhandlungen. Für die Bauform des aristotelischen Dramas hat Gustav Freytag Ende des 19. Jahrhunderts folgendes Schema entworfen:

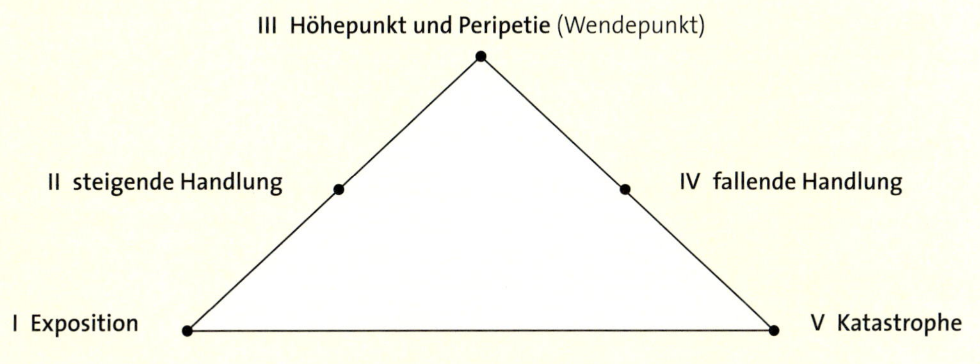

1. Akt, Exposition: Einführung in Ort und Zeit der Handlung, Einführung der wichtigsten Personen und des zentralen Konflikts
2. Akt, steigende Handlung mit erregendem Moment: Der zentrale Konflikt entfaltet sich, das Geschehen beschleunigt sich in eine bestimmte Richtung, die Spannung auf den Ausgang steigt.
3. Akt, Höhepunkt: Die Entwicklung des Konflikts erreicht ihren Höhepunkt; am Wendepunkt (der Peripetie) entscheidet sich, welche Richtung die weitere Handlung nimmt.
4. Akt, fallende Handlung mit retardierendem Moment: Die Handlung verläuft auf das Ende hin, die Spannung wird gehalten, indem die Entwicklung durch ein retardierendes (verzögerndes) Moment noch einmal gebremst oder scheinbar in andere Bahnen gelenkt wird.
5. Akt, Katastrophe: Lösung des Konflikts, in der Regel mit dem moralischen oder physischen Untergang des Helden/der Heldin
Prolog: Einleitung, Vorrede eines Dramas; Funktionen: Begrüßung, Einstimmung des Publikums; einleitende Informationen, Vorausdeutungen oder Reflexionen zum Stück
Epilog: an das Publikum gerichtetes Schlusswort nach Beendigung der Handlung

- **analytisches Drama** und **Zieldrama:** Im analytischen Drama werden Geschehnisse aufgedeckt, die vor dem Einsetzen der dramatischen Handlung liegen. In einem Zieldrama entwickelt sich das Geschehen auf ein Ziel hin.
- **geschlossene** und **offene Form** des Dramas: Während der Aufbau der geschlossenen Form einem strengen Muster folgt, ist das Drama der offenen Form eher locker strukturiert:

	geschlossene Form des Dramas	**offene Form des Dramas**
Handlung	einheitliche Handlung, Verknüpfung aller Handlungsteile und Ausrichtung auf den Ausgang; kausallogische Verknüpfungen	relative Selbstständigkeit der Einzelteile, Zusammenhalt durch Figuren und Leitmotive, oft mehrere Handlungsstränge, oft Fragmentcharakter
Anfang und Schluss	Beginn mit der Entfaltung des Konflikts, Ende mit der Lösung desselben	unvermittelter Beginn, oft offenes Ende
Zeit	kurzer Zeitraum, selten Zeitsprünge	längerer Zeitraum, Zeitsprünge
Raum	wenige Schauplätze	Vielzahl von Schauplätzen; Orte auch zur Milieudarstellung
Figuren	wenige Figuren, oft aus hohem Stand, ihrer selbst mächtig, nehmen Einfluss auf die Handlung	viele Figuren aus verschiedenen Ständen, abhängig vom Milieu; oft fehlende Selbstbestimmung
Held/ Heldin	positiver Held: mündiger Held, der Einfluss auf die Handlung nimmt	passiver oder Antiheld: unentschlossene, oft gequälte, bisweilen passive Persönlichkeit
Sprache	hohe Sprachebene, oft Verssprache, hohe Sprach- und Kommunikationskompetenz	individuelle Sprache, der Herkunft des Helden/der Heldin entsprechend, oft fehlende Sprach- und Kommunikationskompetenz
Weltbild	geschlossenes, darstellbares Weltbild	Komplexität und Undurchschaubarkeit der Realität
Beispiele	Lessing: Nathan der Weise, Emilia Galotti; Goethe: Iphigenie auf Tauris	Dramen des Sturm und Drang; Büchner: Woyzeck; Dramen des Naturalismus

Zeitgestaltung

→ S. 328 unter „Zeit und Zeitgestaltung“

Haupttext und Nebentext

Haupttexte eines Dramas sind Dialoge und Monologe;
Nebentexte sind Titel, Motto, Personenverzeichnis, Bühnenanweisungen.

Analyse einer Szene

Situativer Kontext, Gesprächssituation

Jede Szene ist in einen Kontext eingebunden, der bei der Analyse berücksichtigt werden muss:

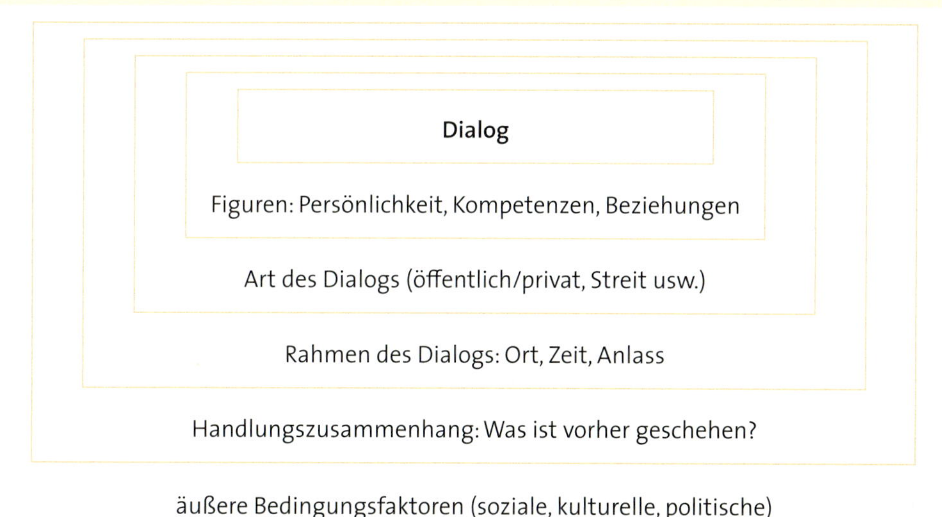

Dialog: Inhalts- und Beziehungsseite

Dialogbeiträge haben eine Inhalts- und eine Beziehungsseite (vgl. → S. 123);
Letztere betrifft die Gestaltung der Beziehung zwischen den Dialogpartnern, z. B. die wechselseitige Definition der Beziehung im Hinblick auf Dominanz/Unterordnung, Nähe/Distanz, Wertschätzung/Abwertung usw.

Figuren und ihre Beziehung zueinander

→ S. 328 unter „Figuren und ihre Beziehung zueinander“; die Figuren beeinflussen sich gegenseitig; ihre Beziehung und ihre Einstellungen können sich im Verlauf des Dialogs ändern.

Formen und Funktionen der Figurenrede

- **Monologe** sind Selbstgespräche; monologisches Sprechen ist eine Form des Sprechens, die die auf der Bühne anwesenden Figuren nicht hören. Monologe können unterschiedliche Funktionen für die Handlung haben: Darstellung der Vorgeschichte, Selbstcharakterisierung, Erläuterung der Beziehung zu anderen Figuren; außerdem verfolgen die Figuren ein Ziel, z. B. nachdenken, entscheiden, Gefühle aussprechen.
- **Dialoge** sind Gespräche zwischen zwei oder mehr Figuren. Monologhafte Dialoge finden zwischen zwei oder mehr Figuren statt, ohne dass man dem/der Sprechenden zuhört oder ohne dass der/die Sprechende die anderen Figuren beachtet. Die Funktionen der Dialoge gleichen denen der Monologe.
- **Botenberichte** sind Dialoge, in denen eine der Figuren über ein auf der Bühne nicht dargestelltes Geschehen berichtet.

Verhalten im Dialog, Gesprächsführung (dramaturgische Mittel im weiteren Sinne)

- Die Figuren verfolgen im Dialog ausgesprochene oder nicht ausgesprochene **Ziele** (z. B. sich verteidigen, jemanden überzeugen, jemanden einschüchtern). Teilziele äußern sich in einzelnen **Sprechhandlungen** (z. B. befehlen, erkunden, kritisieren, ablehnen, betteln).
- Eine Figur kann im Gespräch eine eher **führende** oder eher **untergeordnete Rolle** einnehmen. Teilen sich die Dialogpartner die führende Rolle, spricht man von einer symmetrischen Kommunikation, andernfalls von einer asymmetrischen oder komplementären Kommunikation.
- Figuren können ein Gespräch und einzelne Themen **initiieren** oder nur auf die Beiträge des Dialogpartners **reagieren.**
- Eine Figur kann auf die Beiträge des Dialogpartners **eingehen,** teilweise eingehen oder gar **nicht eingehen.**
- Die Figuren können den **Sprecherwechsel** gestalten: Sie können den anderen zu einem Beitrag auffordern, sie können eine Pause nutzen, um das Wort zu ergreifen, sie können dem anderen ins Wort fallen.

Gesprächsverlauf

Oft hat ein Dialog drei Phasen: **Eröffnung, Kernphase** und **Beendigung** des Gesprächs.
Die Kernphase kann man nach inhaltlichen Einschnitten gliedern, muss dabei aber auch berücksichtigen, wie sich die Beziehung der Dialogpartner zueinander entwickelt.

Gesprächsstörungen

Gesprächsstörungen haben verschiedene Ursachen, z. B. mangelnde sprachliche und kommunikative Kompetenzen, Täuschungen, Fehldeutungen der Äußerungen des Dialogpartners.

Sprachliche Gestaltung

Die Dialogbeiträge sind in **Versen** (→ S. 339 f.) oder in **Prosa** verfasst.
- Prosa findet sich in Dramen, die Realitätsnähe suchen. Hier werden oft Elemente der gesprochenen Sprache aufgenommen wie Füllwörter („mh"), Redefloskeln („nicht wahr?"), Satzbrüche und Satzabbrüche, Dialekt.
- Im Versdrama können Rede und Gegenrede z. B. auf jeweils einen Vers verteilt sein („Stichomythie"); dies signalisiert schnellen Austausch von Gedanken oder große Erregung. Noch enger verbunden werden können die Gesprächsbeiträge durch die **Antilabe,** hier setzen sich die Äußerungen zweier oder mehrerer Figuren zu einem Vers zusammen.

Nonverbale Signale (dramaturgische Mittel im engeren Sinn)

Die Dialogpartner kommunizieren auch durch nonverbale Signale.
- **Körpersprache** (Körperhaltung, Gestik, Blickverhalten), **Mimik,** Wahl des räumlichen Abstands vom Dialogpartner und Sprechausdruck (Akzentsetzung, Intonation, Lautstärke, Sprechgeschwindigkeit, Rhythmus, Pausen) tragen zur Gestaltung der Figurenkonstellation bei.
- **Bühnenanweisungen** und bisweilen die Figurenrede legen nonverbale Signale fest. Regisseur/-in und Schauspieler/-innen ergänzen nonverbale Signale auf Grund ihrer Interpretation der Figuren.

Lyrische Texte untersuchen

Sprecher im Gedicht, lyrisches Ich, lyrisches Du

Wie bei epischen Texten ist es wichtig, zwischen dem Sprecher im Gedicht und dem Autor/der Autorin zu unterscheiden. Der **Sprecher im Gedicht** ist eine **fiktive Figur;** ihre Formulierungen können persönliche Empfindungen, Wahrnehmungen, Erinnerungen oder Gedanken des Autors wiedergeben – sie können aber auch (bewusst) von diesen abweichen.

- **Sprecher im Gedicht/lyrisches Ich:** Die beiden Begriffe können synonym verwendet werden. Wenn das „Ich" nicht explizit in Erscheinung tritt, bietet es sich an, den Begriff „Sprecher im Gedicht" vorzuziehen. Auch kann die Konnotation von „lyrisch" mit „stimmungsvoll" stören – z. B. im Zusammenhang mit politischer Lyrik.
- Bisweilen tritt nur ein **„lyrisches Du"** auf, das von einem nicht als Figur erscheinenden Sprecher im Gedicht angesprochen wird.
- In einem **Rollengedicht** werden Erlebnisse, Gefühle, Gedanken einem oder mehreren vom Autor deutlich unterschiedenen, oft typisierten Sprechern in den Mund gelegt (z. B. Brentano: Der Spinnerin Nachtlied).
- Der Sprecher im Gedicht/das lyrische Ich nimmt einen **Standort** ein (großer Überblick, kein Überblick usw.).
- Der Sprecher im Gedicht/das lyrische Ich spricht aus einer spezifischen Haltung heraus (objektiv, traurig, glücklich, nachdenklich usw.).

Vers

Anders als in Prosatexten wird in Gedichten das Zeilenende vom Verfasser/der Verfasserin festgelegt. Eine Zeile im Gedicht nennt man Vers.

Strophe und Strophenformen

Eine Strophe ist eine Einheit aus mehreren Versen. Die Strophengliederung kann, muss aber nicht mit der inhaltlichen Gliederung übereinstimmen. Folgende Strophenformen, z. T. aus der Antike oder der romanischen Dichtung übernommen, finden sich häufiger in der deutschen Lyrik:

- das **Distichon,** bestehend aus einem Hexameter (→ Versformen, S. 340) und einem Pentameter (→ Versformen, S. 340). Beispiel:
  Im Hexameter steigt des Springquells flüssige Säule, /
  Im Pentameter drauf fällt sie melodisch herab. (Schiller: Das Distichon)
- **Terzett und Quartett:** Strophe aus drei Versen (Terzett) bzw. vier Versen (Quartett) – Strophenformen im Sonett (→ lyrische Formen, S. 342)
- **Volksliedstrophe:** einfach gebaute Strophe, oft mit regelmäßigem Wechsel von Hebungen und Senkungen (Jambus oder Trochäus, → Versfuß, S. 340), meist aus vier Versen bestehend
- **freie Rhythmen:** Verse ohne festes Metrum, ohne Reime und ohne regelmäßige Strophengliederung

Refrain

Der Refrain (auch: Kehrreim) ist eine regelmäßig wiederkehrende Gruppe von Versen oder von Worten oder Lauten in der strophischen Dichtung.

Metrum und Versformen

- Der **Versfuß** (auch Metrum im engeren Sinne) ist die kleinste metrische Einheit: Ein Versfuß besteht aus einer betonten und einer oder mehreren unbetonten Silben.

	zweisilbige Versfüße	dreisilbige Versfüße
steigend	Jambus („der Schleuderer"): xx́ z.B.: Gedícht	Anapäst (von „zurückgeschlagen"): xxx́ z.B.: Anapä́st
fallend	Trochäus („der Läufer"): x́x z.B.: Díchter	Daktylus („der Finger"): x́xx z.B.: Dáktylus

- **Auftakt** nennt man eine oder mehrere unbetonte Silben vor der ersten Hebung.
- **Versmaß** (auch Metrum im weiteren Sinne) ist die regelmäßige Abfolge von Versfüßen, z.B.:
  - jambisches Versmaß: Es war, als hätt der Himmel *(Eichendorff: Mondnacht)*
  - trochäisches Versmaß: Hörst du nicht die Bäume rauschen *(Eichendorff: Lockung)*
  - daktylisches Versmaß: Pfingsten, das liebliche Fest, war gekommen *(Goethe: Reineke Fuchs)*
  - anapästisches Versmaß: Und hinein mit bedächtigem Schritt *(Schiller: Der Handschuh)*

In vielen Gedichten wechseln Versfuß und Versmaß.

- Versformen entstehen durch eine fest geregelte Anzahl von festgelegten Versfüßen:
  - **Knittelvers:** vierhebiger Vers mit Reim, häufig mit freier Füllung: xx́xx́xx́xx́ / xx́xx́xx́xx́
    „Habe nun, ach! Philosophie, / Juristerei und Medizin / ..." *(Goethe: Faust I, V.354 f.)*
  - **Blankvers:** reimloser jambischer Vers, in der Regel mit 5 Hebungen: xx́ xx́ xx́ xx́ xx́x
    „Heraus in eure Schatten, rege Wipfel / Des alten heil'gen, dicht belaubten Haines"
    (Goethe: Iphigenie auf Tauris, V.1 f.)
  - **Alexandriner:** sechshebiger jambischer Vers mit Mittelzäsur: xx́ xx́ xx́ // xx́ xx́ xx́x
    „Du siehst, wohin du siehst, // nur Eitelkeit auf Erden" *(Gryphius: Es ist alles eitel)*
  - **Hexameter:** auftaktloser sechshebiger daktylischer Vers, einzelne Daktylen können auch durch Trochäen ersetzt werden: x́x x́xx x́x x́x x́xx x́x
    „Im Hexameter steigt des Springquells flüssige Säule" *(Schiller: Das Distichon)*
  - **Pentameter:** unvollständiger Hexameter mit Zäsur. Der dritte und der sechste Versfuß bestehen nur aus einer Hebung. Einzelne Daktylen werden auch durch Trochäen ersetzt:
    x́x x́xx x́ // x́xx x́xx x́
    „Im Pentameter drauf fällt sie melodisch herab" *(Schiller: Das Distichon)*

Kadenz, Zeilenstil, Enjambement

- **Kadenz:** Ende des Verses; endet er mit einer oder mehreren Senkungen, spricht man von einer „klingenden" oder „weiblichen" Kadenz; endet er mit einer Hebung, liegt eine „stumpfe" bzw. „männliche" Kadenz vor. „Es war, als hätt der Himmel / (klingende Kadenz) die Erde still geküsst" (stumpfe Kadenz) *(Eichendorff: Mondnacht)*
- Beim **Zeilenstil** fallen syntaktische Gliederung und Gliederung in Verse zusammen.
  Beim strengen Zeilenstil umfasst jede Zeile einen Satz: „Er spielt mit seiner Flinte, / Die funkelt im Sonnenrot, / Er präsentiert und schultert – / Ich wollt, er schösse mich tot."
  (Heine: Mein Herz, mein Herz ist traurig)
- Beim **Enjambement** (Zeilensprung) trennt das Versende eine syntaktische bzw. semantische Einheit: „Diana, meine Herrscherin, er ist / Verletzt!" *(Kleist: Penthesilea, 15. Auftritt)*

Rhythmus

Rhythmus entsteht durch den Fluss des Sprechens. Dieser richtet sich nach inhaltlichen und sprachlichen Vorgaben des Textes sowie nach der Interpretation durch den Sprecher/die Sprecherin.
Rhythmus bildet sich durch die Betonung, durch lange und kurze Silben, durch Pausen und Sprechtempo.
Mögliche Eigenschaften des Rhythmus sind z.B.: ruhig, drängend, tänzelnd, schwer, leicht, fließend, stockend.

Klang

Gedichte und Strophen können einen einheitlichen oder einen differenzierten Klangcharakter haben.
Sie können hell, freundlich, weich, dumpf, hart usw. klingen.
Helle Vokale (e, i, ei, ü) vermitteln meist eine heitere Stimmung, dunkle Vokale (a, o, u, au) oft eine düstere.
Zur Gestaltung des Klangs tragen Klangfiguren bei wie Alliteration (→ S.330), Assonanz (→ S.330) und Lautmalerei/Onomatopoesie (→ S.331).
Auch Rhythmus, Metrum, Enjambement, Refrain und Reim (siehe unter diesen Stichwörtern) prägen den Klang eines Gedichts.

Reim

Reimstellung
- Anfangsreim: Das erste Wort zweier oder mehrerer Verse reimt sich.
- Binnenreim: Wörter innerhalb eines Verses bilden einen Reim; z.B. „Es zogen zwei rüstge Gesellen / [...] / So jubelnd recht in die hellen, / <u>Klingenden, singenden</u> Wellen / Des vollen Frühlings hinaus." (Eichendorff: Die zwei Gesellen)
- Endreim: Gleichklang von Wörtern (vom letzten betonten Vokal ab) am Ende von zwei oder mehr Versen

Qualität des Reims
- reiner Reim: Gleichklang von Wörtern vom letzten betonten Vokal ab, z.B. „geküsst"/„müsst"
- unreiner Reim: unvollständiger Gleichklang von Wörtern vom letzten betonten Vokal ab, z.B. „Himmel"/„Blütenschimmer"
- rührender Reim: identisch klingende Wörter mit unterschiedlicher Bedeutung, z.B. „bar"/„Bar"
- identischer Reim: Gleichklang identischer Wörter
- Assonanz (→ S.330)

Reimfolgen
- **Paarreim:** zwei aufeinanderfolgende Verse reimen sich; Reimschema: a a b b
- **Kreuzreim:** Reimschema: a b a b
- **umarmender** (umgreifender, umschließender, verschränkter) **Reim:** a b b a
- **dreifache Reimreihe:** a b c a b c
- **Schweifreim:** eine Mischung aus Paarreim und dreifacher Reimreihe: a a b c c b

Einen Vers, der sich mit keinem anderen reimt, nennt man **Waise.**

Lyrische Formen

Arten lyrischer Texte lassen sich nach Inhalten bestimmen – z. B. politische Lyrik, Gedankenlyrik, Liebeslyrik – oder nach formalen Gesichtspunkten bzw. der Aussageabsicht:

Formen des Gedichts	Merkmale	Beispiele
Ballade	Erzählgedicht mit epischen, dramatischen und lyrischen Elementen	Goethe: Der Zauberlehrling
Elegie	der rein formalen Bestimmung nach ein Gedicht beliebigen Inhalts, oft in Distichen (→ S. 339); nach einer inhaltlichen Definition ein Gedicht im Ton wehmütiger Klage	Goethe: Römische Elegien
Epigramm	zugespitzter Sinnspruch; meist ein oder zwei Distichen	Goethe und Schiller: Xenien
Hymne	Lob- und Preisgedicht; freie Rhythmen, gehobene Sprache	Goethe: Das Göttliche
konkrete Lyrik	eine moderne Form der Lyrik, die den materiellen Charakter der Sprache (als Laut, Zeichen) betont und mit dem sprachlichen Material akustisch oder visuell eine Aussage gestaltet	Gedichte von Gomringer, Jandl
Lied	Lyrik von singbarem Charakter, meist mit gleich gebauten Strophen, mit Reim, mit einfachem Vokabular	Wenn ich ein Vöglein wär
Ode	strophisches Gedicht ohne Reim, oft in antiken Versformen; hohe Sprachebene, häufige Themen sind Liebe, Heimat, Götter	Hölderlin: Hyperions Schicksalslied, An die Parzen
Sonett	strenge Form: 14 Verse mit zwei Quartetten und zwei Terzetten; These und Antithese in den Quartetten und Synthese/Zusammenfassung in den Terzetten; oft im Alexandriner (→ S. 340)	Günderrode: Der Kuss im Traume

Sprache im Gedicht

→ rhetorische Mittel, S. 330 ff.

Argumentative Texte analysieren

Argumentative Texte

- In argumentativen Texten wird eine Behauptung aufgestellt, ein Werturteil gefällt oder eine Forderung bzw. Empfehlung ausgesprochen. Behauptung, Werturteil, Forderung bzw. Empfehlung werden begründet.
- Argumentative Texte sind z. B. Kommentare, Essays, Abhandlungen, Plädoyers, politische Reden.

Kommunikationssituation in argumentativen Texten

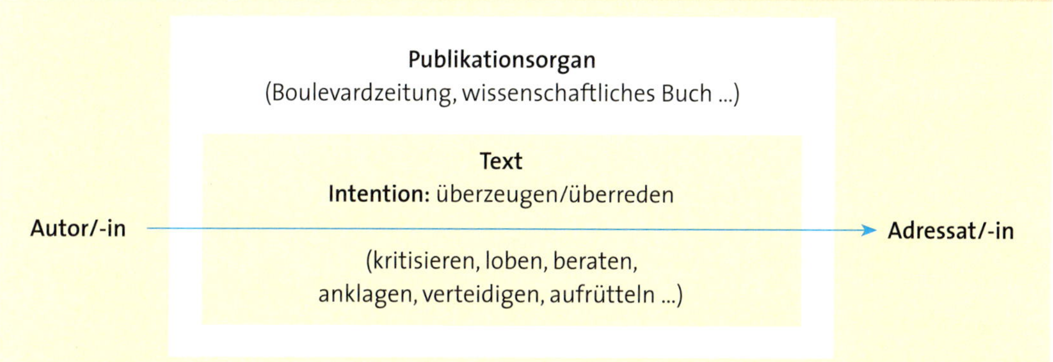

- In einem argumentativen Text wendet sich ein Autor/eine Autorin an einen oder mehrere Adressaten. Von welchem Adressaten er/sie ausgeht, kann man in der Regel an der Wahl des Publikationsorgans (z. B. Boulevardzeitung, Wochenzeitung, wissenschaftliches Buch) und der Darstellungsweise (Auswahl und Darstellung der Inhalte, Argumentation, Sprache) erkennen.
- In einem argumentativen Text verfolgt der Autor/die Autorin Intentionen (Wirkungsabsichten).
  - Zentrale Intentionen argumentativer Texte sind Überzeugen und Überreden.
  - Diese können bei Bedarf stärker differenziert werden, z. B. durch Loben, Kritisieren, Anklagen, Verteidigen, Beraten, Aufrütteln, Appellieren.
  - Mit den zentralen Intentionen können sich untergeordnete verbinden: z. B. unterhalten, belustigen, informieren.

Untersuchungsaspekte für argumentative Texte

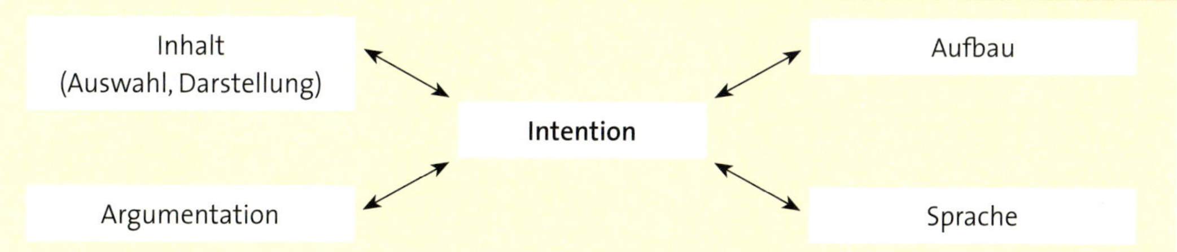

Die Intention des Textes steuert Auswahl und Darstellung der Inhalte, Art der Argumentation, Aufbau des Textes und Sprache; sie bildet darum den roten Faden durch die Textanalyse.

Aufbau einer Argumentation

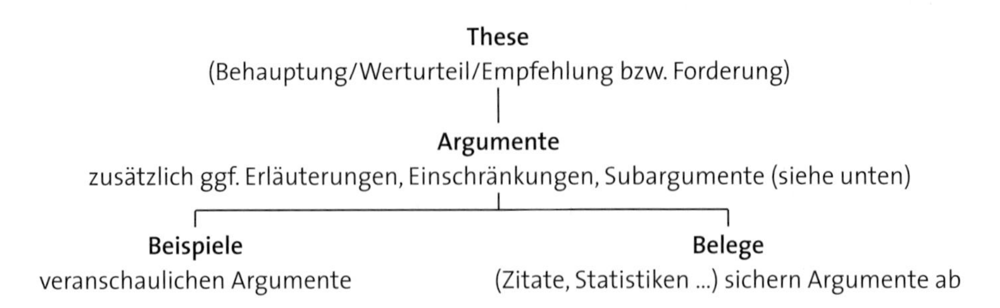

Manchmal wird nach der längeren Darlegung eines Arguments mit Beispielen nochmals kurz der Zusammenhang mit der These verdeutlicht **(Rückführung zur These)**.

Subargumente (Unterargumente) erklären einzelne Aspekte eines Arguments, z. B.:
Forderung: Eine weitere Ausweitung der Sonntagsarbeit bei Angestellten sollte vermieden werden.
Argument: Der/die Einzelne wäre sonst stärker durch Stress gefährdet.
Subargument 1: Beruflich stiege für Arbeitnehmer der Druck, sich ständig verfügbar zu halten.
Subargument 2: Soziale Kontakte wären, da der gemeinsame freie Tag wegfiele, schwerer zu organisieren.
Subargument 3: Der psychologische Druck für alle, auch die (noch) nicht Arbeitenden, stiege: Warum darf ich frei machen, während viele andere doch arbeiten?

Prämissen einer Argumentation

Prämissen sind die – oft unausgesprochenen – Voraussetzungen in Argumentationen:
- **Einschätzung der Sachlage, Realitätsvorstellungen.** Beispiel zum Thema „Sonntagsarbeit?“: Die meisten Menschen haben ein Bedürfnis nach festen Ruhezeiten im Alltag.
- **Einschätzung von Maßnahmen und ihrer Tragweite.** Beispiel: Wenn mehr Sonntagsarbeit zulässig wäre, würde der rechtliche Spielraum von den Arbeitgebern voll genutzt.
- **Grundlage der Wertung: ethische oder religiöse Werte, Interessen.** Beispiel: Werte wie „Muße“ und „Gemeinschaftlichkeit“ sollten gegenüber „Leistung“ und „Nützlichkeit“ nicht zurückstehen.
- **Denkmuster: logische Grundregeln; tradierte Erfahrungen,** die jedoch nicht immer allgemeine Gültigkeit haben. Beispiel: Die Sonntagsruhe ist eine jahrhundertealte, bewährte Tradition.

Aufbau eines argumentativen Textes

- Texte, die für eine Institution geschrieben sind, wie z. B. das Plädoyer eines Staatsanwalts oder ein Gutachten für eine Behörde, folgen vorgegebenen Mustern des Aufbaus. Andere argumentative Texte können freier aufgebaut werden.
- Einleitung: meist mit einem interessanten Gedanken und Hinführung zum Thema; Schluss oft mit einer Zusammenfassung, einer Schlussfolgerung, einer Forderung, einem Ausblick.
- Hauptteil: Aufbau nach Sachaspekten, unter denen Pro und Kontra oder nur Pro oder nur Kontra abgehandelt werden; oder – seltener – Aufbau nach Pro und Kontra in Blöcken.

Ermittlung der Argumentationsstruktur

Die Argumentationsstruktur kann mit einer Fragemethode ermittelt werden.
Wenn Sie den Text mehrmals gelesen und verstanden haben, legen Sie ihn beiseite und stellen Sie sich folgende Fragen:
- Welche Frage wird behandelt? Sie erhalten das **Thema** des Textes.
- Wie wird diese Frage beantwortet? Sie erhalten die **These** des Textes.
- Welche Gesichtspunkte werden behandelt? Sie erhalten die **Sachaspekte.**
- Welche Gründe werden für und gegen die These angeführt? Sie erhalten die **Argumente.**

Beachten Sie:
- These(n) und Argumente werden in einem argumentativen Text nicht immer als solche benannt.
- In der Regel wird in einem argumentativen Text nur eine These vertreten.
- „These“ und „Argument“ sind funktionale Begriffe; d.h., der gleiche Satz kann in einem Argumentationsgefüge als These, in einem anderen als Argument dienen (→ S.82).

Feinanalyse der Argumentationsstruktur

Die Argumentationsstruktur kann sehr differenziert erarbeitet werden über die Herausarbeitung von These, Argumenten, Erläuterungen, Beispielen und Belegen hinaus.
Folgende Aspekte und Begriffe ermöglichen eine noch genauere Analyse:
- definieren, Schlussfolgerung ziehen, verallgemeinern;
- vergleichen, vertiefen, weiterführen, ausweiten.

Argumentationsstrategien

(siehe auch unten → „Qualität der Argumentation“ und S.346 → „Typen von Argumenten“)
Je nach Intention – überzeugen oder überreden – kann der Autor/die Autorin unterschiedliche Strategien wählen, z.B.:
- Argumentation: einseitig oder Pro und Kontra abwägend
- Auswahl der Argumente: Berücksichtigung der zentralen Argumente oder Verschweigen wichtiger Argumente
- (unausgesprochene) Gewichtung der Argumente durch ihre Anordnung

Qualität der Argumentation

- Qualität der Argumente:
  - differenziert, durchdacht oder vereinfachend, schlagwortartig, klischeehaft
  - an der Sache orientiert oder eine Person angreifend
- Umfang und Art von Erläuterungen, Beispielen und Belegen:
  - überzeugend und auf Argumente und These bezogen oder von eher geringer stützender Kraft
  - anschaulich oder wenig anschaulich
- Prämissen der Argumentation:
  - direkt formuliert oder unausgesprochene Grundlage der Argumentation
  - zustimmungsfähig oder abzulehnen
- Funktion der rhetorischen Mittel: die Argumentation unterstützend oder sie teilweise ersetzend, dadurch suggestiv wirkend

Typen von Argumenten

- **Faktenargumente** beruhen auf bekannten Tatsachen, überprüfbaren Beobachtungen usw. (z. B.: Durch Messungen hat man eine Klimaerwärmung in den letzten Jahrzehnten festgestellt). Sie sind nicht stichhaltig, wenn es sich um Einzelfälle handelt (z. B.: Der Winter 2005 war sehr kalt – dies spricht gegen eine Klimaerwärmung).
- **normative Argumente** beruhen auf allgemein anerkannten Normen (z. B.: Mord ist ein schweres Verbrechen). Sie sind nicht stichhaltig, wenn sie auf Wertmaßstäben beruhen, die nur von einzelnen Gruppen vertreten werden (z. B.: Die Morde der RAF-Mitglieder richteten sich gegen einen unmenschlichen Staat und sind daher zu rechtfertigen).
- **Autoritätsargumente** beruhen auf Argumenten von anerkannten Autoritäten (z. B.: Der Wirtschaftsminister lehnt den Ausstieg aus der Atomenergie wegen der Energieknappheit ab). Ihre Stichhaltigkeit ist z. B. dann zu hinterfragen, wenn andere Autoritäten eine Gegenthese mit Gegenargumenten vertreten (z. B.: Der Umweltminister hält den Ausstieg für geboten, da die Probleme der Endlagerung und der Sicherheit nicht gelöst sind).
- **analogisierende Argumente** beruhen auf dem Vergleich eines Sachverhalts mit einem ähnlichen (z. B.: Die Begrenzung der Geschwindigkeit hat sich auf vielen Strecken der Autobahn bewährt, also müsste auch eine flächendeckende Geschwindigkeitsbegrenzung Vorteile bringen). Sie sind nicht stichhaltig, wenn die Vergleichbarkeit nicht überzeugt, wenn der Vergleich hinkt (z. B. Die Nordseeküste ist durch Deiche gut gegen Sturmfluten gesichert; also müssten sich auch die Staaten am Indischen Ozean gegen einen Tsunami sichern können).

Sprache

→ S. 65, → S. 329 ff. (hier auch „rhetorische Figuren")

Kritische Auseinandersetzung mit einem argumentativen Text

- die Fragestellung auf ihre Bedeutsamkeit prüfen
- These, Argumente, Beispiele, Belege und Prämissen auf ihre Haltbarkeit hin untersuchen
- Vollständigkeit und Schlüssigkeit der Argumentation kontrollieren
- wenn erforderlich, nicht haltbare Thesen, Argumente, Prämissen widerlegen, entkräften, einschränken
- haltbaren Thesen und Argumenten zustimmen; wenn sinnvoll, Ergänzungen anführen
- gegebenenfalls eine Gegenthese und sie stützende Argumente entwickeln

Widerspruch gegen eine Argumentation

der gegnerischen These widersprechen

↕

Argumente entkräften

↕

Beispiele als irrelevant einstufen, Belege bezweifeln

Im Anschluss an die kritische Auseinandersetzung mit der Argumentation des Textes kann eine Rückführung zur eigenen These folgen.

Ideen, Themen, Aspekte finden und sammeln

Mind-Map

In einer Mind-Map (engl. „Gedanken-Landkarte") werden Gedanken zu einem Thema gesammelt und übersichtlich geordnet.
Während der Cluster (→ S. 348) eher dem assoziativen Finden von Ideen dient, zielt die Mind-Map darauf, ein Sachgebiet oder Problem in seiner Struktur überblicksartig zu präsentieren. Damit steht die Mind-Map der Gliederung nahe; sie lässt allerdings stärker als die Gliederung Vernetzungen zu und hat eine visuell einprägsame Form.
Eine Mind-Map kann z. B. die Gliederung einer schriftlichen Arbeit vorbereiten, den Aufbau eines Referats veranschaulichen oder zur Erschließung eines Themenbereichs für die Seminararbeit eingesetzt werden.
Das Thema wird in die Mitte eines Blattes geschrieben. Ausgehend vom Thema zeichnet man Äste, die mit Oberbegriffen beschriftet werden. Von den Ästen gehen Zweige ab, an denen man Unterbegriffe oder genauere Informationen einträgt.
Wo sinnvoll, können auch verschiedene Farben eingesetzt oder zusätzliche Visualisierungen wie Symbole und Bilder eingearbeitet werden.

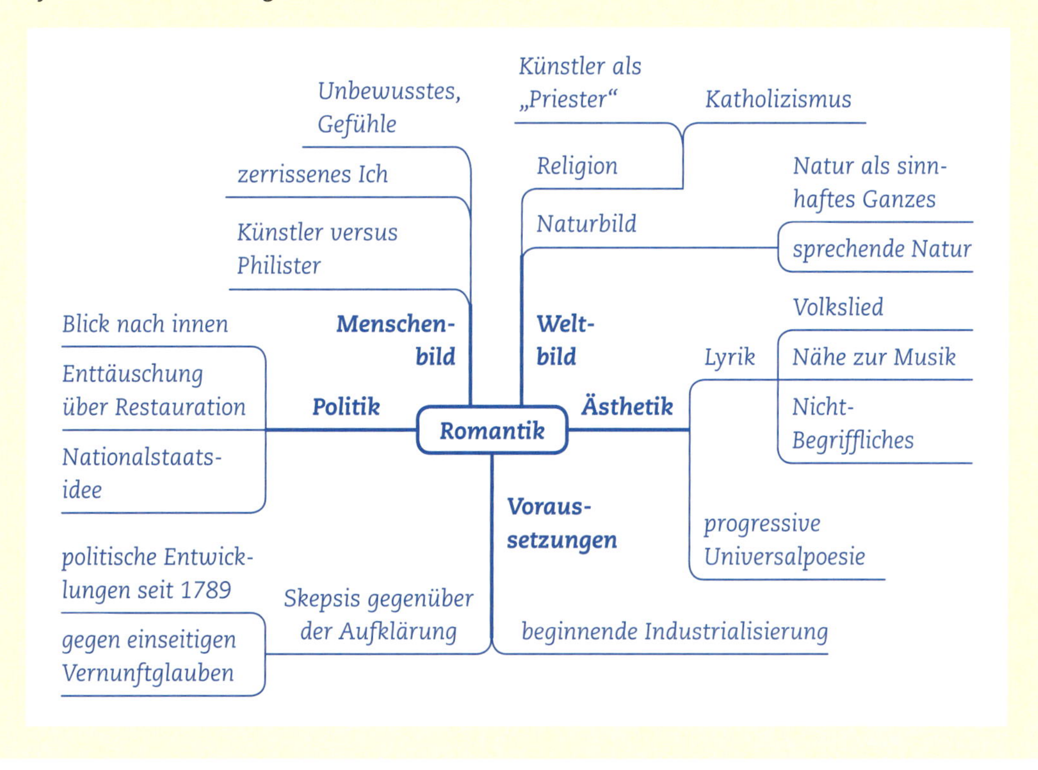

Cluster

Ein Cluster eignet sich besonders gut für eine erste Stoffsammlung und Ideenfindung. Das Vorgehen ist meist assoziativ, man muss sich beim Erstellen eines Clusters nicht um eine durchgängige logische Ordnung bemühen. Auch zunächst abwegig oder nebensächlich Erscheinendes kann notiert werden.
Das Thema wird in die Mitte eines Blatts geschrieben und eingekreist. Dann notiert man zum Thema Begriffe, Ideen und Gedanken, kreist diese ebenfalls ein und verbindet sie durch Striche mit dem Thema. Diesen weiteren Begriffen lassen sich nach dem gleichen Verfahren wiederum neue Ideen zuordnen.

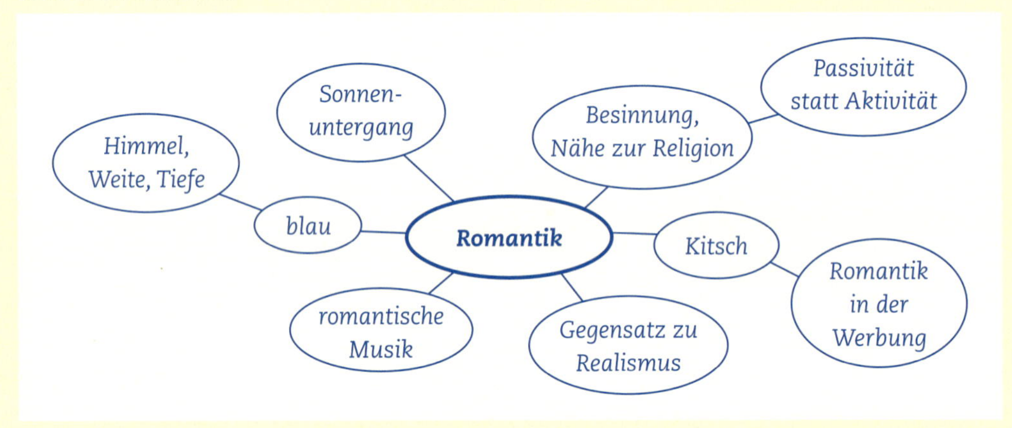

Ideenstern

In einem Ideenstern lassen sich ähnlich wie in einem Cluster und in einer Mind-Map (→ S. 347) Ideen zu einem Thema sammeln und anschaulich präsentieren.
Das Thema wird in die Mitte eines Blattes geschrieben. Um das Thema herum notiert man Gedanken und Ideen und verbindet sie durch Striche mit dem zentralen Thema. Der Ideenstern lässt wie der Cluster Assoziationen zu, dient aber – wie die Mind-Map – auch dazu, ein Sachgebiet geordnet zu erschließen. Beim Ideenstern beschränkt man sich stärker als beim Cluster oder bei der Mind-Map auf wenige zentrale Begriffe.

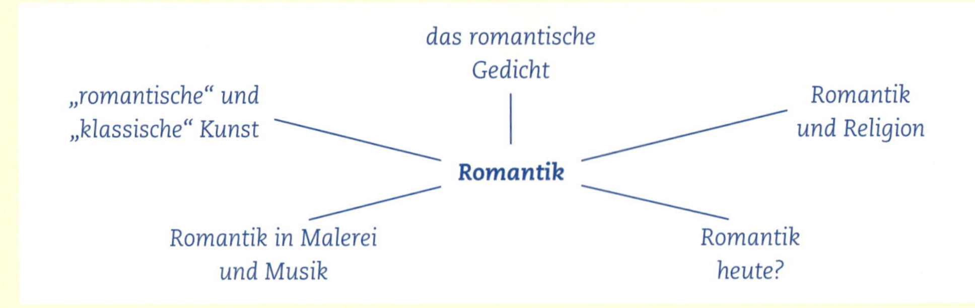

Assoziationsstern

Man verfährt wie beim Anlegen eines Ideensterns (siehe oben); das Vorgehen ist jedoch eher assoziativ als ordnend.

In der Gruppe Ideen, Themen, Aspekte sammeln

Brainstorming

Ein Brainstorming ist ein schneller Weg, Gedanken zu einem Sachgebiet zu sammeln. Der Ablauf: Alle Mitglieder einer Lerngruppe äußern laut ihre Einfälle, Gedanken, Assoziationen zu einem Thema. Zwei oder drei Schüler/-innen notieren die zugerufenen Äußerungen an der Tafel, auf Folie für den Overheadprojektor oder auf einer Wandzeitung. Zurufe, die zunächst nicht wahrgenommen wurden, müssen eventuell wiederholt werden.
Ein Brainstorming kann auch in schriftlicher Form durchgeführt werden: Man schreibt das Thema oben auf ein Blatt Papier; darunter werden als Auflistung Gedanken und Ideen notiert.

Blitzlicht

Mit diesem Verfahren lässt sich eine rasche Meinungsumfrage durchführen: Zu einer Fragestellung geben alle Mitglieder der Lerngruppe reihum ein kurzes Statement ab. Die Äußerungen werden kommentarlos aneinandergereiht. Bereits Gesagtes kann wiederholt werden; es wird deutlich, wer welche Position vertritt.

Kartenabfrage

Dieses Verfahren kann z.B. in der Planungsphase einer Projektarbeit verwendet werden.
Jedes Gruppenmitglied schreibt eigene Ideen bzw. Meinungen, Fragen, Vorkenntnisse zum Thema jeweils getrennt auf einzelne Karteikarten.
Die Karten können anschließend z.B. für eine Ideenbörse (→ S.351) oder für das Erstellen eines Metaplans (→ S.351) genutzt werden.

Zettellawine

Jedes Mitglied der Lerngruppe formuliert auf einem mit dem Namen versehenen Blatt eine kurze Stellungnahme zu einem Thema oder Text. Nach einer vereinbarten Zeit (z.B. 5 Minuten) wird das Blatt zwei Plätze nach rechts weitergereicht. Die hier sitzende Person greift die Stellungnahme auf und kommentiert sie: „Ich stimme dir zu, denn ...“ oder „Ich bin ganz anderer Meinung, weil ...“ Nach der vereinbarten Zeit gibt man die Blätter noch einmal weiter. Die Satzanfänge lauten jetzt z.B.: „Ich stimme Anna zu, weil ...“ und „Ich kann Daniels Meinung nicht teilen, denn ...“
Zum Schluss gehen die Blätter an die ursprünglichen „Absender“ zurück. Einige der Blätter werden vorgelesen. Man kann nun Aspekte ergänzen, die vorher noch nicht zur Sprache kamen.

Kugellager (→ Diskutieren, S.352)
Quadro-Methode (→ Diskutieren, S.353)

Stoff ordnen

Cluster (→ S.348)
Mind-Map (→ S.347)
Ideenstern (→ S.348)

Schaubild

Der Begriff „Schaubild" umfasst jede Visualisierung von sachlichen oder gedanklichen Zusammenhängen und wird insbesondere für die vielfältigen Formen der Darstellung verwendet, die nicht durch Begriffe wie „Cluster", „Mind-Map", „Diagramm" usw. abgedeckt sind.
Schaubilder können z. B. zur Klärung und Veranschaulichung von gedanklichen Zusammenhängen, von Abläufen, Ursache-Folge-Beziehungen oder logischen Strukturen eingesetzt werden. Bei der Erschließung literarischer Texte dienen Schaubilder unter anderem zur Veranschaulichung von Zeitstrukturen oder Figurenkonstellationen.

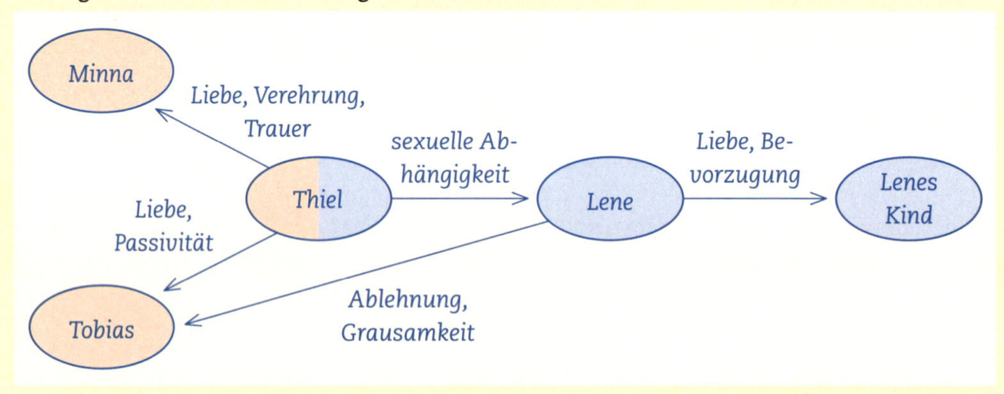

Schnittmengencluster

Schnittmengencluster eignen sich zur Darstellung von Vergleichen. Zwei Cluster werden so angelegt, dass die gemeinsamen Merkmale in der Mitte der Skizze stehen und durch Arme mit beiden Clustern verbunden sind, während die ungleichen Merkmale an den einander abgewandten Seiten der Cluster notiert werden.

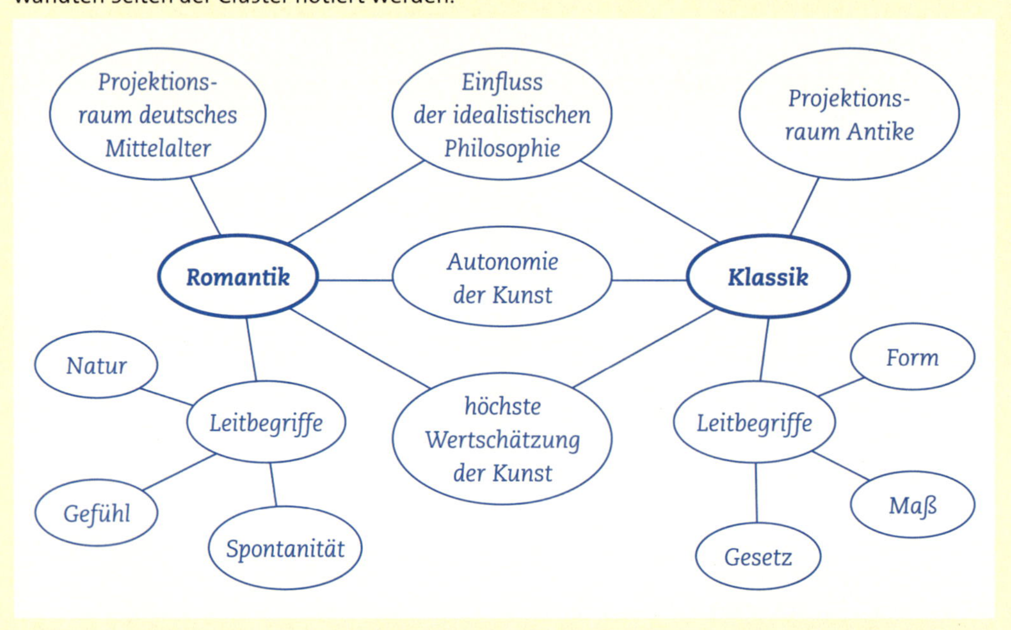

Schnittmengengrafik

Die Schnittmengengrafik eignet sich zur Veranschaulichung von Vergleichen. Zwei Mengen (dargestellt durch Ellipsen, Kreise oder sonstige Formen) schneiden sich so, dass in der Mitte ein gemeinsames Feld entsteht. In diesem Feld werden die Gemeinsamkeiten der beiden verglichenen Objekte notiert, in den beiden anderen Feldern die Unterschiede.

Realismus		***Naturalismus***
Wirklichkeit „verklären“	*Zuwendung zur sozialen Wirklichkeit im Hier und Jetzt*	*Wirklichkeit genau widerspiegeln*
Kritik in Humor gekleidet, Resignation	*Zurücktreten fantastischer und mythologischer Motive*	*scharfe Sozialkritik/ Anklage*
Hauptfiguren aus Bürgertum und Adel		*Hauptfiguren aus ärmlichen sozialen Verhältnissen*

Stoff ordnen – in der Gruppe

Ideenbörse

In einer Kartenabfrage (→ S. 349) werden Ideen gesammelt – z. B. für eine Projektarbeit. Die Karten werden an die Wand geheftet oder auf Tischen ausgelegt. Jeder/jede wählt aus, was ihn/sie interessiert, und sucht dabei gegebenenfalls Arbeitspartner.

Metaplan

Dieses Verfahren hilft, wenn bei der Kartenabfrage (→ S. 349) zu einem komplexen Sachbereich viele Karteikarten oder Notizzettel zusammengekommen sind. Anhand der Metaplan-Methode lässt sich Ordnung schaffen und das weitere Nachdenken strukturieren. Der Ablauf:

- Alle Karten werden – am besten mit Krepp-Klebeband – zunächst ungeordnet an der Tafel oder an einer Pinnwand befestigt.
- Die Gruppe sucht nun im Gespräch nach Oberbegriffen für das auf den Karten Notierte.
- Wird ein Oberbegriff in der Gruppe akzeptiert, wird er ebenfalls auf einer Karteikarte festgehalten und angeheftet. Die dazu passenden Karten werden darunter platziert.
- Sind alle Karten bestimmten Oberbegriffen zugeordnet und entsprechend umgehängt, können sich alle Mitglieder der Arbeitsgruppe noch einmal kurz zurückziehen und zusätzliche Ideen auf Karten notieren und diese den Oberbegriffen zuordnen.
- Die Gruppe diskutiert dann, ob der gesamte Umfang des Sachbereichs, der an der Tafel bzw. an der Pinnwand dargestellt ist, im Folgenden bearbeitet wird oder ob eine Auswahl getroffen werden soll. (Nach einem vorbereitenden Gespräch zur Schwerpunktsetzung kann jedes Gruppenmitglied z. B. drei bis zehn Punkte auf die seiner Meinung nach wichtigsten Bereiche setzen.)
- Mit Hilfe der gliedernden Oberbegriffe kann in der Gruppe für die folgenden Aktivitäten auch ein arbeitsteiliges Vorgehen verabredet werden.

Präsentieren

Dialog

Eine aufgelockerte Form der Informationsvermittlung ist der Dialog. Zwei oder drei Personen simulieren ein Gespräch, in dem sich die Beteiligten vor Publikum wichtige Informationen zu einem Sachverhalt wechselseitig mitteilen. Dabei sind im Dialog Nachfragen, Ergänzungen und Widersprüche möglich. Diese Präsentationsform eignet sich insbesondere zur Vermittlung von verschiedenen, auch kontroversen Perspektiven auf einen Sachverhalt.
Während des dialogischen Vortrags sollten die Zuhörer/-innen nicht eingreifen. Die Inhalte des Vortrags können anschließend diskutiert werden.

Mind-Map (→ S. 347)
Referat (→ S. 9 ff.)
Schaubild (→ S. 350)
Schnittmengencluster (→ S. 350)
Schnittmengengrafik (→ S. 351)

Diskutieren

Kugellager

Die Kugellager-Methode hilft beim Sammeln und Austauschen von Ideen und Argumenten. Die Teilnehmerinnen und Teilnehmer bilden einen Innen- und einen Außenkreis, sodass sich jeweils zwei Schüler/-innen gegenübersitzen. Zu einem vereinbarten Thema tauschen alle Paare etwa fünf Minuten lang ihre Gedanken oder Positionen aus. Auf ein Signal der Gesprächsleitung hin rutschen alle im Innenkreis im Uhrzeigersinn zwei Plätze weiter. Jeder/jede hat nun einen neuen Gesprächspartner. Der Gedankenaustausch findet erneut statt. Dabei kann man auch weitertragen, was der erste Gesprächspartner eingebracht hat. Nach einer festgesetzten Zeit unterbricht die Gesprächsleitung erneut; der Innenkreis rutscht erneut im Uhrzeigersinn um zwei Plätze weiter. Ein dritter Gedankenaustausch beginnt.

Diskussion mit Gruppenschutz

Bei diesem Verfahren wird eine Plenumsdiskussion in Kleingruppen vorbereitet. Jede Gruppe sammelt Argumente mit zugehörigen Beispielen zur Themafrage, diese können z. B. einzeln auf Karteikarten notiert werden.
Jeweils ein Redner/eine Rednerin vertritt die Gruppe bei der anschließenden Diskussion im Plenum. In Diskussionspausen und während der Diskussion können die anderen Gruppenmitglieder ihren Redner/ihre Rednerin jeweils mit Argumenten und weiteren Anregungen versorgen, z. B. indem sie ihm/ihr Stichworte zuflüstern. Allerdings sollten die Unterstützenden während der Diskussion nicht zu viele Tipps geben, um den Diskutierenden/die Diskutierende nicht zu überfordern und zu verwirren.

Quadro-Methode

Die Quadro-Methode eignet sich zur Meinungsbildung und zum ersten Austausch von Argumenten. Die Vertreter einer Meinung sammeln sich in einer der vier Ecken des Raumes, diskutieren das Thema und sammeln Argumente für ihre These, eventuell auch Argumente zur Entkräftung anderer Thesen. Bei Bedarf gestalten sie ein Plakat, um ihre These mit Argumenten darzustellen. Nach dieser Vorbereitung können alle Teilnehmer in eine Diskussion eintreten.

Podiumsdiskussion

Außerhalb der Schule werden Podiumsdiskussionen von Fachleuten geführt, in der Schule von Schülern und Schülerinnen, die sich zu dem zur Diskussion stehenden Thema vorbereitet haben. Ein Diskussionsleiter/eine Diskussionsleiterin eröffnet die Diskussion, die Podiumsteilnehmer stellen knapp ihre Position vor und diskutieren anschließend über kontroverse Standpunkte.
Die Diskussionsleitung achtet auf die Einhaltung der Diskussionsregeln, erteilt das Rederecht, verknüpft wenn nötig Diskussionsbeiträge und gibt im Bedarfsfall Anregungen zur Weiterführung oder Vertiefung der Diskussion. Am Ende der Diskussionsrunde fasst der Leiter/die Leiterin Ergebnisse zusammen und nimmt dann Wortmeldungen aus dem Publikum entgegen. Die Zuhörer/-innen haben in dieser Phase die Gelegenheit, Fragen an die Podiumsteilnehmer zu stellen.

Literarisches Gespräch (siehe unten → Texte erschließen, S. 358)

Arbeiten in der Gruppe

Wachsende Gruppe

Das Verfahren der wachsenden Gruppe unterstützt die intensive Erarbeitung eines Themas, indem es die Vorteile von Einzel-, Partner- und Gruppenarbeit kombiniert: In einer zeitlich festgelegten ersten Phase arbeitet zunächst jeder/jede für sich alleine, in einer zweiten Phase werden die Ergebnisse der Einzelarbeit in Partnerarbeit verglichen und überdacht, in der dritten Phase wird in Vierer-Gruppen ein Gruppenergebnis zusammengetragen.

Expertenrunde

Die Expertenrunde eignet sich gut, um mehrere Fragen zu einem Thema gleichzeitig zu bearbeiten und die Arbeitsergebnisse zuverlässig an alle Mitschülerinnen und Mitschüler der Lerngruppe weiterzugeben.
Von der arbeitsteiligen Gruppenarbeit unterscheidet sich die Expertenrunde durch die Vermittlung des Arbeitsergebnisses: Die Mitglieder einer Arbeitsgruppe präsentieren ihr Gruppenergebnis nicht vor dem Plenum, sondern setzen sich zu neuen Expertentischen so zusammen, dass jede Arbeitsgruppe mit einem ihrer Mitglieder dort vertreten ist.
Die Teilnehmer/-innen einer Arbeitsgruppe legen deshalb zum Abschluss ihrer Arbeit möglichst genau fest, welches Wissen sie an ihrem Expertentisch an die anderen Experten weitergeben und welche besonderen Verfahren sie dabei nutzen wollen. Um dafür die nötige Sicherheit zu gewinnen, empfiehlt sich eine Art Probelauf mit einem Partner der Arbeitsgruppe.

Die Arbeit der gesamten Lerngruppe teilt sich also in zwei Phasen auf:

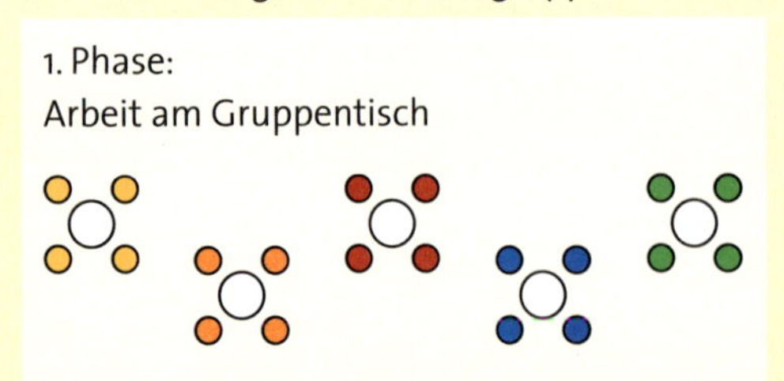

2. Phase:
Austausch der Ergebnisse am Expertentisch

Textüberarbeitung im Team

Die letzte Phase im Schreibprozess ist das Überarbeiten von Texten. Sinnvoll ist dabei die Kooperation mit anderen Schreibern/Schreiberinnen. Alle im Folgenden vorgestellten Methoden gehen von einer relativ kleinen Gruppengröße aus (drei bis vier Schüler/-innen). Weil es für jede Schreibaufgabe einen je eigenen Kriterienkatalog gibt, ist es zweckmäßig, wenn sich die Gruppenmitglieder zunächst darüber verständigen, welche Vorgaben erfüllt werden müssen. Die einschlägigen Kapitel in diesem Buch geben hierzu Auskunft.

Expertenteam

- Bestimmen Sie in Ihrer Gruppe Experten für Teilbereiche der geforderten Schreibaufgabe: Ein Gruppenmitglied befasst sich z. B. mit der Verständlichkeit des Textes, ein zweites mit inhaltlichen Fragen, ein drittes mit Grammatik, Rechtschreibung und Zeichensetzung. Schließlich sollte immer auch geklärt werden, ob der Text einen klaren Leserbezug hat und – bei argumentativen Texten – ob überzeugend begründet wird.
- Lesen Sie den Text aufmerksam durch und bearbeiten Sie ihn dann im Hinblick auf die gewählten Aspekte.
- Für Stellen, die Ihnen fehlerhaft erscheinen, schlagen Sie Verbesserungen vor, die der Autor/die Autorin abschließend einarbeiten kann.
- Zeitaufwand: ca. 45 Minuten

Textlupe

- Jeder Schüler/jede Schülerin liest einen Text eines Mitschülers/einer Mitschülerin.
- Jeder Teilnehmer arbeitet mit der „Textlupe“, einem strukturierten Kommentarbogen in Tabellenform:

Das hat mir besonders gut gefallen	*Das fällt mir auf*	*Hier habe ich eine Frage*
allgemein: …	*allgemein: …*	*Zeile: …*
Zeile: …	*Zeile: …*	…
…	…	…

- Jeder Schüler/jede Schülerin hat nach dem Lesen 5 Minuten Zeit, um die eigenen Beobachtungen einzutragen.
- Anschließend wird die Textlupe mindestens zweimal weitergereicht; die Kommentare werden ergänzt.
- Am Ende erhält der Autor/die Autorin den Kommentarbogen und entscheidet, welche Anregung er/sie aufgreift.
- Zeitaufwand: ca. 45 Minuten

Über-den-Rand-Hinausschreiben

- Lesen Sie den Text und klären Sie zunächst, wo er Ihrer Ansicht nach ergänzt werden müsste, z.B. weil bestimmte Aspekte fehlen oder offene Fragen bestehen.
- Kleben Sie den zu behandelnden Text in die Mitte eines großen Plakats (DIN-A1-Format).
- Nummerieren Sie die „Leerstellen".
- Jedes Gruppenmitglied wählt eine oder mehrere Nummern aus und schreibt die notwendigen Ergänzungen auf das Plakat.
- Die Vorschläge werden in der Gruppe diskutiert. Der Autor/die Autorin entscheidet, welche Ergänzungen übernommen werden.

Schreibkonferenz

- Jeder/jede liest die Texte aller Gruppenmitglieder.
- Anschließend werden alle Texte einzeln laut vorgelesen. Die Gruppenmitglieder geben im Anschluss an den Vortrag jeweils ihre Einschätzung wieder, z.B.: Welche Wirkung hat der Text? Welche Kernaussage ist zu erkennen? Gibt es Verständnisschwierigkeiten? Wo?
- Der Autor/die Autorin geht auf die Anmerkungen der Gruppenmitglieder ein und versucht gegebenenfalls Verständnisfragen zu klären. Wie bei den Kommentaren der Hörer/-innen eine Angriffshaltung zu vermeiden ist, sollte in dieser Phase vom Autor/von der Autorin keine Verteidigungshaltung eingenommen werden. Über die Stichhaltigkeit der Überarbeitungsvorschläge kann in einer späteren Phase diskutiert werden (siehe unten).
- Alle Teilnehmer/-innen bearbeiten nun jeden fremden Text. Auffällige Textstellen werden markiert, kommentiert und verbessert. Dabei können die folgenden Aspekte eine Rolle spielen:

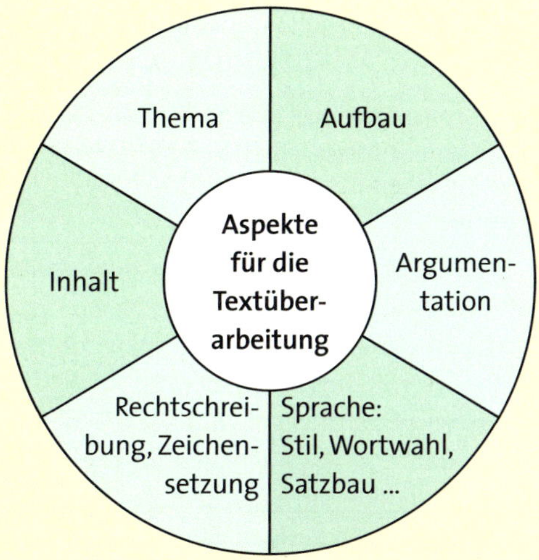

- Am Ende der Bearbeitungsphase schreiben alle Teilnehmer/-innen zu jedem bearbeiteten Text einen kurzen Kommentar, in dem jeweils das Wichtigste zusammengefasst wird.
- Die Kommentare werden gelesen und besprochen; die Autoren/Autorinnen haben Gelegenheit, Nachfragen zu stellen. Die Anmerkungen können auch in der Gruppe diskutiert werden.
- Der Autor/die Autorin überarbeitet den eigenen Text und entscheidet, welche Anregungen aufgegriffen werden.
- Abschließend wird der überarbeitete Text für die „Veröffentlichung" vorbereitet; je nach Schreibanlass kann dies eine Ausstellung, eine Schreibmappe oder einfach ein Aufsatz sein.

Texte erschließen

Markieren

Das Markieren von Texten dient vor allem dazu, den Blick auf zentrale Inhalte und Strukturen zu lenken und diese überschaubar zu machen.
Um eine Übersicht über schwierige und zu klärende Begriffe oder Formulierungen zu erhalten, können Sie diese beim ersten Lesen mit Bleistift markieren.
Es ist ratsam, spätestens beim zweiten Lesen Textstellen zu markieren, die
- (im Hinblick auf ihre Fragestellung) zentrale Begriffe und Gedanken des Textes enthalten,
- sprachlich auffällig sind,
- eventuell Widerspruch provozieren.

Arbeiten Sie auch mit Zeichen, Abkürzungen und knappen Bemerkungen zur Gedankenführung am Textrand, z. B.:

Zeichen	Bedeutung	Zeichen	Bedeutung
|	wichtige Aussage	↓ ↑	Widerspruch (Markierung an zwei Textstellen; die Pfeile sind aufeinander gerichtet)
?	vorerst unklare Textstelle, über die Sie noch einmal nachdenken müssen	*Th*	These
⌇	zweifelhafte, nicht ganz nachvollziehbare Darstellung	*Arg*	Argument
		Erl	Erläuterung
Lex	nachschlagen	*Bsp*	Beispiel
→	Verweis	*Zit*	Zitat
		Def	Definition

Markieren Sie sprachliche Gestaltungsmittel in einer anderen Farbe und bezeichnen Sie diese kurz am Rand (z. B. Metapher, Ironie). (Beispieltext von S. 61)

Willkommen in der Welt des „always on" – Mailen, Surfen, Chatten rund um die Uhr. Seit die drahtlosen WLAN-Netze Einzug in Firmen, Hochschulen und Privathaushalte gehalten haben, muss man sich zum Surfen nicht mehr an einen bestimmten Ort begeben. Smartphones – Handys mit Internet-Empfang – überbrücken die Strecken dazwischen. Das Internet wird zum Nebenbei-Medium. Man ist online, während man arbeitet, fernsieht oder isst. Das Internet drängt sich in jede Ritze des Lebens und fordert Aufmerksamkeit. So wie schon seit einigen Jahren das Handypiepsen jede Konversation unterbricht, so ziehen uns jetzt die sanfte Frauenstimme, das durchdringende Beep oder das blinkende Briefsymbol, die den Empfang einer neuen Mail signalisieren, aus der realen in die virtuelle Welt.

Ironie
Bsp für 1. Arg
Th Personifikation
Bsp

Exzerpieren (→ S. 315 f.)
Mind-Map (→ S. 347)
Cluster (→ S. 348)

Treppenmethode

Mit der Treppenmethode kann man die Aussagen eines Textes gedanklich hierarchisieren. Sie machen sich also klar, was die zentrale Aussage eines Textes ist und welche weiteren wichtigen Aussagen der Hauptaussage auf verschiedenen Ebenen unterzuordnen sind. Mit einer solchen Gliederung unterstützen Sie die gedankliche Durchdringung eines Textes. Verfahren Sie so:

- Formulieren Sie einen Satz, der den Kern der gesamten Textaussage erfasst.
- Notieren Sie Sätze, die zentrale Unteraspekte der Textaussage wiedergeben.
- Formulieren Sie Sätze, die die wichtigsten Ausführungen zu den einzelnen Unteraspekten sinngemäß wiedergeben.

Kernaussage

Unteraspekte

Zusammenfassungen zu den Unteraspekten

Schaubild zur Argumentationsstruktur

In einem Schaubild zur Argumentationsstruktur kann das logische Grundgerüst einer Argumentation geklärt werden. Das Schaubild zeigt die gedankliche Hierarchisierung von These, Argument, gegebenenfalls Subargument und Beispiel oder Beleg.

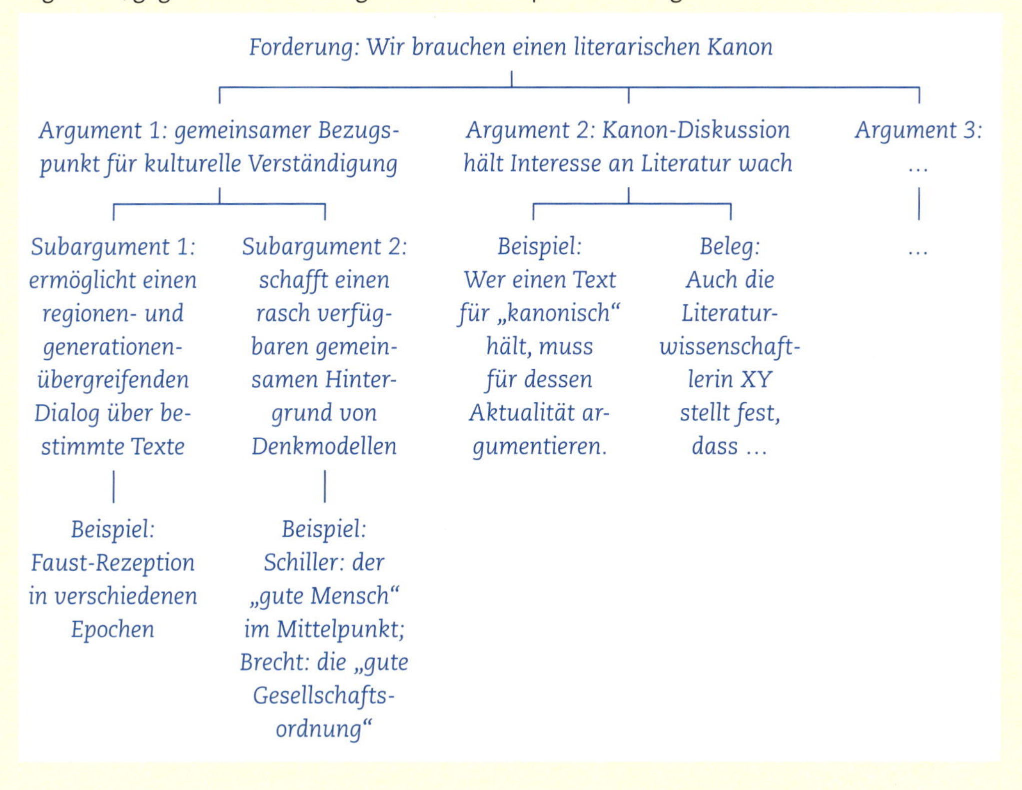

Literarisches Gespräch

Die Mitglieder der Lerngruppe erarbeiten einzeln oder in Partnerarbeit ein erstes Textverständnis. Anschließend wird ein Gesprächskreis gebildet; ein Gesprächsleiter/eine Gesprächsleiterin erteilt das Wort, lenkt das Gespräch aber nicht.
Jeder/jede sollte sich an dem Gespräch beteiligen, die eigene Sichtweise einbringen und sich mit den Positionen der Mitschüler/-innen auseinandersetzen.
Ziel des Gesprächs ist ein vertieftes Textverständnis, das fast alle teilen können.

Produktive Verfahren der Texterschließung

Standbild

Ein Standbild ist eine Momentaufnahme z. B. aus einer Dramenszene oder aus dem Geschehen eines epischen Textes. In einem Standbild können Figurenkonstellationen und Haltungen einzelner Figuren zum Ausdruck gebracht werden. Das Standbild kann als nicht-sprachliche Annäherung an einen Text und als Mittel der Texterschließung verwendet werden.

- Ein Regisseur/eine Regisseurin bestimmt die Position der Figur(en); er/sie formt Körperhaltung und Gesichtsausdruck. Während der Bauphase wird nicht gesprochen.
- Ist das Standbild fertig, bleiben die Akteure für ca. 30 Sekunden in der eingenommenen Haltung. Wenn möglich, sollte das Standbild fotografisch festgehalten werden.
- Die Beobachter/-innen beschreiben genau, was sie gesehen haben und welche Wirkung das Standbild auf sie hatte.
- Die Mitspieler/-innen berichten über ihre Erfahrungen.
- Der Regisseur/die Regisseurin erklärt seine/ihre Absichten und reflektiert, inwieweit es ihm/ihr gelungen ist, diese zu verwirklichen.

Rollenprofil

Das Verfassen eines Rollenprofils hilft, sich einer Figur eines dramatischen Textes anzunähern und das Textverständnis zu vertiefen.
Man schreibt aus der Sicht der Figur in Ich-Form auf, wie man die augenblickliche Situation, den Dialogpartner, dessen Ziele und die eigene Beziehung zum Partner/zur Partnerin einschätzt. Darüber hinaus werden auch die augenblickliche Befindlichkeit der gewählten Figur und ihre Ziele in diesem Gespräch notiert.
Die formulierten Einschätzungen und Befindlichkeiten kann man – unter Wahrung der Ich-Form – auch in den Kontext des gesamten Dramas einbetten.

Erweiterung: Auf der Grundlage des Rollenprofils kann versucht werden, die gewählte Figur zu verkörpern; man erprobt ihre Gestik, Mimik, Bewegung im Raum sowie ihre Stimme und Sprechweise.

Autoren- und Textquellenverzeichnis

Arndt, Ernst Moritz (1769–1860): *Des Deutschen Vaterland,* S.213. Aus: Arndts Werke. Auswahl in 12 Teilen. Hg. von August Leffson. Deutsches Verlagshaus Bong & Co., Berlin u.a. 1912, Bd. 1, Gedichte, S.126

Asendorpf, Dirk: *Chatten macht Spaß,* S.132. Aus: DIE ZEIT, 22.03.2001

Barth, Mario (*1972): *Deutsch – Frau. Frau – Deutsch,* S.125. Aus: Deutsch – Frau, Frau – Deutsch. Schnelle Hilfe für den ratlosen Mann. Langenscheidt Verlag, Berlin/München 2004, S.5, 8–12

Becker, Sabina: *Zwischen Kritik und Affirmation,* S.268. Aus: Bürgerlicher Realismus. Literatur und Kultur im bürgerlichen Zeitalter 1848–1900. A. Francke Verlag, Tübingen/Basel 2003, S.34f.

Bichsel, Peter (*1935): *Ein Tisch ist ein Tisch,* S.116ff. Aus: Kindergeschichten. Luchterhand Verlag, Neuwied/Berlin 1969, S.184–188

Biermann, Heinrich/Schurf, Bernd: *Karl Bühlers Organon-Modell und seine Erweiterungen,* S.121f. Aus: Texte, Themen und Strukturen. Deutschbuch für die Oberstufe. Hg. von Heinrich Biermann und Bernd Schurf. Cornelsen Verlag, Berlin 1999, S.92f.

Blankenburg, Hauptmann von: *Schreiben über Lessings verloren gegangenen Faust,* S.191f. Aus: Die deutsche Literatur. Texte und Zeugnisse. Hg. von Walther Killy. C. H. Beck Verlag, München 1983, Bd. IV/2, S.727f.

Blum, Robert (1807–1848): *Beitrag in der Debatte zur Außenpolitik in der Frankfurter Nationalversammlung am 22. Juli 1848,* S.239. Aus: Stenografischer Bericht über die Verhandlungen der deutschen constituirenden Nationalversammlung zu Frankfurt am Main. Hg. von Franz Wigard. Verlag Johann David Sauerländer, Leipzig 1848, S.1108f.

Böhme, Gernot (*1937): *Die außerordentliche Erleichterung ...,* S.115. Aus: Theorie des Bildes. Fink Verlag, München 1999

Bölsche, Wilhelm (1861–1939): *Die naturwissenschaftlichen Grundlagen der Poesie,* S.284. Aus: Theorie des Naturalismus. Hg. von Theo Meyer. Verlag Philipp Reclam jun., Stuttgart 2003, S.128–131

Bourdieu, Pierre (1930–2002): *Das Fernsehen hat ...,* S.115. Aus: Über das Fernsehen. Suhrkamp Verlag, Frankfurt a.M. 1998, S.23

Brentano, Clemens (1778–1842): *Sprich aus der Ferne,* S.226. Aus: Die Zauberwaffe der Poesie. Gedichte, Erzählungen, Briefe, Hg. von Hans Magnus Enzensberger. Insel-Verlag, Frankfurt a.M. 1981, S.30

Büchner, Georg (1813–1837): *Briefe an die Familie,* S.242f. Aus: Werke und Briefe. Nach der historisch-kritischen Ausgabe von Werner R. Lehmann. Carl Hanser Verlag, München/Wien 1980; *Woyzeck,* S.243ff. Aus: Werke und Briefe. A.a.O., S.159ff.; *Der Hessische Landbote,* S.246. Aus: Büchners Werke in einem Band. Aufbau-Verlag, Berlin/Weimar 1974, S.3–5, 9f.

Busch, Wilhelm (1832–1908): *Die Prise,* S.142. Aus: Narrheiten und Wahrheiten. Büchergilde Gutenberg, Frankfurt a.M. 1999, S.56

Calvino, Italo (1923–1985): *Wozu Klassiker lesen?,* S.110. Aus: Edition Akzente. Hg. von Michael Krüger. Carl Hanser Verlag, München/Wien 2003, S.7–14

Capote, Truman (1924–1984): *Ich mache es ...,* S.29. Aus: Ich bin schwul. Ich bin süchtig. Ich bin ein Genie. Ein intimes Gespräch mit Lawrence Grobel. Diogenes Verlag, Zürich 1986, S.99

Carus, Carl Gustav (1789–1869): *Denn es wird ...,* S.220. Aus: Eckart Klessmann: Die Welt der Romantik. Deutsche Buch-Gemeinschaft, Berlin u.a. 1969, S.331

Chamisso, Adelbert von (1781–1838): *Sterne und Blumen,* S.226. Aus: Sämtliche Werke. Wissenschaftliche Buchgesellschaft, Darmstadt 1975, Bd. 1, S.679

Darwin, Charles (1809–1882): *Der Kampf ums Dasein und die natürliche Zuchtauswahl,* S.279. Aus: Die Entstehung der Arten durch natürliche Zuchtwahl. Verlag Philipp Reclam jun., Stuttgart 1963, S.99f.

Dössel, Christine: *Liebe ist nur ein Mord,* S.178. Aus: Süddeutsche Zeitung, 16.08.2005

Drösser, Christoph: *Aus dem Leben gemailt,* S.61ff. Aus: DIE ZEIT, 31.07.2003

Droste-Hülshoff, Annette von (1797–1848): *Am Turme,* S.237. Aus: Annette von Droste-Hülshoff. Werke in einem Band. Hg. von Clemens Heselhaus. Carl Hanser Verlag, München/Wien 1984, S.109f.

Eckermann, Johann Peter (1792–1854): *Gespräche mit Goethe vom 4. Januar 1824,* S.164. Aus: Gespräche mit Goethe. dtv, München 1976, S.549f.; *Gespräche mit Goethe in den letzten Jahren seines Lebens,* S.200. Aus: Gespräche mit Goethe in den letzten Jahren seines Lebens. dtv, München 1948, S.503–504; *Gespräch mit Goethe vom 23. Oktober 1828,* S.212. Aus: Gespräche mit Goethe in den letzten Jahren seines Lebens. Hg. von Fritz Bergemann. Insel-Verlag, Frankfurt/Main 1981, S.653

Eichendorff, Joseph von (1788–1857): *Mondnacht,* S.30; *Lockung,* S.37. Aus: Sämtliche Werke. Historisch-kritische Ausgabe. Kohlhammer Verlag, Stuttgart u.a. 1993, Bd. 1, S.103, 327; *Erste Eisenbahnfahrt,* S.212. Aus: Das Schloss Dürande. Verlag Carl Ueberreuter, Wien o.J., S.3; *Die zwei Gesellen,* S.215; *Wünschelrute,* S.221; *Sehnsucht,* S.225; *Wem Gott will rechte Gunst erweisen,* S.225. Aus: Eichendorffs Werke in einem Band. Aufbau-Verlag, Berlin 1991, S.78, 123, 100f., 185

Enzensberger, Hans Magnus (*1929): *Lies keine Oden ...,* S.151. Aus: Ins Lesebuch für die Oberstufe. In: Verteidigung der Wölfe. Gedichte. Suhrkamp Verlag, Frankfurt a.M. 1981, S.90

Erlinger, Rainer (*1965): *Blitz gescheit?,* S.80f. Aus: Gewissensfragen. Streitfälle der Alltagsmoral, aufgeklärt vom Süddeutsche Zeitung Magazin. Verlag Süddeutsche Zeitung, München 2005, S.126

Feuerbach, Ludwig (1804–1872): *Vorlesungen über das Wesen der Religion,* S.274. Aus: Gesammelte Werke. Vorlesungen über das Wesen der Religion. Akademie-Verlag, Berlin 1998, Bd. 6, S.103f.

Fontane, Theodor (1819–1898): *Effi Briest,* S.43f., 276. Aus: Effi Briest. Verlag Philipp Reclam jun., Stuttgart 1989, S.3ff., 267f., 328; *Frau Jenny Treibel oder Wo sich Herz zum Herzen find't,* S.269f. Aus: Frau Jenny Treibel oder Wo sich Herz zum Herzen find't. Verlag Philipp Reclam jun., Stuttgart 1973, S.86ff., 202; *Unsere lyrische und epische Poesie seit 1848,* S.282f. Aus: Theorie des bürgerlichen Realismus. Verlag Philipp Reclam jun., Stuttgart 2001, S.141, 145f.; *Brief an Friedrich Stephany vom 10.10.1889,* S.283. Aus: Theodor Fontane. Werke, Schriften und Briefe. Abteilung IV. Briefe. Dritter Band 1879–1889. Hg. von Walter Keitel, Helmuth Nürnberger/Otto Drude u.a. Carl Hanser Verlag, München 1980, S.729

Forster, Georg (1754–1794): *Brief an Christian Gottlieb Heyne vom 30. Juli 1789,* S.163. Aus: Georg Forsters Werke. Sämtliche Schriften, Tagebücher, Briefe. Hg. von Gerhard Steiner u.a. Akademie Verlag, Berlin 1981, Bd. 15, S.319

Friedrich Wilhelm IV. (1795–1861): *Rede vor dem preußischen Vereinigten Landtag, 11. April 1847,* S. 239. Aus: http://www.zeit.de/reden/die_historische_rede/200229_preussen (07.01.2007)

Goethe, Johann Wolfgang von (1749–1832): *Faust I,* S. 51 ff. Aus: Faust. Der Tragödie erster Teil. Verlag Philipp Reclam jun., Stuttgart 2000, S. 100 ff.; und Schiller, Friedrich: *Xenien,* S. 162; *Das Göttliche,* S. 166. Aus: Goethes Werke. Hamburger Ausgabe. Hg. von Erich Trunz. Beck Verlag, München 1981, Bd. 1, S. 208 ff., 147 ff.; *Wilhelm Meisters Lehrjahre,* S. 167 f. Aus: Goethes Werke. A. a. O., Bd. 7, S. 290 ff.; *Iphigenie auf Tauris,* S. 170 ff. Aus: Goethes Werke. A. a. O., Bd. 5, S. 7–8, 58–60; *Römische Elegien V,* S. 182; *Natur und Kunst,* S. 182. Aus: Goethes Werke. A. a. O., Bd. 1, S. 160, 245; *Faust. Der Tragödie erster Teil,* S. 193, 195, 196 f. Aus: Faust. Der Tragödie erster Teil. Verlag Philipp Reclam jun., Stuttgart 2000, S. 11, 13, 47 ff.; *Faust. Der Tragödie zweiter Teil,* S. 199 f. Aus: Faust. Der Tragödie zweiter Teil in fünf Akten. Verlag Philipp Reclam jun., Stuttgart 1986, S. 199 f.; *Entwurf zu einer Ankündigung der Helena,* S. 201. Aus: Goethes Werke. A. a. O., Bd. 3, S. 440

Grass, Günter (*1927): *Der Traum der Vernunft,* S. 156 f. Aus: Der Traum der Vernunft. Vom Elend der Aufklärung. Eine Veranstaltungsreihe der Akademie der Künste Berlin. Luchterhand Verlag, Darmstadt/Neuwied 1985, S. 7 ff.; *Katz und Maus,* S. 297 f. Aus: Katz und Maus. dtv, München 1993

Greiner, Ulrich (*1945): *Weshalb wir einen literarischen Kanon brauchen,* S. 73 f. Aus: DIE ZEIT, 10.10.2002

Grill, Harald (*1951): *Stilles Land an der Grenze,* S. 260. Aus: Stilles Land an der Grenze. Druckhaus Oberpfalz, Amberg 1996, S. 84

Grillparzer, Franz (1791–1872): *Der Reichstag; Fortschritt,* S. 252. Aus: Sämtliche Werke. Hg. von August Sauer. Verlag Anton Schroll & Co., Wien 1932, Gedichte, 1. Teil, S. 130, 138

Groddeck, Wolfram (*1949): *Über das „Wortlose“ in Hölderlins Ode „Thränen“,* S. 150. Aus: Deutsche Vierteljahresschrift. 4/2006, S. 624 f.

Große, Wilhelm: *Heinrich Heine,* S. 141. Aus: Heinrich Heine. Verlag Philipp Reclam jun., Stuttgart 2000, S. 125 ff.

Günderrode, Karoline von (1780–1806): *Der Kuss im Traume,* S. 228. Aus: Sämtliche Werke und ausgewählte Studien. Hg. von Walter Morgenthaler. Historisch-kritische Ausgabe. Stroemfeld Verlag, Basel/Frankfurt a. M. 1990, Bd. 1, S. 109

Harkort, Friedrich: *Die Lokomotive ist ...,* S. 212. Aus: Hartmut Böhme: Prolegomena zu einer Sozial- und Wirtschaftsgeschichte Deutschlands im 19. und 20. Jahrhundert. Suhrkamp Verlag, Frankfurt a. M. 1968, S. 55

Hartley, Keith: *Einführung in die Ausstellung „Ernste Spiele. Der Geist der Romantik in der deutschen Kunst 1790–1990“,* S. 232. Aus: Ernste Spiele. Der Geist der Romantik in der deutschen Kunst 1790–1990. Oktagon Verlag, Stuttgart 1995, S. 16

Hartmann, Julius von (1774–1856): *Lebenserinnerungen,* S. 212. Aus: Lebenserinnerungen, Briefe und Aufsätze des Generals Julius von Hartmann. Verlag von Gebrüder Paetel, Berlin 1882, 1. Teil, S. 110

Hauptmann, Gerhart (1862–1946): *Vor Sonnenaufgang,* S. 277 f., 280. Aus: Vor Sonnenaufgang. Soziales Drama. Ullstein Verlag, Frankfurt a. M./Berlin 1989, S. 87–91, S. 40 f.; *Bahnwärter Thiel. Novellistische Studie,* S. 287 ff. Aus: Verlag Philipp Reclam jun., Stuttgart 1988, S. 3–7, 15–19, 20 f., 29 ff., 33 f.

Hebbel, Friedrich (1813–1863): *Maria Magdalena,* S. 281 f. Aus: Maria Magdalena. Verlag Philipp Reclam jun., Stuttgart 1988, S. 79 ff.

Heine, Heinrich (1797–1856): *Der Doktor Faust. Ein Tanzpoem,* S. 202 f. Aus: Der Doktor Faust. Verlag Phlipp Reclam jun., Stuttgart 1991, S. 13–16; *Mein Herz, mein Herz ist traurig,* S. 236. Aus: Sämtliche Gedichte. Hg. von Bernd Körtländer. Verlag Philipp Reclam jun., Stuttgart 2006, S. 116; *Die Zensur,* S. 240. Aus: Kahldorf über den Adel, in Briefen an den Grafen M. von Moltke. In: Heinrich Heines sämtliche Werke. Hg. von Ernst Elster. Bibliographisches Institut, Leipzig 1887–90, Bd. VII, S. 279; *Erinnerung aus Krähwinkels Schreckenstagen,* S. 241. Aus: Sämtliche Gedichte. Kommentierte Ausgabe. A. a. O., S. 743 ff.; *Die romantische Schule,* S. 248. Aus: Die romantische Schule. Verlag Philipp Reclam jun., Stuttgart 1976, S. 28 ff.; *Zur Beruhigung,* S. 251. Aus: Sämtliche Gedichte. A. a. O., S. 421 f.; *Die Harzreise,* S. 256 f. Aus: Die Harzreise. Verlag Philipp Reclam jun., Stuttgart 1976, S. 5 ff., 22 ff.; *Englische Fragmente II – London,* S. 258 f. Aus: Historisch-kritische Gesamtausgabe der Werke. Hg. von Manfred Windfuhr. Hoffmann und Campe, Hamburg 1986, Bd. 7. Reisebilder III/IV, S. 215–218

Heinzmann, Johann Georg (1757–1802): *Solange die Welt ...,* S. 155. Zitiert nach: Reinhard Wittmann. Aus: Geschichte des deutschen Buchhandels: ein Überblick. Verlag C. H. Beck, München 1991, S. 186

Herder, Johann Gottfried (1744–1803): *Briefe zur Beförderung der Humanität,* S. 167. Aus: Werke in zwei Bänden. Hg. von Karl-Gustav Herold. Hanser Verlag, München/Wien 1953, Bd. 2, S. 470 f.

Herwegh, Georg (1817–1875): *Die neue Literatur,* S. 249. Aus: Der deutsche Vormärz. Hg. von Jost Hermand. Verlag Philipp Reclam jun., Stuttgart 1967, S. 6 ff.; *Das freie Wort,* S. 250. Aus: Gedichte eines Lebendigen. Neue wohlfeile Ausgabe. Erster Band. Verlagsbureau, Leipzig 1849, S. 38–40

Heyse, Paul (1830–1914): *Meine Novellistik,* S. 293. Aus: Theorie der Novelle. Hg. von Herbert Krämer. Verlag Philipp Reclam jun., Stuttgart 1980, S. 41 f.

Hinderer, Walter (* 1934): *Kanon,* S. 78. Aus: DIE ZEIT, 16.05.1997

Hoffmann, E. T. A. (1776–1822): *Die Elixiere des Teufels,* S. 218 f. Aus: Die Elixiere des Teufels. Nachgelassene Papiere des Bruders Medardus, eines Capuziners. Deutscher Klassiker Verlag, Frankfurt a. M. 1988, S. 118, 195 f.

Hölderlin, Friedrich (1770–1843): *Meine Beschäftigung ist ...,* S. 169. Aus: Werke und Briefe. Hg. von Friedrich Beißner und Jochen Schmidt. Insel Verlag, Frankfurt a. M. 1969, Bd. 2, S. 826; *An die Parzen; Hyperions Schicksalslied,* S. 184. Aus: Werke in zwei Bänden. Hg. von Günther Mieth. Carl Hanser Verlag, München/Wien 1978, Bd. 1, S. 218, S. 229; *Die Heimat,* S. 185. Aus: Sämtliche Werke, Briefe und Dokumente. Bremer Ausgabe. Hg. von Dietrich E. Sattler. Luchterhand Verlag, München 2004, Bd. 9, S. 150

Holz, Arno (1863–1929): *Die Kunst. Ihr Wesen und ihre Gesetze,* S. 285. Aus: Theorie des Naturalismus. Hg. von Theo Meyer. Verlag Philipp Reclam jun., Stuttgart 2003, S. 173 f.; und Schlaf, Johannes (1862–1941): *Papa Hamlet,* S. 285 f. Aus: Papa Hamlet. Ein Tod. Verlag Philipp Reclam jun., Stuttgart 2001, S. 59 f.

Immermann, Karl (1796–1840): *Die Epigonen,* S. 211. Aus: Die Epigonen. Hg. von Peter Hasubek. Winkler Verlag, München 1981, Erstes Buch: Klugheit und Irrtum, S. 399–412, 637 f.

Jenny, Zoë (*1974): *Die Literatur ...,* S. 151. Aus: Literatur nach 1945. Hg. von Reinhard Lindenhahn. Cornelsen Verlag, Berlin 2007, S. 84

Jessen, Jens (*1955): *Technik,* S. 103 f. Aus: DIE ZEIT, 19.01.2006, S. 17

Kaminer, Wladimir (*1967): *Nie wieder Weimar,* S. 259. Aus: Russendisko. Goldmann Verlag, München 2002, S. 106

Kant, Immanuel (1724–1804): *Beantwortung der Frage: Was ist Aufklärung?*, S.153f. Aus: Was ist Aufklärung? Beiträge aus der Berlinischen Monatsschrift. Hg. von Norbert Hinske. Wissenschaftliche Buchgesellschaft, Darmstadt 1981, S.452ff.

Kehlmann, Daniel (*1975): *Die Vermessung der Welt*, S.299f. Aus: Die Vermessung der Welt. Rowohlt Verlag, Reinbek bei Hamburg 2005, S.219–222

Keller, Gottfried (1819–1890): *Abendlied*, S.275. Aus: Sämtliche Werke und ausgewählte Briefe. Hrsg. von Clemens Heselhaus. Carl Hanser Verlag, München 1958, Bd. III, S.300; *Brief an Theodor Storm vom 16.08.1881*, S.294. Aus: Theorie der Novelle. Hg. von Herbert Krämer. Verlag Philipp Reclam jun., Stuttgart 1980, S.51

Kleist, Heinrich von (1777–1811): *Heinrich von Kleist an seine Braut Wilhelmine von Zenge vom 14.09.1800 aus Würzburg*, S.156. Aus: Sämtliche Werke und Briefe in 4 Bänden. Hg. von Helmut Sembdner. Carl Hanser Verlag, München/Wien 1982, Bd. 4, S.562f.; *Penthesilea*, S.174ff. Aus: Werke in zwei Bänden. Hg. von Helmut Sembdner. Carl Hanser Verlag, München/Wien 1977, Bd. 1, S.343, 382ff., 413, 425, 427

Kocka, Jürgen (*1941): *Das Jahrhundert der Industrialisierung*, S.271. Aus: Gebhardt. Handbuch der deutschen Geschichte. Hg. von Bruno Gebhardt. Klett-Cotta Verlag, Stuttgart 2001, Bd. 13, Das lange 19. Jahrhundert, S.54f.

Lessing, Gotthold Ephraim (1729–1781): *Schreibe, wie du ...*, S.29. Aus: An Dorothea Salome Lessing, 30. Dezember 1743. In: Werke und Briefe. Hg. von Helmuth Kiesel unter Mitwirkung von Georg Baumgart und Klaus Fischer. Deutscher Klassiker Verlag, Frankfurt a.M. 1987, Bd. 11/1, S.7; *Faust-Fragment*, S.191. Aus: Die deutsche Literatur. Texte und Zeugnisse. Hg. von Walther Killy. C. H. Beck Verlag, München 1983. Bd. IV/2, S.723f.; *Eine Duplik*, S.192. Aus: Lessings Werke. Hg. von Kurt Wölfel. Bd. 3. Auflage 1982. Insel Verlag, Frankfurt a.M. 1967, S.321f.

Mann, Thomas (1875–1955): *Doktor Faustus. Das Leben des deutschen Tonsetzers Adrian Leverkühn, erzählt von einem Freunde*, S.204. Aus: Doktor Faustus. Fischer Taschenbuchverlag, Frankfurt a.M. 2003, S.332–334; *Deutschland und die Deutschen*, S.231. Aus: Deutschland und die Deutschen 1945. Hg. von Sabine Groenewold. Europäische Verlagsanstalt, Hamburg 1992, S.31f., 35, 36

Marlowe, Christopher: *Die tragische Historie vom Doktor Faustus*, S.190f. Aus: Die tragische Historie vom Doktor Faustus. Verlag Philipp Reclam jun., Stuttgart 1964, S.6ff.

Marx, Karl (1818–1883): *Brief an Arnold Ruge im Mai 1843*, S.238. Aus: Wort und Sinn. Lesebuch für den Deutschunterricht, Oberstufe. Paderborn 1968, S.351

Mendelssohn, Moses (1729–1786): *Bildung, Kultur und ...*, S.152. Aus: Ueber die Frage: was heißt aufklären? In: Was ist Aufklärung? Beiträge aus der Berlinischen Monatsschrift. Hg. von Norbert Hinske. Wissenschaftliche Buchgesellschaft, Darmstadt 1981, S.444f.

Meyer, Conrad Ferdinand (1825–1898): *Auf Goldgrund*, S.283. Aus: Gedichte und Interpretationen. Hg. von Günter Häntzschel. Verlag Philipp Reclam jun., Stuttgart 1984, S.383

Morgenstern, Christian (1871–1914): *Im Augenblick des Hinschreibens ...*, S.29. Aus: An einen jungen Schriftsteller, Mitte September 1906. In: Ausgewählte Werke. Hg. von Klaus Schumann. Müller & Kiepenheuer, Hanau 1985, Bd. 2, S.269; *Die Trichter*, S.139. Aus: Gesammelte Werke in einem Band. Piper Verlag, München 1965, S.194

Mörike, Eduard (1804–1875): *Um Mitternacht*, S.252. Aus: Werke und Briefe. Erster Band. Gedichte. Erster Teil. Hg. von Hans-Henrik Krummacher. Klett-Cotta, Stuttgart 2003, S.155

Novalis (1772–1801): *Wir träumen von ...*, S.214. Aus: Novalis. Werke in einem Band. Hg. von Hans-Dietrich Dahnke. Aufbau-Verlag, Berlin 1985, S.279; *Unser Alltagsleben besteht ...*, S.214; *Dichter und Priester ...*, S.220; *Wenn nicht mehr Zahlen und Figuren*, S.221. Aus: Gedichte und Prosa. Hg. von Herbert Uerlings. Verlag Artemis & Winkler, Düsseldorf 2001, S.356f.; *Heinrich von Ofterdingen*, S.221f.; *Die Christenheit oder Europa*, S.223f. Aus: Novalis. Werke. Hg. von Gerhard Schulz. Verlag C. H. Beck, München 1969, S.499, 508, 509

Ortheil, Hanns-Josef (*1951): *Die große Liebe*, S.145. Aus: Die große Liebe. Luchterhand Verlag, München 2003, S.91f.

Pikulik, Lothar: *Frühromantik*, S.232. Aus: Frühromantik: Epoche – Werke – Wirkung. C. H. Beck Verlag, München 2000, S.10

Postman, Neil (1931–2003): *Die zweite Aufklärung. Vom 18. ins 21. Jahrhundert – Information als Ware*, S.128f. Aus: Die zweite Aufklärung. Vom 18. ins 21. Jahrhundert. Berlin Verlag, Berlin 1999, S.109–114, 118, 124

Radisch, Iris: *Als die Kunst noch helfen sollte*, S.206ff. Aus: DIE ZEIT, 04.01.2005; *Heine, der Spieler. Warum er uns immer noch entzückt*, S.263f. Aus: DIE ZEIT, 16.02.2006

Rath, Wolfgang: *Die Novelle*, S.294. Aus: Die Novelle. Konzept und Geschichte. Vandenhoeck und Ruprecht, Göttingen 2000, S.312

Rauchhaupt, Ulf von (*1964): *Die Lust an der Erleuchtung*, S.95ff. Aus: DIE ZEIT, 09.06.2005

Saussure, Ferdinand de (1857–1913): *Das sprachliche Zeichen*, S.118f. Aus: Grundlagen allgemeiner Sprachwissenschaft. De Gruyter Verlag, Berlin 1967, S.76ff.

Schelling, Friedrich Wilhelm Joseph (1775–1854): *Die unmittelbare Ursache ...*, S.220. Aus: Philosophie der Kunst. Wissenschaftliche Buchgesellschaft, Darmstadt 1966, S.30

Schiller, Friedrich (1759–1805): *Brief an Goethe*, S.161. Aus: Der Briefwechsel zwischen Goethe und Schiller. Hg. von Emil Staiger. Insel Verlag, Frankfurt a.M. 1966, S.33ff.; *Brief an den Herzog von Augustenburg vom 13. Juli 1793*, S.163; *Über Anmut und Würde*, S.169f. Aus: Schillers Briefe über die ästhetische Erziehung. Hg. von Jürgen Bolten. Suhrkamp Verlag, Frankfurt a.M. 1984, S.40f.; *Ankündigung der Zeitschrift „Die Horen“*, S.179. Aus: Werke. Hg. von Herbert G. Göpfert. Carl Hanser Verlag, München 1966, Bd. 2, S.406, 667; *Die Teilung der Erde*, S.183. Aus: Werke in drei Bänden. Hg. von Herbert G. Göpfert. Carl Hanser Verlag, München 1984, Bd. 2, S.702f.

Schlaffer, Heinz (*1939): *Die kurze Geschichte der deutschen Literatur*, S.73, 314. Aus: Die kurze Geschichte der deutschen Literatur. Carl Hanser Verlag, München/Wien 2002, S.153, 95ff.

Schlegel, August Wilhelm (1767–1845): *Vorlesungen über schöne Literatur und Kunst*, S.294. Aus: Theorie der Novelle. Hg. von Herbert Krämer. Verlag Philipp Reclam jun., Stuttgart 1980, S.18–21

Schlegel, Friedrich (1772–1829): *Der Fleiß und ...*, S.214. Aus: Werke in zwei Bänden. Aufbau-Verlag, Berlin 1980, S.34; *Die romantische Poesie ...; Sie allein ist ...*, S.220. Aus: 116. Athenäum-Fragment. In: Kritische Ausgabe. Hg. von Ernst Behler u.a. Schöningh, Paderborn (u.a.) 1967, Bd. 2, S.182ff.

Schlosser, Horst D.: *Weimarer Klassik: Voraussetzungen und Grundbedingungen*, S.306f. Aus: dtv-Atlas Deutsche Literatur. dtv, München, 10. Aufl. 2006, S.163f.

Schmitz-Emans, Monika: *Zum romantischen Lyrikverständnis,* S.228f. Aus: Einführung in die Literatur der Romantik. Hg. von Gunther E. Grimm und Klaus-Michael Bogdal. Einführungen Germanistik, Wissenschaftliche Buchgesellschaft, Darmstadt 2004, S.55

Schubert, Gotthilf Heinrich (1780–1860): *Die Symbolik des Traumes,* S.217. Aus: Die Symbolik des Traumes. Nachdruck der Ausgabe Leipzig 1862. E.J. Bonset, Amsterdam 1966, S.16, 19f.

Schulz von Thun, Friedemann (*1944): *Miteinander reden – Das Vier-Seiten-Modell einer Nachricht,* S.122ff. Aus: Miteinander Reden 1. Störungen und Klärungen. Rowohlt Verlag, Reinbek bei Hamburg 2001, S.26–30, 62f.

Schwanitz, Dietrich (1940–2004): *Bildung. Alles, was man wissen muss,* S.107. Aus: Bildung. Alles, was man wissen muss. Eichborn, Frankfurt/Main 1999, S.7

Siebenpfeiffer, Philipp Jakob (1789–1845): *Eröffnungsrede auf dem Hambacher Fest 1832,* S.238. Aus: Johann Georg A. Wirt: Das Nationalfest der Deutschen in Hambach. Meininger Verlag, Neustadt 1981, S.31ff.

Stadler, Arnold (*1954): *Erbarmen mit dem Seziermesser. Dankrede,* S.261ff. Aus: Jahrbuch 1999. Deutsche Akademie für Sprache und Dichtung, Darmstadt 2000, S.161ff.

Stifter, Adalbert (1805–1868): *Bunte Steine – Vorrede,* S.253. Aus: Bunte Steine und Erzählungen. Winkler, München 1990, S.7ff.

Storm, Theodor (1817–1888): *Verteidigung der Novelle. Eine zurückgezogene Vorrede,* S.293. Aus: Theorie des bürgerlichen Realismus. Hg. von Gerhard Plumpe. Verlag Philipp Reclam jun., Stuttgart 2001, S.268f.

Tannen, Deborah (*1945): *Du kannst mich einfach nicht verstehen. Warum Männer und Frauen aneinander vorbeireden,* S.125f. Aus: Du kannst mich einfach nicht verstehen. Warum Männer und Frauen aneinander vorbeireden. Goldmann Verlag, München, 5. Aufl., 1998, S.64–67, 100f.

Tieck, Ludwig (1773–1853): *Lasst uns darum ...,* S.214. Aus: Die deutsche Literatur. Ein Abriss in Text und Darstellung. Hg. von Hans-Jürgen Schmitt. Verlag Philipp Reclam jun., Stuttgart 2003, Bd. 8, Romantik I, S.91; *Viele suchen schon ...,* S.214. Aus: Franz Sternbalds Wanderungen. Hg. von Alfred Anger. Verlag Philipp Reclam jun., Stuttgart 1994. S.79; *Es hat mich immer verdrossen,* S.220. Aus: Die deutschen Romantiker in zwei Bänden. Hg. von Gerhard Stenzel. Das Bergland-Buch, Salzburg 1954, Bd. 1, S.248

Timm, Uwe (*1940): *Bücher sind wie Vampire ...,* S.151. Aus: Groothuis, Rainer: Wie kommen die Bücher auf die Erde? Über Verleger und Autoren, Hersteller, Verkäufer und das schöne Buch. Nebst einer kleinen Warenkunde. DuMont Verlag, Köln 2000, S.6

Tully, Claus C.: *Aufwachsen in technischen Welten. Wie moderne Techniken den Jugendalltag prägen,* S.85. Aus: Politik und Zeitgeschichte. Hg. von der Bundeszentrale für politische Bildung. Bonn 2003, Bd. 15, S.32

Uhland, Ludwig (1787–1862): *Mit einem Worte ...,* S.220. Aus: Die deutschen Romantiker in zwei Bänden. Hg. von Gerhard Stenzel. Das Bergland-Buch, Salzburg 1954. Bd. 1, S.253

Voltaire (1694–1778): *Wenn die große ...,* S.152. Aus: Der Traum der Vernunft. Vom Elend der Aufklärung. Eine Veranstaltungsreihe der Akademie der Künste Berlin. Luchterhand Verlag, Darmstadt/Neuwied 1985, S.37

Voss, Jens: *Surfen statt denken?,* S.130. Aus: Rheinische Post, 21.09.1999

Wienbarg, Ludolf (1802–1872): *Ästhetische Feldzüge,* S.249. Aus: Ludolf Wienbargs Ästhetische Feldzüge. Hg. von Walter Dietze. Aufbau-Verlag, Berlin/Weimar 1964, S.190ff.

Winckelmann, Johann Joachim (1717–1768): *Gedanken über die Nachahmung der griechischen Werke in der Malerei und Bildhauerkunst,* S.180f. Aus: Winckelmanns Werke in einem Band. Hg. von Helmut Holzauer. Aufbau Verlag, Berlin/Weimar, 4. Aufl. 1986, S.1ff.

Winkler, Willi (*1957): *Lasst die Zuchtmeister ihre Rute schwingen. Kein Kanon ist der beste Kanon: Kinder, lest doch, was ihr wollt,* S.78. Aus: Literaturen 1/2 II 2002, S.38–41

Wittgenstein, Ludwig (1889–1951): *Philosophische Untersuchungen,* S.120. Aus: Philosophische Untersuchungen. Suhrkamp Verlag, Frankfurt a.M. 1984. Werkausgabe Bd. 1, S.237ff.

Wölfling, V.: *Weimar,* S.164f. Aus: Das klassische Weimar. Texte und Zeugnisse. Hg. von Heinrich Pleticha. dtv, München 1983, S.11f.

Zola, Emile (1840–1902): *Germinal,* S.272f. Aus: Germinal. Übertragen von Johannes Schlaf. Winkler, München 1976, S.55f.

Unbekannte/ungenannte Autorinnen und Autoren:

Aus dem Wörterbuch der Massenmedien, S.127. Aus: Streiflicht. Verdeckte Ermittlungen zwischen Himmel und Hölle 2000–2004. Hg. von Wolfgang Roth u.a. Verlag Süddeutsche Zeitung, München 2004, S.258f.

Aus einem Gutachten bayerischer Ärzte von 1835, S.212. Aus: Deutsche Sozialgeschichte. Hg. von Werner Pöls. Verlag C. H. Beck, München 1973, S.371

Das Buch Hiob – 1,1–1,22, S.193f. Aus: Elberfelder Bibel, revidierte Fassung. R. Brockhaus Verlag, Wuppertal 1996, S.635–636

Historia von D. Johann Fausten, S.188f. Aus: Völker, Klaus: Faust. Ein deutscher Mann. Die Geburt einer Legende und ihr Fortleben in den Köpfen. Verlag Klaus Wagenbach, Berlin 1991, veränderte und erweiterte Neuausgabe, S.30ff.

Interview mit Marcel Reich-Ranicki, S.74f. Aus: Literatur muss Spaß machen. In: Der Spiegel, 25/2001

Lass rauschen, Lieb, lass rauschen, S.230. Aus: Des Knaben Wunderhorn. Alte deutsche Lieder. Ausgewählt von Friedrich Ranke. Insel Verlag, Frankfurt 2003, S.25f.

Leseverhalten in Deutschland im neuen Jahrtausend, S.99. Hg. von Stiftung Lesen. Spiegel Verlag, Hamburg 2001, S.13, 18, 19, 27, 171f.

Oratio Fausti ad Studiosos, S.189f. Aus: Historia von D. Johann Fausten. In: Deutsche Volksbücher in 3 Bänden. Hg. von Peter Suchsland. Aufbau-Verlag, Berlin 1982, Bd. 3, S.116f.

Sozialismus, S.280. Aus: Schülerduden. Die Philosophie. Hg. von Gerhard Kwiatkowski. Dudenverlag, Mannheim u.a. 1985, S.389

Sturm und Drang, S.19. Aus: Metzler-Literatur-Lexikon: Begriffe und Definitionen. Hg. von Günther und Irmgard Schweikle. Metzler Verlag, Stuttgart 1990

Wenn ich ein Vöglein wär, S.230. Aus: Des Knaben Wunderhorn. Alte deutsche Lieder. Ausgewählt von Friedrich Ranke. Insel Verlag, Frankfurt 2003, S.163

Textartenverzeichnis

Bibeltext

Bildergeschichte

Briefe

Dialogische und szenische Texte

Erzählungen/Kurzgeschichten/Novellen

Essayistische Texte

Flugblatt

Gedichte

Glosse

Interviews

Libretto

Literatur- und kunsttheoretische Texte (siehe auch essayistische Texte)

Medientheoretische Texte

Parodie

Philosophische Texte

Reden

Romanauszüge

Soziologische Texte

Sprachtheoretische Texte

Statistiken

Zeitungs-/Zeitschriftenartikel (siehe auch essayistische Texte)

Bildquellenverzeichnis

Cover: © The Andy Warhol Foundation for the Visual Arts/Corbis
S. 13, 164, 188, 240, 250, 257: bpk
S. 14, 20 rechts Mitte, 30, 90, 134 oben, 152, 156, 163, 184, 185, 195, 198, 210, 211, 212, 219, 224, 228, 229, 232, 235 oben, 237, 238, 241, 242, 251, 269 rechts, 275, 304 oben links: akg-images
S. 20 links, 160 oben, 247, 254, 286: ullstein bild
S. 24, 96, 97, 131, 322, 323, 325: Thomas Schulz, Teupitz
S. 29, 127, 128, 146, 151 oben, 153, 159 oben rechts, 178, 216: picture-alliance/dpa
S. 37: bpk/Museum der bildenden Künste Leipzig/Ursula Gerstenberger

S.44 und 47: Peter Gauhe, München
S.51–53, 56, 193, 199, 200: NBD TV, London
S.59: KirchHolding GmbH & Co. KG, München
S.60 links: http://de.wikipedia.org, **links Mitte:** Bild, Axel-Springer-AG, Berlin, **rechts Mitte:** Gräfe und Unzer Verlag GmbH, München
S.72 oben: Suhrkamp Verlag GmbH & Co. KG, Frankfurt am Main, **unten:** ZDF.de, Mainz
S.74: Heinz Schlaffer: Die kurze Geschichte der deutschen Literatur. © für das Cover von Peter Wüthrich: 2003 Deutscher Taschenbuch Verlag, München
S.80: ullstein bild – Becker & Bredel
S.81: Verlagsgruppe Random House GmbH
S.85: picture-alliance/maxppp
S.86, 233: © Gerhard Richter
S.111, 112: © Michael Matejka
S.115 oben: © NDR/Dirk Uhlenbrock, Hamburg, **Mitte:** ullstein bild – Adolph, **unten:** Getty Images
S.120: S. Fischer Verlag, Frankfurt
S.125: ullstein bild – Lambert
S.134 unten: picture-alliance/OKAPIA KG, Germany
S.136, 190, 273: ullstein bild – Granger Collection
S.142: ©Wilhelm Busch: Werke. Historisch-kritische Gesamtausgabe, Bde. I–IV, Band 1, Hamburg 1959, S.555–559
S.147 oben: © Deutsches Literaturarchiv Marbach
S.147 unten, 166, 182 oben, 236, 267 unten: ullstein bild – ullstein bild
S.151 unten: ullstein bild – Friedrich
S.159 oben links: ullstein bild – AKG Pressebild, **unten links:** ullstein bild – Springer-Pics, **unten rechts:** akg-images/Pirozzi
S.160 unten: © foto-poklekowski
S.162 : © Project Photos/Reinhard Eisele, Augsburg
S.170, 175, 177: DRAMA Agentur, Berlin
S.181, 182: bpk/Museo Pio Clementino, Musei Vaticani, Vatikan/Scala
S.186 oben: © Marion Bührle, Berlin, **unten:** Conti Press/ **unten:** Conti Press/Keystone, Hamburg
S.201, 267 oben: akg-images/Erich Lessing
S.202: Philipp Reclam jun. GmbH & Co. KG, Stuttgart
S.205: Conpart Verlag, Berlin
S.214: bpk/Hamburger Kunsthalle/Elke Walford
S.217: ullstein bild – Archiv Gerstenberg
S.223: © Vincent West/Reuters/Corbis
S.227: bpk/Kupferstichkabinett, SMB/Jörg P. Anders
S.235 unten: Aschendorff Verlag GmbH & Co. KG, Münster
S.240 oben: Heinrich-Heine-Institut, Düsseldorf
S.243: © Prof. Jürgen Rose, München
S.245: © Thomas Dashuber, München
S.252: ullstein bild – Lombard
S.255: © 1993 Diogenes Verlag AG Zürich
S.261: ullstein bild/Jürgen Bauer
S.265: Westdeutsche Landesbank/Düsseldorf
S.269 links: Thomas Willemsen, Essen
S.271: ullstein bild – histopics
S.281: © Thilo Beu, Bonn
S.298: © Steidl Verlag, Göttingen 1993, Erstausgabe: September 1961
S.299: © 2005 by Rowohlt Berlin Verlag GmbH, Reinbek bei Hamburg
S.303: © Kristy-Anne Glubish/Design Pics/Corbis
S.304 Hintergrund: ullstein bild/ddp Nachrichtenagentur, **oben rechts:** Artothek, Weilheim, **unten links:** picture-alliance/ZB, **unten rechts:** © Gabe Palmers/Corbis
S.311: Universitätsbibliothek der Universität Erlangen-Nürnberg
S.313: Stefan Windte, Berlin
S.327: Vario images

Nicht in allen Fällen war es möglich, die Rechteinhaber der Abbildungen ausfindig zu machen. Berechtigte Ansprüche werden im Rahmen der üblichen Vereinbarungen abgegolten.

Sachregister

Passend zu diesem Buch gibt es die Arbeitshefte
Die Seminararbeit (ISBN 978-3-464-63091-4),
Von der Rechtschreibung zum sicheren Ausdruck (ISBN 978-3-464-63090-7) und
Abitur Bayern (ISBN 978-3-464-63095-2)

Redaktion: Stefan Windte
Bildrecherche: Kirsten Greve, Cathérine Lau
Illustrationen:
Klaus Ensikat (S. 149, 289, 291)
Amelie Holtfreter-Glienke (S. 16, 19, 25, 78, 122, 124, 139, 140, 144, 150, 296)
Klaus Puth (S. 9, 10, 15, 60)
Franz Zauleck (S. 117, 169)
Umschlaggestaltung: hawemannundmosch, konzeption und gestaltung, Berlin;
unter Verwendung des Siebdrucks „Goethe" (1982) von Andy Warhol
Layout und technische Umsetzung: Katrin Tengler, Berlin

www.cornelsen.de

Dieses Werk berücksichtigt die Regeln der reformierten Rechtschreibung und Zeichensetzung. Bei den mit [R] gekennzeichneten Texten haben die Rechteinhaber einer Anpassung widersprochen.

1. Auflage, 5. Druck 2011

Alle Drucke dieser Auflage sind inhaltlich unverändert
und können im Unterricht nebeneinander verwendet werden.

Druck: Mohn Media Mohndruck, Gütersloh

ISBN 978-3-464-63085-3

 Inhalt gedruckt auf säurefreiem Papier aus nachhaltiger Forstwirtschaft.

1830 **Julirevolution in Paris:** „Bürgerkönig" Louis Philippe

1832 Hambacher Fest: Massendemonstration des liberalen Bürgertums

1837 Entlassung der Göttinger Sieben aus ihren Professorenämtern

1844 Weberaufstand in Schlesien

1848 **Revolutionäre Unruhen** in ganz Europa; 18.05.1848: Zusammentritt der deutschen Nationalversammlung in der **Frankfurter Paulskirche**

Vormärz (ca. 1830–1848)

H. Heine (1797–1856): Reisebilder (1826–1831), Deutschland. Ein Wintermärchen (1844), journalistische Texte, Gedichte

L. Börne (1786–1837): Briefe aus Paris (1832–34)

G. Büchner (1813–1837): Der Hessische Landbote (1834), Dantons Tod (1835), Woyzeck (1836/37), Lenz (1838)

G. Herwegh (1817–1875): Gedichte eines Lebendigen (1841/43)

G. Werth (1822–1856): satirisches Feuilleton, Gedichte

L. Aston (1814–1871): Meine Emanzipation (1846)

Biedermeier (ca. 1830–1848)

E. Mörike (1804–1875): Maler Nolten (1832), Mozart auf der Reise nach Prag (1856), Gedichte

A. v. Droste-Hülshoff (1797–1848): Die Judenbuche (1842), Gedichte

F. Grillparzer (1791–1872): Der arme Spielmann (1848), Dramen, Gedichte

A. Stifter (1805–1868): Der Hochwald (1842/44), Bunte Steine (1853), Der Nachsommer (1857)

1849 Ende der Frankfurter Nationalversammlung

1866 Deutscher Krieg; Norddeutscher Bund unter preußischer Führung

1870–71 Deutsch-Französischer Krieg

1871 König Wilhelm I. deutscher Kaiser; **Otto von Bismarck** deutscher Reichskanzler

1878 „Gesetz gegen die Ausschreitungen der Sozialdemokratie"

Realismus (ca. 1848–1890)

F. Hebbel (1813–1863): Maria Magdalena (1844)

W. Raabe (1831–1910): Die Chronik der Sperlingsgasse (1857)

G. Keller (1819–1890): Der grüne Heinrich (1854/55), Die Leute von Seldwyla (1. Band 1856, 2. Band 1873/74), Gedichte

C. F. Meyer (1825–1898): Das Amulett (1873), Gedichte

T. Storm (1817–1888): Immensee (1849), Hans und Heinz Kirch (1882), Der Schimmelreiter (1888), Gedichte

T. Fontane (1819–1898): Unterm Birnbaum (1885), Frau Jenny Treibel (1892), Effi Briest (1894/95), Gedichte

---

1888 Wilhelm II. wird deutscher Kaiser; Bestrebungen während seiner Regentschaft bis 1919, Deutschland als Kolonialmacht zu etablieren

1890 Aufhebung des Sozialistengesetzes, Umbildung der Sozialistischen Arbeiterpartei zur SPD

Naturalismus (ca. 1880–1900)

G. Hauptmann (1862–1946): Bahnwärter Thiel (1888), Vor Sonnenaufgang (1889), Die Weber (1893), Der Biberpelz (1893), Die Ratten (1911)

A. Holz (1863–1929) und J. Schlaf (1862–1941): Papa Hamlet (1889), Familie Selicke (1890), A. Holz: Phantasus (1898/99)